神奈川

〈収録内容〉

2024年度 ……………………………… 数・英・理・社・国

2023年度 ……………………………… 数・英・理・社・国

2022年度 ……………………………… 数・英・理・社・国

2021年度 ……………………………… 数・英・理・社・国

2020年度 ……………………………… 数・英・理・社・国

2019年度 ……………………………… 数・英・理・社・国

※国語の大問三は、問題に使用された作品の著作権者が二次使用の許可を出していないため、問題を掲載しておりません。

DL 平成30年度 ……………………………… 数・英・理・社

便利なDLコンテンツは右のQRコードから

解答用紙　過去年度　リスニング　⇒

※データのダウンロードは2025年3月末日まで。

※データへのアクセスには、右記のパスワードの入力が必要となります。 ⇒ 733310

〈各教科の受検者平均点〉

	数学	英語	理科	社会	国語
2024年度	55.6	47.0	57.3	54.8	64.0
2023年度	53.0	55.3	51.0	58.4	75.1
2022年度	52.9	52.1	58.9	62.4	61.3
2021年度	58.2	54.6	50.1	72.6	65.7
2020年度	55.7	49.4	55.9	58.2	69.1
2019年度	50.3	49.8	61.3	42.5	59.1
2018年度	56	56.1	45.3	41.8	65.6

※各100点満点。

※全県共通問題の合格者平均。

本書の特長

POINT 1	解答は全問を掲載、解説は全問に対応！
POINT 2	英語の長文は全訳を掲載！
POINT 3	リスニング音声の台本、英文の和訳を完全掲載！
POINT 4	出題傾向が一目でわかる「年度別出題分類表」は、約 10 年分を掲載！

実戦力がつく入試過去問題集

▶ 問題 ……………… 実際の入試問題を見やすく再編集。
▶ 解答用紙 …… 実戦対応仕様で収録。
▶ 解答解説 …… 重要事項が太字で示された、詳しくわかりやすい解説。
※採点に便利な配点も掲載。

合格への対策、実力錬成のための内容が充実

▶ 各科目の出題傾向の分析、最新年度の出題状況の確認で、入試対策を強化！
▶ その他、志願状況、公立高校難易度一覧など、学習意欲を高める要素が満載！

解答用紙ダウンロード	解答用紙はプリントアウトしてご利用いただけます。弊社ＨＰの商品詳細ページよりダウンロードしてください。トビラのＱＲコードからアクセス可。
リスニング音声ダウンロード	英語のリスニング問題については、弊社オリジナル作成により音声を再現。弊社ＨＰの商品詳細ページで全収録年度分を配信対応しております。トビラのＱＲコードからアクセス可。
famima PRINT	原本とほぼ同じサイズの解答用紙は、全国のファミリーマートに設置しているマルチコピー機のファミマプリントで購入いただけます。※一部の店舗で取り扱いがない場合がございます。詳細はファミマプリント（http://fp.famima.com/）をご確認ください。
UD FONT	見やすく読みまちがえにくいユニバーサルデザインフォントを採用しています。

2024年度 神奈川県公立高等学校 学力検査受検状況(全日制)

【普 通 科】

学校名	募集定員	受検者数	合格者数	受験後取消数	競争率
鶴見	319	406	319	3	1.26
横浜翠嵐	359	746	361	33	1.98
城郷	239	342	239	2	1.42
港北	319	415	319	8	1.28
新羽	399	475	399	1	1.19
岸根	319	421	319	2	1.31
霧が丘	319	392	319	1	1.23
白山	239	270	239	0	1.13
市ケ尾	399	471	399	8	1.16
元石川	359	500	359	3	1.38
川和	319	393	319	11	1.20
荏田	399	471	399	2	1.18
新栄	352	438	352	3	1.24
希望ケ丘	359	480	359	5	1.32
旭	319	390	319	1	1.22
松陽	319	363	319	2	1.13
瀬谷	319	362	319	2	1.13
横浜平沼	319	429	319	7	1.32
光陵	279	359	279	5	1.27
保土ケ谷	239	313	239	1	1.31
舞岡	319	354	319	1	1.11
上矢部	239	267	239	0	1.12
金井	319	366	319	5	1.13
横浜南陵	239	380	239	2	1.58
永谷	199	91	91	0	1.00
柏陽	319	438	319	10	1.34
横浜緑ケ丘	279	441	279	4	1.57
横浜立野	239	351	239	3	1.46
氷取沢	359	426	359	3	1.18
新城	269	375	269	4	1.38
住吉	359	459	359	3	1.27
川崎北	279	321	279	3	1.14
多摩	279	444	279	13	1.54
生田	359	464	359	2	1.29
百合丘	359	390	359	0	1.09
生田東	319	380	319	1	1.19
菅	279	302	279	0	1.08
麻生	319	340	319	1	1.06
横須賀	279	399	279	7	1.41
横須賀大津	279	328	279	1	1.17
追浜	279	341	279	0	1.22
津久井浜	239	268	239	0	1.12
逗子葉山	319	413	319	0	1.29
鎌倉	319	481	319	2	1.50
七里ガ浜	359	517	359	0	1.44
大船	399	487	399	6	1.21
深沢	199	217	199	0	1.09
湘南	359	577	360	10	1.58
藤沢西	319	416	319	3	1.29
湘南台	239	277	242	1	1.14
茅ケ崎	319	391	319	0	1.23
茅ケ崎北陵	279	367	279	1	1.31
鶴嶺	384	469	384	0	1.22
茅ケ崎西浜	359	447	359	0	1.25
寒川	279	152	150	2	1.00
平塚江南	319	391	319	9	1.20
高浜	232	248	232	2	1.06
大磯	249	350	279	2	1.25
二宮	239	251	239	0	1.05
秦野	359	382	359	2	1.06
秦野曽屋	279	292	279	0	1.05
伊勢原	229	274	229	0	1.20
伊志田	269	308	269	0	1.14
小田原東	119	99	99	0	1.00
西湘	309	361	315	3	1.14
足柄	239	231	229	2	1.00
山北	199	195	195	0	1.00
厚木	359	500	359	6	1.38
厚木王子	199	212	199	0	1.07
厚木北	239	240	239	0	1.00
厚木西	239	249	239	1	1.04
海老名	399	483	399	5	1.20
有馬	319	376	319	1	1.18
愛川	184	131	131	0	1.00
大和	279	398	279	2	1.42
大和南	309	325	309	1	1.05
大和西	279	316	279	0	1.13
座間	279	361	280	0	1.29
綾瀬	319	344	319	2	1.07
綾瀬西	319	330	319	0	1.03
麻溝台	359	413	359	1	1.15
上鶴間	379	331	279	0	1.19
上溝	239	293	243	0	1.21
相模原	279	345	279	2	1.23
上溝南	359	391	359	0	1.09
橋本	269	316	269	2	1.17
相模田名	279	342	279	0	1.23
津久井	159	87	87	0	1.00
横浜市立桜丘	318	436	318	3	1.36
横浜市立南	38	57	38	3	1.42
横浜市立金沢	318	408	318	8	1.26
川崎市立橘	198	234	198	1	1.18
川崎市立高津	278	429	278	2	1.54
川崎市立幸	118	168	118	0	1.42

【普通科　クリエイティブスクール】

学校名・学科名		募集定員	受検者数	合格者数	受験後取消	競争率
田奈		159	72	72	0	1.00
釜利谷		239	167	167	0	1.00
横須賀南		119	110	110	0	1.00
大井		79	78	78	0	1.00
大和東		239	251	239	0	1.05

【農業に関する学科】

学校名・学科名		募集定員	受検者数	合格者数	受験後取消	競争率
平塚農商	都市農業	39	36	38	1	0.92
	都市環境※	39	42	39	0	1.08
	食品科学	39	45	39	0	1.15
	農業総合	39	44	39	0	1.13
相原	畜産科学	39	53	39	0	1.36
	食品科学	39	47	39	0	1.21
	環境緑地	39	46	39	0	1.18
中央農業	園芸科学※	79	58	64	0	0.91
	畜産科学	39	51	39	0	1.31
	農業総合※	79	72	76	1	0.93

【工業に関する学科】

学校名・学科名		募集定員	受検者数	合格者数	受験後取消	競争率
神奈川工業	機械	79	96	80	0	1.20
	建設	79	90	80	1	1.11
	電気	119	128	120	1	1.06
	デザイン	39	53	40	0	1.33
商工	総合技術	119	120	119	0	1.01
磯子工業	機械	79	54	54	0	1.00
	電気	79	65	65	0	1.00
	建設	39	33	32	1	1.00
	化学	39	14	14	0	1.00
川崎工科	総合技術	239	190	189	1	1.00
向の岡工業	機械	79	62	61	1	1.00
	建設	79	57	57	0	1.00
	電気	79	73	73	0	1.00
横須賀工業	機械	79	70	70	0	1.00
	電気	79	72	72	0	1.00
	建設	39	39	39	0	1.00
	化学	39	24	24	0	1.00
平塚工科	総合技術	239	157	157	0	1.00
藤沢工科	総合技術	239	192	191	0	1.01
小田原城北工業	機械	39	36	36	0	1.00
	建設	39	18	18	0	1.00
	電気	39	37	37	0	1.00
	デザイン	39	27	27	0	1.00
川崎市立川崎総合科学	情報工学	39	57	39	4	1.36
	総合電気※	39	36	39	0	0.92
	電子機械※	39	30	35	1	0.83
	建設工学	39	44	39	0	1.13
	デザイン	39	45	39	0	1.15

【商業に関する学科】

学校名・学科名		募集定員	受検者数	合格者数	受験後取消	競争率
商工	総合ビジネス	119	124	119	0	1.04
平塚農商	総合ビジネス	159	163	159	0	1.03
小田原東	総合ビジネス	119	66	66	0	1.00
相原	総合ビジネス	119	156	119	0	1.31

学校名・学科名		募集定員	受検者数	合格者数	受験後取消	競争率
厚木王子	総合ビジネス	159	174	159	1	1.09
横浜市立横浜商業	商業	199	235	199	2	1.17
	スポーツマネジメント	39	54	39	0	1.38
川崎市立幸	ビジネス教養	118	140	118	0	1.19

【水産に関する学科】

学校名・学科名		募集定員	受検者数	合格者数	受験後取消	競争率
海洋科学	船舶運航	39	42	39	0	1.08
	水産食品※	39	17	19	0	0.89
	無線技術※	39	28	32	0	0.88
	生物環境	39	44	39	0	1.13

【家庭に関する学科】

学校名・学科名		募集定員	受検者数	合格者数	受験後取消	競争率
川崎市立川崎	生活科学	39	44	39	0	1.13

【看護に関する学科】

学校名・学科名		募集定員	受検者数	合格者数	受験後取消	競争率
二俣川看護福祉	看護	79	68	68	0	1.00

【福祉に関する学科】

学校名・学科名		募集定員	受検者数	合格者数	受験後取消	競争率
二俣川看護福祉	福祉	79	45	45	0	1.00
横須賀南	福祉	79	43	43	0	1.00
津久井	福祉	39	8	8	0	1.00
川崎市立川崎	福祉	39	33	32	1	1.00

【理数に関する学科】

学校名・学科名		募集定員	受検者数	合格者数	受験後取消	競争率
川崎市立川崎総合科学	科学	39	41	39	2	1.00

【体育に関する学科】

学校名・学科名		募集定員	受検者数	合格者数	受験後取消	競争率
厚木北	スポーツ科学	39	36	36	0	1.00
川崎市立橘	スポーツ	39	56	39	0	1.44

【美術に関する学科】

学校名・学科名		募集定員	受検者数	合格者数	受験後取消	競争率
白山	美術	39	45	39	1	1.13
上矢部	美術	39	43	39	0	1.10

【国際に関する学科】

学校名・学科名		募集定員	受検者数	合格者数	受験後取消	競争率
横浜市立横浜商業	国際学	35	53	35	0	1.51
川崎市立橘	国際	39	63	39	1	1.59

※印の学科の合格者数は、第2希望による合格者を含む。

◇単 位 制

【普通科】

学校名・学科名（コース）	募集定員	受検者数	合格者数	受験後取消	競争率
神奈川総合（個性化）	119	182	119	1	1.52
（国際文化）	89	116	89	2	1.28
横浜旭陵 普通	232	209	208	1	1.00
横浜緑園 普通	279	359	279	3	1.28
横浜桜陽 普通	270	285	270	3	1.04
横浜清陵 普通	266	398	266	1	1.49
横浜栄 普通	319	401	319	0	1.26
川崎 普通	223	294	223	0	1.32
大師 普通	229	201	200	1	1.00
三浦初声 普通	199	130	130	0	1.00
藤沢清流 普通	279	326	279	0	1.17
平塚湘風 普通	199	187	184	3	1.00
小田原 普通	319	420	319	6	1.30
厚木清南 普通	230	273	230	0	1.19
相模原城山 普通	279	330	279	0	1.18
相模原弥栄 普通	184	216	184	0	1.17
横浜市立東 普通	268	322	268	5	1.18
横浜市立戸塚（一般）	279	361	279	2	1.29

【普通科専門コース】

学校名・学科名（コース）	募集定員	受検者数	合格者数	受験後取消	競争率
横浜市立戸塚（音楽）	39	44	39	0	1.13

【総合学科】

学校名・学科名	募集定員	受検者数	合格者数	受験後取消	競争率
鶴見総合 総合学科	219	263	219	1	1.20
金沢総合 総合学科	279	353	279	0	1.27
麻生総合 総合学科	190	86	85	1	1.00
藤沢総合 総合学科	272	317	272	0	1.17
秦野総合 総合学科	239	239	239	0	1.00
座間総合 総合学科	229	255	229	1	1.11
横浜市立みなと総合 総合学科	232	343	232	1	1.47
横須賀市立横須賀総合 総合学科	320	421	321	3	1.30

【農業に関する学科】

学校名・学科名（コース）	募集定員	受検者数	合格者数	受験後取消	競争率
三浦初声 都市農業	39	21	21	0	1.00
吉田島 都市農業	39	29	29	0	1.00
食品加工	39	31	31	0	1.00
環境緑地	39	27	27	0	1.00

【家庭に関する学科】

学校名・学科名	募集定員	受検者数	合格者数	受験後取消	競争率
吉田島 生活科学	39	37	37	0	1.00

【理数に関する学科】

学校名・学科名	募集定員	受検者数	合格者数	受験後取消	競争率
横浜市立横浜サイエンスフロンティア 理数	158	256	158	5	1.59

【体育に関する学科】

学校名・学科名	募集定員	受検者数	合格者数	受験後取消	競争率
相模原弥栄 スポーツ科学	79	89	80	0	1.11

【音楽に関する学科】

学校名・学科名	募集定員	受検者数	合格者数	受験後取消	競争率
相模原弥栄 音楽	39	47	39	0	1.21

【美術に関する学科】

学校名・学科名	募集定員	受検者数	合格者数	受験後取消	競争率
相模原弥栄 美術	39	48	39	0	1.23

【国際関係に関する学科】

学校名・学科名	募集定員	受検者数	合格者数	受験後取消	競争率
横浜国際 国際科※	139	174	139	2	1.24
（国際バカロレア）	20	28	22	0	1.27

※国際科は，国際バカロレアコースを除く。
※国際科の合格者数は，第2希望による合格者を含む。

【総合産業に関する学科】

学校名・学科名	募集定員	受検者数	合格者数	受験後取消	競争率
神奈川総合産業 総合産業	239	258	239	3	1.07

【舞台芸術に関する学科】

学校名・学科名	募集定員	受検者数	合格者数	受験後取消	競争率
神奈川総合 舞台芸術	30	44	30	0	1.47

数学　出題傾向の分析と合格への対策

出題傾向とその内容

〈最新年度の出題状況〉

出題数は，大問が6問，小問数にして25問であり，記述形式の問題はなかった。

出題内容は，**問1**は数・式の計算，平方根，**問2**は連立方程式，二次方程式，関数$y=ax^2$，不等式，球の体積，式の値，**問3**は相似の証明，データの活用，線分の長さ，方程式の応用，**問4**は図形と関数・グラフの問題で，2点を通る直線の式や2つの三角形の面積比の条件を満たす点の座標を求める問題，**問5**は確率の問題，**問6**は空間図形の問題で，展開図から，体積，最短の長さを求める問題であった。

〈出題傾向〉

平成30年度より，解答がマークシート方式に変更になった(全体の7～8割)。大問数は昨年度と同様で，出題内容にも大きな変化はなかった。

問1では，数・式の計算，有理化をふくむ平方根の計算が毎年出題されている。**問2**，**3**では，式の展開，因数分解，不等式，二次方程式，一次関数の利用，関数$y=ax^2$の変域・変化の割合，データの活用，平面図形の証明・計量・角度の問題が出題されている。証明問題は，6年続けて選択式であった。**問1～3**では，教科書を中心とした基礎的な学力が求められている。**問4**は，関数のグラフと図形の融合問題で，2点を通る直線の式を求める問題や面積比・線分比を求める問題がよく出題されている。**問5**は，操作をするときの確率の問題が出題されている。**問6**では，空間図形の問題が出題されている。ここでは，三平方の定理などを利用して，距離や面積，体積を求める問題がよく出題されている。**問6**では，図形に対する応用力が身についているかが試されている。

来年度の予想と対策

選択式に加えて，一昨年度より，数値をマークする形式の問題が新たに出題されるようになった。マークミスをしないように，事前に練習をしておきたい。また，全体的には，来年度も基礎的，基本的な問題から応用問題まで幅広く出題されると考えられる。

対策としては，まず，**問1～問3**の小問群を確実に解けるように，教科書を使って，中3の内容を中心に単元別にマスターしよう。苦手な分野は時間をたっぷりかけて取り組もう。次に，基礎が固まったら，標準レベルの入試問題で演習を重ねよう。パターンをつかむまで反復練習することが大切である。**問4**以降では，平面図形や空間図形，図形と関数・グラフの融合問題への対応に取り組んでおきたい。平面図形・空間図形では，三平方の定理，円の性質，合同・相似などを自在に使いこなせるようにしておくことが大切である。解答を導き出す過程で，複雑な計算を必要とする場合があるので，短い時間で正しい答えを出せる力を身に付けておきたい。

⇨学習のポイント

- 教科書を中心に基礎を固めよう。
- 複雑な計算に対応できる計算力を身に付けよう。

年度別出題内容の分析表　数学

※☆印は新傾向の出題／░は出題範囲縮小の影響がみられた内容

出題内容			27年	28年	29年	30年	2019年	2020年	2021年	2022年	2023年	2024年
数と式		数の性質		○	○	○		○	○		○	○
		数・式の計算	○	○	○	○	○	○	○	○	○	○
		因数分解	○	○	○	○	○	○	○	○	○	○
		平方根	○	○	○	○	○	○	○	○	○	○
方程式・不等式		一次方程式						○		○		○
		二次方程式	○	○	○	○	○	○	○	○	○	○
		不等式				○	○		○			○
		方程式の応用	☆	○			○	○	○	○	○	○
関数		一次関数	○	○	○	○	○	○	○	○	○	○
		関数 $y=ax^2$	○	○	○	○	○	○	○	○	○	○
		比例関数						○				
		関数とグラフ	○	○	○	○	○	○	○	○	○	○
		グラフの作成		○								
図形	平面図形	角度	○			○	○	○	○	○	○	○
		合同・相似	☆	☆	☆	☆	○	○	○	○	○	○
		三平方の定理					○	○		○		○
		円の性質	○	○	○	○	○	○	○	○	○	○
	空間図形	合同・相似	○			○	○	○		○	○	○
		三平方の定理	○	○	○	○	○	○	○	○	○	○
		切断										
	計量	長さ	○	○	○	○	○	○	○	○	○	○
		面積		○		○	○	○	○	○	○	
		体積	○		○	○		○	○	○		○
		証明	☆	☆	☆	☆	○	○	○	○	○	○
		作図										
		動点										
データの活用		場合の数										
		確率	○	○	○	○	○	○	○	○	○	○
		資料の散らばり・代表値(箱ひげ図を含む)	○	○	○	○		○	○	○	○	○
		標本調査					○		░			
融合問題		図形と関数・グラフ	○	○	○	○	○	○	○	○	○	○
		図形と確率		○								
		関数・グラフと確率										
		その他										
その他												

— 神奈川県公立高校 —

英語 出題傾向の分析と合格への対策

出題傾向とその内容

〈最新年度の出題状況〉

本年度の大問構成は，リスニングが1題，語句問題が1題，文法問題が2題，条件英作文が1題，長文問題が1題，短文問題が1題，そして，対話文問題が1題の8題で前年度と同様であった。小問数も合計27題で，前年と変化はなかった。

リスニング問題は，対話の最後に適文を補充するもの，対話を聞いて英語の質問の答えを選ぶもの，まとまりのある英文を聞いてから，ワークシートの空所に適する語句を選ぶ問題と英語の質問の答えを選ぶものであった。

語句問題は，数年前からの傾向として，英文に対応する日本語がなくなり，英文の意味を考えて空所に適する単語を選ばせるものであった。文法問題は適語選択と語句の並べ換えが出題された。語句の並べ換え問題は，不要な語(一語)を見抜いて英文にし，3番目と5番目に来る語を答える形式である。英作文は前年度と同様，1題のみである。与えられた情報を正確に読み取った上で，条件をヒントにし，後の返答に合う疑問文を作る問題であった。反答が Twice「2回」なので，頻度をきく疑問文だと想定しやすい問題だった。

長文問題の小問は全て英文の内容に関するもので，2つのグラフの特徴をつかんだ上での適文の選択，適切な文の挿入，内容真偽などが出題された。短文問題は2題で対話文と地図，記事とポスターの組合わせで，英問英答と適語補充形式であった。大問8の対話文問題は英文量が多く，グラフの正確な読み取りが求められたほか，適切な英文の挿入，内容真偽が出題された。

文法・語句の知識と読解力，英作文力など，総合的な英語力が必要とされる出題であった。

〈出題傾向〉

全体的に英文量が多く，より高度な読解力・表現力が求められようになった。

リスニングの(ウ)は2問目がメッセージ全体を理解してメッセージの目的として適する文を選択する問題になっている。文法に関する語句問題，語句の並べ換え問題は前年度と同様の形式であった。英作文は，条件をヒントにして，場面に適切な内容の英文を書くものである。

読解問題では，情報や条件の整理が求められる読解や，場面や話の流れを正確に理解しているか試す対話文読解など，バラエティに富んだ出題がされた。また，インストラクチャーやディスカッションイベントなど，あまりなじみのない言葉が出てきたが，落ち着いて全体の意味をとらえるようにしよう。

来年度の予想と対策

思考力，判断力，表現力等が要求される傾向は，今後も強まると予想される。基礎的・基本的知識が問われることは変わらないと思われるが，その知識を活用する力，情報をすばやく整理する力や思考力が今後も求められるだろう。具体的には，グラフや図表，情報のやりとりをともなう読解問題，英作文で，場面を理解して表現する力を試す問題などが今後も出題されると考えられる。

まずは教科書中の単語や重要文法をしっかり習得しよう。いろいろな種類の長文にも取り組み，読解力を高めておくこと。

⇨学習のポイント

- 単語，文法事項はすべて確実に身につけておこう。それは，読解力養成の第一歩でもある。
- 英作文問題や，長めの読解問題に数多く取り組もう。
- 出題形式の変化にとまどわないように，いろいろな種類の問題演習をしておこう。

年度別出題内容の分析表　英語

※☆印は新傾向の出題／▒▒▒は出題範囲縮小の影響がみられた内容

出題内容			27年	28年	29年	30年	2019年	2020年	2021年	2022年	2023年	2024年
設問形式	リスニング	絵・図・表・グラフなどを用いた問題				☆	☆	☆	☆	☆	☆	☆
		適文の挿入	○	○	○	○	○	○	○	○	○	○
		英語の質問に答える問題	○	○	○	○	○	○	○	○	○	○
		英語によるメモ・要約文の完成	☆	☆	☆	☆	☆	☆	☆	☆	☆	☆
		日本語で答える問題										
		書き取り										
	語い	単語の発音										
		文の区切り・強勢										
		語句の問題	☆	☆	☆	☆	☆	☆	☆	☆	☆	☆
	読解	語句補充・選択（読解）	○	○	○	○	○	○	○	○	○	○
		文の挿入・文の並べ換え	○	○	○	○	○	○	○	○	○	○
		語句の解釈・指示語							○			
		英問英答（選択・記述）	○	○	○	○	○	○	○	○	○	○
		日本語で答える問題										
		内容真偽	○	○	○	○	○	○	○	○	○	○
		絵・図・表・グラフなどを用いた問題	○	○	○	○	○	○	○	○	○	○
		広告・メール・メモ・手紙・要約文などを用いた問題	○	○	○	○	○	○	○	○	○	○
	文法	語句補充・選択（文法）	○	○	○	○	○	○	○	○	○	○
		語形変化	○	○	○		○	○	○		○	
		語句の並べ換え	○	○	☆	☆	☆	☆	☆	☆	☆	☆
		言い換え・書き換え										
		英文和訳										
		和文英訳										
		自由・条件英作文	☆	☆	☆	☆	☆	☆	☆	☆	☆	☆
文法事項		現在・過去・未来と進行形	○	○	○	○	○	○	○	○	○	○
		助動詞	○	○	○		○	○	○	○	○	○
		名詞・冠詞・代名詞	○	○		○	○	○	○	○	○	○
		形容詞・副詞	○	○	○	○	○	○	○	○	○	○
		不定詞	○	○	○	○	○	○	○	○	○	○
		動名詞	○	○	○	○	○	○	○	○	○	○
		文の構造（目的語と補語）	○	○	○	○	○	○	○	○	○	○
		比較	○	○	○	○	○	○	○	○	○	○
		受け身	○	○		○	○	○	○	○	○	○
		現在完了	○	○	○	○	○	○	○	○	○	○
		付加疑問文										
		間接疑問文	○	○	○	○	○			○	○	
		前置詞	○	○	○		○	○	○	○	○	○
		接続詞	○	○	○		○	○	○	○	○	○
		分詞の形容詞的用法	○	○	○	○	○		○		○	○
		関係代名詞	○	○	○	○	○	○		○	○	○
		感嘆文										
		仮定法										

理科　出題傾向の分析と合格への対策

出題傾向とその内容

〈最新年度の出題状況〉

今年も，小問集合の前半4題，大問の後半4題ともに物理・化学・生物・地学の各領域から1題ずつ出題された。電流が磁界から受ける力と電流がつくる磁界・音の振幅と振動数，発光ダイオードの実験の考察で科学的思考力が試された。化学では，中和実験でイオン数の変化と粒子モデルの考察，中和で生じた塩の水溶液の濃度を2つの実験結果のグラフから求める設問があり，地学では，空気中の水蒸気量，温暖／寒冷前線通過に伴う気象や前線の移動位置の予想で，データの分析力・判断力・活用能力，科学的思考力が試された。メンデルの実験の規則性を活用し子の毛の色から親のもつ遺伝子の特定や，2種類の形質が同時に遺伝する場合の考察で，科学的に探究する力が試された。

〈出題傾向〉

前半4題は，各々の領域について，異なる単元からの小問が組み合わさった問題である。選択式ではあるが，各領域の基礎的・基本的な必須内容で，実験方法なども出題される。後半4題は，各々の領域で，テーマをいくつかの実験や観察から調べていきデータ(資料)をもとに考察し結論を得て総合的に活用して解く問題である。探究の道すじ重視の傾向は，来年以降も続くと思われる。

今年の小問は光の屈折，輪軸，作用・反作用の法則，溶解度，化学反応と分子モデル，ダニエル電池，植物の分類，生物と細胞，だ液の消化，しゅう曲，月と金星と火星，太陽光発電パネルであった。

物理的領域　大問では，6年は電流が磁界から受ける力と音の振幅と振動数と発光ダイオードの実験，5年は電流が磁界から受ける力による金属棒の運動やエネルギーの変換効率，4年は凸レンズによる実像と虚像の作図やグラフ，3年は水平な面上や斜面上の台車をおもりで引く運動であった。

化学的領域　大問では，6年は中和実験でイオン数の変化と粒子モデル・塩の水溶液の濃度，塩酸の電気分解，5年は炭素による酸化銅の還元実験で化学変化の規則性，4年は金属のイオン化傾向の比較実験，ダニエル電池，3年は溶解度と物質の区別・結晶の析出方法と水溶液の濃度であった。

生物的領域　大問では，6年は分離の法則，親の遺伝子の特定，2つの形質の同時遺伝，5年は対照実験での蒸散と光合成から気孔のはたらき，4年はタンパク質の消化実験の対照実験や仮説の検証実験の設定，3年は卵細胞の染色体と遺伝子，メンデルの実験で優性形質の見分けであった。

地学的領域　大問では，6年は，温暖前線・寒冷前線の移動と各地の気象の変化，空気中の水蒸気量，5年は地層のでき方・しゅう曲・断層・柱状図，4年は日周運動と年周運動による星の見え方，北緯と北極星の高度，3年は天気図と雲画像から冬の気象や前線，空気中の水の変化と川霧であった。

来年度の予想と対策

基礎的理解力と並び，大問では，内容を深く追究しながら探究の過程を歩ませる出題があり，実験・結果・考察さらに一歩進んだ仮説の設定や検証実験の方法についての出題もある。図表・グラフ等の活用問題では分析力，判断力，応用力が求められ，科学的に探究する能力が試される。

教科書を丁寧に復習し，基礎的な用語は正しく理解しよう。日頃の授業では，仮説，目的，方法，結果，考察などの探究の過程で「なぜか」を意識して，実験や観察，実習に積極的に取り組もう。実験・観察結果は図や表，グラフ化など分かり易く表現し，記録しよう。考察は結果に基づいて自分で文章を書く習慣を身につけよう。生じた疑問は，さらに仮説をたて，検証実験などをして調べよう。

⇨学習のポイント

- 過去問題を多く解き，「何を問われるのか，どんな答え方をすればよいのか」を把握しておこう。
- 選択問題は，問題文を読み解いて分析し，判断する力が求められる。自力で解いてから，選択。
- 教科書は図，表，応用発展，資料が全てテスト範囲。確かな基礎・基本と応用問題への挑戦!!

年度別出題内容の分析表　理科

※★印は大問の中心となった単元，☆印は新傾向の出題／　　は出題範囲縮小の影響がみられた内容

分野	学年	出題内容	27年	28年	29年	30年	2019年	2020年	2021年	2022年	2023年	2024年
第一分野	第1学年	身のまわりの物質とその性質	○	○		○	○	○				
		気体の発生とその性質			○		○	○			○	
		水溶液		★☆					★☆	○	○	○
		状態変化			○			☆	○	○		
		力のはたらき（2力のつり合いを含む）	○	○	○	○	○	☆			○	
		光と音	☆	○	○	○	☆	★☆	○	★☆	○	○
	第2学年	物質の成り立ち			○	☆	○	○	○			
		化学変化，酸化と還元，発熱・吸熱反応	○	○	○	○	○	○	○	☆	○	
		化学変化と物質の質量	☆		★☆		★☆	○		○	★	○
		電流（電力，熱量，静電気，放電，放射線を含む）	○	○	☆	★☆	○		☆	☆	○	○
		電流と磁界	★☆					○			★	★
	第3学年	水溶液とイオン，原子の成り立ちとイオン			○			★☆		○		○
		酸・アルカリとイオン，中和と塩	★☆		☆		☆				○	★
		化学変化と電池，金属イオン		☆		★☆			☆	★☆		○
		力のつり合いと合成・分解（水圧，浮力を含む）	○	★☆		☆	★☆		○			○
		力と物体の運動（慣性の法則を含む）	○		★☆				★☆		○	
		力学的エネルギー，仕事とエネルギー		☆	○	○		○		○	○	○
		エネルギーとその変換，エネルギー資源	○				○	○			○	
第二分野	第1学年	生物の観察と分類のしかた			○							
		植物の特徴と分類	○				☆		☆		○	○
		動物の特徴と分類	○			○		☆				
		身近な地形や地層，岩石の観察									○	○
		火山活動と火成岩	○				○		○			
		地震と地球内部のはたらき			★☆	○	☆	○	○		○	
		地層の重なりと過去の様子	○	○	○	○		○		☆	★	○
	第2学年	生物と細胞（顕微鏡観察のしかたを含む）		○			○		○		○	○
		植物の体のつくりとはたらき		★☆	☆	★☆		○		☆	★	
		動物の体のつくりとはたらき	☆		○	☆	★☆	★☆	○	★☆	○	○
		気象要素の観測，大気圧と圧力	○	○						○		
		天気の変化	★☆	○	☆	★☆	○	☆	★☆	○	○	★
		日本の気象	☆	☆		○			○			
	第3学年	生物の成長と生殖	○	☆	○			○	○	○	○	○
		遺伝の規則性と遺伝子	★☆			○			★☆		○	★
		生物の種類の多様性と進化	○									
		天体の動きと地球の自転・公転	○	○		☆	★☆	★☆	☆	★☆	○	○
		太陽系と恒星，月や金星の運動と見え方	○	★☆	○			○				○
		自然界のつり合い			★☆		○			○		
自然の環境調査と環境保全，自然災害					○	○						
科学技術の発展，様々な物質とその利用			○				○					
探究の過程を重視した出題			○	○	○	○	○	○	○	○	○	○

―神奈川県公立高校―

社会 出題傾向の分析と合格への対策

出題傾向とその内容

〈最新年度の出題状況〉

本年度の出題数は，大問7題，小問34題であった。解答形式は，記号選択のみである。大問は，世界地理1題，日本地理1題，歴史2題，公民2題，総合問題1題である。小問数は各分野のバランスがほぼとれており，内容的には細かい知識を問う問題はなく，基礎・基本の定着と，資料を活用する力を試す総合的な問題が出題の中心となっている。

地理的分野では，略地図を中心に表・グラフといった統計資料を用い，諸地域の特色・貿易・気候などが問われている。歴史的分野では，文章・写真・略年表などをもとに，日本の歴史を通史の形で問う内容である。公民的分野では，図や資料を読み取る形で政治・経済分野の基礎知識を問うものとなっている。

〈出題傾向〉

地理的分野では，地形図・統計資料・グラフなどを読み取らせることで，知識の活用の程度を確認している。また，統計資料やグラフの読み取りなどを通して，総合的に説明する力の確認もしていると言えるだろう。

歴史的分野では，テーマ別の資料を用いる形で出題することにより，歴史の流れの把握状況を確認している。また，資料の読み取りなどを通して，知識の暗記だけでなくさまざまな出来事や現象を俯瞰で見る力の確認も目指していると言えるだろう。

公民的分野では，政治・経済を軸にして，今日の日本や国際社会に対する理解の程度を問い，基礎知識を幅広く問う内容となっている。

来年度の予想と対策

今年度と同様に，基礎的なものを中心に，資料を活用させる問題が出題されると思われる。また，本年度は出題されなかったが，長文による記述が出題されることもあるので，自分の考えを80～100字程度の文章にまとめる練習をしておくことが大切である。

地理的分野では，各種統計資料や地形図を読み取る力を鍛えることが必要である，地図を見るときには，都道府県や各国の位置を理解することと併せて，日本や世界の諸地域の特色を，自然・生活・産業・貿易などの面から理解することも大切である。

歴史的分野では，各時代の特色を歴史全体の流れと結び付けて把握することが必要である。その際に，各種資料と関連付けていくことで，さらに理解を深めることが出来るはずである。また，歴史上の出来事の起こった地域を地図で確認する作業も必要である。

公民的分野では，基本的用語の理解を徹底することが必要である。また，新聞・ニュースなどで政治・経済の動きや，時事的な内容にも注目しておくことも重要になると言えるだろう。

⇨学習のポイント

- 地理では各種統計資料・地形図に慣れておこう！
- 歴史ではテーマごとの資料にたくさん触れよう！
- 公民では経済ニュースと知識を結び付けよう！

年度別出題内容の分析表　社会

※☆印は新傾向の出題／　　は出題範囲縮小の影響がみられた内容

分野	区分	出題内容	27年	28年	29年	30年	2019年	2020年	2021年	2022年	2023年	2024年
地理的分野	日本	地形図の見方	○	○	○	○	○	○	○	○	○	○
		日本の国土・地形・気候	○	○	○	○		○	○		○	○
		人口・都市	○					○		○	○	○
		農林水産業	○	○	○	○			○	○		
		工業		○	○							
		交通・通信	○									
		資源・エネルギー		○			○					
		貿易				○	○					
	世界	人々のくらし・宗教				○					○	○
		地形・気候	○	○	○	○	○	○	○	○	○	○
		人口・都市	○				○	○	○	○	○	
		産業		☆	○	○	○	○	○	○	○	
		交通・貿易	○	☆		○	○	○	○	○	○	○
		資源・エネルギー								○		○
	地理総合											
歴史的分野	日本史—時代別	旧石器時代から弥生時代	○			○	○		○	○	○	
		古墳時代から平安時代	○	○	○	○	○	○	○	○	○	○
		鎌倉・室町時代	○	○	○	○	○	○	○	○	○	○
		安土桃山・江戸時代	○	○	○	○	○	○	○	○	○	○
		明治時代から現代	☆	○	☆	○	○	○	○	○	○	○
	日本史—テーマ別	政治・法律	☆	○	○	○	○	○	○	○	○	○
		経済・社会・技術	○	○	☆	○	○	○	○	○	○	○
		文化・宗教・教育	○	○	○	○	○	○	○	○	○	○
		外交	○	○	○	○	○	○	○	○	○	○
	世界史	政治・社会・経済史						○		○	○	○
		文化史					○					
		世界史総合										
	歴史総合											
公民的分野		憲法・基本的人権	○	○	○	○	○	○	○	○	○	○
		国の政治の仕組み・裁判	○	○	○	○	○	○	○	○	○	○
		民主主義										
		地方自治	○	○		○		○	○	○		
		国民生活・社会保障	☆	☆	○	○	○	○	○	○	○	○
		経済一般	○	○	○	○	○	○	○	○	○	○
		財政・消費生活	○	○	○	○	○	○	○	○	○	○
		公害・環境問題					○				○	
		国際社会との関わり		○	○	○	○	○		○	○	○
時事問題												
その他					☆				○	○		

—神奈川県公立高校—

国語　出題傾向の分析と合格への対策

出題傾向とその内容

〈最新年度の出題状況〉

短歌を含む知識問題，小説の読解問題，論説文の読解問題，古文の読解問題，複数の文章の内容をまとめる問題という，5大問で構成されている。小問数は30問であった。

問一は，漢字・短歌が出題された。漢字は，読み書きとも選択式で出題されている。

問二は，小説の読解問題。登場人物の心情や文章の内容理解を問う問題のほか，朗読のしかたに関するものが見られた。

問三は，論説文の読解問題で，内容理解に関する問題を中心に，語句や文法についても出題された。

問四は，古文の読解問題。登場人物の心情や内容一致など，内容理解の問題を中心に構成された。

問五は，「AIとの関わり方」について考えるための二つの文章が示され，選択問題と，条件を満たした文を25～35字で書く記述問題が出題された。文章の内容を的確に読み取り，簡潔にまとめる力が求められる。

〈出題傾向〉

漢字の読み書きと文法に関する問題，および韻文は必出と考えてよいだろう。

小説は，登場人物の心情理解が中心。特徴的なのが，朗読方法を考えさせる問題である。話の流れを正確につかんだうえで，発話者の心情を読み取る力が必要だ。

論説文は内容理解が中心。キーワードに注意して文章全体を正しく読み取る力が問われる。

古文は，やや長めの文章が扱われることが多く，内容理解が中心である。

複数の文章の内容や，資料を読み取る力も問われる。内容を理解するだけでなく，条件に合わせてまとめる力を必要とするものが出題されている。

来年度の予想と対策

来年度以降も，基本的な問題構成は変わらないと思われる。読解力のみならず，記述力も身につけておく必要があるだろう。

漢字・語句・文法などは教科書を徹底的に活用して，確実な知識を身につけておこう。

文学的文章は小説を重点的に，登場人物の心情をとらえることを心がけよう。

説明的文章は論説文を中心に学習し，文章の流れをふまえて内容を読み取る訓練をしておくとよい。

古文は教科書を軸とした学習でよいが，多くの作品に接して独特の表現に慣れることが大切。

資料を用いた発表の文章や記録文など，さまざまな種類の問題文にも触れておく必要がある。文章や資料から読み取れることなどを書きまとめる練習をするとよいだろう。

また，短歌や俳句も出題されている。形式や表現技法などの基本的知識を身につけ，表現されている内容を読み取る力をつけておこう。

⇨学習のポイント

- 多くの読解問題に取り組み，問題に慣れよう。
- 条件に従って文をまとめる練習に取り組もう。

年度別出題内容の分析表　国語

※ 　 は出題範囲縮小の影響がみられた内容

		出題内容	27年	28年	29年	30年	2019年	2020年	2021年	2022年	2023年	2024年
内容の分類	読解	主題・表題										
		大意・要旨	○	○	○					○		
		情景・心情	○	○	○	○	○	○	○	○	○	○
		内容吟味	○	○	○	○	○	○	○	○	○	○
		文脈把握		○		○	○	○	○	○		
		段落・文章構成										
		指示語の問題			○						○	
		接続語の問題	○	○		○	○	○	○	○	○	○
		脱文・脱語補充	○	○	○	○	○	○	○	○	○	
	漢字・語句	漢字の読み書き	○	○	○	○	○	○	○	○	○	○
		筆順・画数・部首										
		語句の意味										
		同義語・対義語										○
		熟語									○	
		ことわざ・慣用句・四字熟語										
		仮名遣い										
	表現	短文作成										
		作文(自由・課題)										
		その他	○	○	○	○	○	○	○	○	○	○
	文法	文と文節										
		品詞・用法	○	○	○	○	○	○	○	○	○	○
		敬語・その他										
	古文の口語訳		○		○							
	表現技法・形式											
	文学史											
	書写											
問題文の種類	散文	論説文・説明文	○	○	○	○	○	○	○	○	○	○
		記録文・実用文										
		小説・物語・伝記	○	○	○	○	○	○	○	○	○	○
		随筆・紀行・日記										
	韻文	詩										
		和歌(短歌)		○		○		○		○		○
		俳句・川柳	○		○		○		○		○	
	古文		○	○	○	○	○	○	○	○	○	○
	漢文・漢詩											
	会話・議論・発表		○	○	○	○	○	○	○	○	○	
	聞き取り											

神奈川県公立高校難易度一覧

目安となる偏差値	公立高校名
75 ~ 73	
	横浜翠嵐
	湘南
72 ~ 70	柏陽
	厚木，川和，[市]横浜市立横浜サイエンスフロンティア(理数)，横浜緑ケ丘
69 ~ 67	相模原，多摩
	希望ケ丘
	小田原，神奈川総合(個性化／国際文化)，光陵，平塚江南，大和，横須賀
66 ~ 64	鎌倉，横浜平沼
	横浜国際(国際)
	[市]横浜市立金沢，茅ケ崎北陵，横浜国際(国際バカロレア)
63 ~ 61	市ケ尾，追浜
	海老名，[市]横浜市立桜丘
	生田，相模原弥栄，新城，秦野，[市]横浜市立南
60 ~ 58	大船，神奈川総合(舞台芸術)，座間，七里ガ浜，松陽，[市]横浜市立戸塚(一般)
	[市]川崎総合科学(科学)，港北，[市]横浜市立東，横須賀大津
	麻溝台，[市]川崎市立橘，藤沢西，横浜栄，[市]横浜市立横浜商業(国際学)
57 ~ 55	大磯，鶴見，元石川
	相模原弥栄(美術)，湘南台，西湘，[市]横浜市立みなと総合(総合)，[市]横浜市立戸塚(音楽)
	伊志田，相模原弥栄(音楽)，[市]川崎市立橘(国際)，鶴嶺，横浜瀬谷
54 ~ 51	相模原弥栄(スポーツ科学)，住吉，大和西，[市]横須賀市立横須賀総合(総合)，横浜氷取沢
	厚木王子，上溝南，岸根，茅ケ崎，[市]横浜市立横浜商業(商業)
	荏田，橋本，深沢
	有馬，金井，津久井浜，横浜清陵
50 ~ 47	麻生，神奈川総合産業(総合産業)，上溝，[市]川崎市立川崎総合科学(情報工学／総合電気／電子機械／建設工学／デザイン)，[市]川崎市立高津，藤沢清流，[市]横浜市立横浜商業(スポーツマネジメント)，横浜立野
	金沢総合(総合)，城郷，二俣川看護福祉(看護)，舞岡，百合丘
	厚木西，霧が丘，秦野曽屋，横浜南陵
	相原(食品科学)，旭，足柄，神奈川工業(機械／建設／電気／デザイン)，上矢部(美術)，川崎北，逗子葉山，藤沢総合(総合)
46 ~ 43	相原(畜産科学／環境緑地)，伊勢原，川崎，新栄，[市]川崎市立橘(スポーツ)
	相原(総合ビジネス)，綾瀬，生田東，上矢部，[市]川崎市立幸(普／ビジネス教養)，白山(美術)，横浜緑園
	上鶴間，[市]川崎市立川崎(生活科学／福祉)，座間総合(総合)，高浜，茅ケ崎西浜，新羽，大和南
	厚木北，相模田名，相模原城山，商工(総合技術／総合ビジネス)，中央農業(園芸科学／畜産科学／農業総合)，二宮，白山，二俣川看護福祉(福祉)，保土ケ谷，山北，横浜桜陽
42 ~ 38	小田原城北工業(機械／建設／電気／デザイン)，菅，平塚農商(都市農業／都市環境／食品科学／農業総合／総合ビジネス)，三浦初声
	厚木王子(総合ビジネス)，厚木北(スポーツ科学)，厚木清南，綾瀬西，磯子工業(機械／電気／建設／化学)，小田原東(普／総合ビジネス)，海洋科学(船舶運航／水産食品／無線技術／生物環境)，鶴見総合(総合)，秦野総合(総合)，吉田島(都市農業／食品加工／環境緑地／生活科学)
	麻生総合(総合)，川崎工科(総合技術)，寒川，大師，津久井(福祉)，永谷，藤沢工科(総合技術)，平塚工科(総合技術)，向の岡工業(機械／建設／電気)，横須賀工業(機械／電気／建設／化学)，横浜旭陵
	平塚湘風，三浦初声(都市農業)
	愛川，津久井
37 ~	

＊(　)内は学科・コースを示します。また，[市]は市立を意味します。

＊データが不足している高校，または学科・コースなどにつきましては掲載していない場合があります。

＊クリエイティブスクールの５校(田奈，釜利谷，横須賀南，大井，大和東)につきましては，掲載していません。

＊公立高校の入学者は，「学力検査の得点」のほかに，「調査書点」や「面接点」などが大きく加味されて選抜されます。上記の内容は想定した目安ですので，ご注意ください。

＊公立高校入学者の選抜方法や制度は変更される場合があります。また，統廃合による閉校や学校名の変更，学科の変更などが行われる場合もあります。教育委員会などの関係機関が発表する最新の情報を確認してください。

神奈川県公立高等学校

2024年度

★★★★★★★★★★★★★★★★★★★★★★★

入　試　問　題

2024年度

●くわしい解説……69ページ

＜数学＞

時間　50分　　満点　100点

【注意】 1 □ の中の「あ」「い」「う」…にあてはまる数字を解答する問題については，下の例のように，あてはまる数字をそれぞれ０～９の中から１つずつ選びなさい。

2　マークシート方式により解答する場合は，選んだ番号の◯の中を塗りつぶしなさい。

3　答えに根号が含まれるときは，根号の中は最も小さい自然数にしなさい。

4　答えが分数になるときは，約分できる場合は約分しなさい。

例　$\dfrac{\boxed{あ}}{\boxed{いう}}$ に $\dfrac{7}{12}$ と解答する場合は，「あ」が７，「い」が１，「う」が２となります。

マークシート方式では，
右の図のように塗りつぶします。

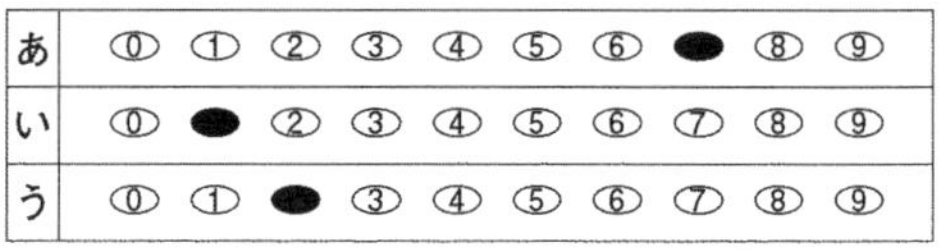

問１　次の計算をした結果として正しいものを，それぞれあとの１～４の中から１つずつ選び，その番号を答えなさい。

(ア)　$2-8$

1．-10　　2．-6　　3．6　　4．10

(イ)　$-\dfrac{4}{5}+\dfrac{1}{4}$

1．$-\dfrac{21}{20}$　　2．$-\dfrac{11}{20}$　　3．$\dfrac{11}{20}$　　4．$\dfrac{21}{20}$

(ウ)　$\dfrac{3x-y}{4}-\dfrac{5x+2y}{9}$

1．$\dfrac{7x-17y}{36}$　　2．$\dfrac{7x-y}{36}$　　3．$\dfrac{7x+y}{36}$　　4．$\dfrac{7x+17y}{36}$

(エ)　$\dfrac{10}{\sqrt{5}}+\sqrt{80}$

1．$4\sqrt{5}$　　2．$4\sqrt{10}$　　3．$6\sqrt{5}$　　4．$6\sqrt{10}$

(オ)　$(x-2)^2-(x+3)(x-8)$

1．$-x+20$　　2．$-x+28$　　3．$x+20$　　4．$x+28$

問２　次のページの問いに対する答えとして正しいものを，それぞれあとの１～４の中から１つずつ選び，その番号を答えなさい。

(ア)　連立方程式 $\begin{cases} ax - by = -10 \\ bx + ay = -11 \end{cases}$ の解が $x = 3$，$y = 2$ であるとき，a，b の値を求めなさい。

1．$a = -8$，$b = -1$　　2．$a = -4$，$b = -1$
3．$a = 2$，$b = -5$　　4．$a = 4$，$b = -5$

(イ)　2次方程式 $3x^2 - 5x - 1 = 0$ を解きなさい。

1．$x = \dfrac{-5 \pm \sqrt{13}}{6}$　　2．$x = \dfrac{-5 \pm \sqrt{37}}{6}$

3．$x = \dfrac{5 \pm \sqrt{13}}{6}$　　4．$x = \dfrac{5 \pm \sqrt{37}}{6}$

(ウ)　関数 $y = ax^2$ について，x の変域が $-3 \leqq x \leqq 2$ のとき，y の変域は $0 \leqq y \leqq 6$ であった。このときの a の値を求めなさい。

1．$a = \dfrac{2}{3}$　　2．$a = \dfrac{3}{2}$　　3．$a = 2$　　4．$a = 3$

(エ)　1本150円のペンを x 本と1冊200円のノートを y 冊購入したところ，代金の合計は3000円以下であった。このときの数量の関係を不等式で表しなさい。

1．$150x + 200y \geqq 3000$　　2．$150x + 200y > 3000$
3．$150x + 200y \leqq 3000$　　4．$150x + 200y < 3000$

(オ)　半径が6㎝の球の体積を求めなさい。ただし，円周率は π とする。

1．36π ㎝^{3}　　2．144π ㎝^{3}　　3．162π ㎝^{3}　　4．288π ㎝^{3}

(カ)　$x = 143$，$y = 47$ のとき，$x^2 - 9y^2$ の値を求めなさい。

1．284　　2．384　　3．568　　4．668

問3　あとの問いに答えなさい。

(ア)　右の図1のように，円Oの周上に，異なる3点A，B，CをAB＝ACとなるようにとる。

また，点Aを含まない $\overset{\frown}{BC}$ 上に2点B，Cとは異なる点DをBD＞CDとなるようにとり，線分ADと線分BCとの交点をEとする。

さらに，∠CADの二等分線と円Oとの交点のうち，点Aとは異なる点をFとし，線分AFと線分BCとの交点をG，線分AFと線分CDとの交点をHとする。

このとき，あとの(i)，(ii)に答えなさい。

図1

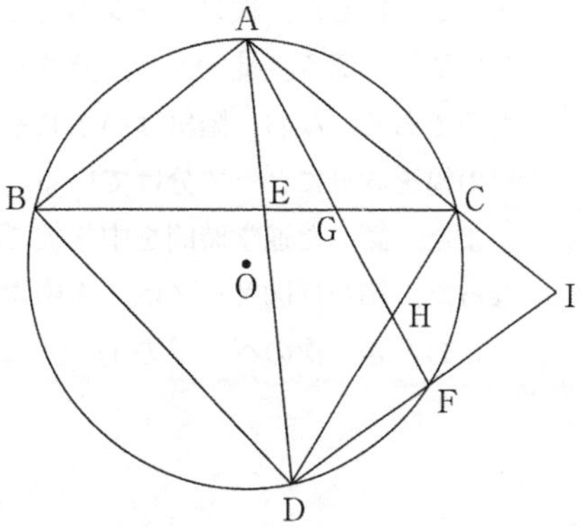

(i)　三角形ACGと三角形ADHが相似であることを次のページのように証明した。[(a)]，[(b)]

に最も適するものを，それぞれ選択肢の１～４の中から１つずつ選び，その番号を答えなさい。

［証明］

△ACGと△ADHにおいて，

まず，線分AFは∠CADの二等分線であるから，

∠CAF＝∠DAF

よって，∠CAG＝∠DAH　……①

次に，AB＝ACより，△ABCは二等辺三角形であり，その２つの底角は等しいから，

［ (a) ］　……②

また，$\overset{\frown}{AC}$に対する円周角は等しいから，

∠ABC＝∠ADC　……③

②，③より，∠ACB＝∠ADC

よって，∠ACG＝∠ADH　……④

①，④より，［ (b) ］から，

△ACG∽△ADH

(a)の選択肢

1．∠ABC＝∠ACB
2．∠ACB＝∠ADB
3．∠AGB＝∠CGF
4．∠BAD＝∠BCD

(b)の選択肢

1．１組の辺とその両端の角がそれぞれ等しい
2．２組の辺の比とその間の角がそれぞれ等しい
3．３組の辺の比がすべて等しい
4．２組の角がそれぞれ等しい

(ii)　次の［　］の中の「あ」「い」にあてはまる数字をそれぞれ０～９の中から１つずつ選び，その数字を答えなさい。

線分ACの延長と線分DFの延長との交点をＩとする。∠AID＝73°，∠DHF＝61°のとき，∠AEBの大きさは［あい］°である。

(イ)　ある地域における，３つの中学校の１学年の生徒を対象に，家から学校までの通学時間を調べることにした。次のページの図２は，Ａ中学校に通う生徒50人，Ｂ中学校に通う生徒50人，Ｃ中学校に通う生徒60人の，それぞれの通学時間を調べて中学校ごとにヒストグラムに表したものである。なお，階級はいずれも，５分以上10分未満，10分以上15分未満などのように，階級の幅を５分にとって分けている。

また，調べた通学時間を中学校ごとに箱ひげ図に表したところ，次のページの図３のようになった。箱ひげ図Ｘ～Ｚは，Ａ中学校，Ｂ中学校，Ｃ中学校のいずれかに対応している。

このとき，次のページの(i)，(ii)に答えなさい。

図２

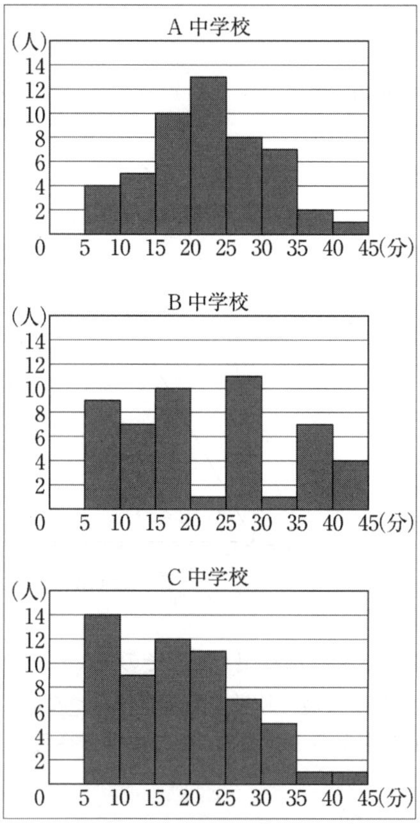

図３

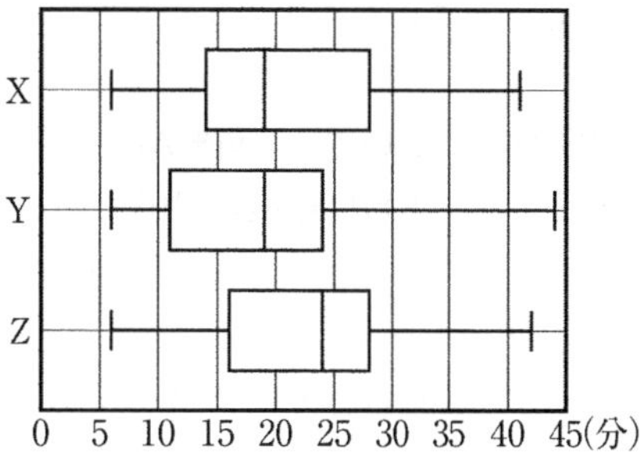

(i) 箱ひげ図Ｘ～Ｚと，Ａ中学校，Ｂ中学校，Ｃ中学校の組み合わせとして最も適するものを次の１～６の中から１つ選び，その番号を答えなさい。

１．Ｘ：Ａ中学校　Ｙ：Ｂ中学校　Ｚ：Ｃ中学校
２．Ｘ：Ａ中学校　Ｙ：Ｃ中学校　Ｚ：Ｂ中学校
３．Ｘ：Ｂ中学校　Ｙ：Ａ中学校　Ｚ：Ｃ中学校
４．Ｘ：Ｂ中学校　Ｙ：Ｃ中学校　Ｚ：Ａ中学校
５．Ｘ：Ｃ中学校　Ｙ：Ａ中学校　Ｚ：Ｂ中学校
６．Ｘ：Ｃ中学校　Ｙ：Ｂ中学校　Ｚ：Ａ中学校

(ii) 調べた通学時間について正しく述べたものを次のⅠ～Ⅳの中からすべて選ぶとき，最も適するものをあとの１～６の中から１つ選び，その番号を答えなさい。

Ⅰ．３つの中学校のうち，通学時間が30分以上の生徒の人数は，Ａ中学校が最も多い。
Ⅱ．３つの中学校のうち，通学時間が10分以上15分未満の生徒の割合は，Ｂ中学校が最も大きい。
Ⅲ．３つの中学校において，通学時間が15分以上20分未満の生徒の割合はすべて等しい。
Ⅳ．３つの中学校において，通学時間の平均値はすべて25分未満である。

１．Ⅰ　　２．Ⅱ　　３．Ⅲ　　４．Ⅳ　　５．Ⅰ，Ⅱ　　６．Ⅲ，Ⅳ

(ウ) 次の $\boxed{}$ の中の「**う**」「**え**」にあてはまる数字をそれぞれ**0**～**9**の中から１つずつ選び，その数字を答えなさい。

右の図４において，三角形ABCは∠ACB＝90°の直角三角形であり，点Dは辺ABの中点である。

また，２点Ｅ，Ｆは辺AC上の点で，BC＝CEであり，BF // DEである。

さらに，点Gは線分DEの中点であり，点Hは線分BFと線分ＣＧとの交点である。

AB＝24㎝，BC＝12㎝のとき，線分GHの長さは$\boxed{\text{う}}\sqrt{\boxed{\text{え}}}$㎝である。

図４

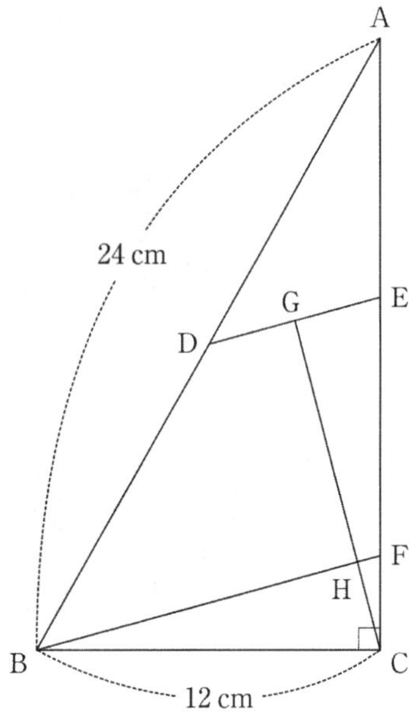

(エ) ４％の食塩水300ｇが入ったビーカーから，食塩水 a ｇを取り出した。その後，ビーカーに残っている食塩水に食塩 a ｇを加えてよくかき混ぜたところ，12％の食塩水になった。

このとき，a の値として正しいものを次の**1**～**8**の中から１つ選び，その番号を答えなさい。

1．$a=18$　**2**．$a=20$　**3**．$a=21$　**4**．$a=24$

5．$a=25$　**6**．$a=28$　**7**．$a=30$　**8**．$a=36$

問４ 右の図において，直線①は関数 $y=-x$ のグラフ，直線②は関数 $y=-3x$ のグラフであり，曲線③は関数 $y=ax^2$ のグラフである。

点Aは直線①と曲線③との交点で，その x 座標は－６である。点Bは曲線③上の点で，線分ABは x 軸に平行である。点Ｃは直線②と線分ＡＢとの交点である。

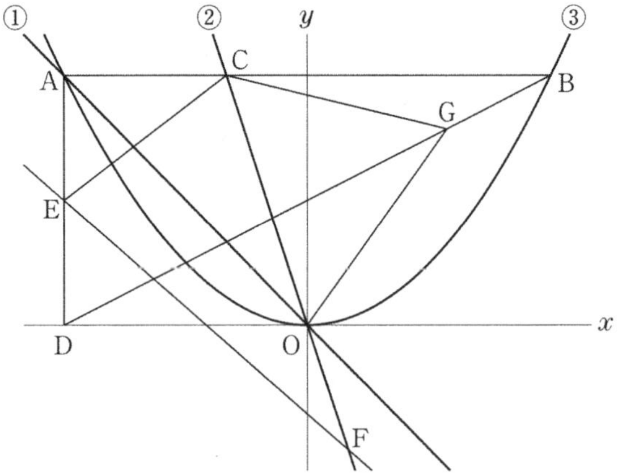

また，点Dは x 軸上の点で，線分ADは y 軸に平行である。点Ｅは線分AD上の点で，AE＝EDである。

さらに，原点をOとするとき，点Ｆは直線②上の点で，CO：OF＝２：１であり，その x 座標は正である。

このとき，あとの問いに答えなさい。

(ア) 曲線③の式 $y=ax^2$ の a の値として正しいものを次のページの**1**～**6**の中から１つ選び，その番号を答えなさい。

1．$a=\frac{1}{9}$　　2．$a=\frac{1}{6}$　　3．$a=\frac{2}{9}$　　4．$a=\frac{1}{3}$　　5．$a=\frac{4}{9}$　　6．$a=\frac{2}{3}$

(イ)　直線EFの式を $y=mx+n$ とするときの(i) m の値と，(ii) n の値として正しいものを，それぞれ次の１～６の中から１つずつ選び，その番号を答えなさい。

(i)　m の値

1．$m=-\frac{7}{4}$　　2．$m=-\frac{12}{7}$　　3．$m=-\frac{7}{5}$

4．$m=-1$　　5．$m=-\frac{6}{7}$　　6．$m=-\frac{3}{4}$

(ii)　n の値

1．$n=-\frac{11}{4}$　　2．$n=-\frac{18}{7}$　　3．$n=-\frac{15}{7}$

4．$n=-2$　　5．$n=-\frac{13}{7}$　　6．$n=-\frac{11}{6}$

(ウ)　次の □ の中の「お」「か」「き」にあてはまる数字をそれぞれ０～９の中から１つずつ選び，その数字を答えなさい。

線分BD上に点Gを，三角形CEFと三角形COGの面積の比が△CEF：△COG＝３：２で，その x 座標が正となるようにとる。このときの，点Gの x 座標は $\frac{\boxed{おか}}{\boxed{き}}$ である。

問５　右の図１のように，1，2，3，4，5，6の数が１つずつ書かれた６枚のカードがある。

大，小２つのさいころを同時に１回投げ，大きいさいころの出た目の数を a，小さいさいころの出た目の数を b とする。出た目の数によって，次の【操作１】，【操作２】を順に行い，残ったカードについて考える。

図１

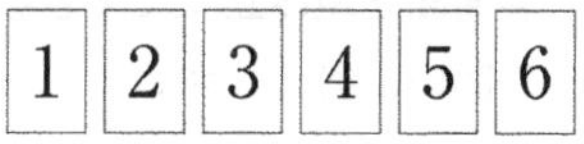

【操作１】　a の約数が書かれたカードをすべて取り除く。

【操作２】　b が書かれたカードを取り除く。ただし，【操作１】により，b が書かれたカードをすでに取り除いていた場合は，残っているカードのうち，最も大きい数が書かれたカードを取り除く。

例

大きいさいころの出た目の数が４，小さいさいころの出た目の数が２のとき，$a=4$，$b=2$ だから，

【操作１】　図１の，1と2と4のカードを取り除くと，図２のようになる。

図２

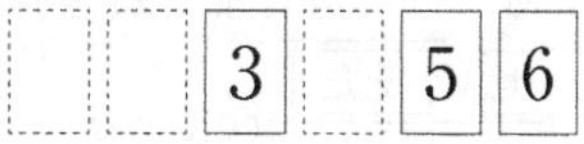

【操作２】　【操作１】で2のカードをすでに取り除いているので，図２の，最も大きい数が書かれた6のカードを取り除くと，図３（次のページ）のようになる。

この結果，残ったカードは$\boxed{3}$，$\boxed{5}$となる。

図 3

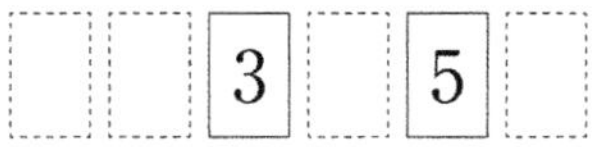

いま，図1の状態で，大，小2つのさいころを同時に1回投げるとき，次の問いに答えなさい。ただし，大，小2つのさいころはともに，1から6までのどの目が出ることも同様に確からしいものとする。

(ア) 次の$\boxed{}$の中の「く」「け」「こ」にあてはまる数字をそれぞれ0～9の中から1つずつ選び，その数字を答えなさい。

残ったカードが，$\boxed{4}$のカード1枚だけとなる確率は$\dfrac{\boxed{く}}{\boxed{けこ}}$である。

(イ) 次の$\boxed{}$の中の「さ」「し」「す」にあてはまる数字をそれぞれ0～9の中から1つずつ選び，その数字を答えなさい。

残ったカードに，$\boxed{6}$のカードが含まれる確率は$\dfrac{\boxed{さ}}{\boxed{しす}}$である。

問6　右の図は，点Aを頂点とし，BC＝CDの二等辺三角形BCDを底面，三角形AEB，三角形ABD，三角形ADFを側面とする三角すいの展開図であり，∠AEB＝∠AFD＝90°である。

また，点Gは辺AB上の点で，AG：GB＝1：2であり，点Hは辺ADの中点である。

AE＝10cm，BC＝5cm，BD＝6cmのとき，**この展開図を組み立ててできる三角すい**について，次の問いに答えなさい。

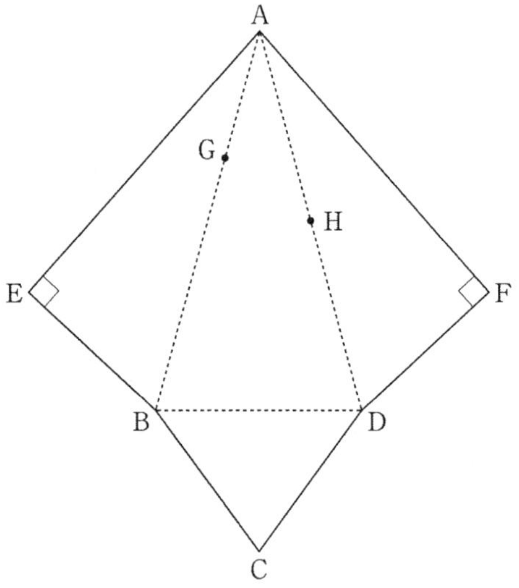

(ア) この三角すいの体積として正しいものを次の1～6の中から1つ選び，その番号を答えなさい。

1．30cm^3　　2．40cm^3　　3．50cm^3

4．100cm^3　　5．120cm^3　　6．160cm^3

(イ) 次の$\boxed{}$の中の「せ」「そ」「た」「ち」にあてはまる数字をそれぞれ0～9の中から1つずつ選び，その数字を答えなさい。

3点C，E，Fが重なった点をIとする。この三角すいの側面上に，点Gから辺AIと交わるように点Hまで線を引く。このような線のうち，最も短くなるように引いた線の長さは$\dfrac{\boxed{せ}\sqrt{\boxed{そた}}}{\boxed{ち}}$cmである。

＜英語＞

時間　50分　　満点　100点

問１　リスニングテスト（放送の指示にしたがって答えなさい。放送を聞きながらメモをとってもかまいません。）

(ア)　チャイムのところに入るエリカの言葉として最も適するものを，次の１～４の中からそれぞれ一つずつ選び，その番号を答えなさい。

No. 1
１．That's the only way.
２．I did it last year.
３．Math was my favorite subject.
４．Ms. Sato did.

No. 2
１．She's going to be with us for six months.
２．She has never been to our house in Japan.
３．She has been studying Japanese for a year.
４．She will come back to Japan to stay with us.

No. 3
１．We haven't decided yet.
２．We bought it yesterday.
３．I'll get there soon.
４．It's next Sunday.

(イ)　対話の内容を聞いて，それぞれの **Question** の答えとして最も適するものを，あとの１～４の中から一つずつ選び，その番号を答えなさい。

No. 1　**Question : Which is true about Janet's and Ken's weekend?**
１．Janet went to her friend's house, and Ken traveled to Chiba.
２．Janet and Ken visited their Japanese friend's house.
３．Janet and Ken learned different ways to respect food.
４．Janet and Ken learned how to cook Japanese food.

No. 2　**Question : Which is true about Janet and Ken?**
１．Janet and Ken are walking home together because they lost their bike keys.
２．Janet and Ken are going to check another classroom to find Ken's bike key.
３．Janet thinks Ken should stop worrying and get a new bike.
４．Ken thinks Janet's idea about his bike key may be right.

(ウ)　留学生のベス（Beth）が友だちのユミの留守番電話にメッセージを残しました。メッセージを聞いて，あとのNo. １とNo. ２の問いに答えなさい。

No. 1　メッセージを聞いてユミが作った次のページの**＜メモ＞**を完成させるとき，①～③の中に入れるものの組み合わせとして最も適するものを，あとの１～６の中から一つ選び，その番号を答えなさい。

＜メモ＞

Trip with Beth

Meeting:

At 9:45 a.m. on [①] at Ueno Station

Beth's plan:

The art museum → [②] → The temple

The second place is [③] the first place.

Call back !

1．① Saturday　② The science museum　③ inside
2．① Saturday　② The science museum　③ near
3．① Saturday　② The zoo　③ inside
4．① Thursday　② The science museum　③ near
5．① Thursday　② The zoo　③ inside
6．① Thursday　② The zoo　③ near

No. 2　次の **Question** の答えとして最も適するものを，あとの１～４の中から一つ選び，その番号を答えなさい。

Question : Why did Beth leave the message?

1．To recommend a science event.
2．To make an idea to save money.
3．To change a place they will go to.
4．To decide how to go to Ueno.

問２　次の(ア)～(ウ)の文の（　）の中に入れるのに最も適するものを，あとの１～４の中からそれぞれ一つずつ選び，その番号を答えなさい。

(ア) Someone moved in the house next to mine.　The new (　　) came to my house this morning to say hello.

1．course　2．degree　3．neighbor　4．theater

(イ) When you share your opinions on the Internet, you must remember that your words may (　　) someone's feelings.

1．fall　2．fold　3．hurt　4．miss

(ウ) Kamome Computer became a very (　　) computer company because it made fast computers with powerful batteries and sold them at a low price.

1．careful　2．official　3．similar　4．successful

問３　次の(ア)～(エ)の文の（　）の中に入れるのに最も適するものを，あとの１～４の中からそれぞれ一つずつ選び，その番号を答えなさい。

(ア) A : Can you put that table by the door ?

B : The table looks heavy, so (　　) it without your help will be difficult.

1．move　2．moving　3．has moved　4．is moved

(イ)　A：Dad, let’s try (　　　) different tonight!　How about having dinner on the floor?

　　B：Sounds great.　It’s like a picnic at home.

1．another　　2．a thing　　3．one　　4．something

(ウ)　A：Happy birthday, Mr. Johnson.　This is a party for your thirtieth birthday!

　　B：Oh, thank you, everyone.　Let me (　　　) a short speech.

1．make　　2．made　　3．making　　4．to make

(エ)　A：What do you think about the new Japan national baseball team?

　　B：I think the members are amazing, but we don’t know much about the team because it has played only two games (　　　) teams of other countries.

1．against　　2．during　　3．than　　4．until

問4　次の(ア)～(エ)の対話が完成するように，(　) 内の**六つの語の中から五つを選んで**正しい順番に並べたとき，その (　) 内で**3番目と5番目にくる語の番号**をそれぞれ答えなさい。(**それぞれ一つずつ不要な語があるので，その語は使用しないこと。**)

(ア)　A：That’s my favorite fruit.　Jessica, (1．do　2．you　3．what　4．is　5．it　6．call) in English?

　　B：It’s a watermelon.

(イ)　A：When are we going to practice for this weekend’s concert?　Sam, (1．better　2．day　3．which　4．popular　5．for　6．is) you, today or tomorrow?

　　B：Tomorrow is perfect.　I will bring my guitar.

(ウ)　A：Excuse me.　I forgot where I put my shoes when I entered the temple.　That was about an hour ago.

　　B：All the (1．visitors　2．were　3．shoes　4．off　5．took　6．the) are on that shelf over there.

(エ)　A：Did you enjoy playing soccer?

　　B：Yes.　Though it (1．difficult　2．some　3．was　4．understand　5．I　6．to) of the rules, I had so much fun.

問5　次のページのA～Cのひとつづきの絵と英文は，ミチコ (Michiko) とアン (Anne) の会話を順番に表しています。Aの場面を表す**＜最初の英文＞**に続けて，Bの場面にふさわしい内容となるように，□ の中に適する英語を書きなさい。ただし，あとの**＜条件＞**にしたがうこと。

＜条件＞

① times と watched を必ず用いること。
② ①に示した語を含んで，□ 内を6語以上で書くこと。
③ a wheelchair basketball game? につながる1文となるように書くこと。
※短縮形 (I’m や don’t など) は1語と数え，符号 (，など) は語数に含めません。

A

＜最初の英文＞

Michiko talked to Anne about the wheelchair basketball game she watched at the Kamome Sports Center last weekend.

B

Michiko said, “The game was really exciting. The players moved very fast, and the wheelchairs hit each other. I'm now a fan of this sport.” Anne said, “Sounds exciting,” and she asked, “ ＿＿＿＿ a wheelchair basketball game?”

C

“Twice,” Michiko answered, and she said, “Once with my family and once with my friend. Would you like to watch a game with me this weekend, Anne?” Anne said, “Sure! I can't wait!”

問 6　次の英文は，高校生のチナツ（Chinatsu）が英語の授業でクラスの生徒に向けて行ったスピーチの原稿です。英文を読んで，あとの(ア)～(ウ)の問いに答えなさい。

Green or *gray? Nature or *concrete? Living together with trees and plants or without them? Which should we choose? Today, I will talk about green *infrastructure. In a city, we need different kinds of *buildings or services like hospitals, parks, or train systems to support modern human life. These things are examples of infrastructure. Green infrastructure is a way of supporting and protecting modern human life by using nature.

Today, towns and cities have changed because of gray infrastructure. Please look at *Graph 1. This shows 1,500,000 more people started to live in the area around the Kamome River during these 48 years. Gray infrastructure was developed for people living there, and this area is now covered with concrete. In the past, when towns and cities had lots of green areas, *flooding didn't happen quickly because rain water stayed in the ground during heavy rain. However, when nature is lost because of gray infrastructure, rain water runs into the river very fast during heavy rain. **Graph 2** shows the time before flooding from the *rainfall peak in the area around the Kamome River. It was about 10 hours between 1965 and 1969, and it was about 2 hours between 1979 and 1996. From the information in **Graph 1** and **Graph 2**, you will realize that [　　　　] because the time before flooding from the rainfall peak became shorter.

Graph 1

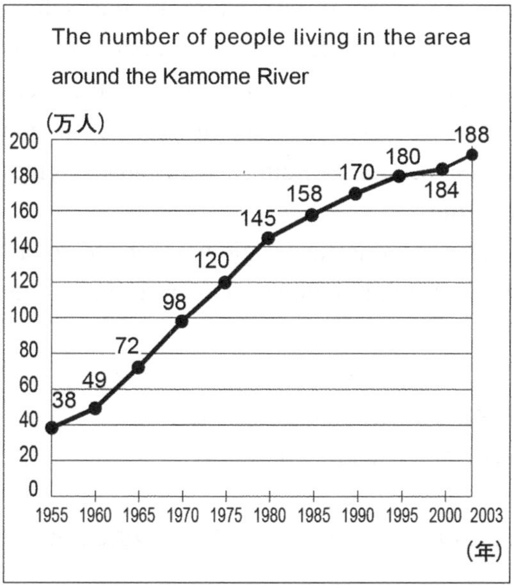

Graph 2

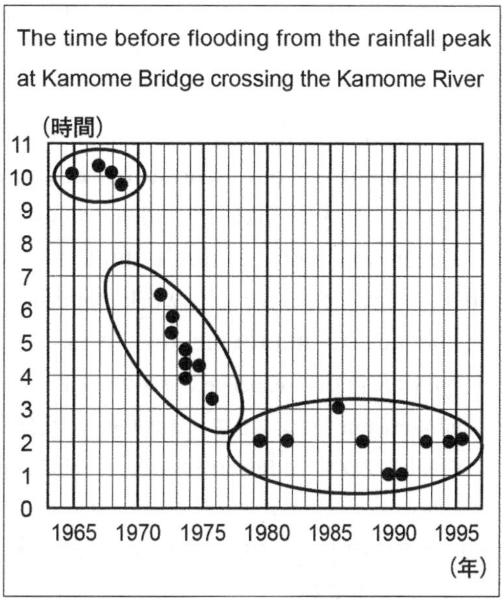

（国土交通省関東地方整備局ウェブサイト掲載資料をもとに作成）

Now I will show you an example of green infrastructure that will protect our cities during heavy rain. Please look at this picture of a rain garden. It's a water system. It holds rain water in the ground. Its ground is covered with trees and plants, and broken *stones are put in the ground. Concrete covers most areas in our cities, but flooding won't happen quickly if we have rain gardens in many places in our cities. (①)

Picture

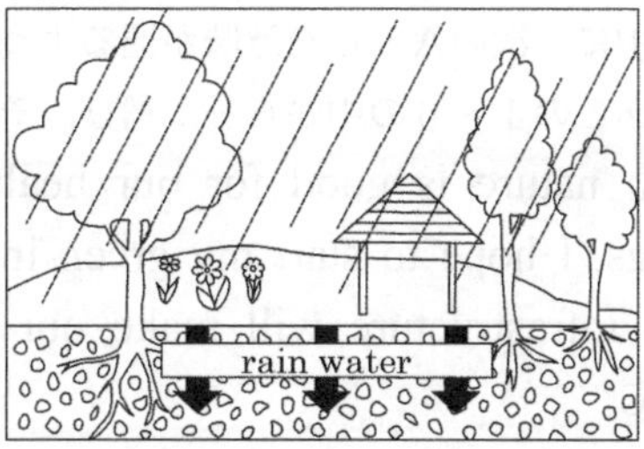

Green infrastructure helps people have active lives in cities. Now, I will introduce the *Singapore Green Plan 2030. Singapore plans to *plant 1,000,000 more trees across the country. In Singapore, green infrastructure is built in the city or near the city, so people can walk to green areas like parks and gardens from their houses easily. Trees create air for humans, and trees clean the air in the city. They also create a cool environment in the city because some of the light from the sun doesn't reach the ground. People can use those green areas in the way they like. They can enjoy the view of beautiful flowers, have a picnic with family members, and play sports with friends. (②) People become more active in cities by spending time in green areas.

Finally, I'd like to introduce my plans for green infrastructure in our school. I believe green infrastructure will make our school life better. I hope to make green areas between the school gate and the school building. Under the trees, the students will enjoy time with friends. Also, I want to create a cool environment in our school by covering the school buildings with *goya* *vines. (③) If you like my idea, please join me.

Green or gray? I don't think that's the right question. Now we have to ask this. How can we all work together to live with nature? Green infrastructure is the key to improving our lives.

*gray：灰色の　concrete：コンクリート
infrastructure：インフラストラクチャー（社会の基礎となる施設）　buildings：建物
Graph：グラフ　flooding：洪水　rainfall peak：降雨の最盛時　stones：石
Singapore：シンガポール　plant ～：～を植える　vines：つる

(ア) 本文中の □ の中に入れるのに最も適するものを，次の１～４の中から一つ選び，その番号を答えなさい。

1．towns and cities in this area became larger, and many people there may get into dangerous situations faster than before during heavy rain
2．this area's infrastructure is weak when flooding happens, and the number of people living in this area went down
3．more people started to live in this area, and no one there needs to gather information about protecting their towns and cities from flooding
4．the number of people living in this area continued to rise, and people do not need to worry about losing their houses even during heavy rain

(イ) 本文中の (①) ～ (③) の中に，次のA～Cを意味が通るように入れるとき，その組み合わせとして最も適するものを，あとの１～６の中から一つ選び，その番号を答えなさい。

A．Living together with nature is good for our health.
B．By doing these things, I hope to start my green infrastructure movement here.
C．I'm sure that green infrastructure will make our cities safe.

1．①－A　②－B　③－C

2．①－A　②－C　③－B
3．①－B　②－A　③－C
4．①－B　②－C　③－A
5．①－C　②－A　③－B
6．①－C　②－B　③－A

(ウ)　次のａ～ｆの中から，チナツのスピーチの内容に合うものを**二つ**選んだときの組み合わせとして最も適するものを，あとの１～８の中から一つ選び，その番号を答えなさい。

a．Hospitals, stations, or schools built only with concrete are examples of green infrastructure.
b．Flooding didn't happen quickly in the past because most rain water was used for cleaning and washing.
c．The rain garden is a water system that can collect rain water and keep it in the ground for some time.
d．The Singapore Green Plan 2030 helps people in Singapore find many creative ways to use gray infrastructure.
e．Chinatsu wants to create green areas in her school because she thinks it will improve students' lives.
f．Chinatsu doesn't know how to live without trees and plants in a town or city, so she wants to find a way.

1．ａとｃ　2．ａとｅ　3．ｂとｄ　4．ｂとｅ
5．ｃとｄ　6．ｃとｅ　7．ｄとｆ　8．ｅとｆ

問７　あとの(ア)の英文と地図，(イ)の記事（**Article**）とポスターについて，それぞれあとの **Question** の答えとして最も適するものを，1～５の中からそれぞれ一つずつ選び，その番号を答えなさい。

(ア)

Toru and Rod are friends. They have just arrived at a zoo, and they are looking at the map at the front gate.

Toru: This map shows us what animals we can see at each place.
Rod: We can see many animals in this zoo!
Toru: Where do you want to go first?
Rod: We are here at the front gate now. How about going to the elephant area first?
Toru: That's a good idea, but how about going this way instead? It's already eleven, and we will be hungry soon. Let's take the fastest way to the restaurant.
Rod: You're right. We can see the pandas along the way.

Toru : Oh, this map tells us that we cannot go this way because of the *roadwork.

Rod : OK. Then, let's go that way and see the animals along the way. Let's see the pandas after lunch.

Toru : Good! What will we see after the pandas?

Rod : This map tells us that we can *feed the *giraffes! Let's do it!

Toru : That sounds interesting! It starts at three o'clock. So, it's a little early to go straight there. Let's see the lions and then the *penguins before feeding the giraffes.

Rod : Perfect! I'm so excited now. We also shouldn't forget to see the elephants before we leave the zoo.

Toru : OK! Let's go!

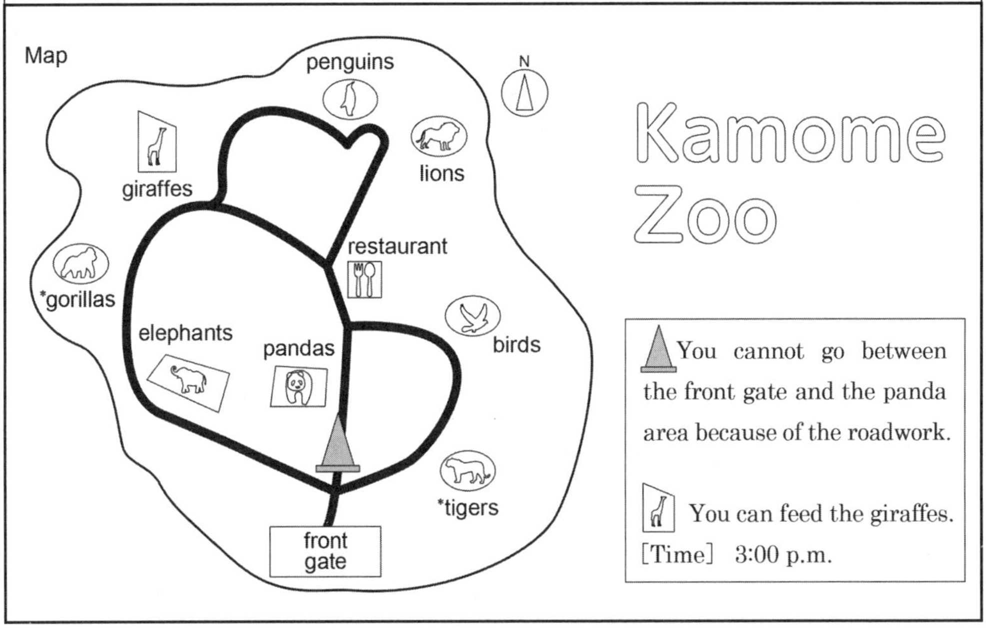

*roadwork : 道路工事　feed ～ : ～に餌をやる　giraffes : キリン　penguins : ペンギン
gorillas : ゴリラ　tigers : トラ

Question : What is the fifth animal area Toru and Rod will visit at the zoo?

1. Elephants.　2. Giraffes.　3. Lions.　4. Pandas.　5. Penguins.

(イ) (英文は次のページにあります。)

Question : What will be in ［ ① ］, ［ ② ］, and ［ ③ ］?

1. ① ready　② receive special clothes　③ for the earth
2. ① useful　② get a special ticket　③ all Sundays in March
3. ① ready　② receive special clothes　③ all Sundays in March
4. ① useful　② get a special ticket　③ for the earth
5. ① useful　② receive special clothes　③ all Sundays in March

Ryoji is a high school student. He reads the article of an event on his city's website and makes a poster for the event. He is going to put the poster on Kamome Elementary School's website.

Article

Come to Kamome Beach ! You will have a good time there, and you can save the *earth. Kamome City is going to have an event. It's called Cleaning Kamome Beach. On Sunday, March 5, 12, 19, and 26, you will pick up the trash on the beach from 1 p.m. to 3 p.m.

Joining this event is easy. You don't have to bring anything like trash bags or gloves. You can just come to the event, and you will find everything you need there. During the event, you can join the Trash Picking Contest each day. The person who picks up the most trash wins the contest and gets a special ticket from the Kamome Shopping Mall. With that ticket, you can take singing lessons, Spanish lessons, or swimming lessons at the mall. There are other good points. If you take part in Cleaning Kamome Beach with someone or with more than one person, each person can get a T-shirt. It is designed for this event, and it is made from *recycled plastic. Finally, people who come to this event every Sunday in March can get a special ticket. You can eat "Today's Breakfast" at the Kamome Beach Restaurant with that ticket. Let's save the earth at Kamome Beach !

Poster

Cleaning Kamome Beach

～ Pick up the trash, and let's save the earth. ～

Time: 1 p.m. to 3 p.m.

Date: Every Sunday in March

From March 5

Place: Kamome Beach

Just come to the beach !

Things to use for cleaning are [　①　] at the beach.

There are nice presents !

・Win the Trash Picking Contest and enjoy learning singing, Spanish, or swimming at the Kamome Shopping Mall.
・Join this event as a group and [　②　].
・If you join this event [　③　], you can enjoy "Today's Breakfast" at the Kamome Beach Restaurant.

*earth：地球　　recycled：再生された

問８　次の英文を読んで，あとの(ア)～(ウ)の問いに答えなさい。

Aoi, Kyoko, and Jiro are Kamome High School students. One day, they are talking in the classroom after school. Then, Ms. White, their English teacher, talks to them.

Ms. White: Hi, Aoi, Kyoko, and Jiro. What are you doing?

Aoi: We are talking about a *discussion event *on *political issues. We will join the event in the *city office next week. Students from three high schools in our city and some foreign students visiting our city will talk about *voting.

Ms. White: Very interesting!

Kyoko: I am excited to talk with students from other countries. Ms. White, I have a *graph here. Researchers asked young people in four countries, "How much are you interested in political issues?" In ①Graph 1, we can say that about 70% of young people in *Germany were interested or very interested in political issues. The *rate of young people in Japan who were not so interested or not interested was almost 50%. I think that's a problem.

Jiro: Young people don't *vote because they are not interested in political issues. In some countries, people must *pay a fine if they don't vote.

Ms. White: Great job, Jiro! Did you learn anything else?

Jiro: Yes. I found this interesting graph when I did my homework given from the city office. ②Graph 2 shows the voting rate in the national *elections from 2010 to 2022 in Japan. The voting rate of people *in their sixties was always above 60%. However, the rate of *teenagers never reached 50%. Now I really think voting is an interesting topic.

Ms. White: Aoi, for the discussion, what question are you going to ask?

Aoi: It's "What should the *government do to raise the voting rate of young people?"

Ms. White: What are your ideas, Aoi?

Aoi: I think our government should use more money for young people. If an election topic is how to use government money for them, more young people will vote for their own future.

Ms. White: That's an amazing idea. Please enjoy the discussion, everyone.

About a week later after the discussion event, Aoi, Kyoko, and Jiro talk to Ms. White.

Jiro: Hello, Ms. White. The discussion event was great! Do you have time to talk?

Ms. White: Sure. You talked about the things the government should do, right? Have you found an answer?

Jiro: Yes. I asked one student from Australia about paying a fine when people didn't vote in Australia. He said that was not the right message the government should send. At first, I thought paying a fine was a good idea, but now I don't think so. Instead, the government should make voting fun. I think the government should create a new holiday on an election day and have a festival near the voting places.

Kyoko: I said the government should listen to young people's opinions. The government should have meetings with young people before deciding what actions to take.

Aoi: I think that the government should help young people learn about political issues because young people don't know how the system works. Our school had a *mock election last year, and I learned a lot. I think the government should tell all high schools in Japan to have mock elections.

Ms. White: Did anyone help your discussion?

Aoi: Yes. A *social studies teacher from the U.S. asked us many questions that helped us continue the discussion. For example, she asked Jiro why paying a fine wasn't as good as other ideas. We learned how to have a good discussion from her. Now, Ms. White, ［　　　　］, and we need to decide when to have it. We'll do that because we hope that other students will be more interested in political issues.

Ms. White: That's a great idea, Aoi. Kyoko, will you also tell us what kind of experience you had from the discussion?

Kyoko: I really enjoyed listening to other people's unique opinions and reasons. Each opinion and each reason was different. How about you, Jiro?

Jiro: I enjoyed talking to other people about my opinions and reasons. It helped me understand my own ideas well.

Ms. White: I'm glad that you had a great experience!

*discussion：議論　on ～：～について　political issues：政治的な問題　city office：市役所
voting：投票　graph：グラフ　Germany：ドイツ　rate：割合　vote：投票する
pay a fine：罰金を払う　elections：選挙　in their sixties：60歳代の　teenagers：10歳代の人
government：政府　mock：模擬　social studies：社会科

(ア) 本文中の――線①と――線②が表す内容を，次のページの①は**ア群**，②は**イ群**の中からそれぞれ選んだときの組み合わせとして最も適するものを，下の１～９の中から一つ選び，その番号を答えなさい。

１．①：A　②：X　　２．①：A　②：Y　　３．①：A　②：Z
４．①：B　②：X　　５．①：B　②：Y　　６．①：B　②：Z
７．①：C　②：X　　８．①：C　②：Y　　９．①：C　②：Z

ア群

Graph 1

How much are you interested in political issues ?

A.

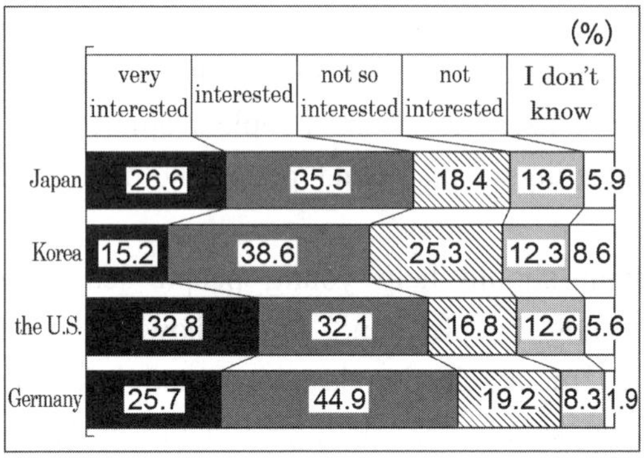

B.

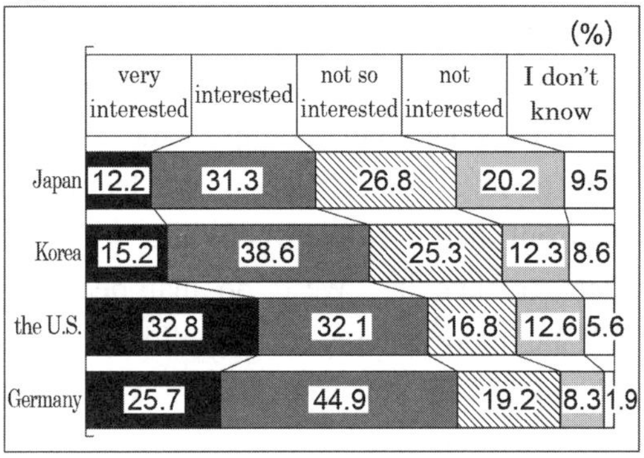

C.

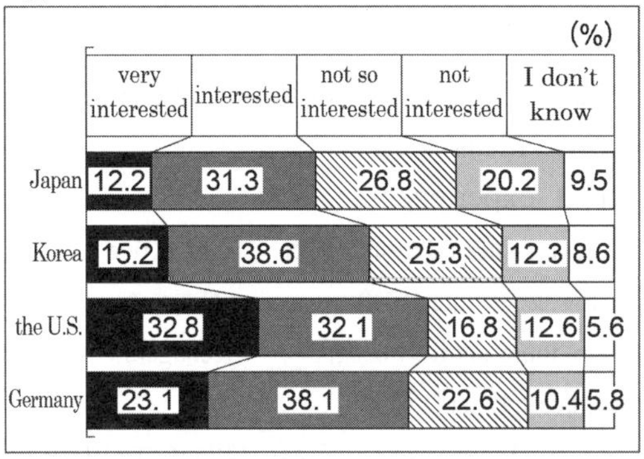

イ群

Graph 2

Voting rate in the national elections in Japan

X.

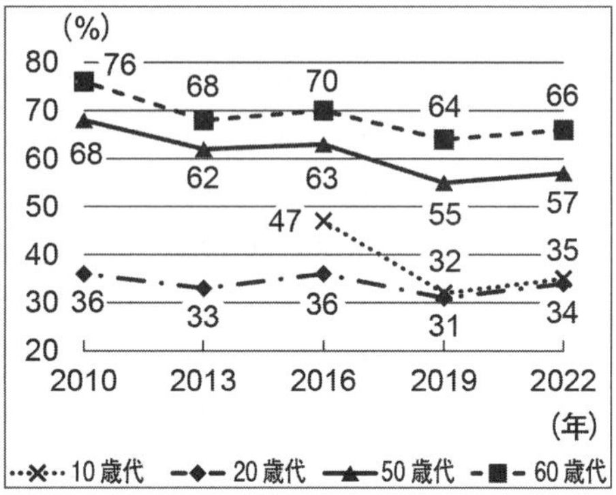

Y.

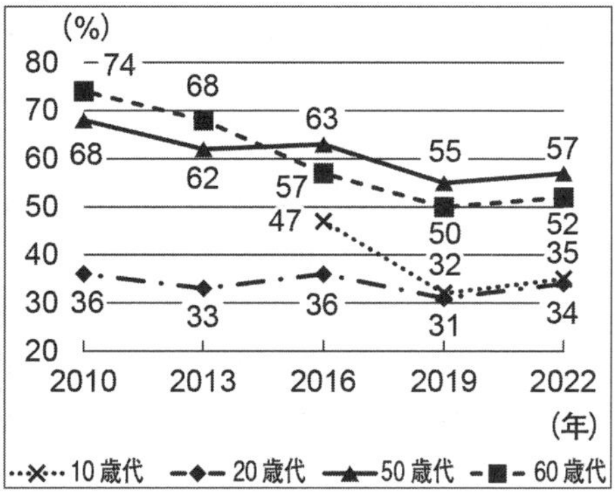

Z.

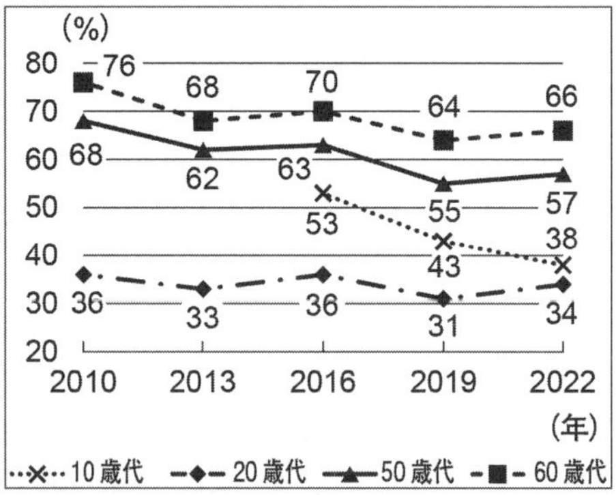

※小数第2位を四捨五入しているため，割合の合計が100%にならないことがある。

(イ) 本文中の □ の中に入れるのに最も適するものを，あとの１～４の中から一つ選び，その番号を答えなさい。

1．young people can actually find an answer if they have a little help

2．young people had a good discussion on voting and paying a fine with some help

3．we’re planning to have a discussion event on political issues at our school

4．we had a good discussion on political issues with other students at our school

(ウ) 次のａ～ｆの中から，本文の内容に合うものを**二つ**選んだときの組み合わせとして最も適するものを，あとの１～８の中から一つ選び，その番号を答えなさい。

ａ．Jiro found interesting information in his homework for the discussion and became interested in the topic of voting.

ｂ．By doing her homework for the discussion, Aoi learned that the Japanese government used enough money for young people.

ｃ．During the discussion, Jiro’s opinion changed the opinion of the student from Australia about paying a fine.

ｄ．Kyoko said that all high schools in Japan should have mock elections, and Aoi said that the government should have meetings with young people.

ｅ．After the discussion event, Kyoko said that everyone had opinions and reasons that were not the same.

ｆ．After the discussion event, Jiro said that he couldn’t understand his own ideas well by talking with other people.

１．ａとｃ　２．ａとｅ　３．ｂとｄ　４．ｂとｅ

５．ｃとｄ　６．ｃとｆ　７．ｄとｅ　８．ｅとｆ

＜理科＞

時間　50分　　満点　100点

問１　あとの各問いに答えなさい。

(ア)　**図１**のように，水平な台の上に光源装置とガラスでできた三角柱のプリズムを置き，空気中で光源装置から出た光がプリズムを通りぬけるときの光の道すじを調べた。**図２**は，**図１**の一部を真上から示したものであり，プリズムの側面Ａに入射し，側面Ｂから出ていく光の道すじを表している。

　図２の状態から，プリズムの底面が台に接したまま，**図２**に示した向きにプリズムを少しずつ回転させたところ，側面Ｂで全反射が起こった。**図２**の状態から側面Ｂで全反射が起こるまでの，側面Ａと側面Ｂでの入射角の変化についての説明として最も適するものをあとの１～４の中から一つ選び，その番号を答えなさい。

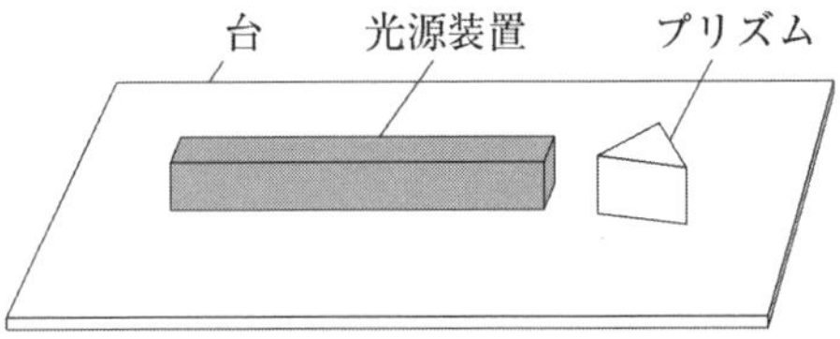

図１

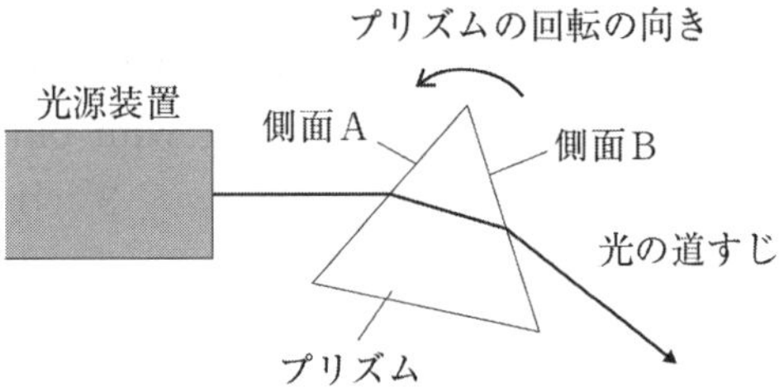

図２

１．側面Ａでの入射角と側面Ｂでの入射角はどちらも，しだいに大きくなった。
２．側面Ａでの入射角と側面Ｂでの入射角はどちらも，しだいに小さくなった。
３．側面Ａでの入射角はしだいに大きくなり，側面Ｂでの入射角はしだいに小さくなった。
４．側面Ａでの入射角はしだいに小さくなり，側面Ｂでの入射角はしだいに大きくなった。

(イ)　次の□は，輪軸を用いて行う仕事についてまとめたものである。文中の（Ｘ），（Ｙ），（Ｚ）にあてはまるものの組み合わせとして最も適するものを次のページの１～８の中から一つ選び，その番号を答えなさい。ただし，滑車はなめらかに回転するものとする。

　右の図のように，大きい滑車と小さい滑車の中心を重ねて固定し，２つの滑車が同時に軸のまわりを回転するようにしたものを輪軸という。大きい滑車と小さい滑車の半径がそれぞれ50㎝，20㎝であるとき，小さい滑車につり下げた重さ20Ｎのおもりをゆっくりと一定の速さで30㎝引き上げるためには，大きい滑車につないだひもに（　Ｘ　）Ｎの力を加えて（　Ｙ　）㎝引き下げればよい。このとき，おもりを引き上げるために必要な仕事は（　Ｚ　）Ｊである。

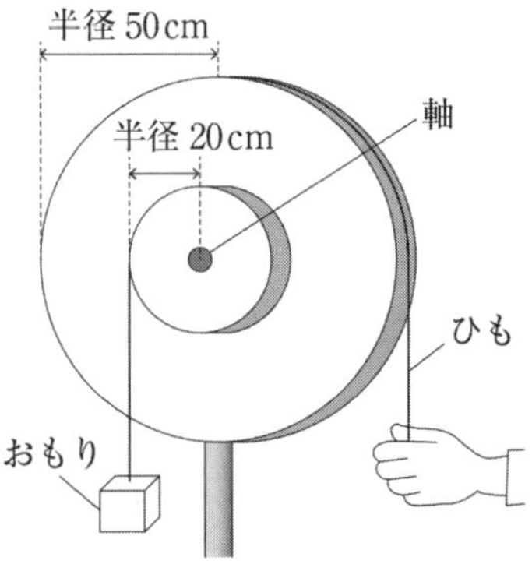

1．X：8.0　Y：30　Z：6.0　　2．X：8.0　Y：30　Z：600
3．X：8.0　Y：75　Z：6.0　　4．X：8.0　Y：75　Z：600
5．X：50　Y：30　Z：6.0　　6．X：50　Y：30　Z：600
7．X：50　Y：75　Z：6.0　　8．X：50　Y：75　Z：600

(ウ)　**図1**のように，AさんとBさんが体重計に乗ったところ，体重計の示す値はAさんが57.5kg，Bさんが52.5kgであった。次に，**図2**のように，AさんがBさんの肩に手をおいて，下向きの力を加えたところ，Bさんの体重計の示す値が55.0kgになった。このとき，(i)Aさんの体重計の示す値，(ii)Aさんの手がBさんの肩から受ける力の向きと大きさとして，最も適するものをそれぞれの選択肢の中から一つずつ選び，その番号を答えなさい。ただし，質量100gの物体にはたらく重力の大きさは1.0Nとする。

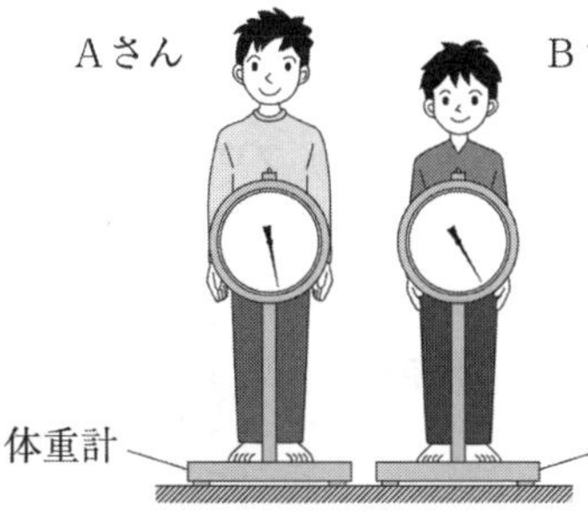

図1

図2

(i)の選択肢　1．55.0kg　2．57.5kg　3．60.0kg
(ii)の選択肢　1．上向きに25N　2．上向きに50N
3．下向きに25N　4．下向きに50N

問2　あとの各問いに答えなさい。

(ア)　右の図は，物質Aと物質Bの溶解度を示したものである。80℃の水100gに物質Aが120gと物質Bが30g溶けている水溶液がビーカーに入っており，この水溶液の温度をしだいに下げ，70℃，50℃，30℃，10℃になったときにそれぞれビーカー内にある結晶を確認した。このとき，純粋な物質Aの結晶だけが確認できた温度として最も適するものをあとの1～4の中から一つ選び，その番号を答えなさい。ただし，混合物の水溶液中でも物質Aと物質Bの溶解度は変化せず，物質Aと物質Bは化学変化しないものとする。

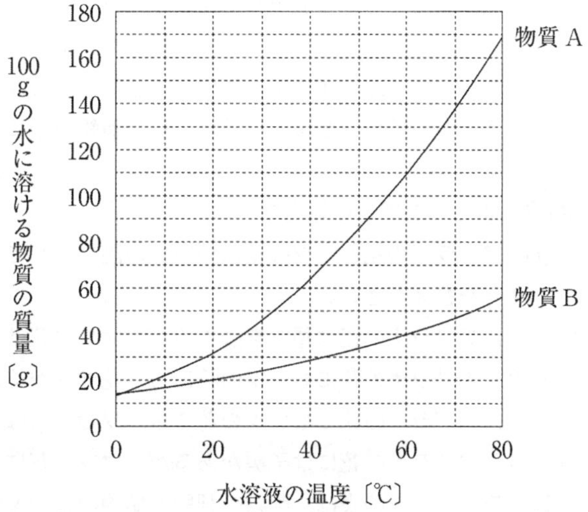

1．70℃　2．50℃　3．30℃　4．10℃

(イ) 次の図は，Kさんが炭酸水素ナトリウムの熱分解を○，●，⊙，⦶の４種類の原子のモデルを用いて模式的に表したものである。図中の □ に入る炭酸ナトリウムのモデルとして最も適するものをあとの１～４の中から一つ選び，その番号を答えなさい。

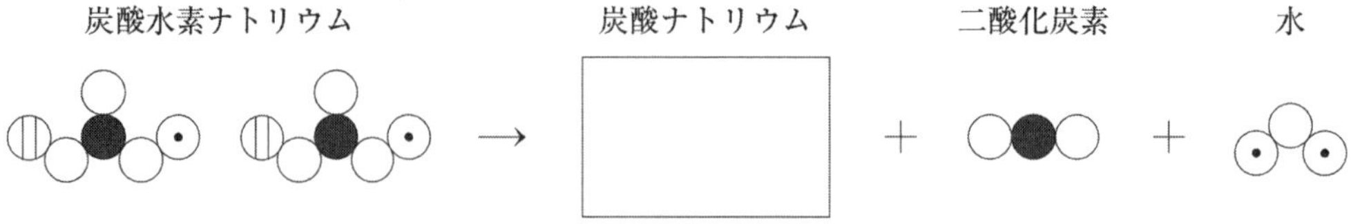

1.
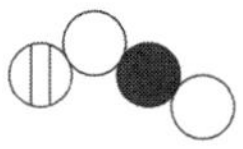

2.

3.
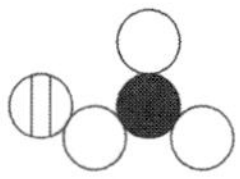

4.
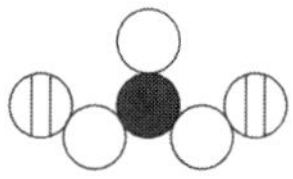

(ウ) 右の図のように，ダニエル電池とプロペラつきモーターをつないで電流を長時間流した。電流を流したあとの亜鉛板と銅板の質量をそれぞれ電流を流す前の質量と比較したところ，亜鉛板の質量は減少し，銅板の質量は増加していた。この電池について，次の(i)，(ii)として最も適するものをそれぞれの選択肢の中から一つずつ選び，その番号を答えなさい。

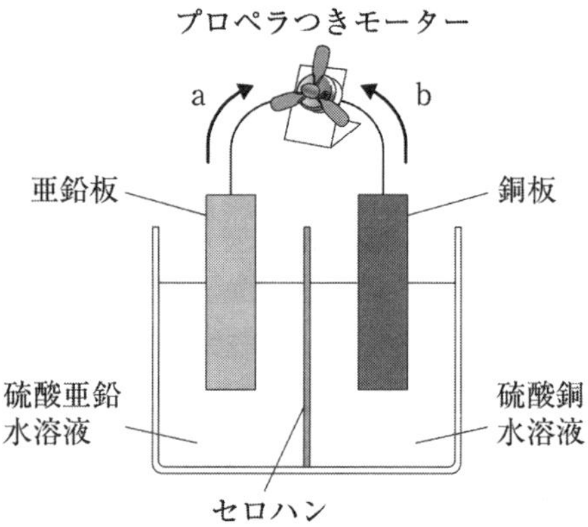

(i) 回路に電流が流れているときの電流の向き

1．図にaで示した向き

2．図にbで示した向き

(ii) 電流が流れているときに亜鉛板と銅板で起こる反応

1．亜鉛が電子を放出して亜鉛イオンになり，銅イオンが電子を受けとって銅原子になる。

2．亜鉛が電子を受けとって亜鉛イオンになり，銅イオンが電子を放出して銅原子になる。

3．亜鉛イオンが電子を放出して亜鉛原子になり，銅が電子を受けとって銅イオンになる。

4．亜鉛イオンが電子を受けとって亜鉛原子になり，銅が電子を放出して銅イオンになる。

問３　あとの各問いに答えなさい。

(ア) アブラナの花とマツの花についての説明として最も適するものを次の中から一つ選び，その番号を答えなさい。

1．アブラナの花は種子をつくるが，マツの花は種子をつくらない。

2．アブラナの花にもマツの花にも，花弁やがくがある。

3．アブラナの花でもマツの花でも，受粉後には果実ができる。

4．アブラナの花には子房があるが，マツの花には子房がない。

(イ) 次のページの表は，動物の細胞と植物の細胞を顕微鏡で観察して，それらのつくりについてまとめたものであり，それぞれのつくりがみられる場合は○，みられない場合は×で示している。表中の（あ）～（え）にあてはまるものの組み合わせとして最も適するものを次のページの

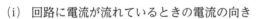

中から一つ選び，その番号を答えなさい。

細胞 / つくり	動物の細胞	植物の細胞
核	○	（　え　）
（　あ　）	×	○
（　い　）	○	○
細胞壁	（　う　）	○
液胞	×	○

1．あ：細胞膜　い：葉緑体　う：○　え：○
2．あ：細胞膜　い：葉緑体　う：○　え：×
3．あ：細胞膜　い：葉緑体　う：×　え：○
4．あ：細胞膜　い：葉緑体　う：×　え：×
5．あ：葉緑体　い：細胞膜　う：○　え：○
6．あ：葉緑体　い：細胞膜　う：○　え：×
7．あ：葉緑体　い：細胞膜　う：×　え：○
8．あ：葉緑体　い：細胞膜　う：×　え：×

(ウ) だ液のはたらきについて調べるために，右の図のように，デンプン溶液５cm^{3}とうすめただ液２cm^{3}の混合液を入れた試験管ＡとＣ，デンプン溶液５cm^{3}と水２cm^{3}の混合液を入れた試験管ＢとＤを用意した。

これら４本の試験管を40℃の湯の中で10分間温めたあと，試験管ＡとＢにヨウ素液を数滴加えたところ，試験管Ｂの溶液だけが青紫色に染まった。

さらに，試験管ＣとＤにベネジクト液を数滴加えて加熱したところ，試験管Ｃにだけ赤褐色の沈殿が生じた。

この実験において，２本の試験管の結果を比較してわかることの説明として最も適するものを次の中から一つ選び，その番号を答えなさい。

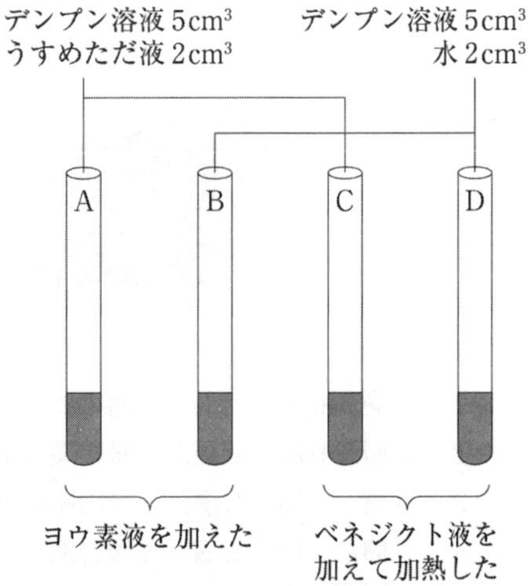

1．試験管ＡとＢを比較すると，だ液のはたらきでデンプンがなくなったことがわかる。
2．試験管ＡとＣを比較すると，だ液のはたらきでデンプンが糖に変化したことがわかる。
3．試験管ＢとＤを比較すると，だ液のはたらきで糖ができたことがわかる。
4．試験管ＣとＤを比較すると，だ液のはたらきで糖がなくなったことがわかる。

問4　あとの各問いに答えなさい。

(ア)　ある露頭Zを観察したところ，**図1**のようにａ層～ｃ層がｄ層をはさんで対称的に並んでいた。**図1**のａ層の２か所の○で示した部分を近くで観察すると，拡大図に示したような粒の大きさの変化がみられた。資料を調べたところ，この地域の地層は堆積岩でできており，地層の逆転はないこと，また露頭Zはしゅう曲した地層の一部が見えているものであり，しゅう曲のようすは**図2**または**図3**のどちらかであるということがわかった。この地層ができたときの堆積の順序やしゅう曲のようすについての説明として最も適するものをあとの１～４の中から一つ選び，その番号を答えなさい。ただし，**図2**と**図3**には露頭Zの一部を示しており，その上下は**図1**と一致しているものとする。

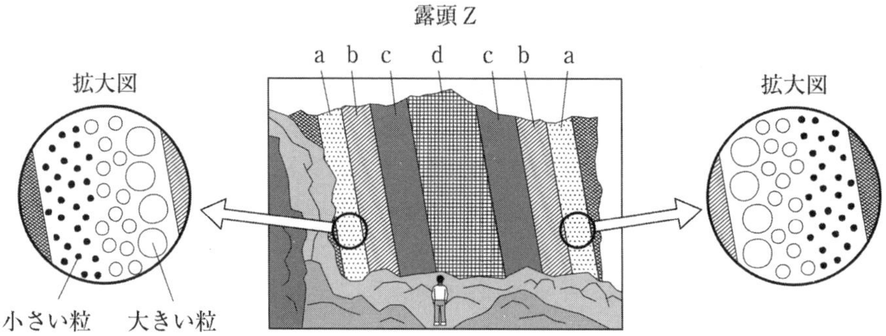

図1

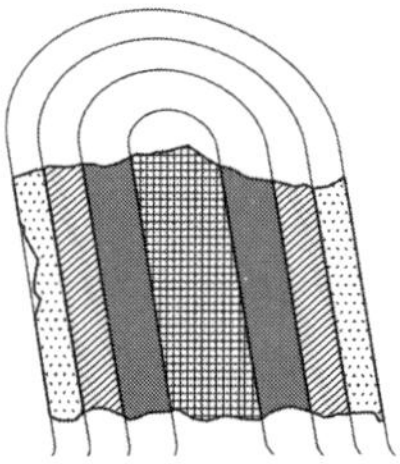

図2

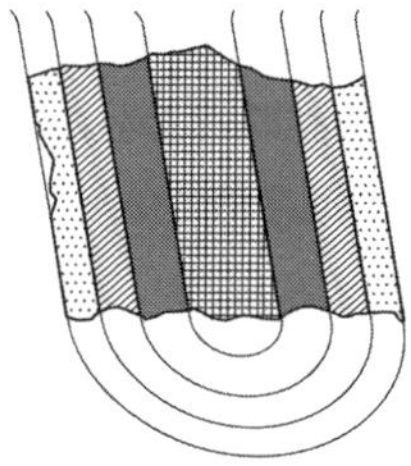

図3

１．ａ層，ｂ層，ｃ層，ｄ層の順に堆積したあと，**図2**のようなしゅう曲ができた。
２．ａ層，ｂ層，ｃ層，ｄ層の順に堆積したあと，**図3**のようなしゅう曲ができた。
３．ｄ層，ｃ層，ｂ層，ａ層の順に堆積したあと，**図2**のようなしゅう曲ができた。
４．ｄ層，ｃ層，ｂ層，ａ層の順に堆積したあと，**図3**のようなしゅう曲ができた。

(イ)　次の□中のａ～ｄのうち，時期や天候などの条件が満たされれば，神奈川県から観測できるものについての説明の組み合わせとして最も適するものをあとの１～６の中から一つ選び，その番号を答えなさい。

ａ　真夜中に金星を観測できる。	ｂ　真夜中に火星を観測できる。
ｃ　満月のときに日食を観測できる。	ｄ　新月のときに日食を観測できる。

１．ａとｃ　　２．ａとｄ　　３．ｂとｃ
４．ｂとｄ　　５．ａとｂとｃ　　６．ａとｂとｄ

(ウ)　次のページの□は，太陽光発電パネルの角度と発電効率についてまとめたものである。

文中の(Ｘ)，(Ｙ)にあてはまるものとして最も適するものをそれぞれの選択肢の中から一つずつ選び，その番号を答えなさい。

　太陽光発電パネルの発電効率は，太陽光が太陽光発電パネルに垂直に当たるときに最も高くなる。右の図のように，水平な地面に設置された太陽光発電パネルがあり，パネルの角度が33°であるとき，発電効率が最も高くなる太陽の高度は（　Ｘ　）である。
　発電効率がなるべく高くなるように，地域によってパネルの角度は適切に設定されている。例えば，神奈川県と沖縄県のパネルの角度を比べると，沖縄県では神奈川県よりも（　Ｙ　）。

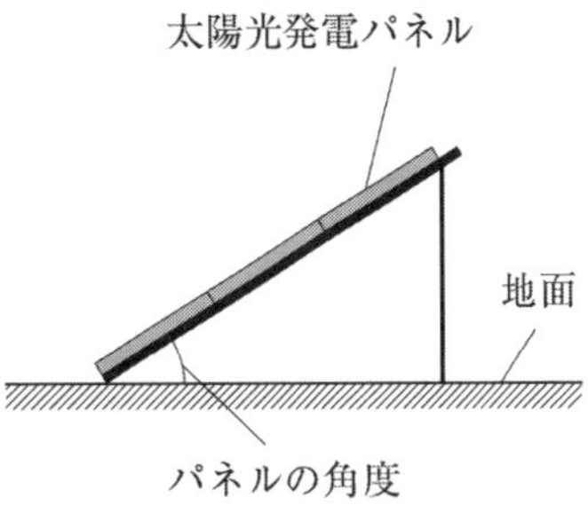

Ｘの選択肢　１．33°　２．45°　３．57°　４．66°

Ｙの選択肢　１．太陽の年間の平均高度が高いため，パネルの角度が大きく設定されている
２．太陽の年間の平均高度が高いため，パネルの角度が小さく設定されている
３．太陽の年間の平均高度が低いため，パネルの角度が大きく設定されている
４．太陽の年間の平均高度が低いため，パネルの角度が小さく設定されている

問５　Ｋさんは，電流が磁界から受ける力について調べるために，次のような実験を行った。これらの実験とその結果について，あとの各問いに答えなさい。ただし，電子てんびんの測定の機能は磁界の影響を受けないものとする。

〔実験１〕　**図１**のように，直流電源，スイッチ，抵抗器，電流計，コイルをつなぎ，コイルを電子てんびんの上にのせ，コイルの真上にＮ極を下にした磁石を固定した。回路に流れる電流の大きさを変えながら，電子てんびんの示す値を調べた。**表**は，その結果をまとめたものである。

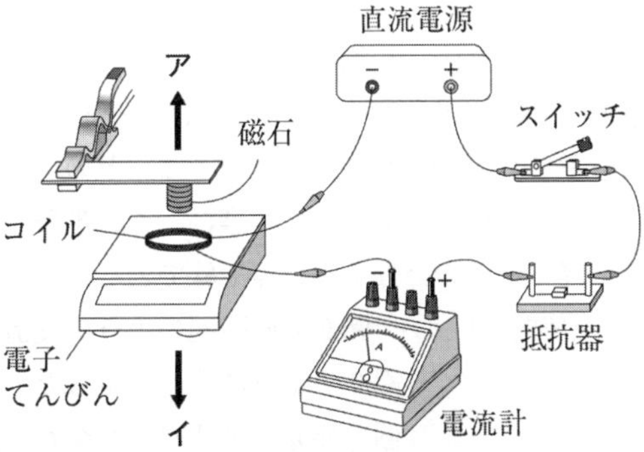

図１

表

電流の大きさ〔mA〕	0	50	100	150	200
電子てんびんの示す値〔g〕	10.80	11.64	12.48	13.32	14.16

〔実験２〕　**図２**（次のページ）のように，プラスチック製のコップの底にはりつけたコイルを交流電源につないで交流を流し，磁石を近づけたところ，コイルを流れる電流が磁石のつくる磁界から力を受けてコイルが振動し，その振動がコップに伝わって音が出た。このとき，交流電源にオシロスコープをつないで表示した交流の波形と，コップから出た音

を図2のようにマイクロホンで拾ってオシロスコープで表示した音の波形はそれぞれ図3と図4のようになった。

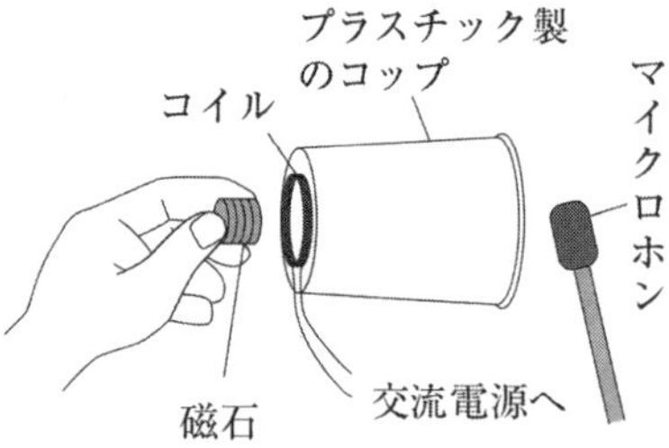

図2

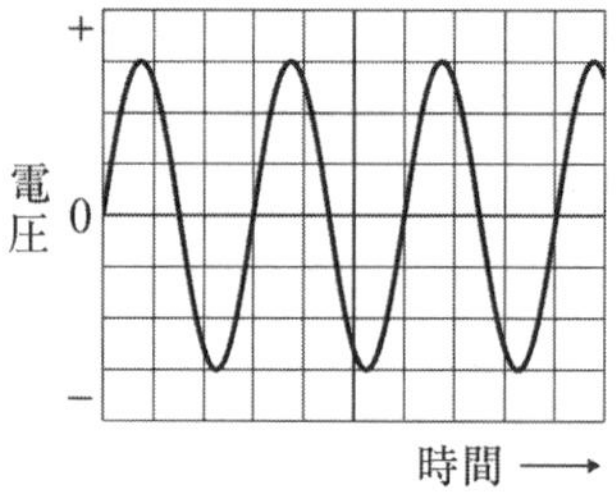

図3　交流の波形

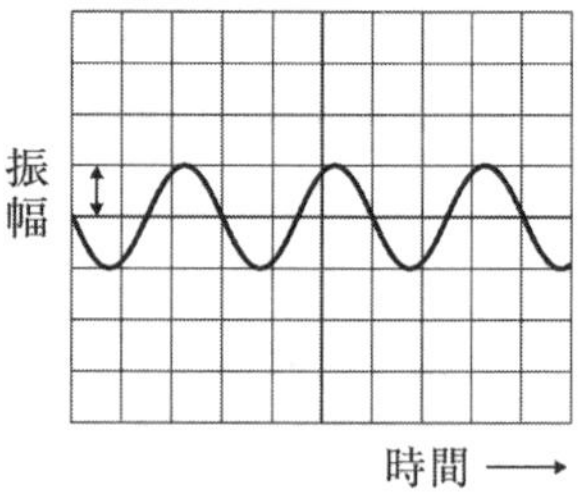

図4　音の波形

(ア)　次の □ は，Kさんが〔実験1〕の結果から考えられることをまとめたものである。文中の（X），（Y）にあてはまるものの組み合わせとして最も適するものをあとの1～4の中から一つ選び，その番号を答えなさい。

表から，コイルは図1の（　X　）の向きの力を受けていると考えられる。この力は，コイルを流れる電流が図1のコイルの内側に（　Y　）の向きの磁界をつくり，コイルが電磁石のはたらきをすることでコイルと磁石が互いにおよぼし合う力だと考えられる。

1．X：ア　Y：ア　　2．X：ア　Y：イ
3．X：イ　Y：ア　　4．X：イ　Y：イ

(イ)　〔実験1〕において，回路に流れる電流を逆向きにして，電流の大きさを100mAにしたときの電子てんびんの示す値として最も適するものを次の中から一つ選び，その番号を答えなさい。

1．0.00g　2．9.12g　3．9.96g　4．10.80g　5．11.64g　6．12.48g

(ウ)　〔実験2〕について，Kさんは交流と直流のちがいを確認するために，〔実験3〕を行った。〔実験3〕の②における発光ダイオードの点灯のようすを表す図として最も適するものを次のページの1～4の中から一つ選び，その番号を答えなさい。なお，図7および1～4では，発光ダイオードの点灯を黒い点や線で表している。

〔実験3〕 ①　図5の回路図のように交流電源と抵抗器につないだ2個の発光ダイオードを，図6のように棒に固定した。棒を持ってすばやく横に動かすと，図7のように2個の発光ダイオードが交互に点灯するようすがみられた。

②　次に，図8の回路図のように2個の発光ダイオードを直流電源と抵抗器につなぎ，①と同様に棒を動かしたときの発光ダイオードの点灯のようすを調べた。

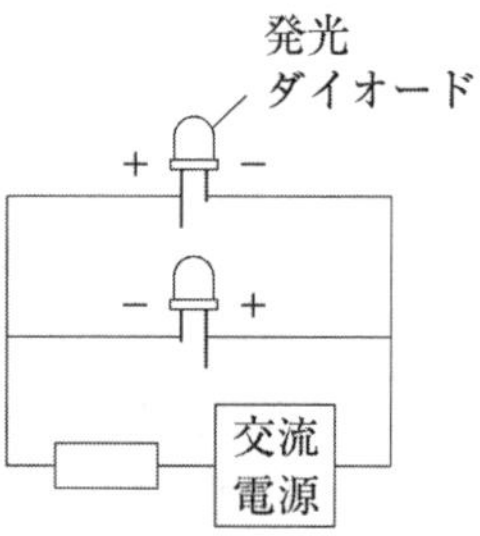

図5

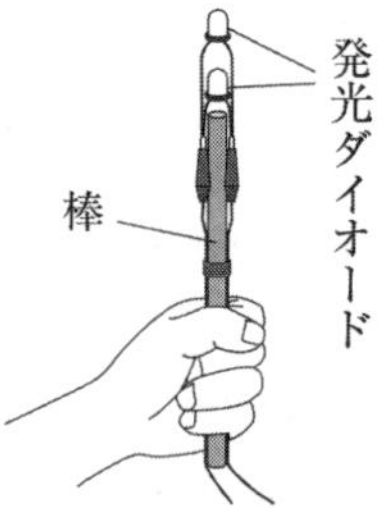

図6

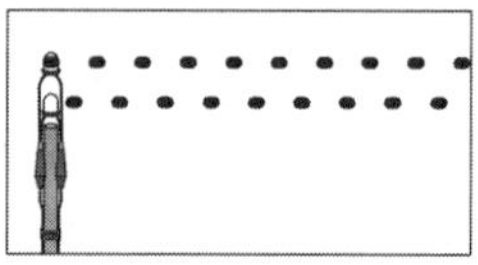

図7

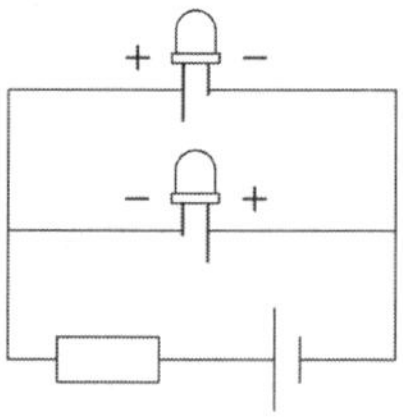

図8

1.
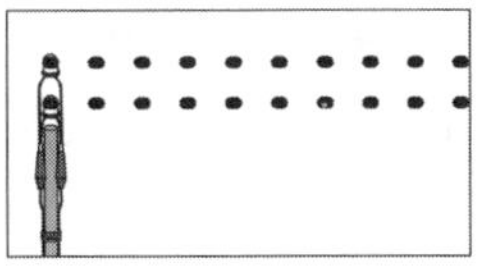

2.
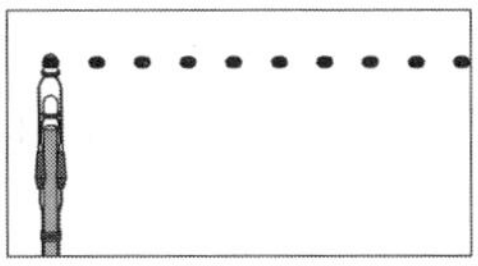

3.
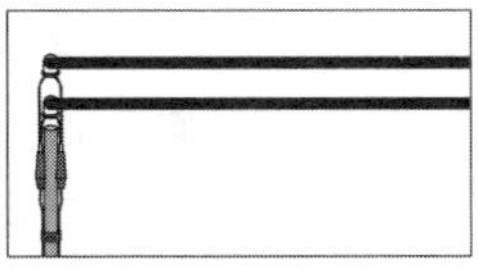

4.
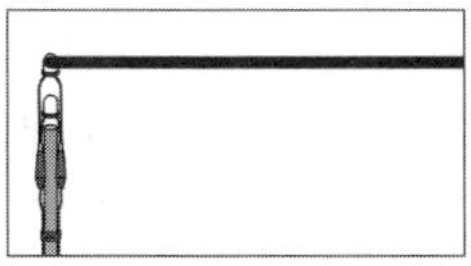

(エ) 〔実験2〕で音が出たとき，コイルと磁石の距離およびコップとマイクロホンの距離を保ったままにして，音の波形を図9のようにするためには，次の□中のa～dのうちどの操作を行えばよいか。その組み合わせとして最も適するものをあとの1～4の中から一つ選び，その番号を答えなさい。ただし，図9の1目盛りの値は図4と同じであるものとする。また，交流電源の周波数を変えても，コップから出る音の大きさは変わらないものとする。

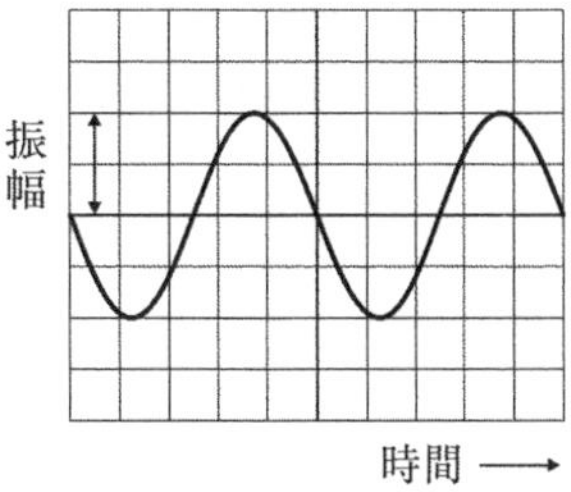

図9　音の波形

a　交流電源の電圧をより大きくする。	b　交流電源の電圧をより小さくする。
c　交流電源の周波数をより大きくする。	d　交流電源の周波数をより小さくする。

1．aとc　　2．aとd　　3．bとc　　4．bとd

問6　Kさんは，水溶液に流れる電流について調べるために〔実験1〕を行った。その結果から，「ある体積の水溶液を流れる電流の大きさは，その水溶液中のイオンの数が多いほど大きくなる」と考え，このことを利用して酸とアルカリを混ぜたときの水溶液の性質の変化について調べるために，〔実験2〕を行った。これらの実験とその結果について，あとの各問いに答えなさい。

〔実験1〕　図1のような装置を用いて，塩酸，水酸化ナトリウム水溶液，塩化ナトリウム水溶液，砂糖水，蒸留水それぞれ20㎤に一定の大きさの電圧をかけたときに流れる電流の大きさを測定した。蒸留水以外の水溶液における測定は，水溶液の質量パーセント濃度を1.0%，2.0%，4.0%，6.0%，8.0%，10.0%と変えてそれぞれ行った。グラフ1は，その結果をまとめたものである。

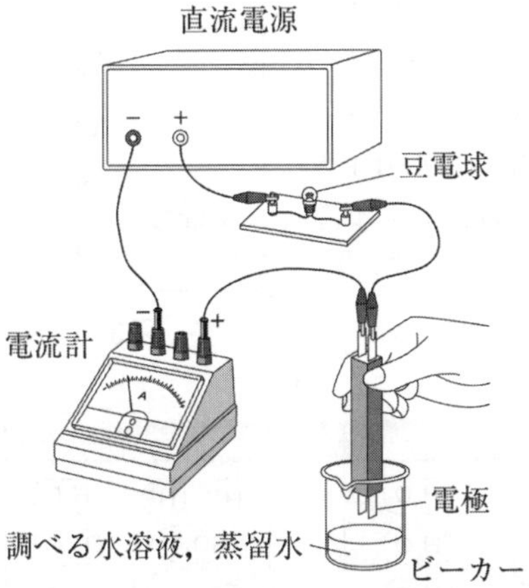

図1

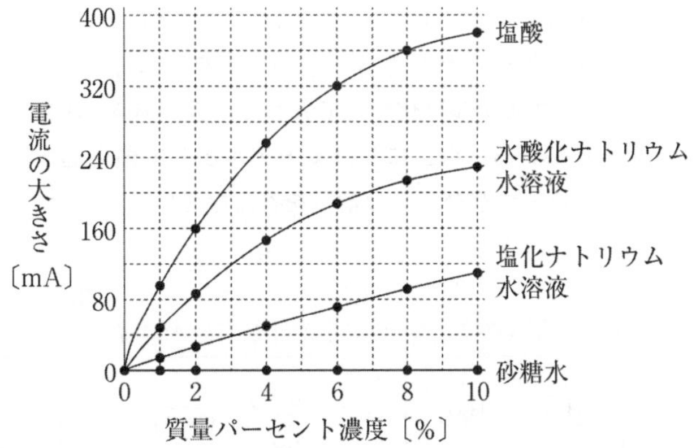

グラフ1

〔実験２〕 **図２**のように，うすい水酸化バリウム水溶液20cm^3を入れたビーカーに，うすい硫酸を少しずつガラス棒でよくかき混ぜながら加えた。このとき，うすい硫酸を一定量加えるごとに，〔実験１〕と同じ装置を用いてビーカー内の水溶液に〔実験１〕と同じ大きさの電圧をかけ，流れる電流の大きさを測定した。

次に，うすい水酸化ナトリウム水溶液20cm^3にうすい塩酸を少しずつ加えていく場合についても，同様にビーカー内の水溶液に流れる電流の大きさを測定した。**グラフ２**と**グラフ３**は，それらの結果をまとめたものである。

図２

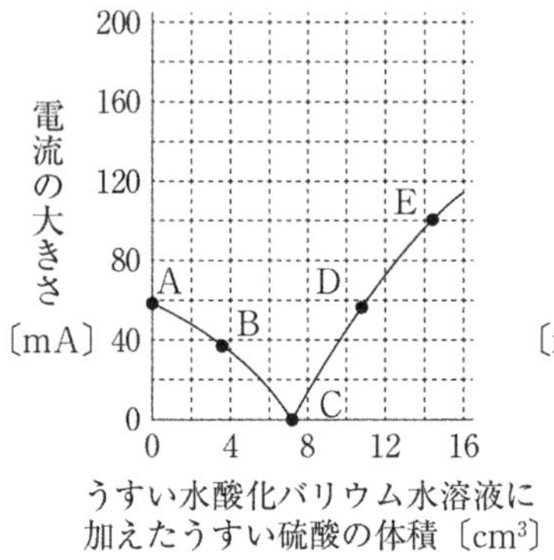

グラフ２

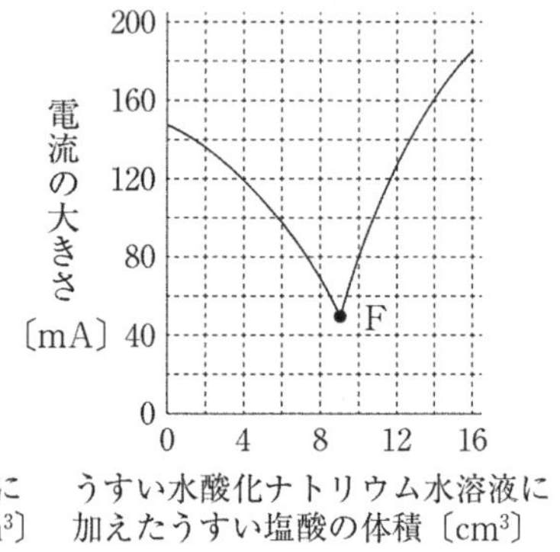

グラフ３

(ア) 〔実験１〕と同様の実験を行ったときに，砂糖水と同じ結果になるものとして最も適するものを次の中から一つ選び，その番号を答えなさい。

1．エタノール水溶液　　2．塩化銅水溶液　　3．硫酸　　4．硝酸カリウム水溶液

(イ) 〔実験１〕において塩酸に電流が流れているとき，電極付近から気体が発生した。陽極と陰極から発生した気体の組み合わせとして最も適するものを次の中から一つ選び，その番号を答えなさい。

1．陽極：水素　陰極：酸素　　2．陽極：水素　陰極：塩素
3．陽極：酸素　陰極：水素　　4．陽極：酸素　陰極：塩素
5．陽極：塩素　陰極：水素　　6．陽極：塩素　陰極：酸素

(ウ) Ｋさんは，**グラフ２**の点Ａ～Ｅにおけるビーカー内の水溶液中のようすを粒子のモデルで表した。**図３**は点Ａにおけるモデルであり，次の１～４はそれぞれ点Ｂ～Ｅのいずれかにおけるモデルである。なお，粒子のモデルは化学式で表してあり，(H_2O)は中和で生じた水分子を表している。点Ｄにおけるモデルとして最も適するものを１～４の中から一つ選び，その番号を答えなさい。

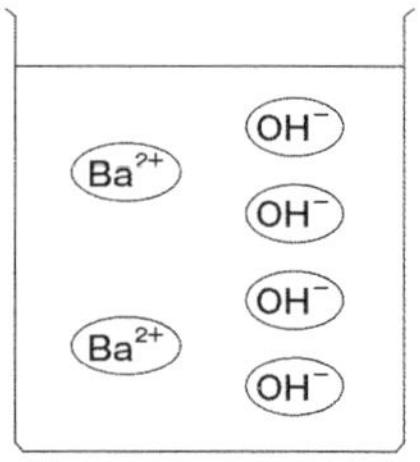

図３

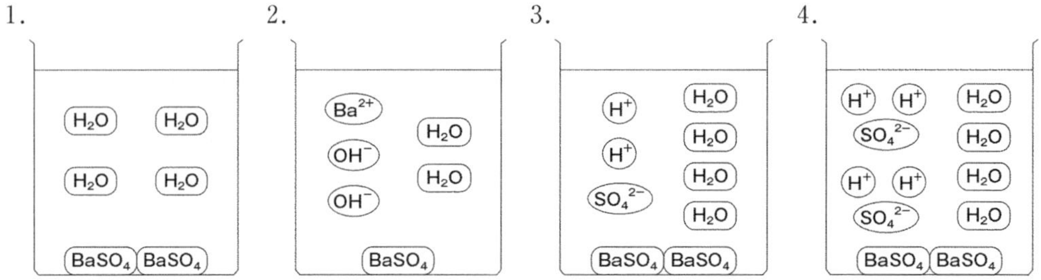

(エ) 次の □ は，〔実験1〕と〔実験2〕に関するKさんと先生の会話である。文中の (あ)，(い) にあてはまるものとして最も適するものを，また，文中の下線部 (う) の質量パーセント濃度として最も適するものを，それぞれの選択肢の中から一つずつ選び，その番号を答えなさい。

> Kさん　「**グラフ2**を読みとると，点Cでは水溶液中に（　あ　）と考えられます。」
>
> 先　生　「そうですね。では次に，**グラフ2**と**グラフ3**を比較して，気づいたことについて説明してみましょう。」
>
> Kさん　「はい。**グラフ3**では，**グラフ2**と異なり，点Fでの電流の大きさが0ではありません。この理由は，点Fでは，（　い　）からだと思います。」
>
> 先　生　「そのとおりですね。では最後に，〔実験1〕の結果を活用して，(う)**グラフ3**の点Fにおけるビーカー内にある，中和で生じた塩の水溶液の質量パーセント濃度を求めてみましょう。」

(あ) の選択肢
1．バリウムイオンと硫酸イオンが多くあった
2．白い沈殿がほぼなかった
3．水酸化物イオンと水素イオンが多くあった
4．イオンがほぼなかった

(い) の選択肢
1．水素イオンが多くあった
2．中和で生じた塩がほぼすべて電離していた
3．水酸化物イオンが多くあった
4．中和で生じた塩がほぼすべて沈殿していた

(う) の選択肢　1．0.4%　2．1.0%　3．4.0%　4．9.1%　5．50%

問7　Kさんは，ペットショップで見かけた毛の色や毛の長さが異なるモルモットに興味をもち，モルモットの毛の色や毛の長さの遺伝について調べたことを次の □ にまとめた。これらについて，あとの各問いに答えなさい。

> 〔調べたこと〕
>
> ①　モルモットの毛の色には黒色や茶色があり，これらの形質は毛の色を黒色にする遺伝子Aと茶色にする遺伝子aによって現れる。
>
> ②　モルモットの毛の長さには短い毛と長い毛があり，これらの形質は毛を短くする遺伝子Bと長くする遺伝子bによって現れる。
>
> ③　黒色の毛の純系と茶色の毛の純系を交配すると，その子はすべて黒色の毛になる。
>
> ④　短い毛の純系と長い毛の純系を交配すると，その子はすべて短い毛になる。
>
> ⑤　③でできた子と同じ遺伝子の組み合わせをもつものどうしを交配してできた個体を孫とすると，孫には黒色の毛の個体と茶色の毛の個体が一定の比で現れる。
>
> ⑥　④でできた子と同じ遺伝子の組み合わせをもつものどうしを交配してできた個体を孫とすると，孫には短い毛の個体と長い毛の個体が一定の比で現れる。
>
> ⑦　**図**（次のページ）は，モルモットの体細胞の染色体を模式的に示したものである。図のように，毛の色を決める遺伝子と毛の長さを決める遺伝子は別の染色体にある。

⑧　モルモットの毛の色と毛の長さは，互いに影響をおよぼし合うことなく遺伝し，それぞれメンデルが発見した遺伝の規則性にしたがう。

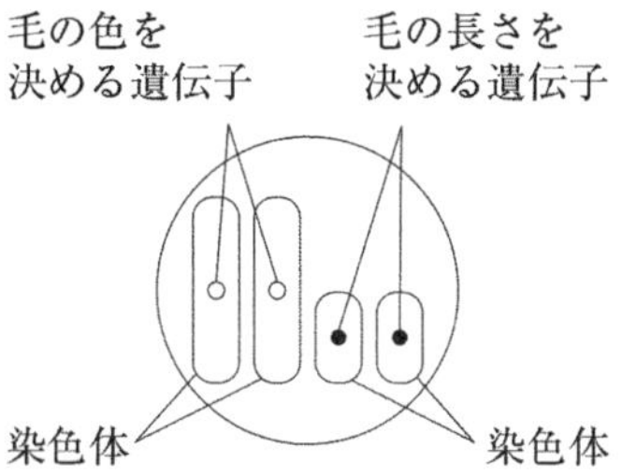

図

(ア)　⑦について，図の体細胞をもつ個体がつくる生殖細胞の染色体を模式的に示したものとして最も適するものを次の中から一つ選び，その番号を答えなさい。

1.
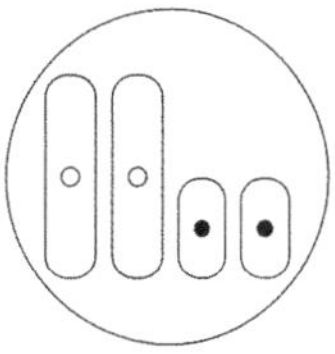

2.
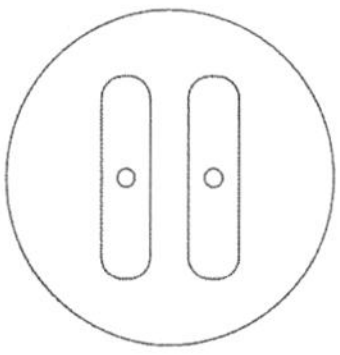

3.
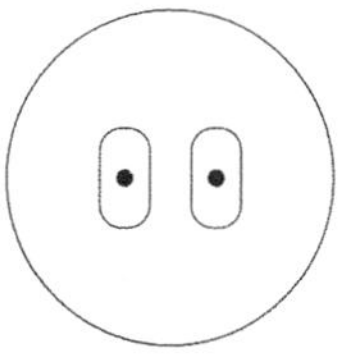

4.
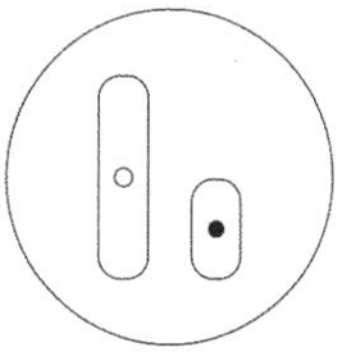

(イ)　③でできる子や⑤でできる孫がもつ，毛の色を決める遺伝子についての説明として最も適するものを次の中から一つ選び，その番号を答えなさい。

1．③でできる子がもつ遺伝子の組み合わせは，２通りである。
2．③でできる子は，茶色の毛をもつ親から遺伝子を受けついでいない。
3．⑤でできる孫のうち約半数は，③でできる子と同じ遺伝子の組み合わせをもつ。
4．⑤でできる孫は，茶色の毛の個体数が黒色の毛の個体数の約３倍となる。

(ウ)　毛の色が黒色のモルモットＸと毛の色が茶色のモルモットＹを交配して複数の子ができたとき，子の毛の色から親のもつ遺伝子を知ることができる。その説明として最も適するものを次の中から一つ選び，その番号を答えなさい。

1．毛の色が黒色の子と茶色の子ができたならば，Ｘは遺伝子の組み合わせＡａをもつといえる。
2．毛の色が黒色の子と茶色の子ができたならば，Ｘは遺伝子の組み合わせＡＡをもつといえる。
3．毛の色が黒色の子のみができたならば，Ｘは遺伝子の組み合わせＡａをもつといえる。
4．毛の色が茶色の子のみができたならば，Ｘは遺伝子の組み合わせＡＡをもつといえる。

(エ)　次の□は，Ｋさんがモルモットの毛の色と毛の長さの２つの形質の遺伝について考えたことをまとめたものである。文中の（あ），（い）にあてはまるものとして最も適するものをそれぞれの選択肢の中から一つずつ選び，その番号を答えなさい。

実際のモルモットは，「毛の色が黒色で毛が短い」個体や，「毛の色が茶色で毛が長い」個体など，2つの形質が同時に現れる。これらの形質が子や孫にどのように伝わるかを考える。

〔調べたこと〕の⑦から，毛の色が黒色で毛が短い純系のモルモットの遺伝子の組み合わせをＡＡＢＢと表し，毛の色が茶色で毛が長い純系のモルモットの遺伝子の組み合わせをａａｂｂと表すことにすると，〔調べたこと〕の⑧から，これらを交配してできる子は，すべて（　あ　）となる。

子と同じ遺伝子の組み合わせをもつものどうしを交配してできる孫の遺伝子の組み合わせを調べるためには，次のような**表**をつくるとよい。子がつくる精子や卵の遺伝子の組み合わせを**表**に書き入れると，受精卵の遺伝子の組み合わせが決まる。例として，精子の遺伝子の組み合わせがａｂで，卵の遺伝子の組み合わせがａＢのとき，受精卵の遺伝子の組み合わせはａａＢｂとなる。

表を完成させると，孫に現れる形質の個体数の比を求めることができる。例えば，毛の色が黒色で毛が短い個体数と，毛の色が茶色で毛が長い個体数の比は，（　い　）と求めることができる。

表

		精子の遺伝子の組み合わせ			
					ａｂ
卵の遺伝子の組み合わせ					
	ａＢ				ａａＢｂ

受精卵の遺伝子の組み合わせ

（あ）の選択肢　1．遺伝子の組み合わせがＡＡｂｂであり，毛の色が黒色で毛が長い個体
2．遺伝子の組み合わせがＡａＢｂであり，毛の色が黒色で毛が短い個体
3．遺伝子の組み合わせがＡａＢｂであり，毛の色が茶色で毛が長い個体
4．遺伝子の組み合わせがａａＢＢであり，毛の色が茶色で毛が短い個体

（い）の選択肢　1．1：1　2．3：1　3．6：1　4．9：1

問8　**図1**は，ある日の午前3時における低気圧と前線の位置を示したものであり，この低気圧は日本付近に近づいている。**図2**は，この日と翌日の2日間の横浜における気温と湿度と気圧の変化をまとめたものであり，**表**は，この2日間の横浜，大阪，熊本の風向をまとめたものである。これらについて，あとの各問いに答えなさい。

（**図2**，**表**は次のページにあります。）

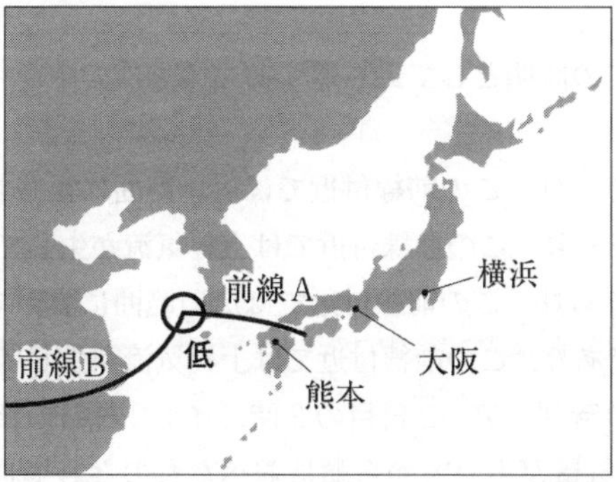

図1

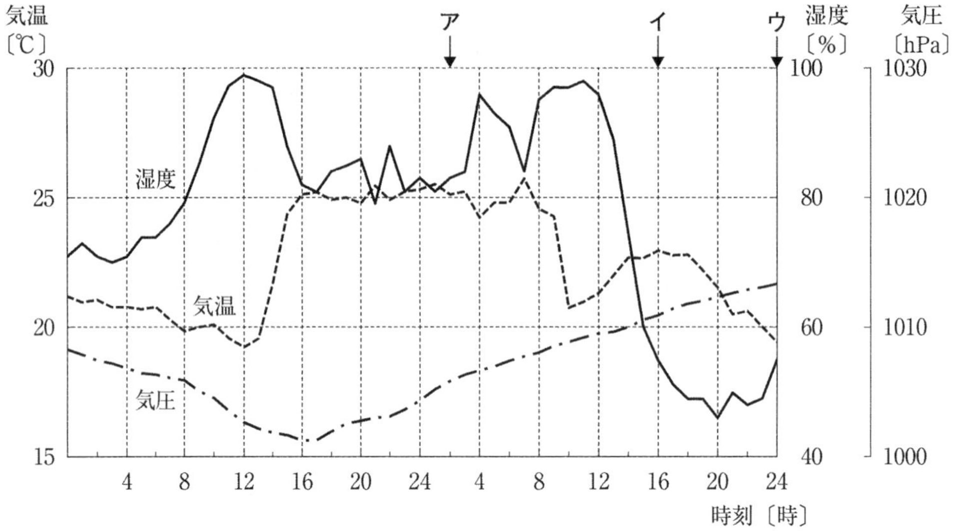

図２

表

	1日目											
時刻〔時〕	2	4	6	8	10	12	14	16	18	20	22	24
横浜	北	西北西	北	北	北西	北	南南東	南南西	南西	南西	南南西	南南西
大阪	北北東	北東	北	北	西南西	南西	南南西	南西	南南西	南南西	南西	南西
熊本	北北東	北	南東	南南東	南南西	南西	南西	南西	南南西	南南東	南	北北西

	2日目											
時刻〔時〕	2	4	6	8	10	12	14	16	18	20	22	24
横浜	南西	南南西	南	南西	北北東	北北東	北北東	北	北	北	北	北
大阪	南西	南南西	南南西	北西	北	北北東	北	北北東	北	北北東	北	北
熊本	北北西	北北西	北西	北西	北	北北東	北北東	北北東	北北東	北	北	北北西

(ア)　**図１**の前線Ａについての説明として最も適するものを次の中から一つ選び，その番号を答えなさい。

1．前線Ａは温暖前線であり，この前線付近では広い範囲に雲ができることが多い。
2．前線Ａは温暖前線であり，この前線付近では上昇気流が生じて積乱雲ができることが多い。
3．前線Ａは寒冷前線であり，この前線付近では広い範囲に雲ができることが多い。
4．前線Ａは寒冷前線であり，この前線付近では上昇気流が生じて積乱雲ができることが多い。

(イ)　**図２**に示した**ア**～**ウ**の時刻（**ア**：２日目の２時，**イ**：２日目の16時，**ウ**：２日目の24時）を，空気１m^3あたりの水蒸気量が多い方から順に並べたものとして最も適するものを次のページの中から一つ選び，その番号を答えなさい。

1．ア，イ，ウ　　2．ア，ウ，イ　　3．イ，ア，ウ
4．イ，ウ，ア　　5．ウ，ア，イ　　6．ウ，イ，ア

(ウ)　横浜で前線の通過にともなう雨が降っていたと考えられる時間帯として最も適するものを次の中から一つ選び，その番号を答えなさい。

1．1日目の16時ごろ
2．1日目の12時ごろと，2日目の4時ごろ
3．1日目の12時ごろと，2日目の10時ごろ
4．2日目の4時ごろと，2日目の10時ごろ
5．2日目の4時ごろと，2日目の20時ごろ
6．2日目の10時ごろと，2日目の20時ごろ

(エ)　次の□は，**図1**の低気圧と前線の移動に関するKさんと先生の会話である。文中の（　）に最も適するものをあとの1～4の中から一つ選び，その番号を答えなさい。

Kさん「**図1**の低気圧はその後日本付近を通過したと思いますが，前線の位置はどのように変わったのでしょうか。」
先　生「この低気圧は，2日目の3時には北海道の東の海上にあったことがわかっています。いま，私が前線Bの位置の候補として1～4の図を用意しました。**表**にある横浜，大阪，熊本の風向の変化から考えて，2日目の3時における前線Bの位置を示す図を，1～4の中から選んでください。」
Kさん「はい。前線Bの位置を示す図は（　　　）だと思います。」
先　生「そのとおりですね。」

1.
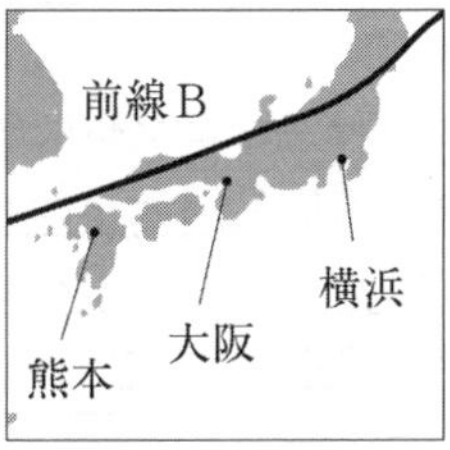

2.
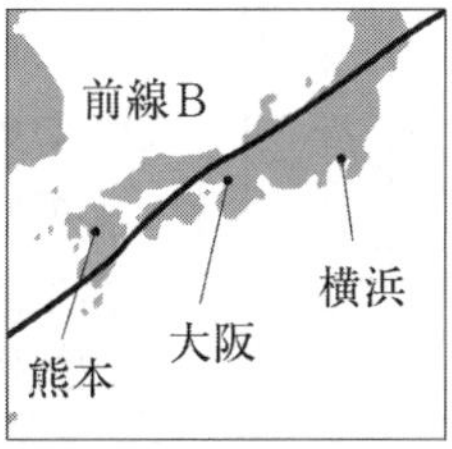

3.
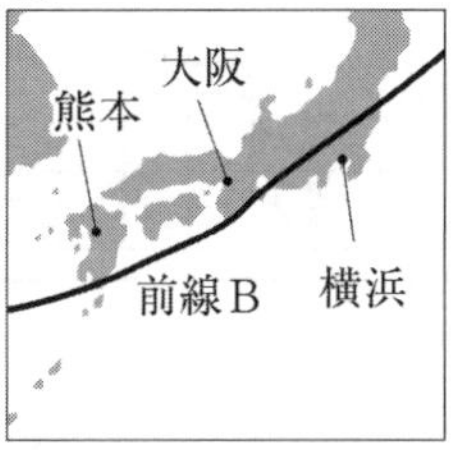

4.
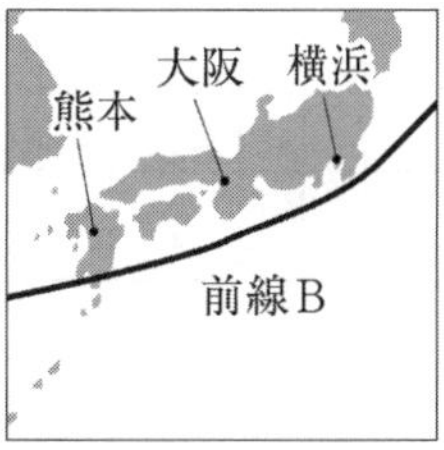

＜社会＞

時間　50分　　満点　100点

問１　Ｋさんは，次の**略地図**中にある国々について調べ，**メモ**を作成した。これらについて，あとの各問いに答えなさい。なお，**略地図**中の緯線は赤道から，経線は本初子午線からそれぞれ５度ごとに引いたものである。

略地図

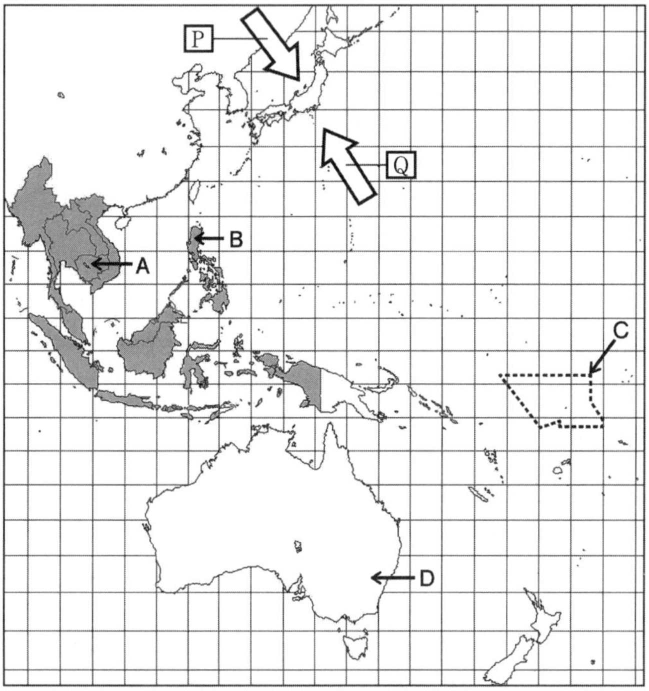

メモ

○　日本には，［あ］の矢印で表された風の影響で，夏には暖かく湿った大気が運ばれます。また，日本の近海には，水深が8,000ｍをこえる［い］があります。

○　（網かけ）で示された**A**，**B**などの国は，①ASEAN加盟国（2023年末現在）を示しています。

○　**B**の国では，②植民地支配にともなって布教された宗教の信者が多数を占めています。

○　**C**の点線で領域が示された国は，三大洋の一つである［う］にあります。

○　**D**の国は，オセアニア州に属しています。近年，③オセアニア州の国々は，アジア州の国々との結び付きを強めています。

(ア)　［あ］～［う］にあてはまる語句の組み合わせとして最も適するものを，次の中から一つ選び，その番号を答えなさい。

１．あ：［P］　い：海溝　う：太平洋　　２．あ：［P］　い：海溝　う：大西洋
３．あ：［P］　い：大陸棚　う：太平洋　　４．あ：［P］　い：大陸棚　う：大西洋
５．あ：［Q］　い：海溝　う：太平洋　　６．あ：［Q］　い：海溝　う：大西洋
７．あ：［Q］　い：大陸棚　う：太平洋　　８．あ：［Q］　い：大陸棚　う：大西洋

(イ)　――線①を完全に含む**緯度の範囲**をＸ，Ｙから，**略地図**中の**A**の国と**日本との時差**をａ～ｄから，最も適するものをそれぞれ一つずつ選んだときの組み合わせを，次のページの１～８の中から一つ選び，その番号を答えなさい。ただし，サマータイムは考えないものとする。

緯度の範囲	Ｘ　北緯30度から南緯15度まで		Ｙ　北緯15度から南緯30度まで	
日本との時差	ａ　１時間	ｂ　２時間	ｃ　４時間	ｄ　６時間

1．Xとa　　2．Xとb　　3．Xとc　　4．Xとd

5．Yとa　　6．Yとb　　7．Yとc　　8．Yとd

(ウ)　——線②について述べた文として最も適するものを，次の中から一つ選び，その番号を答えなさい。

1．シャカがひらいた宗教で，中国や朝鮮半島，日本に伝わった。

2．教典の「コーラン」にもとづく，日常生活に関わる細かい決まりがある。

3．スペイン語やポルトガル語を公用語とする南北アメリカ州の国で，信者が多い。

4．牛が神聖な動物であると考えられており，牛肉を食べない人が多い。

(エ)　右の**写真**は，**C**の点線で領域が示された国の様子を示したものである。この国について述べた文として最も適するものを，次の中から一つ選び，その番号を答えなさい。

写真

（毎日新聞ウェブサイト掲載資料より引用）

1．国土がさんご礁でできているため標高が低く平たんで，波による海岸の侵食が進んでいる。

2．フィヨルドとよばれる地形がみられ，削られた谷に海水が深く入り込んでいる。

3．夏に永久凍土が解けることで，湖ができたり建物が傾いたりするなどの問題がおこっている。

4．梅雨による大雨の影響で，土砂くずれによる被害がもたらされることがある。

(オ)　次の**資料**X，Yと**できごと**a～cから，——線③を示す例として最も適するものをそれぞれ一つずつ選んだときの組み合わせを，あとの1～6の中から一つ選び，その番号を答えなさい。

資料

X　世界の面積と人口の地域別割合（2020年）

面積	アジア 23.9%，アフリカ 22.8%，ヨーロッパ 17.0%， 北アメリカ 16.4%，南アメリカ 13.4%，オセアニア 6.5%
人口	アジア 59.5%，アフリカ 17.2%，ヨーロッパ 9.6%， 北アメリカ 7.6%，南アメリカ 5.5%，オセアニア 0.5%

（『データブック　オブ・ザ・ワールド　2022年版』をもとに作成）

Y　オーストラリアの相手先別貿易額の割合

1965年	イギリス 22.9%，アメリカ合衆国 18.1%，日本 13.0%， 西ドイツ 4.6%，ニュージーランド 3.7%，その他 37.7%
2022年	中華人民共和国 28.2%，日本 13.6%，大韓民国 7.7%， アメリカ合衆国 6.3%，台湾 3.9%，その他 40.3%

（国際通貨基金ウェブサイト掲載資料をもとに作成）

できごと

a　オーストラリアが，APECの結成を主導した。

b　オーストラリアで，白豪主義とよばれる政策がとられた。

c　オーストラリアで，土地に関する権利がアボリジニに認められた。

1．Xとa　　2．Xとb　　3．Xとc　　4．Yとa　　5．Yとb　　6．Yとc

問２　Kさんは，茨城県つくば市について調べ，次の**レポート**を作成した。これについて，あとの各問いに答えなさい。

レポート

1　①つくば市の地形

つくば市の大部分は，火山灰が堆積してできた赤土の［　あ　］に覆われています。

地形図　※等高線は100ｍごとに引いています。

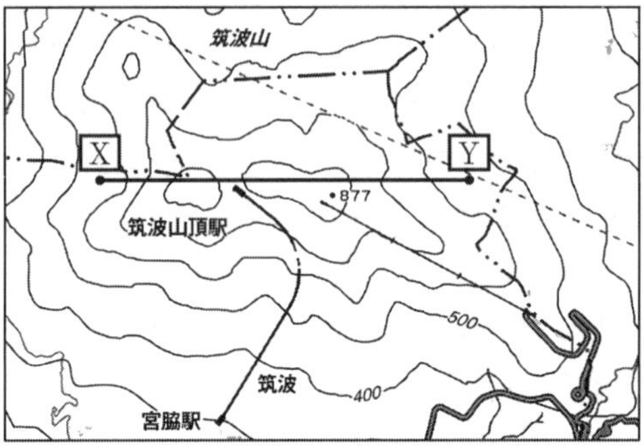

（「地理院地図（国土地理院作成）」一部改変）

2　筑波山について

右の**地形図**は，つくば市の北部にある筑波山の山頂付近を示したものです。等高線の間隔から，筑波山の傾斜を読み取ることができます。

今後の学習の見通し

右の**年表**は，つくば市のできごとをまとめたものです。②つくば市が発展してきた経緯について，人口の推移と関連付けながら，考えたいと思います。

年表

年	できごと
1963	③筑波研究学園都市の建設が決定した。
1987	四つの町村が合併し，つくば市が誕生した。
2005	つくば市と東京都千代田区を結ぶ鉄道路線が開業した。

（つくば市ウェブサイト掲載資料をもとに作成）

(ア)　――線①について，次のグラフ**P**～**R**は，つくば市，富山市，高松市の気温と降水量を示したものである。グラフと都市の組み合わせとして最も適するものを，次のページの１～６の中から一つ選び，その番号を答えなさい。

P　年降水量　1150.1mm

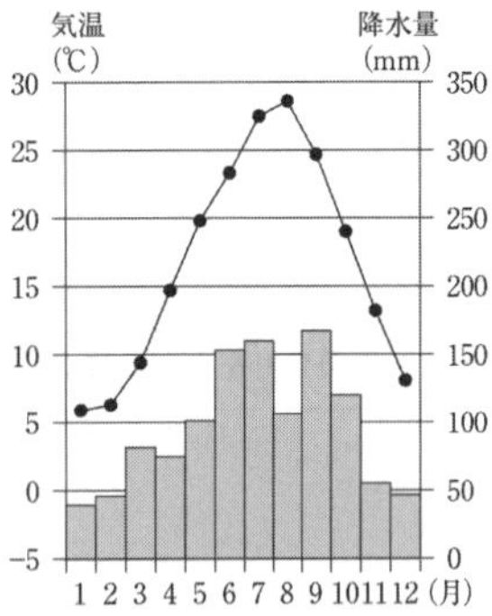

Q　年降水量　2374.2mm

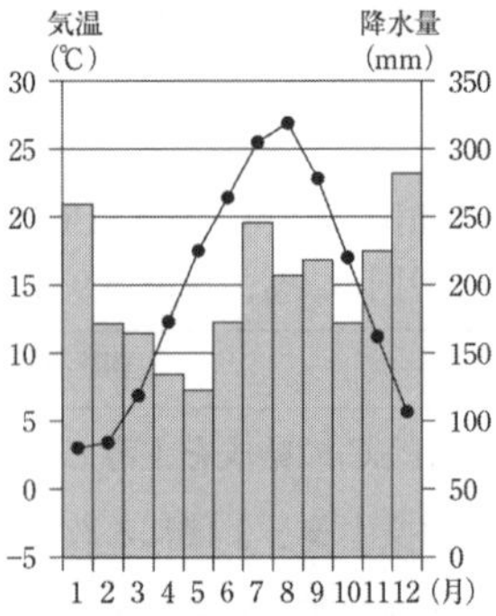

R　年降水量　1326.0mm

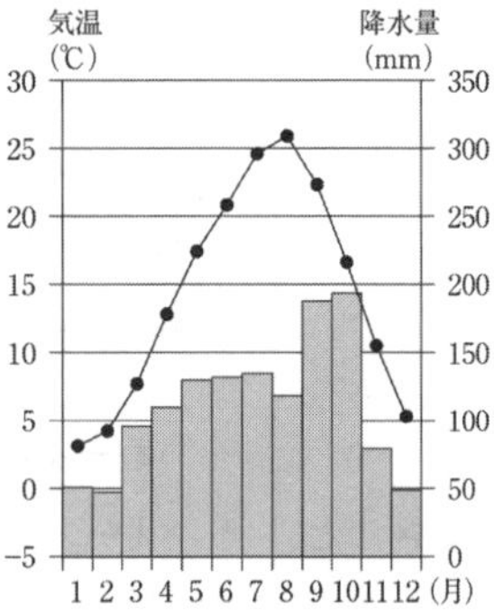

（気象庁ウェブサイト掲載資料（1991～2020年）をもとに作成）

1．P：つくば市　Q：富山市　R：高松市
2．P：つくば市　Q：高松市　R：富山市
3．P：富山市　Q：つくば市　R：高松市
4．P：富山市　Q：高松市　R：つくば市
5．P：高松市　Q：つくば市　R：富山市
6．P：高松市　Q：富山市　R：つくば市

(イ)　あ　にあてはまる語句として最も適するものを，次の中から一つ選び，その番号を答えなさい。

1．シラス台地（シラス）　2．フォッサマグナ　3．関東ローム　4．カルデラ

(ウ)　**地形図**上の X ― Y の略断面図として最も適するものを，次の中から一つ選び，その番号を答えなさい。

1.
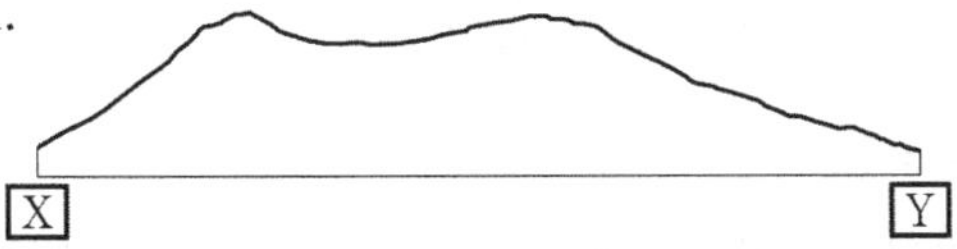

2.
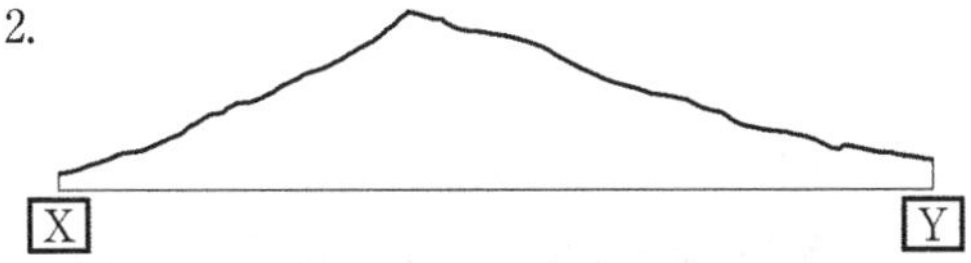

3.
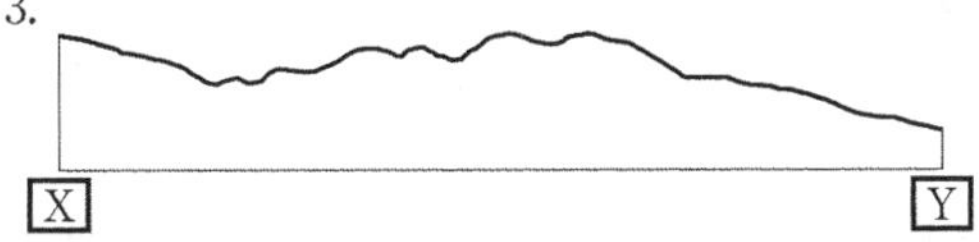

4.
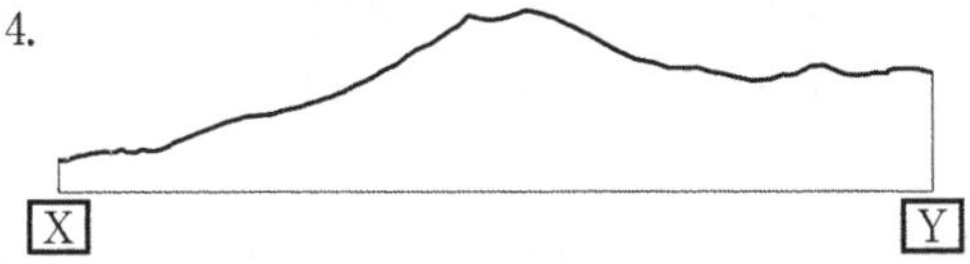

(エ)　――線②について，次の資料は，つくば市の昼間人口と夜間人口，昼夜間人口比率（夜間人口に対する昼間人口の割合）を示したグラフである。この**資料**について述べた文X，Yの正誤の組み合わせとして最も適するものを，あとの1～4の中から一つ選び，その番号を答えなさい。

資料

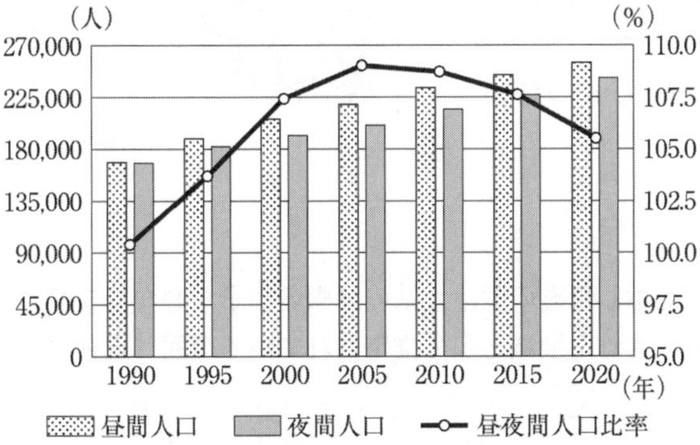

（つくば市ウェブサイト掲載資料をもとに作成）

X　つくば市の昼夜間人口比率が1990年から2005年にかけて上昇したことは，その期間のつくば市で夜間人口の増加数が昼間人口の増加数を上回ったことを意味している。

Y　**年表**中の「鉄道路線」が開業した年から2020年まで，つくば市の人口は減少傾向にあった。

1．X：正　Y：正　2．X：正　Y：誤
3．X：誤　Y：正　4．X：誤　Y：誤

(オ)　――線③について，次のページの**表**は，2021年の研究費が400億ドル以上の国及び地域について示したものである。この**表**から考えられることについて述べた文として最も適するものを，1～4の中から一つ選び，その番号を答えなさい。

表　　（研究費の単位：百万ドル）

国及び地域	研究費	研究費がGDPに占める割合
アメリカ合衆国	806,013	3.46%
中華人民共和国	465,287	2.14%
日本	176,961	3.30%
ドイツ	153,232	3.13%
大韓民国	119,617	4.93%
イギリス	90,094	2.93%
フランス	76,952	2.21%
台湾	55,396	3.78%
ロシア	47,954	1.10%
イタリア	40,940	1.48%

（『世界国勢図会　2023／24』をもとに作成）

1．**表**には，国土の大部分が南半球にある国が含まれている。
2．**表**中の研究費の上位３か国はいずれも，**表**におけるGDPの額の上位５か国に含まれている。
3．**表**中の国のうち，EU加盟国の研究費の合計は，日本の研究費より小さい。
4．**表**には，第二次世界大戦中に日本と同盟を結んだ国は，含まれていない。

問３　Ｋさんは，東大寺について調べ，次の**レポート**を作成した。これについて，あとの各問いに答えなさい。

レポート

1　東大寺と [あ] 天皇

[あ] 天皇は，仏教の力で国家を守ろうと考え東大寺に大仏をつくらせました。東大寺の正倉院には [あ] 天皇の身の回りの品々が伝わっており，その中には，[い] と考えられるものの一つとして，**写真１**の宝物《ほうもつ》があります。

写真１

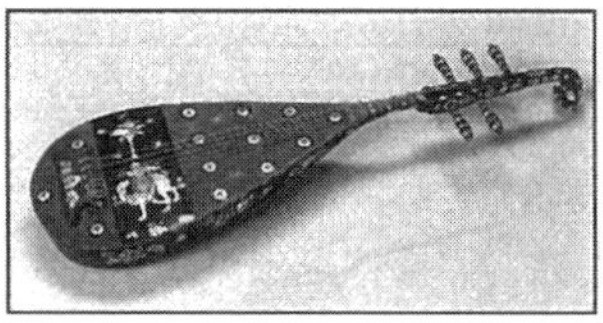

（正倉院宝物）

2　東大寺が所有していた土地

次のページの**資料**は，東大寺の荘園を示したもので，土地の区画の様子がわかります。また，次のページの**地形図**は，**資料**で示された地域として推定されている範囲（現在の福井県の一部）を示したものです。

3　東大寺大仏殿の再建

東大寺大仏殿は，①12世紀後半と16世紀後半の二度焼失しました。一度めの焼失後は，民衆からの寄付を受けて再建されました。②このときにつくられた文化財の一部は，現在でも見ることができます。二度めの焼失後は，幕府の援助により③17世紀末から18世紀初めにかけて再建されましたが，経済的な理由から建物の規模は焼失前と比べて縮小されました。

資料　8世紀後半につくられた絵図

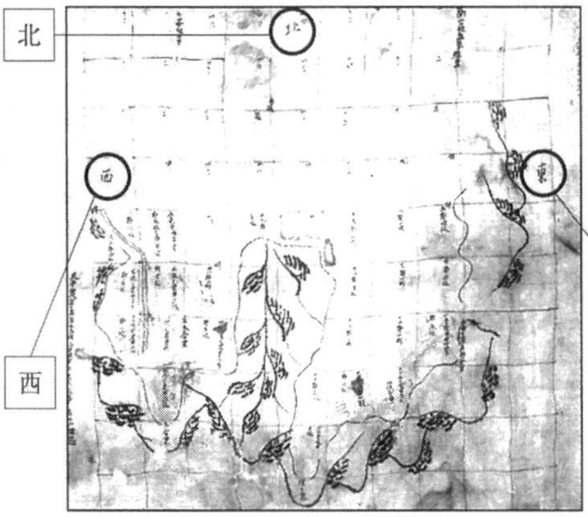

（正倉院宝物）

地形図

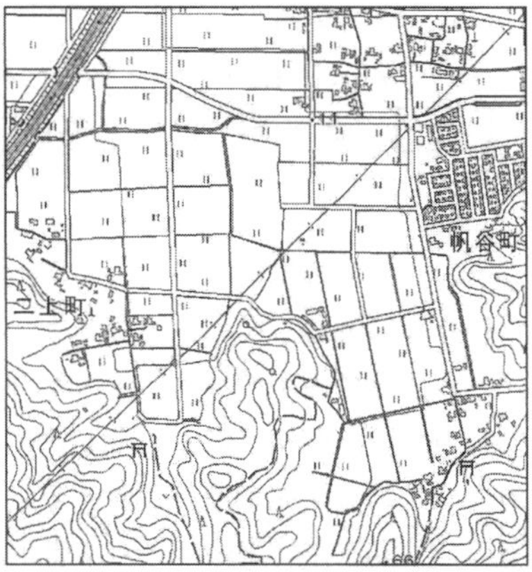

（「2万5千分の1の電子地形図（令和5年調製）
国土地理院作成」を拡大して作成）

(ア)　あ，い にあてはまる語句の組み合わせとして最も適するものを，次の中から一つ選び，その番号を答えなさい。

1．あ：桓武　い：唐風の文化をもとにしながらも，日本の風土や生活に合わせてつくられた
2．あ：桓武　い：西アジアやインドから中国にもたらされ，遣唐使が持ち帰った
3．あ：聖武　い：唐風の文化をもとにしながらも，日本の風土や生活に合わせてつくられた
4．あ：聖武　い：西アジアやインドから中国にもたらされ，遣唐使が持ち帰った

(イ)　次の文a～dのうち，**資料**について正しく述べた文を二つ選んだときの組み合わせとして最も適するものを，あとの1～4の中から一つ選び，その番号を答えなさい。

a　**資料**で示された荘園の南端は，**地形図**を参考にすると，海に接していたと考えられる。
b　**資料**で示された土地の区画の名残が，**地形図**上の「田」に認められる。
c　**資料**で示された土地は，墾田永年私財法の発布後に開墾されたと考えられる。
d　**資料**の絵図がつくられた頃に，東大寺の荘園に地頭が設置されたと考えられる。

1．a，c　　2．a，d　　3．b，c　　4．b，d

(ウ)　——線①に関して，12世紀から16世紀にかけておこった次のできごとⅠ～Ⅲを年代の古い順に並べたものとして最も適するものを，あとの1～6の中から一つ選び，その番号を答えなさい。

Ⅰ　関東に鎌倉府が置かれ，幕府の将軍の一族が鎌倉公方となり関東の支配を担《にな》った。
Ⅱ　豊臣秀吉が，関東に勢力を保っていた北条氏を滅ぼした。
Ⅲ　後鳥羽上皇に味方した貴族や武士の領地が，幕府に味方した東国の武士に与えられた。

1．Ⅰ→Ⅱ→Ⅲ　　2．Ⅰ→Ⅲ→Ⅱ　　3．Ⅱ→Ⅰ→Ⅲ
4．Ⅱ→Ⅲ→Ⅰ　　5．Ⅲ→Ⅰ→Ⅱ　　6．Ⅲ→Ⅱ→Ⅰ

(エ)　次のページの**写真2**は，——線②の一つである。この文化財について説明した次の文中の う，え にあてはまる語句の組み合わせとして最も適するものを，次のページの1～6の中から一つ選び，その番号を答えなさい。

この文化財は　う　とよばれ，武士の気風が反映されています。この文化財がつくられた時代の世界のできごととしては　え　ことが挙げられ，のちに日本もそのできごとの影響を受けました。

写真２

（東大寺ウェブサイト掲載資料より引用）

1．う：金剛力士像　　え：ヨーロッパで宗教改革が始まった
2．う：金剛力士像　　え：モンゴル帝国が建設された
3．う：金剛力士像　　え：唐が滅亡した
4．う：阿弥陀如来像　　え：ヨーロッパで宗教改革が始まった
5．う：阿弥陀如来像　　え：モンゴル帝国が建設された
6．う：阿弥陀如来像　　え：唐が滅亡した

(オ)　——線③を西暦で表した**期間**をＸ，Ｙから，その期間の日本でおこった**できごと**をａ～ｃから，最も適するものをそれぞれ一つずつ選んだときの組み合わせを，あとの１～６の中から一つ選び，その番号を答えなさい。

期　間	X　1601年から1700年まで　　Y　1701年から1800年まで
できごと	a　質を落とした貨幣が大量に発行され，物価が上昇した。 b　俸禄（禄）の支給が廃止されるなど，士族の特権が奪われた。 c　天明のききんがおこり，百姓一揆や打ちこわしが急増した。

1．Ｘとａ　2．Ｘとｂ　3．Ｘとｃ　4．Ｙとａ　5．Ｙとｂ　6．Ｙとｃ

問４　Ｋさんは，日本の野球の歴史について調べ，社会の授業で学習した日本に関するできごととあわせて次の**表**を作成した。これについて，あとの各問いに答えなさい。

表（できごとは年代の古い順に並べてあり，-------は同じ時期のできごとであることを示している。）

日本の野球に関するできごと	授業で学習した日本に関するできごと
①お雇い外国人によって，日本に野球が伝えられた。	岩倉使節団がアメリカ合衆国に到着した。
②全国中等学校優勝野球大会（注）が始まった。	大戦景気の影響で物価が上昇した。
↕ A	
③東京オリンピックで公開競技として野球が開催された。	東京で初めてオリンピックがひらかれた。
④団体交渉の結果，プロ野球の試合が中止になった。	自衛隊がイラクに派遣された。

（公益財団法人野球殿堂博物館ウェブサイト掲載資料をもとに作成）

（注）各地方大会の優勝校が出場する大会。現在の名称は，全国高等学校野球選手権大会。

(ア)　——線①について述べた文として最も適するものを，あとの中から一つ選び，その番号を答えなさい。
1．満州事変について調査をおこなうために，国際連盟から日本に派遣された。
2．日本政府に対して，大日本帝国憲法の改正を指示した。

3．技術者や学者として，日本における近代産業の育成に関わった。
4．「鎖国」中の日本が海外の情報を入手する上で，重要な役割を果たした。

(イ) ――線②の大会には，右の**略地図**中の**あ**，**い**の半島及び**う**の島にあった学校が出場しており，このことは当時の日本の影響下にあった範囲が現在と比べて広かったことを示している。**略地図**に関して述べた次の文X～Zの正誤の組み合わせとして最も適するものを，あとの1～8の中から一つ選び，その番号を答えなさい。

略地図

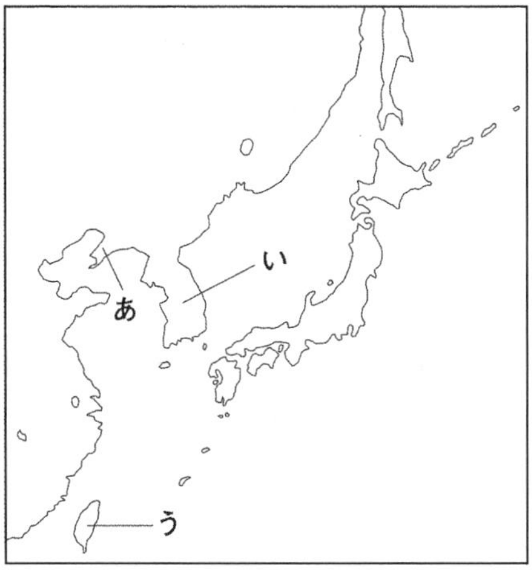

X　日本は，ポーツマス条約によって，**あ**の半島を通る鉄道の権益を得た。
Y　日本は，**い**の半島を統治する国家に対して，二十一か条の要求を示した。
Z　日本は，**う**の島の統治を，第一次世界大戦後に国際連盟から委任された。

1．X：正　Y：正　Z：正　　2．X：正　Y：正　Z：誤
3．X：正　Y：誤　Z：正　　4．X：正　Y：誤　Z：誤
5．X：誤　Y：正　Z：正　　6．X：誤　Y：正　Z：誤
7．X：誤　Y：誤　Z：正　　8．X：誤　Y：誤　Z：誤

(ウ) Kさんは，あるプロ野球選手が――線③の時期の日本で人気を集めたことを知り，「プロ野球選手がこの時期に人気を集めた背景には，どのようなことがあるのだろうか。」という学習課題を設定した。この学習課題を解決するための調査として最も適するものを，次の中から一つ選び，その番号を答えなさい。
1．この時期に初めて鉄道が敷《ふ》設《せつ》されたことに着目し，移動時間の短縮について調査する。
2．この時期にテレビが一般の家庭に普及したことに着目し，マスメディアの発達について調査する。
3．この時期に義務教育の就学率が初めて90％をこえたことに着目し，識字率の上昇について調査する。
4．この時期に個人による携帯電話の保有が進んだことに着目し，情報化の影響について調査する。

(エ) Kさんは，――線④の経緯について調べ，次のページの**メモ**を作成した。また，**資料**は，**メモ**中の＝＝線(a)及び あ について規定した法の条文である。あ にあてはまる**語句**をX～Zから，**メモ**と**資料**についての**説明**をa～cから，最も適するものをそれぞれ一つずつ選んだときの組み合わせを，あとの1～9の中から一つ選び，その番号を答えなさい。

メモ

> プロ野球のチーム数の削減をめぐって，(a)労働組合である日本プロ野球選手会が，経営者側にあたる日本野球機構と団体交渉をおこないましたが，交渉は決裂しました。その結果，日本プロ野球選手会は初めて［あ］を実施し，プロ野球の試合が二日間中止になりました。

資料

> 勤労者の(b)団結する権利及び団体交渉その他の団体行動をする権利は，これを保障する。

語句	X　レジスタンス　　Y　リコール　　Z　ストライキ
説明	a　**資料**の条文は，労働組合法の条文である。 b　「**メモ**中の═══線(a)をつくる権利」は，「**資料**中の═══線(b)」にあたる。 c　**表**中の［A］の期間の日本では，**メモ**中の═══線(a)の数は一貫して増加していた。

1．Xとa　2．Xとb　3．Xとc　4．Yとa　5．Yとb　6．Yとc
7．Zとa　8．Zとb　9．Zとc

(オ)　表中の［A］の期間の世界でおこった次のできごとⅠ～Ⅲを年代の古い順に並べたものとして最も適するものを，あとの1～6の中から一つ選び，その番号を答えなさい。

> Ⅰ　イタリアでは，ムッソリーニのファシスト党が世論の支持を集めて独裁体制を築き，エチオピアを侵略した。
> Ⅱ　アメリカ合衆国とイギリスが大西洋憲章を発表し，民主主義を守り領土の拡張や変更を否定する考えを示した。
> Ⅲ　中国では，中国共産党が国民政府との内戦に勝利し，毛沢東を主席とする中華人民共和国が成立した。

1．Ⅰ→Ⅱ→Ⅲ　2．Ⅰ→Ⅲ→Ⅱ　3．Ⅱ→Ⅰ→Ⅲ
4．Ⅱ→Ⅲ→Ⅰ　5．Ⅲ→Ⅰ→Ⅱ　6．Ⅲ→Ⅱ→Ⅰ

問5　Kさんは，日本における経済の循環について調べ，次の**図1**を作成した。これについて，あとの各問いに答えなさい。なお，**P**～**S**の矢印はお金の流れを，**T**の矢印はサービスの流れを示している。

図1

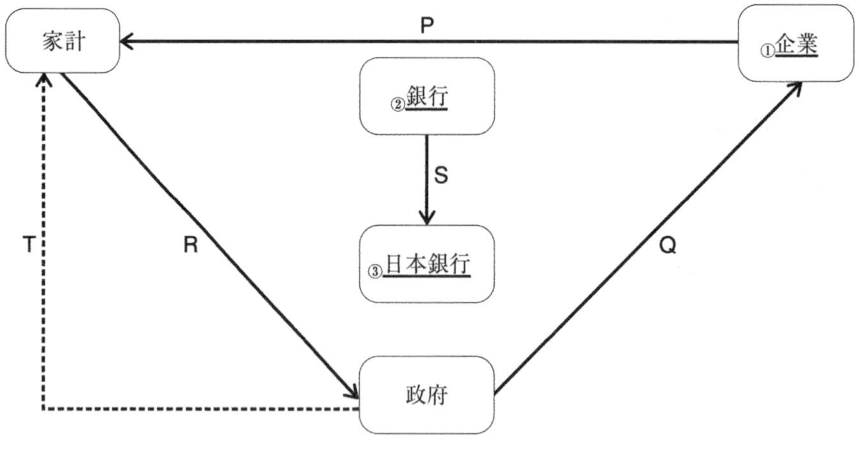

(ア)　P～Sの矢印について述べた文として最も適するものを，次の中から一つ選び，その番号を答えなさい。

1．財（モノ）やサービスの代金が支払われたときのお金の流れは，Pの矢印で示すことができる。

2．公共事業が実施されたときのお金の流れは，Qの矢印で示すことができる。

3．消費税が納付されたときのお金の流れは，Rの矢印で示すことができる。

4．紙幣が発行されたときのお金の流れは，Sの矢印で示すことができる。

(イ)　Tの矢印に関して，社会保障のしくみのもとになっている考え方について規定した**日本国憲法の条文**をX～Zから，日本における**社会保障の具体例**をａ，ｂから，最も適するものをそれぞれ一つずつ選んだときの組み合わせを，あとの１～６の中から一つ選び，その番号を答えなさい。

日本国憲法の条文	X　すべて国民は，健康で文化的な最低限度の生活を営む権利を有する。 Y　財産権は，これを侵してはならない。 Z　何人《なんびと》も，公務員の不法行為により，損害を受けたときは，法律の定めるところにより，国又《また》は公共団体に，その賠償を求めることができる。
社会保障の具体例	a　税金と保険料を財源として，介護が必要な人に介護サービスを提供する。 b　税金を使って，道路や港など人びとが共同で利用する施設を整備する。

1．Xとａ　　2．Xとｂ　　3．Yとａ　　4．Yとｂ　　5．Zとａ　　6．Zとｂ

(ウ)　――線①の経済活動がグローバル化の影響を受けていることに興味をもったKさんは，為替相場（為替レート）の推移について考えるために，右の**表**を作成した。この**表**について述べた次の文中の[あ]～[う]にあてはまる語句の組み合わせとして最も適するものを，あとの１～８の中から一つ選び，その番号を答えなさい。

表　東京市場における為替相場

（各年12月末日の数値）

年	1ドルあたりの円の価格
2012年	86.55円
2022年	132.56円

（日本銀行ウェブサイト掲載資料をもとに作成）

○　**表**をもとにドルに対する円の価値の推移について考えると，2022年のドルに対する円の価値は，2012年と比べて[あ]なったといえます。このような推移は，所有するお金を[い]に交換する人や企業が増えたときにみられます。

○　ドルに対する円の価値が[あ]なると，一般的には，主に商品を海外に輸出する日本の企業にとっては，同じ商品を売る場合でも，海外の市場での競争上[う]になります。

1．あ：高く　　い：ドルから円　　う：有利

2．あ：高く　　い：ドルから円　　う：不利

3．あ：高く　　い：円からドル　　う：有利

4．あ：高く　　い：円からドル　　う：不利

5．あ：低く　　い：ドルから円　　う：有利

6．あ：低く　い：ドルから円　う：不利
7．あ：低く　い：円からドル　う：有利
8．あ：低く　い：円からドル　う：不利

(エ) ——線②に関して，Kさんは「銀行はどのようにして収入を得ているのだろうか。」という学習課題を設定し，家計・企業と銀行のあいだのお金の流れについて考えるために，右の図2を作成した。このことについて説明した次の文中の [え] ～ [か] にあてはまる語句の組み合わせとして最も適するものを，あとの1～4の中から一つ選び，その番号を答えなさい。

図2

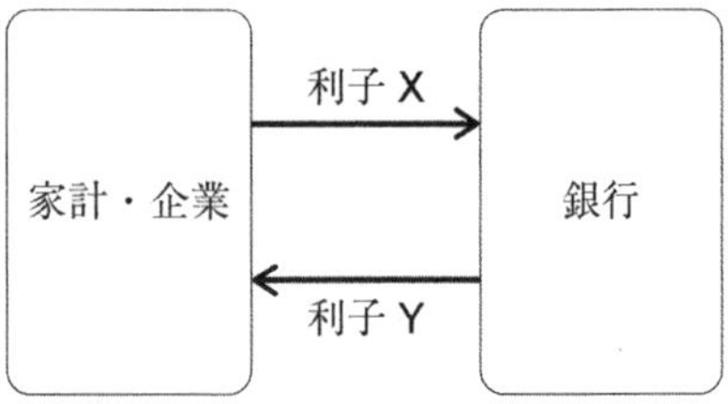

> 銀行は, [え] から利子を受け取り，また, [お] に利子を支払っています。これらの利子の差が銀行の収入になります。したがって，預けられたお金の額と貸したお金の額が同じだとすると，一般的には，図2中の利子Xの比率は利子Yの比率よりも [か] なります。

1．え：銀行にお金を預けた家計・企業　お：銀行からお金を借りた家計・企業
　か：高く
2．え：銀行にお金を預けた家計・企業　お：銀行からお金を借りた家計・企業
　か：低く
3．え：銀行からお金を借りた家計・企業　お：銀行にお金を預けた家計・企業
　か：高く
4．え：銀行からお金を借りた家計・企業　お：銀行にお金を預けた家計・企業
　か：低く

(オ) ——線③の役割として最も適するものを，次の中から一つ選び，その番号を答えなさい。
1．一部の財（モノ）やサービスの価格を，公共料金として管理する。
2．不景気のときに減税を実施し，家計や企業の可処分所得を増やす。
3．所得が高い人に対して，所得や財産などに対する税金の割合を高くする。
4．デフレーションがおこっているときに，国債を買い取る。

問6 Kさんは，持続可能な開発目標（SDGs）について調べ，次のレポートを作成した。これについて，あとの各問いに答えなさい。

レポート

> ①国際連合は，2015年に定めた「持続可能な開発目標（SDGs）」で「誰一人取り残さない」ことを理念として掲げ，2030年までに達成すべき17の目標を示しました。これらの目標の一つに，「貧困をなくそう」というものがあります。特に [あ] では，1日の生活に使える金額が2.15ドル未満の状態にある人びとが多く，このような問題の解決に向けての対応が各国で求められています。

私は，SDGsの達成に向けて日本がおこなっている取り組みについて調べました。②各省がおこなっている取り組みとしては，例えば次のようなものがあります。

⑴　法務省の取り組み

○　開発途上国や市場経済への移行を進める国などに対して，③法制度の整備を支援する。

○　外国人・④障がい者の人権の尊重をテーマとした人権啓発活動に積極的に取り組む。

⑵　防衛省の取り組み

○　自衛隊の航空機に，従来の化石燃料と比べて温室効果ガスを削減する効果がある，[い]を用いた燃料を使用する。

(ア)　――線①について述べた文として最も適するものを，次の中から一つ選び，その番号を答えなさい。

1．冷戦の終結が宣言されたことを受けて，国際の平和及び安全を維持するために設立された。

2．安全保障理事会を構成するすべての国が，拒否権をもっている。

3．紛争がおこった地域で，停戦や選挙の監視などの活動をおこなっている。

4．加盟国には，核兵器の放棄が義務付けられている。

(イ)　[あ]，[い]にあてはまる語句の組み合わせとして最も適するものを，次の中から一つ選び，その番号を答えなさい。

1．あ：サハラ砂漠以南のアフリカ諸国　　い：石炭

2．あ：サハラ砂漠以南のアフリカ諸国　　い：バイオマス

3．あ：ペルシア湾岸の西アジア諸国　　い：石炭

4．あ：ペルシア湾岸の西アジア諸国　　い：バイオマス

(ウ)　――線②の長について述べた次の文X～Zの正誤の組み合わせとして最も適するものを，あとの1～8の中から一つ選び，その番号を答えなさい。

X　いずれの省の長も，衆議院議員総選挙で当選した者の中から任命されなければならない。

Y　内閣を構成し，閣議に出席する。

Z　国会議員による弾劾裁判によって，やめさせられることがある。

1．X：正　Y：正　Z：正	2．X：正　Y：正　Z：誤
3．X：正　Y：誤　Z：正	4．X：正　Y：誤　Z：誤
5．X：誤　Y：正　Z：正	6．X：誤　Y：正　Z：誤
7．X：誤　Y：誤　Z：正	8．X：誤　Y：誤　Z：誤

(エ)　――線③に関して，最高裁判所について調べたKさんは，右の**メモ**を作成し**資料1**（次のページ）を用意した。**メモと資料1から考えられること**をX，Yから，**最高裁判所の説明**をa，bから，最も適するものをそれぞれ一つずつ選んだときの組み合わせを，1～4の中から一つ選び，その番号を答えなさい。

メモ　2022年5月の最高裁判所の判断

最高裁判所は，外国に住んでいる日本人が最高裁判所裁判官の国民審査をおこなうことを認めていない法律の規定が，日本国憲法に違反していると判断しました。

資料１　**メモ**中の「判断」を受けて改正され2022年11月に公布された，**メモ**中の「法律」の条文

改正後の条文	改正前の条文
審査には，公職選挙法（昭和25年法律第100号）に規定する選挙人名簿及び在外選挙人名簿で衆議院議員総選挙について用いられるものを用いる。	審査には，公職選挙法（昭和25年法律第100号）に規定する選挙人名簿で衆議院議員総選挙について用いられるものを用いる。

メモと資料１から考えられること	X　日本国憲法において「公務員を選定し，及びこれを罷免することは，国民固有の権利である。」と定められていることは，**メモ**中の「判断」と関係が深いと考えられる。 Y　日本国憲法において「国会は，国権の最高機関であつ《(っ)》て，国の唯一の立法機関である。」と定められているため，法律が憲法に違反していないかどうかについての国会の判断は，最高裁判所の判断に優先される。
最高裁判所の説明	a　国家権力を一つの機関に集中させないための工夫として，内閣が，最高裁判所の長たる裁判官を指名することになっている。 b　間違った判決が下されることを防いで人権を守るために，同じ内容について三回まで，最高裁判所で裁判を受けられるしくみがある。

1．Xとa
2．Xとb
3．Yとa
4．Yとb

(オ)　下の**資料２**は，――線④に関する法律の一部を示したものである。**資料２**から考えられることについて述べた文として最も適するものを，次の中から一つ選び，その番号を答えなさい。

資料２

> 事業者は，その事業を行うに当たり，障害者から現に社会的障壁の除去を必要としている旨《むね》の意思の表明があった場合において，その実施に伴う負担が過重でないときは，障害者の権利利益を侵害することとならないよう，当該障害者の性別，年齢及び障害の状態に応じて，社会的障壁の除去の実施について必要かつ合理的な配慮をしなければならない。

1．**資料２**の法律は，「事業者」の経済活動の自由を保障するために制定された。
2．「事業者」によって「社会的障壁」が除去されることは，日本国憲法で定められた「公共の福祉」の考え方によって「障害者の権利利益」が制限される例である。
3．災害が発生した際の案内を聴覚障がい者に対して音声のみでおこなうことは，「事業者」による「必要かつ合理的な配慮」の例である。
4．「事業者」が「必要かつ合理的な配慮」をおこなうことは，「障害者」にとっての「機会の公正」を確保することにつながる。

問7　Kさんは，南アジアについて調べ，次のレポートを作成した。これについて，あとの各問いに答えなさい。

レポート

2022年，日本は南アジアの国々との関係において，様々な節目を迎えました。私は「日本は南アジアの国々とどのような関係を築いてきたのだろうか。」という学習課題を設定し，右の**略地図**を作成して学習を進めました。

1　インドとの外交関係（国交）について

2022年は，日本がインドとの国交を樹立して70周年にあたります。**資料1**は，そのことを祝う会における日本政府の発言の趣旨を示したものです。

2　パキスタンで生産されるサッカーボール

サッカーボールの製造現場で問題となっていた児童労働などの問題を解決するために，製品を先進国の人びとが公正な価格で購入する，あ の取り組みが広がりました。日本でも，この取り組みによってつくられたサッカーボールが，パキスタンから輸入されています。

今後の学習の見通し

日本は，南アジアの国々に対して政府開発援助（ODA）を実施しています。ODAのうち，相手国を直接支援する二国間援助に着目して，③日本の援助の特徴や望ましい援助のあり方について，考えてみたいと思います。

略地図　南アジアの国々（7か国）

資料1

インドが70年前に，①日本の国際社会への復帰に際し，名誉と平等の立場が確保されるべきとの考えから②個別の平和条約締結を選んだことを想起し，この記念すべき日をお祝いできることを大変嬉《うれ》しく思う。

（外務省ウェブサイト掲載資料をもとに作成）

(ア)　南アジアの国々のうち，ネパールとブータンの共通点として最も適するものを，**略地図**を参考にしながら，次の中から一つ選び，その番号を答えなさい。

1．2002年に設立された地域機構である，AUに加盟している。

2．世界で最も面積が大きい国に隣接している。

3．造山帯（変動帯）に位置しており，地震がたびたび発生している。

4．ステップが広がり，一年を通して雨が少ない。

(イ)　**資料1**について，次のページの**――線①が指すできごと**をX～Zから，**――線②と関係が深いできごと**をa，bから，最も適するものをそれぞれ一つずつ選んだときの組み合わせを，あとの1～6の中から一つ選び，その番号を答えなさい。

1．Xとa　　2．Xとb　　3．Yとa　　4．Yとb　　5．Zとa　　6．Zとb

── 線①が指すできごと	X 日本が，独立国としての主権を回復した。 Y 日本が，世界でいち早く，世界恐慌から回復した。 Z 日本が，国際連盟の常任理事国になった。
── 線②と関係が深いできごと	a インドは，他国の商品をしめ出すイギリスの経済圏の一部であった。 b インドは，アメリカ合衆国でひらかれた講和会議に参加しなかった。

(ウ) あ にあてはまる語句として最も適するものを，次の中から一つ選び，その番号を答えなさい。

1．フェアトレード　　2．エコツーリズム
3．モノカルチャー　　4．マイクロクレジット

(エ) ──線③に関して，次の**資料2**～**資料5**から考えられることについて述べた次のページの文X～Zの正誤の組み合わせとして最も適するものを，あとの1～8の中から一つ選び，その番号を答えなさい。

資料2　日本の二国間援助に関する説明

ODAは，贈与と政府貸付等に分けられます。贈与は無償で提供される協力のことで，返済義務を課さない無償資金協力と，社会・経済の開発の担《にな》い手となる人材を育成する技術協力の二つに分けられます。政府貸付等の中には，低金利かつ返済期間の長い緩やかな貸付条件で必要な資金を貸し付ける，円借款《しゃっかん》があります。

資料3　日本の二国間援助の実績（2021年）

※援助額10億ドル以上のみ記載。（単位：百万ドル）

相手国	援助額
インド	3,382.5
バングラデシュ	2,065.7
フィリピン	1,175.1
インドネシア	1,033.1
世界計	17,812.3

資料4　一部の国に対する日本の二国間援助の実績と，相手国の一人あたりの国民総所得（2021年）

相手国	援助額（単位：万ドル）				一人あたりの国民総所得（単位：ドル）
	合計	無償資金協力	技術協力	政府貸付等	
スリランカ	17,732	1,506	742	15,483	3,820
ネパール	9,114	3,350	1,188	4,576	1,230

資料5　途上国が抱える債務に関する問題についての説明

港湾，鉄道などのインフラ案件は額が大きく，その借入《かりいれ》金の返済は借りた国にとって大きな負担となることがあります。貸す側も借りる側も債務の持続可能性(注)を十分に考慮することが必要で，債務の持続可能性を考慮しない融資は「債務の罠《わな》」として国際社会から批判されています。

(注) 債務の持続可能性：借り手が将来にわたって，債務の返済に必要な資金を調達できるかどうかを判断するための指標。

（**資料2～5**は，外務省ウェブサイト掲載資料をもとに作成）

X　2021年に日本がおこなった二国間援助の実績において，「南アジアの国々に対する援助額の総額が『世界計』の額に占める割合」は，30％を上回っている。

Y　2021年に日本がおこなった二国間援助の実績においてスリランカとネパールを比べると，「一人あたりの国民総所得」が小さい国の方が，「『贈与』の額が『合計』に占める割合」が小さい。

Z　日本の二国間援助のうち「技術協力」による援助は，債務の持続可能性を考慮しない「債務の罠」として，国際社会から批判されている。

1．X：正　Y：正　Z：正　　2．X：正　Y：正　Z：誤
3．X：正　Y：誤　Z：正　　4．X：正　Y：誤　Z：誤
5．X：誤　Y：正　Z：正　　6．X：誤　Y：正　Z：誤
7．X：誤　Y：誤　Z：正　　8．X：誤　Y：誤　Z：誤

【Ａさんのまとめ】

【文章１】を読んで、情報関係の研究者の考えを知ることができた。研究者が発明や改良を行った情報技術を使う立場にある私たちは、行動の主体はあくまでも人間であるという意識を持ち、自分で何かを達成するべきだ。そうすることで、充実感を得られ、幸せに暮らすことができると思った。

また、【文章２】を読んで、【文章１】と【文章２】は関係があるのではないかと思った。幸せに暮らすためには自由であることも欠かせないと思うからだ。【文章２】によると、ＡＩからの勧めに従って行動するとき、人間の無意識の次元にある自由は奪われてしまっている。

以上のことを踏まえて考えると、ＡＩなどの情報技術を、［　　　　］ように使うことを心がけるべきだ。そうすれば、充実感を得られるとともに自由も守られ、幸せに暮らすことができるのではないだろうか。今後は、ＡＩをうまく活用している事例や別の研究者の考えについて調べてみたい。

---

① 書き出しの［ＡＩなどの情報技術を、］という語句に続けて書き、文末の［ように使うことを心がけるべきだ。］という語句につながる一文となるように書くこと。

② 書き出しと文末の語句の間の文字数が**二十五字以上三十五字以内**となるように書くこと。

③ 【文章１】と【文章２】の内容に触れていること。

④ 「手助け」「偶有性」という二つの語句を、どちらもそのまま用いること。

でも、ここで奪われているのは、人間の「無意識」だと思うんです。心の内面の意識されている自由が失われているのではなく、無意識の次元にある自由が毀損され、奪われている。

それは「偶有性」と言えるかもしれません。つまり、「他でもあり得た」ということ。他でもあり得たけれど、いまこれをやっている。それの何が重要なの？　と思うかもしれません。でも、「他でもあり得た」ことが留保されていることがすごく重要で、これがあるから人間って自由なんですよ。「他でもあり得た」というときのその「他」は不確実なものです。しかしレコメンドされると、その「他でもあり得た」未知数の部分が埋められ、最初から、なかったものとされてしまいます。「他の本でもあり得たけど、私はこの本を欲《ほっ》した。」と思って入手するのと、「あなたの欲しいのはこの本ですよ。」とAIから教えてもらって飛びつくのは、大違いなんです。

つまり、人間は何か行動をするとき、それが自由であるためには、「他でもあり得たんだけど、これをやった。」と言えなければいけない。この「他でもあり得た」部分が確保されているから自由なのです。AIからレコメンドされて、それに流されてしまうから自由が失われたのではなく、人間が持っている「偶有性」が失われるからこそ、自由が奪われている。

（大澤《おおさわ》　真幸《まさち》「無意識が奪われている」から。一部表記を改めたところがある。）

（注）　レコメンド＝勧めること。
　　　エンカレッジ＝促すこと。

(ア)　Aさんは【文章1】と【文章2】を読んで、内容を次のようにまとめた。【Aさんのメモ】中の Ⅰ ・ Ⅱ に入れる語句の組み合わせとして最も適するものを、あとの1～4の中から一つ選び、その番号を答えなさい。

【Aさんのメモ】

【文章1】
ある情報関係の研究者は、
「情報技術が人間の能力に取って代わる」
・掃除も洗濯も機械でできる。
・ロボットが、注文を聞いたり配達したりお勧めのメニューを見せてくれたりする。
という考えを、
「研究者は Ⅰ だけでなく人々の幸せで充実した暮らしを大目標にして技術の発明や改良を行うべきだ」
という考えに変えた。

【文章2】
読む本を選ぶとき、AIからのレコメンドやエンカレッジは便利に見える。
しかし、
無意識の次元にある自由は奪われている。
AIに流されたせいではない。
つまり、
人間は、行動するとき Ⅱ が失われないようにする必要がある
ということ。

関係があるのではないか。

1　Ⅰ　自分の知的好奇心を満足させる
　　Ⅱ　選択が正しいと思える状態
2　Ⅰ　人間が働かずに生活する方法を考える
　　Ⅱ　何を選ぶか自分で決められる状態
3　Ⅰ　技術の進歩の可能性を追求する
　　Ⅱ　他を選ぶ可能性がある状態
4　Ⅰ　人間の肉体的な重労働の軽減を目指す
　　Ⅱ　選ぶべきものを教えてもらえる状態

(イ)　Aさんは【文章1】と【文章2】を読んで考えたことを次のページのようにまとめた。【Aさんのまとめ】中の □ に適することばを、あとの①～④の条件を満たして書きなさい。

番号を答えなさい。

1　「義光」は領地に執着する一方、武士として忠義を貫く人物であり、家来として誠実に尽くす姿を見た「顕季」は、領地を譲ることを自ら「白河法皇」に願い出た自分の判断の正しさを確信した。

2　「顕季」は駆けつけた武士たちから話を聞いて、「義光」には武士として領地を守る性質の他に、他者の命を重んじる一面もあることを知り、不服だった「白河法皇」の裁決にようやく納得した。

3　「顕季」は領地を手放してしばらくたってから、不意に現れた勇ましい冑甲姿の武士たちを目の前にして、「義光」の武士としての側面を初めて実感し、「白河法皇」の配慮の的確さに感服した。

4　「義光」は武士として、領地に対する強い思いを持った人物であり、「顕季」から与えられた領地を命がけで守ろうとする様子を見た「白河法皇」は、武士としての心意気を感じて褒めたたえた。

問五　中学生のAさんは、「AIとの関わり方」について考えるために、二つの文章を読んでいる。次の**【文章1】**、**【文章2】**は、そのときのものである。これらについてあとの問いに答えなさい。

【文章1】

先日、ある会合で、情報関係の研究者の話を聴いた。その人は、情報技術が人間の能力に取って代わるのではなく、人間が自分で何かを達成するのを助ける働きをするべきだと考えを変えたそうだ。掃除も洗濯も機械でできます、ロボットがご注文を承ります、配達もします、お勧めメニューもお見せします、ではなく、ある人が何をしたいか、それをその人が自分で達成するにはどんな手助けをしたらよいかという観点から考えたいということだ。

つまり、技術の発明や改良を考えるのが楽しい研究行の側から何ができるかを追求していくだけではなく、人々が幸せで充実感のある生活を送ることを大目標とする。そして、その目標を達成するためには、AI、ロボット、情報技術がどのように役立てられるかを考えるのである。たとえば、テニスが上手になりたいと思う人には、自分で実際に上達するように仕向けるアプリを提供する。目標は本人が上達することであって、バーチャルリアリティの世界でテニスをすることではない。

昔から発明、改良されてきたさまざまな技術の多くは、人間の肉体的な重労働を軽減するものだった。それにもいろいろな副産物があるのだが、これからの技術には、人間が幸せに暮らすとはどういうことかをまずは検討し、その実現のためには何をするべきかについて、より深く考える必要があるのだろう。

（長谷川《はせがわ》　眞理子《まりこ》「ヒトの原点を考える」から。一部表記を改めたところがある。）

【文章2】

AIのご託宣に従っているときは、自分は何も失っていないような気がするわけですよ。読みたくないものを読めと言われているわけでもないし、戦時中のように思想統制があって、これは読んではいけない、と禁じられているわけでもない。むしろ、これを読んだらどうでしょう、と(注)レコメンドされ、エンカレッジされている。何も失うものはなく、いいことずくめ。便利に見えます。

避文＝自分の権益を放棄して他者に譲ることを示す文書。
券契＝財産の権利を示す文書。
侍所＝侍が待機する場所。
二字＝ここでは、服属の意を示すために名前を記すこと。
鳥羽殿＝現在の京都市にあった白河法皇の宮殿。
雑色＝雑用をする者。

(ア) ――線1「このことに至りては理非顕然に候ふ。」とあるが、そのように言ったときの「顕季」を説明したものとして最も適するものを次の中から一つ選び、その番号を答えなさい。

1 「義光」との領地の争いについては正否がわかりきっているにもかかわらず、「白河法皇」にはっきりと判断してもらえないことを不満に思っている。

2 領地に関する言いがかりとも受け取れる「義光」の訴えに対して、いっこうに厳しい罰を与えようとしない「白河法皇」の態度を情けなく感じている。

3 領地が「義光」のものではないと判断するのは難しくないはずなのに、「白河法皇」に何度も呼び出されて説明を求められることを煩わしく思っている。

4 「義光」とともに領地の所有者についての意見を求めているにもかかわらず、全く相談に応じるそぶりを見せない「白河法皇」の様子に失望している。

(イ) ――線2「ここに匠作零涙に及びて」とあるが、そのときの「顕季」を説明したものとして最も適するものを次の中から一つ選び、その番号を答えなさい。

1 自分が領地を所有することの正当性について主張し続けたせいで、「白河法皇」の怒りを買ってしまい、結果的に領地を手放すはめになってしまったことにやり切れない思いを抱いている。

2 「白河法皇」が自分の主張の正しさを認めてくれた上、武士の怒りを買う可能性があることを踏まえ、安全を考慮して判断をためらっていたことを知って恐れ多い気持ちになっている。

3 自分のようにたくさんの領地を持っていないために「義光」がつらい思いをしていることを、「白河法皇」が哀れんで、自分に領地を手放してやるよう勧めたのだと知って感動している。

4 「白河法皇」が武士を恐れるあまり「義光」の味方になってしまったせいで、自分の領地が奪われたことに加え、所有を主張する訴えまで強制的に取り下げられてしまい悲しんでいる。

(ウ) ――線3「冑甲を帯びたる武士ら五六騎ばかり、車の前後にあり。」とあるが、それを説明したものとして最も適するものを次の中から一つ選び、その番号を答えなさい。

1 「顕季」が領地を譲ってくれたことに歓喜した「義光」は、領地を失ったばかりか家来まで手薄になってしまった「顕季」を部下に命じて警護させたということ。

2 「顕季」との領地争いに勝利したことで気をよくした「義光」は、「顕季」に自身の威勢のよさを知らしめるため意気揚々と部下たちを登場させたということ。

3 「顕季」が領地の一部を失ってしまって気落ちしていることに同情した「義光」は、部下に命じて「顕季」に対する恩に報いる機会を探らせていたということ。

4 「顕季」が気前よく領地を譲り渡してくれたことに感謝した「義光」は、「顕季」の身に危険が及ばないよう部下に命じてひそかに見守らせていたということ。

(エ) 本文の内容と一致するものを次のページの中から一つ選び、その

問四 次の文章を読んで、あとの問いに答えなさい。

六条修理大夫顕季卿《ろくでうしゆりのだいぶあきすゑきやう》(注)、刑部丞義光《ぎやうぶのじようよしみつ》(注)と所領を相論す(領地を争った)。白河法皇《しらかはほふわう》(注)、何となく御成敗なし。匠作(注)心中に恨みたてまつる間、ある日ただ一人御前に祗候《しこう》す(法皇の前に参上した)。仰《おほ》せられて云《い》はく、「かの義光の不審(注)のことといかに。」と。申して云はく、「そのことに候《さぶら》ふ。相論の習ひ、いづれの輩《ともがら》も我が道理と思ふことにて候へども、1このことに至りては理非顕然に候ふ。未断の条術《ずち》なきこと(困ったこと)に候ふなり。」と云々《うんぬん》。また仰せられて云はく、「つらつらこのことを案ずるに、汝《なんぢ》(お前)は件《くだん》の庄《しやう》(領地)一所なしといへども、全くこと欠くべからず。彼はただ一所懸命の由《よし》、これを聞こしめす。道理に任せて裁許せしむれば、子細をわきまへずして、武士もしくは腹黒などや出来《しゆつたい》せんずらん(もしかしたら武士が邪念を起こしたりしないだろうか)、と思ひて猶予するなり。ただ件の所を避りて(譲って)よかしと思ふなり。」と云々。2ここに匠作零涙に及びてかしこまり申して退出の後、義光を召して謁せしめて云はく、「かの庄のこと、つらつら思ひたまふるに、某《それがし》はまた庄も少々侍《はべ》り、国も侍り。貴殿は一所を頼まる、と云々。不便に侍れば、避りたてまつらんと思ふなり。」とて、不日に避文《さりぶみ》(注)を書き、券契(注)を取り具して、義光に与へ了《をは》んぬ。義光喜悦の色あり。座を立ちて侍所(注)に移り居て、たちまちに二字(注)を書きてこれを献《たてまつ》りて退出し了んぬ。その後、殊に入り来たることなし。一両年(一、二年)の後、匠作鳥羽殿《とばどの》(注)より夜に入りて退出するに、供人なし。わづかに雑色(注)両三人なり。作道《つくりみち》の程より3冑甲《よろひかぶと》を帯びたる武士ら五六騎ばかり、車の前後にあり。怖畏の情に堪へずして、雑色を以《もつ》て尋ね問はしむるところ、武士ら云はく、「夜に入りて御供人なくして御退出す。よりて刑部丞殿より御送りのために以てたてまつるところなり。」と云々。ここに心中に御計らひのやむごとなき(特別であったこと)を思惟《しゐ》す。

(「古事談《こじだん》」から。)

(注) 六条修理大夫顕季卿＝藤原顕季《ふじわらのあきすえ》(一〇五五～一一二三)。
刑部丞義光＝ 源 義光《みなもとのよしみつ》(一〇四五～一一二七)。
白河法皇＝白河上皇《しらかわじょうこう》(一〇五三～一一二九)。
匠作＝ここでは、顕季のこと。
不審＝疑いをかけること。

こと。

2　ファッションは多様な解釈が可能であるため、社会の現状に応じて意味を捉えることができ、同じファッションが何度も新鮮なものとして人々のコミュニケーションを生じさせているということ。

3　ファッションには発信者の込めた意味を想像する余地があるため、世代の異なる人々が、歴史上のファッションについて意見を交わしあうようなコミュニケーションの機会が生まれているということ。

4　ファッションは社会情勢に従って変化し、意味を伝えることが難しいからこそ、人々がコミュニケーションをとる際に考えをめぐらせて新しい表現方法を生み出すきっかけとなっているということ。

(ク)　――線5「そういった無駄とも思える言語活動」とあるが、そのことについて筆者はどのように述べているか。それを説明したものとして最も適するものを次の中から一つ選び、その番号を答えなさい。

1　テレビや出版物で広まる言語による解釈は、衣服を生産する人たちが見せかけで作ったものであり、消費されて跡形もなくなってしまうが、新しいファッションの発想が得られるという点で貴重である。

2　マスメディアが言語を用いて行う説明や批評は、ファッションの一面を切り取ったものでしかなく、時代の移り変わりとともに消えてしまうが、ファッションが社会と密接に関わるためには不可欠である。

3　マスメディアによる説明や批評は、必ず言語を用いて行われるため、ファッションにおける視覚的な情報が意味を持たなくなってしまっているが、思想や芸術や日常生活への注意喚起として有効である。

4　テレビや出版物における言語による解釈は、ファッションの意味が変化すれば不要になってしまうが、ある時代のファッションの一面に注目することにより、次の流行を作り出すためには重要である。

(ケ)　本文について説明したものとして最も適するものを次の中から一つ選び、その番号を答えなさい。

1　他者を理解する際にファッションが有効であることを明らかにするとともに、衣服と言語を比較することによって言語特有の性質を把握し、衣服に対して言語が果たすべき役割について論じている。

2　文字が書かれた衣服が情報伝達に役立つことを指摘し、衣服と文字が歴史的にどのような関係を作り上げてきたかを分析することで、ファッションに対するマスメディアの重要性について論じている。

3　衣服が情報伝達の手段となっている現状を踏まえ、学説を複数引用して衣服が言語としての役割を果たしきれないということを明らかにした上で、ファッションと言語の関係性について論じている。

4　情報を伝達する際に衣服が使われている事例を紹介することで、文字のように衣服が使われていることに疑問を投げかけた上で、ファッションにおける流行に惑わされない方法について論じている。

1 本や新聞は書かれた文字によって情報が伝達されるが、衣服に文字が書かれている場合は、文字が表すメッセージが衣服から伝わる情報と必ずしも同じであるとは限らないから。

2 本や新聞を初めて読んだ時には書かれている内容が理解できないことがあるが、衣服に書かれている文字を読む際には、初めて会う人に関する情報がわかりやすく伝達されるから。

3 本や新聞は書かれた文字を読むことで情報が伝達されるが、衣服に書かれている文字は、品質を保証するために利用されているに過ぎず、メッセージを伝達する機能はないから。

4 本や新聞は書かれた文字の量によって伝達できる情報量が異なるが、衣服に関しては、文字が書かれているものと書かれていないものとの間に伝達できる情報量の違いはないから。

(オ) ——線2「衣服を言語として考えうるか」とあるが、それを説明したものとして最も適するものを次の中から一つ選び、その番号を答えなさい。

1 衣服を文字や音声と組み合わせることによって、衣服だけを用いた場合には伝えることのできない意味を、見る人に読み取らせることができるかということ。

2 通常は衣服同士を組み合わせることで伝達している情報を、文字を書いたり音声を発したりすることによっても、誤解なく表現することができるかということ。

3 さまざまな形や色を持つ衣服同士の組み合わせによって、文字や音声だけでは表現することが不可能な感情や感覚を、正確に伝えることができるかということ。

4 文字や音声に変換することが可能な情報を、さまざまな形や色の衣服を組み合わせることによって、意図したとおりの意味で伝えあうことができるかということ。

(カ) ——線3「強引な読み」とあるが、筆者がそのように述べる理由として最も適するものを次の中から一つ選び、その番号を答えなさい。

1 衣服を解読しようとしても、衣服の意味は社会集団ごとに異なっていることに加え、流行の服は変化が早いため、「新しい」ということ以外に特定の意味を定めることはできないと考えているから。

2 民族衣裳の中には解読できるものもあるが、流行の服に関しては、ファッションへの関心が高い人から注目されている服にしか批評が行われておらず、衣服全体の分析とは言えないと考えているから。

3 ファッションに関する批評として行われる流行の服の解読は、社会集団の違いを考慮せず、「新しい」ということだけに注目して行われており、衣服の解読としては説得力に欠けると考えているから。

4 衣服から意味を読み取ろうとしても、人によって解釈が大きく異なるだけでなく、すみやかに変化していく流行現象に影響され、着ている人の意図を無視した理解に陥ってしまうと考えているから。

(キ) ——線4「豊かなコミュニケーションを成立させている」とあるが、それを説明したものとして最も適するものをあとの中から一つ選び、その番号を答えなさい。

1 ファッションは同じものに複数の意味が読み出せるため、個人に合った意味を選択することができ、一人ひとりが自身の人となりを表現してコミュニケーションをとる際に役立っているというしかし、そうは言っても、やはり衣服は、それだけで意味を持つ単語とは言《い》い難《がた》いし、ファッションも、文法の存在する言語の一種とは言い難い。ファッションが言語のように見えるのは、衣服を生産する人たちが、「時代の流儀や規則に支配される倫理的状況と戦略的に連動」させて、言語のように見せているだけという主張には、ある程度の説得力がある。前近代においても、衣服は記号として作用していたとはいえ、言語とは違うシステムであり、言語が交渉の手段であるとすれば、衣服は相手を確認する手段であった。その点は、現在でも基本的に変わらないだろう。

［B］、ファッションが言語コミュニケーションではないと言っても、現在のファッションにおけるコミュニケーションには、テレビや出版物などマスメディアが、不可欠な存在として付随し、視覚的な情報に必ず言葉が添えられる。とはいえマスメディアでは、流行についての解説や評論が、刻々と意味を変えていくファッションの一瞬だけを捕らえて展開されており、そのほとんどは、その言説自体が消費されて跡形もなく消えていく。それを考えると、ファッションにおけるコミュニケーションにおいて、そもそも言語が意味を伝えているのかどうかすら怪しく思えてくる。

だが、ファッションにおけるコミュニケーションが、どのように展開されているかを考えるのであれば、5そういった無駄とも思える言語活動を含めたコミュニケーション全体を捉えていく必要がある。言語活動によってはじめて、ファッションは社会とより深い繋《つな》がりを持つことができるのだし、思想や芸術や日常生活に対して、提案し、警鐘を鳴らすことができるようになる。そこまでを含んでの、ファッションだろう。

いずれにせよ重要なのは、ファッションがコミュニケーションを成立させているということだ。このことに、異論はないだろう。毎年新しい流行がファッションの世界で起こっているのは、コミュニケーションが確実に生じている証拠である。

（井上《いのうえ》　雅人《まさひと》「ファッションの哲学」から。一部表記を改めたところがある。）

（注）メディア＝人々の間で意思を伝達できるようにするための手段。
記号論＝あるものごとを別のものに置き換えて表現することによって、対象とするものごとが持つ意味について考える学問。

(ア) 本文中の［A］・［B］に入れる語の組み合わせとして最も適するものを次の中から一つ選び、その番号を答えなさい。

1　A　さらには　B　ただ
2　A　そして　B　あるいは
3　A　なぜなら　B　やがて
4　A　しかし　B　また

(イ) 本文中の〰〰線Ⅰの「の」と同じ意味で用いられている「の」を含む文を、次の中から一つ選び、その番号を答えなさい。

1　休日に姉の作った料理を食べる。
2　お気に入りの本を読む。
3　寒いのに上着を忘れた。
4　降ってきたのは雪だった。

(ウ) 本文中の〰〰線Ⅱの語の対義語として最も適するものを次の中から一つ選び、その番号を答えなさい。

1　獲得　2　贈答　3　出費　4　供給

(エ) ――線1「本や新聞のように、普遍的な言語コミュニケーションのメディアとして存在しているわけではないのだ。」とあるが、筆者がそのように述べる理由として最も適するものを次のページの中から一つ選び、その番号を答えなさい。

こで問題としているのは、衣服が、形や色の組み合わせによって言語として機能し、意味を伝えうるのではないかという仮説である。つまり衣服は、言語化できない感情や感覚を伝えているのではなく、文字に置き換えることができる情報を別の形で伝えており、習熟すれば正確に読み取ることも、発信することも可能だという考えが、妥当かどうかということだ。

2衣服を言語として考えうるかという論点に対して、もっとも示唆を与えてくれるのは記号論(注)だろう。フランスの思想家ロラン・バルトが、言葉とファッションの関係について鋭い考察を展開しながら『モードの体系』を書いて以来、衣服によって作られる意味世界を、言葉によって解読しようという試みが、数多くなされた。

しかし、ロシアの哲学者ミハイル・バフチンが、「記号の形態は、まず第一に、人びとの社会的組織や、人びとが相互に作用しあう際の身近な条件によって規定されている」と述べているとおり、衣服の意味は、着ている人が所属する社会集団や、あるいは見る人が所属する社会集団によって、まるで異なってしまう。また、ロバート・ロスが指摘しているように、「衣服の文法は他のあらゆる言語の文法よりもはやく変化」するため、それがどんな意味を持つかを確定することはできない。そのため、フィンケルシュタインが警告しているように、「衣服から特定のメッセージを読み、それを誇張するのは簡単」ということも手伝って、ほとんどの分析は、強引な精神分析に飛躍してしまっていたり、ただの美辞麗句になってしまっている。

結局、流行の服の解読を試みたところで、ただ「新しい」という社会的な合意しか見つからないのだ。記号論的な読みをしても、精神分析的な読みをしても、衣服のすべてが解読されることなどないだろう。ロシアの民族学者ピョートル・ボガトゥイリョフは、スロヴァキアの民族衣裳《いしょう》を分析した『衣裳のフォークロア』で、確かに民族衣裳は記号として読むことができるが、民族衣裳と「都会の衣服とは何らの共通性もない」ものであり、「都会の衣服は、すみやかに変化してゆく流行現象に支配されている」ので、民族衣裳を読むようにして現在のファッションを読むことはできないと結論づけている。

にもかかわらず、この衣服にはこういった意味があるという3強引な読みは後を絶たない。記号論的な解読は、ファッションに関する批評として最もⅡ需要の高いものであり、実際にそういった批評が「人々を楽しませ、ファッションへの関心を高めるために行われている場合が多い」のも事実である。それはそれで知的な娯楽としては面白いが、常に移り変わる意味の一瞬だけを捉えて、それが恒久的な意味であると解説するのは、やはり嘘《うそ》である。

衣服を使ってのコミュニケーションは、もしそれを活用しようとしても、細かいニュアンスを伝えることができない、意味の変化が早すぎる、広がる範囲が狭すぎるといった不都合に縛られてしまうものだ。[A]伝播《でんぱ》していく過程で、発信者が込めた意味は失われ、意味が多様になってしまうので、遠くにいる人々が受け取った時には、もはや内容を検証できなくなっている。いくら言語のようにコミュニケーションを行おうとしても、コントロールしきれないという問題にぶつかってしまうのだ。

このように、ファッションにおけるコミュニケーションは、多層な意味の読みが可能であり、その点では言語と比べると不完全である。もっとも、むしろ同じ対象に、いくつもの意味を読み出せるから、それが次々に意味を変えては、常に「新しいもの」として歴史上に何度も現れ、4豊かなコミュニケーションを成立させているという側面はある。

1　嫁入り先に向かう「より子」が、目の前に広がる故郷の風景を見て心を和ませ、幼い頃の思い出を「父」とともに振り返る様子を、炭焼きや馬など当時の生活を想像させるものを用いて描いている。

2　結婚のため家を離れることになった「より子」が、結婚祝いで洗濯機を贈られたことをきっかけとして、「父」と再び言葉を交わすようになるまでの過程を、複数の登場人物の視点から描いている。

3　生まれ育った故郷を離れることになった「より子」が、一緒に嫁入り先に向かう「父」から励まされ、結婚生活に対する期待を高めていく様子を、会話以外の場面でも方言を交えて描いている。

4　結婚の日を迎えた「より子」が、嫁入り先に向かう時間を「父」と過ごすことで、我が子を思う親の気持ちの深さを感じ取っていく様子を、故郷の豊かな自然の風景を織り交ぜながら描いている。

問三　次の文章を読んで、あとの問いに答えなさい。

ファッションにおけるコミュニケーションとしては、衣服自体を言語コミュニケーションのメディア(注)にしてしまう手法は例外的である。Tシャツにおいても、単純に言語による情報が純粋に交換されているわけではない。たとえば、無地のTシャツよりも、前面に大きく有名ブランドのロゴがプリントされたTシャツの方に価値があるとされる、不思議な傾向がある。ロゴによって品質の保証が周囲にも伝わるという効果があるゆえだが、それだけでなく、そのロゴが模様として認知されたり、単なる名前以上Ⅰの意味を持つからでもある。これを考えるだけでも、Tシャツに文字をプリントすることが、ただ書かれたままのメッセージを伝えているわけではないことがわかる。

そしてそれらは、文字が書かれているからといって、特別な衣服として着られているのではない。文字が書かれていない衣服と、着られる場所や状況が違うということもない。衣服は言語によるメッセージを伝えるメディアとしては、衣服しか持ち得ないような特徴はあるものの、1本や新聞のように、普遍的な言語コミュニケーションのメディアとして存在しているわけではないのだ。

それに、文字が書かれていようがいまいが、衣服がコミュニケーションの手段であることを、私たちは感覚として知っている。初めて会う人の人となりを理解するのにも、衣服は非常に大きな手がかりになる。私たち自身、時と場合によって着るものを選択し、喜怒哀楽を表明してもいる。

しかしそうすると、疑問が湧いてくる。それではファッションは、言語コミュニケーションと何が違うのだろうか、ということだ。感情やその人の人となりを伝えることができる衣服は、文字を使用しない言語の特殊な一形態であると言い切ってしまってはだめなのだろうか。言語も衣服も、同じように社会的な産物である。両者の間には、どのような違いがあるのだろうか。

人の行うコミュニケーションの形態は、通常、言語コミュニケーションと非言語コミュニケーションに分けられる。ただ実際には、音楽やポスターのように、言語が構成要素の一部を担《にな》う非言語コミュニケーションは多いので、明確な境界線は引けない。

それらに比べると、ファッションにおけるコミュニケーションは、文字や音声ではなく衣服や化粧や持ち物などの手段が主なので、非言語コミュニケーションの一つだと、簡単に位置づけられそうだが、こ

読む。

2　慣れ親しんだ風景を眺めるうちになつかしい記憶がよみがえってきて、生まれ育った場所を離れることを名残惜しく感じたものの、歩みを止めることはできずに切なさをかみしめているように読む。

3　幼い頃から暮らしてきた場所をじっくりと見渡したことで、自分の人生を見つめ直すとともに故郷にもはや自分の居場所がないことを自覚し、新しい場所で生活するしかないと諦めたように読む。

4　向かう先の山並みが霞んでいるのを見て嫁ぎ先への不安が膨らむ中で、周囲の風景を眺めるうちに自分の故郷のよさに初めて気づき、生まれ育った場所を離れることに疑問を感じているように読む。

(エ)　――線4「やはり父の後ろに座っていてよかった。」とあるが、そのときの「より子」を説明したものとして最も適するものを次の中から一つ選び、その番号を答えなさい。

1　上出来とは言えない自分の菱刺しが施された下ばきを、嫁入りの日を選んで「父」が身につけてくれたことに喜びを感じつつも、自分の表情や思いが「父」に知られることを気恥ずかしく思っている。

2　「父」の顔を見て泣いてしまうのが不安で後ろに座ったことで、幼い頃の自分が菱刺しを施した下ばきが偶然見えたため、「父」が下ばきを大切にはき続けていることが分かって嬉しくなっている。

3　幼い頃に自分が菱刺しを施した下ばきを、「父」が嫁入りの日になってやっと身につけてくれたことに対する喜びを、「父」の背中を見つめながら一人で静かに味わえることに満足感を覚えている。

4　嫁入りの日には泣かないと決めていたものの、自分が幼い頃に菱刺しを施した下ばきを「父」がはいているのを見て涙が出てしまったため、自分の顔が「父」から見えないことに安心感を覚えている。

(オ)　――線5「鼻をぐずぐずさせながら、震える声で言い替えた。」とあるが、そのときの「より子」を説明したものとして最も適するものを次の中から一つ選び、その番号を答えなさい。

1　「父」が自分を大切に育ててくれたことを感じるとともに、自分の幼い頃の発言を「父」が気に留めていなかったことを知って安心し、思わず涙をこぼしながら感謝の言葉を伝えようとしている。

2　「父」とのわだかまりがとけたことに喜びを感じて涙が出てきたが、「父」との別れの時が迫っているため、二人きりでいるうちに自分を許してくれたことへの感謝の思いを伝えようとしている。

3　「父」が謝罪の言葉はふさわしくないと言ったことから、気持ちが通じなかったと勘違いして涙があふれてきたが、せめて自分を育ててくれたことへの感謝の言葉だけでも伝えようとしている。

4　「父」が愛情を込めて精一杯の力で自分を育ててくれたことを改めて実感するとともに、謝りたいという思いを受け止めてもらえたことも感じ、涙ながらに感謝の気持ちを伝えようとしている。

(カ)　この文章について述べたものとして最も適するものを次のページの中から一つ選び、その番号を答えなさい。

「泣ぐな泣ぐな。(注)あもこさなる。」

父の声がからかっている。からかいながらも、その声は震えている。

「ダダってばひどい。」

より子は空を仰いで、あっはっはっはと大きな声で思い切り笑った。（髙森《たかもり》　美由紀《みゆき》「藍色ちくちく」から。一部表記を改めたところがある。）

(注)　ハイヤー＝客の申し込みに応じて営業する貸し切り乗用車。
菱刺し＝ここでは、青森県南部地方の伝統的な刺しゅうのこと。
あもこさなる＝青森県の一部の地域で使われている方言で「おばけになる」ということ。

(ア)　――線1「その時の父の顔をより子は忘れられない。」とあるが、その理由として最も適するものを次の中から一つ選び、その番号を答えなさい。

1　「父」が仕事で汚れた姿を気にしていたことを知らずに、真っ黒な見た目をからかうような言動をしてしまったが、「父」が深く傷ついている様子を見て、自分の振る舞いを恥じているから。

2　学校に「父」が迎えに来ることに対する気恥ずかしさから、本心ではないことを言ってしまったが、必死に傷ついていないふりをする「父」の姿を見て、自分のことを情けなく思っているから。

3　真っ黒に汚れた姿の「父」が学校に来ることを恥ずかしく思うあまり、心ない言葉を浴びせてしまったが、傷ついても無理に笑おうとする「父」の姿を見て、自分の発言を後悔しているから。

4　学校まで迎えに来てくれる「父」に感謝しつつも、周囲の目が気になるため一人で先に帰っていたが、あとから家に戻ってきた「父」の傷ついた顔を見て、自分の行動が許せなくなっているから。

(イ)　――線2「裏の馬小屋から座布団を括りつけた馬を引っ張ってきた父は、戸惑い顔から、はにかみ顔になっていた。」とあるが、そのときの「父」を説明したものとして最も適するものを次の中から一つ選び、その番号を答えなさい。

1　父親と一緒に嫁入り先へ向かうと「より子」が言ったことに照れくささを感じながらも、馬の準備を念入りに行ったことで、娘に恥をかかせることはないと安心して晴れやかな気持ちになっている。

2　ハイヤーに乗らないという「より子」の選択を受け入れて馬の準備を整えるうちに、娘が慣例どおりに行動しないことを恥じる気持ちが薄れ、一緒に嫁入り先へ向かうことに嬉しさを感じ始めている。

3　慣例にならわず馬で嫁入りをしたいという「より子」の思いに応じて準備を整えたところ、一緒に嫁入り先へ向かうことができる喜びとともに、白無垢姿の娘と馬に乗る照れくささが込み上げている。

4　馬に乗って嫁入り先へ向かいたいという「より子」の要望をいったんは受け入れたものの、実際に準備が整うと娘が馬で嫁入りをすることが改めて意識され、恥ずかしさでいっぱいになっている。

(ウ)　――線3「そぅかぁ……。」とあるが、ここでの「より子」の気持ちをふまえて、この部分を朗読するとき、どのように読むのがよいか。最も適するものをあとの中から一つ選び、その番号を答えなさい。

1　生まれ育った場所の風景をじっくりと見たことで生家から遠ざかることへの不安が増し、気を紛らわすために馬の話をしてみたものの、ますます気持ちが落ち込んでしまい困惑しているように両脇の畑はリンゴ畑から漆の木の畑に変わった。風がよく通るように間隔を空けて植えられた漆の木の畑も、秋になると真っ赤に紅葉して美しいが、うっかり触って自分まで紅葉したかというくらい真っ赤にかぶれたこともあったっけ。あの時は大変だった。臭くてえぐいドクダミ茶をしこたま飲まされたのだ。思い出して、ちょっと笑った。

背後から軽快なラッパの音がした。より子たちが路肩に寄ると、すぐそばをボンネットバスが走り抜けていった。乗客が注目している。より子は手を振った。客や車掌も手を振り返してくれた。その後にオート三輪が続く。ラッパを、拍子をつけて三回鳴らしていった。

日差しは強く、何もかもが日を照り返している。舞い上がった土《つち》埃《ぼこり》が眩《まぶ》しい。中でも白無垢の自分自身が最も眩しかった。

より子は歩んできた道を振り向いた。なだらかな名久井岳《なくいだけ》が控えている。

生家がどんどん遠ざかる。

切なくなって視線を落とした。

白い足袋に引っかかる白い草履が、揺れている。その下を、白っちゃけた地面が流れていく。

「ダダ、馬っこは疲れねべか。」

「こいつはぁ丈夫だすけ、大丈夫だ。」

「休まねくていんだべか。」

「なーも、大丈夫だ。」

「3そうかぁ……。」

どんどん流れていく。

父の袴の裾から、下ばきがちらっと見えた。見覚えがある。

それはより子が子どもの頃に刺した(注)菱刺《ひしざ》しだった。父にあげたものの、一度もはいているのを見たためしがなかったもの。

当時は上出来だと思っていた縫い目は、今見るとガタガタ。

「やあねえ、なして今、それ、はいてらのよ。」

照れくさくて嬉《うれ》しくて、どういう顔をしていいのか決めかねる。

4やはり父の後ろに座っていてよかった。

「この菱刺しはよぉ、おめがわらしの時に最初に刺したもんだ。特別なもんだ。だすけ特別な日にははくべ、と決めてらった。」

父が足を揺らす。馬が首を上下させた。首に下げた鈴が、いい音を出す。

「そった前から？ 我まだ七つくらいだったべ。」

「おめの嫁入り道具の桐簞笥はもっと早ぇど。おめが生まれてすぐに桐ば植えたんだおん。」

親というものはどこまで考えているのだろう。

父の背中は、思ったより大きくないことに気づく。どちらかと言えば小柄なほうだ。そんな父は、真っ黒になってより子たちを養ってくれていた。自分はそんな父を、汚いだの恥ずかしいだのと批判してきたのである。

「ダダ、ごめんね。」

やっと父に謝ることができた。

「何、謝ることがある。」

「我、ダダさひどいこと言ってしまった。」

父は深呼吸する。

「今日はめでてぇ日だ。めでてぇ日に『ごめん』は合わねえよ。」

より子は頷《うなず》く。

「ありがとう、ダダ。」

5鼻をぐずぐずさせながら、震える声で言い替えた。やだぁ、泣いでしまったじゃ。我みったぐねえ、と思った。

怪訝《けげん》に思ったより子が視線を母に転ずると、母は物言いた気な顔つきをしている。

聞き出したところ、自分は真っ黒でみっともない。だから一緒には行けない。あとから馬で行く、と決めていたそうなのだ。

より子は発車しかけていたハイヤーから降りた。

夏の強い日差しの中に立つ父の輪郭は、何とも曖昧だった。足元の乾いた土にいびつな丸い影ができている。日が明るければ明るいほど、影は濃くなり存在感を増した。それはまるで、父の足元に深い穴があるように見えた。

玄関前に立つ紋付袴《もんつきはかま》の父のもとへ行く。

「馬っこさ乗せてもらってもいい?」

より子の頼みに、父は目を丸くしたし、他の人たちも反対した。

みったぐねえ、と。

みったぐない――。みっともない。ハイヤーがあるじゃないか。馬で嫁入りなど世間体が悪い。

より子は聞かなかった。

父は初めは戸惑っていたものの、白無垢《しろむく》姿で仁王立ちの娘を前にして、ついに折れた。

2 裏の馬小屋から座布団《ざぶとん》を括りつけた馬を引っ張ってきた父は、戸惑い顔から、はにかみ顔になっていた。

普段は父ともども黒く汚れ、網目状に乾いた泥をお腹《なか》や脚にくっつけていた馬は、すっかり磨き上げられていた。栗色《くりいろ》の毛が艶々と天鵞絨《ビロード》のようだし、鬣《たてがみ》はサラサラと揺れる。薄汚れている時は長い睫毛《まつげ》の下ですまなそうに目を伏せていたが、今日は堂々と真《ま》っ直《す》ぐにより子を見つめていた。その瞳は澄み切り、純粋無垢だった。

父が、前に座るよう言う。実際子どもの頃はそうしていたが、より子は父の後ろに横座りになった。

着物のため横座りにならざるを得ない今は、前に座ると自分の顔を見られるし父の顔も見なければならないから。顔を見たら、道中、泣いてしまうかもしれないと思った。今生の別れではないが、それでも籍から抜けるのである。そして、盆と正月くらいしか帰ってこられなくなるのだ。いや、それすらも無理かもしれない。近所に嫁いできた人も泣いていた。だから自分も父の顔を見たら、泣くかもしれない。そんなのはみったぐない。だから、顔を見ることなく向こうまで行ける後ろがいい。

父は無理強いせずに、より子を後ろに乗せて馬の腹を踵《かかと》で軽く蹴った。

馬はグイッと一歩を踏み出す。

より子は父の脇腹につかまる腕に力を込めた。

青い空をトンビが鳴きながら旋回している。おかしみと悲しみが入り混じった鳴き声が青い空に染《し》み渡《わた》っていく。

向かう先の山並《やまな》みが、霞《かす》んで見える。

馬の歩みは力強く、ポクポクとのどかな音を立てる。揺れに身をゆだねる。

リンゴ畑を貫く土の一本道は、乾いて白っちゃけていた。丸太の電信柱は少し傾いている。リンゴの木はびっしりと葉っぱを茂らせ、その下にまだ青い実をたわわにぶら下げている。大きな実にするために、摘果が進められていた。風に乗って、桃の香りもしてくる。

畑と道の境には蚕養のための桑の木が植わっている。小さなぶどうのような黒っぽい実がぎっしり生《な》っていた。学校帰りに友だちと競うように採って食べたものだ。紫色になった舌を見せ合ってよく笑った。甘みも酸味も強かった。

1　八月の昼の盛りに周囲が静まり返る中で、真夏の光をはね返してまぶしくかがやいている階段を見て、激しく流れ落ちる滝が連想されたということを、直喩を用いて表現している。
2　八月の日中に閑散としていた階段が、夜は人々でにぎわい、激しく音を立てる滝のように感じられたということを、時間と状況を順を追って説明することで具体的に表現している。
3　八月の昼間に真夏の暑さをしのごうとして滝を見に行ったところ、激しく音を立てて流れ落ちる様子を見て、大きな階段を思い浮かべたということを、体言止めを用いて表現している。
4　八月の暑さの中、次から次へと降りてくる人々の流れによって、階段が滝のようにかがやき動いて見えたことへの感動を、「かがやく」と平仮名を用いることで強調して表現している。

問二　次の文章を読んで、あとの問いに答えなさい。

> 昭和三十五年、青森県に住む「より子」は結婚することになり、挙式の当日に実家からの荷物を積み込んで、夫となる相手の家へ向かおうとしている。

この辺りでは女の子が生まれると、桐《きり》の木を植え、それで嫁《よめ》入り箪《だん》笥《す》を作るのが慣習で、より子の嫁入り道具もそのように調えた。

次々トラックに積み込み、最後に積まれた物を見て、より子は驚いた。

洗濯機である。ローラーに洗濯物をはさんで、ハンドルを回すと脱水された洗濯物がのしいかみたいに出てくるのだ。こんな物を買った覚えはない。

それもそのはず、父がこっそり用意した物だった。

父は炭焼きをやっていたからいつも真っ黒なのだ。焼き上げた炭を萱《かや》で編んだ「炭すご」に詰めて、馬に括《くく》りつけ里に下ろしていた。

年頃になったより子は真っ黒な父が恥ずかしかった。

学校の終業時間と仕事終わりが重なると、空っぽになった馬を引いて、学校に寄ってくれることがある。父も馬も真っ黒いままだ。校門の前に立つ父を見留めると、より子は「ひぇえ。」と小さな悲鳴を上げてこっそり帰っていた。

父は置き去りにされたのを分かっていたのかいないのか、帰宅すると「おろ、より子は先に帰ってらったのか。」と目を丸くする。おっぴろげた鼻の穴も真っ黒だ。

ある時、こそこそすることが理不尽に思えた。父が真っ黒に汚れているから自分はこそこそと帰らねばならないのだ、と憤《いきどお》る。

「ダダはいつも汚《きた》ねくてしょしぃ。」と罵った。しょしいというのは、恥ずかしい、という意味だ。

1その時の父の顔をより子は忘れられない。深く傷ついた顔なのに、眉をハの字にして、情けないような笑みを懸命に浮かべていた。

まずいことを言ってしまったとより子はヒヤリとしたが、謝れなかった。

そういうことがあった上での洗濯機なのだろう。亭上に恥ずかしい思いをさせないために。

それが分かっても礼を伝えられないままに、洗濯機は運ばれていった。

嫁入り道具がすべて運び出されると、玄関先で盃《さかずき》を交わす。それがすむと、花嫁と両親、弟の亘《わたる》以下関係者たちは待っているハイヤー(注)に分乗するのがしきたりだ。

しかし父は、あとから行くと告げて家の前にポツンと残っていた。

＜国語＞

時間　五〇分　満点　一〇〇点

【注意】解答用紙にマス目（例：）がある場合は、句読点などもそれぞれ一字と数え、必ず一マスに一字ずつ書きなさい。なお、行の最後のマス目には、文字と句読点などを一緒に置かず、句読点などは次の行の最初のマス目に書き入れなさい。

問一　次の問いに答えなさい。

(ア)　次のa～dの各文中の――線をつけた漢字の読み方として最も適するものを、あとの1～4の中から一つずつ選び、その番号を答えなさい。

a　試合の展開に固唾をのむ。
（1　こすい　2　かただ　3　かたず　4　こじょう）

b　評論家が辛辣な意見を述べる。
（1　しんこく　2　しんそく　3　しんれつ　4　しんらつ）

c　彼は十年に一人の逸材だ。
（1　めんざい　2　ばんざい　3　べんざい　4　いつざい）

d　拙い文章だが思いが伝わった。
（1　はかな　2　つたな　3　しがな　4　せつな）

(イ)　次のa～dの各文中の――線をつけたカタカナを漢字に表したとき、その漢字と同じ漢字を含むものを、あとの1～4の中から一つずつ選び、その番号を答えなさい。

a　妹が頬をコウチョウさせて走ってきた。
1　時代のチョウリュウに乗る。
2　夕食の準備でホウチョウを使う。
3　天気が回復するチョウコウがある。
4　サンチョウから景色を撮影する。

b　先生が学校のエンカクを説明する。
1　熱中症予防のためエンブンを摂取する。
2　仲間にセイエンを送る。
3　道具の使い方をジツエンする。
4　川のエンガンに住む。

c　税理士のシカクを取る。
1　友人に結婚式のシカイを頼む。
2　新しい会社にトウシする。
3　定期購読しているザッシが届く。
4　自作のシシュウを出版する。

d　友人の気持ちをオしはかる。
1　軽率な行いをハンセイする。
2　姉は歌舞伎にシンスイしている。
3　事態のスイイを見守る。
4　卒業式で校歌をセイショウする。

(ウ)　次の短歌を説明したものとして最も適するものを、次のページの1～4の中から一つ選び、その番号を答えなさい。

> 八月のまひる音なき刻《とき》ありて瀑布《ばくふ》のごとくかがやく階段
> 真鍋《まなべ》　美恵子《みえこ》

MEMO

大切なことはメモしておこうネ！

2024年度

解答と解説

《2024年度の配点は解答用紙集に掲載してあります。》

＜数学解答＞

問1　(ア)　2　(イ)　2　(ウ)　1　(エ)　3　(オ)　4

問2　(ア)　2　(イ)　4　(ウ)　1　(エ)　3　(オ)　4　(カ)　3

問3　(ア)　(i)　(a)　1　(b)　4　(ii)　84°　(イ)　(i)　4　(ii)　6　(ウ)　$6\sqrt{2}$ cm
(エ)　5

問4　(ア)　2　(イ)　(i)　5　(ii)　3　(ウ)　$\dfrac{24}{7}$

問5　(ア)　$\dfrac{5}{36}$　(イ)　$\dfrac{5}{12}$　**問6**　(ア)　2　(イ)　$\dfrac{5\sqrt{29}}{6}$cm

＜数学解説＞

問1　(数・式の計算，平方根，式の展開)

(ア)　$2-8=-(8-2)=-6$

(イ)　$-\dfrac{4}{5}+\dfrac{1}{4}=-\dfrac{16}{20}+\dfrac{5}{20}=-\dfrac{11}{20}$

(ウ)　$\dfrac{3x-y}{4}-\dfrac{5x+2y}{9}=\dfrac{9(3x-y)-4(5x+2y)}{36}=\dfrac{27x-9y-20x-8y}{36}=\dfrac{7x-17y}{36}$

(エ)　$\dfrac{10}{\sqrt{5}}+\sqrt{80}=\dfrac{10\times\sqrt{5}}{\sqrt{5}\times\sqrt{5}}+\sqrt{4^2\times5}=\dfrac{10\sqrt{5}}{5}+4\sqrt{5}=2\sqrt{5}+4\sqrt{5}=6\sqrt{5}$

(オ)　$(x-2)^2-(x+3)(x-8)=x^2-4x+4-(x^2-5x-24)=x^2-4x+4-x^2+5x+24=x+28$

問2　(連立方程式，二次方程式，関数$y=ax^2$と変域，不等式，球の体積，因数分解を利用した式の値)

(ア)　上式を①，下式を②とする。①，②に$x=3$，$y=2$を代入して，$3a-2b=-10$…③　$3b+2a=-11$…④　③，④をa，bについての連立方程式として解く。③×3＋④×2より，$13a=-52$　$a=-4$　$a=-4$を④に代入して，$3b+2\times(-4)=-11$　$3b-8=-11$　$3b=-3$　$b=-1$

(イ)　解の公式より，$x=\dfrac{-(-5)\pm\sqrt{(-5)^2-4\times3\times(-1)}}{2\times3}=\dfrac{5\pm\sqrt{37}}{6}$

(ウ)　yの変域より，$a>0$　また，$x=-3$のとき$y=6$をとるから，$y=ax^2$に$x=-3$，$y=6$を代入して，$6=a\times(-3)^2$　$9a=6$　$a=\dfrac{2}{3}$

(エ)　ペンの代金は，$150\times x=150x$(円)，ノートの代金は，$200\times y=200y$(円)より，代金の合計は$(150x+200y)$円。これが，3000円以下であることから，不等号「≦」を用いて，$150x+200y\leqq3000$

(オ)　球の体積は，$\dfrac{4}{3}\pi\times6^3=288\pi$ (cm^3)

(カ)　因数分解してから代入する。x^2-9y^2を因数分解すると，$x^2-9y^2=x^2-(3y)^2=(x+3y)(x-3y)$　$x+3y=143+3\times47=284$，$x-3y=143-3\times47=2$　よって，$284\times2=568$

問3　(相似の証明，円の性質と角度，データの活用，線分の長さ，一次方程式の応用)

（ア）（i）（a）　△ABCはAB＝ACの二等辺三角形より，2つの底角は等しいから，<u>∠ABC＝∠ACB</u>
（b）　∠CAG＝∠DAH（①），∠ACG＝∠ADH（④）より，<u>2組の角がそれぞれ等しい</u>
（ii）　∠IAF＝∠FAD＝a，∠ADC＝bとすると，△ADHで，**内角と外角の関係**により，$a+b=$61°　$\overset{\frown}{\mathrm{CF}}$に対する円周角は等しいから，∠CDF＝∠CAF＝$a$　よって，∠ADF＝∠ADC＋∠CDF＝$b+a$＝61°　△ADIで，内角の和は180°だから，∠IAD＝180°－(61°＋73°)＝46°　よって，a＝46°÷2＝23°　△ACG∽△ADHより，∠AGC＝∠AHDだから，∠AGE＝∠DHF＝61°　△AGEで，**内角と外角の関係**により，∠AEB＝a＋61°＝23°＋61°＝84°

（イ）（i）　ヒストグラムから，A中学校，B中学校，C中学校の{第1四分位数，第2四分位数（中央値），第3四分位数}を調べると，A中学校は{15分以上20分未満，20分以上25分未満，25分以上30分未満}，B中学校は{10分以上15分未満，15分以上20分未満，25分以上30分未満}，C中学校は{10分以上15分未満，15分以上20分未満，20分以上25分未満}。第2四分位数（中央値）より，ZはA中学校であることがわかる。また，第3四分位数より，XがB中学校であることがわかる。よって，X：B中学校，Y：C中学校，Z：A中学校。
（ii）　Ⅰ　30分以上の人数は，A中学校が10人，B中学校が12人，C中学校が7人なので，B中学校が最も多い。　Ⅱ　10分以上15分未満の生徒の割合は，A中学校が，$\frac{5}{50}$＝0.1，B中学校が，$\frac{7}{50}$＝0.14，C中学校が，$\frac{9}{60}$＝0.15なので，C中学校が最も大きい。　Ⅲ　15分以上20分未満の生徒の割合は，A中学校が，$\frac{10}{50}$＝0.2，B中学校が，$\frac{10}{50}$＝0.2，C中学校が，$\frac{12}{60}$＝0.2なので，すべて等しい。　Ⅳ　ヒストグラムによる平均値は，A中学校が22.5分，B中学校が22.4分，C中学校が18.5分なので，すべて25分未満である。よって，正しく述べたものは，ⅢとⅣ。

（ウ）　点Dから線分BFに垂線DIをひき，2点C，Dを結ぶ。△ABCは3辺の比が1：2：$\sqrt{3}$の直角三角形だから，∠ABC＝60°　また，BC＝BD＝12(cm)　よって，△BCDは正三角形だから，CD＝BC…①　条件より，CE＝BC…②　①，②より，CD＝CEだから，△CEDは二等辺三角形であり，点Gは線分DEの中点より，線分CGは∠DCEの二等分線であり，CG⊥DE　よって，∠DCG＝(90°－∠BCD)÷2＝(90°－60°)÷2＝30°÷2＝15°　DE//BFより，同位角は等しいから，∠CHB＝∠CGD＝90°　∠DIH＝∠CHB＝90°より，錯角が等しいから，DI//GC　向かい合う辺がそれぞれ平行であり，∠DIH＝90°より，四角形DIHGは長方形。よって，GH＝DI　また，DI//GCより，錯角は等しいから，∠CDI＝∠DCG＝15°　よって，∠BDI＝∠BDC－∠CDI＝60°－15°＝45°

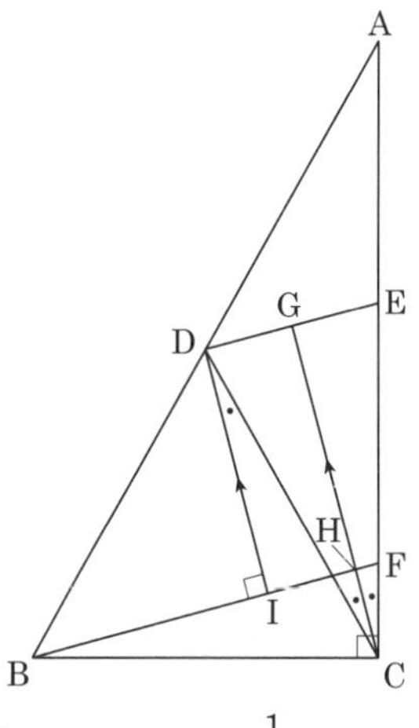

これより，△BIDは3辺の比が1：1：$\sqrt{2}$の直角二等辺三角形。以上より，GH＝DI＝$\frac{1}{\sqrt{2}}$BD＝$\frac{1}{\sqrt{2}}\times 12=\frac{12\times\sqrt{2}}{\sqrt{2}\times\sqrt{2}}=\frac{12\sqrt{2}}{2}=6\sqrt{2}$ (cm)

（エ）　4％の食塩水300gに入っている食塩の重さは，$\frac{4}{100}\times 300=12$(g)　取り出した食塩水$a$gに入っている食塩の重さは，$\frac{4}{100}\times a=\frac{1}{25}a$(g)　よって，ビーカーに入っている食塩の重さは，$12-\frac{1}{25}a+a=\frac{24}{25}a+12$(g)，食塩水の重さは，$300-a+a=300$(g)より，$\frac{24}{25}a+12=\frac{12}{100}\times 300$　これを解いて，$\frac{24}{25}a+12=36$　$\frac{24}{25}a=24$　$a=25$

問4 (図形と関数・グラフ，比例定数，直線の式，条件を満たす点の座標)

(ア)　点Aは直線①上の点だから，y座標は，$y=-x$に$x=-6$を代入して，$y=-(-6)=6$　よって，A$(-6,\ 6)$　点Aは曲線③上の点でもあるから，$y=ax^2$に$x=-6$，$y=6$を代入して，$6=a\times(-6)^2$　$36a=6$，$a=\dfrac{1}{6}$

(イ)　点Eは線分ADの中点より，E$(-6,\ 3)$　点Cは直線②上の点であり，y座標は6だから，x座標は，$y=-3x$に$y=6$を代入して，$6=-3x$　$x=-2$　よって，C$(-2,\ 6)$　CO：OF＝2：1より，点Fのx座標は1なので，y座標は，$y=-3x$に$x=1$を代入して，$y=-3\times1=-3$　よって，F$(1,\ -3)$　直線EFの式は，傾きが，$m=\dfrac{-3-3}{1-(-6)}=-\dfrac{6}{7}$なので，$y=-\dfrac{6}{7}x+n$に$x=-6$，$y=3$を代入して，$3=-\dfrac{6}{7}\times(-6)+n$　$3=\dfrac{36}{7}+n$　$n=-\dfrac{15}{7}$　したがって，直線EFの式は，$y=-\dfrac{6}{7}x-\dfrac{15}{7}$

(ウ)　D$(-6,\ 0)$　また，2点A，Bはy軸について対称だから，B$(6,\ 6)$　直線BDの式は，傾きが，$\dfrac{6-0}{6-(-6)}=\dfrac{1}{2}$なので，$y=\dfrac{1}{2}x+b$に$x=-6$，$y=0$を代入して，$0=\dfrac{1}{2}\times(-6)+b$　$b=3$　よって，直線BDの式は，$y=\dfrac{1}{2}x+3$より，点Gの座標は$\left(t,\ \dfrac{1}{2}t+3\right)$とおける。$(t>0)$　CO：OF＝2：1より，CO：CF＝2：3だから，$\triangle\mathrm{COE}=\dfrac{2}{3}\triangle\mathrm{CEF}=\dfrac{2}{3}\times\dfrac{3}{2}\triangle\mathrm{COG}=\triangle\mathrm{COG}$…㋐　点Eを通り直線②に平行な直線と$x$軸との交点をH，点Gを通り直線②に平行な直線と$x$軸との交点をIとすると，平行線と面積の関係により，$\triangle\mathrm{COH}=\triangle\mathrm{COE}$…㋑　$\triangle\mathrm{COI}=\triangle\mathrm{COG}$…㋒　㋐，㋑，㋒より，$\triangle\mathrm{COH}=\triangle\mathrm{COI}$なので，2つの三角形の底辺をそれぞれ線分OH，OIとすると高さが等しいから，OH＝OI　直線EHの式は，$y=-3x+c$に$x=-6$，$y=3$を代入して，$3=-3\times(-6)+c$　$c=-15$　よって，$y=-3x-15$　点Hのx座標は，$y=-3x-15$に$y=0$を代入して，$0=-3x-15$　$x=-5$　よって，H$(-5,\ 0)$　直線GIの式は，$y=-3x+d$に$x=t$，$y=\dfrac{1}{2}t+3$を代入して，$\dfrac{1}{2}t+3=-3t+d$　$d=\dfrac{7}{2}t+3$　よって，$y=-3x+\dfrac{7}{2}t+3$　点Iのx座標は，$y=-3x+\dfrac{7}{2}t+3$に$y=0$を代入して，$0=-3x+\dfrac{7}{2}t+3$　$x=\dfrac{7}{6}t+1$　よって，I$\left(\dfrac{7}{6}t+1,\ 0\right)$　OH＝OIより，$\dfrac{7}{6}t+1=5$　$t=\dfrac{24}{7}$　したがって，点Gのx座標は$\dfrac{24}{7}$

問5 (確率)

(ア)　【操作1】で，4枚のカードを取り除き，【操作2】で，$\boxed{4}$以外のカードを取り除く場合である。【操作1】で，4枚のカードが取り除かれるのは，$a=6$のときであり，このとき，$\boxed{4}$，$\boxed{5}$のカードが残るから，bは4以外であればよい。よって，$(a,\ b)=(6,\ 1)$，$(6,\ 2)$，$(6,\ 3)$，$(6,\ 5)$，$(6,\ 6)$の5通り。大，小2つのさいころの目の出方の総数は，$6\times6=36$(通り)なので，求める確率は，$\dfrac{5}{36}$

(イ)　$a=6$の場合，【操作1】で$\boxed{6}$のカードが取り除かれる。$1\leqq a\leqq5$の場合，$b=6$またはbがaの約数のとき，【操作2】で$\boxed{6}$のカードが取り除かれる。よって，$\boxed{6}$のカードが残る場合は，$(a,\ b)=(1,\ 2)$，$(1,\ 3)$，$(1,\ 4)$，$(1,\ 5)$，$(2,\ 3)$，$(2,\ 4)$，$(2,\ 5)$，$(3,\ 2)$，$(3,\ 4)$，$(3,\ 5)$，$(4,\ 3)$，$(4,\ 5)$，$(5,\ 2)$，$(5,\ 3)$，$(5,\ 4)$の15通り。したがって，求める確率は，$\dfrac{15}{36}=\dfrac{5}{12}$

問6 (三角すいの展開図，体積，表面上の最短距離)

(ア)　△BCDを底面とすると，高さはAE＝10(cm)の三角すいである。△BCDはBC＝CD＝5(cm)，BD＝6cmの二等辺三角形だから，辺BDの中点をMとすると，△BCMで，**三平方の定理**

により，$CM^2=BC^2-BM^2=5^2-3^2=16$　$CM>0$より，$CM=4$(cm)　よって，体積は，$\frac{1}{3}\times\triangle BCD\times AE=\frac{1}{3}\times\left(\frac{1}{2}\times6\times4\right)\times10=40$(cm^3)

(イ)　線分AI上に点Jをとる。側面の展開図を考えたとき，3点H，J，Gが一直線上にあるとき線が最も短くなり，求める長さは線分HGの長さに等しい。2点H，Gから，線分DBに垂線HK，GLをひき，線分GL上に$HN\perp GL$となる点Nをとる。直線HK，AI，GLは平行だから，**三角形と比の定理**により，$HK=\frac{1}{2}AI=\frac{1}{2}\times10=5$(cm)，$DK=\frac{1}{2}DI=\frac{1}{2}\times5=\frac{5}{2}$(cm)　また，$GL=\frac{2}{3}AI=\frac{2}{3}\times10=\frac{20}{3}$(cm)，$BL=\frac{2}{3}BI=\frac{2}{3}\times5=\frac{10}{3}$(cm)　よって，$GN=GL-HK=\frac{20}{3}-5=\frac{5}{3}$(cm)，$HN=KL=(5+5)-DK-BL=10-\frac{5}{2}-\frac{10}{3}=\frac{25}{6}$(cm)

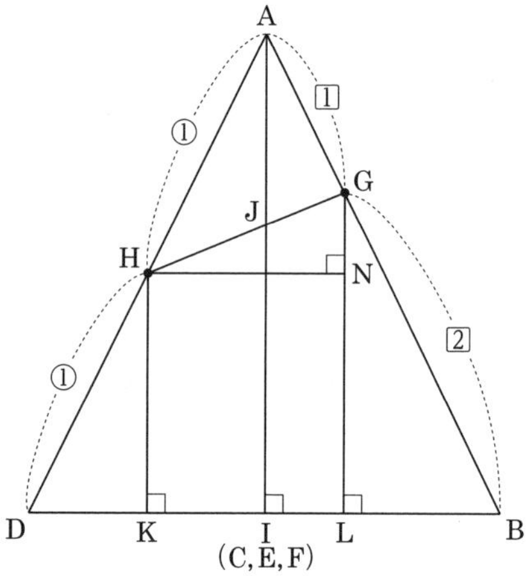

△GHNで，**三平方の定理**により，$HG^2=GN^2+HN^2=\left(\frac{5}{3}\right)^2+\left(\frac{25}{6}\right)^2=\frac{725}{36}$

$HG>0$より，$HG=\frac{5\sqrt{29}}{6}$(cm)

＜英語解答＞

問1　(ア)　No. 1　4　　No. 2　1　　No. 3　1　　(イ)　No. 1　3　　No. 2　4
　　(ウ)　No. 1　2　　No. 2　3

問2　(ア)　3　　(イ)　3　　(ウ)　4

問3　(ア)　2　　(イ)　4　　(ウ)　1　　(エ)　1

問4　(ア)　(3番目)　2　　(5番目)　5　　(イ)　(3番目)　6　　(5番目)　5
　　(ウ)　(3番目)　1　　(5番目)　4　　(エ)　(3番目)　6　　(5番目)　2

問5　(例) How many times have you watched (a wheelchair basketball game?)

問6　(ア)　1　　(イ)　5　　(ウ)　6

問7　(ア)　5　　(イ)　3

問8　(ア)　4　　(イ)　3　　(ウ)　2

＜英語解説＞

問1　(リスニング)

放送台本の和訳は，79ページに掲載。

(ア)，(イ)　対話文の内容を聞き取って，応答力や理解力が試された。

(ウ)　No. 1は，メッセージを聞いて，メモの①～③の空所に入る語句を選択する。そしてその組み合わせとして最適なものを選ぶ形式である。

No. 2は，聞き取った内容をふまえて，メッセージを残した理由として最適なものを選ぶ問題。

No. 1とNo. 2は，どちらも正確に情報を聞き取れたかが試された。

問2 （適語補充・選択問題：名詞，動詞，形容詞）

（ア）「隣りの家に誰かが引っ越してきました。その新しい隣人が今朝うちに挨拶に来ました」「隣りに越してきた人」＝「新しい隣人」なのでneighbor「隣人」を選ぶ。move in「引っ越してくる」，say hello to ～「～に挨拶する，よろしくと言う」

（イ）「あなたがインターネットで意見を述べるときは，あなたの言葉が誰かの感情を傷つけるかもしれないということを思い出さなければなりません」 **<remember + that節>で「～ということを思い出す，覚えておく」の意味。** hurt「～を傷つける」，miss「～がいないのをさびしく思う」

（ウ）「カモメコンピューターはとても成功したコンピューター会社になった。強力なバッテリーを搭載した高速コンピューターを製造して低価格で売ったからである」 **because以下は，理由を述べる副詞節。** successful「成功した」，official「公式の」，similar「同じような」

問3 （語句の選択問題：動名詞，代名詞，動詞，前置詞）

（ア） The table looks heavy, so moving it without your help will be difficult.
「そのテーブルは重そうだから，あなたの助けがないと動かすことは難しいでしょう」 **「動かすこと」という意味を動名詞movingで表す。** so「だから」，without ～「～なしで」

（イ） Dad, let's try something different tonight！ How about having dinner on the floor？「お父さん，今夜は何かかわったことをやってみましょう！　床で夕食を食べるのはどうですか？」 **somethingは説明する語句を後ろに置いて，**「何か～なもの，こと」という意味を表す。try「～をやってみる，試す」，different「違う，かわった」

（ウ） Oh, thank you, everyone. Let me make a short speech. 「わあ，ありがとう，みなさん。短いスピーチをさせてください」 **<let +人+動詞の原形>で「人に～させる，～することを許す」の意味。**「スピーチをする」はmake a speechという決まった言い方。

（エ） ... because it has played only two games against teams of other countries.
「他国のチームとたった2試合対戦しただけだから」 スポーツで相手チームと戦う場合は，**前置詞against（～と）**を使う。

問4 （語句の並べ換え問題：後置修飾，間接疑問，命令文）

（ア） (That's my favorite fruit. Jessica,) what do you call it (in English？) 「あれは私の大好きな果物です。ジェシカ，それを英語で何と呼びますか？」 **<疑問詞what +一般動詞の疑問文>の語順にする。〈call ～(人・物)〉…>で「(人・物)を…と呼ぶ」の意味。**
4. is が不要。

（イ） (When are we going to practice for this weekend's concert? Sam,) which day is better for (you, today or tomorrow?) 「今週末のコンサートのために，いつ練習しましょうか？　サム，あなたにとって，今日と明日ではどちらの日のほうがよいですか？」 **whichは2つのうちから一つを選ぶ場合に使う疑問詞。**後ろに today or tomorrowとあるので，which dayで始める。**<which day is ～ for (人), A or B>で「AとBのうち，どちらの日が～ですか」の意味。**　4. popular（人気がある）が不要。

（ウ） (All the) shoes the visitors took off (are on that shelf over there.) 「参拝者が脱いだ靴は全て向こうのあの棚の上にあります」 **文頭のAll the から並べかえ部分最後までが，文の主語に**なっていることに注意する。shoesの後に**関係代名詞thatの省略**があると考えてもよい。the visitors took off が後ろからshoesを修飾している。take off ～「～を脱ぐ」

2. were が不要。

(エ)　(Yes. Though it) was difficult to understand some (of the rules, I had so much fun.)「はい。ルールのいくつかを理解することが難しかったけれど，すごく楽しくやれました」 thoughは接続詞で「～だけれども」の意味。**直後に形式主語のitがあり，カッコ内最後にtoがあるので<it is ～ to ...>「…することは～だ」の構文だとわかる。someはカッコ外のof the rulesにつながる。**　5. I が不要。

問5　(条件英作文：how many times＋現在完了の疑問文)

＜最初の英文＞(全訳)

A　先週末にカモメスポーツセンターで見た車椅子バスケットボールの試合について，ミチコがアンに話した。

B「試合は本当にわくわくしました。選手たちがすごく速く動いて，互いの車椅子がぶつかり合いました。私は今ではこのスポーツのファンなんです」とミチコが言った。アンは「興奮させられそうですね」と言ってから，「車椅子バスケットボールの試合をあなたは何回見たことがありますか？」とたずねた。

C「2回です」とミチコは答えてから「一度は家族と一緒で，一度は友達とでした。今度の週末に私と一緒に試合を見に行きませんか？」と言った。アンは「いいですね！　待ちきれません」と言った。

3つの場面の文脈を正確にとらえよう。Aの場面では，ミチコがアンに車椅子バスケットボールの試合を見に行ったと話したことがわかる。Bの場面では，ミチコが車椅子バスケットボールの面白さを説明して，ファンになったことを述べている。アンも共感して，ミチコに質問をする。この質問の空所に適する語句を入れなければならない。Cの場面では，最初に**ミチコが「2回です」と答えているので，その前の質問は「何回～？」と回数をきく疑問文だと推定できる。**ミチコはさらに誰と行ったかを述べてから，アンを週末の試合観戦に誘っている。

＜条件＞　①　**timeとwatchedを用いる。**　②　空所内は6語以上。　③　**a wheelchair basketball game? につなげる。**

①の条件に合わせると**How many timesで文を始めて，現在完了の疑問文have you watchedを続ければよい**とわかる。

問6　(読解問題・スピーチ：グラフの読み取り，文の挿入，内容真偽)

(全訳)　緑か灰色か？　自然かコンクリートか？　木や植物と共に暮らすか，それらなしで暮らすか？　私たちはどちらを選ぶべきでしょうか？　きょう，私はグリーンインフラ(緑のインフラストラクチャー)について話します。都市では，現代的な人間生活を支えるために，病院，公園，鉄道網のようなさまざまな種類の建物やサービスを必要としています。これらがインフラストラクチャーの例です。グリーンインフラは，自然を利用して現代的な人間生活を支えて守るための一つの方法です。

今日では，グレーインフラ(灰色のインフラストラクチャー)のせいで町や市が変わってしまいました。グラフ1を見てください。これによると150万人以上が過去48年間にカモメ川流域に住み始めたことがわかります。そこに住む人たちのためにグレーインフラが整備されて，地域は今やコンクリートで覆われています。過去には町や市に多くの緑地があったので，大雨の間に地中に雨水がたまってもすぐには洪水が起きませんでした。しかし，グレーインフラのせいで自然が失われると，大雨の間に雨水が川に急速に流れ込みます。グラフ2は，カモメ川流域の降雨の最盛時から洪水が起こる前までの時間を示しています。1965年から1969年までは約10時間でしたが，1979年から1996年までは約2時間でした。グラフ1とグラフ2の情報からわかるのは，降雨の最盛時から洪水が起こるまでの時間がより短くなっているため，(ア)1.大きくなった地域の町や市とそこに住む多くの住民が，大雨の間に以前よりも早く危険な状況に陥るかもしれないということです。

そして次に，大雨の間に私たちの都市を守ってくれるグリーンインフラの例をお見せします。この雨の庭の絵を見てください。これはウォーターシステムです。雨水を地中に保水します。地面は木や植物で覆われていて，地中には割れた岩があります。都市ではほとんどの地域がコンクリートで覆われていますが，都市の多くの場所で雨の庭があれば，洪水はすぐには起きません。①C グリーンインフラはきっと私たちの都市を安全にしてくれると思います。

グリーンインフラは人々が都市で活動的な生活をする手助けをします。そこで，シンガポール・グリーンプラン2030をご紹介します。シンガポールは国中に100万本の木を植える計画です。シンガポールでは，グリーンインフラが都市の中や近くにつくられて，公園や庭のような緑地に家から簡単に歩いて行けます。木は人のために空気を作り出し，都市の空気をきれいにします。また，日光の一部は地面に届かないので，都市に涼しい環境を作ります。人々はそのような緑の地域を好きなように利用することができます。美しい花を見て楽しんだり，家族とピクニックをしたり，友達とスポーツを楽しんだりできます。②A 自然と一緒に暮らすことは私たちの健康に良いです。人々は緑地で時間を過ごすことによって，都市でより活動的になることができます。

最後に，私たちの学校のグリーンインフラのための，私の計画を紹介したいと思います。グリーンインフラは私たちの学校生活をより良いものにするだろうと思います。私は校門と校舎の間を緑地にしたいです。木の下で学生たちが友達と楽しい時間を過ごします。また，校舎をゴーヤのつるで覆って涼しい環境を作りたいと思います。③B これらをやることによって，私はここでグリーンインフラ運動を始めたいと思います。もし私の考えを気に入ったら，参加してください。

緑ですか，それとも灰色ですか？　これが正しい質問だとは思いません。もうこのようにたずねなければいけません。どうしたら，私達みんなが自然と共生できるでしょうか？　グリーンインフラは私たちの生活を改善するための鍵です。

(ア)　上記全訳参照。グラフ1から読み取れる情報は，選択肢1の前半のtowns … largerが一致するとわかる。そしてグラフ2から読み取れる情報は，英文の第2段落7文目のGraph 2 shows以下の二つの文の内容が該当し，選択肢1の後半の部分の内容と一致する。

(イ)　上記全訳参照。空所①のある段落では，グリーンインフラを具体例を使って説明しているので，①にはグリーンインフラの利点を強調するCを選ぶ。**I'm sure that …「きっと〜だと思う」，<make+O+形容詞など>「Oを〜にする」**　空所②の直前の文では，外で活動する様子が述べられている。よって，それが健康にも良いという内容のAを選ぶ。　空所③のあとにはplease join me「私と一緒にやってほしい」とあるので，何をするかを示しているBを選ぶ。to start my green infrastructure movement「グリーンインフラ運動を始めること」

(ウ)　a.　コンクリートだけで作られた病院，駅，学校がグリーンインフラの例である。(×)　第1段落最後の文で，グリーンインフラは自然を利用しているとあるので不一致。　b.　ほとんどの雨水は掃除と洗濯に使われたので，過去には洪水はすぐに起きなかった。(×)　このような記述は本文にない。　c.　雨の庭は，雨水を集めてしばらくの間地中に蓄えるウォーターシステムである。(○)　第3段落第2文〜第4文の内容と一致。　d.　シンガポール・グリーンプラン2030はシンガポールの人々がグレーインフラを使うための多くの創造的方法を見つけるのを手助けする。(×)　このような記述は本文にない。　e.　チナツは，それが学生生活を改善するだろうと思うので，学校に緑地を作りたいと思っている。(○)　第5段落第2・第3文の内容と一致。

f.　チナツは町や市でどうやって木々や植物なしで暮らすのかわからないので，方法を見つけたいと思っている。(×)　このような記述は本文にない。

問7　(会話文・記事の読解問題：英問英答，地図やポスターを用いた問題)

(ア)　(全訳)　*トオルとロッドは友達である。彼らは動物園に着いたところで，正面ゲートで地図を見ている。*

トオル　：この地図は各場所で何の動物を見ることができるかを示しているよ。
ロッド　：この動物園ではたくさんの動物を見ることができるんだね！
トオル　：君は最初にどこへ行きたい？
ロッド　：僕たちは今，ここの正面ゲートにいるよね。最初にゾウの区域に行くのはどう？
トオル　：それは良い考えだけど，代わりにこっちの方に行くのはどうかな？　もう11時だから，すぐにお腹がすくよ。レストランに一番早く着く道を取ろう。
ロッド　：そうだね。道の途中でパンダを見ることができるよ。
トオル　：おや，この地図によると，道路工事のためにこっちのほうには行けないね。
ロッド　：わかった。ではあっちの道を行って，途中にいる動物たちを見ていこう。パンダは昼食の後に見よう。
トオル　：いいね！　パンダの後はなにを見る？
ロッド　：この地図によると，キリンに餌をやることができるよ！　それをしよう！
トオル　：おもしろそうだね！　それは3時に始まるよ。だから，キリンに餌をやる前にペンギンを見よう。
ロッド　：完璧だ！　もうすごくワクワクしてきたよ。でも動物園を出る前にゾウを見ることを忘れないようにしなきゃね。
トオル　：オーケー！　行こう！

〈地図〉カゴメ動物園

△ 正面ゲートとパンダ区域の間は道路工事のために通れません。

□ キリンに餌やりができます。〔時間〕午後3時

質問：「トオルとロッドが動物園で5番目に訪れる予定の動物区域はどれですか？」

(上記全訳を参照)　トオルの3つ目の発話で，正面ゲートから右回りの道で動物を見ながら最初にレストランに行くことが決まった。1番目にトラ，2番目に鳥を見ることになる。次にロッドの4つ目の発話から，ランチの後，3番目にパンダを見ることになる。そしてトオルの6つ目の発話から，キリンに餌をやる前に，4番目にライオン，5番目にペンギンを見ることに決まった。よって正解は5. Penguins. である。

(イ)　(全訳)　*リョウジは高校生である。市のウェブサイトでイベントの記事を読んで，そのポスターを作る。彼はそのポスターをカモメ小学校のウェブサイトにのせようとしている。*

〈記事〉

イベントにカモメビーチに来てください！　そこで楽しい時間を過ごして、地球を救うことができます。カモメ市がイベントを行います。「クリーニング　カモメビーチ」という名称です。3月の日曜日5日，12日，19日，26日の午後1時～3時にビーチでゴミを拾います。

このイベントに参加するのは簡単です。ゴミ袋や手袋のようなものは何も持参する必要がありません。イベントに来れば必要なものはすべてそこにあります。イベント期間中，毎回のゴミ拾いコンテストに参加できます。一番たくさんのゴミを拾った人がコンテストの優勝者で，カモメショッピングモールの特別チケットをもらえます。そのチケットで，モールの歌謡，スペイン語，または

水泳のレッスンに参加することができます。ほかにも良いことがあります。もしあなたが他の人と，あるいは二人以上の人とこのカモメビーチイベントに参加したら，全員がTシャツをもらえます。このイベントのためにデザインされていて，再生プラスチックから作られています。最後ですが，3月の毎日曜日にこのイベントに来た人は，特別チケットをもらえます。そのチケットを使って，カモメビーチレストランで「今日の朝食」を食べることができます。カモメビーチで地球を救いましょう！

〈ポスター〉　クリーニング　カモメビーチ

～ゴミを拾って，地球を救いましょう。～

時間：午後1時から3時まで　　日付：3月5日から，3月の毎日曜日　　場所：カモメビーチ

ビーチにそのまま来てください！

そうじのために使う物はすべてビーチに ① 用意されています。

すてきなプレゼントがあります！

・ゴミ拾いコンテストに優勝して，カモメショッピングモールで歌謡，スペイン語，または水泳のレッスンを楽しんでください。

・グループでこのイベントに参加して，② 特別な服をもらってください。

・もし③ 3月の全日曜日，このイベントに参加したら，カモメビーチレストランで「今日の朝食」を楽しむことができます。

質問：「 ① ， ② ，そして ③ には何が入りますか？」

上記全訳を参照。第2段落第2，3文から①にはready(用意ができている)が入るとわかる。②には，第2段落第9，10文からreceive special clothes(特別な服をもらう)が入るとわかる。clothesは「衣服」のことでTシャツも含む。③には，第2段落第11，12文からall Sundays in March(3月の全ての日曜日)が入るとわかる。

問8 (会話文読解問題：グラフを用いた問題，文の補充，内容真偽)

(全訳)　*アオイ，キョウコ，そしてジロウはカモメ高校の生徒である。ある日，彼らは放課後の教室で話している。そのとき，彼らの英語の先生であるホワイト先生が，彼らに話をする。*

ホワイト先生：こんにちは，アユミさん，キョウコさん，ジロウ君。何をしているの？

アオイ　　　：政治的な問題についてのディスカッションイベントについて話しています。私たちは来週，市役所でそのイベントに参加するつもりです。市内の3つの高校の生徒たちと他の市から訪れる外国人生徒たちで投票について話し合います。

ホワイト先生：すごく興味深いわ！

キョウコ　　：私は，他の国から来た生徒たちと話ができることにワクワクしています。ホワイト先生，ここにグラフがあります。研究者たちが4か国の若者たちに「あなたはどのくらい政治的な問題について興味がありますか？」と聞きました。グラフ1では，ドイツの若者の約70％が政治的な問題について興味があった，またはとても興味があったということが言えます。あまり興味が無い，または興味が無いという日本の若者の割合は50％くらいでした。私は，それが問題であると思っています。

ジロウ　　　：若者は，政治的な問題について興味が無いため投票しません。いくつかの国では，投票をしないと人々は罰金を払わなければなりません。

ホワイト先生：すごいわ，ジロウ君！　他に何か学んだ？

ジロウ　　　：はい。僕は市役所から与えられた宿題をしていたとき，この面白いグラフを見つけました。グラフ2は，日本の2010年から2022年までにあった国政選挙での投票率を

示しています。60代の人々の投票率は，常に60％以上でした。でも，10代の人々の投票率は一度も50％に届きませんでした。今回，僕は投票というのが面白い話題であると本当に思います。

ホワイト先生：アオイさん，議論ではどのような質問をする予定ですか？

アオイ　　　：「政府は，若者たちの投票率を上げるために何をするべきか？」です。

ホワイト先生：アオイさん，あなたの考えはどうですか？

アオイ　　　：私は，政府が若者たちのためにもっと多くのお金を使うべきだと思います。もし選挙の話題が彼らに対して政府のお金をどのように使うべきかであれば，もっと多くの若者たちが彼ら自身の将来のために投票すると思います。

ホワイト先生：それは素晴らしい考えだわ！　議論を楽しんでね，皆さん。

ディスカッションイベントの約1週間後，アオイ，キョウコ，そしてジロウがホワイト先生と話している。

ジロウ　　　：こんにちは，ホワイト先生。ディスカッションイベントはすごかったです！　お話する時間はありますか？

ホワイト先生：もちろん。政府がすべきことについて話したのよね？　答えは見つかった？

ジロウ　　　：はい。僕はオーストラリアから来た生徒に，オーストラリアでは人々が投票しなかったときに罰金を払うことについて尋ねました。彼は，それは政府が送るべき正しいメッセージではないと言いました。最初，僕は罰金を払うことがとても良いアイデアだと思ったのですが，今はそうは思いません。その代わり，政府は投票を楽しいものにするべきです。政府は，投票日に新たな休日を作って投票所の近くでお祭りをするべきだと思います。

キョウコ　　：私は，政府が若者たちの意見を聞くべきだと言いました。政府は，何か実行することを決める前に若者たちと会合を設けるべきです。

アオイ　　　：私は，制度がどのように機能しているかを若者たちが知らないから，政府は若者たちが政治的な問題について学ぶのを手助けするべきだと思います。うちの学校では去年，模擬選挙があり，私はたくさん学びました。政府は，日本の全ての高校に対して模擬選挙をするように言うべきだと思います。

ホワイト先生：誰か議論を手伝ってくれましたか？

アオイ　　　：はい。アメリカから来た社会科の先生がたくさん質問をしてくださり，議論を続けるのを助けてくださいました。例えば，彼女はジロウになぜ罰金を払うことが他の考えほど良くないのかと尋ねました。私たちは，彼女から良い議論の仕方を学びました。ホワイト先生，今回，私たちは校内で政治的な問題についてのディスカッションイベントを計画していますが，それをいつやるか決める必要があります。他の生徒たちがもっと政治的な問題に興味を持って欲しいと思うので，やるつもりです。

ホワイト先生：それは素晴らしい考えね，アオイさん。キョウコさん，あなたもその議論でどのような経験をしたか教えてくれますか？

キョウコ　　：私は，他の人たちの個性的な意見や理由を聞くのを本当に楽しみました。それぞれの意見や理由は違っていました。ジロウ君，あなたはどう？

ジロウ　　　：僕は，自分の意見や理由について他の人たちと話すことを楽しんだよ。それは，僕自身の考えをよく理解するのに役立ちました。

ホワイト先生：私は，あなたたちが素晴らしい経験をしたことをとても嬉しく思います。

（ア）　上記全訳を参照。下線①のグラフはア群の中から選ぶ。キョウコの最初の発言を見ればよい。「ドイツの若者の約70%が政治的な問題について興味があった，またはとても興味があった」とあるので，**ドイツでvery interestedとinterestedを合わせて約70%になるもの**をさがすと，**AとBが該当**する。次に「あまり興味が無い，または興味が無いという日本の若者の割合は50%くらい」とあるので，**日本でnot so interestedとnot interestedを合わせてほぼ50%になるもの**をさがすとBが47%になるので，**ア群ではBに決まる。**

下線②のグラフは，イ群の中から選ぶ。ジロウの2つ目の発言を見る。「**60代の人々の投票率は，常に60%以上でした**」とあるので，Yは該当しない。次に「**10代の人々の投票率は一度も50%に届きません**」とあるので，Zは該当しない。よって，**イ群ではXに決まる。**

これで下線①のグラフはBで，下線②のグラフはXと決まる。→1 ～ 9の中から選ぶ。

（イ）　上記全訳で，該当箇所のアオイの発言を参照。空所の直後に「**それをいつやるか**決める必要があります」と言っているので，**やろうとしていることを具体的にのべているもの**を選択肢の中から選べばよい。**該当するのは，3.**「私たちは学校で政治的な問題についての討論会を行うことを計画しています」である。

1. 少し助力を得れば，若者は実際に答えを見つけることができます　2. 若者たちは，投票と罰金を払うことについて助言を得ながら良い議論をしました　4. 私たちは学校でほかの生徒たちと政治的な問題についてよい議論をしました

（ウ）　a.　ジロウは議論のための宿題の中に面白い情報を見つけ，投票の話題に興味をいだいた。(○)　b.　議論のための宿題をすることで，アオイは日本政府が若者たちのために十分なお金を使っていることを知った。(×)　c.　議論の間に，ジロウの意見は罰金を払うことについての，オーストラリアから来た生徒の意見を変えてしまった。(×)　d.　キョウコは全ての日本の高校が模擬選挙をするべきだと言い，アオイは政府が若者たちと会合を持つべきだと言った。(×)　e.　ディスカッションイベントの後，キョウコはみんなが同じではない意見と理由を持っていたと言った。(○)　f.　ディスカッションイベントの後，ジロウは他の人たちと話すことによって自分自身の考えをよく理解するということはできなかったと言った。(×)

2024年度英語　リスニングテスト

〔放送台本〕

これから，問1のリスニングテストの放送を始めます。問題は(ア)・(イ)・(ウ)の三つに大きく分かれています。放送を聞きながらメモをとってもかまいません。それでは，問題(ア)に入ります。問題(ア)は，No.1～No.3まであります。MaxとErikaが話をしています。まずMaxが話し，次にErikaが話し，その後も交互に話します。対話の最後でErikaが話す言葉のかわりに(チャイムの音)というチャイムが鳴ります。そのチャイムのところに入るErikaの言葉として最も適するものを，問題(ア)の指示にしたがって答えなさい。まず，問題(ア)の指示を読みなさい。それでは，始めます。対話は2回ずつ放送します。

No. 1　[Max:]　Erika, tell me how you became good at math.

[Erika:] I studied math really hard last year because my math teacher told me that it was the only way.

[Max:]　We had two math teachers last year, Ms. Sato and Mr. Yamada.

Which teacher taught you math?

[Erika:] (チャイム)

No. 2 [Max:] Erika, do you know our class will have a student from New Zealand next month?

[Erika:] Yes. Actually, she's going to stay at my house while she is in Japan.

[Max:] That's great! How long is she going to stay with your family?

[Erika:] (チャイム)

No. 3 [Max:] Erika, what are you going to do this weekend?

[Erika:] I'm going to go shopping with my brother. My mother's birthday is next week, and we need to get a present for her.

[Max:] Wow, that's nice! What are you going to get?

[Erika:] (チャイム)

〔英文の訳〕

No. 1 マックス：エリカ，どうやって数学が得意になったのか教えて。

エリカ ：私は去年，本当に一生懸命数学を勉強したの。それが唯一の方法だと，数学の先生が私におっしゃったからよ。

マックス：去年はサトウ先生とヤマダ先生の二人の数学の先生がいました。どちらの先生があなたに教えてくれたのですか？

エリカ ：4 サトウ先生よ。

No. 2 マックス：エリカ，僕たちのクラスに来月ニュージーランドから学生が来ることを知っている？

エリカ ：ええ。実は，彼女は日本滞在中，私の家にホームステイする予定なの。

マックス：それはすごい！ 君の家にどのくらい滞在する予定なの？

エリカ ：1 6か月間，私たちといっしょに過ごす予定よ。

No. 3 マックス：エリカ，この週末は何をする予定なの？

エリカ ：私の兄と買い物に行く予定よ。母の誕生日が来週なので，母のために贈り物を買う必要があるの。

マックス：わあ，それはいいね！ あなたたちは何を買うつもりなの？

エリカ ：1 まだ決めていないわ。

〔放送台本〕

次に，問題(イ)に入ります。問題(イ)は，No.1とNo.2があります。それぞれ同じ高校に通うJanetとKenの対話を放送します。対話の内容を聞いて，問題冊子に印刷されているそれぞれの質問の答えとして最も適するものを，問題(イ)の指示にしたがって答えなさい。まず，問題(イ)の指示を読みなさい。それでは，始めます。対話は2回ずつ放送します。

No. 1 [Janet:] Ken, I've learned what *itadakimasu* means. I learned it when I visited my Japanese friend's house last weekend.

[Ken:] Tell me about it.

[Janet:] It's not just "let's eat." It's also "thank you for the food."

[Ken:] I see. I also learned a thing from my aunt last weekend. She visited my house from Chiba. She said, "Let's eat everything on the table."

[Janet:] Oh, that's another way to respect food, right?

[Ken:] Yes, she said, "We can respect food by doing this."

No. 2 [Janet:] Ken, you said you had to go home quickly after school today. Why are you still here?

[Ken:] Because I've lost my bike key. I can't go home without it. I'm checking every room I used today, and this is the last room.

[Janet:] Have you checked the area around your bike?

[Ken:] The area around my bike?

[Janet:] Yes. When I lost my bike key last month, I found it on the ground in the parking lot.

[Ken:] You may be right! I'll go to the parking lot. Thanks, Janet.

〔英文の訳〕

No. 1 ジャネット：ケン，「いただきます」がどういう意味なのかわかったわ。先週，日本人の友達の家を訪ねたときにわかったのよ。

ケン　　　：それについて話して。

ジャネット：「食べましょう」という意味だけではないのよ。「お食事をありがとう」という意味もあるの。

ケン　　　：なるほど。僕も先週おばさんからひとつ学んだよ。彼女は千葉から僕の家に来たんだ。「食卓のものを何でも食べましょう」と言ったんだ。

ジャネット：まあ，それは食べ物を大切にするもう一つの方法ね。

ケン　　　：うん。おばさんは「そうすれば，私たちは食べ物を大切にすることができるわ」と言ったんだ。

質問：ジャネットとケンの週末について正しいのはどれですか？

答え：3　ジャネットとケンは食べ物を大切にするための別々の方法を学んだ。

No. 2 ジャネット：ケン，あなたは今日の放課後すぐに帰宅しなければならないと言ったわ。なぜまだここにいるの？

ケン　　　：自転車の鍵をなくしたからだよ。それがないと帰れない。今日使った教室を全部調べていて，ここが最後の教室なんだ。

ジャネット：あなたの自転車の周りの場所を調べてみた？

ケン　　　：僕の自転車の周りの場所？

ジャネット：ええ。私が去年自転車の鍵をなくした時，私は駐輪場の地面の上に見つけたの。

ケン　　　：君が正しいかも！　駐輪場に行くよ。ありがとう，ジャネット。

質問：ジャネットとケンについて正しいのはどれですか？

答え：4　ケンは，彼の自転車の鍵について，ジャネットの考えが正しいかもしれないと思う。

〔放送台本〕

最後に，問題(ウ)に入ります。留学生のベスが友だちのユミの留守番電話にメッセージを残しました。メッセージを聞いて，問題(ウ)の指示にしたがって答えなさい。このあと，20秒後に放送が始まりますので，それまで問題(ウ)の指示を読みなさい。それでは，始めます。英文は2回放送します。

Hi, Yumi. This is Beth. I'm calling about our trip on Saturday. We are going to meet at Ueno Station and visit the art museum, the zoo, and the temple. Can we change our plan? Our meeting time is 9:45 a.m., and that's good for me. Then, after going to the art museum, let's go to the science museum. It's going to rain in the morning on that day, so we should stay inside. We can go to the zoo next time. The science museum is just across the street from the art museum. After that, let's have lunch, and then, let's go to the temple in the afternoon. It will be sunny then, so we can enjoy walking around the temple. What do you think about my idea? Please call me later. Bye !

これで問1のリスニングテストの放送を終わります。

〔英文の訳〕

こんにちは，ユミ。こちらはベスです。土曜日の旅行について電話をしています。私たちは上野駅で会って，美術館，動物園，そして寺院を訪れる予定です。計画を変更することができますか？ 集合時間は9時45分で，私には都合がよいです。そして，美術館に行った後，科学博物館へ行きましょう。当日は午前中に雨が降るようだから，室内にいたほうがいいです。動物園には次回に行くことができます。科学博物館は美術館から通りをへだてた向かい側にあります。その後に昼食をとって，午後に寺院に行きましょう。そのころは晴天でしょうから，寺院の周りの散歩を楽しむことができます。私の考えをどう思いますか？ あとで私に電話をください。さようなら！

No. 1 〈メモ〉の和訳

ベスとの旅行

集合：午前9時45分 ① 土曜日に 上野公園で

ベスの計画：美術館 → ② 科学博物館 → 寺院

2番目の場所は最初の場所に ③ 近い。 折り返し電話をください！

答え：2

No. 2 質問：ベスはなぜメッセージを残したのですか？

答え：3 彼らが行く場所を変更するため。

＜理科解答＞

問1 (ア) 4 (イ) 3 (ウ) (i) 1 (ii) 1
問2 (ア) 2 (イ) 4 (ウ) (i) 2 (ii) 1
問3 (ア) 4 (イ) 7 (ウ) 1
問4 (ア) 3 (イ) 4 (ウ) X 3 Y 2
問5 (ア) 3 (イ) 2 (ウ) 4 (エ) 2
問6 (ア) 1 (イ) 5 (ウ) 3 (エ) あ 4 い 2 う 3
問7 (ア) 4 (イ) 3 (ウ) 1 (エ) あ 2 い 4
問8 (ア) 1 (イ) 1 (ウ) 3 (エ) 2

＜理科解説＞

問1 (小問集合－光と音：プリズムにおける光の屈折・全反射，仕事とエネルギー：輪軸・仕事の原理，力のつり合いと合成・分解：作用・反作用の法則)

(ア) プリズムを回転させると，側面Aでの入射角はしだいに小さくなり，側面Bでの入射角はし

だいに大きくなり，プリズムから空気へ進む屈折角は90°に近づき，やがて，すべての光が反射する**全反射**となる。

（イ）　輪軸を使っておもりを引き上げるとき，**加える力は輪軸の半径に反比例**する。よって，**大きい滑車につないだひもに加える力は**，20〔N〕：x〔N〕＝50〔cm〕：20〔cm〕より，x〔N〕＝**8.0〔N〕**である。このとき，**仕事の原理**より，**おもりを引き上げるために必要な仕事〔J〕**＝20〔N〕×0.3〔m〕＝**6.0〔J〕**＝8.0〔N〕×y〔m〕である。よって，**ひもを引き下げる長さは**，y〔m〕＝0.75〔m〕＝**75〔cm〕**である。

（ウ）　Aさんの体重計の示す値は，Bさんの体重計の示す値が大きくなった分の2.5kgだけ小さくなるため，55.0kgである。**作用・反作用の法則**により，Aさんの手はBさんの肩から上向きに25Nの力を受ける。

問2　(小問集合－水溶液：溶解度と結晶，化学変化と物質の質量：質量保存の法則・分子モデルで表す化学変化，化学変化と電池：ダニエル電池)

（ア）　図から，**物質Aの溶解度が120になるのは約64℃**であり，約64℃より水溶液の温度が下がると結晶が生じる。**物質Bの溶解度が30になるのは約43℃**であり，約43℃より水溶液の温度が下がると結晶が生じる。よって，純粋な物質Aの結晶が確認できるのは水溶液の温度が**約43℃以上で約64℃より低い**ときであるため，50℃が正解である。

（イ）　**質量保存の法則**から，**化学変化の前後で物質の原子の組み合わせは変わるが**，反応に関係する物質の**原子の種類と数は変わらない**。右辺の二酸化炭素の分子モデルから●は炭素原子のモデル，○は酸素原子のモデルであり，水の分子モデルから⦿は水素原子のモデルであることがわかる。左辺の◍はナトリウム原子のモデルである。よって，右辺の炭酸ナトリウムのモデルは，ナトリウム原子2個と炭素原子1個と炭素原子3個からできている分子のモデルであり，4. である。

（ウ）　**ダニエル電池**では，**イオン化傾向が亜鉛板の方が**銅板より**大きいため，亜鉛が電子を放出して亜鉛イオンになる**。放出された電子は図のaの向きに流れる。銅板の表面では**銅イオンが電子を受け取って銅原子になる**ため，銅板の質量は増加する。回路に電流が流れているときの**電流の向きは，電子が流れる向きとは逆向き**であるため，図にbで示された向きである。

問3　(小問集合－植物の特徴と分類，生物と細胞，動物の体のつくりとはたらき：だ液の消化実験)

（ア）　アブラナとマツはどちらも種子植物であるが，**アブラナは子房の中に胚珠がある**ため**被子植物**に分類され，**マツは子房がなく**胚珠がむき出しになっているため**裸子植物**に分類される。

（イ）　動物の細胞と植物の細胞に**共通**して見られるものは，**核と細胞質と細胞膜**である。**植物細胞のみ**に見られるものは，**細胞壁と葉緑体と液胞**である。

（ウ）　だ液のはたらきを調べる**対照実験**である。だ液によってデンプンが分解され，**デンプンは別の物質になった**ことがわかる対照実験は**ヨウ素液**を加えた試験管A(デンプンとだ液)とB(デンプンと水)で，**Aはヨウ素液と反応しないが**，Bは青紫色になる。**だ液のはたらきでデンプンが糖に変化**したことがわかる対照実験は**ベネジクト液を加えて加熱した**試験管C(デンプンとだ液)とD(デンプンと水)であり，**Cは赤褐色**になるが，Dはベネジクト液と反応しない。

問4　(小問集合－身近な地形や地層・地層の重なりと過去の様子：しゅう曲，太陽系と恒星：月と金星と火星の動きと見え方，天体の動きと地球の自転・公転：太陽光発電パネル)

（ア）　a層は堆積してできた地層であるため，図1の拡大図において大きい粒が下部であり，小さい粒が上部である。左右の拡大図を見ると，**しゅう曲の内側に対して左右対称にa層下部の大き**

いレキ岩がある。よって**図1露頭Zは，d層がしゅう曲により，図2のように盛り上がった部分**(背斜)であり，d層，c層，b層，a層の順に堆積したあと，地殻の変動によって横方向に圧縮され，波形に曲がったしゅう曲が起こってできた地形であると考えられる。

(イ)　**金星は地球よりも太陽の近くを公転**しているため，地球から見て太陽と反対方向に位置することはなく，真夜中には見えない。**火星は地球よりも太陽から遠くで公転**しているため，地球から見て太陽と反対方向に位置することがあり，真夜中にも見える。月は地球のまわりを，地球は太陽のまわりを公転しているため，**新月のときに，太陽，月，地球が一直線上に並ぶ**ことがあり，そのときに**日食が起こる**。

(ウ)　(X)　発電効率は，太陽光が太陽光発電パネルに垂直に当たるときに最も高くなる。よって，太陽光発電パネルに垂直な太陽光線を書き，地面まで延長し直角三角形を作ると，**太陽の高度＝90°－33°(パネルの角度)**＝57°より，太陽高度が57°のとき最も発電効率が高い。　(Y)　地球儀上に神奈川県と沖縄県の位置を書く。水平方向からの太陽光線を書くと，太陽の高度は神奈川県よりも南の沖縄県の方が高いことが分かる。設問(X)の太陽の高度を求める式より，**沖縄県の方が，太陽の年間の平均高度が高いため，パネルの角度は小さく設定**されることが分かる。

問5　(電流と磁界：電流がつくる磁界と電流が磁界から受ける力，電流：発光ダイオード・直流と交流，光と音：音の振幅と振動数)

(ア)　コイルを流れる電流の向きは明らかではない。しかし，実験1の表1の結果から，電流の大きさを大きくすると，電子てんびんの示す値は大きくなっているため，コイルは**図1のイの向きの力を受けている**と考えられる。コイルの真上に**N極を下にした磁石を固定**しているので，コイルに電流を流すことにより，コイルの内側にコイルの**S極からN極へ向かう(図1のア)磁界**をつくり，コイルが電磁石のはたらきをすることで，**コイルの真上がN極でコイルの真下がS極の磁界**ができる。そのとき，**磁石とコイルとの間にN極どうしの反発する力**がはたらくため，**イの向きの力が電子てんびんを押す力**となる。

(イ)　表より，電流の大きさが100mAのときの電子てんびんの示す値は12.48gであるため，コイルはイの向きに1.68g(＝12.48g－10.80g)の力を受けている。回路に流れる**電流を逆向きにすると**，コイルにできる**磁界の向きは逆**になるため，**コイルの真上がS極の磁界**ができ，**磁石のN極とS極の引き合う力**がはたらき，コイルはアの向きに1.68gの力を受ける。よって電子てんびんの示す値は，9.12g(＝10.80g－1.68g)である。

(ウ)　**発光ダイオードは一方の向きにしか電流を通さない**。よって，直流電源の＋極に発光ダイオードの＋極をつなぎ，直流電源の－極に発光ダイオードの－極をつないだ図8の上の発光ダイオードは明かりがつくが，下の発光ダイオードは明かりがつかない。よって，4が最も適する。

(エ)　交流電源の電圧をより大きくすると，コップから出た音の振幅は大きくなる。交流電源の**周波数をより小さくすると**，コップから出た音の**振動数は少なくなる**。よって，2が最も適する。

問6　(酸・アルカリとイオン，中和と塩，水溶液とイオン：電離・電解質と非電解質・塩酸の電気分解・イオンの化学式・化学反応式)

(ア)　グラフ1のように，砂糖は水にとけても水溶液に電流が流れない非電解質である。**エタノールも非電解質**であるため，砂糖水と同じグラフになる。

(イ)　〔実験1〕において塩酸の場合，電流が流れているときは，**電気分解**が起きている。電離をイオンの化学式を用いて表すと，$HCl \rightarrow H^{+}+Cl^{-}$，であり，化学反応式は，$2HCl \rightarrow H_2+Cl_2$，であるため，陽極からは塩素の気体，陰極からは水素の気体が発生する。

(ウ)　図3の水酸化バリウム水溶液にうすい硫酸を少量ずつ加えていき，水酸化物イオンのすべてが水素イオンと中和し，**中性になった状態**をイオンの化学式を用いて化学反応式で表すと，**$2Ba^{2+}+4OH^{-}+4H^{+}+2SO_4^{2-}\rightarrow 2BaSO_4+4H_2O$**，であり，**モデルの1.**であるため，**グラフ2では点C**である。よって，**点Dは中性の状態の水溶液に，さらにうすい硫酸を加えたモデルの3**である。モデルの4は点Eである。

(エ)　(あ)グラフ2の点Cでは電流が流れていないことから，(ウ)の化学反応式より，イオンがほぼなかったと考えられる。(い)うすい水酸化ナトリウム水溶液にうすい塩酸を加えていくと中和がおき，水酸化物イオンと水素イオンがなくなったとき中性になる。イオンの化学式を用いて化学反応式で表すと，**$Na^{+}+OH^{-}+H^{+}+Cl^{-}\rightarrow Na^{+}+Cl^{-}+H_2O$**，であり，**グラフ3の点Fでの電流の大きさが0ではない理由は，中和で生じた塩がほぼすべて電離**していたからである。(う)**グラフ3の点Fは，中和して中性になった塩化ナトリウム水溶液に電流を流したときの値を示すものであり，電流の大きさは約50mAである。グラフ1から塩化ナトリウム水溶液に50mAの電流が流れるときの濃度は，質量パーセント濃度4〔%〕である。**

問7　(遺伝の規則性と遺伝子：メンデルの実験，生物の成長と生殖：生殖細胞・減数分裂・分離の法則)

(ア)　生殖細胞である卵(卵細胞)や精子(精細胞)は体細胞の減数分裂によってつくられ，染色体の数は体細胞の半分になる。**減数分裂では，分離の法則により，対になっている遺伝子が，分かれて別々の生殖細胞に入る。**そのため，図の体細胞をもつ個体がつくる生殖細胞の染色体を模式的に示した図は4.　である。

(イ)　**③でできる子の毛の色を決める遺伝子の組み合わせは，**AAの遺伝子をもつ黒色の純系の親と，aaの遺伝子をもつ茶色の純系の親との交配であるため，**全てAa**である。**⑤でできた孫の遺伝子の組み合わせは，**Aaの遺伝子をもつものどうしの交配であるため，**AA：Aa：aa＝1：2：1，**である。よって，⑤でできる孫のうち約半数は，③でできる子と同じ遺伝子の組み合わせをもつ。

(ウ)　〔調べたこと〕③から，モルモットの毛の色は**黒色が顕性形質**であり，**茶色は潜性形質**であるため，黒色のモルモットXがもつ遺伝子の組み合わせは，**AAまたはAaである。茶色のモルモットYがもつ遺伝子の組み合わせは，aaである。AAとaaの交配でできる子の遺伝子の組み合わせはすべてAaであり，毛の色は黒色のみである。Aaとaaの交配でできる子の遺伝子の組み合わせは，Aa：aa＝1：1，であり，毛の色は黒色と茶色がほぼ同数である。**よって，毛の色が黒色の子と茶色の子ができたならば，Xは遺伝子の組み合わせAaをもつといえる。

(エ)　(あ)　独立の法則により，モルモットの毛の色と毛の長さでは，各対立形質を支配している遺伝子がたがいに影響をおよぼし合うことなく遺伝し，それぞれメンデルが発見した遺伝の規則性にしたがうため，毛の色が黒色で毛が短い純系のモルモットの遺伝子の組み合わせを**AABB**と表し，毛の色が茶色で毛が長い純系のモルモットの遺伝子の組み合わせを**aabb**と表したとき，これらを交配してできる**子は，すべて遺伝子の組み合わせがAaBb**であり，〔調べたこと〕④からモルモットの毛の長さは**短い毛が顕性形質**であり，**長い毛が潜性形質**であるため，**毛の色が黒色で毛が短い個体**である。　(い)　AaBbの遺伝子をもつ子が減数分裂によりつくる生殖細胞(精子や卵)の遺伝子の組み合わせは，AB，Ab，aB，ab，である。この子と同じ遺伝子の組み合わせをもつものどうしを交配してできる孫の組み合わせを，表を完成させて求める。**表の精子の遺伝子の組み合わせの欄に，AB，Ab，aB，abを書き入れる。**卵の遺伝子の組み合わせの欄にも，AB，Ab，aB，abを書き入れる。それぞれを交配させると，**AABB：AABb：AaBB：AaBb：AAbb：Aabb：aaBB：aaBb：aabb＝1：2：2：4：1：2：1：2：1，となり，毛が黒色で**

毛が短い：毛が黒色で毛が長い：毛が茶色で毛が短い：毛が茶色で毛が長い＝9：3：3：1，となる。毛の色が黒色で毛が短い個体と，毛の色が茶色で毛が長い個体数の比は，9：1，である。

問8　(天気の変化：温暖前線・寒冷前線の移動と各地の気象の変化・空気中の水蒸気量)

(ア)　日本付近の低気圧の西側には寒冷前線が，東側には温暖前線ができることが多い。偏西風の影響により，低気圧は西から東へ移動する。よって，前線Aは温暖前線である。表の1日目，熊本は4時から6時の間に北風から南寄りの風に変わり，大阪は8時から10時の間に北風から南寄りの風に変わり，横浜は12時から14時の間に北風から南寄りの風に変わって図2では気温が上昇している。この前線付近では，暖気が寒気の上にはい上がるようにして進むため，前線面の傾きがゆるやかで，広い範囲にわたって雲ができる。

(イ)　空気$1m^3$中にふくまれる水蒸気量〔g/m^3〕＝その温度での飽和水蒸気量〔g/m^3〕×$\frac{湿度〔g/m^3〕}{100}$ である。図2グラフから，飽和水蒸気量は気温が高いほど大きいため，大きい順は気温が高い順と考え，2日目の，ア：2時＞イ：16時＞ウ：24時，である。湿度が大きい順は，ア＞イ≒ウ，である。よって，空気$1m^3$あたりの水蒸気量が多い順に並べると，ア，イ，ウ，である。

(ウ)　図2で気温が急激に上がった1日目12時から14時ごろ，表の横浜では風向が北から南南東に変わったことから温暖前線の通過が考えられる。湿度が8時ごろから上がり始めて12時ごろ湿度が最も高くなりその後もやや下がってはいるが湿度が高い状態が長時間続いているため，雨が降る範囲が広く，降る時間が長い温暖前線通過にともなう雨が降った。図2で気温が急激に下がった2日目9時から10時ごろ，表の横浜では風向が南西から北北東に変わったことから，寒冷前線の通過が考えられる。急激に湿度が高くなったが短時間で湿度が急降下していることから，寒冷前線の通過にともなう強い上昇気流による強いにわか雨が降った。よって，横浜で前線の通過にともなう雨が降っていたと考えられる時間帯は，1日目の12時ごろと，2日目の10時ごろである。

(エ)　前線をともなう温帯低気圧の周辺では，全体としては低気圧の中心に向かって，北半球では左まわり(反時計まわり)に風が吹きこんでいる。温暖前線と寒冷前線にはさまれた地域は暖気におおわれ，南よりの風が吹く。そのため，寒冷前線の通過前は南よりの風が吹くが，寒冷前線通過後は北よりの風に変わる。2日目3時には，大阪と横浜は南西または南南西の風が吹いていることから，大阪と横浜は寒冷前線の通過前であり，両方の地点は，温暖前線と寒冷前線にはさまれていると考えられるため，寒冷前線Bの南側である。同じ時刻に，熊本には北北西の風が吹いていることから，熊本は寒冷前線の通過後であり，熊本は寒冷前線Bの北側である。よって，前線Bの位置を示す図は2.である。

＜社会解答＞

問1	(ア)　5	(イ)　2	(ウ)　3	(エ)　1	(オ)　4
問2	(ア)　6	(イ)　3	(ウ)　1	(エ)　4	(オ)　2
問3	(ア)　4	(イ)　3	(ウ)　5	(エ)　2	(オ)　1
問4	(ア)　3	(イ)　4	(ウ)　2	(エ)　8	(オ)　1
問5	(ア)　2	(イ)　1	(ウ)　7	(エ)　3	(オ)　4
問6	(ア)　3	(イ)　2	(ウ)　6	(エ)　1	(オ)　4
問7	(ア)　3	(イ)　2	(ウ)　1	(エ)　4	

＜社会解説＞

問1　(地理的分野—世界—人々のくらし・宗教，地形・気候，交通・貿易)

(ア)　日本列島には，夏は南東，冬は北西から**季節風(モンスーン)**が吹く。大陸棚とは，水深200m未満の海域をさす。

(イ)　略地図中の緯線，経線がそれぞれ5度ごとに引かれていることに着目する。ASEAN加盟国の緯度の範囲について，マレー半島先端の南に描かれた緯線が**赤道**であることから判断する。Aの国(カンボジア)と日本との時差について，日本の標準時子午線である兵庫県明石市を通る**東経135度線**とカンボジア中心部を通る経線との経度差が30度であることがわかる。

(ウ)　Bの国はフィリピン。スペインやアメリカに植民地支配されたことから，**キリスト教**徒が多い。1は仏教，2はイスラム教，4はヒンドゥー教。

(エ)　Cの国はポリネシアに位置する。地球温暖化の影響による海面上昇が水没の原因と言われている。

(オ)　オーストラリアの主要貿易相手国は，かつての欧米諸国からアジア諸国に変化した。APECは，アジア太平洋地域の持続可能な成長と繁栄に向けた経済協力の枠組みで，参加国間での貿易の自由化などを推進している。　b　**白豪主義**は，アジアからの移民を制限したかつての政策。　c　**アボリジニ**はオーストラリア大陸の先住民で，アジア州の国々とは関係がない。

問2　(地理的分野—日本—地形図の見方，日本の国土・地形・気候，人口・都市)

(ア)　年降水量が少ないPが瀬戸内気候区の高松市，冬の降水量が多いQが日本海岸気候区の富山市，夏の降水量が多いRが太平洋岸気候区のつくば市。

(イ)　レポート中の「火山灰」「赤土」，関東地方の地形であることなどから判断する。

(ウ)　地形図中の「筑波山頂駅」の東西にそれぞれ最も標高が高い地点が見られること，[Y]地点付近に比べて[X]地点付近の等高線の間隔が狭いことなどから判断する。

(エ)　X　昼夜間人口比率の上昇は，昼間人口の増加数が夜間人口の増加数を上回ったことを意味している。　Y　「鉄道路線」が開業した2005年から2020年まで，昼間人口，夜間人口ともに増加していることから，つくば市の人口は増加傾向にあることが読み取れる。

(オ)　GDPの額は，(研究費)÷(研究費がGDPに占める割合)で求められる。研究費の上位3か国は，GDPの額でも上位3か国となっている。　1　表中の国や地域は，国土の大部分が全て北半球に位置する。　3　表中のEU加盟国はドイツ，フランス，イタリア。　4　第二次世界大戦中に日本と同盟を結んだ国はドイツ，イタリア。

問3　(歴史的分野—日本史—時代別—古墳時代から平安時代，鎌倉・室町時代，安土桃山・江戸時代，明治時代から現代，日本史—テーマ別—政治・法律，経済・社会・技術，文化・宗教・教育，世界史—政治・社会・経済史)

(ア)　東大寺や大仏がつくられたのは奈良時代の**聖武天皇**の頃。この頃に栄えた文化を，**天平文化**という。

(イ)　資料で示された土地の区画の数が地形図上のものと一致することが読み取れる。墾田永年私財法は**743年**に制定されたので，8世紀後半につくられた資料より以前に制定されていることになる。　a　地形図より，荘園の南端は山に接していることが読み取れる。　d　地頭が設置されるのは1185年以降。

(ウ)　Ⅰが室町時代，Ⅱが安土桃山時代，Ⅲが鎌倉時代のできごと。

(エ)　金剛力士像がつくられたのは**鎌倉時代**。チンギス＝ハンによってモンゴル帝国が建設されたのは13世紀初頭。孫のフビライ＝ハンの時代の1274年と1281年には，二度にわたって日本に襲来した(蒙古襲来，元寇)。

（オ）　17世紀は江戸時代初頭。aは1680年に5代将軍となった徳川綱吉の政策。bは明治時代の政策。cは1772年に老中となった田沼意次の頃のようす。

問4 (地理的分野―日本―地形図の見方，歴史的分野―日本史―時代別―明治時代から現代，日本史―テーマ別―政治・法律，経済・社会・技術，外交，世界史―政治・社会・経済史，公民的分野―憲法・基本的人権)

（ア）　表中右欄より，岩倉使節団の派遣が同じ時期であると読み取れることから，**1870年代**のできごとと判断する。1の満州事変が1931年，2が太平洋戦争終結後，4が江戸時代のようす。

（イ）　あは遼東半島，いは朝鮮半島，うは台湾。　Y　日本が**二十一か条の要求**をつきつけたのは中国。**ドイツ**に認めていた**山東省**での利権などを中国に要求した。　Z　日本が台湾の統治を始めたのは，**日清戦争**後の**下関条約**締結後。

（ウ）　東京オリンピックがひらかれたのは1964年。この頃，**「三種の神器」**とよばれた電気洗濯機，電気冷蔵庫，白黒テレビなどの家電が急速に普及した。1が1870年代，3が1900年代，4が2000年代のようす。

（エ）　団体交渉権は**労働基本権(労働三権)**の一つで，**社会権**に含まれる。　a　資料は日本国憲法第28条の条文。　c　表中のⒶの期間とは，大正時代から高度経済成長期の頃をさす。1925年に制定され太平洋戦争後に廃止されるまで，労働争議などの社会運動は**治安維持法**によって弾圧の対象とされたため，労働組合が一貫して増加したとは考えにくいと判断する。

（オ）　Ⅰのエチオピア侵略が1935年，Ⅱが1941年，Ⅲが1949年のできごと。

問5 (公民的分野―憲法・基本的人権，国民生活・社会保障，経済一般，財政・消費生活)

（ア）　公共事業は，企業が政府から受注することで実施される。　1・4　矢印の向きが逆。
3　消費税などの間接税は**担税者と納税者が異なる**ため，企業が政府に納付することになる。

（イ）　社会保障は，日本国憲法第25条で規定される**社会権(生存権)**を保障するためのしくみ。aは社会保険に含まれる介護保険制度に関する内容。

（ウ）　い　価値が上がったときに該当通貨が買われ，価値が下がったときに売りに出される傾向にある。　う　円安の場合，海外の市場で日本製品の価格が下がるため**輸出が増加**する。

（エ）　受け取る利子の比率を高くし，支払う利子の比率を低くすることで，銀行に収入が生じると判断する。

（オ）　日本銀行は，デフレーションがおこる不況(不景気)時に**国債を買い取ることで通貨量を増やす**金融政策を行う。2は不況時に政府が行う財政政策。

問6 (地理的分野―世界―資源・エネルギー，公民的分野―憲法・基本的人権，国の政治の仕組み・裁判，国際社会との関わり)

（ア）　3の活動を，国連平和維持活動(**PKO**)という。　1　国際連合が設立されたのは1945年。冷戦の終結が宣言されたのは1989年。　2　安全保障理事会において拒否権をもっているのは，**常任理事国**の5か国のみ。　4　現在の核保有国の多くが国際連合加盟国。

（イ）　ペルシア湾岸の西アジア諸国の多くが産油国であるため富裕層も多い。**化石燃料**とは石油や石炭，天然ガスなどの燃料資源のことで，これらの利用には二酸化炭素の排出をともなう。

（ウ）「各省の長」とは，**国務大臣**のこと。　X　日本国憲法第68条には，国務大臣について「その**過半数**は，国会議員の中から選ばれなければならない。」とある。　Z　弾劾裁判でやめさせられるのは裁判官。国務大臣をやめさせることができるのは，内閣総理大臣。

(エ)　**国民審査**についての内容であることから，最高裁判所裁判官の任免についての文を選ぶと判断する。Yは国権の最高機関である国会について，bは三審制についての内容。

(オ)　資料2は，障害者差別解消法の条文。　1　事業者の経済活動の自由については示されていない。　2　社会的障壁の除去によって，障害者の権利利益の保障につながる。　3　聴覚障がい者に対しての案内を音声以外でおこなうことが，必要かつ合理的配慮の例となる。

問7　(地理的分野―世界―地形・気候，人々のくらし・宗教，歴史的分野―日本史―時代別―明治時代から現代，日本史―テーマ別―外交，公民的分野―国際社会との関わり)

(ア)　ネパールとブータンには**アルプス・ヒマラヤ造山帯**が位置している。

(イ)　レポート中に2022年，資料1中にはその70年前とあることから，1951年の**サンフランシスコ講和会議**や**サンフランシスコ平和条約**に関連する内容と判断する。Yの世界恐慌発生が1929年，Zが1920年のできごと。aは1930年代のブロック経済に関する内容。

(ウ)　レポート中の「製品を先進国の人びとが公正な価格で購入する」から判断する。

(エ)　X　資料3において，南アジアに属する国はインド，バングラデシュ。これらの国に対する援助額の総額は3382.5＋2065.7＝5448.2(百万ドル)で，世界計の額の約30.6％を占める。
Y　資料4より，スリランカとネパールのうち，一人あたりの国民総所得が小さいのはネパール。資料2より，贈与にあたるのが「無償資金協力」と「技術協力」であるとわかることから，資料4中の二国それぞれの贈与の額について，スリランカが1506＋742＝2248(万ドル)，ネパールが3350＋1188＝4538(万ドル)となる。これらの贈与の額がそれぞれの国の合計に占める割合は，スリランカが2248÷17732＝約12.7(％)，ネパールが4538÷9114＝約50.0(％)となる。　Z　資料5では，「債務の罠」に関して借入金の返済についての内容が示されている。これに対して資料2中には，技術協力について「無償で提供される協力」とあることから矛盾が生じる。

＜国語解答＞

問一　(ア)　a　3　b　4　c　4　d　2　(イ)　a　1　b　4　c　2　d　3
(ウ)　1

問二　(ア)　3　(イ)　3　(ウ)　2　(エ)　1　(オ)　4　(カ)　4

問三　(ア)　1　(イ)　2　(ウ)　4　(エ)　1　(オ)　4　(カ)　1　(キ)　2
(ク)　2　(ケ)　3

問四　(ア)　1　(イ)　2　(ウ)　4　(エ)　3

問五　(ア)　3　(イ)　(例)(AIなどの情報技術を，)人間が自分で何かを達成するための**手助け**とし，人間の**偶有性**が確保される(ように使うことを心がけるべきだ。)

＜国語解説＞

問一　(知識・短歌―漢字の読み書き，内容吟味)

(ア)　a「固唾をのむ」は，心配して成り行きを見守るという意味。　b「**辛辣**」は，非常に手厳しい様子。　c「逸材」は，飛び抜けて優れた才能をもつ人のこと。　d「**拙い**」は，下手であること。音読みは「セツ」で，「拙劣」「稚拙」などの熟語を作る。

（イ）　各文のカタカナを漢字で書くと次のようになる。

a　紅潮	1　**潮流**	2　包丁	3　兆候	4　山頂
b　沿革	1　塩分	2　声援	3　実演	4　**沿岸**
c　資格	1　司会	2　**投資**	3　雑誌	4　詩集
d　推(し)	1　反省	2　心酔	3　**推移**	4　斉唱

（ウ）　作者は，「八月のまひる」に「**階段**」を見ている。「**音なき刻**」からは，周囲に人がなく静まり返っている様子がわかる。「瀑布のごとく」は夏の日差しを浴びて輝く階段を滝にたとえたもので，「ごとし」が用いられているので**直喩**である。1が正解となる。この短歌で表現されているのは「まひる」の一時点なので，「夜」も含めて「順を追って説明する」と述べる2は誤り。3は，見ているものが「滝」なので誤り。4は，「次から次へと降りてくる人々の流れ」という説明が「音なき刻」と合わない。

問二　（小説－情景・心情，内容吟味）

（ア）　――線1の「その時の父の顔」は，より子に「いつも汚ねくてしょしい(＝**恥ずかしい**)」と言われたときの顔で，「**深く傷ついた顔**」なのに「**情けないような笑み**を懸命に浮かべていた」というものである。より子は，「**まずいことを言ってしまった**」と思いながらも謝れなかった。このことを説明した3が正解。1は，「父」がそれまで「仕事で汚れた姿を気にしていた」ことは読み取れないので不適。2は「迎えに来ること」を恥ずかしいとしているので誤り。4は，「感謝」が本文から読み取れない。

（イ）　父は初め，慣習に逆らって馬で嫁入りしたいというより子の真意を測りかねて**戸惑っていた**。その後の「はにかみ顔」は，**恥ずかしそうな顔**ということだが，そこには嫁入りする娘と一緒に馬に乗ることの**喜び**も表れていたはずである。正解は3。1の「娘に恥をかかせることはないと安心して」いる様子は，本文から読み取れない。父が恥じていたのは「真っ黒でみっともない」自分の姿であり，2の「より子が慣例どおりに行動しないこと」や，4の「馬で嫁入りすること」ではない。

（ウ）　――線3のように言ったとき，より子は「**生家がどんどん遠ざかる」ことを寂しく思い**，馬にかこつけて歩みを止めることをほのめかしたが，父に即座に「大丈夫だ」と言われてあきらめざるをえなくなった。このときのより子の心情を「**切なさ**」と説明する2が正解。1は，馬の話をした理由を「気を紛らわすため」としている点が不適。「困惑している」という説明も合わない。3の「自分の人生を見つめ直す」という心情や，4の「疑問」は本文に描かれるより子の様子から読み取れない。

（エ）　――線4の直前に「**照れくさくて嬉しくて，どういう顔をしていいのか決めかねる**」とある。そもそもより子が父の後ろに座ったのは，「前に座ると自分の顔を見られるし父の顔も見なければならないから」である。このことをふまえた1が正解。2は「『父』が下ばきを大切にはき続けている」が誤り。父は，この日初めてその下ばきをはいたのである。3は，照れくささに触れていないので不十分。4の「涙」は，ここではまだ出ていないので，誤り。

（オ）　より子は，**小柄な父が「真っ黒になって自分たちを養ってくれていた」**ことを思い返し，幼いころに父を傷つけてしまったことをようやく**謝る**ことができた。**父は「深呼吸」してその思いを受け止め**，「めでてぇ日に『ごめん』は合わねぇ」と答える。「ありがっとう，ダダ。」は，より子の精一杯の**感謝**を込めた言葉である。正解は4。1は，父がハイヤーに乗らずに馬で行くと決めていたのは，より子の幼い頃の発言を気にしていたためなので誤り。2は，「感謝の思い」

が「自分を許してくれたこと」に限定されているので誤り。3は，「気持ちが通じなかったと勘違いして」が誤りである。

(カ)　1は，「心を和ませ」「幼い頃の思い出を『父』とともに振り返る」がこの文章の内容と合わない。2は，それまでより子が父と言葉を交わさなかったということが文章から読み取れない。また，この文章はより子の視点から描かれており，「複数の登場人物の視点」という説明は誤りである。3は，「結婚生活に対する期待」がこの文章からは読み取れないので，誤りである。4は，**父とともに馬に乗り，故郷の風景をながめながら父の愛情を実感する**より子の様子を説明したものであり，この文章の内容と合致するので，これが正解となる。

問三　(論説文－内容吟味，接続語の問題，同義語・対義語，品詞・用法)

(ア)　空欄Aは，前に「衣服を使ってのコミュニケーション」に不都合があることを述べ，後の「内容が検証できない」ということを付け加えているので，1の「**さらには**」か2の「そして」が入る。空欄Bは，前にファッションが「言語とは違うシステム」であることを述べ，後に留意することとしてファッションにおけるコミュニケーションに「必ず言葉が添えられる」ことを述べているので，1の「**ただ**」か入る。したがって，両方を満たす1が正解となる。

(イ)　～～線Ⅰ「名前以上の意味」は，**連体修飾語**を表す。1の「姉の作った料理」は，主語を表す。2の「**お気に入りの本**」は，連体修飾語を表す。3の「寒いのに」は，接続助詞「のに」の一部。4の「降ってきたのは」は名詞の代わりで，「降ってきたものは」という意味になる。

(ウ)　～～線Ⅱ「**需要**」は市場で求められることという意味なので，対義語は市場に出すことという意味の4「**供給**」である。

(エ)　本や新聞の文字は「**書かれたままのメッセージを伝えている**」が，衣服の文字は「品質の保証」や「模様」など**別のメッセージを伝える**場合が多い。1が正解。2の「理解」できるかどうかは，ここでは無関係。3は「メッセージを伝達する機能はない」，4は「情報量の違いはない」が不適。衣服の文字は何らかの情報を伝えており，文字が書かれていないものと同じではない。

(オ)　——線2は，前の段落の「**衣服が，形や色の組み合わせによって言語として機能し，意味を伝えうるのではないか**」をふまえた論点である。この場合の「言語」は，「**文字に置き換えることができる**情報」を指している。この内容に対応するのは，4である。1の「衣服を文字や音声と組み合わせる」は，衣服を言語として機能させることではない。2は言語が衣服の情報伝達機能をもつかということであり，発想の方向が逆である。3は，衣服が言語にできない情報伝達機能をもつかという説明であり，不適。

(カ)　「強引」は，無理やり行う様子。**衣服の意味は着ている人や見る人が所属する社会集団によって異なり，流行の服は「ただ『新しい』という社会的な合意」しかない**ため，すべてを解読することは不可能である。——線2は，そのような状況で無理やり衣服の意味を解釈することを指している。正解は1。2の「衣服全体の分析」についての言及は的外れ。3は「『新しい』ということだけに注目して」が誤り。「新しい」ということしか言えないのに，それ以上の意味を読み取ろうとすることが問題なのである。4の「着ている人の意図」は，ここでは問題になっていない。

(キ)　ファッションにおけるコミュニケーションは不完全で，同じものであっても意味を確定することができない。そのため，**「同じ対象」が何度も現れて「新しいもの」として異なる意味を伝えることができる**のである。この内容と一致するのは2である。1の「個人に合った意味」の選択や，3の「世代の異なる人々」による意見の交換は，本文の趣旨とずれている。4の「新しい表現方法を生み出すきっかけ」は，——線4のコミュニケーションの成立を逸脱した内容であり，不適。

(ク)　——線5は，**マスメディアによる流行についての解説や評論**を指している。それは**ファッションの一瞬だけ**を捕らえたものであり，ほとんどは**消えていく**が，それによってファッションは**社会とより深い繋がりを持つことができる**ようになる。このことを説明した2が正解。1の「新しいファッションの発想が得られる」，4の「次の流行を作り出す」は，社会との繋がりに触れていないので，不適。3の「視覚的な情報が意味を持たなく」なるということは，本文からは読み取れない。

(ケ)　1は，「衣服に対して言語が果たす役割」が不適。この文章の中心は言語ではなく，ファッションにおけるコミュニケーションである。2は「衣服と文字が歴史的にどのような関係を作り上げてきたか」が不適。歴史的な観点からの分析はない。3の内容を読点ごとに区切ると，一つ目は「**衣服がコミュニケーションの手段である**」と一致し，二つ目はバフチンやロスなどの学説を引用して衣服が「**言語の一種とは言い難い**」と論じていることと一致する。また，三つ目は「**言語活動によってはじめて，ファッションは社会とより深い繋がりをもつ**」という内容と一致するので，これが正解となる。4の「ファッションにおける流行に惑わされない方法」は，本文にない内容である。

問四　(古文─情景・心情，内容吟味)

〈口語訳〉　六条修理大夫顕季卿が，刑部丞義光と領地を争った。白河法皇は，取り立てて裁定なさらなかった。顕季は心の中で恨み申し上げたので，ある日ただ一人で法皇の前に参上した。法皇がおっしゃるには，「あの義光が疑いをかけたことはどうか。」と。顕季が申し上げるには，「そのことでございます。領地争いでは世の常として，誰でも自分が道理に合っていると思うことでございますが，このことについては理非が明らかでございます。はっきりとご判断いただけないのは困ったことでございます。」などと言った。また法皇がおっしゃるには，「よくよくこのことを思案すると，お前は例の領地が1か所なくても，まったく不自由しないだろう。彼はただ1か所を命がけで守っているとのこと，これを聞いている。道理に任せて(顕季が正しいと)裁定すると，詳しい事情をわきまえずに，もしかしたら武士が邪念を起こしたりしないだろうか，と思ってためらったのだ。ただ例の所を譲ってよいと思うのだ。」などと言った。ここで顕季は涙をこぼし，お礼を申し上げて退出した後，義光をお呼びになって拝謁させて言うことには，「あの領地のことだが，よくよく考えると，私は他に領地も少々あり，領国もある。あなたは1か所を頼みにしている，などということだ。気の毒でありますので，辞退し申し上げようと思うのだ。」と言って，すぐに自分の権益を放棄して義光に譲ることを示す文書を書き，権利書を取りそろえて，義光に与えた。義光は喜びの色を浮かべた。座を立って侍所に移り，すぐに(服属の意を示す)自分の名前を書いて(顕季に)献上して退出した。その後，特に入って来ることはなかった。

1，2年後，顕季が白河法皇の宮殿から夜になって退出するときに，家来がいなかった。わずかに雑用をする者が2，3人だった。新しく作った道のところからよろいかぶとをつけた武士が5，6騎ほど，牛車の前後にいた。怖い気持ちが我慢できなくて，雑用をする者に尋ねさせたところ，武士たちが言うには，「(あなたは)夜になっているのに家来がいなくて退出なさる。それで，(私たちは)義光殿のところから(あなたを安全に)お送りするために参上したのだ。」などと言った。そこで，(顕季は)心の中で(白河法皇の)ご配慮が特別であったことを深く思った。

(ア)　——線1の「このこと」は，**義光との領地争い**を指している。「理非顕然」は，**道理に合っているかいないかが明らかである**ことを言う。顕季は続いて「未断の条術なきこと」と言っているが，これは顕季が正しいことが明らかなのに**白河法皇による裁定がない**ために中途半端な状態になっていることに対する不満を示したものである。正解は1。顕季は義光に「厳しい罰」が与えられることまでは求めていないので，2は不適。顕季は自分から白河法皇のもとに参上しており，「何度も呼び出されて」とする3は本文と合わない。本文で白河法皇は顕季と対面して話しているので，「全く相談に応じるそぶりを見せない」とする4は誤りである。

（イ）　白河法皇は，顕季の訴えに対し，「道理に任せて裁許せしむれば……」と，**顕季が正しい**ことはわかっているが，そのように裁定すると**義光が逆恨みして乱暴を働くのではないか**という危惧を述べている。顕季は，その白河法皇の深謀遠慮に感動して涙を流したので，2が正解。1は，「『白河法皇』の怒り」「やり切れない思い」が誤り。3は，「武士」の「腹黒」をふまえていないので不十分。4は，白河法皇が「武士を恐れる」が不適。白河法皇は，顕季の安全に配慮したのである。

（ウ）　——線3の後の武士の言葉を読み取る。武士たちは**義光**の部下で，**家来も連れずに夜道を帰る顕季を警護していた**のである。このことを理由とともに説明した4が正解。1は，「家来まで手薄になってしまった」が誤り。2と3の説明は，武士の言葉の内容と合わないので，不適当である。

（エ）　1は，顕季が「領地を譲ることを自ら『白河法皇』に願い出た」としている点が誤り。2は，「他者の命を重んじる一面」が不適。義光が顕季を警護させたのは領地を譲ってくれたからであり，顕季が領地を譲っていなければ同じ武士たちに殺されても不思議はない。3の「実感」は，本文では「**怖畏の情**」と表現されている。また，「『白河天皇』の配慮の的確さ」は，本文の「**御計らひのやむごとなき**」に対応する。武士を敵に回すことの恐ろしさを知っていた白河法皇は，顕季が正しいことを知りつつも義光に領地を譲るよう説得したのである。4は，「『顕季』から与えられた領地を命がけで守ろうとする」「『白河法皇』は……褒めたたえた」が本文の内容と合わない。

問五　（論説文―内容吟味，その他）

（ア）　空欄Ⅰは，直後の「だけでなく」に注目して【文章1】を読むと，「**何ができるかを追求していく**だけでなく」とあるので，この内容に対応する3が入る。空欄Ⅱは，【文章2】の「AIにより自由は奪われている」という内容を受けていることから，「**自由**」を説明した2・3のいずれかが入る。したがって，両方を満たす3が正解となる。

（イ）「手助け」については，【文章1】に「情報技術が……**人間が自分で何かを達成するのを助ける働き**をするべきだ」「それを**その人が自分で達成するにはどんな手助けをしたらよいか**」とある。また，【文章2】によれば「偶有性」とは「無意識の次元にある自由」のことであり，自由を守るためには，AIによって**偶有性が確保されている**ことが大切になる。このことをふまえ，字数制限に注意して，前後の内容につながるように「人間が自分で何かを達成するための**手助け**とし，人間の**偶有性**が確保される」(34字)，「自分で何かを成し遂げる際の**手助け**とし，人間の持つ**偶有性**が失われない」(33字)，「**偶有性**が保たれるように用いるとともに，人間が物事を達成するための**手助け**となる」(35字)などと書く。

MEMO

大切なことはメモしておこうネ！

神奈川県公立高等学校

2023年度

★★★★★★★★★★★★★★★★★★★★★★★★★

入　試　問　題

2023
年
度

●くわしい解説……67ページ

＜数学＞

時間 50分 満点 100点

【注意】 1 □ の中の「あ」「い」「う」…にあてはまる数字を解答する問題については，下の例のように，あてはまる数字をそれぞれ０～９の中から１つずつ選びなさい。

2 マークシート方式により解答する場合は，選んだ番号の⬭の中を塗りつぶしなさい。

3 答えに根号が含まれるときは，根号の中は最も小さい自然数にしなさい。

4 答えが分数になるときは，約分できる場合は約分しなさい。

例 $\dfrac{\boxed{\text{あ}}}{\boxed{\text{いう}}}$ に $\dfrac{7}{12}$ と解答する場合は，「あ」が７，「い」が１，「う」が２となります。

マークシート方式では，右の図のように塗りつぶします。

あ	⓪	①	②	③	④	⑤	⑥	●	⑧	⑨
い	⓪	●	②	③	④	⑤	⑥	⑦	⑧	⑨
う	⓪	①	●	③	④	⑤	⑥	⑦	⑧	⑨

問１ 次の計算をした結果として正しいものを，それぞれあとの１～４の中から１つずつ選び，その番号を答えなさい。

(ア) $-1-(-7)$

１．-8　　２．-6　　３．6　　４．8

(イ) $-\dfrac{3}{7}+\dfrac{1}{2}$

１．$-\dfrac{13}{14}$　　２．$-\dfrac{1}{14}$　　３．$\dfrac{1}{14}$　　４．$\dfrac{13}{14}$

(ウ) $12ab^2 \times 6a \div (-3b)$

１．$-24a^2b$　　２．$-24ab^2$　　３．$24a^2b$　　４．$24ab^2$

(エ) $\dfrac{3x+2y}{7}-\dfrac{2x-y}{5}$

１．$\dfrac{x-17y}{35}$　　２．$\dfrac{x-3y}{35}$　　３．$\dfrac{x+3y}{35}$　　４．$\dfrac{x+17y}{35}$

(オ) $(\sqrt{6}+5)^2-5(\sqrt{6}+5)$

１．$6-5\sqrt{6}$　　２．$6+5\sqrt{6}$　　３．$6+10\sqrt{6}$　　４．$6+15\sqrt{6}$

問２ 次の問いに対する答えとして正しいものを，それぞれあとの１～４の中から１つずつ選び，その番号を答えなさい。

(ア) $(x-5)(x+3)-2x+10$ を因数分解しなさい。

１．$(x-3)(x+3)$　　２．$(x-5)(x+1)$　　３．$(x-5)(x+5)$　　４．$(x+5)(x-1)$

(イ)　2次方程式 $7x^2+2x-1=0$ を解きなさい。

1．$x=\dfrac{-1\pm2\sqrt{2}}{7}$　　2．$x=\dfrac{-1\pm4\sqrt{2}}{7}$　　3．$x=\dfrac{1\pm2\sqrt{2}}{7}$　　4．$x=\dfrac{1\pm4\sqrt{2}}{7}$

(ウ)　関数 $y=-2x^2$ について，x の値が -3 から -1 まで増加するときの変化の割合を求めなさい。

1．-8　　2．-4　　3．4　　4．8

(エ)　十の位の数が4である3桁の自然数がある。この自然数の，百の位の数と一の位の数の和は10であり，百の位の数と一の位の数を入れかえた数はこの自然数より396大きい。

このとき，この自然数の一の位の数を求めなさい。

1．6　　2．7　　3．8　　4．9

(オ)　$\dfrac{3780}{n}$ が自然数の平方となるような，最も小さい自然数 n の値を求めなさい。

1．$n=35$　　2．$n=70$　　3．$n=105$　　4．$n=210$

問3　次の問いに答えなさい。

(ア)　右の図1のように，線分ABを直径とする円Oの周上に，2点A，Bとは異なる点Cを，AC＜BCとなるようにとり，点Cを含まない $\overset{\frown}{AB}$ 上に点Dを，∠ABC＝∠ABDとなるようにとる。

また，点Aを含まない $\overset{\frown}{BD}$ 上に，2点B，Dとは異なる点Eをとり，線分ABと線分CEとの交点をF，線分AEと線分BDとの交点をG，線分BDと線分CEとの交点をHとする。

さらに，線分CE上に点Iを，DB // AIとなるようにとる。

このとき，次の(i)，(ii)に答えなさい。

図1

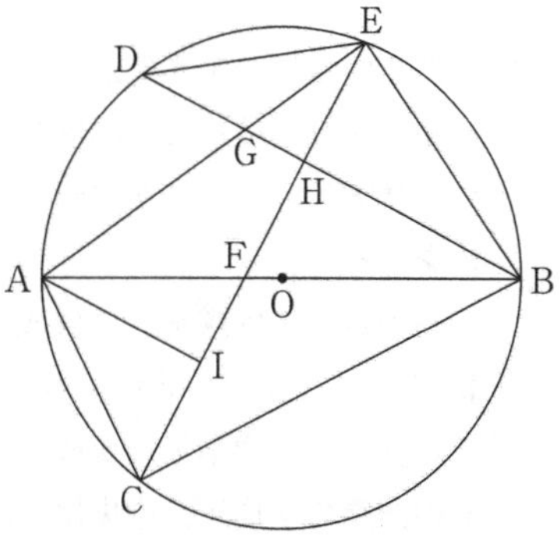

(i)　三角形AIFと三角形EHGが相似であることを次のように証明した。(a) ～ (c) に最も適するものを，それぞれ選択肢の1～4の中から1つずつ選び，その番号を答えなさい。

［証明］
△AIFと△EHGにおいて，
まず，DB // AIより，平行線の同位角は等しいから，
(a)
よって，∠AIF＝∠EHG　　……①
次に，仮定より，
∠ABC＝∠ABD　　……②

また，$\overset{\frown}{AC}$に対する円周角は等しいから，

∠ABC＝∠AEC　　　　　　　　……③

さらに，DB // AIより，平行線の錯角は等しいから，

[　　(b)　　]　　　　　　　　……④

②，③，④より，∠AEC＝∠BAI

よって，∠FAI＝∠GEH　　　　　　　　……⑤

①，⑤より，[　　(c)　　]から，

△AIF∽△EHG

(a)，(b)の選択肢

1．∠ABD＝∠BAI
2．∠AIE＝∠BHC
3．∠AIE＝∠DHE
4．∠EAI＝∠EGB

(c)の選択肢

1．1組の辺とその両端の角がそれぞれ等しい
2．2組の辺の比とその間の角がそれぞれ等しい
3．3組の辺の比がすべて等しい
4．2組の角がそれぞれ等しい

(ii) 次の[　　]の中の「あ」「い」にあてはまる数字をそれぞれ0～9の中から1つずつ選び，その数字を答えなさい。

∠BDE＝35°，∠DBE＝28°のとき，∠CAIの大きさは[あい]°である。

(イ) ある中学校で1学年から3学年まであわせて10クラスの生徒が集まり生徒総会を開催した。生徒総会では生徒会から3つの議案X，Y，Zが提出され，それぞれの議案について採決を行った。

右の資料1は議案Xに賛成した人数を，資料2は議案Yに賛成した人数を，それぞれクラスごとに記録したものである。資料3は議案Zに賛成した人数をクラスごとに記録し，その記録の平均値，中央値，四分位範囲をまとめたものである。

このとき，次の(i)，(ii)に答えなさい。

資料1　　　　（単位：人）

19	21	13	17	25
24	17	17	23	14

資料2　　　　（単位：人）

20	26	19	27	25
24	20	15	24	20

資料3　　（単位：人）

平均値	23
中央値	21
四分位範囲	6

(i) 資料1の記録を箱ひげ図に表したものとして最も適するものをあとの1～4の中から1つ選び，その番号を答えなさい。

1.

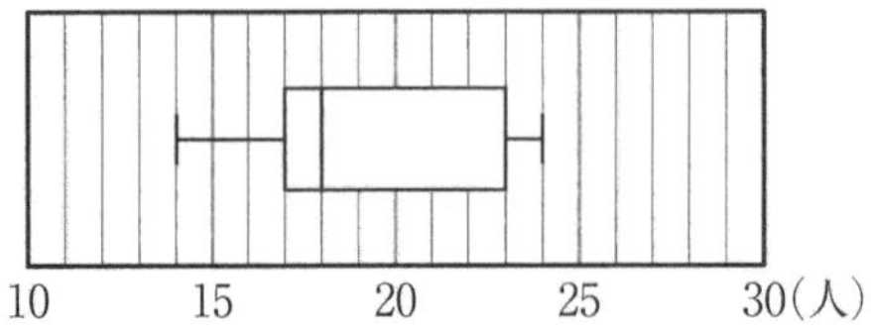

2.

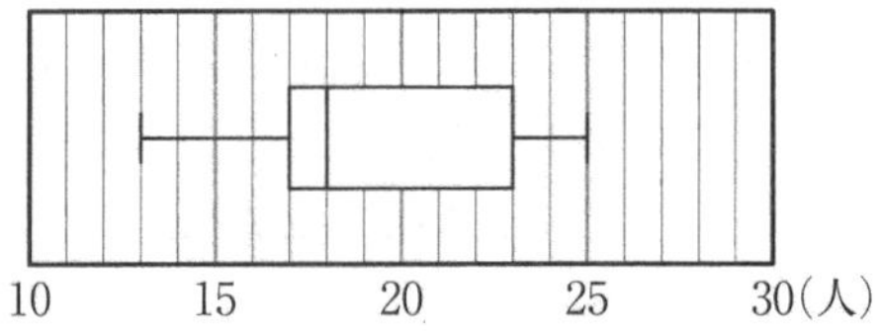

3.

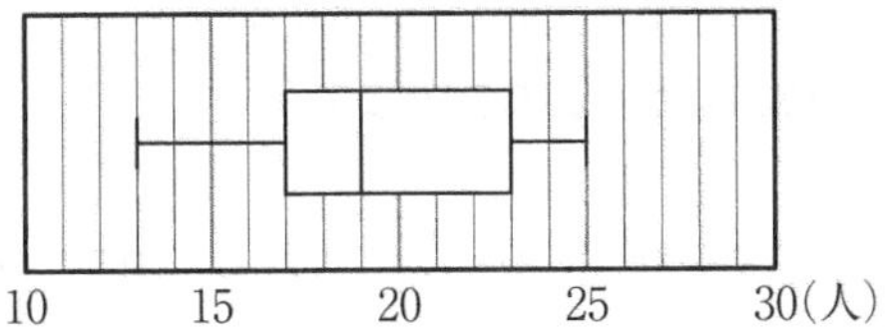

4.

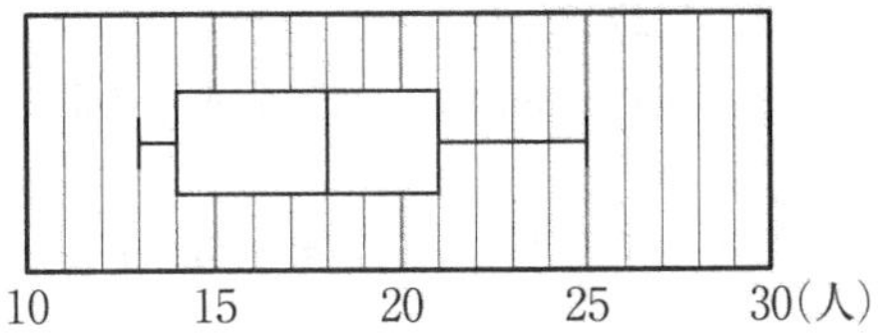

(ii)　資料２と資料３から読み取れることがらを，次のＡ～Ｄの中からすべて選んだときの組み合わせとして最も適するものをあとの１～６の中から１つ選び，その番号を答えなさい。

Ａ．議案Ｙに賛成した人数の最頻値は20人である。

Ｂ．賛成した人数の合計は，議案Ｚより議案Ｙの方が多い。

Ｃ．賛成した人数の中央値は，議案Ｚより議案Ｙの方が大きい。

Ｄ．賛成した人数の四分位範囲は，議案Ｚより議案Ｙの方が小さい。

1．Ａ，Ｂ　　2．Ａ，Ｃ　　3．Ｂ，Ｄ　　4．Ｃ，Ｄ　　5．Ａ，Ｂ，Ｃ　　6．Ａ，Ｃ，Ｄ

(ウ)　学校から駅までの道のりは2400mであり，その途中にかもめ図書館といちょう図書館がある。ＡさんとＢさんは16時に学校を出発し，それぞれが図書館に立ち寄ってから駅まで移動する中で一度すれ違ったが，駅には同時に到着した。

Ａさんは，かもめ図書館に５分間立ち寄って本を借り，駅まで移動した。Ｂさんは，いちょう図書館に15分間立ち寄って借りたい本を探したが見つからなかったため道を引き返し，かもめ図書館に５分間立ち寄って本を借り，駅まで移動した。

次の図２は，学校，かもめ図書館，いちょう図書館，駅の間の道のりを示したものである。図３は，16時に学校を出発してから x 分後の，学校からの道のりを y mとして，Ａさんが駅に到着するまでの x と y の関係をグラフに表したものであり，Ｏは原点である。

このとき，ＡさんとＢさんがすれ違った時間帯として最も適するものを次のページの１～６の中から１つ選び，その番号を答えなさい。ただし，ＡさんとＢさんの，それぞれの移動中の速さは常に一定であり，図書館での移動は考えないものとする。

図２

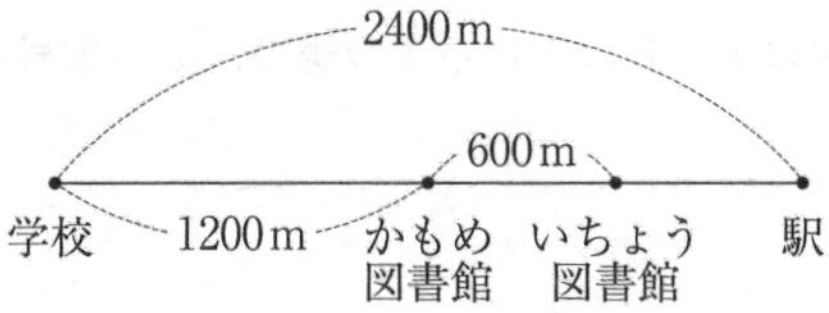

図３

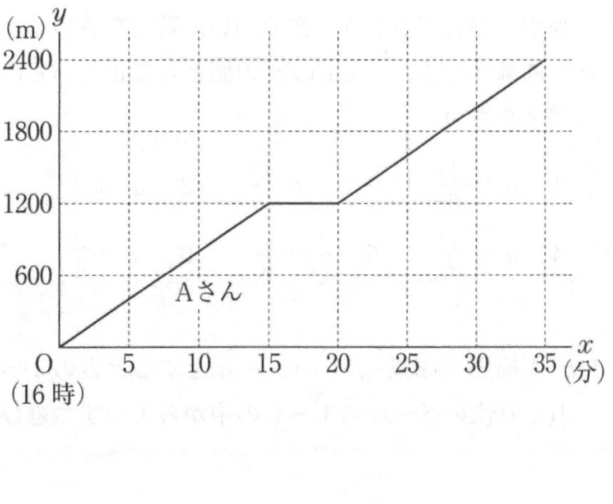

1．16時19分から16時21分までの間　　2．16時21分から16時23分までの間
3．16時23分から16時25分までの間　　4．16時25分から16時27分までの間
5．16時27分から16時29分までの間　　6．16時29分から16時31分までの間

(エ) 次の □ の中の「**う**」「**え**」にあてはまる数字をそれぞれ０～９の中から１つずつ選び，その数字を答えなさい。

右の図４において，四角形ABCDはAB＝CD＝DA，AB：BC＝１：２の台形である。

また，点Ｅは辺BC上の点でＢＥ：ＥＣ＝３：１であり，２点Ｆ，Ｇはそれぞれ辺CD，DAの中点である。

さらに，線分AEと線分BFとの交点をＨ，線分AEと線分BGとの交点をＩとする。

三角形BHIの面積をＳ，四角形CFHEの面積をＴとするとき，ＳとＴの比を**最も簡単な整数の比**で表すと，Ｓ：Ｔ＝ **う** ： **え** である。

図４

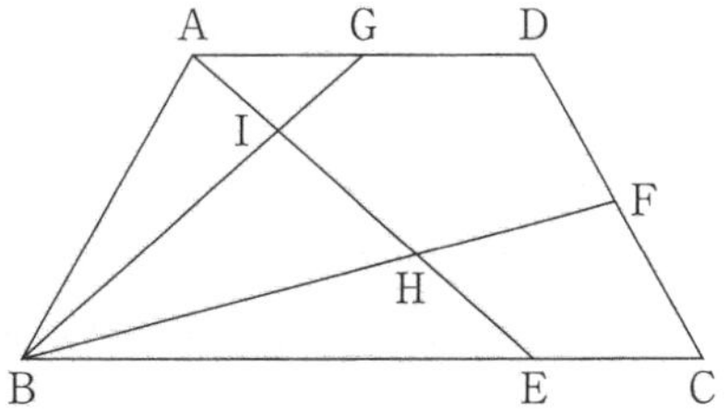

問４

右の図において，直線①は関数 $y = -x + 9$ のグラフであり，曲線②は関数 $y = ax^2$ のグラフ，曲線③は関数 $y = -\frac{1}{6}x^2$ のグラフである。

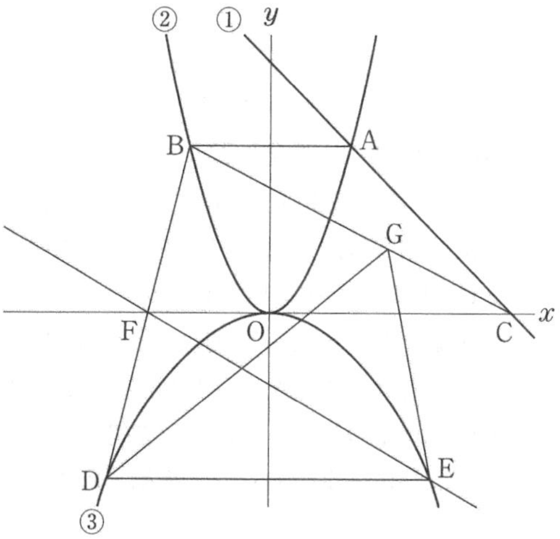

点Ａは直線①と曲線②との交点で，その x 座標は３である。点Ｂは曲線②上の点で，線分ABは x 軸に平行である。点Ｃは直線①と x 軸との交点である。

また，２点Ｄ，Ｅは曲線③上の点で，点Ｄの x 座標は -6 であり，線分DEは x 軸に平行である。

さらに，点Ｆは線分BDと x 軸との交点である。

原点をＯとするとき，次の問いに答えなさい。

(ア) 曲線②の式 $y = ax^2$ の a の値として正しいものを次の１～６の中から１つ選び，その番号を答えなさい。

1．$a = \frac{1}{4}$　　2．$a = \frac{1}{3}$　　3．$a = \frac{2}{5}$

4．$a = \frac{1}{2}$　　5．$a = \frac{2}{3}$　　6．$a = \frac{3}{4}$

(イ) 直線EFの式を $y = mx + n$ とするときの(i) m の値と，(ii) n の値として正しいものを，それぞれ次のページの１～６の中から１つずつ選び，その番号を答えなさい。

(i) mの値

1．$m=-\frac{5}{6}$　2．$m=-\frac{5}{7}$　3．$m=-\frac{2}{3}$

4．$m=-\frac{4}{7}$　5．$m=-\frac{1}{3}$　6．$m=-\frac{1}{6}$

(ii) nの値

1．$n=-\frac{18}{7}$　2．$n=-\frac{5}{2}$　3．$n=-\frac{7}{3}$

4．$n=-\frac{13}{6}$　5．$n=-\frac{15}{7}$　6．$n=-2$

(ウ) 次の□の中の「お」「か」「き」「く」にあてはまる数字をそれぞれ0～9の中から1つずつ選び，その数字を答えなさい。

線分BC上に点Gを，三角形BDGと三角形DEGの面積が等しくなるようにとる。このときの，点Gのx座標は$\dfrac{\boxed{\text{おか}}}{\boxed{\text{きく}}}$である。

問5　右の図1のように，場所P，場所Q，場所Rがあり，場所Pには，1，2，3，4，5，6の数が1つずつ書かれた6個の直方体のブロックが，書かれた数の大きいものから順に，下から上に向かって積まれている。

図1

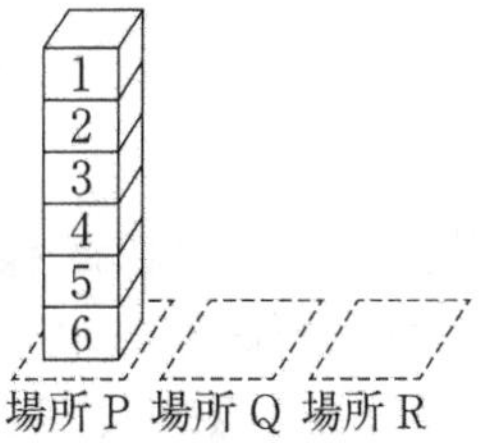

大，小2つのさいころを同時に1回投げ，大きいさいころの出た目の数をa，小さいさいころの出た目の数をbとする。出た目の数によって，次の【操作1】，【操作2】を順に行い，場所P，場所Q，場所Rの3か所にあるブロックの個数について考える。

【操作1】　aと同じ数の書かれたブロックと，その上に積まれているすべてのブロックを，順番を変えずに場所Qへ移動する。

【操作2】　bと同じ数の書かれたブロックと，その上に積まれているすべてのブロックを，bと同じ数の書かれたブロックが場所P，場所Qのどちらにある場合も，場所Rへ移動する。

例

大きいさいころの出た目の数が5，小さいさいころの出た目の数が1のとき，$a=5$，$b=1$だから，

【操作1】　図1の，5が書かれたブロックと，その上に積まれているすべてのブロックを，順番を変えずに場所Qへ移動するので，図2のようになる。

図2

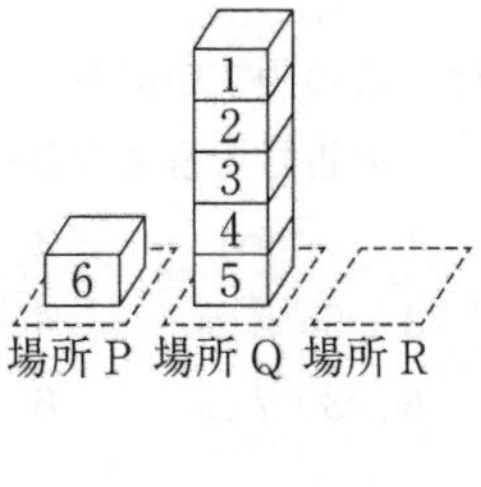

【操作２】　前のページの図２の，１が書かれたブロックを，場所Ｒへ移動するので，図３のようになる。

図３

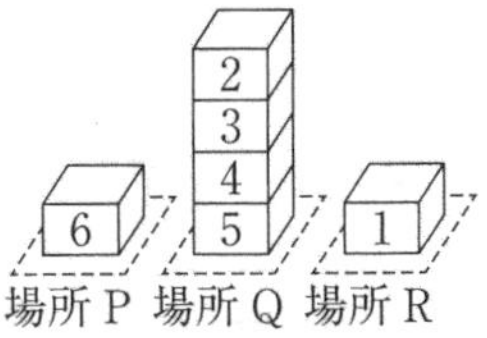

この結果，３か所にあるブロックの個数は，場所Ｐに１個，場所Ｑに４個，場所Ｒに１個となる。

いま，図１の状態で，大，小２つのさいころを同時に１回投げるとき，次の問いに答えなさい。ただし，大，小２つのさいころはともに，１から６までのどの目が出ることも同様に確からしいものとする。

(ア)　次の □ の中の「け」「こ」「さ」にあてはまる数字をそれぞれ０～９の中から１つずつ選び，その数字を答えなさい。

ブロックの個数が３か所とも同じになる確率は $\dfrac{\boxed{け}}{\boxed{こさ}}$ である。

(イ)　次の □ の中の「し」「す」にあてはまる数字をそれぞれ０～９の中から１つずつ選び，その数字を答えなさい。

３か所のうち，少なくとも１か所のブロックの個数が０個になる確率は $\dfrac{\boxed{し}}{\boxed{す}}$ である。

問６

右の図１は，線分ABを直径とする円Ｏを底面とし，線分ACを母線とする円すいである。

また，点Ｄは線分BCの中点である。

さらに，点Ｅは円Ｏの周上の点である。

AB＝８㎝，AC＝10㎝，∠AOE＝60°のとき，次の問いに答えなさい。ただし，円周率はπとする。

図１

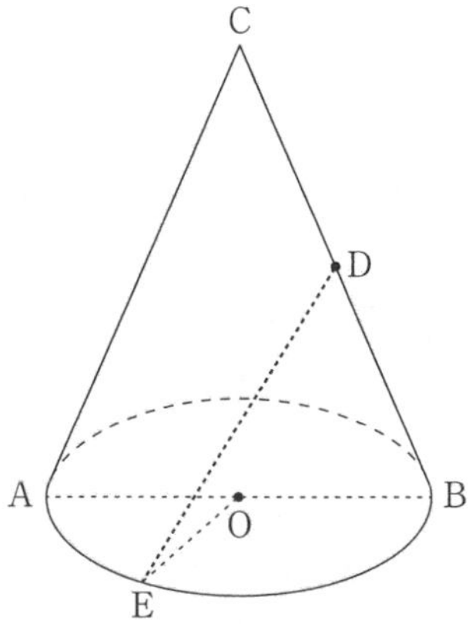

(ア)　この円すいの表面積として正しいものを次の１～６の中から１つ選び，その番号を答えなさい。

１．24π cm²　　２．28π cm²
３．40π cm²　　４．48π cm²
５．56π cm²　　６．84π cm²

(イ)　この円すいにおいて，２点Ｄ，Ｅ間の距離として正しいものを次の１～６の中から１つ選び，その番号を答えなさい。

１．$\sqrt{43}$㎝　　２．７㎝
３．$5\sqrt{2}$㎝　　４．$\sqrt{57}$㎝
５．$3\sqrt{7}$㎝　　６．８㎝

(ウ)　次の □ の中の「**せ**」「**そ**」にあてはまる数字をそれぞれ0～9の中から1つずつ選び，その数字を答えなさい。

点Fが線分ACの中点であるとき，この円すいの側面上に，図2のように点Eから線分BCと交わるように，点Fまで線を引く。このような線のうち，長さが最も短くなるように引いた線の長さは $\boxed{\text{せ}}\sqrt{\boxed{\text{そ}}}$ cmである。

図2

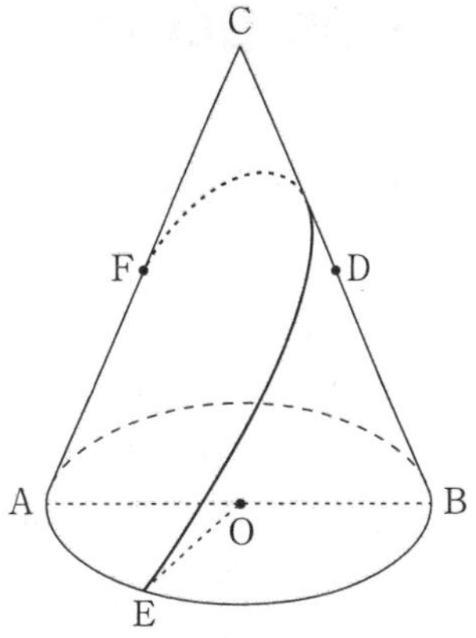

＜英語＞

時間　50分　　満点　100点

問１　リスニングテスト（放送の指示にしたがって答えなさい。放送を聞きながらメモをとってもかまいません。）

(ア)　チャイムのところに入るケンの言葉として最も適するものを，次の１～４の中からそれぞれ一つずつ選び，その番号を答えなさい。

No. 1
1．Yes, he went there alone.
2．Yes, I went there with my family.
3．No, my sister and I went there.
4．No, he stayed in Australia.

No. 2
1．I've been practicing soccer for ten years.
2．I practiced very hard with my club members.
3．I practice soccer five days in a week.
4．I practice for two hours in a day.

No. 3
1．I was excited when I visited Kyoto with my friends.
2．I'm going to visit a museum with my group members.
3．I liked the temple the best because it had a beautiful garden.
4．My favorite restaurant was not in Kyoto.

(イ)　対話の内容を聞いて，それぞれの**質問**の答えとして最も適するものを，あとの１～４の中から一つずつ選び，その番号を答えなさい。

No.1　質問：**What can we say about Mike?**
1．He will arrive at Akiko's house at 6:00 p.m. this Sunday.
2．He will make some Japanese food with his family this Sunday.
3．He will start cooking with Akiko's family at 4:00 p.m. this Sunday.
4．He will visit Akiko's house in the morning this Sunday.

No.2　質問：**What can we say about Akiko?**
1．She has been playing the guitar since she was five years old.
2．She took Mike to a guitar concert with her mother.
3．She has been teaching Mike how to play the guitar for five years.
4．She played the guitar with Mike in a concert.

(ウ)　高校生のケイタ（Keita）が英語の授業でスピーチを行います。スピーチを聞いて，次の**＜ワークシート＞**を完成させるとき，あとの No. 1 と No. 2 の問いに答えなさい。

＜ワークシート＞

Keita's Speech

● Keita usually [①] on weekends if it's not rainy.

● Last Saturday, he [②].

● Last Sunday, his family [③].

Question : What is Keita's message to the students in the class ?

[④]

No.1 [①] ～ [③] の中に入れるものの組み合わせとして最も適するものを，あとの１～９の中から一つ選び，その番号を答えなさい。

① **A**. reads books　**B**. plays tennis
C. does new things

② **A**. cooked lunch for his family　**B**. practiced tennis at school
C. read books at home

③ **A**. ate the lunch he cooked　**B**. went to a restaurant in Okinawa
C. played tennis together

１．①－**A** ②－**A** ③－**C**　２．①－**A** ②－**B** ③－**A**
３．①－**A** ②－**B** ③－**B**　４．①－**B** ②－**A** ③－**C**
５．①－**B** ②－**C** ③－**A**　６．①－**B** ②－**C** ③－**B**
７．①－**C** ②－**A** ③－**B**　８．①－**C** ②－**B** ③－**A**
９．①－**C** ②－**C** ③－**A**

No.2 [④] の中に入れるものとして最も適するものを，次の１～４の中から一つ選び，その番号を答えなさい。

１．You should practice harder than other people if you want to be a good tennis player.
２．You should try something different when you can't do the things you want to do.
３．You should stay home and read books when it's rainy on weekends.
４．You should cook lunch for your family when it's rainy on weekends.

問２　次の(ア)～(ウ)の文の（　）の中に入れるのに最も適するものを，あとの１～４の中からそれぞれ一つずつ選び，その番号を答えなさい。

(ア) I can't carry the table because it's very (　　　). Will you help me?
１．bright　２．deep　３．heavy　４．glad

(イ) I hope the (　　　) will be sunny tomorrow because I'm going to go fishing.
１．company　２．festival　３．health　４．weather

(ウ) Let me (　　　) my friend. His name is Taro. He is from Kamome Junior High School. He likes playing basketball.
１．communicate　２．improve　３．introduce　４．respect

問3　次の(ア)～(エ)の文の（　）の中に入れるのに最も適するものを，あとの1～4の中からそれぞれ一つずつ選び，その番号を答えなさい。

(ア)　A：Tom, you speak Japanese well.
　　B：I (　　　) in Japan with my family for three years when I was a child.
　1. lived　　2. have lived　　3. live　　4. lives

(イ)　A：Which would you like to drink, apple juice or orange juice?
　　B：Well, it's difficult for me to choose because I like (　　　) apple juice and orange juice.
　1. between　　2. about　　3. both　　4. than

(ウ)　A：I want to be a doctor and help many people.　How about you?
　　B：I haven't decided (　　　) I want to do in the future.
　1. whose　　2. what　　3. when　　4. why

(エ)　A：Why do you like your English class?
　　B：Because I can learn a lot of things by (　　　) with my friends in English.
　1. to talk　　2. have talked　　3. talked　　4. talking

問4　次の(ア)～(エ)の対話が完成するように，（　）内の**六つの語の中から五つを選んで**正しい順番に並べたとき，その（　）内で**3番目と5番目にくる語の番号**をそれぞれ答えなさい。（**それぞれ一つずつ不要な語があるので，その語は使用しないこと。**）

(ア)　A：We're going to watch a soccer game this Sunday.　Is (1. to　2. anything　3. I　4. there　5. should　6. bring)?
　　B：You'll need something to drink because it will be hot.

(イ)　A：Please tell (1. will　2. goes　3. you　4. come　5. me　6. when) back home.
　　B：Sure.　I'll be at home at 7:00 p.m.

(ウ)　A：Eri, (1. have　2. we　3. milk　4. are　5. any　6. do) left in the *bottle?
　　B：No, I drank it all.

(エ)　A：Don't (1. afraid　2. asking　3. be　4. to　5. questions　6. of) if you have something you don't understand.
　　B：Thank you.

問5　次のページのA～Cのひとつづきの絵と英文は，ケイコ（Keiko）がオーストラリアを訪れていたときのある日のできごとを順番に表しています。Aの場面を表す＜**最初の英文**＞に続けて，Bの場面にふさわしい内容となるように，□の中に適する英語を書きなさい。ただし，あとの＜**条件**＞にしたがうこと。

A

<最初の英文>

One day, Keiko tried to go to ABC Park alone. At the station, she asked a man, "Where is the *bus terminal?" The man answered, "It's by the *west exit of the station."

B

When she got to the bus terminal, there were three buses, a red one, a *blue one, and a *yellow one. Keiko asked a woman there, "I want to go to ABC Park. [　　　　　] the park?"

C

"Yes, I do. The blue one. The fifth *stop from here is ABC Park. Have a nice day," the woman answered. "Thank you very much," Keiko said.

<条件>

① bus, goes と know を必ず用いること。
② ①に示した語を含んで，[　　] 内を７語以上で書くこと。
③ the park? につながる１文となるように書くこと。
※ 短縮形（I'm や don't など）は１語と数え，符号（，など）は語数に含めません。

*bus terminal：バスターミナル　　west exit：西口　　blue：青い　　yellow：黄色い　　stop：停留所

問６ 次の英文は，高校生のカイト（Kaito）が英語の授業で行った人工知能についての発表の原稿です。英文を読んで，あとの(ア)～(ウ)の問いに答えなさい。

Hi, I'm Kaito. Today, I will talk about AI *devices. We use many kinds of AI devices like *robots, *drones, and *smartphones. AI devices collect a lot of information, remember it, and use it to do work given by humans. I think AI devices can make our lives better. There is still a lot of work AI devices cannot do, but they can do some work to make our lives easier. Through my speech, I want you to learn more about AI devices and to imagine how we can live with them in the future.

I didn't know anything about AI devices before I joined an event about them this summer. It *was held by Kamome City. At the event, I learned about many kinds of AI devices. I saw a robot that worked like a doctor. When a woman told the robot that she had some problems with her body, it asked her some questions, and gave her *suggestions to make her feel better. A man from Kamome *City Office said to me, "Though this robot can work like a doctor, (①). It cannot *replace a doctor. But there will be more robots working in hospitals in the future." At the event, I started thinking about the ways to make AI devices that can help humans.

After I went to the event, I started to learn more about AI devices. I've learned that AI devices are used in many different ways. For example, AI devices help farmers. Look at this *graph. It shows the *changes in the number of farmers in 2010, 2015, and 2020 in Japan and how old they were in each year. The number of farmers became smaller, and the *percentage of the farmers who were 60 years old and older than 60 years old became larger. And now, AI devices *are expected to be a great help to farmers.

I went to another event to learn how AI devices actually help farmers. One robot I saw there helped farmers pick tomatoes. The robot has a *camera on it to collect a lot of information about the tomatoes. It remembers the shapes and *colors of *ripe tomatoes and decides when to pick the tomatoes. When it decides to pick the tomatoes, it picks them with its arms. Farmers send the tomatoes that the robot has picked to the stores. At this event, I talked with a farmer who used the *tomato-picking robot. I asked him, "What do you think about working with the robot?" He said, "I don't think robots and humans can do all of the same work. But (②). Today, robots have become very important. The number of young people who want to be farmers has become smaller, because a farmer's work is hard and needs much experience. If robots can do the hard work for farmers, they will improve farmers' lives. I hope more young people will want to become farmers."

AI devices are used in our lives in many ways. I've learned that it is difficult for us to live without AI devices in today's world. However, we need to remember AI devices are not perfect. AI devices can remember all the information they collect, but (③). So, we always have to think about effective ways of using them. I hope that more AI devices will be used to help people. AI devices, like the doctor robot and the tomato-picking robot, can improve our lives. So, I want to make AI devices that can work well with humans to make our lives better in the future. That's my dream. Thank you for listening.

*devices：機器　robots：ロボット　drones：ドローン　smartphones：スマートフォン
was held：開催された　suggestions：提案　City Office：市役所　replace ～：～に取って代わる
graph：グラフ　changes in ～：～の変化　percentage：割合　are expected to ～：～と思われている
camera：カメラ　colors：色　ripe：熟した　tomato-picking robot：トマト摘みロボット

(ア) 本文中の――線部が表す内容として最も適するものを，次の1～4の中から一つ選び，その番号を答えなさい。

1.

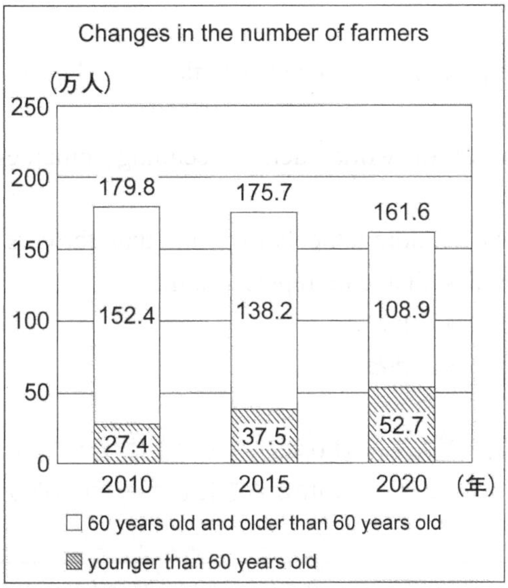

2.

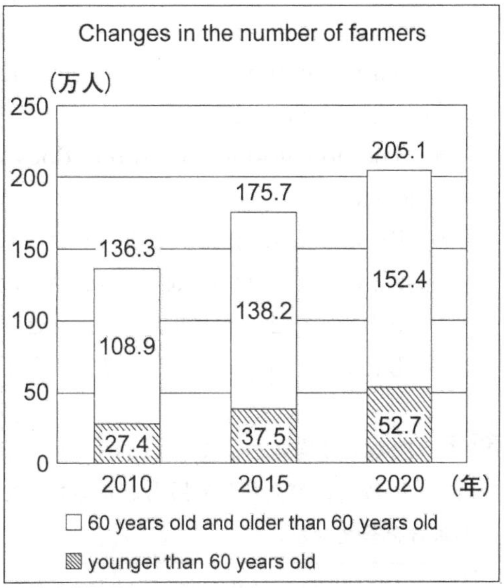

3.

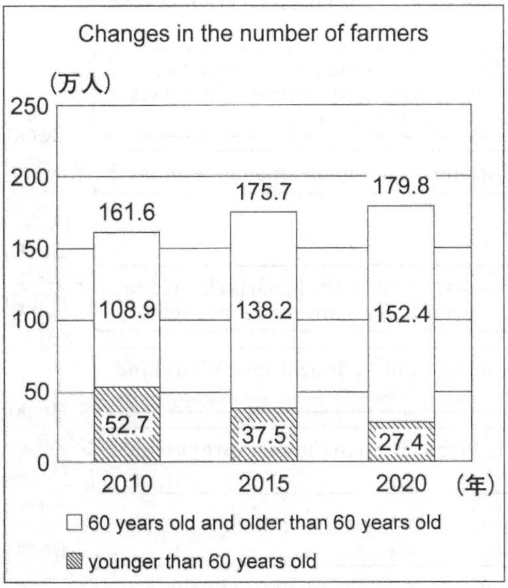

4.

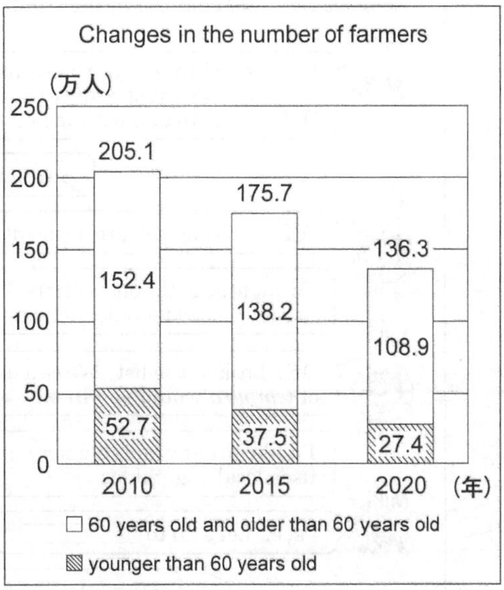

(イ) 本文中の（①）～（③）の中に，次の **A** ～ **C** を意味が通るように入れるとき，その組み合わせとして最も適するものを，あとの１～６の中から一つ選び，その番号を答えなさい。

A. there are things it cannot do

B. humans have to teach the devices how to use it

C. robots can do some work humans do

１．①－**A**　②－**B**　③－**C**　　２．①－**A**　②－**C**　③－**B**　　３．①－**B**　②－**A**　③－**C**

４．①－**B**　②－**C**　③－**A**　　５．①－**C**　②－**A**　③－**B**　　６．①－**C**　②－**B**　③－**A**

(ウ) 次のａ～ｆの中から，本文の内容に合うものを**二つ**選んだときの組み合わせとして最も適するものを，あとの１～８の中から一つ選び，その番号を答えなさい。

ａ．Kaito wants his audience to imagine a future with AI devices in his speech.

ｂ．Kaito found at the event he joined that the doctor robot couldn't give a woman suggestions.

ｃ．Kaito learned at the event he joined that Japanese farmers didn't like using AI devices.

ｄ．The tomato-picking robot does a lot of work such as sending tomatoes to the stores.

ｅ．Robots will improve farmers' lives by doing the hard work that farmers do.

ｆ．Kaito's dream is to make AI devices that can replace humans.

１．ａとｃ　　２．ａとｅ　　３．ａとｆ　　４．ｂとｄ

５．ｂとｅ　　６．ｃとｄ　　７．ｃとｆ　　８．ｄとｅ

問７　次の(ア)の英文とリスト（List），(イ)の英文とポスター（Poster）やリストについて，それぞれあとの**質問**の答えとして最も適するものを，あとの１～５の中からそれぞれ一つずつ選び，その番号を答えなさい。

(ア)

*Becky is a high school student in Australia. She is going to stay at Miki's house in Kamome City. Miki and Becky are sending messages to each other on their *smartphones.*

Miki (5:30 p.m.): I'm excited to see you here in Japan ! You said you wanted to eat *tempura*. I've just sent a list of the *tempura* restaurants in my city. Will you go to one with me on Saturday or Sunday ?

Becky (5:40 p.m.): Sure. How about going for lunch on Sunday ?

Miki (6:00 p.m.): OK. Let's choose a restaurant !

Becky (6:20 p.m.): I want to go to the one with the *cheapest lunch. If the lunch is cheap, I can use my money for other activities. I want to try many things in Japan.

Miki (6:30 p.m.): OK. Look at the list. We can use a *discount at *lunchtime. What kind of *tempura* would you like ?

Becky (6:40 p.m.): I'd like to eat vegetable *tempura*. I want to go to the restaurant which uses local vegetables.

Miki (7:00 p.m.): I see. Let's go to [　　　　].

Becky (7:10 p.m.): Sure. After we eat, please show me around your city.

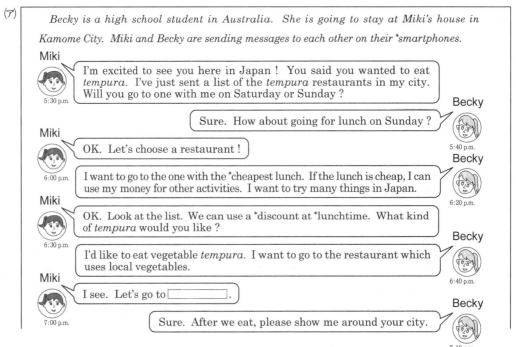

List

Restaurant	*Business hours	*Price of lunch	Discount at lunchtime	Miki's opinion
Wakaba 	It's closed on Sundays.	1,600 yen	Everyone can get a 20% discount.	The vegetable *tempura* is very good. The *chef makes *tempura* in front of us.
Momiji 	It's closed on Tuesdays.	1,600 yen	Groups of four *or more get a 20% discount.	You can make your own *tempura*. You can eat very good fish *tempura*.
Kaede 	It's closed on Mondays.	1,500 yen	Everyone can get a 10% discount.	The fish *tempura* is very good. The chef makes *tempura* in front of us.
Komachi 	It's closed on Tuesdays.	1,500 yen	Groups of two or more get a 10% discount.	The vegetable *tempura* is very good. This restaurant uses vegetables from Kamome City.
Sakura 	It's closed on Mondays.	1,500 yen	Groups of four or more get a 10% discount.	The vegetable *tempura* is very good. This restaurant uses vegetables from Kamome City.

質問：What will be in [　　　　　]?

1．Wakaba　　2．Momiji　　3．Kaede　　4．Komachi　　5．Sakura

**smartphones*：スマートフォン　cheapest：(値段が) 最も安い　discount：割引
lunchtime：ランチタイム　Business hours：営業時間　Price：価格　chef：料理人
～ or more：～以上

(イ)

Daisuke is a high school student. He is talking with Mr. Green at school.

Mr. Green: Hi, Daisuke. What are you doing?

Daisuke: I'm looking at this poster. I'm going to join this speech *contest.

Mr. Green: That's great! You have one week before the *deadline. Have you sent the things to take part in the first *round?

Daisuke: No, I haven't. I have just got an *application form and I have decided the topic of my speech.

Mr. Green: Oh, what is the topic of your speech?

Daisuke: I will talk about Japanese culture. I have already found some interesting books about it and I have read them. I'll write a *summary of my speech next.

Mr. Green: Well, I think you should write your *script first. When your script is finished, you can write the summary quickly.

Daisuke: OK. I'll do that. After that, I will practice how to *gesture during my speech. I think gesturing well is important in an English speech.

Mr. Green: I think that is important, too. But speaking well is more important. So, you should practice speaking English before the voice *recording. You should practice gesturing after sending the voice recording for the second round.

Daisuke: Thank you. I'll make a list of the things to do for the speech contest now.

Mr. Green: That's good! Good luck!

Poster

Kamome City English Speech Contest 2022

Rounds	Things to send	*Details	Deadlines
First round	An application form	Get from our website. Write the speech topic.	*By September 12
	A summary of your speech	50 ～ 60 words	
	A script of your speech	400 ～ 500 words	
Second round	A voice recording of your speech	5 minutes	By September 26
*Final		Give your speech in front of the audience at Kamome Hall on October 9.	

List

Things to do by September 12	Things to do by September 26	Things to do by October 9
□ (①)	□ (③)	□ (⑤)
⬇	⬇	
□ (②)	□ (④)	

(ア) To practice speaking English.
(イ) To write a summary.
(ウ) To practice gesturing.
(エ) To make a voice recording.
(オ) To write a script.

質問：What will be in (①), (②), (③), (④), and (⑤) on the list?

1. ①－(イ)　②－(オ)　③－(ア)　④－(エ)　⑤－(ウ)
2. ①－(イ)　②－(オ)　③－(ウ)　④－(エ)　⑤－(ア)
3. ①－(オ)　②－(イ)　③－(ア)　④－(ウ)　⑤－(エ)
4. ①－(オ)　②－(イ)　③－(ア)　④－(エ)　⑤－(ウ)
5. ①－(オ)　②－(イ)　③－(ウ)　④－(エ)　⑤－(ア)

*contest：コンテスト　deadline：締め切り　～ round：～回戦　application form：応募用紙
summary：概要　script：原稿　gesture：身振りで示す　recording：録音　Details：詳細
By ～：～までに　Final：本戦

問 8　次の英文を読んで，あとのア～ウの問いに答えなさい。

Ayumi and Masao are Kamome High School students. One day in June, they are talking in their classroom after school. Then, Ms. White, their English teacher, talks to them.

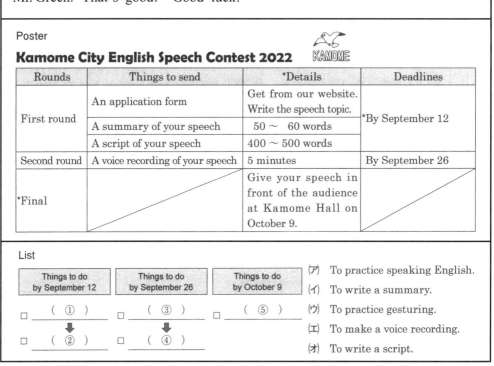

Ms. White: Hi, Ayumi and Masao. What are you doing?

Ayumi: We are talking about the school festival in September. Masao and I are in the cooking club, and our club is going to do something about the future of Japanese rice.

Ms. White: Rice? That's interesting. Why are you so interested in rice?

Masao: Because we think we should eat more rice. My grandfather *grows rice in Tohoku and sends his delicious rice to my family every year. He is always happy when my family says we enjoy eating his rice, but he worries about the future of Japanese rice.

Ms. White: Oh, why does he worry about it?

Masao: He said, "The rice *consumption in Japan has been *decreasing a lot because of *changes in our *eating habits."

Ms. White: Oh, really?

Masao: Yes. After I heard that, I used the Internet and found ① this *graph. It shows the *amount of rice one person ate in a year in Japan from 1962 to 2020. In 1962, one person ate 118.3 kg of rice. In 2000, one person ate about 55 % of the amount in 1962, and, in 2020, one person ate a smaller amount of rice than in 2000.

Ayumi: After Masao showed me this graph, I became interested, too. So we decided to do something about the future of Japanese rice at the school festival. We wanted everyone to become more interested in Japanese rice.

Ms. White: Then, what are your ideas?

Masao: I joined a *volunteer activity to grow rice last month. The activity began in May and will finish in August. I've been learning how to grow rice. At the school festival, I want to make a presentation about Japanese rice by using the graph and the pictures I took during my volunteer activity.

Ms. White: That's great！

Ayumi: Ms. White, look at ② these two graphs. To know what the students in my school like to eat, I asked 40 students, "Which do you like the best, bread, noodles, or rice?" Bread is the most popular among them, and more than 80 % of them like bread or noodles better than rice. Bread and noodles are *made from *wheat flour. Then, I started to think about making something by using *rice flour *instead of wheat flour.

Masao: Ms. White, look at the other graph. I asked the 40 students, "What do you eat for breakfast?" More than 50 % of them eat bread for breakfast. So, our club decided to make rice flour bread. I think eating bread made from rice flour will increase rice consumption in

Japan.

Ayumi: So, our club will talk about Japanese rice in Masao's presentation and sell rice flour bread at the school festival. We hope everyone will be more interested in Japanese rice and like our rice flour bread.

Ms. White: I think that is a very good idea. I can't wait to listen to Masao's presentation and eat your rice flour bread !

One day in September, after the school festival, Ayumi and Masao are talking in the classroom after school. Then, Ms. White talks to them.

Ms. White: Hi, Ayumi and Masao. The rice flour bread was wonderful, and everyone enjoyed Masao's presentation.

Masao: Thank you. After the school festival, I used the Internet and learned more about rice and *wheat. Japan *imports about 90% of the wheat it uses. What will happen if enough wheat doesn't come from foreign countries?

Ms. White: I think bread, noodles, and other food made from wheat flour will become very expensive.

Ayumi: But I don't think Japanese people can [　　　　] because their eating habits have changed a lot, and many Japanese people eat food made from wheat flour.

Ms. White: You may be right. How about rice?

Masao: Oh, we grow enough rice in Japan, and we should eat more rice. Let's find ways to increase our rice consumption.

Ayumi: Let's do that! We can create new *recipes to use rice flour.

Ms. White: When your club members cook next time, please let me know!

Ayumi: Sure.

*grows ～：～を育てる　consumption：消費量　decreasing：減っている
changes in ～：～の変化　eating habits：食生活　graph：グラフ　amount：量
volunteer activity：ボランティア活動　made from ～：～で作られた　wheat flour：小麦粉
rice flour：米粉　instead of ～：～の代わりに　increase ～：～を増やす　wheat：小麦
imports ～：～を輸入する　recipes：調理法

(ア) 本文中の――線①と――線②が表す内容を，①は**ア群**，②は**イ群**の中からそれぞれ選んだときの組み合わせとして最も適するものを，あとの１～９の中から一つ選び，その番号を答えなさい。

ア群

The amount of rice one person ate in a year

イ群

(a) Which do you like the best, bread, noodles, or rice?

(b) What do you eat for breakfast?

A.

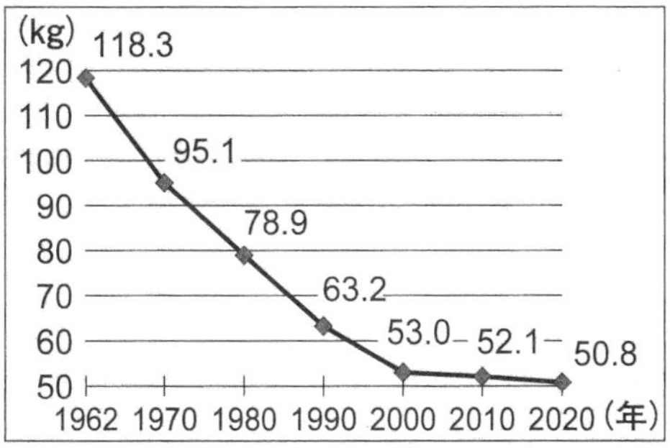

X. (a)　(b)

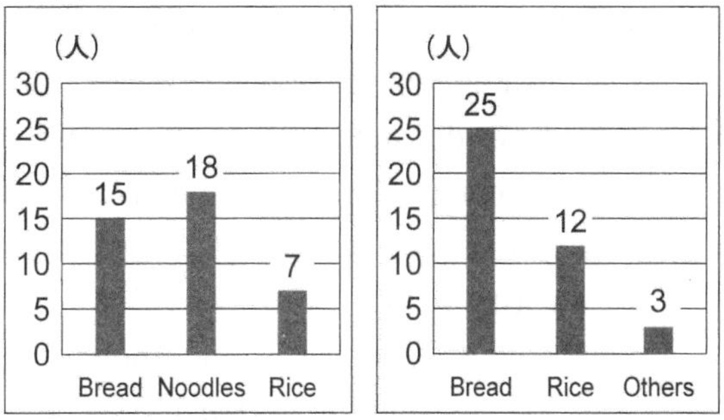

B.

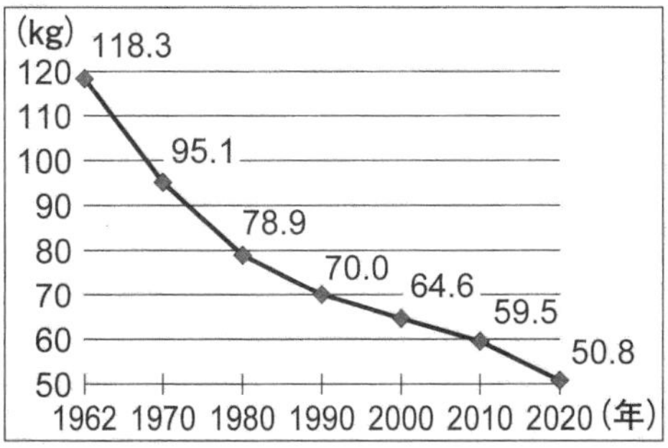

Y. (a)　(b)

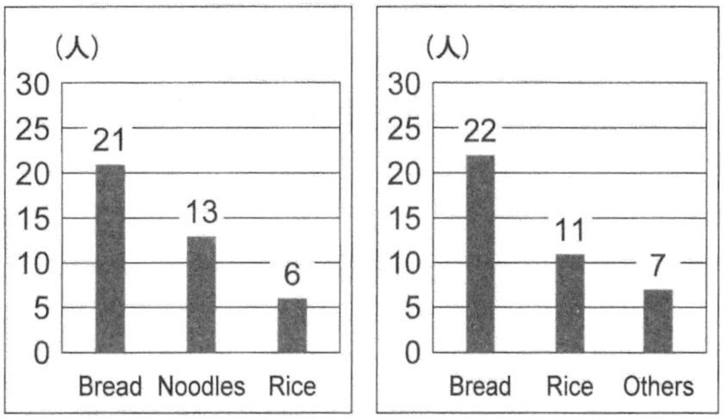

C.

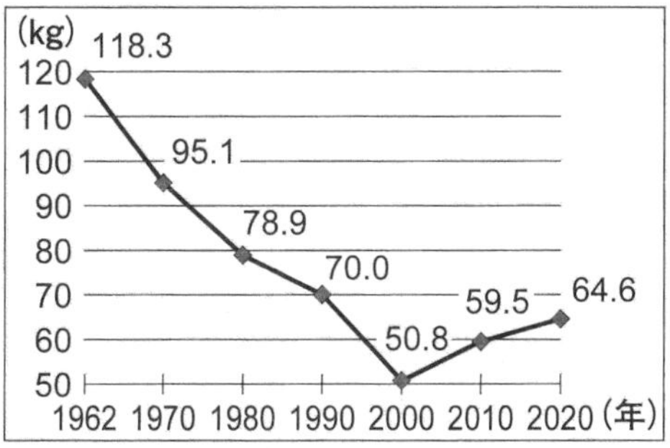

Z. (a)　(b)

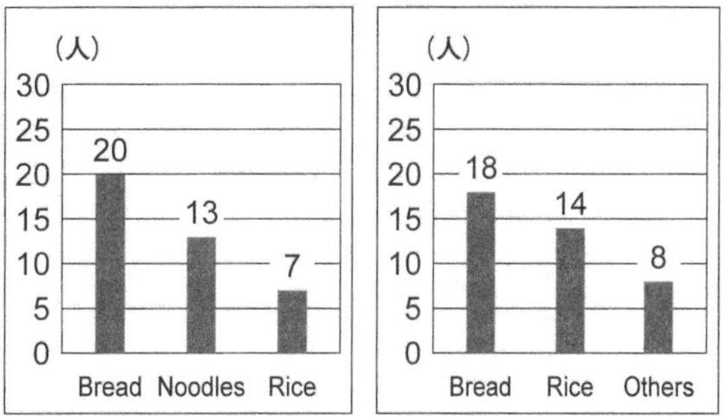

1．①：A　②：X　　2．①：A　②：Y　　3．①：A　②：Z
4．①：B　②：X　　5．①：B　②：Y　　6．①：B　②：Z
7．①：C　②：X　　8．①：C　②：Y　　9．①：C　②：Z

(イ)　本文中の [　　] の中に入れるのに最も適するものを，次の1～4の中から一つ選び，その番号を答えなさい。

1．stop eating food made from wheat flour
2．continue to eat food made from wheat flour
3．increase their wheat consumption
4．eat more rice and stop using rice flour

(ウ)　次のa～fの中から，本文の内容に合うものを**二つ**選んだときの組み合わせとして最も適するものを，あとの1～8の中から一つ選び，その番号を答えなさい。

a．Masao's grandfather always sends his rice to Kamome High School for the school festival.

b. Masao thinks that changes in people's eating habits have increased rice consumption in Japan.

c. Masao decided to make a presentation about Japanese rice by using his experiences during his volunteer activity.

d. Ayumi made bread by using wheat flour because bread was the students' favorite food.

e. Masao thinks that eating more rice flour bread is a good way to increase rice consumption in Japan.

f. Ayumi and Masao want to create new recipes that use wheat flour because rice is not popular.

1. aとc　2. aとd　3. bとd　4. bとf

5. cとe　6. cとf　7. dとe　8. eとf

＜理科＞

時間　50分　　満点　100点

問１　次の各問いに答えなさい。

(ア)　次の［　　］は，Ｋさんがモノコードの弦をはじいたときに出る音についてまとめたものである。文中の（Ｘ），（Ｙ）にあてはまるものの組み合わせとして最も適するものをあとの１～４の中から一つ選び，その番号を答えなさい。ただし，**図２**と**図３**の１目盛りの値は同じであり，縦軸は振幅を，横軸は時間を表しているものとする。

> **図１**のようなモノコードのab間の弦をはじき，オシロスコープで音の波形を調べたところ，**図２**のようになった。このモノコードを用いて**図３**のような音を出すためには，弦を張る強さを（　Ｘ　）するか，ことじを動かしてab間の弦の長さを（　Ｙ　）して，**図２**と音の大きさが同じになるようにab間の弦をはじけばよい。
>
> 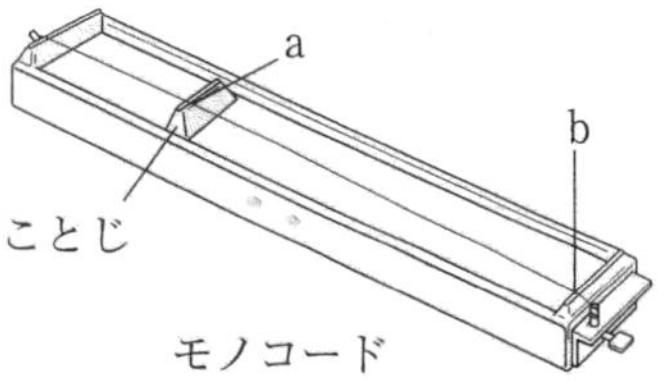
>
>
> **図１**
>
> 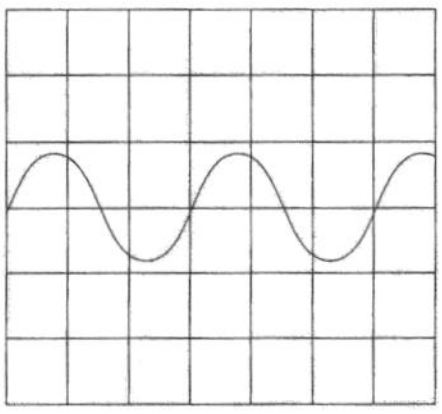
>
> **図２**
>
> 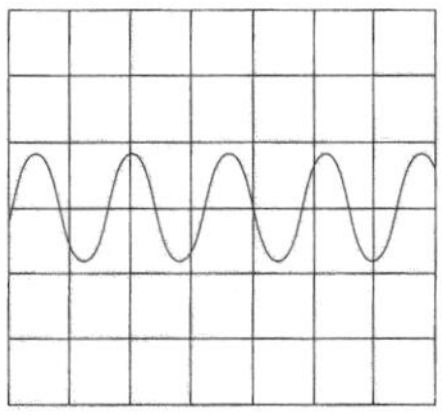
>
> **図３**

１．Ｘ：強く　Ｙ：長く　　２．Ｘ：強く　Ｙ：短く

３．Ｘ：弱く　Ｙ：長く　　４．Ｘ：弱く　Ｙ：短く

(イ)　次の［　　］は，電源タップに多くの電気器具をつなぐ「たこ足配線」についてＫさんがまとめたものである。文中の（あ），（い）にあてはまるものの組み合わせとして最も適するものをあとの１～４の中から一つ選び，その番号を答えなさい。

> 右の図のように電源タップに多くの電気器具をつなぐ「たこ足配線」は，危険な場合がある。その理由は，電源タップにつないだすべての電気器具が並列接続になっているため，これらの電気器具に同じ大きさの（　あ　）ことで図中のコードＸに大きな電流が流れ，発熱により発火するおそれがあるからである。
>
> 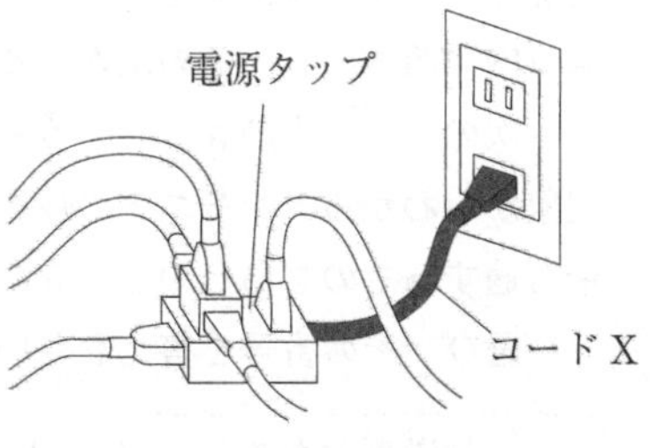
>
>
> 電源タップには，定格電流（図中のコードＸに流せる電流の上限）が記載されている。定格電流が15Ａである電源タップを電圧100Ｖの家庭用電源につなぎ，電源タップに消費電力が30Wのノートパソコン，20Wの蛍光灯スタンド，120Wのテレビ，1200Wのドライヤー（いずれも100Ｖの電圧で使用したときの値）をつないで同時に使用した場合，コードＸを流れる電流の大きさは定格電流を（　い　）。

1．あ：電流が流れる　い：こえる　　2．あ：電流が流れる　い：こえない
3．あ：電圧がかかる　い：こえる　　4．あ：電圧がかかる　い：こえない

(ウ)　**図1**のように，円柱を取り付けた台を水平に置き，2つのリング型の磁石A，磁石B（質量は磁石Aの方が大きいものとする）をこの順で円柱に通したところ，磁石Bが宙に浮いた状態で静止した。**図2**はこのようすを真横から見たものであり，①～⑤の矢印は，磁石A，磁石Bが受ける力を図示したものである。これらの力のうち，作用・反作用の関係になっている力の組み合わせとして最も適するものをあとの1～6の中から一つ選び，その番号を答えなさい。ただし，同一直線上にはたらく力であっても，矢印が重ならないように示してある。また，円柱と磁石の間の摩擦は考えないものとする。

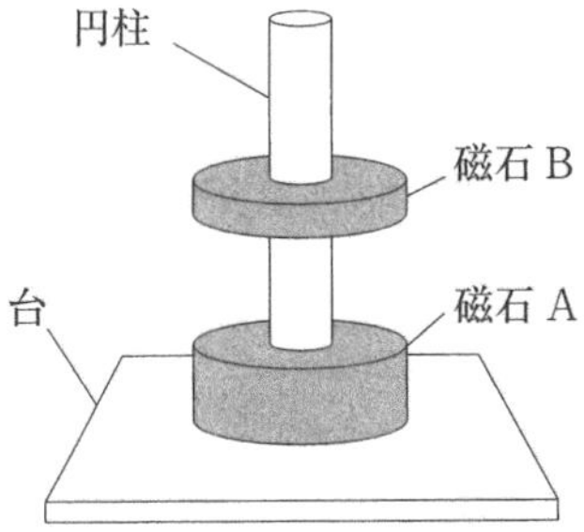

図1

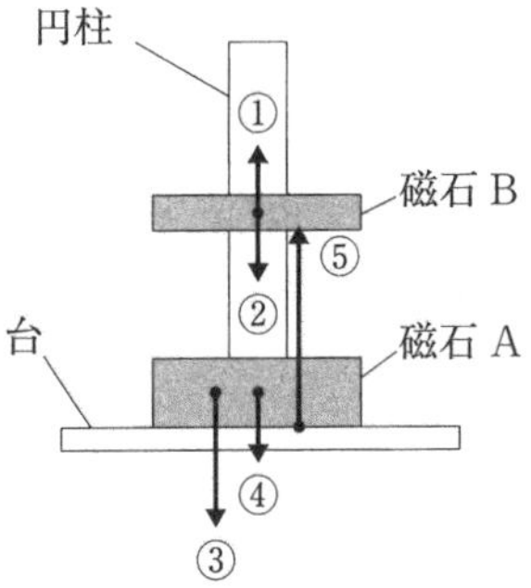

図2

1．①，②　　2．①，③　　3．①，④
4．②，⑤　　5．②，③，④　　6．③，④，⑤

問2　次の各問いに答えなさい。

(ア)　右の図のような装置を用いて，水を入れたスポイトを押してアンモニアをみたした丸底フラスコ内に水を入れると，ビーカー内のフェノールフタレイン溶液を加えた水がガラス管を通って丸底フラスコ内に噴き出し，その水が赤く色づいた。次の［　］中のa～cのうち，この現象からわかるアンモニアの性質として最も適するものをあとの1～6の中から一つ選び，その番号を答えなさい。

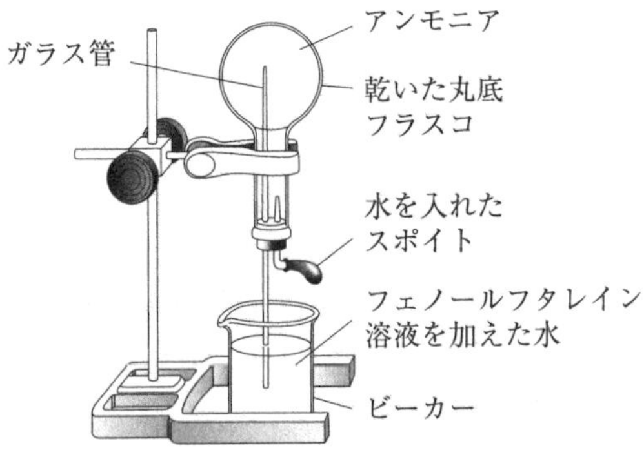

a　刺激臭がある。　b　水に溶けやすい。　c　水に溶けるとアルカリ性を示す。

1．aのみ　2．bのみ　3．cのみ　4．aとb　5．aとc　6．bとc

(イ)　次のページの表は，硝酸カリウムの溶解度を示したものである。20℃の水100gに硝酸カリウムを少しずつ溶かして飽和水溶液としたのち，水100gを加えて，60℃になるまで加熱したとき，この水溶液に硝酸カリウムをあと何g溶かすことができるか。あとの1～6の中から一つ選び，その番号を答えなさい。

水の温度〔℃〕	20	40	60	80
水 100 g に溶ける硝酸カリウムの質量〔g〕	32	64	109	169

1．64 g　　2．77 g　　3．109 g　　4．154 g　　5．186 g　　6．218 g

(ウ) うすい水酸化ナトリウム水溶液を入れたビーカーにフェノールフタレイン溶液を数滴加え，ガラス棒でよくかき混ぜながら，うすい塩酸を少しずつ加えていき，ビーカー内の水溶液の色を観察した。このとき，うすい塩酸を 5 mL加えたところでビーカー内の水溶液が無色に変化し，その後うすい塩酸を合計10m L になるまで加えたが，水溶液の色は無色のままだった。うすい塩酸を加え始めてから10mL加えるまでの，ビーカー内の水溶液に含まれるイオンの数の変化についての説明として最も適するものを次の 1 ～ 4 の中から一つ選び，その番号を答えなさい。

1．水素イオンの数は，増加したのち，一定になった。
2．水酸化物イオンの数は，減少したのち，増加した。
3．塩化物イオンの数は，はじめは一定で，やがて増加した。
4．ナトリウムイオンの数は，つねに一定だった。

問 3　次の各問いに答えなさい。

(ア) 顕微鏡で生物を観察する際，倍率を40倍から100倍に変えたときの視野の広さと明るさについての説明として最も適するものを次の 1 ～ 4 の中から一つ選び，その番号を答えなさい。

1．視野は広くなり，明るくなる。　　2．視野は広くなり，暗くなる。
3．視野はせまくなり，明るくなる。　4．視野はせまくなり，暗くなる。

(イ) 右の図は，ヒトの血液の循環を模式的に示したものであり，器官W，X，Y，Zは肝臓，小腸，腎臓，肺のいずれかである。次の a ～ d のうち，器官Xと器官Zについての説明の組み合わせとして最も適するものをあとの 1 ～ 9 の中から一つ選び，その番号を答えなさい。

a　この器官では，多数の小さな袋状のつくりを通して，酸素と二酸化炭素の交換が行われる。
b　この器官では，栄養分や水分が主に吸収され，血液中に取りこまれる。
c　この器官では，血液中の尿素などの不要な物質が，余分な水分や塩分とともにこし出される。
d　この器官では，血液中のアンモニアが，害の少ない尿素に変えられる。

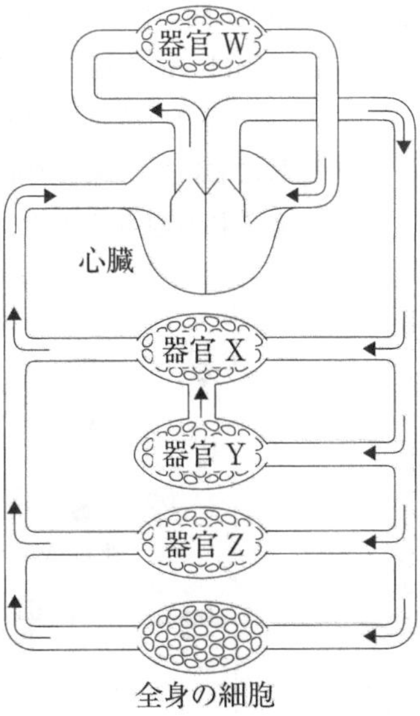

1．器官X：a　器官Z：b　　2．器官X：a　器官Z：c
3．器官X：a　器官Z：d　　4．器官X：b　器官Z：c
5．器官X：b　器官Z：d　　6．器官X：c　器官Z：b
7．器官X：c　器官Z：d　　8．器官X：d　器官Z：b
9．器官X：d　器官Z：c

(ウ)　右の図は，ある植物の個体Xと個体Yの体細胞の染色体をそれぞれ模式的に示したものであり，A，aは遺伝子を示している。次の［　　］は，個体Xと個体Yをかけ合わせてできる子についての説明である。文中の（あ），（い），（う）にあてはまるものの組み合わせとして最も適するものをあとの1～8の中から一つ選び，その番号を答えなさい。ただし，減数分裂は分離の法則にしたがうものとする。

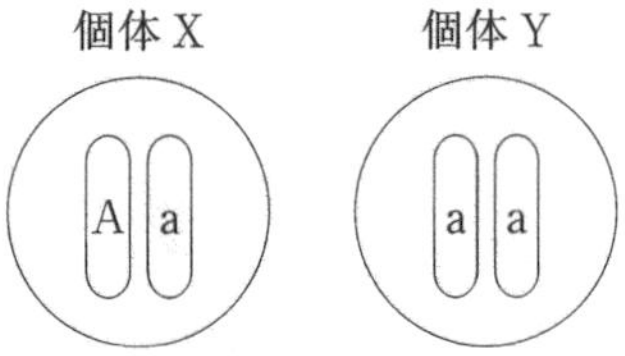

> 個体Xと個体Yをかけ合わせてできる子は，体細胞の染色体の模式図が（　あ　）である子と（　い　）である子の個体数の比が（　う　）になる。
>
> 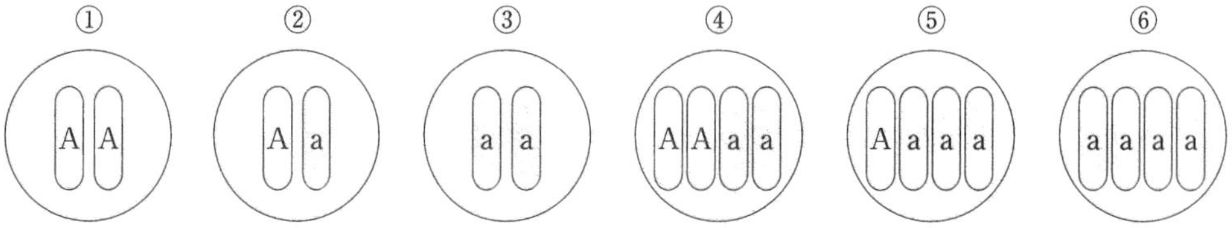
>

1．（あ）①　（い）③　（う）1：1　　2．（あ）②　（い）③　（う）1：1
3．（あ）①　（い）③　（う）3：1　　4．（あ）②　（い）③　（う）3：1
5．（あ）④　（い）⑥　（う）1：1　　6．（あ）⑤　（い）⑥　（う）1：1
7．（あ）④　（い）⑥　（う）3：1　　8．（あ）⑤　（い）⑥　（う）3：1

問4　次の各問いに答えなさい。

(ア)　次の図は，ある地震が発生したときの，複数の観測地点でゆれが始まった時刻を示したものであり，図中の数値（02～20）は，19時10分02秒から19時10分20秒までの秒を示している。この地震において，図中の地点A，地点B，地点Cのうち，(i)初期微動継続時間が最も長かったと考えられる地点はどれか。また，(ii)地震のゆれの大きさが最も大きかったと考えられる地点

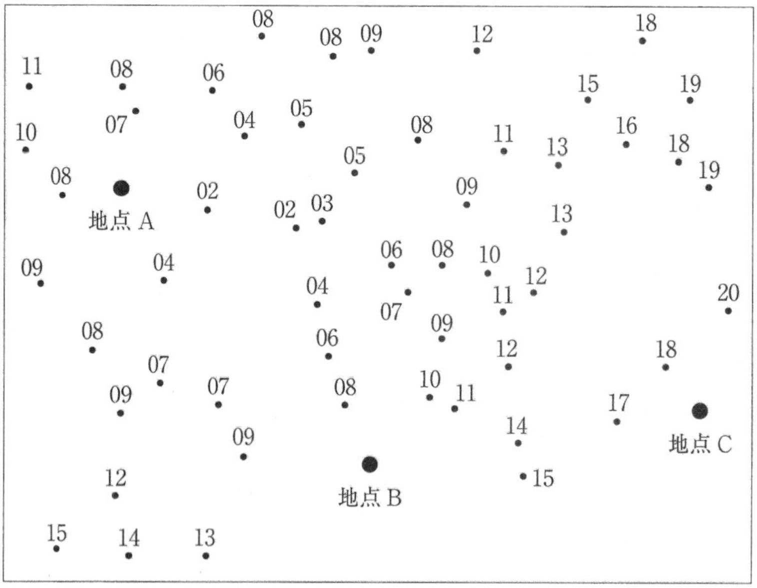

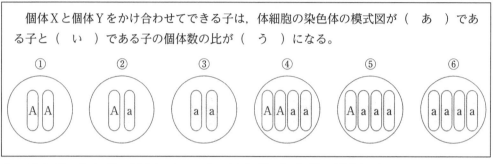

はどれか。(i)，(ii)の組み合わせとして最も適するものをあとの１～９の中から一つ選び，その番号を答えなさい。ただし，地震波はどの方向にも同じ速さで伝わるものとし，地盤の違いによるゆれへの影響は考えないものとする。

１．(i)地点A　(ii)地点A　２．(i)地点A　(ii)地点B　３．(i)地点A　(ii)地点C
４．(i)地点B　(ii)地点A　５．(i)地点B　(ii)地点B　６．(i)地点B　(ii)地点C
７．(i)地点C　(ii)地点A　８．(i)地点C　(ii)地点B　９．(i)地点C　(ii)地点C

(イ)　次の図は，神奈川県のある場所におけるある日の８時，11時，14時，17時の気温と空気１ m^3 あたりの水蒸気量を，飽和水蒸気量を表す曲線とともに示したものである。この日の湿度の変化を表すグラフとして最も適するものをあとの１～４の中から一つ選び，その番号を答えなさい。

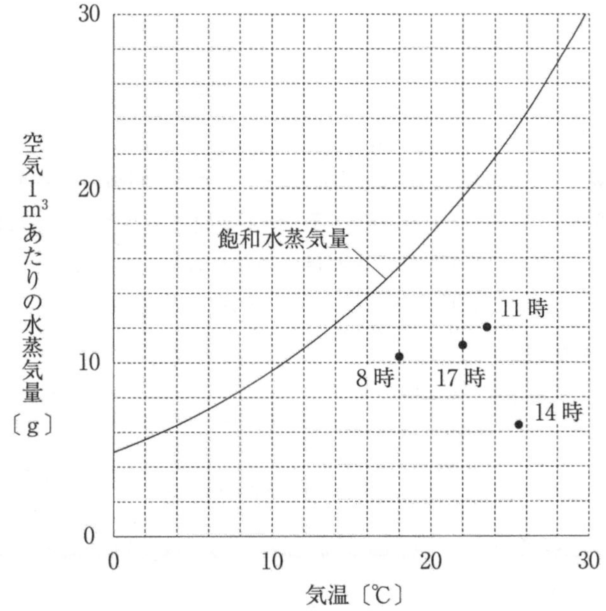

１．
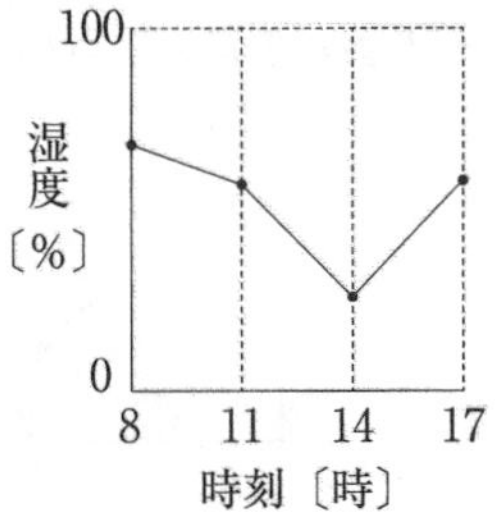

２．
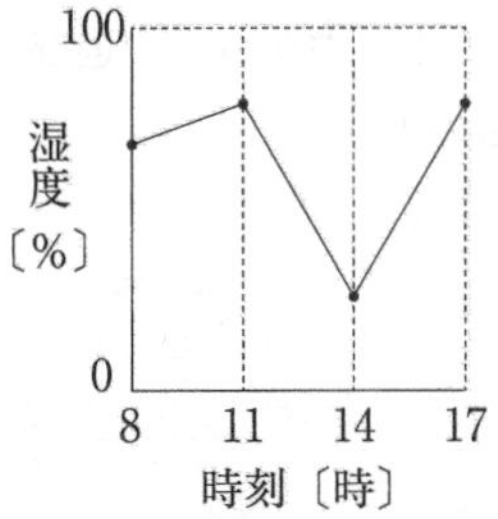

３．
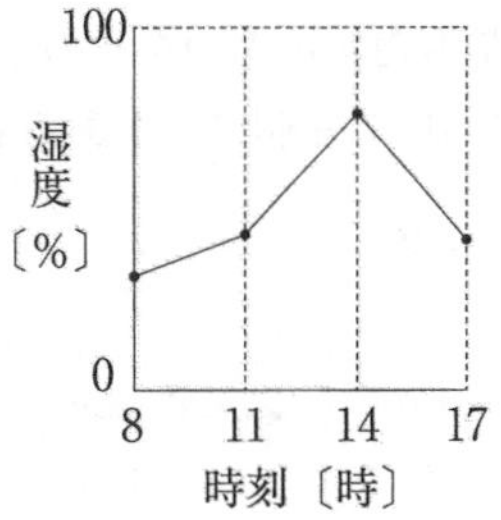

４．
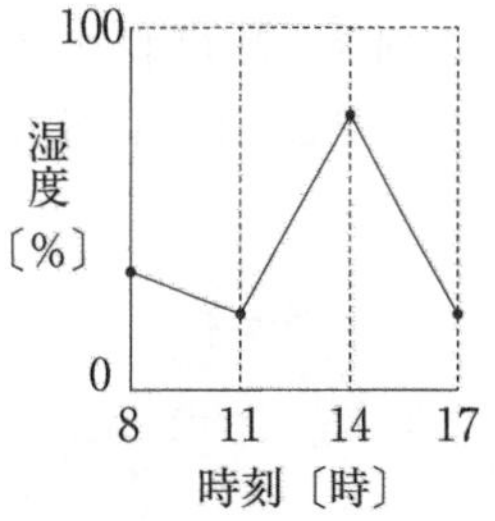

(ウ)　春分に，神奈川県のある場所で太陽の動きを観察したところ，太陽は真東の空からのぼり，南の空を通って真西の空に沈んだ。このときの南中高度は55°であった。次の(i)，(ii)のように観察する場所や時期を変えると，太陽がのぼる方角と南中高度はどのようになると考えられるか。最も適するものをあとの１～６の中からそれぞれ一つずつ選び，その番号を答えなさい。

(i)　観察する日は変えずに，日本国内のより緯度の高い場所で観察したとき

(ii) 観察する場所は変えずに，2か月後に観察したとき
1．太陽は真東の空からのぼり，南中高度は55°より高くなる。
2．太陽は真東の空からのぼり，南中高度は55°より低くなる。
3．太陽は真東よりも北寄りの空からのぼり，南中高度は55°より高くなる。
4．太陽は真東よりも北寄りの空からのぼり，南中高度は55°より低くなる。
5．太陽は真東よりも南寄りの空からのぼり，南中高度は55°より高くなる。
6．太陽は真東よりも南寄りの空からのぼり，南中高度は55°より低くなる。

問5　Kさんは，電流が磁界から受ける力による物体の運動について調べるために，次のような実験を行った。これらの実験とその結果について，あとの各問いに答えなさい。ただし，実験に用いるレールや金属製の棒は磁石につかないものとする。また，レールと金属製の棒との間の摩擦，金属製の棒にはたらく空気の抵抗は考えないものとする。

〔実験〕 **図1**のように，金属製のレールとプラスチック製のレールをなめらかにつないだものを2本用意し，水平な台の上に平行に固定した。次に，金属製のレールの区間PQに，同じ極を上にした磁石をすき間なく並べて固定した。また，金属製のレールに電源装置，電流計，スイッチを導線でつないだ。金属製の棒（以下金属棒という）をPに置き，電源装置の電圧を4.0Vにしてスイッチを入れ，金属棒の運動を観察したところ，金属棒は区間PQで速さを増しながら運動し，Qを通過したあと，やがてRに達した。

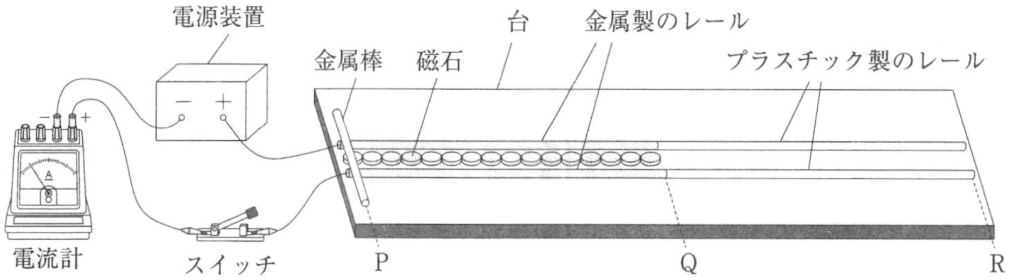

図1

(ア) 〔実験〕において金属棒が区間PQを運動しているとき，金属棒に流れる電流がつくる磁界の向きを表す図として最も適するものを次の1～4の中から一つ選び，その番号を答えなさい。ただし，1～4の図において左側にPがあるものとする。

1.
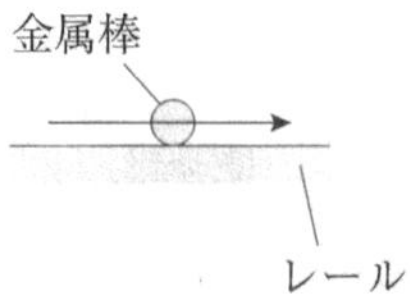

2.
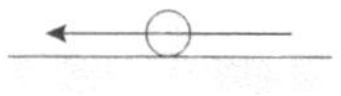

3.
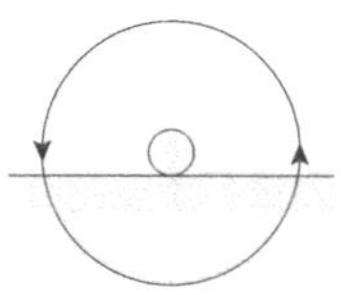

4.
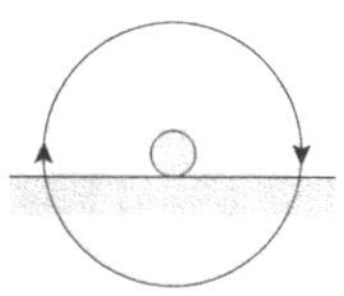

(イ) 〔実験〕において金属棒が区間PQを運動しているとき，金属棒にはたらく力を表す図として最も適するものを次のページの1～4の中から一つ選び，その番号を答えなさい。ただし，同一直線上にはたらく力であっても，矢印が重ならないように示してある。また，1～4の図において左側にPがあるものとする。

1.

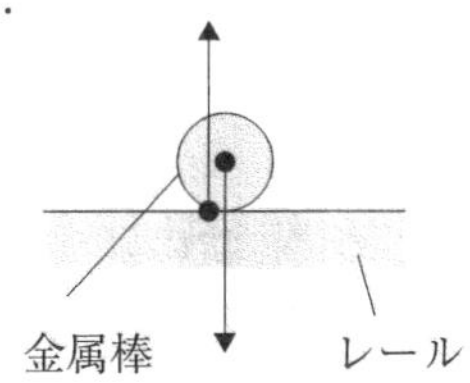

2.

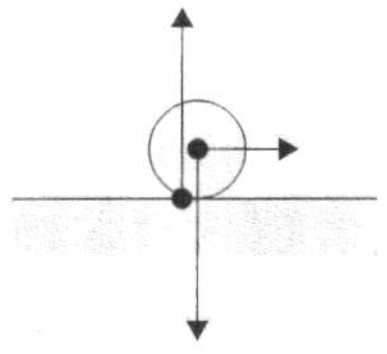

3.

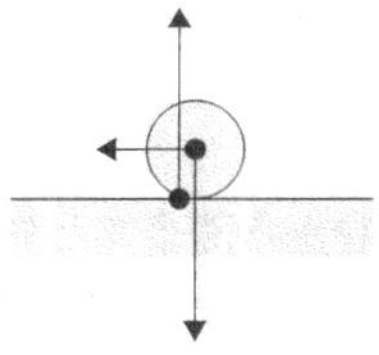

4.

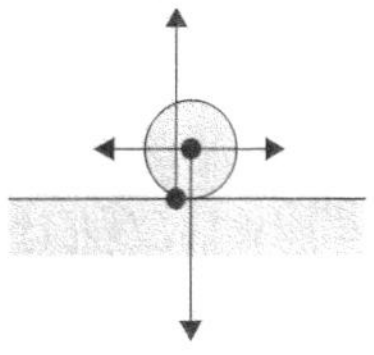

(ウ)　Kさんは，〔実験〕における金属棒の運動を，区間PQでは一定の割合で速くなる運動，区間QRでは一定の速さの運動だと考え，時間と速さの関係を**図2**のように表した。なお，点Aは，金属棒がQに達したときの時間と速さを示している。電源装置の電圧を6.0Vに変えて〔実験〕と同様の操作を行ったときの時間と速さの関係を，**図2**をもとにして表したものとして最も適するものを次の1～4の中から一つ選び，その番号を答えなさい。ただし，1～4には**図2**の点Aを示してある。また，回路全体の抵抗の大きさは〔実験〕と同じであるものとする。

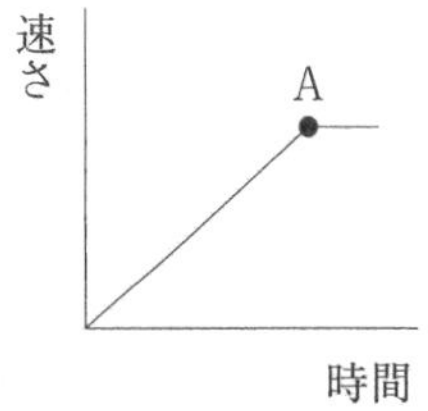

図2

1.

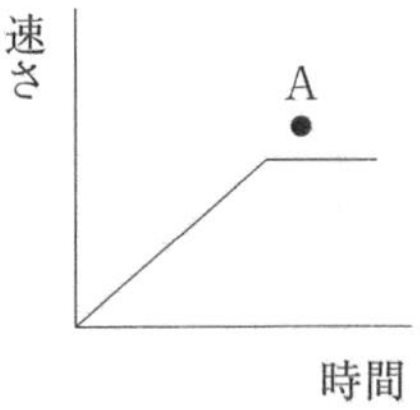

2.

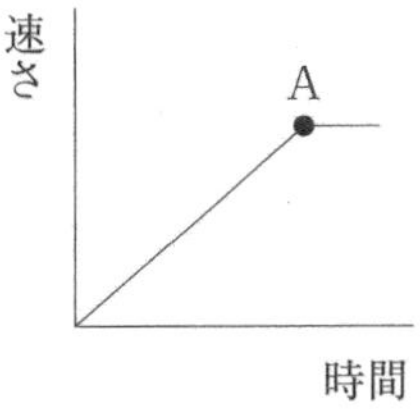

3.

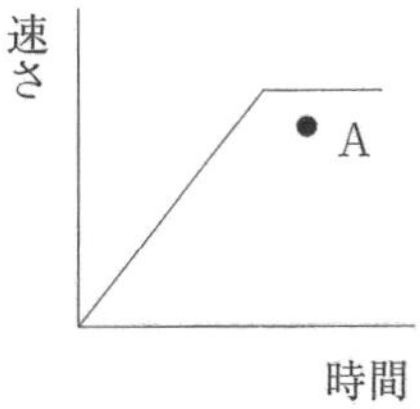

4.

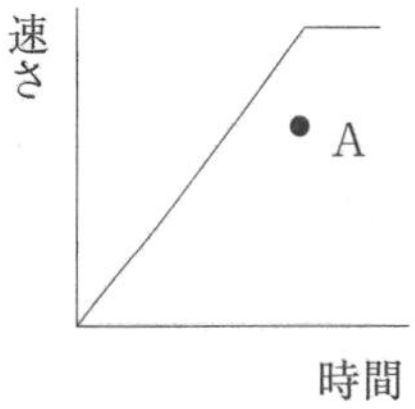

(エ)　Kさんは，〔実験〕の装置が電気エネルギーから力学的エネルギーへの変換装置になっていることに気がつき，その変換効率を求めるために次の〔実験計画〕を立てた。〔実験計画〕中の（　）にあてはまる式として最も適するものを次のページの1～4の中から一つ選び，その番号を答えなさい。

〔実験計画〕

図3のように，〔実験〕で用いたレールと磁石が固定された台を傾けて斜面をつくる。〔実験〕と同様にレールには電源装置，電流計，スイッチがつながれているが，**図3**ではそれらを省略してある。電源装置の電圧をV〔V〕にしてスイッチを入れ，重さW〔N〕の金属棒をPに置き，静かに手を離す。金属棒が，Pからの距離と高さがそれぞれL〔m〕とH〔m〕であるQまで斜面を上るのにかかった時間がt〔s〕であり，その間に流れた電流がI〔A〕で一定であったとする。このとき，電気エネルギーがすべて位置エネルギーに変換されたとすると，変換効率は次の式で求められる。

変換効率〔%〕＝（　　　）× 100

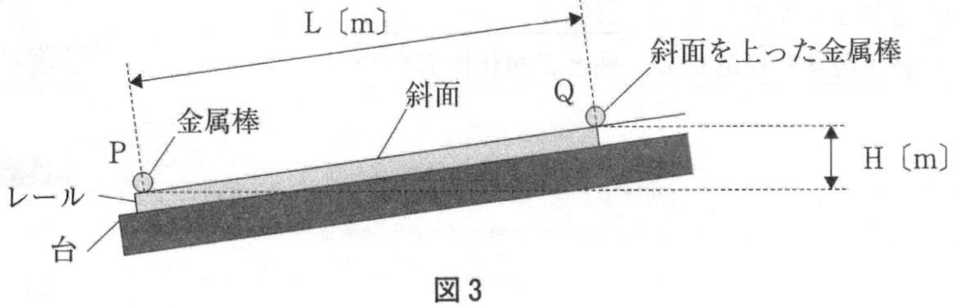

図3

1．$\frac{WH}{VIt}$　2．$\frac{WL}{VIt}$　3．$\frac{VIt}{WH}$　4．$\frac{VIt}{WL}$

問6　Kさんは，酸化物から酸素をとり除く化学変化について調べるために，次のような実験を行った。また，このような化学変化が利用されている例として，製鉄所での製鉄について調べた。これらについて，あとの各問いに答えなさい。ただし，〔実験〕において，酸化銅と炭素粉末との反応以外は起こらないものとする。

〔実験〕　**図1**のような装置を用いて，酸化銅1.0ｇと炭素粉末0.30ｇの混合物を試験管Aに入れて加熱したところ，反応が起こり，気体が発生して試験管B内の石灰水が白く濁った。反応が完全に終わったところで加熱をやめ，試験管Aをよく冷ましてから試験管A内にある固体の質量を測定し，質量保存の法則を用いて，発生した気体の質量を求めた。

次に，炭素粉末の質量は0.30ｇのまま変えずに，試験管Aに入れる酸化銅の質量を2.0ｇ，3.0ｇ，4.0ｇ，5.0ｇ，6.0ｇと変えて同様の操作を行い，発生した気体の質量を求めた。**図2**は，これらの結果をまとめたものである。

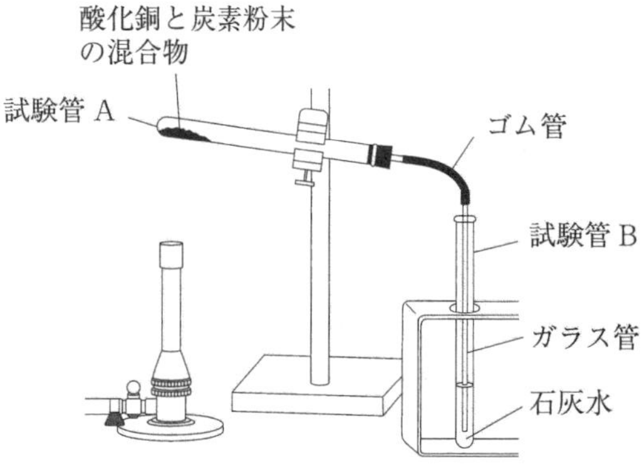

図1

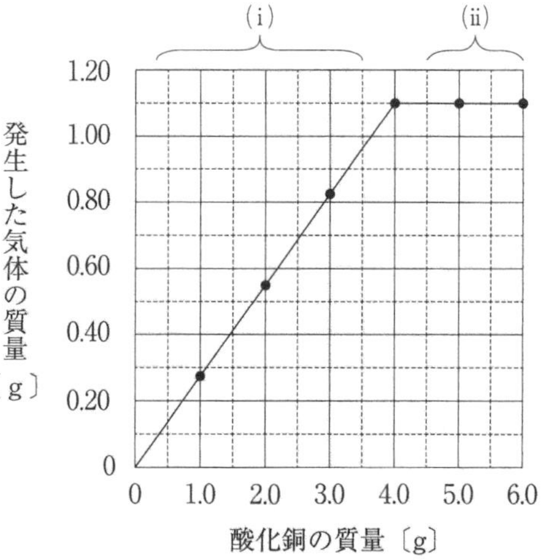

図2

〔製鉄所での製鉄について調べたこと〕

私たちの生活に使われている鉄は，製鉄所で鉄鉱石（酸化鉄）から酸素をとり除くことによって製造されている。

図3のように，高炉《こうろ》に鉄鉱石と，石炭を蒸し焼きにしてできるコークス（炭素）などを入れ，熱風を吹き入れて1500℃以上に加熱すると，酸化鉄がコークスから生じる一酸化炭素と反応して，鉄と二酸化炭素ができる。

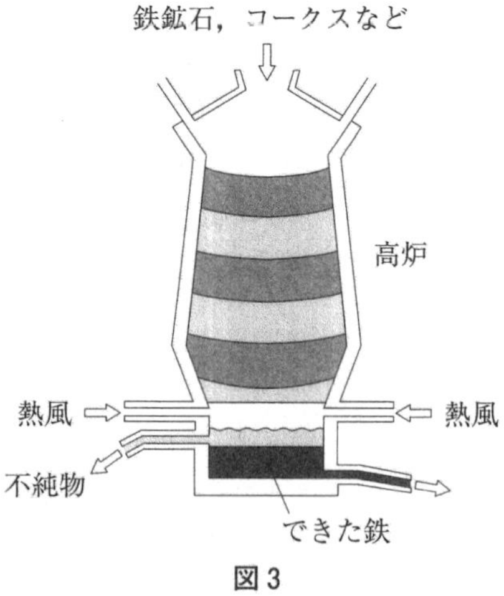

図3

(ア)［実験］の図２中に(i)と(ii)で示した酸化銅の質量の範囲において，反応が完全に終わったときに試験管Ａ内にある固体はそれぞれ何であると考えられるか。(i)，(ii)について最も適するものを次の１～４の中からそれぞれ一つずつ選び，その番号を答えなさい。

１．銅　　２．酸化銅と銅　　３．炭素粉末と銅　　４．酸化銅と炭素粉末と銅

(イ)［実験］において，酸化銅6.0ｇと炭素粉末0.30ｇの混合物を加熱したときにできる銅の質量として最も適するものを次の１～５の中から一つ選び，その番号を答えなさい。

１．2.9ｇ　　２．3.2ｇ　　３．4.0ｇ　　４．4.8ｇ　　５．5.2ｇ

(ウ) 次の□は，［製鉄所での製鉄について調べたこと］における下線部の反応についてＫさんがまとめたものである。(i)文中の（Ｘ），（Ｙ）にあてはまるものの組み合わせ，(ii)文中の（Ｚ）にあてはまるものとして最も適するものをそれぞれの選択肢の中から一つずつ選び，その番号を答えなさい。

> この反応では，酸化鉄が一酸化炭素によって（　Ｘ　）されて鉄ができ，同時に一酸化炭素が（　Ｙ　）されて二酸化炭素ができる。このように（　Ｘ　）と（　Ｙ　）が同時に起こる化学変化の例として，［実験］でみられた化学変化のほかに，（　Ｚ　）化学変化が挙げられる。

(i) 文中の（Ｘ），（Ｙ）にあてはまるものの組み合わせ

１．Ｘ：酸化　Ｙ：還元　　２．Ｘ：還元　Ｙ：酸化

(ii) 文中の（Ｚ）にあてはまるもの

１．火をつけたマグネシウムリボンを二酸化炭素と反応させて，炭素と酸化マグネシウムができる

２．炭酸水素ナトリウムを空気中で加熱して，炭酸ナトリウムと水と二酸化炭素ができる

３．水酸化バリウム水溶液に硫酸を加えて，水と硫酸バリウムができる

(エ)［製鉄所での製鉄について調べたこと］について，Ｋさんは下線部の反応を次のように化学反応式で表した。化学反応式中の（あ），（い）に入れる数字の組み合わせとして最も適するものをあとの１～６の中から一つ選び，その番号を答えなさい。ただし，1～６において，（あ），（い）に数字を入れる必要がない場合は「空欄」としてある。

酸化鉄　　一酸化炭素　　鉄　　二酸化炭素

Fe_2O_3 ＋（　あ　）CO → $2Fe$ ＋（　い　）CO_2

１．あ：空欄　い：空欄　　２．あ：空欄　い：２　　３．あ：２　い：２

４．あ：２　い：３　　５．あ：３　い：空欄　　６．あ：３　い：３

問７　Ｋさんは，気孔のはたらきや性質について調べるために，次のような実験を行った。これらの実験とその結果について，あとの各問いに答えなさい。

［実験］　次のページの図のように，水を入れたメスシリンダーにアジサイをさして，メスシリンダー内の水の蒸発を防ぐために少量の油で水面を覆った装置を６個つくり，次の条件①や条件②を変えたものを装置Ａ～Ｆとした。

条件①　アジサイに，気孔をふさぐためのワセリンを塗る部分

条件②　装置を放置する場所

装置A～Fをしばらく放置し，メスシリンダー内の水の減少量を調べた。その後，すべての葉からワセリンを取り除き，葉を脱色してヨウ素溶液と反応させ，青紫色に染まるかどうかを調べた。

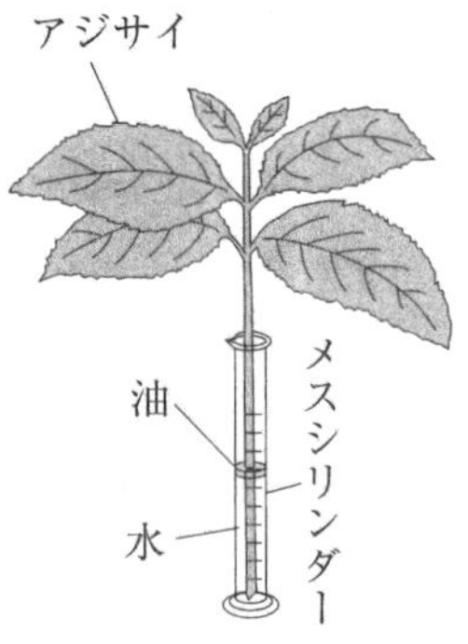

図

表1は，装置A～Fにおける条件①，②と実験の結果をあわせてまとめている途中のものである。なお，装置A～Fに用いたアジサイは，葉の大ささや枚数，茎の太さや長さがほぼ同じであり，実験前に暗室で1日放置したものである。また，装置A～Fを放置した場所は，いずれも気温や湿度がほぼ同じであり，風通しがよい場所である。

表1

	条件① アジサイにワセリンを塗る部分	条件② 装置を放置する場所	水の減少量 〔cm^3〕	ヨウ素溶液と反応させた結果
装置A	すべての葉の表面	日光の当たる場所		
装置B	すべての葉の裏面	日光の当たる場所	2.0	
装置C	すべての葉の表面と裏面	日光の当たる場所	0.2	ほぼ染まらなかった
装置D	なし	日光の当たる場所	10.0	青紫色に染まった
装置E	すべての葉の表面と裏面	暗室	0.2	ほぼ染まらなかった
装置F	なし	暗室	2.3	ほぼ染まらなかった

(ア)　次の□は，植物が物質を運ぶ管についてKさんがまとめたものである。文中の（X），（Y），（Z）にあてはまるものの組み合わせとして最も適するものをあとの1～4の中から一つ選び，その番号を答えなさい。

> 植物が生きるために必要な物質を運ぶ管は2種類ある。根から吸い上げられた水や養分は（　X　）を通って運ばれ，葉でつくられた栄養分は（　Y　）を通って運ばれる。これらの管は数本が束になっており。この束を維管束という。アジサイの茎を輪切りにした場合，維管束は（　Z　）。

1．X：道管　Y：師管　Z：輪のように並んでいる
2．X：道管　Y：師管　Z：散在している
3．X：師管　Y：道管　Z：輪のように並んでいる
4．X：師管　Y：道管　Z：散在している

(イ)　**表1**から，アジサイに日光を当てたときの葉の裏面からの蒸散量は何cm^3だと考えられるか。最も適するものを次の1～6の中から一つ選び，その番号を答えなさい。

1．1.8cm^3　2．2.0cm^3　3．2.2cm^3　4．7.8cm^3　5．8.0cm^3　6．8.2cm^3

(ウ)　Kさんは，〔実験〕の装置C～Fの結果から，ワセリンや日光の有無と，蒸散や光合成との関係について整理し，気孔のはたらきや性質について考察した。次のページの**表2**は，Kさんが

装置C～Fのうち２つの装置の結果を比較してわかることをまとめている途中のものである。

表２

比較する装置	比較してわかること
（　あ　）	アジサイに日光を当てると，ワセリンを塗らないアジサイでは光合成が行われるが，葉の両面にワセリンを塗ったアジサイでは光合成がほぼ行われない。
（　い　）	ワセリンを塗らないアジサイの蒸散量は，日光を当てたときの方が多い。
装置Cと装置E	葉の両面にワセリンを塗ったアジサイの蒸散量は，日光を当てるか当てないかによらず，ほぼ一定である。
	アジサイにワセリンを塗るか塗らないかによらず，暗室では光合成がほぼ行われない。

(i) **表２**中の（あ），（い）に最も適するものを次の１～４の中からそれぞれ一つずつ選び，その番号を答えなさい。

１．装置Cと装置D　　２．装置Cと装置F

３．装置Dと装置F　　４．装置Eと装置F

(ii) 次の□中のa～dのうち，装置C～Fの結果から気孔のはたらきや性質について考察できることとして最も適するものをあとの１～６の中から一つ選び，その番号を答えなさい。

a　葉の気孔の数は，表面よりも裏面の方が多い。
b　気孔には，日光が当たると開き，日光が当たらないと閉じる性質がある。
c　光合成が行われるための気体の出入りは，気孔を通して行われる。
d　光合成には，根から吸い上げた水と，気孔から取り入れた水の両方が使われる。

１．aとb　２．aとc　３．aとd　４．bとc　５．bとd　６．cとd

問８

Kさんは，地層の成り立ちについて調べるために，次のような実験を行った。また，いくつかの地域の露頭を観察した。これらについて，あとの各問いに答えなさい。

〔実験〕 **図１**のように，水を入れた容器を傾けて固定し，容器にれき，砂，泥を混ぜてつくった土砂をのせ，土砂の上から洗浄びんで水をかけて，土砂の流され方を調べた。**図２**は，水をかけ終わったあとの土砂の堆積のようすを真上から観察してスケッチしたものである。

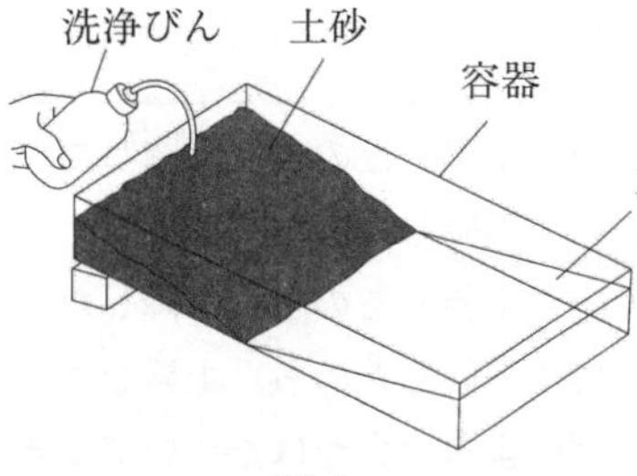

図１

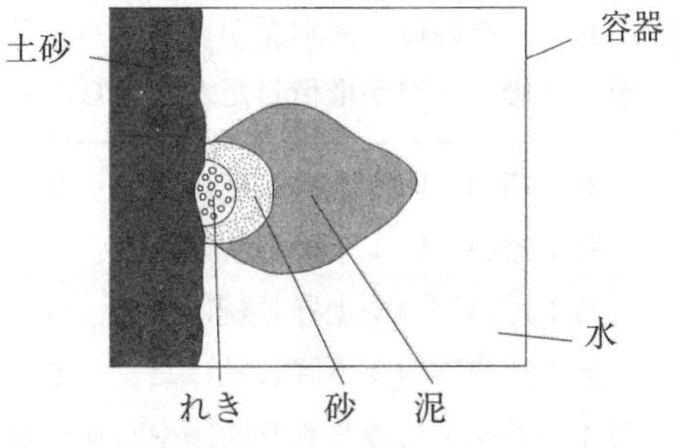

図２

〔観察〕 それぞれ異なる地域にある露頭X，露頭Yを観察した。**図3**と**図4**はそれぞれ露頭Xと露頭Yのスケッチである。

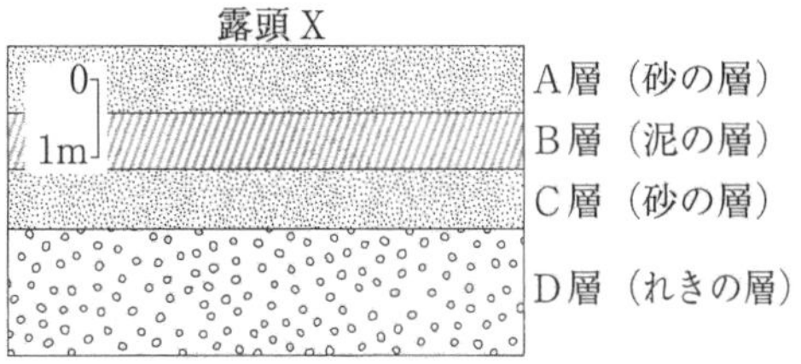

図3

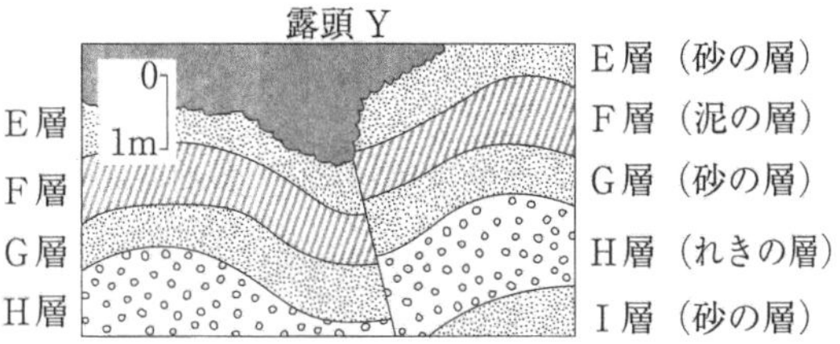

図4

(ア) 〔実験〕の**図2**を参考にして，実際に河口から海に流れ込んだれき，砂，泥が堆積したようすを表す図として最も適するものを次の1～4の中から一つ選び，その番号を答えなさい。

1.

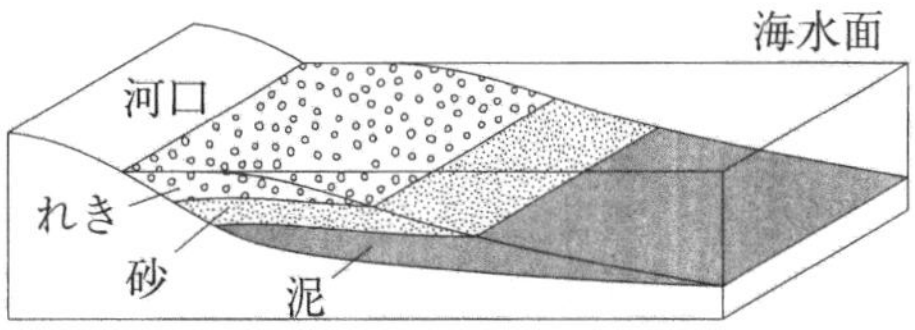

2.

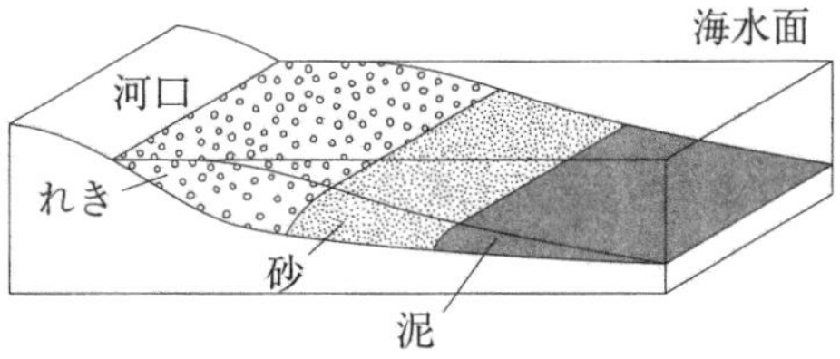

3.

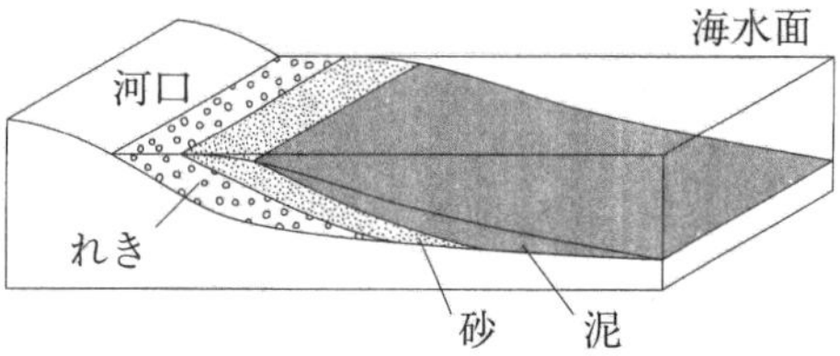

4.

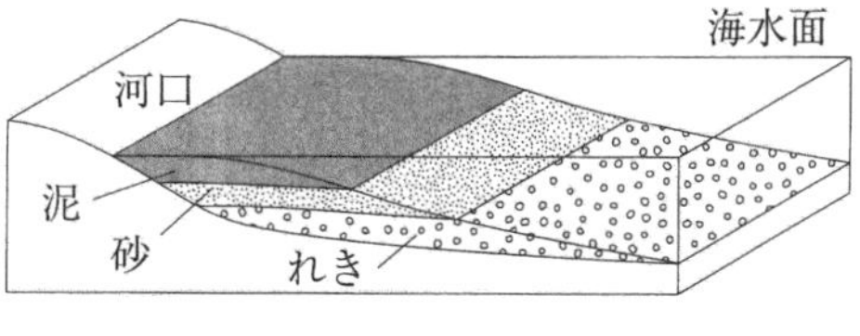

(イ) 次の□は，図3の露頭Xにみられる地層の成り立ちについてKさんがまとめたものである。文中の（あ），（い）にあてはまるものの組み合わせとして最も適するものをあとの1～8の中から一つ選び，その番号を答えなさい。

> 露頭Xにみられる地層の成り立ちを，海水面の変動と関連付けて考える。この地層に上下の逆転がないとすると，D層が堆積した当時，堆積した場所は河口から（　あ　）場所にあり，その後，海水面が（　い　）ことで堆積した場所の河口からの距離が変化し，C層，B層，A層が堆積したと考えられる。

1．あ：遠い　い：上昇し続けた　　2．あ：遠い　い：上昇したのち，下降した
3．あ：遠い　い：下降し続けた　　4．あ：遠い　い：下降したのち，上昇した
5．あ：近い　い：上昇し続けた　　6．あ：近い　い：上昇したのち，下降した
7．あ：近い　い：下降し続けた　　8．あ：近い　い：下降したのち，上昇した

(ウ) **図4**の露頭Yにみられる断層やしゅう曲は，地層にどのような力がはたらいてできたと考えられるか。最も適するものを次のページの1～4の中から一つ選び，その番号を答えなさい。

1．露頭Yの断層としゅう曲はどちらも，地層を押す力がはたらいてできた。

2．露頭Yの断層としゅう曲はどちらも，地層を引く力がはたらいてできた。

3．露頭Yの断層は地層を押す力がはたらいてでき，しゅう曲は地層を引く力がはたらいてできた。

4．露頭Yの断層は地層を引く力がはたらいてでき，しゅう曲は地層を押す力がはたらいてできた。

(エ)　Kさんは，露頭の観察以外にも，ボーリング調査によって地層について調べられることを知り，〔観察〕とは異なる地域で行われたボーリング調査の試料を観察した。**図5**は，この調査が行われた地域の等高線と標高を示している。また，**図6**は，**図5**のP，Q，Rの各地点で行われた調査をもとにつくった柱状図である。**図5**のS地点でボーリング調査を行った場合，**図6**の火山灰を含む層は地表から何mの深さに出てくると考えられるか。最も適するものをあとの1～6の中から一つ選び，その番号を答えなさい。ただし，この地域の地層は水平であり，地層の上下の逆転やしゅう曲および断層はないものとする。また，火山灰を含む層はいずれも同時期に堆積したものとする。

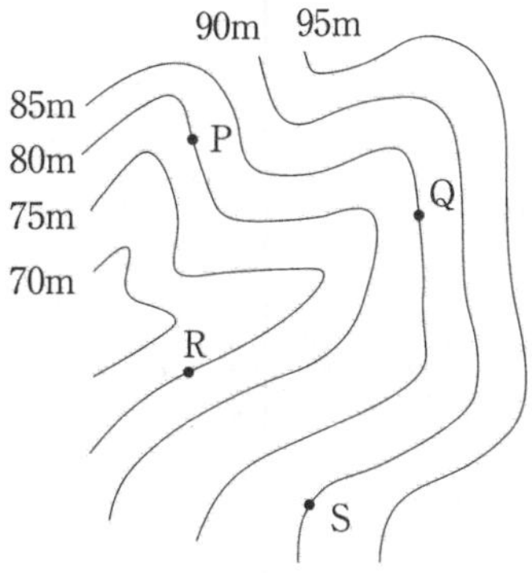

図5

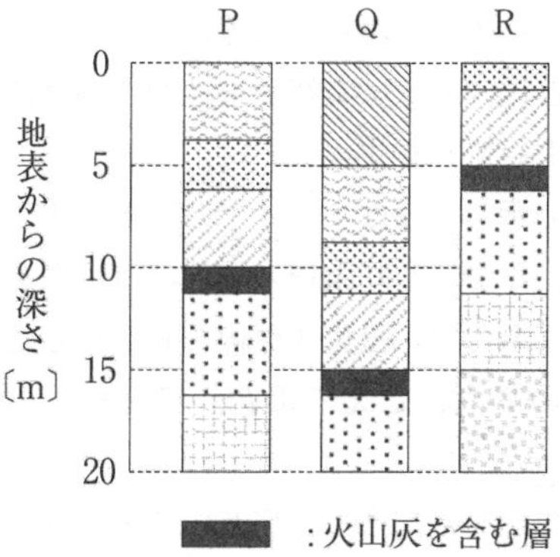

図6

1．5m　　2．10m　　3．15m　　4．20m　　5．25m　　6．30m

＜社会＞

時間 50分　　満点 100点

問１　Kさんは，国際連合の旗に用いられているデザインについて調べ，地理の授業で学習した内容と関連付けて，次の**レポート**を作成した。これについて，あとの各問いに答えなさい。

レポート

右の**図**は，国際連合の旗に用いられているデザインです。北極を中心とした世界地図を，平和の象徴とされている①オリーブの枝が囲んでいます。

図

○　私は，**図**をもとに右の**略地図**を作成しました。**略地図**は中心からの距離と方位を正しく表しており，緯線は赤道から30度ごとに，経線は本初子午線から45度ごとに引いています。

○　**P**で示した線は［あ］の緯線です。また，**Q**で示した太線の経線は日付変更線の基準です。日付変更線を**R**で示した矢印の方向にこえる場合，日付を１日［い］ます。

○　**A**で示した都市を首都とする国では，先住民である［う］の文化や社会的地位を守る取り組みが進められています。また，②**B**で示した都市を首都とする国の公用語は，ポルトガル語です。

○　世界は六つの州に分けられます。③アフリカ州の国ぐにには農産物や鉱産資源に恵まれています。

略地図

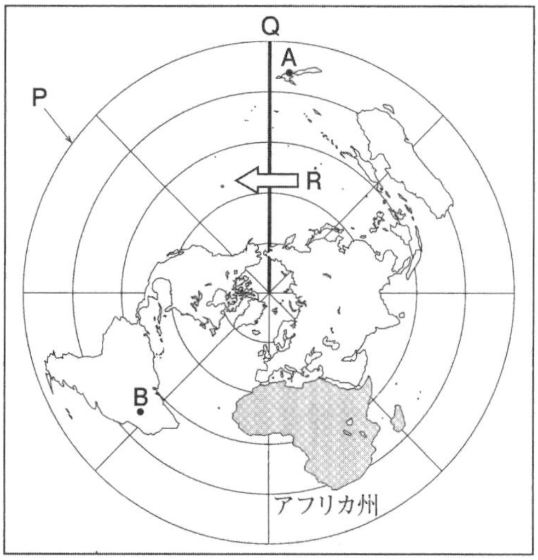

(ア)　——線①に関して，次の**表１**中のX～Zは，オリーブ，とうもろこし，綿花のいずれかを示している。X～Zの組み合わせとして最も適するものを，次のページの１～６の中から一つ選び，その番号を答えなさい。

表１　三つの農産物の生産量（上位３か国，2019年）　（単位：千トン）

X		Y		Z	
アメリカ合衆国	345,962	スペイン	5,965	インド	6,033
中華人民共和国	260,779	イタリア	2,194	中華人民共和国	4,892
ブラジル	101,126	モロッコ	1,912	アメリカ合衆国	4,335

（『世界国勢図会　2022／23年版』をもとに作成）

1．X：オリーブ　Y：とうもろこし　Z：綿花
2．X：オリーブ　Y：綿花　Z：とうもろこし
3．X：とうもろこし　Y：オリーブ　Z：綿花
4．X：とうもろこし　Y：綿花　Z：オリーブ
5．X：綿花　Y：オリーブ　Z：とうもろこし
6．X：綿花　Y：とうもろこし　Z：オリーブ

(イ) **レポート**中の あ ， い にあてはまる語句の組み合わせとして最も適するものを，次の1～8の中から一つ選び，その番号を答えなさい。

1．あ：北緯60度　い：進め　2．あ：北緯60度　い：遅らせ
3．あ：北緯90度　い：進め　4．あ：北緯90度　い：遅らせ
5．あ：南緯60度　い：進め　6．あ：南緯60度　い：遅らせ
7．あ：南緯90度　い：進め　8．あ：南緯90度　い：遅らせ

(ウ) **レポート**中の う にあてはまる語句として最も適するものを，次の1～6の中から一つ選び，その番号を答えなさい。

1．アイヌ　2．アボリジニ（アボリジニー）　3．イヌイット
4．ヒスパニック　5．マオリ　6．メスチソ（メスチーソ）

(エ) ――線②に関して，Kさんは「ポルトガル語が，**B**で示した都市を首都とする国の公用語になった歴史的背景には，どのようなことがあるだろうか。」という学習課題を設定した。この学習課題を解決するための調査として最も適するものを，次の1～4の中から一つ選び，その番号を答えなさい。

1．15世紀後半から16世紀にかけて，ヨーロッパ諸国が海外に進出した影響について調査する。
2．産業革命がヨーロッパで始まったことと，社会主義の考え方が生じたことの関連について調査する。
3．19世紀半ばの北アメリカ大陸における，奴隷労働をめぐる考え方の違いについて調査する。
4．欧米諸国の支配を受けていた国ぐにが，第二次世界大戦後に独立を果たした経緯について調査する。

(オ) ――線③に関して，次の**表2**から読み取れることとして**適切でないもの**を，次のページの1～4の中から一つ選び，その番号を答えなさい。

表2　アフリカ州の国ぐにの輸出と国内総生産（2020年）　（輸出額と国内総生産の単位：億ドル）

国	主な輸出品（輸出額上位5品目）の品目ごとの輸出額が，「輸出額の合計」に占める割合	輸出額の合計	国内総生産
Ⅰ エチオピア	コーヒー豆 31.5%，野菜・果実 22.8%，ごま 14.3%，装飾用切花 7.5%，衣類 5.5%	25	966
Ⅱ ザンビア	銅 73.5%，銅鉱 2.3%，セメント 1.6%，機械類 1.5%，葉たばこ 1.4%	78	181
Ⅲ ボツワナ	ダイヤモンド 88.1%，機械類 3.4%，金（非貨幣用）1.1%，ソーダ灰 0.9%，銅鉱 0.6%	43	158
Ⅳ 南アフリカ共和国	白金族 12.6%，自動車 9.8%，金（非貨幣用）7.9%，機械類 7.6%，鉄鉱石 7.2%	852	3,021

（『世界国勢図会　2022／23年版』をもとに作成）

1．Ⅰの国の「輸出額上位５品目のうち農産物の輸出額が，『輸出額の合計』に占める割合」は，５割を上回っている。

2．Ⅱの国の「国内総生産に対する『輸出額の合計』の割合」は，**表２**中の国の中で最も大きい。

3．Ⅲの国の「輸出額上位５品目のうち鉱産資源の輸出額」は，35億ドルを上回っている。

4．Ⅳの国の「輸出額上位５品目のうち工業製品の輸出額が，『輸出額の合計』に占める割合」は，**表２**中の国の中で最も小さい。

問２　Ｋさんは，大阪府堺市の特徴について考えるために，次の**資料１**～**資料５**を作成した。これらについて，あとの各問いに答えなさい。

資料１　堺市内のある地域を示した地形図

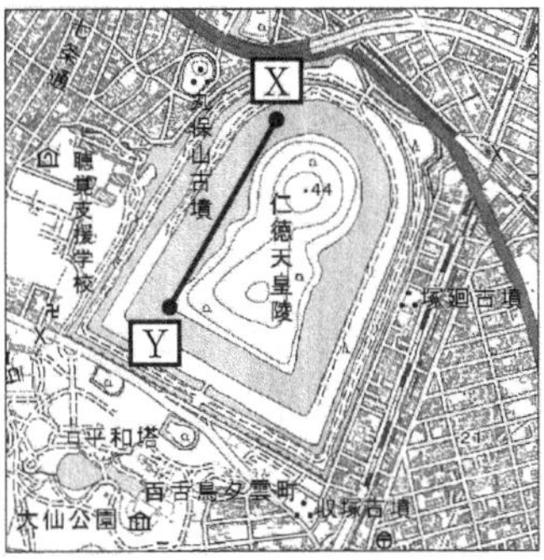

（「２万５千分の１の電子地形図　国土地理院作成（令和４年調製）」一部改変）

資料２　堺市内の泉北ニュータウンの人口ピラミッド

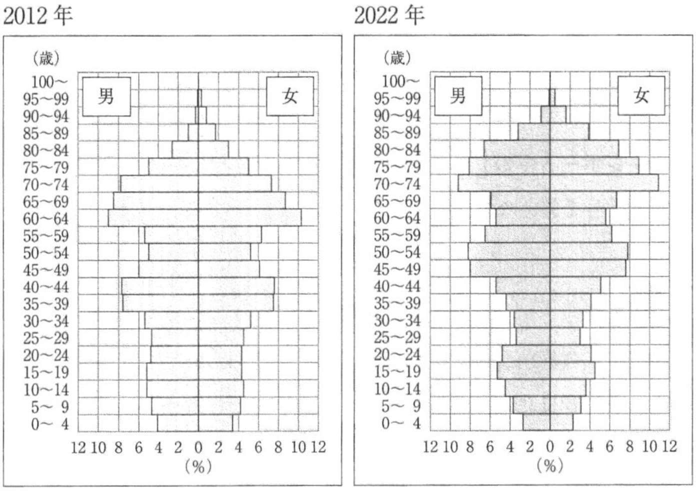

資料３　堺市内の区ごとの人口と面積

区	人口（2022 年）（単位：人）	面積（単位：km²）
堺　区	148,778	23.66
中　区	119,430	17.88
東　区	84,624	10.49
西　区	133,872	28.62
南　区	134,213	40.39
北　区	158,757	15.60
美原区	36,885	13.20

資料４　堺市内の鉄道網

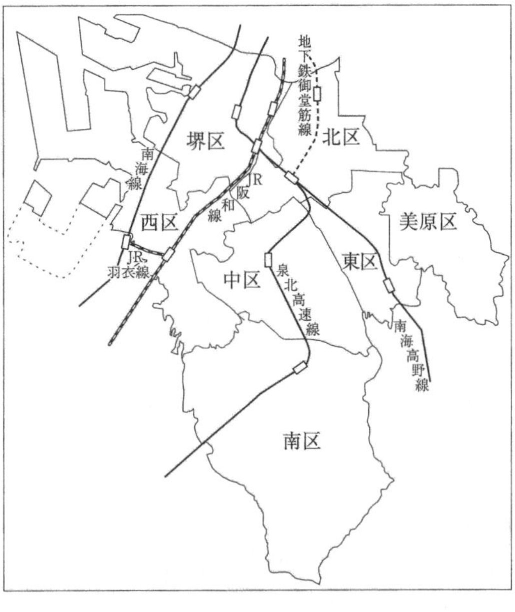

資料5　堺市の姉妹都市及び友好都市と気候

	都市（国）	気候
姉妹都市	バークレー市（アメリカ合衆国）	温帯（地中海性気候）
	ウェリントン市（ニュージーランド）	温帯（西岸海洋性気候）
友好都市	連雲港《リエンユンカン》市（中華人民共和国）	温帯（温暖湿潤気候）
	ダナン市（ベトナム）	熱帯

（**資料2**～**資料5**は，堺市ウェブサイト掲載資料をもとに作成）

(ア)　**資料1**について説明したものとして**適切でないもの**を，次の1～4の中から一つ選び，その番号を答えなさい。ただし，X ── Y の**資料1**上の長さは2cmであるものとする。

1．**資料1**にみられる遺跡の形状から，「仁徳天皇陵」は前方後円墳であることがわかる。

2．**資料1**上の「仁徳天皇陵」には，標高が40mをこえる地点がある。

3．**資料1**上の X ── Y の実際の距離は，約1,000mである。

4．**資料1**上の「仁徳天皇陵」の周囲には，「仁徳天皇陵」と比べて小規模の古墳が複数みられる。

(イ)　**資料2**について説明した次の文X，Yの正誤の組み合わせとして最も適するものを，あとの1～4の中から一つ選び，その番号を答えなさい。

X　65歳以上の人口の割合を比べたとき，2022年の方が2012年より小さい。

Y　2022年における25～34歳の人口の割合は，2012年における15～24歳の人口の割合より大きい。

1．X：正　Y：正　　2．X：正　Y：誤　　3．X：誤　Y：正　　4．X：誤　Y：誤

(ウ)　**資料3**，**資料4**から読み取れることについて説明したものとして最も適するものを，次の1～4の中から一つ選び，その番号を答えなさい。

1．「JR阪和線」は，人口が12万人未満の区を通っている。

2．面積が20km^{2}以上であるいずれの区にも，複数の路線の鉄道が通っている。

3．堺市の中で最も面積が小さい区には，鉄道が通っていない。

4．堺市の中で最も人口密度が高い区には，「地下鉄御堂筋線」が通っている。

(エ)　Kさんは，**資料5**中の四つの都市について調べ，それらの都市ごとの特徴を次の1～4のカードにまとめた。このうち，連雲港市の特徴について説明したカードとして最も適するものを，あとの1～4の中から一つ選び，その番号を答えなさい。

1．

1年を通して気温や降水量の変化が大きく，四季の変化がはっきりしています。海外からの資本の投資や企業の設立が積極的におこなわれています。

2．

気温は7～8月に低く1～2月に高いですが，1年を通して気温と降水量の変化が小さいです。海と丘陵地に囲まれており，博物館や美術館等の文化施設があります。

3．

夏は極端に雨が少なく乾燥しており，冬に降水量が多くなります。国際色豊かな都市として知られ，世界的に有名な大学があり，研究機関が整備されています。

4．

一年中気温が高く，雨季と乾季が分かれています。ビーチリゾートなどの観光開発が進んでおり，2017年にはAPEC首脳会議が開催されました。

問３　Ｋさんは，古代から近世にかけての日本における土地に関するできごとについて調べ，次の**表**を作成した。これについて，あとの各問いに答えなさい。

表（できごとは，年代の古い順に並べてある。）

古代から近世にかけての日本における土地に関するできごと	
①ムラとムラのあいだで土地や水の利用をめぐる争いがおこる中で，小さなクニが各地にうまれた。	
人口が増加し口分田が不足したことから，農地を増やすために［あ］が出された。	↑
	A
源頼朝が，荘園や公領ごとに［い］を設置することを，朝廷に認めさせた。	↓↑
	B
太閤検地がおこなわれ，土地の生産量が［う］という統一的な基準で表されるようになった。	↓
地主となる者が出るなど農民のあいだで貧富の差が拡大する中で，②百姓一揆の発生件数が増加した。	

(ア)　**表**中の［あ］～［う］にあてはまる語句の組み合わせとして最も適するものを，次の１～８の中から一つ選び，その番号を答えなさい。

１．あ：班田収授法（班田収授の法）　い：地頭　う：地価
２．あ：班田収授法（班田収授の法）　い：地頭　う：石高
３．あ：班田収授法（班田収授の法）　い：守護　う：地価
４．あ：班田収授法（班田収授の法）　い：守護　う：石高
５．あ：墾田永年私財法　い：地頭　う：地価
６．あ：墾田永年私財法　い：地頭　う：石高
７．あ：墾田永年私財法　い：守護　う：地価
８．あ：墾田永年私財法　い：守護　う：石高

(イ)　**表**中の［A］の期間における日本の仏教及び仏教の影響を受けた文化について説明したものとして最も適するものを，次の１～４の中から一つ選び，その番号を答えなさい。

１．日蓮は，「南無妙法蓮華経」と題目を唱えれば人も国も救われると説いた。
２．禅宗の僧侶が中国からもたらした水墨画がさかんになり，雪舟が名作を残した。
３．平泉を拠点とする奥州藤原氏によって，中尊寺金色堂が建てられた。
４．飛鳥地方を中心に，日本で最初の仏教文化がおこった。

(ウ)　**表**中の［B］の期間におこったできごとについて説明した次のページの文Ⅰ～Ⅲを年代の古い

順に並べたものとして最も適するものを，あとの１～６の中から一つ選び，その番号を答えなさい。

Ⅰ　イエズス会の宣教師のフランシスコ＝ザビエルが，日本にキリスト教を伝えた。 Ⅱ　博多湾に上陸した元軍が，集団戦法や火薬を使った武器で幕府軍を苦しめた。 Ⅲ　足利義満が，明から与えられた勘合を用いて，明との貿易を始めた。

１．Ⅰ→Ⅱ→Ⅲ　　２．Ⅰ→Ⅲ→Ⅱ　　３．Ⅱ→Ⅰ→Ⅲ
４．Ⅱ→Ⅲ→Ⅰ　　５．Ⅲ→Ⅰ→Ⅱ　　６．Ⅲ→Ⅱ→Ⅰ

(エ)　**表**中の――線①に関して，Ｋさんは「この時期の日本における人びとの生活はどのようなものだったのだろうか。」という学習課題を設定し，次の**資料**の遺物について調査した。この遺物が使われ始めたと考えられる時代の様子について説明したものとして最も適するものを，**資料**の遺物を参考にしながら，あとの１～４の中から一つ選び，その番号を答えなさい。

資料（模様の一部を拡大して示してある。）

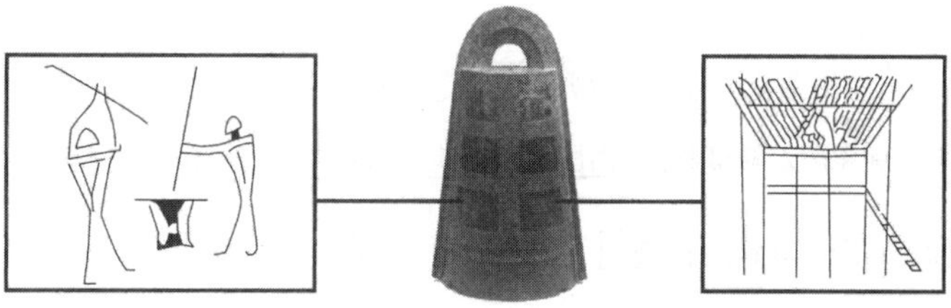

（東京国立博物館所蔵）

１．ユーラシア大陸から移り住んだ人びとが，打製石器を使って大型動物をとらえていた。
２．稲作が東日本にまで広がり，人びとは収穫した米をたくわえるようになった。
３．海面が上昇し海岸に多くの入り江ができたため，人びとは魚や貝を獲得できるようになった。
４．朝鮮半島から移り住んだ渡来人によって，須恵器をつくる技術や漢字などの文物が伝えられた。

(オ)　**表**中の――線②に関して，次の**グラフ**は，１年ごとの百姓一揆の発生件数の推移を表したものである。**グラフ**中の え ，お の期間に**発生件数が増加した背景の共通点**について説明した次のページの文Ｘ，Ｙと，それらの期間におこった**できごと**について説明した文ａ～ｄの組み合わせとして最も適するものを，あとの１～８の中から一つ選び，その番号を答えなさい。

グラフ

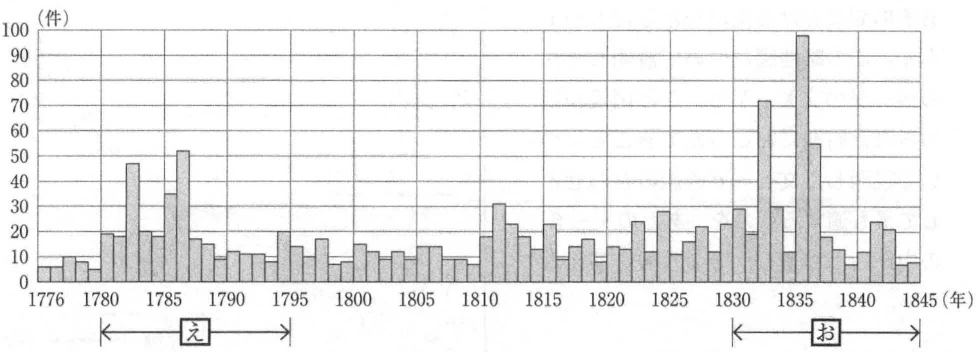

（青木虹二《こうじ》『百姓一揆総合年表』をもとに作成）

発生件数が増加した背景の共通点	X　大規模なききんが発生した。 Y　ロシア船やイギリス船があいついで日本に来航するようになった。
で　き　ご　と	a　［え］の期間に，幕府は，農民の都市への出かせぎを制限する政策を進めた。 b　［え］の期間に，幕府は，日本人の出国と入国を初めて禁止した。 c　［お］の期間に，幕府は，商工業者が株仲間をつくることを奨励した。 d　［お］の期間に，幕府は，下田と函館の２港をひらくことを認めた。

1．Xとa　　2．Xとb　　3．Xとc　　4．Xとd
5．Yとa　　6．Yとb　　7．Yとc　　8．Yとd

問４　Kさんは，近現代の日本と海外の国ぐにとのあいだのできごとについて調べ，次の**表**を作成した。これについて，あとの各問いに答えなさい。

表（できごとは，年代の古い順に並べてある。）

近現代の日本と海外の国ぐにとのあいだのできごと	
ロシアとのあいだで和親条約が結ばれ，①両国間の国境が初めて定められた。	
	A
清とのあいだで講和条約が結ばれ，［　あ　］が日本の領土になった。	
	B
ワシントン会議がひらかれ，［　い　］ことが合意された。	
	C
アメリカ合衆国など48か国とのあいだで，②講和条約が結ばれた。	
	D
③自衛隊の部隊が，国際連合の平和維持活動に初めて派遣された。	

(ア)　**表**中の［あ］，［い］にあてはまる語句の組み合わせとして最も適するものを，次の１～４の中から一つ選び，その番号を答えなさい。
1．あ：満州　　い：国際連盟を設立する　　2．あ：満州　　い：海軍の軍備を制限する
3．あ：台湾　　い：国際連盟を設立する　　4．あ：台湾　　い：海軍の軍備を制限する

(イ)　――線①に関して，右の**略地図**は，19世紀後半から20世紀初めにかけてのある期間における国境を示したものである。この**略地図**について説明した次のページの文X，Yと，この国境が定められた時期におこった**できごと**について説明した文a～cの組み合わせとして最も適するものを，あとの１～６の中から一つ選び，その番号を答えなさい。

略地図

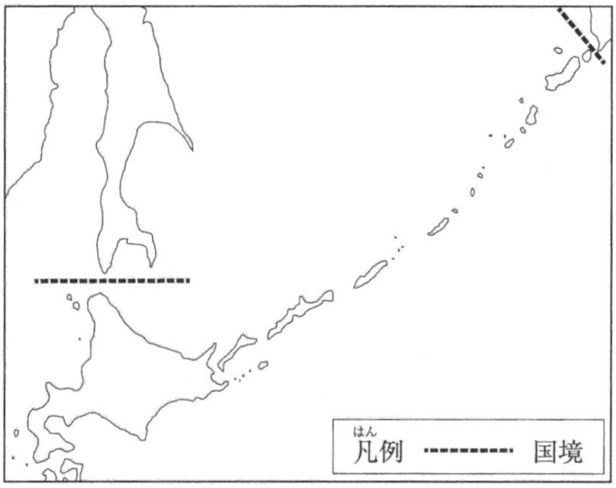

略地図	X　**略地図**には，日露戦争の講和条約によって定められた国境が示されている。
	Y　**略地図**には，樺太・千島交換条約によって定められた国境が示されている。
できごと	a　イギリス，フランス，アメリカ合衆国，日本が，共同でシベリアに出兵した。
	b　日本政府は，職を失った士族らを屯田兵とし，北方の防備や開拓に従事させた。
	c　ソビエト連邦は，日ソ中立条約を破って，樺太や千島列島に侵攻した。

1．Xとa　2．Xとb　3．Xとc　4．Yとa　5．Yとb　6．Yとc

(ウ)　次の**資料1**は，――線②の条約の一部である。この条約について説明したものとして最も適するものを，あとの1～4の中から一つ選び，その番号を答えなさい。

資料1

第1条
(a)　日本国と各連合国との間の戦争状態は，…（中略）…この条約が日本国と当該連合国との間に効力を生ずる日に終了する。…（中略）…
第3条　日本国は，北緯29度以南の南西諸島（琉球諸島…（中略）…を含む。），孀婦《そうふ》岩の南の南方諸島（小笠原群島…（中略）…を含む。）並びに沖の鳥島及び南鳥島を合衆国を唯一の施政(注1)権者とする信託統治(注2)制度の下におくこととする国際連合に対する合衆国のいかなる提案にも同意する。このような提案が行われ且《か》つ可決されるまで，合衆国は，領水を含むこれらの諸島の領域及び住民に対して，行政，立法及び司法上の権力の全部及び一部を行使する権利を有するものとする。
（注1）施政：政治をおこなうこと。
（注2）信託統治：国際連合の信託を受けた国が一定の領土を統治すること。

1．この条約に基づき，中華人民共和国との国交が正常化された。
2．この条約に基づき，アメリカ合衆国やイギリスとの「戦争状態」が終了した。
3．この条約の調印に先立って，小笠原諸島が日本に返還された。
4．この条約の調印に先立って，日本は国際連合への加盟を正式に認められた。

(エ)　次の**資料2**は，――線③が発足した時期における日本の経済について説明したものである。あとの1～4のできごとのうち，**資料2**中の＝＝線に最も関係が深いと考えられるものを，1～4の中から一つ選び，その番号を答えなさい。

資料2

戦後日本経済の回復の速やかさには誠に万人の意表外にでるものがあった。それは日本国民の勤勉な努力によって培われ，世界情勢の好都合な発展によって育まれた。…（中略）…いまや経済の回復による浮揚力はほぼ使い尽くされた。…（中略）…もはや「戦後」ではない。我々はいまや異なった事態に当面しようとしている。回復を通じての成長は終わった。

（『経済白書』）

1．アメリカ合衆国の軍隊が朝鮮戦争で必要とする物資を日本に発注したため，経済復興が進んだ。

2．戦場となったヨーロッパ諸国が大量の物資を日本に発注したため，好景気になった。
3．第四次中東戦争がおこったことで石油の価格が大幅に上昇し，景気が悪化した。
4．世界恐慌の影響を受けて，農村では米やまゆなどの農産物の価格が暴落した。

(オ) 表中の A ～ D の期間の日本でおこったできごとについて説明したものとして最も適するものを，次の1～4の中から一つ選び，その番号を答えなさい。

1．A の期間には，立憲政友会から藩閥，官僚勢力に政権が移った。
2．B の期間には，海軍の青年将校が首相官邸をおそい，首相を暗殺する事件がおこった。
3．C の期間には，政府が議会の承認なしに物資や労働力を動員できるようになった。
4．D の期間には，国会議員を選出する選挙において，女性が初めて投票できるようになった。

問5　Kさんは，東京オリンピックに関する二つの時期の社会の様子を比較するために，次の表を作成した。これについて，あとの各問いに答えなさい。

表

		1964年	2020年
人口	人口	9,718万人	1億2,623万人
	合計特殊出生率	2.05	1.33
	1世帯あたりの人員	4.05人	2.27人
家計	世帯の収入（月額）	58,217円	579,127円
労働	労働力人口	4,710万人	6,868万人
	第2次産業の就業者数	1,467万人	1,539万人
	平均週間就業時間	47.6時間	36.6時間
物価	テレビ1台の①価格	55,500円	46,504円
経済指標	為替レート	1ドル＝360円	1ドル＝109円
	②株価（日経平均）	1,216.55円	27,444.17円
③医療	一人あたりの医療費	9,700円	340,600円

（総務省ウェブサイト掲載資料をもとに作成）

(ア) 1964年と2020年を比べたときに**2020年の方が高い**ものとして最も適するものを，表を参考にしながら，次の1～4の中から一つ選び，その番号を答えなさい。

1．一人の女性が一生に産む子どもの数の平均の値
2．「労働力人口」に占める第2次産業の就業者数の割合
3．ドルに対する円の価値
4．「世帯の収入（月額）」に対するテレビ1台の価格の割合

(イ) 表で示された内容について説明した次の文X，Yの正誤の組み合わせとして最も適するものを，次のページの1～4の中から一つ選び，その番号を答えなさい。

X 「1世帯あたりの人員」が表のように変化した背景の一つとして，世帯数に占める一人暮らしの数の割合が，1964年から2020年にかけて増加傾向にあったことが考えられる。
Y 表における2020年の「平均週間就業時間」は，労働基準法で定められた週あたりの労働時間の上限を上回っている。

1．X：正　Y：正　　2．X：正　Y：誤　　3．X：誤　Y：正　　4．X：誤　Y：誤

(ウ)　――線①に関して，価格や景気の変動について説明したものとして最も適するものを，次の1～4の中から一つ選び，その番号を答えなさい。

1．不況のときには，日本銀行が一般の銀行から国債を買い取ることで，景気の回復が期待できる。

2．好況のときには，政府が減税をおこなうことによって，インフレーションの抑制が期待できる。

3．需要が供給を上回り商品の希少性が高くなると，デフレーションがおこりやすい。

4．電気や水道の料金は，市場での需要量と供給量が一致する均衡価格に基づいて決定される。

(エ)　――線②に関して，株式について説明した次の文中の [あ] ～ [う] にあてはまる語句の組み合わせとして最も適するものを，あとの1～8の中から一つ選び，その番号を答えなさい。

○　株式会社が株式を発行して必要な資金を集める仕組みを，[あ] 金融という。
○　一定の基準を満たした企業の株式は，[い] 等で自由に売買されている。
○　株式会社が倒産した場合，株主は [う]。

1．あ：直接　い：株主総会　う：会社の借金を返済する義務を負う
2．あ：直接　い：株主総会　う：出資額を失う以上の責任を負う必要はない
3．あ：直接　い：証券取引所　う：会社の借金を返済する義務を負う
4．あ：直接　い：証券取引所　う：出資額を失う以上の責任を負う必要はない
5．あ：間接　い：株主総会　う：会社の借金を返済する義務を負う
6．あ：間接　い：株主総会　う：出資額を失う以上の責任を負う必要はない
7．あ：間接　い：証券取引所　う：会社の借金を返済する義務を負う
8．あ：間接　い：証券取引所　う：出資額を失う以上の責任を負う必要はない

(オ)　――線③に関して，次の**資料**から考えられることについて説明したあとの文X～Zの正誤の組み合わせとして最も適するものを，1～8の中から一つ選び，その番号を答えなさい。

資料　社会保障費の給付額と負担額　（金額の単位：億円）

年度	給付額			負担額			(参考)
	医療	年金	その他	社会保険料	公費	その他	国民所得
1965	9,137	3,508	3,392	13,768	7,792	2,436	268,270
	合計 16,037			合計 23,996			
2019	407,226	554,520	277,494	740,082	519,137	64,527	4,006,470
	合計 1,239,241			合計 1,323,746			

（『数字でみる　日本の100年　改訂第7版』，『日本国勢図会　2022／23年版』をもとに作成）

X　「『年金』が『給付額の合計』に占める割合」に着目すると，1965年から2019年のあいだに，年金の給付を受けることになる世代の人数が減少する傾向が進んだと考えられる。

Y　「『給付額の合計』が『国民所得』に対する割合」に着目すると，1965年から2019年の

あいだに，社会保障における政府の財政上の役割が小さくなる傾向が進んだと考えられる。
Z　「『公費』が『負担額の合計』に占める割合」に着目すると，1965年から2019年のあいだに，社会保障の財源に占める税金の割合が大きくなる傾向が進んだと考えられる。

1．X：正　Y：正　Z：正　　2．X：正　Y：正　Z：誤
3．X：正　Y：誤　Z：正　　4．X：正　Y：誤　Z：誤
5．X：誤　Y：正　Z：正　　6．X：誤　Y：正　Z：誤
7．X：誤　Y：誤　Z：正　　8．X：誤　Y：誤　Z：誤

問６　Ｋさんは，公民の授業で学習した現代社会の特色や日本の政治の特徴についてまとめ，次の**メモ**を作成した。これについて，あとの各問いに答えなさい。

メモ

○　現代の日本には，歴史の中で育まれ受け継がれてきた，①伝統文化があります。
○　日本国憲法は，国の最高法規です。②憲法によって政治権力を制限して人権を保障する考え方がとられる一方で，③「公共の福祉」のために人権が制限されることもあります。
○　日本国民は，④選挙で国民の代表者を選出することを通じて政治に参加しています。私は，⑤地球規模の課題の解決を視野に入れ，投票に備えて多くのことを学びたいと考えています。

(ア)　——線①に関して，日本の伝統文化について説明した次の文Ⅰ～Ⅲを，年代の古いものから順に並べたものとして最も適するものを，あとの１～６の中から一つ選び，その番号を答えなさい。

Ⅰ　田楽や猿楽が，観阿弥・世阿弥によって能（能楽）として大成された。
Ⅱ　歌舞伎が演劇として発達し，近松門左衛門が庶民の共感をよぶ作品を書いた。
Ⅲ　千利休が，質素と静かな雰囲気を大切にするわび茶の作法を完成させた。

1．Ⅰ→Ⅱ→Ⅲ　　2．Ⅰ→Ⅲ→Ⅱ　　3．Ⅱ→Ⅰ→Ⅲ
4．Ⅱ→Ⅲ→Ⅰ　　5．Ⅲ→Ⅰ→Ⅱ　　6．Ⅲ→Ⅱ→Ⅰ

(イ)　——線②に関して，次の**資料**は，ヨーロッパのある思想家の著作の一部である。**資料**の趣旨について説明したものとして最も適するものを，次のページの１～４の中から一つ選び，その番号を答えなさい。

資料

同一人，または同一の執政官(注１)団体の掌中に立法権と執行権(注２)が結合されているときには，自由はない。なぜなら，同じ君主あるいは同じ元老院(注３)が暴政的な法律を定め，それを暴政的に執行するおそれがありうるからである。裁判権が，立法権と執行権から分離されていないときにもまた，自由はない。もしそれが，立法権に結合されていれば，市民の生命と自由を支配する権力は恣《し》意《い》的であろう。なぜならば，裁判官が立法者なのだから。もしそれが執行権に結合されていれば，裁判官は圧制者の力をもちうることになろう。

（注１）執政官：行政官。（注２）執行権：行政権。（注３）元老院：立法機関。

1．自由権だけでなく，社会権も基本的人権の一つとして認識されるべきである。
2．一つの内容について，複数回裁判を受けることができる制度を整えるべきである。
3．身分制度は否定され，市民の政治参加が促されるべきである。
4．国の権力を分けて，それぞれ独立した機関に担当させるべきである。

(ウ)　――線③の具体例について説明したものとして最も適するものを，次の１～４の中から一つ選び，その番号を答えなさい。
1．天皇の国事に関する行為には，内閣の助言と承認を必要とする。
2．国は政治に関する情報を開示しなければならない。
3．感染症の感染が確認された患者を，法律に基づき入院させる。
4．地方公共団体の財源の一つである国庫支出金は，使いみちが限定されている。

(エ)　――線④に関して，次の**表１**，**表２**は，日本の国会について示したものである。日本の国会について説明したあとの文ａ～ｆのうち，正しいものの組み合わせとして最も適するものを，**表１**，**表２**を参考にしながら，１～８の中から一つ選び，その番号を答えなさい。

表１　日本の二院制

	議院Ａ	議院Ｂ
議員定数	465人 小選挙区 289人 比例代表 176人	248人 選挙区 148人 比例代表 100人
解散	ある	ない
選挙権	満18歳以上	満18歳以上
被選挙権	満25歳以上	満30歳以上

表２　**表１**中「議院Ａ」の議席数等の推移

選挙がおこなわれた年	議席数	うち与党	議院Ａに議席を有する与党の数
Ⅰ　1958年	467	287	1
Ⅱ　1993年	511	243	7
Ⅲ　1996年	500	256	3
Ⅳ　2009年	480	318	3
Ⅴ　2012年	480	325	2

（総務省ウェブサイト掲載資料をもとに作成）

ａ　「議院Ａ」の議員は，３年ごとに半数が改選される。
ｂ　「議院Ｂ」では，緊急集会がおこなわれることがある。
ｃ　「議院Ａ」と「議院Ｂ」のいずれの選挙においても，政党ごとの得票数に応じて議席を配分する制度が取り入れられている。
ｄ　「議院Ａ」と「議院Ｂ」のいずれの選挙においても，満18歳以上の者が立候補することができる。
ｅ　**表２**中のⅡ，Ⅲ，Ⅳ，Ⅴの年には，連立政権がつくられた。
ｆ　**表２**中のⅠ～Ⅴのいずれの年においても，「議院Ａ」における与党の議席数は，与党議員の賛成のみで法案を可決するために十分な数である。

1．ａ，ｃ，ｅ　　2．ａ，ｃ，ｆ　　3．ａ，ｄ，ｅ　　4．ａ，ｄ，ｆ
5．ｂ，ｃ，ｅ　　6．ｂ，ｃ，ｆ　　7．ｂ，ｄ，ｅ　　8．ｂ，ｄ，ｆ

(オ)　――線⑤に関して，Ｋさんは，環境問題に対する国際社会の取り組みについて調べ，次のページの文章を作成した。この文章中の［あ］，［い］にあてはまる語句の組み合わせとして最も適するものを，あとの１～６の中から一つ選び，その番号を答えなさい。

> 1997年の第3回気候変動枠組条約締約国会議で京都議定書が採択されましたが，当時世界で最も多くの温室効果ガスを排出していた［あ］が早期に離脱するといった課題がありました。2015年には，［い］等の内容を盛りこんだパリ協定が採択されました。

1．あ：アメリカ合衆国　　い：温室効果ガスの削減目標の提出をすべての国に義務づける
2．あ：アメリカ合衆国　　い：温室効果ガスの排出量の削減を先進国に義務づける
3．あ：中華人民共和国　　い：温室効果ガスの削減目標の提出をすべての国に義務づける
4．あ：中華人民共和国　　い：温室効果ガスの排出量の削減を先進国に義務づける
5．あ：ロシア連邦　　い：温室効果ガスの削減目標の提出をすべての国に義務づける
6．あ：ロシア連邦　　い：温室効果ガスの排出量の削減を先進国に義務づける

問7　Kさんは，沖縄県について調べ，社会の授業で学習した内容と関連付けて，次の**レポート**を作成した。これについて，あとの各問いに答えなさい。

レポート

1　沖縄県の自然と暮らしについて
　潮の満ち引きがある海岸沿いにみられる常緑広葉樹の［あ］が，波から島を守る天然の防波堤としての役割を果たしています。また，沖縄県の伝統的な家屋には，［い］による被害に備えて家を石垣で囲うといった工夫がみられます。

2　「慰霊の日」について
　資料1は，1974年に沖縄県が定めた条例の一部です。

3　琉球王国について
　15世紀前半から19世紀にかけて，琉球王国がさかえました。**資料2**は，琉球王国の様子を表した歌謡の一部です。

4　今後調べてみたいこと
　沖縄県には，アメリカ合衆国の軍隊が使用することができる施設が多くあります。③アメリカ合衆国の軍隊が沖縄に駐留している背景や，軍隊をめぐる課題について，今後調べたいと思います。

資料1

> ①我が県が，第二次世界大戦において多くの尊い生命，財産及び文化的遺産を失つ《(っ)》た冷厳な歴史的事実にかんがみ，これを厳粛に受けとめ，戦争による惨禍が再び起こることのないよう，人類普遍の願いである恒久の平和を希求するとともに戦没者の霊を慰めるため，慰霊の日を定める。

資料2

> 首里に君臨する太陽の子（注）が
> 　浮島を造られて
> ②中国船，南蛮船が寄せくる那覇港となさった
> 　首里城に君臨する太陽の子が
>
> （注）太陽の子：国王。

(ア)　**レポート**中の［あ］，［い］にあてはまる語句の組み合わせとして最も適するものを，次のページの1～8の中から一つ選び，その番号を答えなさい。

1．あ：サンゴ礁　い：地震　2．あ：サンゴ礁　い：台風
3．あ：バナナ　い：地震　4．あ：バナナ　い：台風
5．あ：マングローブ　い：地震　6．あ：マングローブ　い：台風
7．あ：なつめやし　い：地震　8．あ：なつめやし　い：台風

(イ) ——線①の内容について説明したものとして最も適するものを，次の1～4の中から一つ選び，その番号を答えなさい。
1．原子爆弾が投下された。
2．民間人を巻きこんだ，地上での激しい戦闘がおこった。
3．捕虜となった人びとが，シベリアに送られた。
4．潜水艦が新兵器として初めて登場し，多くの死傷者がでた。

(ウ) ——線②の状況がみられた時期の琉球王国について説明したものとして最も適するものを，次の1～4の中から一つ選び，その番号を答えなさい。
1．日本に倭寇の取りしまりを求めるとともに，木綿や仏教の経典を輸出した。
2．周辺の国ぐにとのあいだで，さかんに中継貿易をおこない繁栄した。
3．東インド会社を設立し，インドネシアを拠点として東南アジアに進出した。
4．朱印状によって渡航が認められた貿易船が来航し，日本町ができた。

(エ) Kさんは，——線③について考えるために日本を取り巻く国際環境について調べ，次の**資料3**～**資料5**を集めた。次のページの文a～eのうち，これらの資料から考えられることの組み合わせとして最も適するものを，あとの1～6の中から一つ選び，その番号を答えなさい。

資料3　日本とアメリカ合衆国とのあいだで結ばれた条約の条文（一部）

> 日本国の安全に寄与し，並びに極東における国際の平和及び安全の維持に寄与するため，アメリカ合衆国は，その陸軍，空軍及び海軍が日本国において施設及び区域を使用することを許される。

資料4　防衛費上位10か国（2021年）

国	防衛費（単位：百万ドル）	国内総生産に対する防衛費の割合
アメリカ合衆国	754,019	3.29%
中華人民共和国	207,340	1.23%
イギリス	71,627	2.30%
インド	65,079	2.21%
フランス	59,342	2.02%
ドイツ	56,051	1.33%
日本	49,254	0.97%
サウジアラビア	46,667	5.54%
大韓民国	46,650	2.56%
ロシア	45,802	2.78%

（『世界国勢図会　2022／23年版』をもとに作成）

資料5　那覇からの距離を示した地図
※距離を示す円は那覇から500kmごとに示してある。

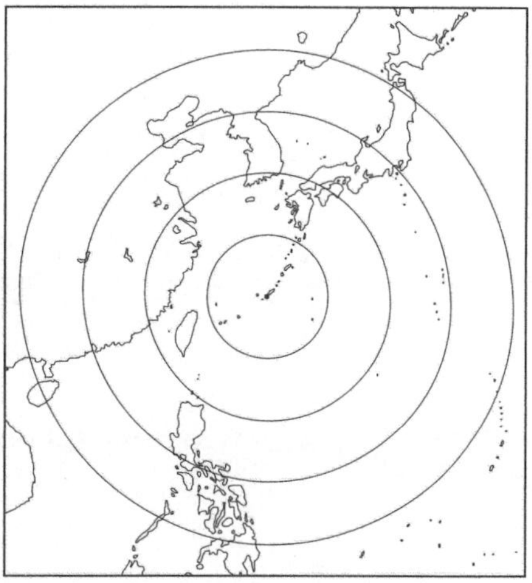

a　**資料３**の条約が初めて結ばれたのは，アメリカ合衆国を中心とする資本主義陣営が，ソビエト連邦を中心とする社会主義陣営との対立を深めていた時期である。
b　**資料３**の条約は，欧米諸国を模範として近代化を進めていた日本が，幕末に結んだ不平等条約の改正交渉を成功させた結果，結ばれたものである。
c　2021年の東アジアにおいて，防衛費の額が最も大きい国は日本である。
d　2021年の防衛費上位10か国のうち，国内総生産の額が最も小さい国は日本である。
e　那覇から2,000km 以内に領土を有している国の中には，核兵器を保有している国が複数ある。

1．a，c　2．a，d　3．a，e　4．b，c　5．b，d　6．b，e

Aさん　では、ここまでの話をまとめていきましょう。**資料とグラフ2**から読み取ったことをもとに、日本における人間と自然の共生という視点で考えると、［　　］ことが必要です。

Bさん　そうですね。ただし、人間の生活が変わってしまった以上は、そのことに加えてAIやロボットなどの科学技術を活用し、自然との共生に向けて何か新たな取り組みを始めることも必要ですね。

Aさん　次回は、振興山村の活性化のために実際に行われている取り組みについて調べてみましょう。

(ア)　本文中の□に入れるものとして最も適するものを次の中から一つ選び、その番号を答えなさい。

1　二〇一八年度は二十九歳以下の狩猟免許所持者数が一九七五年度のおよそ十倍に増えているとともに、野生のシカの捕獲頭数も増えている

2　一九七五年度は狩猟免許所持者数のうち三十歳代が最も多かった一方で、野生のシカの捕獲頭数は二〇一八年度のおよそ十分の一であった

3　一九七五年度は狩猟免許所持者の総数が二〇一八年度のおよそ四倍だったが、野生のシカの捕獲頭数は二〇一八年度より大幅に少なかった

4　二〇一八年度は狩猟免許所持者の総数が一九七五年度の半数以下となり平均年齢が高くなっているが、野生のシカの捕獲頭数は増えている

(イ)　本文中の［　　］に適する「Aさん」のことばを、次の①～④の条件を満たして書きなさい。

① 書き出しの［日本における人間と自然の共生という視点で考えると、］という語句に続けて書き、文末の［ことが必要です。］という語句につながる**一文**となるように書くこと。

② 書き出しと文末の語句の間の文字数が**二十五字以上三十五字以内**となるように書くこと。

③ **資料とグラフ2**からそれぞれ読み取った内容に触れていること。

④ 「管理」「林野」という二つの語句を、どちらもそのまま用いること。

Aさん　私たちは、人間と自然の共生について調べてきました。今日は、日本に住む私たちがこれからどのように自然と関わっていくのかについて、それぞれが調べてきたことをもとに考えましょう。

Bさん　まずは、**資料**を見てください。日本人が森を利用して生きてきたことが書かれています。日本人は、森に手を加えて作った雑木林から木を切り出して薪や炭にしたり、里地で農耕をしたりしながら、手つかずの自然林である奥山ともつながりを持って生活してきました。

Cさん　人間は、それらの総体である里山という場で自然と関わってきたのですね。自然との関わりの中で、現在ではどのようなことが問題になっているのでしょうか。

Dさん　では、**グラフ1**を見てください。これは、野生のシカの捕獲頭数と年齢別の狩猟免許所持者数をまとめたものです。これを見ると［　　］ことがわかります。

Cさん　野生のシカはどのような目的で捕獲されているのですか。

Dさん　野生のシカは人間の生活への被害を防ぐ目的で捕獲されることが多くなっています。シカに限らず、野生動物によって、農作物や希少な植物の食害、地表の植物が食い荒らされることによる土壌流出、自動車や鉄道車両との接触事故などが起こっており、深刻な状況です。

Aさん　野生動物との関係一つ取ってみても、現在では自然との共生がうまくできていないことがわかります。ここで、人間が自然と共生していく上で必要なことについて考えてみましょう。

Bさん　では、もう一度**資料**を見てください。日本人は自然に手を加えるだけでなく、それを持続的に管理することで自然との共生社会を完成させたと書かれています。一度自然に手を加えて雑木林や農耕地にしたら、管理し続ける必要があるのですね。現状はどうなっているのでしょうか。

Cさん　それについて、**グラフ2**を見ながら考えていきましょう。これは平成二十七年時点の全国に占める振興山村の割合を示したものです。産業の活性化や交通などの生活環境の整備が求められている振興山村では、自然に手を加えて雑木林や農耕地として利用してきました。

Dさん　まさに里山と同様の暮らしが営まれているのですね。**グラフ2**を見ると、日本の林野面積の約六十パーセントが振興山村にあるのに比べて、振興山村の人口は日本の人口の約三パーセントしかないことがわかります。林野と関わりながら暮らす人がとても少ないことが気になりますね。

Cさん　そうですね。そのことは、石油やガスが燃料として主流になって薪や炭を使用する機会が減ったことと関係していて、結果として放棄される雑木林が増えています。雑木林だけでなく、農耕地も放棄されるところが増え、再生利用が困難なほど荒廃してしまったところもあります。

Bさん　なるほど。日本では、林野と関わりながら暮らす人が少ないために、雑木林や農耕地として使われていたところが放棄されているのですね。

Dさん　このような現状もあって野生動物の活動範囲が広がり、シカなどが奥山から人間の生活しているところに出てきてしまうというようなことが起こっているのかもしれません。

問五　中学生のAさん、Bさん、Cさん、Dさんの四人のグループは、「総合的な学習の時間」で人間と自然の共生について調べ、話し合いをしている。次の資料、グラフ1、グラフ2と文章は、そのときのものである。これらについてあとの問いに答えなさい。

資料

日本人は、古くから森を利用してきました。やがて森を加工し、水田や畑などの農耕地や居住のための開放空間を確保するようになり、その周りに自らの手で森を作り、奥山（自然林）、雑木林、里地という異なる生態系がつながりを持つ里山を作り上げてきました。

日本人は自然に手を加え、それを持続的に管理することで、自然との共生社会を完成させて、実に縄文の時代から一万年もの間、この狭い島国の中だけで完結して生きてきたとされます。

（五箇《ごか》　公一《こういち》「これからの時代を生き抜くための生物学入門」から。一部表記を改めたところがある。）

グラフ1

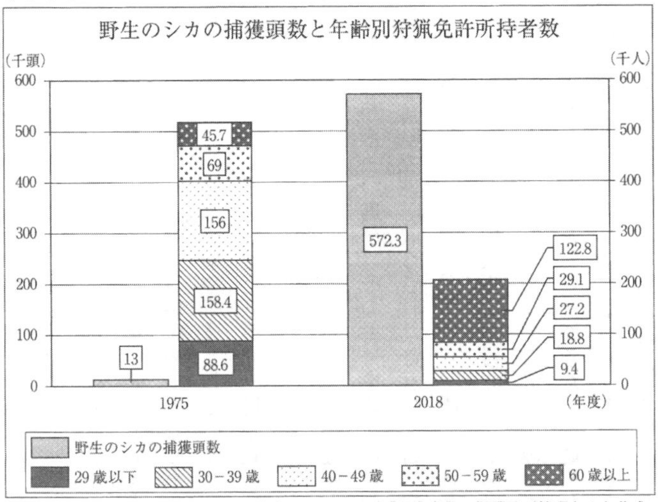

環境省ホームページ「野生鳥獣の保護及び管理」より作成。

グラフ2

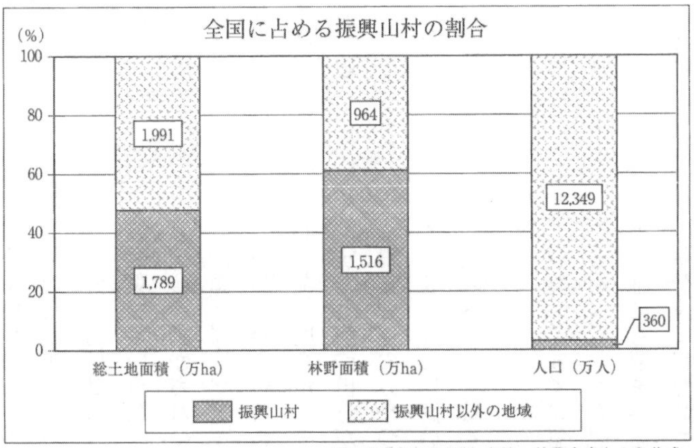

林野庁「令和2年版 森林・林業白書」より作成。

1 高倉天皇は、小山の紅葉を一日中独り占めするのはもったいないと思い、多くの人たちと一緒に紅葉を眺めているということ。

2 高倉天皇は、小山に木を植えさせただけでは満足できず、紅葉が美しい他の山へ出かけて一日中紅葉を眺めているということ。

3 高倉天皇は、小山の紅葉を一日中眺めているうちに物足りなく感じ始め、紅葉している木を増やそうとしているということ。

4 高倉天皇は、小山に植えさせた紅葉を一日中眺めていてもまだ眺め足りないと思うほど、紅葉に夢中になっているということ。

(イ) ――線2「蔵人、大きに驚き」とあるが、その理由として最も適するものを次の中から一つ選び、その番号を答えなさい。

1 紅葉した木は暴風で葉が散らされたことで観賞に向かなくなってしまったが、「殿守の伴のみやづこ」が機転をきかせ、高倉天皇が暖をとるための薪として枝や葉を役立てたから。

2 暴風が吹いて散らばった紅葉を「殿守の伴のみやづこ」が片づけ、残っている枝なども酒をあたためるために燃やしてしまった結果、高倉天皇が見る紅葉がなくなってしまったから。

3 見頃を迎えた紅葉が暴風によって散らされてしまったことに「殿守の伴のみやづこ」がいち早く気づき、紅葉の様子を見た高倉天皇が悲しむことのないよう、燃やして片づけたから。

4 酔っ払った「殿守の伴のみやづこ」が紅葉の山に無断で立ち入り、酒をあたためようとして散り落ちた葉に火をつけたことで、高倉天皇が植えさせた紅葉まで燃えてしまったから。

(ウ) ――線3「それらには誰が教へけるぞや。」とあるが、そのように言ったときの高倉天皇を説明したものとして最も適するものを次の中から一つ選び、その番号を答えなさい。

1 「林間煖酒焼紅葉」という詩の一節を「殿守の伴のみやづこ」がうまい具合に再現したのを見て、立場に合わない振る舞いをしたものだとからかっている。

2 自分を喜ばせようとした「殿守の伴のみやづこ」が「林間煖酒焼紅葉」という詩の一節をひそかに学んでいたということがわかり、心を動かされている。

3 「殿守の伴のみやづこ」の行動を「林間煖酒焼紅葉」という詩の一節と照らし合わせることで趣のある振る舞いとして捉え、感心した態度を示している。

4 ずっと前に自分が教えた「林間煖酒焼紅葉」という詩の一節を「殿守の伴のみやづこ」が覚えており、見事に詩の場面を再現してみせたことに驚いている。

(エ) 本文の内容と一致するものを次の中から一つ選び、その番号を答えなさい。

1 目覚めてすぐに紅葉の様子を見に来た高倉天皇は、処罰されることを「蔵人」が恐れる中で「殿守の伴のみやづこ」の行動を褒め、誰にも罰を与えることはなかった。

2 気分良く目覚めた高倉天皇は、「蔵人」の心配をよそに紅葉の様子を受け入れ、「殿守の伴のみやづこ」の働きによって新たな楽しみ方に気がつけたことを喜んだ。

3 いつもより早く目覚めた高倉天皇は、紅葉の様子を見ただけで何が起きたかを把握して「殿守の伴のみやづこ」の行動を許し、「蔵人」に事情を尋ねることはなかった。

4 紅葉の様子を心配して早く起きた高倉天皇は、言い訳ばかりする「蔵人」にあきれ、事情をありのままに報告した「殿守の伴のみやづこ」の正直さを高く評価した。

問四　次の文章を読んで、あとの問いに答えなさい。

> 高倉天皇は、幼くして帝位に就いた。

去んぬる(注)承安《しょうあん》の頃ほひ、御在位のはじめつかた(天皇になられた初めの頃)、御年十歳ばかりにもならせたまひけん、あまりに紅葉を愛せさせたまひて、(注)北の陣に小山を築《つ》かせ、櫨《はじ》、楓《かへで》の色美しうもみぢたる(紅葉したもの)を植ゑさせて、紅葉の山と名づけて、1終日《ひねもす》に叡覧《えいらん》あるになほ飽き足らせたまはず。

しかるを、ある夜、野分《のわき》はしたなう(暴風が激しく)吹いて、紅葉みな吹き散らし、落葉すこぶる狼藉《らうぜき》なり(乱雑である)。(注)殿守《とのもり》の伴《とも》のみやづこ、朝清めすとてこれをことごとく掃き捨ててんげり。残れる枝、散れる木の葉をかき集めて、風すさまじかりける朝《あした》なれば、縫殿《ぬひどの》の陣《ぢん》にて、酒あたためてたべける薪にこそしてんげれ。奉行の(注)蔵人《くらんど》、(注)行幸より先にと急ぎ行《ゆ》いて見るに、跡かたなし。「いかに。」と問へばしかしかと言ふ。2蔵人、大きに驚き、「あなあさまし。君のさしも執《しつ》し思《おぼ》しめされつる(天皇があれほど執着しておられた)紅葉を、かやうにしけるあさましさよ。知らず、汝等《なんぢら》(お前たち)、只今《ただいま》、禁獄流罪《きんごくるざい》にも及び、わが身もいかなる逆鱗《げきりん》にか預からんずらん(天皇からどのようなお叱りをうけることだろう)。」と嘆くところに、主上(天皇は、)いとどしく夜のおとどを出《い》でさせたまひもあへず(いつもよりいっそう早く御寝所から出てこられるとすぐ)、かしこへ行幸なつて紅葉を叡覧なるに、なかりければ、「いかに。」と御尋ねあるに、蔵人奏すべき方はなし(申し上げようがない)。ありのままに奏聞《そうもん》す(申し上げる)。(注)天気ことに御心《みこころ》良げにうち笑ませたまひて、「『(注)林間煖酒焼紅葉』といふ詩の心をば、3それらには誰《た》が教へけるぞや。やさしうも仕《つかま》りけるものかな(風流にもいたしたものだな)。」とて、かへつて叡感に預かつし(お褒めに預かった)上は、あへて(注)勅勘なかりけり。

（「平家物語《へいけものがたり》」から。）

(注)　承安＝平安時代の年号。一一七一～一一七五年。
北の陣＝天皇の住まいの北側にある門。「縫殿の陣」ともいう。
殿守の伴のみやづこ＝天皇の住まいで、庭の掃除などをする人。
蔵人＝天皇の近くで仕える人。
行幸＝ここでは、天皇が来ること。
天気＝天皇の機嫌。
林間煖酒焼紅葉＝書き下し文では「林間に酒を煖《あたた》めて紅葉を焼《た》く」と書く。中国の詩人、白居易《はくきょい》の詩の一節。
勅勘＝天皇が罪を責めること。

(ア)　――線1「終日に叡覧あるになほ飽き足らせたまはず。」とあるが、それを説明したものとして最も適するものを次の中から一つ選び、その番号を答えなさい。

2　さまざまな時代を経て受け継がれていく中で、人々が何度も正確性を検証してでき上がったもの。

3　幼い頃から多くの人と触れ合い多様な経験をすることによって身につく、人によって異なる考え。

4　無意識のうちに自身の考えのもとになっている、長い間人々の共通認識として扱われてきたもの。

(キ)　――線4「危機に際しても同じことが言える。」とあるが、それを説明したものとして最も適するものを次の中から一つ選び、その番号を答えなさい。

1　危機の前提となっている常識が覆りそうになると、常識を根拠に正当性を主張していた人々が政治家の責任を追及しようとするかもしれないということ。

2　危機の前提となっている常識が根本から変わりそうになると、新たな発見や発明をすることで常識を守ろうとする人が出てくるかもしれないということ。

3　危機の前提となっている常識が覆りそうになると、常識が変わることによって不利益を被る人々が不都合な事実を隠そうとするかもしれないということ。

4　危機の前提となっている常識が根本から変わりそうになると、常識をもとに進められてきた政策に社会全体が関心を示さなくなるかもしれないということ。

(ク)　――線5「社会では次の常識を巡る『まなざしの戦い』が始まる。」とあるが、「まなざしの戦い」に関して筆者はどのような考えを述べているか。それを説明したものとして最も適するものを次の中から一つ選び、その番号を答えなさい。

1　物事の解釈に影響を及ぼすような情報が提示され、中には常識を覆すようなものもあるが、異なる主張にもとづいた膨大な数の情報が入り乱れているため、適切な選択をするのは困難である。

2　物事の解釈を揺るがそうとしてさまざまな情報が示されるが、中には根拠のないようなものも混じっているため、専門的な知識を駆使して検証しない限り、正解を探し出すのは困難である。

3　物事の解釈に影響を与えることを目的として情報が提示されるが、常識が通用しないような情報も存在しているため、複数の観点から捉え直さない限り、妥当性を判断するのは困難である。

4　物事の解釈を揺るがすような情報が提示され、多くの情報がそれらしく見えるようにつくられてはいるが、実体は非科学的で根拠のないものであるため、正確なものを選ぶのは困難である。

(ケ)　本文について説明したものとして最も適するものを次の中から一つ選び、その番号を答えなさい。

1　常識と見方が強く結びついていることを指摘するとともに、社会で常識が果たす役割について確認し、見方を変化させるためには常識を活用することが有効だと論じている。

2　見方の固定化が起こる経緯を述べた上で常識について説明し、多様な見方が生み出されている現代において、常識に対する自身の見方を振り返ることの必要性を論じている。

3　社会に影響を与えている見方が常識によって固定化されたものであることを明らかにし、見方を変化させることの利点を説明しながら、情報発信の際の留意点も論じている。

4　見方と解釈の違いを明確にしながら長年社会で常識とされてきた見方に疑問を投げかけ、常識にとらわれず、自身の見方を強固なものにしていくことが重要だと論じている。

（注）アイデンティティ＝他と区別する自分らしさ。
アインシュタイン＝ドイツ生まれの理論物理学者（一八七九～一九五五）。
プレゼンテーション＝提示すること。

(ア) 本文中の A ・ B に入れる語の組み合わせとして最も適するものを次の中から一つ選び、その番号を答えなさい。

1 A 例えば　B ただし　　2 A しかし　B または
3 A むしろ　B そして　　4 A やはり　B つまり

(イ) 本文中の〰〰線Ⅰの語と同じ熟語の構成になっている語を、次の中から一つ選び、その番号を答えなさい。

1 携帯　2 名言　3 送迎　4 尽力

(ウ) 本文中の〰〰線Ⅱの「よう」と同じ意味で用いられている「よう」を含む文を、次の中から一つ選び、その番号を答えなさい。

1 妹はすでに出かけたようだ。
2 明日は早く起きようと思っている。
3 週末は一緒に映画を見ようよ。
4 雨が滝のように降っている。

(エ) ――線1「私たちが見方を変えるのは、自分にとって都合の悪いことが起こったときだ。」とあるが、そのことについて筆者はどのような考えを述べているか。それを説明したものとして最も適するものを次の中から一つ選び、その番号を答えなさい。

1 不都合なことが起きた場合には、自身の個人的な欲求で都合よく物事を捉えるのではなく、世間において大多数の人が持っている認識に従おうとする傾向が強い。
2 都合の悪いことが生じたときには、自身の認識にこだわるのではなく、他者の意見や新しい知識を積極的に取り入れることで発想の転換をしようとする傾向が強い。
3 不都合なことが生じたときには、新たな見識を身につけて自身の認識を変えるのではなく、直面している物事を自身が受け止められるように捉え直す場合が多い。
4 都合の悪いことが起きた場合には、自身が長い時間をかけて身につけた認識を改めるのではなく、問題を生じさせている相手に意見を変えるよう求めることが多い。

(オ) ――線2「私たちのまなざしはもう変えられないほど固定化してしまう。」とあるが、それを説明したものとして最も適するものを次の中から一つ選び、その番号を答えなさい。

1 深刻な事態の連続を解消するために新たな答えをつくり出すことが求められる中で、失敗を恐れるあまり一度成功した解決法にこだわってしまい、別の見方ができなくなっていくということ。
2 深刻な事態の連続で答えが定まらない状況から逃れようとして、自身にとって都合のいい側面だけに注目することを繰り返すうちに、自身の見方を改めることができなくなっていくということ。
3 深刻な事態が続いて誰も対応できないという状況に陥ると、自身の信念を揺るぎないものにして社会に貢献しなければならないという使命感が働いて、見方が動かせなくなっていくということ。
4 深刻な事態が続いて他人を信用することができなくなり、自分以外に頼れる人はいないという意識が強まった結果、徐々に自身の見方を絶対的なものとして捉えるようになっていくということ。

(カ) ――線3「そんな常識」とあるが、それを説明したものとして最も適するものを次の中から一つ選び、その番号を答えなさい。

1 一度も教わったことがないにもかかわらず、全ての人間が生まれつき持っている同じような考え。

定観念」あるいは「偏見」と言い換えられる。それが社会にまで広がったものを、私たちは「常識」と呼ぶ。だが、アインシュタイン(注)も常識とは十八歳までに身につけた偏見のコレクションと指摘したと言われるように、常識とはまなざしが固定化したものにほかならない。

3 そんな常識を前提にして、社会ではさまざまなことが動いている。政府の政策、経済の変動、科学の通説、それにもとづいた産業、そして日々の生活。それらはそれぞれ個人の信念だけでなく多くの人々の常識と利害が関係している。だからこれまでの常識とされることが根本的に覆《くつがえ》されることが起こると、それに抵抗する力はより大きくなる。

何か前提を変えてしまうような世紀の発見があったり、根本から産業構造を覆す新しい発明が起こったようなときでも同様である。それによってこれまでの常識のもとで積み上げてきた莫大《ばくだい》な利益が失われるのであれば、社会は保守的な態度をとるだろう。全ての常識やシステム、教科書や方程式を根本からつくりかえねばならないのであれば、総力を上げてそれをなかったことにしようとするかもしれない。

4 危機に際しても同じことが言える。世界的な危機や混乱を生み出す前提が、もし何らかの理由で間違っており、それが次の常識を生み出してしまったとすれば。その前提をつくることに関与し積極的に吹《ふい》聴《ちょう》してきた人々、例えば専門家や権威、政治家や企業などにとっては、とても不都合なことになる。あるいはその常識にもとづいて社会的に拳を振り上げ、声高に正当性を主張していた人々は拳を下ろす先を失ってしまう。だからもし自分の主張が間違いであったことに気づいたとしても、これまで前提にしてきた見方を変えるにはとても勇気が必要になる。

それに社会がその者たちに責任を負わせようとすればするほど、素直に見方を変えるどころか都合の悪い事実が表に出ることを隠蔽し、歪曲《わいきょく》し、演出しようとするだろう。あるいは、反感を寄せる社会のほとぼりが冷めるのを待ち、これまでの責任を回避しようとするかもしれない。いずれにせよ、自らの常識を根本的に変えるよりも、物事や出来事、事実の解釈を変えることを選択しがちである。

だから混乱が大きくなればなるほど、5 社会では次の常識を巡る「まなざしの戦い」が始まる。そこには、さまざまな力が巧みに私たちのまなざしをデザインしようと仕掛けており、どの見方もそれらしく見えるようにプレゼンテーション(注)される。そんな観点からインターネットを注意深く眺めると、多様な見方が並べられていることに気づくだろう。

その中には科学的でないものも溢《あふ》れているし、客観性を装《よそお》いながら根拠のなさそうなものもたくさん見られる。しかし私たちがこれまで当たり前としてきた社会の仕組みや科学的な常識を覆すような情報や証拠も共有され始めているのだ。それらの全てが妥当性を欠いた説明であるとは必ずしも言い切れないように思える。一方で、あまりにもたくさんの情報に溢れ、そのどれもが正反対を主張する中、今や何が事実で何が正解なのかの判断は簡単には下せなくなっている。そんなときこそ、改めてもう一度、「常識とは何か」について確認する必要があるだろう。

常識とは何かを改めて考えることは日常の中でそれほど多くはない。人は誰しも自分の常識は正しいと思っている。そして他の人々も自分と同じような常識を持ち、同時に自分も他の多くの人と同じように常識を備えていると考えてしまう。だが私たちが考えている以上に常識とは曖昧で実体のないものである。

（ハナムラ　チカヒロ「まなざしの革命」から。一部表記を改めたところがある。）

持っているのは相手だと思っている。自分は他者の意見を受け入れ、その違いにも寛容で、自由に発想を変えられると信じている。だから普段、私たちは自分の見方を変えたいと思っていない。[A] 柔軟でない相手や融通の利《き》かない物事を変えたいと思っている。

1私たちが見方を変えるのは、自分にとって都合の悪いことが起こったときだ。社会や他者や物事との関係の中で自分にとって不都合な状況が生じたときに、私たちはそれを何とか切り抜けるために見方を変Ⅱえようとする。アイデアに行き詰まったとき、人間関係がうまくいかないとき、日々の生活で困ったことが生じたとき。そしてその物事がどうにも変えられないとき、経験や知識の範囲で私たちは見方を変えようとする。だがその場合に私たちが変えるのは自分自身への認識ではなく、表面的な物事の解釈であることが多い。

物事の解釈を変えることも見方を変えることではあるのだが、それは自分の欲求に合わせて都合よく見方を変える場合が多い。そこでの見方を方向づける欲求そのものは自分の深い部分で固定化しており、それには気づかない。私たちは物事の解釈を変更することで、日常の問題であれば何とか乗り切れるかもしれない。だが、深刻な事態が起こったときには、それだけではうまくいかなくなる。生死にまつわるようなこと、自分の(注)アイデンティティの危機、混乱した状況や先行きの全く見えない社会不安。そんな場合に私たちは根本的な見方を変える必要性に迫られる。

そもそも、見方を変えるのはそう簡単なことではない。これまで長い時間をかけて培《つちか》ってきた自分の根幹に関わることほど、見方を急に変えるのは難しい。それにはとてもエネルギーと努力が必要になるのだ。特に社会に大きな変化が訪れるときや、答えのない深刻な問いが自分に突きつけられ、根本から見方を変えねばならない状況になるほど、私たちはこれまで以上にますます自分のまなざしを固定しがちだ。自分の見方が間違っていると改めるよりも、自分の見方は間違っていないことを確認する方向に物事の解釈を変更する方が私たちには容易《たやす》い。

しかし、何とかしてようやく自分の認識を変えることができたとしても、また次から次へと深刻な事態が続くような状況に陥るとどうだろうか。今度は、私たちは自ら進んでまなざしを固定化することを選ぶのである。答えが定まらない不安定な状態は、私たちに大きな苦痛を強いる。その不安の激流に流されてしまわないように、何か答えを決めてそこから動きたくない気持ちが強まるのだ。だから状況が厳しくなるほど、自分の都合の悪いものは視界から追いやって、自分が見たい部分や一度信じたことにだけ目を向けがちになる。そんな状態を繰り返しているうちに、2私たちのまなざしはもう変えられないほど固定化してしまう。

こうして一度信じ込んでしまうと、その物事の別の側面を見せられても、私たちにはそれが事実には見えない。いくら妥当性がある理屈が並べられても、自分の信念に合わないものを間違っているとする方が、私たちには容易い。自分の見方を正当化してくれる情報や理屈、権威を追い求めるようになると、それがまた自分の見方をますます強めていく。[B] 次第に自分と反対の見解や立場を突きつける相手を敵視したり、見下したりする態度を示すようになる。

小さい頃から教育されてきた知識、長年にわたって社会で信じられてきた概念、多くの人が口にする情報。それらは繰り返し唱えられるものほど私たちの中に強く刻まれ、それはいつしか自分自身の信念や考え、感覚として自分の無意識に深く入り込んでいく。自らが固く信じて疑わない見方、つまり私たちのまなざしが固定化した状態は「固

「和也」の気持ちを踏みにじってしまったため、心苦しく思っている。

(エ) ――線4「親父があんなに楽しそうにしてるの、はじめて見たよ。」とあるが、そのように言ったときの「和也」を説明したものとして最も適するものを次の中から一つ選び、その番号を答えなさい。

1 父親に向かって「僕」が熱く語る姿に憧れを感じつつも、「僕」のように自信を持って取り組めることのない自分が、父親の前で堂々と振る舞えるはずがないと投げやりになっている。

2 「僕」が父親から優秀な研究者として認められていることを感じとり、「僕」と違って勉強が得意ではない自分が、父親の期待に応えて研究者になれるのかどうか不安に思っている。

3 「僕」と一緒に過ごす中で自分の知らない父親の一面が現れたのを見て、「僕」と違って研究に関する話題を共有できず、父親から関心を示してもらえない自分に無力さを感じている。

4 口数の少ない父親が「僕」と一緒にいるときはよく話すということに気づき、「僕」のように話を聞くことに徹すれば、自分も父親とうまく関係を築けるのではないかと期待している。

(オ) ――線5「わからないひとだよ、きみのお父さんは。」とあるが、ここでの「僕」の気持ちをふまえて、この部分を朗読するとき、どのように読むのがよいか。最も適するものを次の中から一つ選び、その番号を答えなさい。

1 息子には得意なことをしてほしいという「藤巻先生」の考えを理解していながらも、まずは目の前にいる「和也」を慰めようと思い、わかっていない様子をよそおっているように読む。

2 熱心な研究者でありながら息子に後を継ぐことを強制しない「藤巻先生」は、自分たちの理解を超えた存在であるということを、「和也」だけでなく自分にも言い聞かせているように読む。

3 「藤巻先生」が学校の成績を気にすることはないと言いながらも家庭教師を依頼したのは、息子に仕事を継がせたいと思っているからだということを、「和也」に訴えかけるように読む。

4 「藤巻先生」の話し相手になっている自分に対し、父親のことを理解できているに違いないと決めつけてくる「和也」の態度に圧倒され、自分も理解できていないと打ち明けるように読む。

(カ) この文章について述べたものとして最も適するものを次の中から一つ選び、その番号を答えなさい。

1 「藤巻先生」と「和也」がすれ違いながらも親子として互いを思っている様子を、夏のひとときを両者とともに過ごした「僕」の視点から描いている。

2 父親に反抗的な「和也」の態度に戸惑いつつも将来のことを「和也」に考えさせようとする「僕」の姿を、多くの擬態語や慣用句を用いて描いている。

3 「僕」と関わる中で誤解に気づいた「藤巻先生」と「和也」が互いを許し歩み寄っていく様子を、親子同士の短い言葉のやりとりによって描いている。

4 父親と関わる「僕」を見たことで研究者になることを決意する「和也」の姿を、幼い頃に描いていた絵にまつわる「和也」の回想をまじえて描いている。

問三 次の文章を読んで、あとの問いに答えなさい。

私たちの多くは自分のまなざしが固定化しているとは思っていない。自分は人と比べて柔軟な視点を持っており、頑固なまなざしをゆるやかな放物線を描いて、火花が地面に降り注ぐ。軽やかにはじける光を神妙に見つめる父と息子の横顔は、よく似ている。

（瀧羽《たきわ》　麻子《あさこ》「博士の長靴」から。一部表記を改めたところがある。）

(ア)　――線1「和也はまんざらでもなさそうに立ちあがった。」とあるが、そのときの「和也」を説明したものとして最も適するものを次の中から一つ選び、その番号を答えなさい。

1　幼い頃に描いた空の絵に対して毎朝空を観察している父親が賞賛の言葉を口にしたことで、絵の出来映えを確信して気持ちが舞いあがり、喜びのままに絵を持ってこようとしている。

2　幼い頃に毎朝絵を描いていたことを父親から評価されてうれしくなったものの、親にほめられて喜ぶ姿を「僕」に見せるのが恥ずかしく、慌てた様子で居場所を変えようとしている。

3　幼い頃に描いた絵の素晴らしさを自覚してはいるものの、父親の前で「僕」にほめられることを想像すると照れくさくなり、不真面目な発言をしてその場から離れようとしている。

4　幼い頃に描いた絵をほめてくれた父親に対して素直に喜びを表すことに抵抗を感じ、気持ちをごまかすような発言をしつつも、うれしさをにじませて絵をとりにいこうとしている。

(イ)　――線2「うん、と先生はおざなりな生返事をしたきり、見向きもしない。」とあるが、そのときの「藤巻先生」を説明したものとして最も適するものを次の中から一つ選び、その番号を答えなさい。

1　研究の話をしている最中に、状況を理解しないで絵のことを話しかけてくる「和也」に対して、戒めのためにあえて冷たく振る舞っている。

2　芸術に関しては詳しくなく、絵に対して適切な評価ができないため、「和也」の呼びかけに気づかないふりをして話を続けようとしている。

3　「和也」の呼びかけに応じて絵を見ると、客が始めた話を中断することになると気づき、話が終わるまで待つようにと態度で示している。

4　研究に関係のある話をしているうちに、研究についての思考に没頭してしまい、「和也」の絵のことに対して意識が向かなくなっている。

(ウ)　――線3「自室にひっこんでしまった和也を呼びにいく役目を僕が引き受けたのは、少なからず責任を感じたからだ。」とあるが、そのときの「僕」を説明したものとして最も適するものを次の中から一つ選び、その番号を答えなさい。

1　絵に関するやりとりの際に「和也」の気持ちが明るくなったと気づいていながら、「藤巻先生」に絵とは関係ない話をして結果的に「和也」を落胆させてしまったため、何とかしたいと思っている。

2　父親に見せるために「和也」が必死になって絵を探していることがわかっていながら、「藤巻先生」の話を聞くことに夢中で結局「和也」を手伝うことができなかったため、申し訳ないと思っている。

3　「和也」が幼い頃の話をされて嫌がっていることを察していながら、「藤巻先生」が思い出話で盛りあがっていくのをとめられず結局「和也」を怒らせてしまったため、機嫌をとろうと思っている。

4　「和也」が絵をきっかけに父親と将来の話をしたいと思っていることを知っていながら、「藤巻先生」の話を中断できず結果的に

「でも、おれも先生みたいに頭がよかったら、違ったのかな。」

「え?」

4「親父があんなに楽しそうにしてるの、はじめて見たよ。いつも家ではたいくつなんだろうね。おれたちじゃ話し相手になれないもんね。」

うつむいた和也を、僕はまじまじと見た。

「どうせ、おれはばかだから。親父にはついていけないよ。さっきの話じゃないけど、なにを考えてるんだか、おれにはちっともわかんない。」

僕は小さく息を吸って、口を開いた。

「僕にもわからないよ。きみのお父さんが、なにを考えているのか。」

和也が探るように目をすがめた。僕は机に放り出されたスケッチブックを手にとった。

「僕が家庭教師を頼まれたとき、なんて言われたと思う?」

和也は答えない。身じろぎもしない。

「学校の成績をそう気にすることもないんじゃないか、ってお父さんはおっしゃった。得意なことを好きにやらせるほうが、本人のためになるだろうってね。」

色あせた表紙をめくってみる。ページ全体が青いクレヨンで丹念に塗りつぶされている。白いさざ波のような模様は、巻積雲《けんせきうん》だろう。

「よく覚えてるよ。意外だったから。」

次のページも、そのまた次も、空の絵だった。一枚ごとに、空の色も雲のかたちも違う。確かに力作ぞろいだ。

「藤巻先生はとても熱心な研究者だ。もしも僕だったら、息子も自分と同じように、学問の道に進ませようとするだろうね。本人が望もうが、望むまいが。」

僕は手をとめた。開いたページには、今の季節におなじみのもくもくと不穏にふくらんだ積雲が、繊細な陰翳《いんえい》までつけて描かれている。

5「わからないひとだよ、きみのお父さんは。」

わからないことだらけだよ、この世界は——まさに先生自身が口にした言葉を、僕は思い返していた。

だからこそ、おもしろい。

僕と和也が和室に戻ると、先生は庭に下りていた。どこからかホースをひっぱってきて、足もとのバケツに水をためている。

奥さんが玄関から靴を持ってきてくれて、僕たち三人も庭に出た。

縁側に、手持ち花火が数十本も、ずらりと横一列に並べてある。長いものから短いものへときれいに背の順になっていて、誰がやったか一目瞭然だ。色とりどりの花火に、目移りしてしまう。

どれにしようか迷っていたら、先生が横からすいと腕を伸ばした。向かって左端の、最も長い四本をすばやくつかみ、皆に一本ずつ手渡す。

「花火奉行なんだ。」

和也が僕に耳打ちした。

花火を配り終えた先生はいそいそと庭の真ん中まで歩いていって、手もとに残った一本に火をつけた。先端から、青い炎が勢いよく噴き出す。和也も父親を追って隣に並んだ。ぱちぱちと燃えさかる花火の先に、慎重な手つきで自分の花火を近づける。火が移り、光と音が倍になる。

僕と奥さんも火をもらった。四本の花火で、真っ暗だった庭がほのかに明るんでいる。昼間はあんなに暑かったのに、夜風はめっきり涼しい。虫がさかんに鳴いている。

冗談めかしてまぜ返しつつ、[1]和也はまんざらでもなさそうに立ちあがった。

「あれ、どこにしまったっけ？」

「あなたの部屋じゃない？　納戸《なんど》か、書斎の押し入れかもね。」

奥さんも後ろからついていき、僕は先生とふたりで和室に残された。

「先週貸していただいた本、もうじき読み終わりそうです。週明けにでもお返しします。」

なにげなく切り出したところ、先生は目を輝かせた。

「あの超音波風速温度計は、実に画期的な発明だね。」

超音波風速温度計のもたらした貢献について、活用事例について、今後検討すべき改良点について、堰《せき》を切ったように語り出す。

お絵描き帳が見あたらなかったのか、和也たちはなかなか帰ってこなかった。その間に、先生の話は加速度をつけて盛りあがった。ようやく戻ってきたふたりが和室の入口で顔を見あわせているのを、僕は視界の端にとらえた。自分から水を向けた手前、話の腰を折るのもためらわれ、どうしたものかと弱っていると、スケッチブックを小脇に抱えた和也がこちらへずんずん近づいてきた。

「お父さん。」

[2]うん、と先生はおざなりな生返事をしたきり、見向きもしない。

「例の、南西諸島の海上観測でも役に立ったらしい。船体の揺れによる影響をどこまで補正できるかが課題だな。」

「ねえ、あなた。」

奥さんも困惑顔で呼びかけた。

と、先生がはっとしたように口をつぐんだ。僕は胸をなでおろした。たぶん奥さんも、それに和也も。

「ああ、スミ。悪いが、紙と鉛筆を持ってきてくれるかい。」

先生は言った。和也が踵《きびす》を返し、無言で部屋を出ていった。

おろおろしている奥さんにかわって、[3]自室にひっこんでしまった和也を呼びにいく役目を僕が引き受けたのは、少なからず責任を感じたからだ。

父親に絵をほめられたときに和也が浮かべた表情を、僕は見逃していなかった。雲間から一条の光が差すような、笑顔だった。いつだって陽気で快活で、いっそ軽薄な感じさえする子だけれど、あんな笑みははじめて見た。

「花火をしよう。」

ドアを開けた和也に、僕は言った。

「おれはいい。先生がつきあってあげれば？　そのほうが親父《おやじ》も喜ぶんじゃない？」

和也はけだるげに首を振った。険しい目つきも、ふてくされたような皮肉っぽい口ぶりも、ふだんの和也らしくない。僕は部屋に入り、後ろ手にドアを閉めた。

「まあ、そうかっかするなよ。」

藤巻先生に悪気はない。話に夢中になって、他のことをつかのま忘れてしまっていただけで、息子を傷つけるつもりはさらさらなかったに違いない。「様子を見てきます。」と僕が席を立ったときも、なにが起きたのか腑《ふ》に落ちない様子できょとんとしていた。

「別にしてない。」

和也は投げやりに言い捨てる。

「昔から知ってるもの。あのひとは、おれのことなんか興味がない。」

腕組みして壁にもたれ、暗い目つきで僕を見据えた。

1 朝寝をして日が高く昇ってから外へ出た自身の様子を「朝寝かな」と余韻を持たせて表し、昼間に活動を始めたことで春の日の光の温かさを植物とともに味わえた喜びを鮮明に描いている。

2 春の朝に植物の芽がほころぶ様子を「ほぐれほぐるる」と動きを重ねて表すことで、盛んに活動する植物と日が高くなるまで眠りの心地よさを味わっている自身の姿を対照的に描いている。

3 春に向けて庭に植えた多様な植物を「ものの芽」と表現して一般化することで、自身が朝寝をしている間にも土の中で発芽に向けて準備を進める植物の生命力の強さを印象深く描いている。

4 寒さの厳しい冬を乗り越えた植物がゆっくりと芽を伸ばしつつある様子を「朝寝」にたとえ、植物の動きから春の訪れを感じることで生じた自身の気持ちの高まりを情感豊かに描いている。

問二 次の文章を読んで、あとの問いに答えなさい。

大学生の「僕」は、気象学の教授である「藤巻先生《ふじまき》」から息子の家庭教師を頼まれ、中学生の「和也《かずや》」に勉強を教えている。ある日、「僕」は藤巻家での夕食に招かれ、「藤巻先生」「奥さん（スミ）」「和也」と食事をすることになった。食事が進む中、「和也」が「藤巻先生」の研究に疑問を投げかけたことをきっかけに、雰囲気が一変した。「奥さん」がとりなしてくれたが、「和也」は納得できない様子で口を開いた。

「やっぱり、おれにはよくわかんないや。」

「わからないことだらけだよ、この世界は。」

先生がひとりごとのように言った。

「だからこそ、おもしろい。」

一時はどうなることかとはらはらしたけれど、それ以降は和也が父親につっかかることもなく、食事は和やかに進んだ。鰻《うなぎ》をたいらげた後、デザートには西瓜《すいか》が出た。

話していたのは主に、奥さんと和也だった。僕の学生生活についていくつか質問を受け、和也が幼かった時分の思い出話も聞いた。

中でも印象的だったのは、絵の話である。

朝起きたらまず空を観察するというのが、藤巻先生の長年の日課だという。晴れていれば庭に出て、雨の日には窓越しに、とっくりと眺める。そんな父親の姿に、幼い和也はおおいに好奇心をくすぐられたらしい。よちよち歩きで追いかけていっては、並んで空を見上げていたそうだ。熱視線の先に、なにかとてつもなくおもしろいものが浮かんでいるはずだと思ったのだろう。

「お父さんのまねをして、こう腰に手をあてて、あごをそらしてね。今にも後ろにひっくり返りそうで、見ているわたしはひやひやしちゃって。」

奥さんは身ぶりをまじえて説明した。本人は覚えていないようで、首をかしげている。

「それで、後で空の絵を描くんですよ。お父さんに見せるんだ、って言って。親ばかかもしれないですけど、けっこうな力作で……。そうだ、先生にも見ていただいたら？」

「親ばかだって。子どもの落書きだもん。」

照れくさげに首を振った和也の横から、藤巻先生も口添えした。

「いや、わたしもひさしぶりに見たいね。あれはなかなかたいしたものだよ。」

「へえ、お父さんがほめてくれるなんて、珍しいこともあるもんだね。」

＜国語＞

時間　五〇分　満点　一〇〇点

【注意】解答用紙にマス目（例：□□□）がある場合は、句読点などもそれぞれ一字と数え、必ず一マスに一字ずつ書きなさい。なお、行の最後のマス目には、文字と句読点などを一緒に置かず、句読点などは次の行の最初のマス目に書き入れなさい。

問一　次の問いに答えなさい。

(ア) 次のa～dの各文中の――線をつけた漢字の読み方として最も適するものを、あとの1～4の中から一つずつ選び、その番号を答えなさい。

a　物音が静寂を破る。
（1　じょうせい　2　せいじゃく　3　じょうせき　4　せいしゅく）

b　事態を収拾する。
（1　しゅうそく　2　しゅうしゃ　3　しゅうしゅう　4　しゅうごう）

c　試供品を頒布する。
（1　はんぷ　2　りょうふ　3　ぶんぷ　4　はいふ）

d　経済成長が著しい。
（1　おびただ　2　はなはだ　3　めまぐる　4　いちじる）

(イ) 次のa～dの各文中の――線をつけたカタカナを漢字に表したとき、その漢字と同じ漢字を含むものを、あとの1～4の中から一つずつ選び、その番号を答えなさい。

a　生物をケイトウごとに分類する。
1　老舗のデントウを守る。
2　強豪校との対戦にトウシを燃やす。
3　国会でトウシュが意見を述べる。
4　水をフットウさせる。

b　書類にインカンを押す。
1　会議でイッカンした方針を示す。
2　結果を聞いてカンセイをあげる。
3　植物の名前をズカンで調べる。
4　洗った服をカンソウさせる。

c　庭の花壇にキュウコンを植える。
1　教室でキュウショクを配膳する。
2　感激のあまりゴウキュウする。
3　犬には鋭いキュウカクがある。
4　大空をキキュウに乗って旅する。

d　木彫りの像に細工をホドコす。
1　学校でうさぎをシイクする。
2　自動車をセイゾウする。
3　地質調査をジッシする。
4　建築の許可をシンセイする。

(ウ) 次の俳句を説明したものとして最も適するものを、次のページの1～4の中から一つ選び、その番号を答えなさい。

> ものの芽のほぐれほぐるる朝寝かな　松本《まつもと》　たかし

MEMO

大切なことはメモしておこうネ！

2023年度

解答と解説

《2023年度の配点は解答用紙集に掲載してあります。》

＜数学解答＞

問1　(ア)　3　(イ)　3　(ウ)　1　(エ)　4　(オ)　2

問2　(ア)　2　(イ)　1　(ウ)　4　(エ)　2　(オ)　3

問3　(ア)　(i)　(a)　3　(b)　1　(c)　4　(ii)　36°　(イ)　(i)　2　(ii)　6
(ウ)　3　(エ)　5：4

問4　(ア)　5　(イ)　(i)　4　(ii)　1　(ウ)　$\frac{57}{13}$

問5　(ア)　$\frac{1}{18}$　(イ)　$\frac{4}{9}$

問6　(ア)　5　(イ)　2　(ウ)　$5\sqrt{7}$ cm

＜数学解説＞

問1　(数・式の計算，因数分解を利用した平方根の計算)

(ア)　$-1-(-7)=-1+7=6$

(イ)　$-\frac{3}{7}+\frac{1}{2}=-\frac{6}{14}+\frac{7}{14}=\frac{1}{14}$

(ウ)　$12ab^2\times6a\div(-3b)=-\frac{12ab^2\times6a}{3b}=-24a^2b$

(エ)　$\frac{3x+2y}{7}-\frac{2x-y}{5}=\frac{5(3x+2y)-7(2x-y)}{35}=\frac{15x+10y-14x+7y}{35}=\frac{x+17y}{35}$

(オ)　$\sqrt{6}+5=A$とおくと，$(\sqrt{6}+5)^2-5(\sqrt{6}+5)=A^2-5A=A(A-5)=(\sqrt{6}+5)\{(\sqrt{6}+5)-5\}$ $=(\sqrt{6}+5)\times\sqrt{6}=6+5\sqrt{6}$

問2　(因数分解，二次方程式，関数$y=ax^2$の変化の割合，方程式の応用，数の性質)

(ア)　$(x-5)(x+3)-2x+10=x^2-2x-15-2x+10=x^2-4x-5=(x-5)(x+1)$

(イ)　解の公式より，$x=\frac{-2\pm\sqrt{2^2-4\times7\times(-1)}}{2\times7}=\frac{-2\pm\sqrt{32}}{14}=\frac{-2\pm4\sqrt{2}}{14}=\frac{-1\pm2\sqrt{2}}{7}$

(ウ)　$x=-1$のとき，$y=-2\times(-1)^2=-2$　$x=-3$のとき，$y=-2\times(-3)^2=-18$　よって，xの増加量は，$-1-(-3)=-1+3=2$　yの増加量は，$-2-(-18)=-2+18=16$　(変化の割合)$=\frac{y\text{の増加量}}{x\text{の増加量}}$より，$\frac{16}{2}=8$

(エ)　一の位の数をx，百の位の数をyとする。百の位の数と一の位の数の和が10より，$x+y=10$ …①　もとの3桁の自然数は$100y+40+x$，百の位の数と一の位の数を入れかえた数は$100x+40+y$と表わすことができるから，その差が396より，$(100x+40+y)-(100y+40+x)=396$…②　①，②を連立方程式として解く。②より，$100x+40+y-100y-40-x=396$　$99x-99y=396$　$x-y=4$…②′　①+②′より，$2x=14$　$x=7$　$x=7$を①に代入して，$7+y=10$　$y=3$　よって，$x=7$，$y=3$　したがって，もとの自然数の一の位の数は7

(オ)　3780を素因数分解すると，$3780=2^2\times3^3\times5\times7=3\times5\times7\times(2\times3)^2=105\times6^2$　よって，$n=105$のとき，$\frac{3780}{n}$は自然数の平方となる。

問3 (合同の証明，円の性質と角度，データの活用，一次関数のグラフの利用，面積比)

(ア) (i) (a) DB//AIより，平行線の同位角は等しいから，<u>∠AIE＝∠DHE</u> (b) DB//AIより，平行線の錯角は等しいから，<u>∠ABD＝∠BAI</u> (c) ∠AIF＝∠EHG(①)，∠FAI＝∠GEH(⑤)より，2組の角が<u>それぞれ等しい</u>。

(ii) △BEDで，内角の和は180°だから，∠BED＝180°－(35°＋28°)＝117°　線分ABは円Oの直径より，∠AEB＝90°だから，∠AED＝117°－90°＝27°　$\overset{\frown}{\mathrm{AD}}$に対する円周角は等しいから，∠ABD＝∠AED＝27°　仮定より，∠ABC＝∠ABD＝27°…(i)　DB//AIより，平行線の錯角は等しいから，∠BAI＝∠ABD＝27°…(ii)　線分ABは円Oの直径より，∠ACB＝90°…(iii)　(i)，(ii)，(iii)より，∠CAI＝180°－(90°＋27°＋27°)＝36°

(イ) (i) 資料1について，値を小さい順に並べると，13，14，17，17，17，19，21，23，24，25となる。最小値は13人，最大値は25人で，第2四分位数(中央値)は，5番目の値と6番目の値の平均より，$\frac{17+19}{2}$＝18(人)である。また，第1四分位数は3番目の値より17人，第3四分位数は8番目の値より23人である。

(ii) 資料2について，値を小さい順に並べると，15，19，20，20，20，24，24，25，26，27となる。最頻値は，最も多く現れる値だから20人，合計は，15＋19＋20×3＋24×2＋25＋26＋27＝220(人)である。また，中央値は，5番目の値と6番目の値の平均より，$\frac{20+24}{2}$＝22(人)であり，第1四分位数は3番目の値20人，第3四分位数は8番目の値25人より，四分位範囲は，25－20＝5(人)である。資料3より，議案Zに賛成した人数の合計は，23×10＝230(人)だから，資料2，3から読み取れることがらは，A，C，Dとなる。

(ウ) 図3に，Bさんについてのxとyの関係を表すグラフをかき加えると，2人がすれ違ったのは，Bさんがいちょう図書館からかもめ図書館に移動したときである。このときのAさんのxとyの関係を表す式は，点(20，1200)を通り，傾きが，$\frac{2400-1200}{35-20}$＝80なので，$y=80x+b$に$x=20$，$y=1200$を代入して，$1200=80\times20+b$　$b=-400$　よって，$y=80x-400$…(i)　また，Bさんは，35－(15＋5)＝15(分間)に，

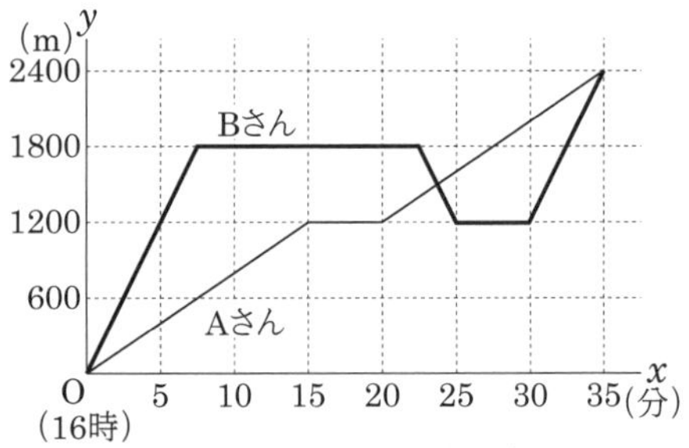

2400＋600×2＝3600(m)進むから，移動する速さは，3600÷15＝240より，分速240mである。よって，かもめ図書館に着いたのは，学校を出発してから，$1800\div240+15+600\div240=\frac{15}{2}+15+\frac{5}{2}=25$(分後)　したがって，Bさんの$x$と$y$の関係を表す式は，点(25，1200)を通り，傾きが－240なので，$y=-240x+c$に$x=25$，$y=1200$を代入して，$1200=-240\times25+c$　$c=7200$　$y=-240x+7200$…(ii)　(i)，(ii)を連立方程式として解いて，$x=\frac{95}{4}$，$y=1500$　$\frac{95}{4}$＝23.75より，16時23分から16時25分までの間にすれ違う。

(エ) 線分BCの中点をJとすると，点E，Fはそれぞれ線分CJ，CDの中点だから，**中点連結定理**により，FE＝$\frac{1}{2}$DJ，FE//DJ　また，条件より，BC＝2ADなので，AD//BJ，AD＝BJより，四角形ABJDは平行四辺形(ひし形)だから，AB＝DJ，AB//DJ　よって，AB//FEより，**三角形と比の定理**により，BH：HF＝AH：HE＝AB：FE＝DJ：$\frac{1}{2}$DJ＝2：1＝8：4　また，AG//BEより，AI：IE＝AG：BE＝$\frac{1}{2}$AD：$\frac{3}{4}$×2AD＝1：3＝3：9　よって，AI：IH：HE＝3：5：4　△BEHの面積をUとする。△BHIと△BEHは，底辺をそれぞれIH，HEとみると，高さが等しいから，

△BHI：△BEH＝IH：HE＝5：4より，$S=\frac{5}{4}U$　同様に，△BEH：△ECH＝BE：EC＝3：1より，△ECH＝$\frac{1}{3}U$　△BCH：△CFH＝BH：HF＝2：1より，△CFH＝$\frac{1}{2}\left(U+\frac{1}{3}U\right)=\frac{2}{3}U$
よって，T＝△ECH＋△CFH＝$\frac{1}{3}U+\frac{2}{3}U=U$　したがって，S：T＝$\frac{5}{4}U:U=5:4$

問4 (図形と関数・グラフ，比例定数，直線の式，面積が等しくなる点)

(ア)　点Aは直線①上の点だから，y座標は，$y=-x+9$に$x=3$を代入して，$y=-3+9=6$　よって，A$(3,\ 6)$　点Aは曲線②上の点でもあるから，$y=ax^2$に$x=3$，$y=6$を代入して，$6=a\times3^2$　$9a=6$，$a=\frac{2}{3}$

(イ)　2点A，Bはy軸について対称だから，B$(-3,\ 6)$　点Dは曲線③上の点だから，y座標は，$y=-\frac{1}{6}x^2$に$x=-6$を代入して，$y=-\frac{1}{6}\times(-6)^2=-6$　よって，D$(-6,\ -6)$　直線BDの式は，傾きが，$\frac{6-(-6)}{(-3)-(-6)}=4$なので，$y=4x+b$に$x=-3$，$y=6$を代入して，$6=4\times(-3)+b$　$b=18$　したがって，直線BDの式は，$y=4x+18$　点Fは直線BDとx軸との交点だから，$y=4x+18$に$y=0$を代入して，$0=4x+18$　$x=-\frac{9}{2}$　よって，F$\left(-\frac{9}{2},\ 0\right)$　また，点Eは点Dとy軸について対称な点だから，E$(6,\ -6)$　直線EFの式は，傾きが，$\{(-6)-0\}\div\left\{6-\left(-\frac{9}{2}\right)\right\}=-6\div\frac{21}{2}=-\frac{4}{7}$なので，$y=-\frac{4}{7}x+n$に$x=6$，$y=-6$を代入して，$-6=-\frac{4}{7}\times6+n$　$n=-\frac{18}{7}$　したがって，直線EFの式は，$y=-\frac{4}{7}x-\frac{18}{7}$

(ウ)　直線DE上に，DE＝DHとなる点Eと異なる点Hをとると，DE＝$6-(-6)=12$より，H$(-18,\ -6)$　△HDGと△DEGは，底辺をそれぞれHD，DEとみると，高さが等しいから，△HDG：△DEG＝HD：DE＝1：1　よって，△HDG＝△DEG　△BDG＝△DEGのとき，△HDG＝△BDGより，**平行線と面積の関係**により，BH//GD　直線BHの傾きは，$\frac{6-(-6)}{-3-(-18)}=\frac{4}{5}$なので，直線GDの式は，傾きが$\frac{4}{5}$で，点D$(-6,\ -6)$を通るから，$y=\frac{4}{5}x+c$に$x=-6$，$y=-6$を代入して，$-6=\frac{4}{5}\times(-6)+c$　$c=-\frac{6}{5}$　よって，$y=\frac{4}{5}x-\frac{6}{5}$…④　点Cの$x$座標は，$y=-x+9$に$y=0$を代入して，$0=-x+9$　$x=9$　よって，C$(9,\ 0)$　したがって，直線BCの式は，傾きが，$\frac{0-6}{9-(-3)}=-\frac{1}{2}$なので，$y=-\frac{1}{2}x+d$に$x=9$，$y=0$を代入して，$0=-\frac{1}{2}\times9+d$　$d=\frac{9}{2}$　$y=-\frac{1}{2}x+\frac{9}{2}$…⑤
④，⑤を連立方程式として解いて，$x=\frac{57}{13}$，$y=\frac{30}{13}$

問5 (確率)

(ア)　ブロックの個数が3か所とも同じになるのは，すべての場所のブロックの個数が2個となる場合だから，一番下のブロックに書かれた数は2，4，6である。よって，$(a,\ b)=(2,\ 4)$，$(4,\ 2)$の2通り。大，小2つのさいころの目の出方の総数は，$6\times6=36$(通り)なので，求める確率は，$\frac{2}{36}=\frac{1}{18}$

(イ)　少なくとも1か所のブロックの個数が0個になるのは，同じ目が出る場合と6の目が出る場合である。よって，$(a,\ b)=(1,\ 1)$，$(1,\ 6)$，$(2,\ 2)$，$(2,\ 6)$，$(3,\ 3)$，$(3,\ 6)$，$(4,\ 4)$，$(4,\ 6)$，$(5,\ 5)$，$(5,\ 6)$，$(6,\ 1)$，$(6,\ 2)$，$(6,\ 3)$，$(6,\ 4)$，$(6,\ 5)$，$(6,\ 6)$の16通り。したがって，求める確率は，$\frac{16}{36}=\frac{4}{9}$

問6 (円すい，表面積，2点間の距離，表面上の最短距離)

(ア)　円すいの側面を展開したときのおうぎ形の中心角の大きさを$a°$とすると，おうぎ形の弧の長さと底面の円の周の長さは等しいから，$2\pi \times 10 \times \frac{a}{360} = 2\pi \times 4$　$a = 144$　よって，側面積は，$\pi \times 10^2 \times \frac{144}{360} = 40\pi$ (cm²)　底面積は，$\pi \times 4^2 = 16\pi$ (cm²)　したがって，求める表面積は，$40\pi + 16\pi = 56\pi$ (cm²)

(イ)　△OCAで，**三平方の定理**により，$OC^2 = AC^2 - OA^2 = 10^2 - 4^2 = 84$　OC>0より，$OC = \sqrt{84} = 2\sqrt{21}$ (cm)　線分OBの中点をGとすると，**中点連結定理**により，$DG = \frac{1}{2}CO = \frac{1}{2} \times 2\sqrt{21} = \sqrt{21}$ (cm)　また，DG//COより，線分DGは円すいの底面に垂直である。円Oにおいて，点Eから線分ABに垂線EHをひくと，△OEHは，内角の大きさが30°，60°，90°の直角三角形だから，$EH = \frac{\sqrt{3}}{2}OE = \frac{\sqrt{3}}{2} \times 4 = 2\sqrt{3}$ (cm)　$OH = \frac{1}{2}OE = \frac{1}{2} \times 4 = 2$ (cm)　よって，$GH = 2 + 2 = 4$ (cm)　なので，△EHGで，**三平方の定理**により，$EG^2 = EH^2 + GH^2 = (2\sqrt{3})^2 + 4^2 = 28$　EG>0より，$EG = \sqrt{28} = 2\sqrt{7}$ (cm)　∠DGE＝90°より，△DGEで，**三平方の定理**により，$DE^2 = DG^2 + EG^2 = (\sqrt{21})^2 + (2\sqrt{7})^2 = 49$　DE>0より，DE＝7(cm)

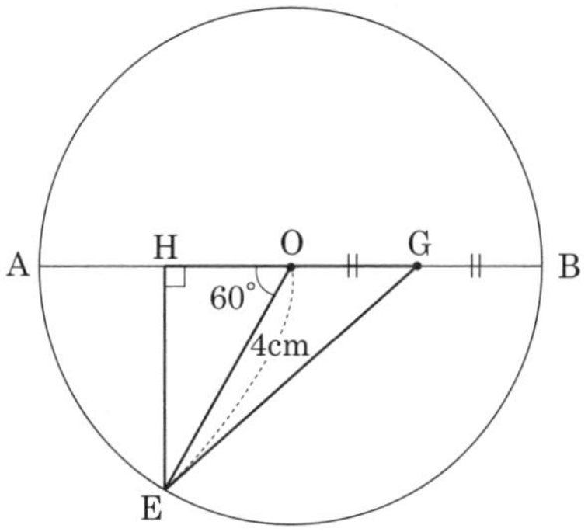

(ウ)　右の図のような側面の展開図を考えると，求める線の長さは，線分EFの長さに等しい。$\overset{\frown}{AE}$は円Oの周の長さの$\frac{60}{360} = \frac{1}{6}$だから，$\angle ACE = 144° \times \frac{1}{6} = 24°$　よって，$\angle ECA' = 144° - 24° = 120°$　点Eから直線A′Cに垂線EIをひくと，△ECIは，内角の大きさが30°，60°，90°の直角三角形だから，$EI = \frac{\sqrt{3}}{2}CE = \frac{\sqrt{3}}{2} \times 10 = 5\sqrt{3}$ (cm)　$CI = \frac{1}{2}CE = \frac{1}{2} \times 10 = 5$ (cm)　よって，$FI = 5 + 5 = 10$ (cm)　なので，△EFIで，**三平方の定理**により，$EF^2 = EI^2 + FI^2 = (5\sqrt{3})^2 + 10^2 = 175$　EF>0より，$EF = \sqrt{175} = 5\sqrt{7}$ (cm)

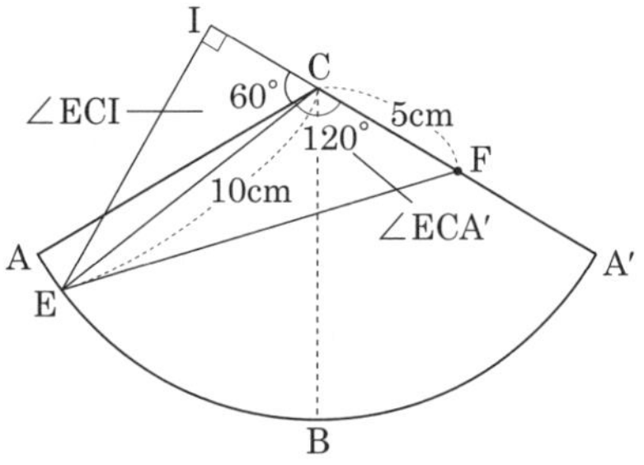

<英語解答>

問1　(ア)　No. 1　2　　No. 2　4　　No. 3　3　　(イ)　No. 1　3　　No. 2　1
　　(ウ)　No. 1　5　　No. 2　2

問2　(ア)　3　　(イ)　4　　(ウ)　3

問3　(ア)　1　　(イ)　3　　(ウ)　2　　(エ)　4

問4　(ア)　(3番目)　3　　(5番目)　6　　(イ)　(3番目)　3　　(5番目)　4
　　(ウ)　(3番目)　1　　(5番目)　3　　(エ)　(3番目)　6　　(5番目)　5

問5　(例) Do you know which bus goes to (the park?)

問6　(ア)　4　　(イ)　2　　(ウ)　2

問7　(ア)　4　　(イ)　4

問8　(ア)　5　　(イ)　1　　(ウ)　5

＜英語解説＞

問1　(リスニング)

放送台本の和訳は，77ページに掲載。

(ア)，(イ)　対話文の内容を聞き取って，応答力や理解力が試された。

(ウ)　No. 1は，スピーチを聞いて，ワークシートの①～③の空所に入る語句を選択する。そしてその組み合わせとして最適なものを選ぶ形式である。
No. 2は，聞き取った内容をふまえて，スピーチのメッセージとして最適なものを選ぶ問題。
No. 1とNo. 2は，どちらも正確に情報を聞き取れたかが試された。

問2　(適語補充・選択問題：形容詞，名詞，動詞)

(ア)「とても重いので，そのテーブルを運べません。手伝ってくれませんか？」because以下にテーブルを運べない理由が述べられている。**Will you ～?「～してくれませんか(依頼)」**

(イ)「釣りに行く予定なので，明日天気が晴れるといいなと思います」**助動詞willと<be going to ～>は未来を表す。**

(ウ)「友達を紹介させてください。彼の名前はタロウです。カモメ中学校の出身です。野球をすることが好きです」**<let me＋動詞の原形>で「～させてください」の意味。**　improve「改善する」，respect「尊敬する」

問3　(語句の選択問題：時制，接続詞，間接疑問，動名詞)

(ア)　I lived in Japan with my family for three years when I was a child.「私は子供のとき，3年間家族と一緒に日本に住んでいました」**when I was a childは過去の時を表すので，空らんに入る動詞は過去形。**

(イ)　Well, it's difficult for me to choose because I like both apple juice and orange juice.「えーと，私はリンゴジュースとオレンジジュースの両方が好きなので，私にとって選ぶのは難しいです」**<it is ～ for … to ＋動詞の原形>で「…にとって―するのは～だ」，<both A and B>で「AとBの両方とも」の意味。**

(ウ)　I haven't decided what I want to do in the future.「私は将来何をしたいかまだ決めていません」**動詞decideのあとに，その目的語にあたる間接疑問が続く。**　A：「私は医者になってたくさんの人を助けたい。あなたは？」への返答なので，what(何)が適当。

(エ)　Because I can learn a lot of things by talking with my friends in English.「友達と英語で話すことによってたくさんのことを学べるから」**by(～によって)は前置詞なので，後に続く動詞はing形(動名詞)にする。**

問4　(語句の並べ換え問題：後置修飾，間接疑問，命令文)

(ア)　(Is) there anything I should bring(?)「何か私が持っていくべきものがありますか」**I should bringという文が直前のanythingを後ろから修飾する形。間に目的格の関係代名詞が省略されていると考えてもよい。**　1. toが不要。　bring「～を持っていく」，something to drink「何か飲むもの，飲み物」

(イ)　(Please tell) me when you will come (back home.)「あなたがいつ帰宅するか私に言ってください」**<tell ＋人＋～>で「人に～を言う，伝える」の意味。「～を」の部分が間接疑問＜疑問詞＋主語＋動詞＞の語順になる。**　2. goesが不要。　come back home＝be at home「帰宅する」

(ウ) (Eri,) do we have any milk (left in the bottle?) 「エリ，私たちには瓶に残っている牛乳がいくらかありますか」 **leftは動詞leave(～を残す)の過去分詞形。left in the bottle「瓶に残されている」という過去分詞で始まる語句が後ろからany milkを修飾している(分詞の後置修飾)。** 4. are が不要。

(エ) (Don't) be afraid of asking questions (if you have something you don't understand.) 「もし理解できないことがあったら，恐れずに質問してください」 **<be afraid of ～>で「～を恐れる」の意味。of は前置詞なので，後ろにくる動詞は動名詞になる。** 4. to が不要。

問5 (条件英作文：間接疑問)

＜最初の英文＞(全訳)

A ある日，ケイコは一人でABC公園へ行こうとした。駅で彼女は男の人に「バスターミナルはどこですか？」とたずねた。その人は「駅の西口のそばですよ」と答えた。

B バスターミナルに着くと，3台のバスがあって，赤，青，黄色のものだった。そこでケイコは女性にたずねた。「私はABC公園へ行きたいです。どのバスがその公園へ行くかわかりますか？」

C 「はい，わかります。青いバスです。ここから5つ目の停留所がABC公園ですよ。楽しい1日を過ごしてくださいね」と女性が答えてくれた。「ありがとうございます」とケイコが言った。

3つの場面の文脈を正確にとらえよう。Aの場面では，ケイコの目的地はABC公園で，まずバスターミナルに行くことがわかる。Bの場面では，バスターミナルに着くと赤，青，黄色のバスがとまっているので，ケイコが女性に質問をする。この質問の空所に適する語句を入れなければならない。Cの場面では，女性の応答から青いバスに乗って行くとABC公園に着くことがわかる。したがって，Bの場面の最後では**「どのバスに乗ればよいか」を聞いたと推定**できる。

＜条件＞ ① **busとgoesとknowを用いる。** ② **空所内は7語以上。** ③ **the park?につなげる。**Cの場面の最初に女性が Yes, I do. と答えているので，**Do you know**という一般動詞の疑問文の形から始める。そしてbusとgoesを使って，**which bus goes to ～「どのバスが～へ行くか」という間接疑問**を作ってknowの後に続ける。

問6 (読解問題・スピーチ：グラフの読み取り，文の挿入，内容真偽)

(全訳)こんにちは。カイトです。今日は，AI(人工知能)機器について話します。私たちはロボットやドローンやスマートフォンのようなたくさんの種類のAI機器を使っています。AI機器は多くの情報を集めて，それを記憶し，それを人間によって与えられた仕事をするために使います。AI機器は私たちの生活をより良くすることができると思います。AI機器ができない仕事はまだたくさんありますが，それらは私たちの生活をもっと楽にするような仕事をすることができます。私のスピーチを通して，皆さんにAI機器についてもっと知ってもらい，将来どのようにAI機器と一緒に暮らすか想像してほしいと思います。

この夏にAI機器に関するイベントに参加するまで，私はAI機器について何も知りませんでした。それはカモメ市による開催でした。イベントでたくさんの種類のAI機器について知りました。医者のように働くロボットを見ました。ある女性がロボットに自分の体に不調があることを話したとき，ロボットは彼女にいくつかの質問をしてから，彼女の気分がよくなるための提案をしました。カモメ市役所から来た人が私に言いました。「このロボットは医者のように働くことができるけれど，①Aできないことがあります。医者に取って代わることはできません。でも将来は病院でもっとたくさんのロボットが働いているでしょう」イベントで，私は人間を手助けできるAI機器を作る方法について考え始めました。

イベントに行った後，私はAI機器についてもっと学び始めました。AI機器は多くのさまざまな方法で使われていることを知りました。例えば，AI機器は農業従事者たちを手助けします。このグラフを見てください。日本での2010年，2015年，2020年の農業従事者数と，各年の彼らの年齢の変化を示しています。農業従事者数は少なくなってきて，60歳以上の農業従事者の割合が大きくなってきました。そして今や，AI機器が農業従事者たちへの大きな手助けになると思われています。

実際にAI機器が農業従事者たちを手助けする方法を知るために，もう一つ別のイベントに行きました。私がそこで見たロボットは，農家の人たちがトマトを摘むのを手伝いました。そのロボットはトマトについてのたくさんの情報を集めるために，体にカメラを付けています。それは熟したトマトの形と色を記憶していて，そのトマトをいつ収穫するかを決めます。トマトを収穫すると決めると，腕を使って摘み取ります。農家の人たちはロボットが収穫したトマトを店舗に送ります。このイベントで，私はトマト摘みロボットを使った農家の人と話をしました。「ロボットと一緒に働くことについてどう思いますか？」と聞きました，彼は「ロボットと人間が同じ仕事を全部できるとは思いません。しかし，②C人間がする仕事の一部をやることはできます」と言いました。今日，ロボットはとても重要になりました。農業従事者の仕事はきつく，多くの経験を必要とするため，なりたい若い人の数はより少なくなりました。もしロボットが農業従事者の代わりにきつい仕事をすることができるなら，農業従事者の生活が改善されるでしょう。より多くの若い人たちが農業従事者になりたいと思うことを願っています。

AI機器は私たちの生活でさまざまな方法で使われています。今日の世界で私たちがAI機器を使わずに生活することは難しいとわかっています。ですが，AI機器が完ぺきではないということを覚えておく必要があります。AI機器は集めたすべての情報を覚えておくことができますが，③Bそれを使う方法を人間が機器に教えなければなりません。そこで，私たちはいつもそれらを効果的に使う方法について考える必要があります。私は，より多くのAI機器が人を助けるために使われることを希望します。ドクター・ロボットやトマト摘みロボットのように，AI機器は私たちの生活を向上させることができます。だから，将来私たちの生活をより良いものにするために，人と協働できるAI機器を作りたいです。それが私の夢です。聞いてくださってありがとうございます。

(ア)　上記全訳参照。英文中の下線部this graphの後ろの2文で，グラフの見方が説明されている。　1～4のグラフのうち，「農業従事者数が少なくなっている」のは1と4で，そのうち「60歳以上の農業従事者の割合が大きくなっている」のは4であるとわかる。

(イ)　上記全訳参照。空所①の前には「医者のように働くことができるけれど」とあるので，対照的な内容であるAを選ぶ。**though「～だけれども」**　空所②の前には**接続詞But**があるので，前の内容と反対のことを述べるCを選ぶ。「人間がする仕事の一部をやることはできる」　空所③前にも接続詞butがあるので，前の内容とは対照的なBを選ぶ。「それを使う方法は人間が教えなければならない」

(ウ)　a.　カイトはスピーチの中で，聴衆にAI機器のある未来を想像してほしいと思っている。(○)　第1段落最後の文の内容と一致。　b.　カイトは参加したイベントで，ドクター・ロボットが女性に提案することができなかったことを知った。(×)　第2段落第5文の内容と不一致。
c.　カイトは参加したイベントで，日本の農業従事者たちはAI機器を使うことが好きではないということがわかった。(×)　このような記述は本文にない。　d.　トマト摘みロボットはトマトを店舗に送るような仕事をたくさんやっている。(×)　第4段落第4文の内容と不一致。　e.　ロボットは農業従事者たちの大変な仕事をすることによって，彼らの生活を改善することができるだろう。(○)　第4段落最後から2，3番目の文の内容と一致。　f.　カイトの夢は人間に取って代わることができるAI機器をつくることだ。(×)　第5段落最後から2，3番目の文の内容と不一致。

問7　(会話文読解問題：英問英答，リストやポスターを用いた問題)

(ア)　(全訳)*ベッキーはオーストラリアの高校生である。彼女はカモメ市のミキの家に滞在する予定である。ミキとベッキーはスマートフォンでお互いにメッセージを送っている。*

ミキ　　：ここ日本であなたに会えるなんてとてもうれしいです！　あなたは*天ぷら*を食べたいって言ってましたね。私の町の*天ぷら*店のリストを今送りました。土曜日か日曜日に私とお店に行きませんか？

ベッキー：いいですよ。日曜日にランチに行くのはどうですか？

ミキ　　：いいですね。お店を選びましょう！

ベッキー：最も安いランチがある店に行きたいです。もしランチが安ければ，私はほかの活動にお金を使えます。日本でたくさんのことをやってみたいです。

ミキ　　：オーケー。リストを見てください。ランチタイムに割引を使うことができます。何の*天ぷら*が食べたいですか？

ベッキー：私は野菜*天ぷら*が食べたいです。地元の野菜を使っているレストランに行きたいです。

ミキ　　：わかりました。［コマチ］に行きましょう。

ベッキー：ええ。食べたら，あなたの町を案内してください。

＜リスト＞

(店名	休業日	ランチ価格	ランチ割引	ミキの意見)
Wakaba	日曜日	1600円	全員20％割引	野菜*天ぷら*は美味。料理人が目の前で調理。
Momiji	火曜日	1600円	4人以上で20％割引	*天ぷら*を自分で作れる。魚*天ぷら*が美味。
Kaede	月曜日	1500円	全員10％割引	魚*天ぷら*が美味。料理人が目の前で調理。
Komachi	火曜日	1500円	2人以上で10％割引	野菜*天ぷら*が美味。カモメ市の野菜を使用。
Sakura	月曜日	1500円	4人以上で10％割引	野菜*天ぷら*が美味。カモメ市の野菜を使用。

質問：「［　　］には何が入りますか？」

(上記全訳を参照)ベッキーの意見で日曜日に行くことになったので，Wakabaではない。2人で行くので割引を使えるのはKaedeとKomachiである。そして，ベッキーは地元の野菜を使っている店が希望なので，Komachiに決まる。

(イ)　(全訳)*ダイスケは高校生である。彼は学校でグリーン先生と話している。*

グリーン先生：こんにちは，ダイスケ。何をしているの？

ダイスケ　　：このポスターを見ています。このスピーチコンテストに出ようと思います。

グリーン先生：それはすごい！　締め切りまでに1週間あるね。1回戦に参加するために必要なものをもう送りましたか？

ダイスケ　　：いいえ，まだです。応募用紙を受け取って，スピーチのトピックを決めたところです。

グリーン先生：あら，スピーチのトピックは何ですか？

ダイスケ　　：日本文化について話すつもりです。もうそれについてのおもしろい本を数冊見つけて読みました。次にスピーチの概要を書くつもりです。

グリーン先生：ええと，最初に原稿を書いた方がよいと思います。原稿が終われば，すぐに概要を書くことができますよ。

ダイスケ　　：わかりました。そうします。その後，スピーチ中の身振りのしかたを練習します。

英語のスピーチでは，上手な身振りが重要だと思います。

グリーン先生：それも重要だと思いますが，上手に話すことはもっと重要です。だから，声を録音する前に英語を話す練習をするべきです。2回戦のために録音した音声を送った後，身振りの練習をするほうがいいですよ。

ダイスケ　　：ありがとうございます。スピーチコンテストのためにやるべきことのリストを今作ろうと思います。

グリーン先生：それがいいですね！　頑張ってください！

<ポスター>　カモメ市英語スピーチコンテスト2022

(ラウンド	送る物	詳細	締め切り)
第1回戦	応募用紙	ウェブサイト入手，題を明記	9月12日までに
	スピーチの概要	50 ～ 60語	
	スピーチの原稿	400 ～ 500語	
第2回戦	スピーチの録音音声	5分	9月26日までに
本戦		10月9日，カモメホールで聴衆の前でスピーチをする	

<リスト>

9月12日までにやること	9月26日までにやること	10月9日までにやること
(　①　)→(　②　)	(　③　)→(　④　)	(　⑤　)

(ア)　英語を話す練習をすること。　(イ)　概要を書くこと。　(ウ)　身振りを練習すること。

(エ)　声を録音すること。　(オ)　原稿を書くこと。

質問：「リストの(　①　)～(　⑤　)には何が入りますか？」

全訳を参照。ダイスケの2番目の発話から，すでに応募用紙は入手済であることがわかる。グリーン先生とダイスケの4番目の発話から，最初に原稿を書いてから概要を書くことがわかる。そして二人の5番目の発話から，まず英語を話す練習をしてから，音声の録音をすることがわかる。そして最後に身振りの練習になるとわかる。

問8 (会話文読解問題：グラフを用いた問題，語句の補充，内容真偽)

(全訳)*アユミとマサオはカモメ高校の生徒である。6月のある日，彼らは放課後の教室で話している。そのとき，彼らの英語の先生であるホワイト先生が，彼らと話す。*

ホワイト先生：こんにちは，アユミさんとマサオ君。何をしているの？

アユミ　　　：私たちは9月の文化祭について話しています。マサオ君と私は料理クラブで，日本の米の将来について何かをする予定です。

ホワイト先生：米？　それは興味深いわ。あなたたちはなぜ米にそんなに興味を持っているの？

マサオ　　　：僕たちはもっとたくさんの米を食べるべきだと思うからです。僕の祖父は，東北で米を育てていて，毎年僕の家族においしい米を送ってくれます。祖父は，僕の家族が彼の米を美味しく食べていると言うと，いつも喜んでくれますが，日本の米の将来について心配しています。

ホワイト先生：まあ，なぜ彼はそれを心配しているの？

マサオ　　　：彼は，「日本の米の消費量は，我々の食生活の変化によってすごく減ってきている」と言いました。

ホワイト先生：まあ，本当に？

マサオ　　　：はい。僕はそれを聞いた後，インターネットを使って①このグラフを見つけました。それは，1962年から2020年の日本での年間1人あたりの米の消費量を表しています。1962年は，1人118.3キログラムの米を食べました。2000年には1人が1962年の量の55％くらいを食べ，2020年には1人が2000年よりも少ない量の米を食べています。

アユミ　　：マサオ君にこのグラフを見せてもらった後，私も興味を持ちました。そして，私たちは文化祭で日本の米の将来について何かをしようと決めました。私たちは，みんなに日本の米にもっと興味を持つようになってほしかったのです。

ホワイト先生：それで，あなたたちのアイデアは？

マサオ　　：僕は先月，米を育てるボランティア活動に参加しました。その活動は，5月に始まって8月に終わる予定です。米の育て方を学んでいます。文化祭で僕は，このグラフとボランティア活動中に撮った写真を使って，日本の米についてプレゼンテーションをしたいです。

ホワイト先生：それは素晴らしい！

アユミ　　：ホワイト先生，②これら2つのグラフを見てください。私たちの学校の生徒たちが何を食べるのが好きかを知るために，40人の生徒に「あなたは，パンと麺と米の中でどれが1番好きですか？」と尋ねました。パンがこれらの中では最も人気が高く，80％以上が米よりもパンか麺が好きとのことでした。パンと麺は小麦粉で作られています。その時私は，小麦粉の代わりに米粉を使って何かを作ることを考え始めました。

マサオ　　：ホワイト先生，もう一つのグラフを見てください。僕は，40人の生徒に「朝食に何を食べますか？」と尋ねました。彼らの50％以上が，朝食にパンを食べます。だから，僕たちのクラブは米粉パンを作ることに決めました。僕は，米粉で作ったパンを食べることが，日本の米の消費量を増やすだろうと思います。

アユミ　　：それで，私たちのクラブは文化祭で，マサオ君のプレゼンテーションで日本の米について話して，米粉パンを売る予定です。みんなが，もっと日本の米に興味を持ってくれて，私たちの米粉パンを好きになってくれたらいいなと思います。

ホワイト先生：それはとても良いアイデアだと思います。マサオ君のプレゼンテーションを聞いて，あなたたちの米粉パンを食べるのが待ちきれない！

9月のある日，文化祭の後，アユミとマサオは放課後の教室で話している。そのとき，ホワイト先生が彼らに話しかける。

ホワイト先生：こんにちは，アユミさんとマサオ君。米粉パンは素晴らしかったし，みんながマサオ君のプレゼンテーションを楽しんだわね。

マサオ　　：ありがとうございます。文化祭の後，僕はインターネットを使って米と小麦についてさらに学びました。日本は使用する小麦の約90％を輸入しています。もしも十分な小麦が外国から入ってこなければどうなってしまうでしょうか？

ホワイト先生：私は，パンや麺，その他の小麦粉から作られる食べ物の値段がとても高くなると思います。

アユミ　　：でも，日本人の食習慣はかなり変わってしまって，日本人の多くが小麦粉からできた食べ物を食べるので，私は日本人が小麦粉からできた食品を食べるのをやめることはできないと思います。

ホワイト先生：あなたの言うとおりかもしれません。米についてはどうでしょう？

マサオ　　：えーと，日本では十分な量の米を育てて，僕たちがもっと多くの米を食べるべきだと思います。米の消費量を増やす方法を見つけましょう。

アユミ　　　：それをしましょう！　私たちは，米粉を使った新しい調理法を考えることができます。

ホワイト先生：あなたたちのクラブのメンバーが次に調理をするときは，知らせてください！

アユミ　　　：はい。

(ア)　上記全訳を参照。下線①のグラフはア群の中から選ぶ。マサオの3つ目の発言を見ればよい。「2000年になると，1人が1962年の量の55％くらいを食べ」とあるので，グラフで**2000年の数値を見て118.3の半分よりも多い数を探すと，Bが該当する**とわかる。

下線②のグラフは，イ群の中から選ぶ。アユミの3つ目の発言を見る。(a)(b)とも40人にきいている。(a)は「パンと麺と米の中でどれが1番好きか」の質問に対する結果を示す。アユミの発言中に「米が最も人気」「80％以上が米よりもパンか麺が好き」とあるので，Breadが示す人数が最も多く，**BreadとNoodlesが示す人数を合わせて32人以上のものを探すと，YとZが該当する。**(b)は「朝食に何を食べるか」の質問に対する結果を示す。マサオの5番目の発言中に「50％以上がパンを食べる」とあるので，**Breadが20人以上のものを探すと，XとYが該当する。**よって，**(a)(b)両方の答えを示すものはYである**とわかる。

(イ)　上記全訳で，該当箇所のアユミの発言を参照。**But I don't think「でも私は～だとは思わない＝～ではないと思う」**で始まっていることに注意。マサオ「もし小麦が外国から入って来なくなったら」→ホワイト先生「小麦食品の値段が上がる」→アユミ「でも日本人は□ことはできないと思う」という会話の流れをつかむ。**接続詞because**以下が文の前半部分の内容に対する理由を示している。

1. 小麦粉からできた食品を食べるのをやめる　2. 小麦粉から作られた食べ物を食べ続ける

3. 小麦消費量を増やす　4. もっと米を食べて，米粉を使うのをやめる

(ウ)　a.　マサオの祖父はいつも文化祭のためにカモメ高校に米を送っている。(×)　b.　マサオは人々の食習慣の変化が日本の米の消費量を増大させたと考えている。(×)　c.　マサオはボランティア活動での経験をもとに日本の米についてのプレゼンテーションをすることに決めた。(○)　マサオの4番目の発言を参照。　d.　アユミは，パンが生徒たちの大好きな食べ物なので小麦粉を使ってパンを作った。(×)　e.　マサオは，もっと多くの米粉パンを食べることは日本の米消費量を増やす良い方法だと思う。(○)　マサオの5番目の発言を参照。　f.　アユミとマサオは，米が人気ではないので小麦粉を使う新しい調理法を考えたいと思っている。(×)

2023年度英語　リスニングテスト

〔放送台本〕

これから，問1のリスニングテストの放送を始めます。問題は(ア)・(イ)・(ウ)の三つに大きく分かれています。 放送を聞きながらメモをとってもかまいません。それでは，問題(ア)に入ります。問題(ア)は，No. 1～No. 3まであります。JudyとKenが話をしています。まずJudyが話し，次にKenが話し，その後も交互に話します。対話の最後でKenが話す言葉のかわりに(チャイムの音)というチャイムが鳴ります。そのチャイムのところに入るKenの言葉として最も適するものを，問題(ア)の指示にしたがって答えなさい。まず，問題(ア)の指示を読みなさい。それでは，始めます。対話は2回ずつ放送します。

No. 1　[Judy:]　What did you do during summer vacation, Ken?

[Ken:]　I visited my friend, Tom, in Australia. He stayed at my house last year. It was good to see him again.

[Judy:]　That's nice! Did you go there with anyone?

[Ken:]　(チャイム)

No. 2　[Judy:]　Ken, I watched your soccer game yesterday. You are a very good soccer player.

[Ken:]　Thank you! I practice very hard because I want to win every game.

[Judy:]　I see. How long do you usually practice in a day?

[Ken:]　(チャイム)

No. 3　[Judy:]　Ken, our school trip to Kyoto last week was fun! What did your group do there?

[Ken:]　My group visited a museum and a temple, and my group also had lunch at a nice restaurant.

[Judy:]　That's good! Which was your favorite place?

[Ken:]　(チャイム)

〔英文の訳〕

No. 1　ジュディ：ケン，夏休みの間に何をしたの？

ケン　　：オーストラリアで友達のトムを訪ねたよ。去年，彼は僕の家に滞在したんだ。彼にまた会えて楽しかったよ。

ジュディ：それはよかったわ！　誰かと一緒に行ったの？

ケン　　：2　うん，家族と一緒に行ったんだよ。

No. 2　ジュディ：ケン，昨日あなたのサッカーの試合を見たわ。あなたはとても上手なサッカー選手ね。

ケン　　：ありがとう！　どの試合にも勝ちたいから，とても一生懸命に練習しているんだ。

ジュディ：そうなのね。いつも一日にどのくらい練習するの？

ケン　　：4　一日に2時間練習するよ。

No. 3　ジュディ：ケン，先週の京都への修学旅行は楽しかったわ！　あなたのグループは何をしたの？

ケン　　：僕のグループは美術館と寺院を訪れて，すてきなレストランで昼食を食べたりもしたよ。

ジュディ：それはよかったわ！　あなたがとても気に入った場所はどこだったの？

ケン　　：3　美しい庭があったから，寺院が一番よかったよ。

〔放送台本〕

次に，問題(イ)に入ります。問題(イ)は，No. 1とNo. 2があります。それぞれ同じ高校に通うMikeとAkikoの対話を放送します。対話の内容を聞いて，問題冊子に印刷されているそれぞれの質問の答えとして最も適するものを，問題(イ)の指示にしたがって答えなさい。まず，問題(イ)の指示を読みなさい。それでは，始めます。対話は2回ずつ放送します。

No. 1　[Mike:]　Akiko, I want to learn how to make some Japanese food.

[Akiko:]　My family loves cooking. Would you like to come to my house and cook with us this Sunday?

[Mike:] Yes. That sounds great! What time should I come to your house?
[Akiko:] Well, we usually eat dinner at 6:00. We want to start cooking two hours before dinner. Can you come then?
[Mike:] Yes, I can.
[Akiko:] I hope you'll enjoy dinner with us.

No. 2 [Mike:] Do you play the guitar, Akiko?
[Akiko:] Yes. I began to play the guitar when I was five years old.
[Mike:] Really? You began playing the guitar when you were so young! Why did you start?
[Akiko:] My mother took me to a guitar concert, and I loved it. After the concert, my mother bought me a guitar, and I started playing it.
[Mike:] That's great! I wish I could play the guitar. Can you teach me?
[Akiko:] Yes, I can. Let's begin today!

〔英文の訳〕

No. 1 マイク：アキコ，何か日本食の作り方を習いたいな。
アキコ：私の家族は料理をすることが大好きよ。今度の日曜日に私の家に来て，私たちと一緒に料理をしない？
マイク：うん。それはいいね！　何時にあなたの家に行ったらいい？
アキコ：そうね，私たちはたいてい6時に夕食を食べるの。夕食の2時間前に料理をし始めたいわ。その時に来ることができる？
マイク：うん，できるよ。
アキコ：私たちとの夕食を楽しんでもらえるといいな。
質問：マイクについて何と言えますか？
答え：3　彼は今度の日曜日4時に，アキコの家族と料理し始めるだろう。

No. 2 マイク：アキコ，あなたはギターを弾きますか？
アキコ：ええ。5歳のときにギターを弾き始めたの。
マイク：本当？　とても幼かったときにギターを弾き始めたんだね！　どうして始めたの？
アキコ：母が私をギターのコンサートに連れていってくれて，それがとても好きだったの。コンサートの後，母が私にギターを買ってくれて，それを弾き始めたのよ。
マイク：それは素晴らしいね！　僕もギターが弾けたらいいなあ。教えてくれる？
アキコ：いいわよ。今日始めましょう！
質問：アキコについて何と言えますか？
答え：1　彼女は5歳のときからずっとギターを弾いている。

〔放送台本〕

最後に，問題(ウ)に入ります。高校生のケイタが英語の授業でスピーチを行います。スピーチを聞いて，問題(ウ)の指示にしたがって答えなさい。このあと，20秒後に放送が始まりますので，それまで問題(ウ)の指示を読みなさい。それでは，始めます。英文は2回放送します。

Hi, I'm Keita. I'm going to talk about the things that happened last weekend. I like playing tennis, and I usually practice tennis at school on weekends if it's not rainy. However, last weekend, it was rainy, and I couldn't play tennis. So, on Saturday, I read books at home. And on Sunday, I cooked lunch for my family, and they loved it. It was the food I ate in Okinawa during the school trip. At first, I was sad that I couldn't play tennis, but now I realize I like reading and cooking. The rainy days gave me a chance to do things I didn't usually do. So, my friends, if things you don't like happen, you don't need to be sad. It will be a chance for you to find something new. Thank you.

これで問1のリスニングテストの放送を終わります。

〔英文の訳〕

こんにちは，ケイタです。先週起きた出来事について話します。僕はテニスをすることが好きで，雨天でなければたいてい週末に学校でテニスの練習をします。ですが，先週末は雨だったのでテニスができませんでした。それで土曜日には家で読書をしました。そして日曜日には家族のために昼食を作って，みんなにおいしく食べてもらいました。それは僕が修学旅行中に沖縄で食べた料理でした。最初はテニスができなくて悲しかったのですが，今では僕は読書と料理をすることが好きなのだとわかります。雨の日が僕に，いつもはやらないことをする機会を与えてくれました。だから，皆さん，もしいやなことが起きても，悲しむ必要はありません。皆さんが何か新しいことを発見するチャンスになるでしょう。ありがとうございます。

〈ワークシート〉の和訳

ケイタのスピーチ

- ケイタは雨天でなければたいてい週末に①Bテニスをする。
- この前の土曜日，彼は②C家で読書をした。
- この前の日曜日，彼の家族は③A彼が作った昼食を食べた。

質問：クラスの生徒たちへのケイタのメッセージは何ですか？

④2あなたがしたいことをできないときは，何か違うことをやってみるべきである。

No. 1　上記和訳の下線部を参照。

No. 2　上記和訳の下線部を参照。

＜理科解答＞

問1　（ア）　2　（イ）　4　（ウ）　3

問2　（ア）　6　（イ）　5　（ウ）　4

問3　（ア）　4　（イ）　9　（ウ）　2

問4　（ア）　7　（イ）　1　（ウ）　(i)　2　(ii)　3

問5　（ア）　3　（イ）　2　（ウ）　3　（エ）　1

問6　（ア）　(i)　3　(ii)　2　（イ）　2　（ウ）　(i)　2　(ii)　1　（エ）　6

問7　（ア）　1　（イ）　5　（ウ）　(i)　あ　1　い　3　(ii)　4

問8　（ア）　3　（イ）　6　（ウ）　1　（エ）　4

＜理科解説＞

問1　(小問集合－光と音：モノコードの弦の振動，電流：並列回路の電力，力と物体の運動：磁力による作用・反作用)

（ア）　弦を張る強さを強くするか，ことじを動かしてab間の弦の長さを短くするほど，音は高くなり，振動数が多くなるため，図2と音の大きさが同じになるような強さでab間の弦をはじくと図3のような音が出る。

(イ)　家庭用の配線は並列回路であるため，**コードXを流れる電流〔A〕＝(30〔W〕＋20〔W〕＋120〔W〕＋1200〔W〕)÷100〔V〕＝13.7〔A〕**であり，定格電流15Aをこえない。

(ウ)　図2のように，磁石Bが宙に浮いているのは，磁石AのN極と磁石BのN極または磁石AのS極と磁石BのS極のように同じ極を近づけると，反発し合う磁力がはたらくためである。**磁石Aから磁石Bに①の反発力(作用)がはたらくと，同時に磁石Bから磁石Aに④の反発力(反作用)がはたらく。作用と反作用は2つの物体間で同時にはたらき，大きさは等しく，一直線上で向きは反対になっている。**

問2　(小問集合－気体の発生とその性質：アンモニア，水溶液：溶解度，酸・アルカリとイオン，中和と塩：イオンの数の変化)

(ア)　図は，**アンモニアの噴水実験**である。アンモニアを満たした丸底フラスコ内に，スポイトで水を入れると，ビーカー内のフェノールフタレイン溶液を加えた水がガラス管を通って丸底フラスコ内に噴出したことから，**アンモニアは非常に水に溶けやすい**ことがわかる。また，赤色の噴水となることから，アンモニアは水に溶けると**アルカリ性を示す**ことがわかる。フェノールフタレイン溶液を加えた水溶液は，酸性や中性では無色であるが，アルカリ性では赤色に変化する。

(イ)　**水100gに物質を溶かして飽和水溶液にしたとき，溶けた溶質の質量〔g〕の値をその物質の溶解度**というため，硝酸カリウムの場合20℃における溶解度は32〔g/水100g〕であり，60℃における溶解度は109〔g/水100g〕である。よって，60℃になるまで加熱したとき，この水溶液にさらに溶かすことができる硝酸カリウムの質量は，109〔g〕×2－32〔g〕＝186〔g〕，である。

(ウ)　フェノールフタレイン溶液を数滴加えたうすい水酸化ナトリウム水溶液に，うすい塩酸を加えたときの化学変化を化学式を用いて表すと，$(Na^+ + OH^-) + (H^+ + Cl^-) \rightarrow H_2O + Na^+ + Cl^-$，である。加える量に関係なく酸とアルカリが反応すると中性になるまで，$H^+ + OH^- \rightarrow H_2O$，の**中和**がおきる。そのとき，食塩ができるが水に溶ける塩なので，$NaCl \rightarrow Na^+ + Cl^-$，により，イオンとして存在する。うすい塩酸を少しずつ加えていき，5mL加えたところでビーカー内の水溶液が赤色から無色に変化し，**中性**になった。このとき，うすい水酸化ナトリウム水溶液に存在している**水酸化イオンの数**とうすい塩酸に存在している**水素イオンの数は等しく，中和して水になるため，どちらもイオンとして存在しない**。その後，**うすい塩酸を，10mL－5mL＝5mL，加えた分だけ，水素イオンH^+の数は増加している。水酸化物イオンの数は中性になるまで減少し，中性になったところで0である。塩化物イオンの数は，うすい塩酸を加える度に増加した。ナトリウムイオンの数は，つねに一定だった。**

問3　(小問集合－生物と細胞：顕微鏡操作，動物の体のつくりとはたらき：ヒトの各器官のはたらき，生物の成長と生殖：減数分裂・分離の法則，遺伝の規則性と遺伝子)

(ア)　顕微鏡は**高倍率ほど視野がせまくなり，暗くなる**。位置やピントを合わせるのが難しいため，低倍率でピントを合わせ，観察したい部分が中央にくるようにした後，レボルバーを回して高倍率にする。このとき，ほぼピントが合う位置になっている。

(イ)　器官Yから栄養分の濃度が高い血液が流れ込む**器官Xは肝臓**であり，そのはたらきは，dの**血液中のアンモニアが，害の少ない尿素に変えられる。器官Zは腎臓**であり，そのはたらきは，cの**血液中の尿素などの不要な物質が，余分な水分や塩分とともにこし出される**。よって，正解は9.である。器官Wは肺であり，aの多数の小さな袋状のつくりである肺胞を通して，酸素と二酸化炭素の交換が行われる。器官Yは小腸であり，栄養分や水分が主に吸収され，血液中に取りこまれる。

（ウ）　体細胞の染色体の模式図中にある遺伝子の組み合わせがAaである個体Xと，体細胞の染色体の模式図中にある遺伝子の組み合わせがaaである個体Yでは，**減数分裂のとき分離の法則がはたらき，対になっている遺伝子は，分かれて別々の生殖細胞の中に入る**。個体Xと個体Yをかけ合わせてできる子の体細胞の染色体の模式図中にある遺伝子の組み合わせはAaとaaであり，**子の個体数の比は，Aaとaa＝1：1**である。

問4　(小問集合－地震と地球内部のはたらき：作図による考察，天気の変化：空気中の水蒸気量と気温の変化による湿度の変化，天体の動きと地球の自転・公転：緯度や季節による太陽の日周経路)

（ア）　**図に，地震のゆれが始まった時刻が同じ地点を通る同心円を描き，中心をもとめ，震央の位置とする。**　(i)　地震が起こると，震源でP波とS波が同時に発生する。P波の方がS波より速く伝わるため，**震源からの距離が大きいほどP波とS波の到着時刻の差が大きくなるため，初期微動継続時間(＝S波の到着時刻－P波の到着時刻)は長くなる**。よって，図において，3地点のうち最も初期微動継続時間が長かったと考えられるのは，地点Cである。　(ii)　地震のゆれの大きさが最も大きかったと考えられるのは，震央からの距離が最も小さい地点Aである。

（イ）　**湿度〔%〕＝** $\dfrac{\text{空気1m}^3\text{中にふくまれる水蒸気量〔g/m}^3\text{〕}}{\text{その温度での飽和水蒸気量〔g/m}^3\text{〕}}\times 100$，であるため，8時から11時は，わずかに空気1m³中にふくまれる水蒸気量〔g/m³〕が増加しており，飽和水蒸気量の増加量のほうが大きいため，湿度は少し下がる。**11時から14時は，大幅に空気1m³中にふくまれる水蒸気量〔g/m³〕が小さくなり，飽和水蒸気量〔g/m³〕が気温の上昇にともなって増加しているため，湿度は大幅に低くなる**。17時は，11時と，空気1m³中にふくまれる水蒸気量〔g/m³〕の上昇の変化とその温度での飽和水蒸気量〔g/m³〕の上昇の変化が同じようなので，湿度の値はほぼ同じであるため，グラフは1.である。

（ウ）　(i)　**春分と秋分**では地軸の傾きが太陽の方向に対して0°になるため，地球上のどの地点でも，**太陽は真東から出て真西に沈む**。春分には，赤道の位置の太陽の南中高度は90°であるから，**各地点の南中高度＝90°－緯度**である。よって，春分に，緯度が55°の神奈川県よりも，日本国内の緯度の高い場所では南中高度は55°より低くなる。　(ii)　春分に，神奈川県では太陽は真東の空からのぼり，南の空を通って真西の空に沈んだ。観察場所を変えずに**2か月後**に観察したときは，地軸を公転面に対して垂直より23.4°傾けたまま西から東に向けて夏至に向かって公転するため，**太陽は真東よりも北寄りの空からのぼり，南中高度は55°より高くなる。夏至の日の太陽の南中高度＝春分の日の南中高度＋23.4°**であり，北緯35°の神奈川県では，55°＋23.4°＝78.4°である。

問5　(電流と磁界：右ねじの法則・フレミングの左手の法則，力と物体の運動：一定の力がはたらき続けるときの運動・慣性の法則・等速直線運動，力のはたらき：2力のつり合い，電流：電力量，力学的エネルギー：位置エネルギー，エネルギーとその変換：変換効率)

（ア）　右ねじが進む向きに電流が流れると，右ねじを回す向きに磁界ができる(**右ねじの法則**)。図1では金属棒を流れる電流は手前に向かって流れるため，磁界の向きは3である。

（イ）　**金属棒が区間PQを運動しているときは，右方向の力がはたらいている**。それは，磁界の中に置いた金属棒に電流が流れると，**フレミングの左手の法則**により，金属棒には磁界の向きと電流の向きの両方に垂直な向きに力がはたらくためである。また，**金属棒にはたらく重力とレール**

が金属棒にはたらく垂直抗力はつり合う。よって，正解は2である。

(ウ)　電源装置の電圧を4.0Vから5.0Vに変えて電流を大きくすると，電流が流れる金属棒にはたらく力は大きくなる。**運動の向きにはたらく力が大きいほど，速さが変化する割合は大きくなるため，金属棒は図2より速くなり，金属棒がQに達する時間は図2より早く短くなる。金属棒がQに達した後は慣性の法則により一定の速さで運動する**。よって，正解は3である。

(エ)　金属棒がPから斜面をのぼってQに達するまでに**消費した電気エネルギーの量**は電力量〔J〕＝電力〔W〕×時間〔s〕＝V〔V〕×I〔I〕×t〔s〕である。**その結果得た**金属棒のQにおける**位置エネルギー〔J〕**＝金属棒の重さW〔N〕×金属棒の高さH〔m〕である。よって，**変換効率〔%〕**＝$\frac{WH}{VIt}$×100である。

問6 (化学変化と物質の質量：質量保存の法則・質量変化の規則性・グラフの考察と応用問題・化学反応式，化学変化：酸化銅の還元と酸化・酸化鉄の還元と酸化，気体の発生とその性質)

(ア)　〔実験〕は炭素による酸化銅の還元で，化学反応式は，$2CuO+C \rightarrow 2Cu+CO_2$，であり，二酸化炭素は気体となって放出する。よって，図2グラフは，**炭素粉末0.30gに対して酸化銅4.0gまでが還元できたことを表している**。試験管Aに入れた酸化銅の質量が，(i)で示された，0.3gから3.5gの間では二酸化炭素が発生しているため，炭素粉末3.0gと酸化銅の混合物の反応が完全に終わったときに**試験管A内にある個体は，還元された銅とまだ反応していない炭素粉末**である。(ii)では，炭素粉末3.0gと酸化銅が4.5g以上の混合物であり，炭素粉末すべてが反応しても還元されない酸化銅が残るため，反応が完全に終わったときに**試験管A内にある個体は，還元された銅とまだ反応していない酸化銅**である。

(イ)　(ア)より，グラフは炭素粉末0.30gに対して酸化銅4.0gまでが還元できたことを表しているため，酸化銅6.0gと炭素粉末0.30gの混合物を加熱した場合，酸化銅の4.0gのみが還元される。**還元されてできる銅の質量をxgとすると**，グラフから発生した二酸化炭素の質量は1.10gであるため，化学反応式より，**4.0g＋0.30g＝xg＋1.10g**，xg＝3.2g，である。

(ウ)　(i)　製鉄所の高炉に，鉄鉱石と石炭を蒸し焼きにしてできるコークス(炭素)などを入れ，熱風を吹き入れて1500℃以上に加熱すると，「酸化鉄がコークスから生じる一酸化炭素と反応して，鉄と二酸化炭素ができる。」この反応では，**酸化鉄**が一酸化炭素によって**還元**されて**鉄**ができ，同時に**一酸化炭素が酸化**されて**二酸化炭素**ができる。このように**還元と酸化が同時に起こる化学変化**の例として，**酸化銅の還元と炭素の酸化**，のほかに，**火をつけたマグネシウムリボンを二酸化炭素と反応させることにより，炭素と酸化マグネシウムができる。**

(エ)　酸化鉄が一酸化炭素により還元され鉄になり，一酸化炭素が酸化されて二酸化炭素になるときの化学変化を化学反応式で表す。**質量保存の法則**によれば，化学変化の前後で，反応に関係する**物質の原子の種類と数は変わらない**。酸化鉄＋一酸化炭素→鉄＋二酸化炭素，を化学反応式で表すと，$Fe_2O_3+3CO \rightarrow 2Fe+3CO_2$，である。

問7 (植物の体のつくりとはたらき：対照実験による蒸散と光合成から気孔のはたらきと性質を調べる実験，植物の特徴と分類)

(ア)　植物が生きるために必要な物質を運ぶ管は2種類ある。**根から吸い上げられた**水や養分は**道管**を通って運ばれ，**葉でつくられた**栄養分は**師管**を通って運ばれる。これらの管は数本が束になっており，この束を**維管束**という。**アジサイは双子葉類**であるため，茎を輪切りにした場合，維管束は**輪のように**並んでいる。

(イ)　アジサイに日光を当てたときの**葉の裏面からの蒸散量**＝ワセリンを塗らないで日光を当てた

装置D(葉の表面と裏面の蒸散量)−すべての葉の裏側にワセリンを塗って日光を当てた装置B(葉の表面の蒸散量)＝10.0cm^3―2.0cm^3＝8.0cm^3，である。

(ウ)　装置C～Fの結果から，対照実験を選び，ワセリンや日光の有無と，蒸散や光合成との関係について整理し，気孔のはたらきや性質について考察する問題である。

(i)　装置Cと装置Dが対照実験である。アジサイに日光を当てると，装置Dのようにワセリンを塗らないアジサイではヨウ素溶液と反応させた結果，青色に染まったことから光合成が行われたことがわかる。装置Cのように葉の両面にワセリンを塗ったアジサイではヨウ素溶液とはほぼ反応しなかったことから光合成がほぼ行われないことがわかる。また，装置Dと装置Fの対照実験から，葉の両面にワセリンを塗らなかったアジサイの蒸散量は，日光を当てたときの方が多いことがわかる。 (ii)　装置Dと装置Fは，条件①ではどちらもアジサイにはワセリンを塗っていない。気孔からの水の減少量を比べると，光を当てた装置Dは10.0cm^{3}であり，暗室に入れ光を当てなかった装置Fは2.3cm^{3}であったことから，b. 気孔には，日光が当たると開き，日光が当たらないと閉じる性質があると考察できる。装置Cと装置Dは，条件②ではどちらも日光の当たる場所に放置した。放置後のヨウ素溶液との反応から，すべての気孔が開ける状態にあったDでは光合成が行われ，すべての葉の気孔を塗りつぶした装置Cでは光合成がほぼ行われなかったことから，c. 光合成が行われるための気体の出入りは，気孔を通して行われると考察できる。

問8　(地層の重なりと過去の様子：地層のでき方・しゅう曲・断層・柱状図の読み，身近な地形や地層，岩石の観察)

(ア)　図2は，流れる水によって地層ができるモデル実験である。河口まで運ばれた水中のれき，砂，泥は，海に流れ込むと，細かい粒ほど沈みにくく，河口から遠くへ運ばれる。それらはやがて海底に堆積する。一度に堆積してできた1つの地層の中では，粒の大きいものほど速く沈むため，下ほど粒が大きくなる。よって，そのようすを表した図は，3である。

(イ)　D層はれきの層であることから，D層が堆積した当時，堆積した場所は河口から近い場所にあり，その後堆積したC層は砂の層であることから，水面が上昇して海底までの距離が大きくなったことがわかる。その後，さらに海水面は上昇して海底が深くなり泥の層であるB層が堆積した。B層の上に堆積したA層は砂の層であることから，海水面が下降して海底が浅くなったことがわかる。よって，6である。

(ウ)　露頭Yは，しゅう曲した地層が切れていることから，地層が堆積した後，その地層を押し縮めるような大きな力がはたらいて，しゅう曲し，その後，押す力のはたらきにより図のスケッチで表された逆断層が生じたと考えられるので，1である。

(エ)　標高85mのQ地点においては，火山灰をふくむ層の標高は，85m−15m＝70(m)，である。P地点，R地点も同様である。この地域の地層は水平であることから，標高90mのS地点でも同様にして，火山灰をふくむ層の標高は70mと考えられ，90m−70m＝20(m)により，地表から深さ20mである。

＜社会解答＞

問1	(ア)　3	(イ)　6	(ウ)　5	(エ)　1	(オ)　4
問2	(ア)　3	(イ)　4	(ウ)　4	(エ)　1	
問3	(ア)　6	(イ)　3	(ウ)　4	(エ)　2	(オ)　1

問4　(ア)　4　(イ)　5　(ウ)　2　(エ)　1　(オ)　3
問5　(ア)　3　(イ)　2　(ウ)　1　(エ)　4　(オ)　7
問6　(ア)　2　(イ)　4　(ウ)　3　(エ)　5　(オ)　1
問7　(ア)　6　(イ)　2　(ウ)　2　(エ)　3

＜社会解説＞

問1　(地理的分野－世界地図・産業・貿易などに関する問題)

(ア)　オリーブは地中海性気候の地域で広く栽培されていることから，Yであると判断できる。残りの農産物の最大の生産国，とうもろこしはアメリカ，綿花はインドである。

(イ)　**略地図は，地球を北極から見た正距方位図法で**描かれていることから，**中心点が北緯90度**であることがわかる。問題文に緯線は30度ごとに引いたとあることから，一番外側の線は中心から5本目になることから判断すればよい。Rは，**日付変更線を東から西に越える**ことを表しているので，**日付は1日遅らせる**ことになる。これらを併せて判断すればよい。

(ウ)　Aが**ニュージーランドの首都ウェリントン**であることから判断すればよい。1は**日本の北海道の先住民族**，2は**オーストラリアの先住民族**，3は**北アラスカ・カナダ・グリーンランド周辺の先住民族**，4は**スペイン系の人々**，6は**白人とインディオの混血の人々**のことである。

(エ)　15世紀後半から始まる大航海時代において，ポルトガルやスペインは，アジアの香辛料を得るために積極的に外国航路を開拓し，併せて多くの植民地を得ていったことから判断すれば良い。

(オ)　Ⅳの国の「輸出額上位5品目の工業製品の輸出額が，『輸出額の合計』に占める割合」は，自動車と機械類を合わせた17.4％である。Ⅰの国は衣類のみの5.5％，Ⅱの国はセメントと機械類を合わせた3.1％，Ⅲの国は機械類とソーダ灰を合わせた4.3％であることから，4が誤りだと判断できる。

問2　(地理的分野－大阪府堺市を切り口にした問題)

(ア)　資料1の地図は**縮尺25000分の1**とあることから，**地図上の1cm実際の長さは25000cm＝250m**であることが分かる。X－Y間の長さは2cmであることから，**実際の長さは2×250＝500m**となり，3は誤りである。

(イ)　資料2から，2022年の方が若年層の割合が低く，高齢者の割合が高いことが読み取れるので，Xは誤りである。2022年の25～34歳の人口の割合は男女ともに8%を下回っているが，2012年の15～24歳の人口の割合は男女ともに8%を上回っていることが読み取れるので，Yは誤りである。これらを併せて判断すれば良い。

(ウ)　JR阪和線は堺区・西区を通っているが，どちらも人口12万人を超えていることから，1は誤りである。面積が$40km^2$を超えている南区には泉北高速線しか通っていないことから，2は誤りである。最も面積が小さい東区には南海高野線が通っていることから，3は誤りである。したがって，残された4だけが正しいことが分かるはずである。

(エ)　**海外からの資本投資が積極的に行われているのは中国やベトナム**である。また，**四季の変化がある**ことから，該当する都市は**温帯**に位置することが分かる。これらを併せて判断すれば良い。2はウェリントン市，3はバークレー市，4はダナン市の説明である。

問3　(歴史的分野－各時代の土地に関する内容を切り口にした問題)

（ア）　班田収授法は口分田を与えて税を徴収するもの，墾田永年私財法は農地を増やすためのものである。源頼朝が1185年に朝廷に設置を認めさせた守護は国ごと，地頭は荘園・公領ごとに置かれたものである。太閤検地で定められた土地の生産量を表す基準は石高，地価は土地の価格のことである。これらを併せて判断すれば良い。

（イ）　Aは，743年～1185年，すなわち奈良時代から平安時代にかけての時期であることから，1124年に建立された中尊寺金色堂が正しいものとなる。1は鎌倉時代，2は室町時代，4は飛鳥時代の内容である。

（ウ）　Ⅰは1549年，Ⅱは1274・1281年，Ⅲは1404年のことである。

（エ）　資料は，青銅器の中でも弥生時代に日本で独自の発展を遂げた銅鐸であることから判断すれば良い。1は旧石器時代，3は縄文時代，4は古墳時代の内容である。

（オ）　えの時期には天明の大飢饉，おの時期には天保の大飢饉が発生した。松平定信による寛政の改革では帰農令，水野忠邦による天保の改革では人返しの法という政策によって，農民が都市部に流入することを防ごうとしていた。これらを併せて判断すれば良い。

問4　(歴史的分野－近現代の日本と海外の関係を切り口にした問題)

（ア）　清との条約とあることから，該当する条約は日清戦争の講和条約である下関条約，領土は台湾である。ワシントン会議とあることから，該当するのは海軍の軍備制限である。これらを併せて判断すれば良い。

（イ）　樺太の南半分が日本のものとなったのは，日露戦争の講和条約であるポーツマス条約の合意によるものである。したがって，略地図に示されているのは1875年の樺太・千島交換条約で定められた国境である。屯田兵は1874年に始められた制度であり，シベリア出兵は1918年，ソビエト連邦による侵攻は1945年である。これらを併せて判断すれば良い。

（ウ）　資料1が1951年に調印されたサンフランシスコ平和条約の内容であることから判断すれば良い。1は1972年の日中共同声明，3は1968年の出来事，4は1956年の日ソ共同宣言後の出来事である。

（エ）　資料は1956年の経済白書の内容であることから，当時の経済成長を支えたものが朝鮮特需であることが分かるはずである。2は1915年から始まった大戦景気，3は1973年の第一次石油危機，4は選択肢にある通り世界恐慌である。

（オ）　国家総動員法が1938年に制定されたことから判断すれば良い。立憲政友会が政権を担当するのは1918年に発足した原敬内閣の時であり，明治初めには政権を担当していないことから，Aは誤りである。海軍の青年将校が引き起こした5・15事件は1932年であり，1921年のワシントン会議より後の出来事であることから，Bは誤りである。女性が初めて選挙権を持ったのは1945年12月の選挙法改正時であり1951年のサンフランシスコ平和条約調印より前のことであることから，Dは誤りである。

問5　(公民的分野－東京オリンピックを切り口にした問題)

（ア）　円高とは，少ない円でドルと交換できるようになることである。1は合計特殊出生率，2は第2次産業の就業者数が労働力人口に対する割合，4はテレビ1台の価格が世帯の収入に対する割合を考えれば，いずれも2020年の方が低いことが分かるはずである。

（イ）　人口は増えているが1世帯あたりの人員が減っているということから，一人暮らしが増加していと判断できるので，Xは正しい。労働基準法の規定による週あたりの労働時間の上限は40時間であることから，Yは誤りである。これらを併せて判断すれば良い。

（ウ）　不況の時には市場に流通する通貨の量が少なくなっているので，日本銀行は通貨量を増やす施策を行うことになることから判断すれば良い。

（エ）　株式を現金化することは直接金融である。株式の売買を行う場所は証券取引所である。**株主の責任は限られており，会社の借金返済などの義務は負わない**。これらを併せて判断すれば良い。

（オ）　年金が給付額の合計に占める割合は21.8％から44.7％に増えていることから，給付を受ける世代の人数は増えていることになるので，Xは誤りである。給付額の合計が国民所得に対する割合は6.0％から30.9％に増えていることから，社会保障における政府の財政の役割は大きくなったことになるので，Yは誤りである。公費が負担額の合計に占める割合は32.5％から39.2％に増えていることから，社会保障の財源に占める税金の割合は大きくなったことになるので，Zは正しい。これらを併せて判断すれば良い。

問6　(公民的分野－現代社会や日本の政治に関する問題)

（ア）　Ⅰは室町時代，Ⅱは江戸時代，Ⅲは安土桃山時代であることから判断すれば良い。

（イ）　資料は**フランスのモンテスキュー**が著わした**法の精神**で，**三権分立**について主張しているものであることから判断すれば良い。

（ウ）　公共の福祉の考え方によって制限される人権を考えれば良い。**法律に基づき入院させるということは，身体の自由を制限することになる**点に注目すれば良い。

（エ）　議院Aは**衆議院**で**任期は4年**であることから，aは誤りである。**立候補できる年齢は被選挙権**に示されていることから，dは誤りである。Ⅱの時期の**与党議席243は，当時の定数511の過半数に届いていない**ことから，fは誤りである。これらを併せて判断すれば良い。

（オ）　1997年当時，最も多くの温室効果ガスを排出していたのはアメリカ合衆国である。2015年のパリ協定では，温室効果ガスの削減目標はすべての国に義務づけられた。これらを併せて判断すれば良い。

問7　(総合問題－沖縄県を切り口にした問題)

（ア）　干潟に育つ常緑広葉樹の総称がマングローブである。石垣は台風時の暴風に備えたものである。これらを併せて判断すれば良い。

（イ）　**沖縄戦は1945年4月2日から6月23日にかけて行われた地上戦**である。

（ウ）　琉球王国が行ったのは，日本・中国(明・清)・東南アジアとの間で物資を流通させる基地となる中継貿易である。1は室町幕府による日明貿易，3はヨーロッパ諸国がアジア地域の貿易を独占的に行うために設立した会社，4は豊臣秀吉が始めた朱印船貿易である。

（エ）　資料3は**1951年に調印，1960年に改定された日米安全保障条約**であることから，aは正しい。資料5の該当範囲には，**ロシア・中国・北朝鮮という核保有国**が含まれることから，eは正しい。これらを併せて判断すれば良い。

＜国語解答＞

問一　（ア）a 2　b 3　c 1　d 4　（イ）a 1　b 3　c 4　d 3
（ウ）2

問二　（ア）4　（イ）4　（ウ）1　（エ）3　（オ）2　（カ）1

問三　（ア）3　（イ）1　（ウ）2　（エ）3　（オ）2　（カ）4　（キ）3

(ク) 1 (ケ) 2
問四 (ア) 4 (イ) 2 (ウ) 3 (エ) 1
問五 (ア) 4 (イ) (例)(日本における人間と自然の共生という視点で考えると,)林野と関わりながら暮らす人を増やして雑木林や農耕地を持続的に管理する(ことが必要です。)

<国語解説>

問一 (知識・俳句—漢字の読み書き,内容吟味)

(ア) a 「**静寂**」は,静まりかえっているという意味。 b 「**収拾**」は,混乱した状態をうまくおさめること。同音異義語の「収集」と混同しない。 c 「**頒**」は「ハン」と読む。「**頒布**」は,広く配っていきわたらせるという意味である。 d 「**著**」の音読みは「チョ」で,「顕著」「著者」などの熟語を作る。

(イ) 各文のカタカナを漢字で書くと次のようになる。

a	系統	1	**伝統**	2	闘志	3	党首	4	沸騰
b	印鑑	1	一環	2	歓声	3	**図鑑**	4	乾燥
c	球根	1	給食	2	号泣	3	嗅覚	4	**気球**
d	施(す)	1	飼育	2	製造	3	**実施**	4	申請

(ウ) 「ほぐれる」は,固まったものがやわらかくほどけていくという意味。ここでは,「ほぐれほぐるる」と同じ言葉を重ねることによって,**春の暖かい陽気に植物の芽がやわらかく伸びていくという動き**を表現している。これに対し,「朝寝」からは,**朝になっても暖かい布団から出ずに心地よさを味わっている**作者の様子が読み取れる。植物と作者の対比関係を説明した2が正解。1は,作者が「外へ出た」としている点が誤り。3は,「土の中で発芽に向けて準備を進める」が「ほぐれほぐるる」という表現と合わない。4は植物の動きを「朝寝」にたとえているとする点が誤りである。

問二 (小説－情景・心情,内容吟味)

(ア) 「まんざらでもない」は,**それほど嫌でもない**という意味。父にほめられることが嫌ではないということである。中学生の「和也」は**素直に喜びを表すことはしないが,うれしいという気持ちはある**ので,わざわざその絵を取りに行くために立ちあがった。正解は4。「和也」は,1の「気持ちが舞いあがり」「喜びのままに」というほどストレートに自分の気持ちを表していない。2は「居場所を変えようとしている」が立ちあがった理由として誤り。3の「不真面目な発言」はしていないので,誤りである。

(イ) 「**見向きもしない**」という表現からは,**「藤巻先生」が話に夢中になって「和也」にも絵にも関心を示さない**様子が読み取れる。このことを説明した4が正解。1は,「絵のことを話しかけてくる『和也』」が誤り。2は,「藤巻先生」は「気づかないふり」ではなく本当に気づいていないので不適当。3は,「藤巻先生」は客に対する配慮から話を続けているのではないので,誤りである。

(ウ) 「和也」が自室にひっこんだのは,珍しく父にほめられてうれしくなり,苦労して絵を探し出したのに,戻ってくると**父は研究の話に夢中で相手にされなかった**ためである。**研究の話のきっかけを作ったのは「僕」**である。このことを「僕」の視点から説明した1が正解。2は,「僕」が責任を感じた理由,3は「和也」を怒らせてしまった理由を誤っている。4の「父親と将来の話をしたい」ということは,本文から読み取れない。

(エ)「和也」は，父が自分の絵に見向きもしなかったことだけでなく，**父が「僕」と楽しそうに話していた**ことにも傷ついている。自分は「ばかだから」父の考えていることがわからないし，**話し相手にもなれない**と思っているのである。正解は3。「和也」の関心は「僕」ではなく「父」にあるので，1は不適当。2の「期待」は，「藤巻先生」が「和也」について「得意なことを好きにやらせるほうが，本人のためになるだろう」と言っていたことに合わない。4の会話のテクニックは，この場面の「話し相手」の意味するところとずれている。

(オ)「僕」は，自分が研究者ならば息子も研究者にしたくなるだろうと考えている。しかし，「藤巻先生」は，「熱心な研究者」でありながら息子が学問の道に進むことを期待していない。「藤巻先生」が考えていることについて**「和也」が「ちっともわかんない」と言っていたように，「僕」も「わからない」と思っている**ので，2が正解。1は，「理解していながらも」「わかっていない様子をよそおっている」と説明しているので誤り。3は，「息子に仕事を継がせたい」が本文から読み取れない。4は，「『和也』の態度に圧倒され」「打ち明ける」が本文と合わないので，不適当である。

(カ)この文章が**「僕」の視点**から描いたものであることをおさえる。「藤巻先生」は，研究に熱心なあまり「和也」の絵のことを忘れてしまったりするが，「和也」の「得意なこと」を尊重しようとしており，「和也」も父の考えていることが「わかんない」と言いながら父に絵をほめられて喜び，父の話し相手になりたいと思っている。このことを**「すれ違いながらも親子として互いを思っている」**と説明する1が正解である。2の「擬態語」「慣用句」は，この文章の特徴とは言えない。3は「歩み寄っていく」様子が読み取れないので不適当。4は，「研究者になることを決意する『和也』」などが誤りである。

問三 (論説文－内容吟味，指示語の問題，接続語の問題，熟語，品詞・用法)

(ア)Aは，前の「自分の見方を変える」ことと後の「相手や物事を変える」ことを比べて後のほうがよいという気持ちを表しているので，**「むしろ」**が入る。Bは，前の「自分の見方を強める」ことに続いて後の「自分と反対の相手を敵視したり見下したりする」ことが起こることを示しているので，**「そして」**が入る。したがって，両方を満たす3が正解となる。

(イ)「柔軟」は，**似た意味の漢字の組み合わせ**でできた熟語である。選択肢の熟語は，1**「携帯」**＝似た意味の漢字の組み合わせ，2「名言」＝前の漢字が後の漢字を修飾するもの，3「送迎」＝対になる意味の漢字の組み合わせ，4「尽力」＝後の漢字が前の漢字の目的や対象を表すものなので，1が正解。

(ウ)「変えよう」の「よう」は，**意志**を表す。1「出かけたようだ」は推量，2**「起きよう」**は意志，3「見ようよ」は勧誘，4「滝のように」は例示の意味で用いられているので，2が正解である。

(エ)――線1の後を読むと，「不都合な状況が生じたとき」に「経験や知識の範囲で私たちは見方を変えようとする」が**「変えるのは自分自身への認識ではなく，表面的な物事の解釈であることが多い」**とある。「自分の認識」を変えるのではなく「物事」を捉え直すと説明する3が正解。1の「個人的な欲求」「大多数の人が持っている認識」という説明は的外れ。2は，「自身の認識にこだわるのではなく」が誤り。「発想の転換」は行われない。4は，前半は正しいが，後半の「相手に意見を変えるよう求める」ということはここには書かれていない。

(オ)**答えが定まらない不安定な状態**が続くと，苦痛や不安が大きくなり，「答えを決めてそこから動きたくない気持ち」が強まる。――線2を含む文の冒頭「そんな状態」は，「深刻な事態」で「自分の都合の悪いものは視界から追いやって，**自分の見たい部分や一度信じたことにだけ目を**

向けがちになる」状態を指している。このことを説明する2が正解。1の「失敗を恐れる」心理や3の「社会に貢献しなければならないという使命感」，4の「他人を信用すること」については，ここには書かれていない。

(カ) 筆者は，――線3の前の段落で「小さい頃から教育されてきた知識，長年にわたって社会で信じられてきた概念，多くの人が口にする情報」が無意識に入り込んで私たちの**まなざしが固定化**した状態が「固定観念」「偏見」であり，それが**社会にまで広がった**ものが「常識」だと説明している。この内容と合致するのは4である。1は，「一度も教わったことがない」「生まれつき」が誤り。2の「正確性」の「検証」は，行われていない。3は，「人によって異なる」が不適当である。

(キ) 「同じこと」は，これまで述べてきたことと同じことという意味である。――線4の前の部分には，**常識は利害と関係している**ため，**常識が根本的に覆されそうになる**と大きな**抵抗**が起こり，発見や発明を「**なかったことにしようとする**」可能性があると書かれている。利益との関連に触れ，「不都合な事実を隠そうとするかもしれない」と説明する3が正解。1は，「政治家の責任を追及しようとする」は的外れ。2は，「新たな発見や発明をすることで」が誤り。4は，「政策」に関心を示さなくなるという説明が不適当である。

(ク) 「まなざしの戦い」について筆者は――線5の次の段落で，現代社会では「**あまりにもたくさんの情報**に溢れ」ているために，「何が事実で何が正解なのかの**判断は簡単には下せなくなっている**」と説明している。1の「膨大な数の情報が入り乱れているため，適切な選択をするのは困難」という説明は，この内容を言い換えたものである。筆者は，「科学的な常識を覆すような情報」であっても妥当かもしれないとしており，「専門的な知識」による「検証」は絶対的な判断基準とはならないので，2は不適当。「常識が通用」するかどうかは「妥当性」の判断基準とならないし，「複数の観点」は本文にない内容なので，3は適していない。ここで問題になっているのは「次の常識」であり，科学的な正確さではないので，4は不適当である。

(ケ) 本文は，私たちの多くは「まなざし」，すなわち「**見方**」「**認識**」**が固定化**していることを指摘し，固定化に至る**経緯**を説明する。そして，「常識とはまなざしが固定化したものにほかならない」と断じる。一方，現代のインターネットには多様な見方が並べられており，自分の「常識」を覆すようなものも排除できないので，適切な判断をするのは難しい。筆者は，「改めてもう一度，『**常識とは何か』について確認する必要がある**」と述べている。正解は2である。1は「見方を変化させるためには常識を活用する」が本文の内容と矛盾する。3の「情報発信の際の留意点」は，本文に書かれていない。4の「自身の見方を強固なものにしていく」ことは「まなざしの固定化」であり，筆者と考えと一致しない。

問四 (古文―情景・心情，内容吟味)

〈口語訳〉 去る承安の頃，(高倉天皇が)天皇になられた初めのころ，ご年齢が10歳ほどにもおなりになったであろうか，あまりに紅葉を愛しなさって，北の陣に小山を築かせ，はぜの木やかえでの色美しく紅葉したものを植えさせて，紅葉の山を名づけて，一日中眺めていてもまだ眺め足りないと思うほどであった。

ところが，ある夜，暴風が激しく吹いて，紅葉をみな吹き散らし，落葉がひどく乱雑である。(庭の掃除をする)殿守の伴のみやづこは，朝きれいにしようとしてこれをすべて掃き捨ててしまった。残った枝，散った木の葉をかき集めて，風がひどかった朝なので，縫殿の陣(＝北の陣)で，酒を温めて飲むための薪にしてしまった。奉行の蔵人が，天皇がいらっしゃるより先にと急いで行ってみると，(紅葉は)あとかたもない。「どうして。」と問うとこうこうだと言う。蔵人は大変驚いて，「ああ情けない。天皇があれほど執着しておられた紅葉を，このようにした情けなさよ。はてさて，お前たちは今すぐ投獄や流罪になろうが，私も天皇からどのようなお叱りを受けることだろう。」と嘆くところに，天皇は，いつもよりいっそう早く御寝所から出てこられるとすぐ，そこにいらっしゃって紅葉をご覧になると，なかったので，「どうして。」とお尋ねがあるのに，蔵人は申しあげようがない。ありのままに申し上げる。天皇はご機嫌が特によさそうにほほえまれて，「『林間に酒を煖めて紅葉を焼く』という詩の趣を，彼らには誰が教えたのか。風流にもいたしたものだな。」とおっしゃって，かえってお褒めに預かったからには，特に天皇が罪を責めることはなかった。

(ア)　――線1を敬語を除いて解釈すると，**「一日中眺めてもやはり飽き足りない」**ということ。高倉天皇が紅葉に夢中になっている様子を述べているので，4が正解。1の「多くの人たちと一緒に」という内容は本文に書かれていない。2は「他の山に出かけて」が誤り。高倉天皇が眺めたのは，北の陣(縫殿の陣)に植えさせた紅葉である。3は「物足りなく感じ始め」が「飽き足らせたまはず」と矛盾する。

(イ)　「蔵人」は，高倉天皇が愛した紅葉が暴風で被害を受けているかもしれないとは思っていただろう。しかし，**枝や葉が「殿守の伴のみやづこ」が酒を温めるための薪代わりにされ，あとかたもなくなってしまった**のは予想外であった。正解は2。「蔵人」は「殿守の伴のみやづこ」の行動を「機転」とは考えていないし，枝や葉は高倉天皇が暖をとるために使われたのではないので，1は誤り。枝や葉を燃やしたのは天皇に対する配慮からではないので，3は誤り。4は，「殿守の伴のみやづこ」の行動が暴風と無関係なものになっているので，不適当である。

(ウ)　高倉天皇は「やさしうも仕りけるものかな」と，枝や葉で酒を温めたことを**風流な振る舞いとして褒めている**ので，3が正解となる。1は「からかっている」が不適当。2は「殿守の伴のみやづこ」が詩を学んでいたとする点，4は天皇が以前詩を教えたとする点が誤り。「殿守の伴のみやづこ」は詩を知っていたのではなく，暖を取るための行動が，偶然詩と一致しただけである。

(エ)　紅葉が酒を温めるために燃やされたことを知り，蔵人は「殿守の伴のみやづこ」が「禁獄流罪」になり，自分も天皇から叱られることを**恐れていた**。しかし，高倉天皇は「殿守の伴のみやづこ」の振る舞いを風流だとして**褒め，「勅勘」はなかった**。このことを説明した1が正解。高倉天皇は紅葉の「新たな楽しみ方に気がつけた」とは言えないので，2は不適当。高倉天皇は蔵人に「いかに。」と事情を尋ねているので，3は誤り。事情をありのままに報告したのは蔵人なので，4は誤りである。

問五　(話し合い―脱文・脱語補充，その他)

(ア)　グラフ1で1975年度と2018年度の「野生のシカの捕獲頭数」と「年齢別狩猟免許所持者数」を比較する。2018年度は，**野生のシカの捕獲頭数が40倍以上と大幅に増えている**一方，**狩猟免許所持者数は半分以下に減少**し，特に59歳以下の減少が著しいことがわかる。この内容と合致するのは4である。1は，29歳以下の狩猟免許所持者数を「増えている」としているので誤り。2は，一九七五年の野生のシカの捕獲頭数を二〇一八年度のおよそ十分の一としているので誤りである。3は，一九七五年度の狩猟免許所有者の数を二〇一八年度のおよそ四倍としているので誤りである。

(イ)　条件は，①形式，②字数，③内容，④指定語句の四つである。資料には，日本人が「**自然に手を加え，それを持続的に管理する**ことで，自然との共生社会を完成させて」きたとある。また，グラフ2からは，振興山村に住む人，つまり**林野と関わりながら暮らす人が少ない**ことが読み取れる。話し合いの後半で指摘されているように，林野と関わりながら暮らす人が少ないために，雑木林や農耕地が管理できなくなって放棄され，野生動物の活動範囲が広がって，人間と自然の共生が難しくなっているのである。指定語句の**「管理」「林野」**を入れて，**「自然に手を加えたところを持続的に管理する」「林野と関わりながら暮らす人を増やす」**の2点に触れ，前後の語句につながるように25～35字でまとめる。書いたら必ず読み返して，誤字・脱字や表現の不自然なところは改める。

神奈川県公立高等学校

2022年度

★★★★★★★★★★★★★★★★★★★★★★★★

入　試　問　題

2022
年
度

●くわしい解説……67ページ

＜数学＞　時間　50分　　満点　100点

【注意】 1 □ の中の「あ」「い」「う」…にあてはまる数字を解答する問題については，下の例のように，あてはまる数字をそれぞれ０～９の中から１つずつ選びなさい。

2　マークシート方式により解答する場合は，選んだ番号の◯の中を塗りつぶしなさい。

3　答えに根号が含まれるときは，根号の中は最も小さい自然数にしなさい。

4　答えが分数になるときは，約分できる場合は約分しなさい。

例　$\dfrac{\boxed{あ}}{\boxed{いう}}$ に $\dfrac{7}{12}$ と解答する場合は，「あ」が７，「い」が１，「う」が２となります。

マークシート方式では，
右の図のように塗りつぶします。

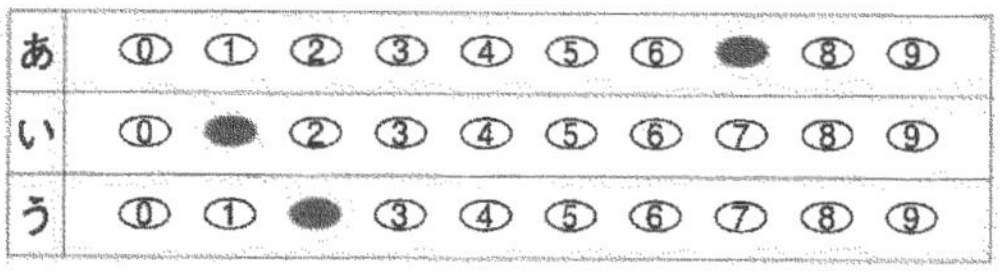

問１　次の計算をした結果として正しいものを，それぞれあとの１～４の中から１つずつ選び，その番号を答えなさい。

(ア)　$-6+(-9)$

１．-15　　２．-3　　３．3　　４．15

(イ)　$-\dfrac{3}{8}+\dfrac{2}{3}$

１．$-\dfrac{25}{24}$　　２．$-\dfrac{7}{24}$　　３．$\dfrac{5}{24}$　　４．$\dfrac{7}{24}$

(ウ)　$\dfrac{3x-y}{4}-\dfrac{x-2y}{6}$

１．$\dfrac{7x-7y}{12}$　　２．$\dfrac{7x-y}{12}$　　３．$\dfrac{7x+y}{12}$　　４．$\dfrac{11x+y}{12}$

(エ)　$\dfrac{18}{\sqrt{2}}-\sqrt{32}$

１．$\sqrt{2}$　　２．$5\sqrt{2}$　　３．$7\sqrt{2}$　　４．$14\sqrt{2}$

(オ)　$(x-2)(x-5)-(x-3)^2$

１．$-13x+1$　　２．$-13x+19$　　３．$-x+1$　　４．$-x+19$

問２　次の問いに対する答えとして正しいものを，それぞれあとの１～４の中から１つずつ選び，その番号を答えなさい。

(ア)　連立方程式 $\begin{cases} 0.2x+0.8y=1 \\ \dfrac{1}{2}x+\dfrac{7}{8}y=-2 \end{cases}$ を解きなさい。

１．$x=-11$，$y=4$　　２．$x=-3$，$y=4$

３．$x=3$，$y=-4$　　４．$x=11$，$y=-4$

(イ)　2次方程式$4x^2-x-2=0$を解きなさい。

1．$x=\frac{-1\pm\sqrt{33}}{4}$　2．$x=\frac{-1\pm\sqrt{33}}{8}$　3．$x=\frac{1\pm\sqrt{33}}{8}$　4．$x=\frac{1\pm\sqrt{33}}{4}$

(ウ)　関数$y=-\frac{1}{4}x^2$について，xの変域が$-2\leqq x\leqq 4$のとき，yの変域は$a\leqq y\leqq b$である。このときのa，bの値を求めなさい。

1．$a=-4$，$b=-1$　2．$a=-4$，$b=0$

3．$a=-1$，$b=0$　4．$a=0$，$b=4$

(エ)　A班の生徒と，A班より5人少ないB班の生徒で，体育館にイスを並べた。A班の生徒はそれぞれ3脚ずつ並べ，B班の生徒はそれぞれ4脚ずつ並べたところ，A班の生徒が並べたイスの総数はB班の生徒が並べたイスの総数より3脚多かった。このとき，A班の生徒の人数を求めなさい。

1．12人　2．14人　3．17人　4．23人

(オ)　$x=\sqrt{6}+\sqrt{3}$，$y=\sqrt{6}-\sqrt{3}$のとき，x^2y+xy^2の値を求めなさい。

1．$2\sqrt{3}$　2．$2\sqrt{6}$　3．$6\sqrt{3}$　4．$6\sqrt{6}$

問3　次の問いに答えなさい。

(ア)　右の図1のように，AB＜BC，∠ABCが鋭角の平行四辺形ABCDがあり，∠BCDの二等分線と辺ADとの交点をEとする。

また，辺BCの延長上に点Fを，CF＝DFとなるようにとる。

さらに，辺CD上に点Gを，CG＞GDとなるようにとり，線分DF上に点Hを，DG＝DHとなるようにとる。

このとき，次の(i)，(ii)に答えなさい。

図1

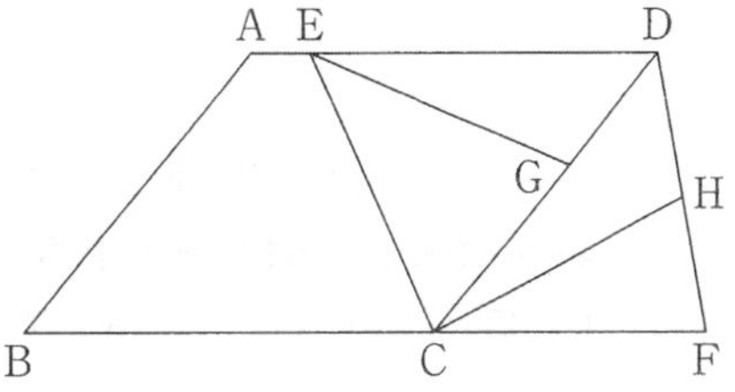

(i)　三角形DEGと三角形DCHが合同であることを次のように証明した。(a) ～ (c) に最も適するものを，それぞれ選択肢の1～4の中から1つずつ選び，その番号を答えなさい。

[証明]

△DEGと△DCHにおいて，

まず，仮定より，

DG＝DH　……①

次に，CF＝DFより，△FDCは二等辺三角形であり，その2つの底角は等しいから，

∠CDF＝∠DCF　……②

また，四角形ABCDは平行四辺形であるから，

AD//BC

よって，AD//BF　……③

③より，平行線の錯角は等しいから，

[(a)] ……④

②，④より，∠ADC＝∠CDF

よって，∠EDG＝∠CDH ……⑤

さらに，線分CEは∠BCDの二等分線であるから，

∠BCE＝∠DCE ……⑥

また，③より，平行線の錯角は等しいから，

∠BCE＝∠DEC ……⑦

⑥，⑦より，∠DCE＝∠DEC

よって，△DECは二等辺三角形であるから，

DE＝DC ……⑧

①，[(b)]，⑧より，[(c)] から，

△DEG≡△DCH

(a)の選択肢

1．∠ABC＝∠ADC
2．∠ABC＝∠DCF
3．∠ADC＝∠DCF
4．∠BCE＝∠DEC

(b)の選択肢

1．②
2．⑤
3．⑥
4．⑦

(c)の選択肢

1．1組の辺とその両端の角がそれぞれ等しい
2．2組の辺とその間の角がそれぞれ等しい
3．3組の辺がそれぞれ等しい
4．2組の角がそれぞれ等しい

(ii) 四角形CFDEが平行四辺形になるときの，∠ABCの大きさとして正しいものを次の1～4の中から1つ選び，その番号を答えなさい。

1．45°　2．50°　3．55°　4．60°

(イ) ある中学校の，1年生38人，2年生40人，3年生40人が上体起こしを行った。

右の表は，1年生の上体起こしの記録を，度数分布表にまとめたものである。

次のページの1年生，2年生，3年生の上体起こしの記録に関する説明から，(i)2年生の上体起こしの記録と，(ii)3年生の上体起こしの記録を，それぞれヒストグラムに表したものとして最も適するものをあとの1～6の中から1つずつ選び，その番号を答えなさい。

なお，ヒストグラムの階級は，6回以上10回未満，10回以上14回未満などのように，階級の幅を4回として分けている。

階級（回）			度数（人）
以上		未満	
6	～	10	1
10	～	14	3
14	～	18	4
18	～	22	8
22	～	26	8
26	～	30	7
30	～	34	5
34	～	38	2
計			38

説明
- 中央値を含む階級は，１年生と２年生で同じである。
- 30回以上の生徒の割合は，１年生より２年生の方が小さい。
- １年生と３年生の最大値は等しい。
- 14回未満の生徒の割合は，１年生より３年生の方が小さい。
- ２年生と３年生の最頻値は等しい。

1.

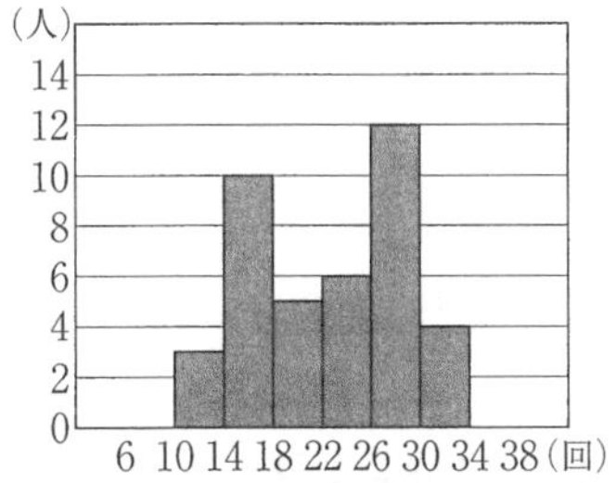

2.

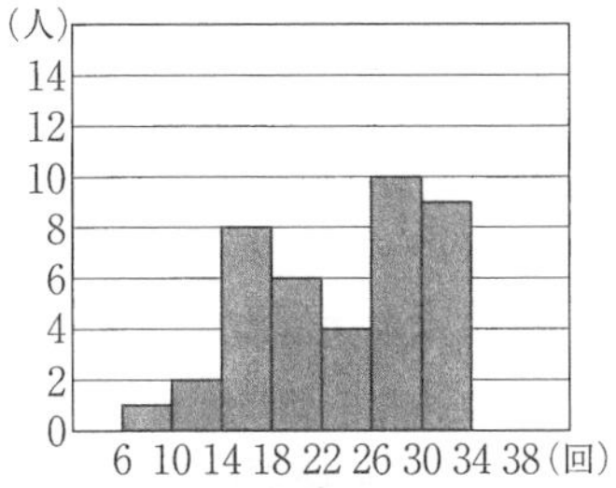

3.

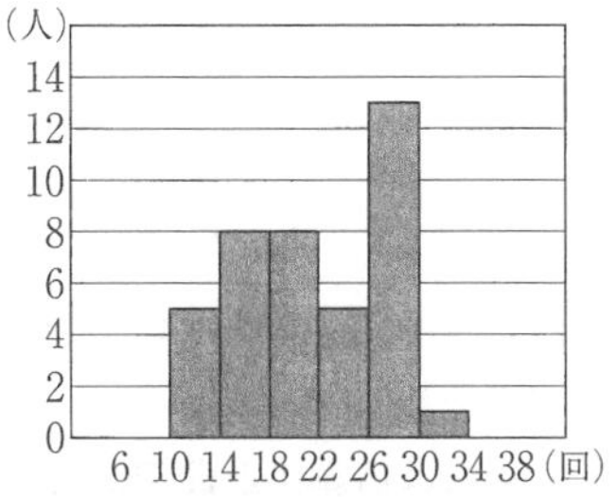

4.

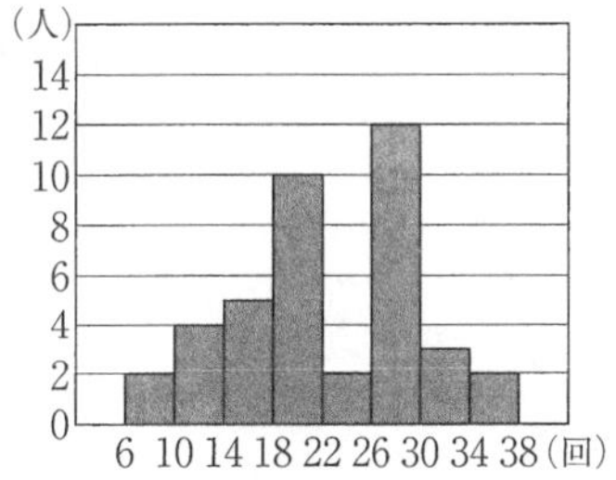

5.

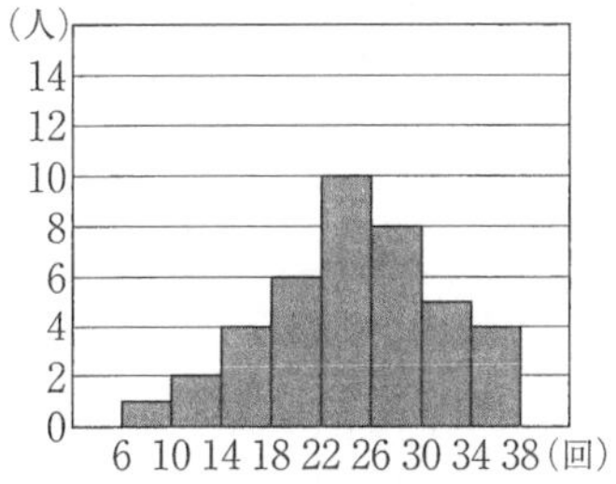

6.

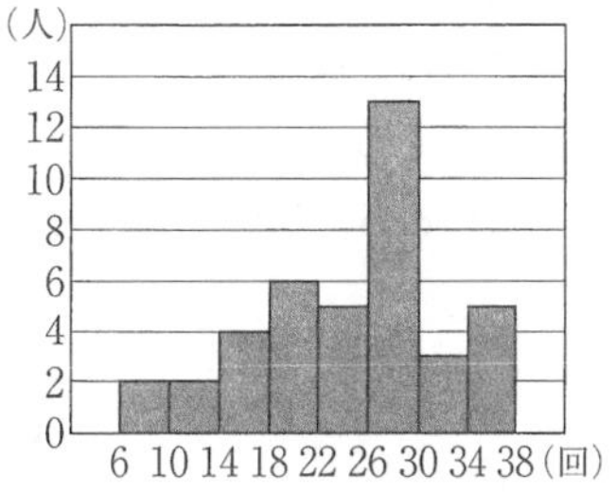

(ウ)　次の［　］の中の「あ」「い」にあてはまる数字をそれぞれ０～９の中から１つずつ選び，その数字を答えなさい。

右の図２において，５点A，B，C，D，Eは円Oの周上の点で，BE//CDであり，線分ADは∠BDEの二等分線である。

また，点Fは線分ADと線分CEとの交点である。

このとき，∠AFE＝［あい］°である。

図２

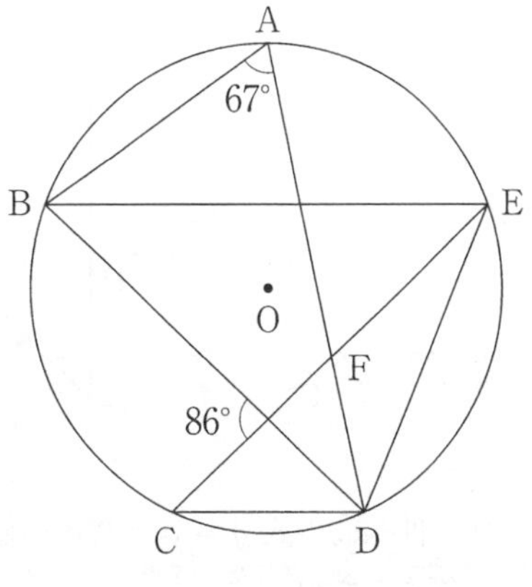

(エ) 次の □ の中の「う」「え」「お」「か」にあてはまる数字をそれぞれ0～9の中から1つずつ選び，その数字を答えなさい。

右の図3において，線分ABは円Oの直径であり，2点C，Dは円Oの周上の点である。

また，点Eは線分AC上の点で，BC∥DEであり，点Fは線分ABと線分DEとの交点である。

AE＝2cm，CE＝1cm，DE＝3cmのとき，

三角形BDFの面積は $\frac{\boxed{うえ}}{\boxed{おか}}$ cm²である。

図3

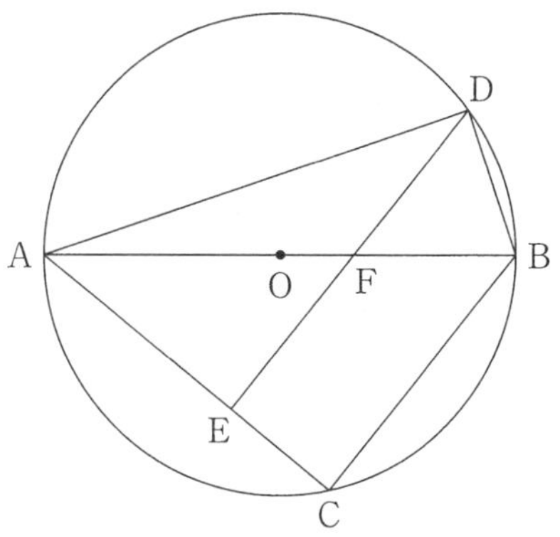

問4　下の図において，直線①は関数 $y=x+3$ のグラフであり，曲線②は関数 $y=ax^2$ のグラフである。

点Aは直線①と曲線②との交点で，その x 座標は6である。点Bは曲線②上の点で，線分ABは x 軸に平行である。点Cは直線①上の点で，線分BCは y 軸に平行である。

また，点Dは線分BCと x 軸との交点である。

さらに，原点をOとするとき，点Eは x 軸上の点で，DO：OE＝6：5であり，その x 座標は正である。

このとき，次の問いに答えなさい。

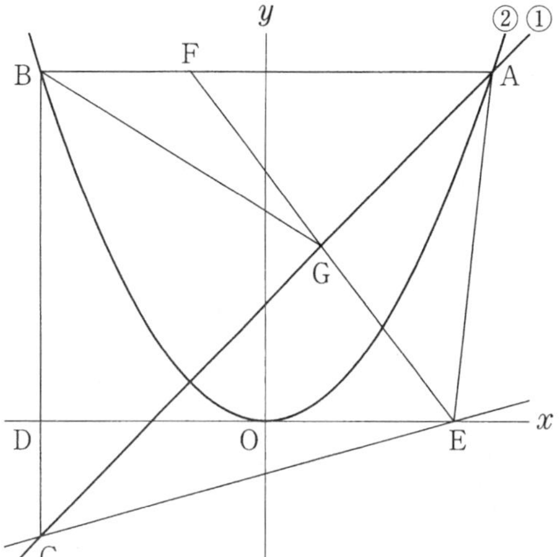

(ア) 曲線②の式 $y=ax^2$ の a の値として正しいものを次の1～6の中から1つ選び，その番号を答えなさい。

1．$a=\frac{1}{6}$　　2．$a=\frac{1}{4}$　　3．$a=\frac{1}{3}$　　4．$a=\frac{1}{2}$　　5．$a=\frac{3}{4}$　　6．$a=\frac{3}{2}$

(イ) 直線CEの式を $y = mx + n$ とするときの(i) m の値と，(ii) n の値として正しいものを，それぞれ次の１～６の中から１つずつ選び，その番号を答えなさい。

(i) m の値

１．$m = \frac{3}{13}$　２．$m = \frac{1}{4}$　３．$m = \frac{3}{11}$

４．$m = \frac{3}{10}$　５．$m = \frac{1}{3}$　６．$m = \frac{3}{8}$

(ii) n の値

１．$n = -\frac{17}{11}$　２．$n = -\frac{20}{13}$　３．$n = -\frac{3}{2}$

４．$n = -\frac{18}{13}$　５．$n = -\frac{15}{11}$　６．$n = -\frac{11}{10}$

(ウ) 次の□の中の「き」「く」「け」にあてはまる数字をそれぞれ０～９の中から１つずつ選び，その数字を答えなさい。

線分AB上に点Fを，三角形AFEの面積が直線①によって２等分されるようにとり，直線①と線分EFとの交点をGとする。このときの，三角形BGFの面積と三角形CEGの面積の比を**最も簡単な整数の比**で表すと，△BGF：△CEG＝ き ： くけ である。

問５　右の図１のように，線分PQがあり，その長さは10cmである。

大，小２つのさいころを同時に１回投げ，大きいさいころの出た目の数を a，小さいさいころの出た目の数を b とする。出た目の数によって，線分PQ上に点Rを，PR：RQ＝ a : b となるようにとり，線分PRを１辺とする正方形をX，線分RQを１辺とする正方形をYとし，この２つの正方形の面積を比較する。

図１

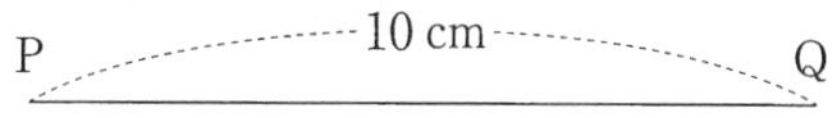

例

大きいさいころの出た目の数が２，小さいさいころの出た目の数が３のとき，$a = 2$，$b = 3$ だから，線分PQ上に点Rを，PR：RQ＝２：３となるようにとる。

この結果，図２のように，PR＝４cm，RQ＝６cmで，Xの面積は16cm²，Yの面積は36cm²であるから，Xの面積はYの面積より20cm²だけ小さい。

図２

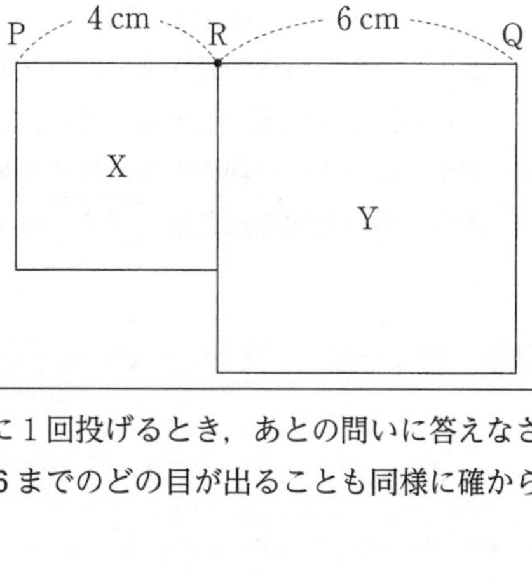

いま，図１の状態で，大，小２つのさいころを同時に１回投げるとき，あとの問いに答えなさい。ただし，大，小２つのさいころはともに，１から６までのどの目が出ることも同様に確からしいものとする。

(ア) 次の □ の中の「こ」「さ」にあてはまる数字をそれぞれ０～９の中から１つずつ選び，その数字を答えなさい。

Xの面積とYの面積が等しくなる確率は $\dfrac{\boxed{\text{こ}}}{\boxed{\text{さ}}}$ である。

(イ) 次の □ の中の「し」「す」「せ」にあてはまる数字をそれぞれ０～９の中から１つずつ選び，その数字を答えなさい。

Xの面積がYの面積より25cm^2以上大きくなる確率は $\dfrac{\boxed{\text{し}}}{\boxed{\text{すせ}}}$ である。

問６ 右の図１は，AB＝５cm，BC＝１cm，AD＝４cm，∠ADC＝∠BCD＝90°の台形ABCDを底面とし，AE＝BF＝CG＝DH＝１cm を高さとする四角柱である。

このとき，次の問いに答えなさい。

図１

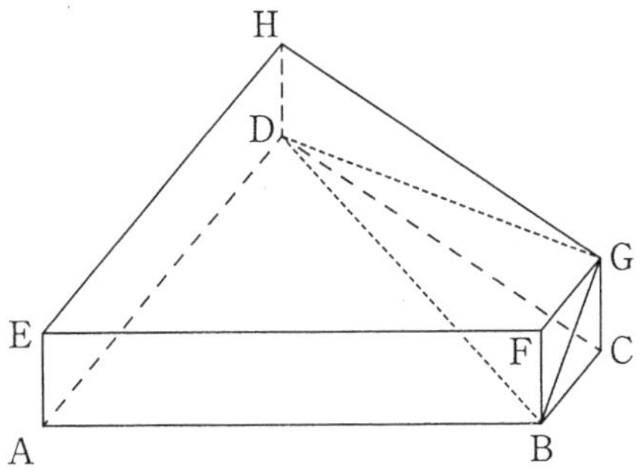

(ア) この四角柱の体積として正しいものを次の１～６の中から１つ選び，その番号を答えなさい。

１．8cm^3　　２．10cm^3
３．16cm^3　　４．20cm^3
５．24cm^3　　６．30cm^3

(イ) この四角柱において，3点B，D，Gを結んでできる三角形の面積として正しいものを次の１～６の中から１つ選び，その番号を答えなさい。

１．$\dfrac{\sqrt{17}}{4}\text{cm}^2$　　２．$\dfrac{\sqrt{33}}{4}\text{cm}^2$　　３．$\dfrac{\sqrt{17}}{2}\text{cm}^2$
４．$\dfrac{\sqrt{33}}{2}\text{cm}^2$　　５．$\sqrt{17}\text{cm}^2$　　６．$\sqrt{33}\text{cm}^2$

(ウ) 次の □ の中の「そ」「た」にあてはまる数字をそれぞれ０～９の中から１つずつ選び，その数字を答えなさい。

点Ｉが辺CD上の点で，CI：ID＝７：３であるとき，この四角柱の表面上に，図２のように点Aから辺EF，辺GHと交わるように，点Ｉまで線を引く。このような線のうち，長さが最も短くなるように引いた線の長さは $\sqrt{\boxed{\text{そた}}}$ cm である。

図２

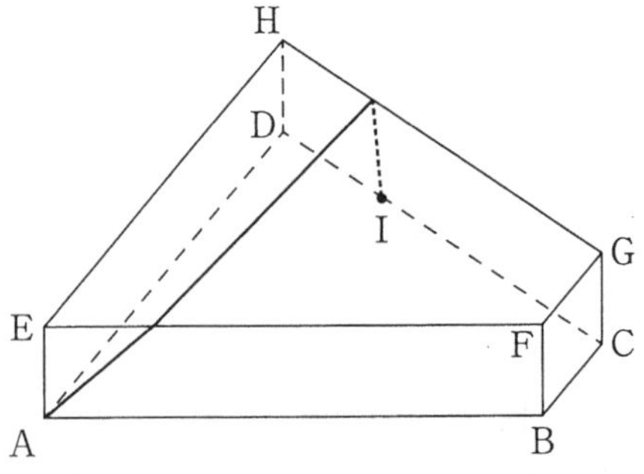

＜英語＞

時間　50分　　満点　100点

問１　**リスニングテスト**（放送の指示にしたがって答えなさい。放送を聞きながらメモをとってもかまいません。）

(ア)　チャイムのところに入るナオミの言葉として最も適するものを，次の１～４の中からそれぞれ一つずつ選び，その番号を答えなさい。

No. 1　1．I have been to my guitar lesson three times.
　2．I play the guitar with my brother on weekends.
　3．I usually play the guitar in the park.
　4．I got a nice guitar last Saturday.

No. 2　1．I have already made my speech about India.
　2．I live in Japan to learn about the Japanese language.
　3．I'll write about Australia because I want to see its animals.
　4．I want to listen to other students' speeches.

No. 3　1．Sure.　Your friends in your country will help you.
　2．Sure.　My friends said the video was interesting.
　3．OK.　I told you why I wanted to make it.
　4．OK.　I think I have some good ideas.

(イ)　対話の内容を聞いて，それぞれの**質問**の答えとして最も適するものを，あとの１～４の中から一つずつ選び，その番号を答えなさい。

No. 1　**質問：What can we say about Ken?**
1．He wants to see the movie about the high school baseball team.
2．He has a dream to be the best baseball player in Japan.
3．He knows the story in the book, so he won't read it.
4．He started reading the book because Emily said it was a good book.

No. 2　**質問：What can we say about Emily and Ken?**
1．Emily and Ken are talking about seeing Tom with their classmates this Saturday.
2．Emily feels sad because Ken will go back to Australia.
3．Ken has agreed to go shopping with Emily and her classmates this Saturday.
4．Ken is going to write a message to Emily, and she will write back to him.

(ウ)　学校の図書館について，図書委員のミホが留学生のマイク（Mike）とジョー（Joe）に説明します。説明を聞いて，次のNo. 1とNo. 2の問いに答えなさい。

No. 1　説明を聞いてマイクが作った次のページの＜**メモ**＞を完成させるとき，①～③の中に入れるものの組み合わせとして最も適するものを，あとの１～６の中から一つ選び，その番号を答えなさい。

＜メモ＞

About Our Library

- We can use the library from 9:00 in the morning to 4:45 in the afternoon.
- We can use the library when the library teacher is there.
  (On the first Wednesday of every month, she is [①].)
- The number of books we can usually borrow is ten [②], but we can borrow more books during vacations.
- We can't [③] dictionaries.

1．	① in	② for two weeks	③ find
2．	① late	② for one month	③ borrow
3．	① out	② on weekends	③ use
4．	① in	② for one month	③ find
5．	① out	② for two weeks	③ borrow
6．	① late	② on weekends	③ use

No. 2　説明を聞いた翌日にマイクがジョーにあてて書いた次の＜メッセージ＞を完成させるとき，[④]，[⑤] の中に入れるものの組み合わせとして最も適するものを，あとの１～３の中から一つ選び，その番号を答えなさい。

＜メッセージ＞

Mike

Hi, Joe! How about going to the library after school? Let's [④] when we do our homework there. The library is the best place to study together. Yesterday, we talked about visiting Kamakura, Kyoto, and many other places in Japan. In the library, we can also [⑤] of the places we want to visit.

1．	④ make a speech	⑤ take some pictures
2．	④ get the answer	⑤ try some famous food
3．	④ help each other	⑤ learn the histories

問２　次の英文は，鈴木先生（Mr. Suzuki）とアメリカからの留学生のソフィア（Sophia）の対話です。対話文中の(ア)～(ウ)の（　）の中に入れるのに最も適するものを，あとの１～４の中からそれぞれ一つずつ選び，その番号を答えなさい。

Mr. Suzuki: Sophia, I heard you arrived in Japan two weeks ago. Why did you decide to come to Japan?

Sophia: Well, I have some Japanese friends in my country. They told me many interesting things about Japan. So, I wanted to know more.

Mr. Suzuki: What are you interested in?

Sophia: Japanese culture. I think I can learn many important things from it. I (ア)(　　) it a lot. I'm especially interested in practicing *kendo*, wearing a *kimono*, and writing *haiku*.

Mr. Suzuki: Great! I think it's a good idea to join the *kendo* club at our school because I want you to have some great (イ)(　　) in Japan.

Sophia: That sounds nice!

Mr. Suzuki: I think learning about (ウ)(　　) cultures will help you understand people living in other countries.

Sophia: I think so, too, Mr. Suzuki. I'll try many things in Japan.

(ア)　1．collect　2．create　3．have　4．respect

(イ)　1．doors　2．experiences　3．schools　4．seasons

(ウ)　1．different　2．few　3．necessary　4．same

問３　次の(ア)～(エ)の文の（　）の中に入れるのに最も適するものを，あとの１～４の中からそれぞれ一つずつ選び，その番号を答えなさい。

(ア) One of the boys you met at the park yesterday (　　) my brother.

1．am　2．is　3．are　4．were

(イ) Which school event do you like (　　)?

1．good　2．well　3．better than　4．the best

(ウ) This is a school which (　　) in 1980.

1．is building　2．built　3．was built　4．were building

(エ) I have been reading this book (　　) 10 o'clock this morning.

1．at　2．before　3．for　4．since

問４　次の(ア)～(エ)の対話が完成するように，（　）内の**六つの語の中から五つを選んで**正しい順番に並べたとき，その（　）内で**３番目と５番目にくる語の番号**をそれぞれ答えなさい。（**それぞれ一つずつ不要な語があるので，その語は使用しないこと。**）

(ア) A：A lot of people use English all over the world.

B：Yes. English is (1．by　2．people　3．as　4．many　5．uses　6．spoken) their first language.

(イ) A：What (1．work　2．be　3．you　4．did　5．to　6．want) when you were a child?

B：A doctor. I was interested in helping many people.

(ウ) A：I'd like to buy a new computer, but I can't (1．should　2．I　3．one　4．to　5．which　6．decide) buy.

B：Oh, let me help you.

(エ) A：Can you play the piano?

B：Just a little.　But I（1．better　2．wish　3．were　4．I　5．could　6．at）playing it.

問5　次のA～Cのひとつづきの絵と英文は，ある日のできごとについてのユキコ（Yukiko）とレイカ（Reika）の会話を表しています。Aの場面を表す**＜最初の英文＞**に続けて，Bの場面にふさわしい内容となるように，［　　］の中に適する英語を書きなさい。ただし，あとの**＜条件＞**にしたがうこと。

A

＜最初の英文＞

Yukiko said, "I visited my grandfather last Sunday.　He lives in Kamome *Village." Reika said, "I have never been to that village.　How did you get there ?"

B

Yukiko said, "I usually go to my grandfather's house with my family by car.　But this time I went *by myself by train and bus." Reika asked, "［　　］ get there when you used the train and the bus ?"

C

Yukiko said, "Two hours.　I enjoyed seeing the beautiful mountains from the bus.　I talked about my trip with my grandfather.　Next time, we can visit Kamome Village together." Reika said, "Oh, I'd like to !"

*Village：村　　by myself：ひとりで

＜条件＞

① **it** と **long** を必ず用いること。
② ①に示した語を含んで，［　　］内を6語以上で書くこと。
③ get there when you used the train and the bus ? につながる1文となるように

書くこと。
※ 短縮形（I'm や don't など）は1語と数え，符号（, など）は語数に含めません。

問6 次の英文は，高校生のハルカ（Haruka）が夏休み後，地元の商店街（shopping district）の取り組みについて英語の授業で行った発表の原稿です。英文を読んで，あとの(ア)～(ウ)の問いに答えなさい。

Hello, everyone. I am Haruka. I did *research during summer vacation. Today, I want to *share the things I learned in my research.

My research was about the *trash problem in the shopping district in Kamome City. There are some famous places in Kamome City, so many *tourists visit our city. A lot of people, tourists and people living in our city, enjoy buying many kinds of things in the shopping district. But some of them were leaving a lot of trash on the streets. On the news, I learned that there were people who were working to solve the problem, and I decided to do research about it.

Some people who came to the shopping district were leaving *PET bottles, *cans, paper, and other things on the streets. So there was a large *amount of trash. *Volunteers from the shopping district, for example, the *shop owners, sometimes *picked up the trash. They usually collected more than 20kg of trash in one day. They said that (①). They worked hard but there was always trash on the streets.

So people from the *City Hall and the shop owners met and talked about the problem. They met many times, and after that, they had an idea for a *project. They called it the Kamome Clean Project.

Flyer

KAMOME　Kamome Clean Project (June 1 ~ August 31 in 2021)　KAMOME
~ Make the shopping district clean with crowdfunding ! ~

We want tourists to enjoy visiting our clean shopping district !

☆ Please *donate money to the project !
(If you donate money, you will get a *special pass. When you buy something in the shopping district, you get a 10% *discount by showing the special pass.)

☆ You can *hand trash (PET bottles or cans, for example) to the shop owners in the shopping district. (They also *accept trash from people who don't donate money.)

☆ Kamome City and the shop owners use the money collected from crowdfunding for the trash *removal, making flyers, and things the volunteers need, for example, trash bags.

The Kamome Clean Project used *crowdfunding. Crowdfunding is a way to collect money from many people who like a project and want to help it. Please look at this *flyer(previous page).

The project started last June. During my research, I asked one of the shop owners about the project. She said, "After people drink something, (②). We accept the *empty PET bottles or cans from them. So they don't have to carry their trash around the shopping district. Many people like the project."

Next, look at this *graph. It shows the kinds of trash the shops accepted *by percentage for three months. More than 40% of the trash was PET bottles, and about 20% of the trash was cans.

Graph

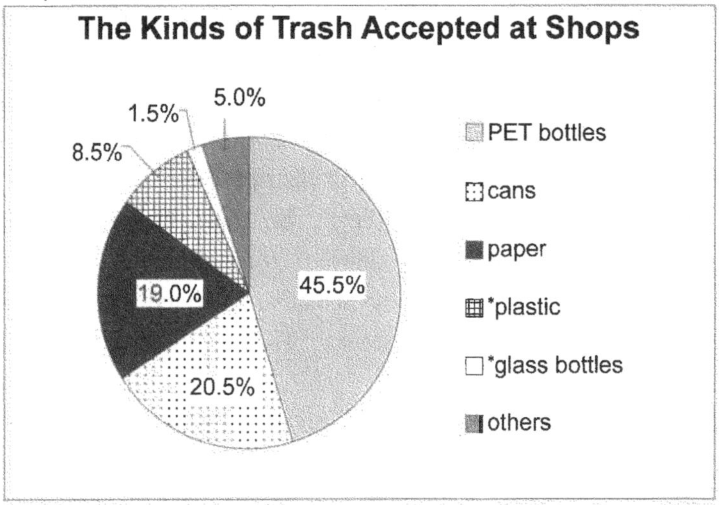

I think some of you may ask, "Why did the shop owners agree to accept trash from everyone visiting the shopping district?" Because it was also good for the shops! Some people bought things at the shops after they handed their trash to the shop owners. Some people stayed for a little at the shops and talked with the shop owners.

I talked about this project with my family. They liked it, donated money, and got the special pass. Last month, I went shopping in the shopping district. I bought *a bottle of water. After I drank it, I took the empty PET bottle to a cake shop. I got a 10% discount on a birthday cake for my grandmother. The cake shop owner told me that (③). She also said, "*Thanks to this project, many people have learned that Kamome City and the shopping district are working hard to solve the trash problem. The shopping district is becoming cleaner now because more people have become interested in the trash problem."

I want to tell you the most important thing I've learned from my research. To solve the trash problem, the people from the City Hall and the shop owners told each other *various ideas. Then, they had the idea for the Kamome Clean Project. Many people joined the project, and the shopping district has become cleaner. Now I think, "[　　　] When people work together, problems will be solved." Thank you for listening.

* research：調査　share ～：～を共有する　trash：ごみ　tourists：観光客
PET bottles：ペットボトル　cans：缶　amount：量　Volunteers：ボランティア
shop owners：店主　picked up ～：～を拾った　City Hall：市役所　project：企画
crowdfunding：クラウドファンディング　flyer：ちらし　donate ～：～を寄付する
special pass：特別な券　discount：割引　hand ～：～を手渡す　accept ～：～を受け取る
removal：撤去　empty：空の　graph：グラフ　by percentage：パーセンテージで
plastic：プラスチック　glass bottles：瓶　a bottle of water：一本の水
Thanks to ～：～のおかげで　various：様々な

(ア) 本文中の（①）～（③）の中に，次のA～Cを意味が通るように入れるとき，その組み合わせとして最も適するものを，あとの１～６の中から一つ選び，その番号を答えなさい。

A．a PET bottle or can is left in their hand
B．it was very difficult for them to clean the streets
C．the shop accepted a lot of trash from many people

１．①－A　②－B　③－C　　２．①－A　②－C　③－B
３．①－B　②－A　③－C　　４．①－B　②－C　③－A
５．①－C　②－A　③－B　　６．①－C　②－B　③－A

(イ) 本文中の[　　]の中に入れるのに最も適するものを，次の１～４の中から一つ選び，その番号を答えなさい。

１．If we solve one problem, we will have another one.
２．If we share ideas and talk about them, we can find the answer.
３．If we meet and talk many times, more trash will be left on the streets.
４．If we start crowdfunding, the volunteers have to work harder than before.

(ウ) 次のa～fの中から，ハルカの発表の内容に合うものを**二つ**選んだときの組み合わせとして最も適するものを，あとの１～８の中から一つ選び，その番号を答えなさい。

a．Many shopping districts in Kamome City worked hard to collect money for the trash removal.
b．The trash problem was solved because some volunteers from the shopping district collected trash.
c．The shop owners accepted PET bottles but they didn't accept paper.
d．Only people who donated money could take their trash to the shops in the shopping district.
e．The graph shows that more plastic was accepted at the shops than glass bottles by percentage.
f．Haruka thinks that the Kamome Clean Project made more people learn about the problem her city had.

1．aとc　2．aとe　3．bとd　4．bとf
5．cとe　6．cとf　7．dとe　8．eとf

問7 次の(ア)の英文とウェブサイト（website）上の価格表（Price list），(イ)の英文と予定表（**schedule**）について，それぞれあとの質問の答えとして最も適するものを，1～5の中からそれぞれ一つずつ選び，その番号を答えなさい。

(ア)

*Sho and Julia are high school students. They are in the same class and are talking about a *T-shirt which the students in their class will wear at the school festival.*

Sho: Julia, look! This is a website I found. We can buy T-shirts on it.
Julia: Wow, I think all of them look good. Which T-shirt will be the best for our class?
Sho: We want to draw pictures on the T-shirts *by ourselves, so let's buy one without a picture on it.
Julia: That's a great idea! We can make our T-shirts special by doing that!
Sho: Now, let's *choose a T-shirt. How many T-shirts will we buy?
Julia: Everyone in our class will wear one, so we will buy forty T-shirts. How about buying this one? This one is good because the *price for one T-shirt is the *lowest.
Sho: Look at the *delivery time! We can't wait for two weeks. The delivery time should be *less than seven days because the school festival will be next weekend.
Julia: You're right. Then, let's look at the other three T-shirts. Don't forget their *discounts because we will *order forty T-shirts.
Sho: How about this one? The *total amount is the lowest of the three.
Julia: OK. Let's tell our class.

Price list

T-shirt A		**Price:** 1,100*yen **Delivery time:** 10 days ***Shipping fee:** 400 yen 10% **discount**	**T-shirt D**		**Price:** 800 yen **Delivery time:** 3 days **Shipping fee:** 200 yen 20% **discount**
T-shirt B		**Price:** 900 yen **Delivery time:** 4 days **Shipping fee:** 800 yen 30% **discount**	**T-shirt E**		**Price:** 700 yen **Delivery time:** 6 days **Shipping fee:** 200 yen 5% **discount**
T-shirt C		**Price:** 600 yen **Delivery time:** 14 days **Shipping fee:** 400 yen 5% **discount**			

☆ "Price" means "the price for one T-shirt".

☆ If you order forty or more T-shirts, you'll get a discount.
☆ If you order ten or more T-shirts, you don't have to *pay the shipping fee.

* *T-shirt*：Ｔシャツ　by ourselves：私たち自身で　choose ～：～を選ぶ　price：値段　lowest：(値段が) 最も安い　delivery：配達　less than ～：～より少ない　discounts：割引　order ～：～を注文する　total amount：合計金額　yen：円　**Shipping fee**：配送料　pay ～：～を払う

質問：Which T-shirt did Sho and Julia choose?

1．**T-shirt A.**　2．**T-shirt B.**　3．**T-shirt C.**
4．**T-shirt D.**　5．**T-shirt E.**

(イ)

Kana and Mary are high school students. They are looking at their schedules for this summer.

Kana: Hi, Mary. Kamome Musuem is going to *hold a music festival from July 22 to August 11. Do you want to come with me?

Mary: That sounds great!

Kana: Every morning at the music festival, they will hold a guitar *concert, a piano concert, and more. I'm especially interested in the popular *musical, *Singing Girls in *New York*. The musical is going to *show every Tuesday, Thursday, and Saturday during the music festival at 2:00 p.m.

Mary: I'd like to see it! When should we visit the museum?

<Kana's schedule>

<table>
<tr><th>Monday</th><th>Tuesday</th><th>Wednesday</th><th>Thursday</th><th>Friday</th><th>Saturday</th><th>Sunday</th></tr>
<tr><td>7/22</td><td>23</td><td>24</td><td>25
Tennis Lesson</td><td>26</td><td>27</td><td>28</td></tr>
<tr><td></td><td></td><td></td><td></td><td></td><td colspan="2">Visit Grandmother's House</td></tr>
<tr><td>29</td><td>30</td><td>31</td><td>8/1
Tennis Lesson</td><td>2</td><td>3</td><td>4</td></tr>
<tr><td colspan="2">Visit Grandmother's House</td><td></td><td></td><td></td><td colspan="2">Go to Kamome Lake</td></tr>
<tr><td>5</td><td>6</td><td>7</td><td>8
Tennis Lesson</td><td>9</td><td>10</td><td>11
Watch a Movie</td></tr>
<tr><td colspan="3">Summer Class (English)</td><td></td><td></td><td></td><td></td></tr>
</table>

<Mary's schedule>

<table>
<tr><th>Monday</th><th>Tuesday</th><th>Wednesday</th><th>Thursday</th><th>Friday</th><th>Saturday</th><th>Sunday</th></tr>
<tr><td>7/22</td><td>23
Guitar Lesson</td><td>24</td><td>25</td><td>26</td><td>27</td><td>28
Piano Lesson</td></tr>
<tr><td></td><td></td><td></td><td colspan="3">Go to Kyoto</td><td></td></tr>
<tr><td>29</td><td>30</td><td>31</td><td>8/1</td><td>2</td><td>3</td><td>4
Piano Lesson</td></tr>
<tr><td></td><td colspan="2">Summer Class (Math)</td><td></td><td></td><td></td><td></td></tr>
<tr><td>5</td><td>6
Guitar Lesson</td><td>7</td><td>8</td><td>9</td><td>10</td><td>11
Piano Lesson</td></tr>
<tr><td></td><td></td><td></td><td colspan="3">Go to Kamome Mountain</td><td></td></tr>
</table>

Kana: Let me see. July 23 or August 10 is good for me.
Mary: I'm sorry, but I have plans on *both of those days. How about on August 1 or August 3?
Kana: I have a tennis lesson every Thursday afternoon. On August 3 and 4, I will go to Kamome *Lake.
Mary: We're really busy. We can't find a day that is good for our schedules.
Kana: Well, I will move one of my tennis lessons to the next day, so we can go to the music festival on that day.
Mary: Thank you. I'm also interested in the piano concert in the morning. How about meeting at 10:00 a.m. at the museum on that day?
Kana: OK. I can't wait!

* hold ～：～を開催する　concert：コンサート　musical：ミュージカル　*New York*：ニューヨーク
show：上演される　both：両方　Lake：湖

質問：**When will Kana and Mary go to the music festival?**

1．July 31.　2．August 1.　3．August 2.
4．August 8.　5．August 10.

問8　次の英文を読んで，あとの(ア)～(ウ)の問いに答えなさい。

*Yamato, Mana, and Eri are Kamome High School students. They are talking in the *classroom after school. Then, Ms. Smith, their English teacher, talks with them.*

Ms. Smith: Hi, everyone. What are you talking about?
Yamato: Hello, Ms. Smith. We are talking about an event for children in our *community.
Mana: Our school and Kamome *Elementary School have worked together to *hold an event for the elementary school students every summer for ten years.
Ms. Smith: That's interesting! What kind of event is it?
Eri: We call the event the *Asobi* Classroom. Some *volunteers from our high school go to the elementary school and dance with the students there. We want the students to *discover the fun of *exercise.
Ms. Smith: What a wonderful event!
Yamato: *These days children don't get *enough exercise. It is said that elementary school students need to *exercise for 60 minutes *or more each day. Please look at *Graph 1. ①The graph shows that about 50% of *fifth-grade boys and 30% of fifth-grade girls

exercise for 420 minutes or more in one week.

Ms. Smith: I see.

Yamato: The graph also shows that about 8% of fifth-grade boys and 13% of fifth-grade girls exercise for *less than 60 minutes in one week!

Ms. Smith: So, you hope that more children will exercise for 420 minutes or more in one week, right?

Yamato: Yes. Please look at Graph 2 about *screen time. ② <u>The graph shows that about 40% of fifth-grade boys and about 30% of fifth-grade girls *spend three hours or more on screen time in one day.</u>

Eri: I think that children who watch TV, use *smartphones, or play video games for many hours don't get enough exercise.

Ms. Smith: I think so, too.

Mana: Our event was started ten years ago to improve the *health of children in our community. I *took part in the event five years ago when I was an elementary school student. I remember it well!

Ms. Smith: That sounds nice. What kind of dance will you do in the *Asobi* Classroom this year?

Eri: We'll make an *original dance and *teach it to the elementary school students. Last year we made a dance called "Kamome Dance". It was difficult for us to make the dance, but we were happy that the elementary school students at the event really liked it! After they took part in the event, they sent us *thank-you letters.

Ms. Smith: You had a wonderful time!

Yamato: Yes, we did! However, this year we have a big problem.

Ms. Smith: Oh, what is it?

Yamato: Well, we usually use the *gym at the elementary school for the event, but we can't use it this year. We need to find another way to hold the event.

Ms. Smith: Do you have any ideas?

Mana: Well, how about holding the event *online? If we can hold it online, we don't need the gym.

Ms. Smith: An event online? Tell me more about it.

Mana: It's an event held through the Internet. Before the event, we should *prepare some *materials. We should make a *booklet that shows how to do the dance and send it to the elementary school.

Ms. Smith: Oh, it will be easier for the elementary school students to understand how to do the dance if they use the booklet. What will you do on the day of the event?

Mana: High school volunteers will dance here in this classroom. I will bring a *video camera and use it to send our dance to the elementary school students online.

Eri: That's a good idea. The elementary school students can watch it and dance with us. Also, it will be good if they watch it with other people. I hope they will [　　　　　　].

Ms. Smith: What a nice idea!

Eri: I have another idea that will make the event better.

Ms. Smith: Oh, what's your idea?

Eri: After the dance, we will ask the elementary school students to make original dances. And they will make videos and send them to us!

Yamato: Good! The elementary school students will enjoy it!

Eri: I hope the event will *continue in this community because I want the elementary school students to *stay healthy. And like Mana, when the elementary school students who join this event become high school students, they may hold the event. This will make our community better.

Yamato: I think so, too.

Mana: I'm already excited about the event!

* classroom：教室　community：地域社会　Elementary School：小学校
hold ～：～を開催する　volunteers：ボランティア　discover ～：～を発見する
exercise：運動　These days：最近　enough：十分な　exercise：運動する
～ or more：～以上　Graph：グラフ　fifth-grade：５年生の　less than ～：～より少ない
screen time：テレビ，スマートフォンやビデオゲームの画面を見ている時間
spend ～ on…：～を…のために過ごす　smartphones：スマートフォン　health：健康
took part in ～：～に参加した　original：独自の　teach ～：～を教える
thank-you letters：お礼状　gym：体育館　online：オンラインで　prepare ～：～を準備する
materials：資料　booklet：パンフレット　video camera：ビデオカメラ　continue：続く
stay healthy：健康を保つ

(ア) 本文中の——線①と——線②が表す内容を，（次のページの）①は**ア群**，②は**イ群**の中からそれぞれ選んだときの組み合わせとして最も適するものを，あとの１～６の中から一つ選び，その番号を答えなさい。

１．①：A　②：Y
２．①：A　②：Z
３．①：B　②：X
４．①：B　②：Z
５．①：C　②：X
６．①：C　②：Y

ア群

Graph 1
How much fifth-grade boys and girls exercise in one week

A.

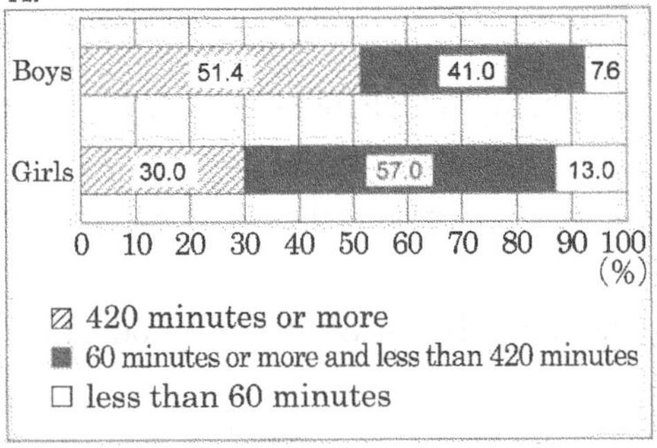

B.

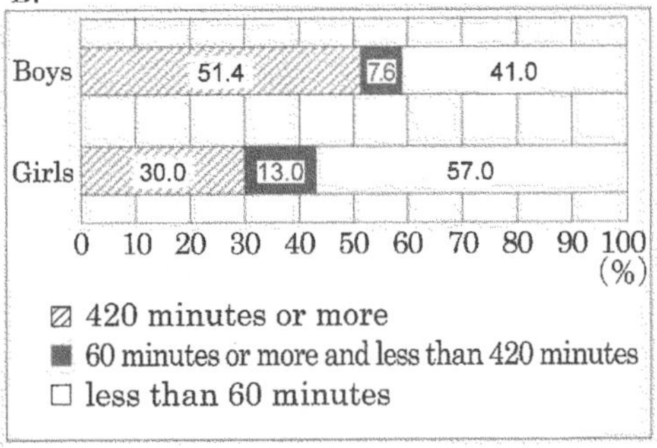

C.

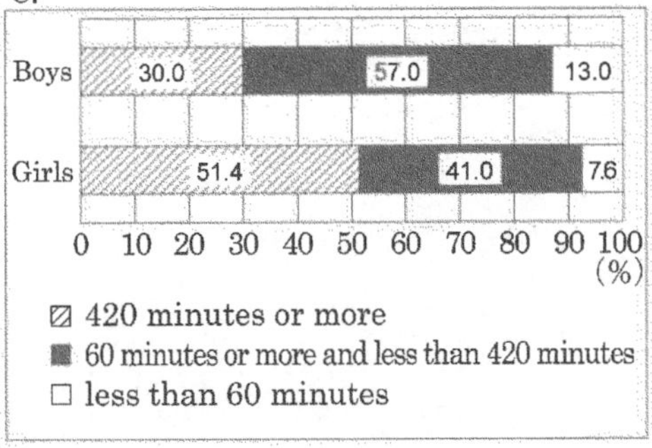

イ群

Graph 2
The screen time of fifth-grade boys and girls in one day

X.

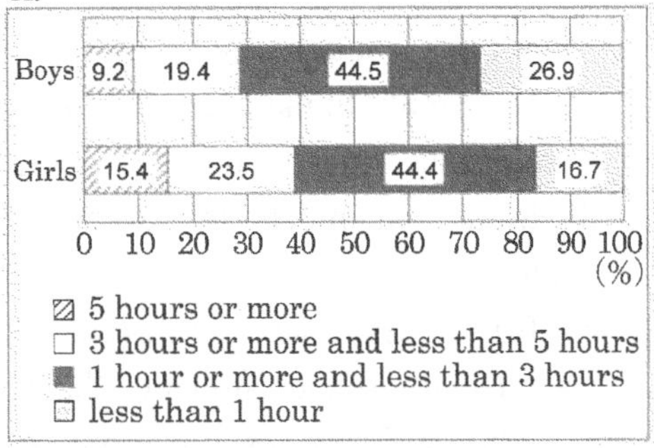

Y.

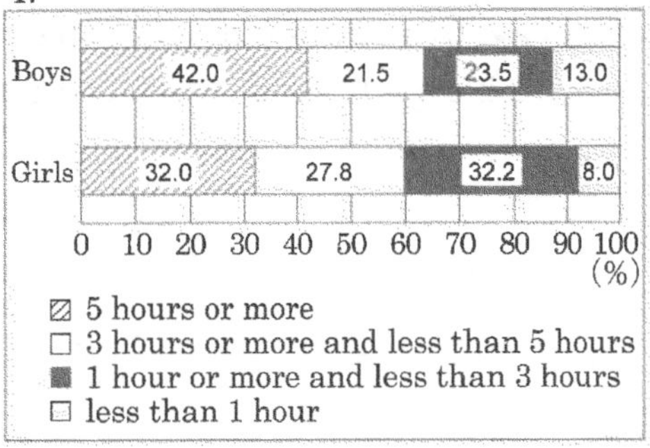

Z.

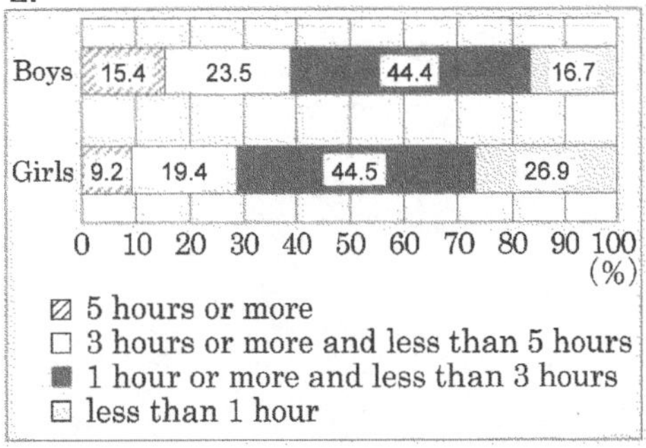

(イ) 本文中の □ の中に入れるのに最も適するものを，次の１～４の中から一つ選び，その番号を答えなさい。

1. enjoy making the original dance with us
2. enjoy joining the sports event in the gym this summer
3. enjoy making a video about their school life with their friends
4. enjoy dancing with their friends or family

(ウ) 次のａ～ｆの中から，本文の内容に合うものを**二つ**選んだときの組み合わせとして最も適するものを，あとの１～８の中から一つ選び，その番号を答えなさい。

ａ. Kamome Elementary School has a lot of students, and they need more teachers to teach exercise.

ｂ. The students at Kamome Elementary School can't use the gym, so they don't get enough exercise.

ｃ. Ms. Smith thinks that the booklet will help the elementary school students understand how to do the dance.

ｄ. Mana remembers the event she took part in when she was a junior high school student.

ｅ. Eri hopes that the event will continue because it is good for the elementary school students' health.

ｆ. After children exercise online with their friends or family, they have to write thank-you letters.

１. ａとｂ　２. ａとｄ　３. ｂとｄ　４. ｂとｆ

５. ｃとｅ　６. ｃとｆ　７. ｄとｆ　８. ｄとｅ

＜理科＞

時間　50分　　満点　100点

問１　次の各問いに答えなさい。

(ア)　次の［　］中のａ～ｄのうち，音の性質についての説明として適切なものはどれか。最も適するものをあとの１～６の中から一つ選び，その番号を答えなさい。

ａ　同じ高さの音が出る２つの音さを並べて一方の音さを鳴らすと，もう一方の音さも鳴り始めるのは，一方の音さから出た音の粒子がもう一方の音さに届くからである。
ｂ　音は水などの液体の中を伝わるが，金属などの固体の中は伝わらない。
ｃ　雷が光ってから音が聞こえるまでの時間に音の伝わる速さをかけると，雷が発生した場所までのおよその距離が求められるのは，光は一瞬で伝わるのに対して音ははるかに遅く伝わるからである。
ｄ　モノコードの弦をはじいたときに弦が１秒間に振動する回数は，弦の長さを短くすると多くなる。

１．ａのみ　２．ｃのみ　３．ａとｂ　４．ｂとｃ　５．ｂとｄ　６．ｃとｄ

(イ)　手に持っている物体をある高さから真上に投げ上げたところ，物体は最高点に達したのち，落下した。物体を投げ上げてから最高点に達するまでの，物体のもつエネルギーの変化についての説明として最も適するものを次の１～４の中から一つ選び，その番号を答えなさい。ただし，物体にはたらく空気の抵抗は考えないものとする。

１．運動エネルギーはしだいに増加し，力学的エネルギーは一定に保たれる。
２．運動エネルギーはしだいに増加し，力学的エネルギーはしだいに減少する。
３．運動エネルギーはしだいに減少し，力学的エネルギーは一定に保たれる。
４．運動エネルギーと力学的エネルギーはどちらもしだいに減少する。

(ウ)　抵抗の大きさが20Ωの抵抗器Ａ，抵抗の大きさがわからない抵抗器Ｂと抵抗器Ｃ，電源装置を用いて**図**のような回路①と回路②をつくった。これらの回路において，電源の電圧を変えながら，Ｘの部分を流れる電流とＸＹ間の電圧を測定し，その結果を**グラフ**にまとめた。なお，**グラフ**の２本の直線は片方が回路①，もう片方が回路②の結果を表している。これらの結果から，抵抗器Ｂと抵抗器Ｃの抵抗の大きさの組み合わせとして最も適するものをあとの１～６の中から一つ選び，その番号を答えなさい。

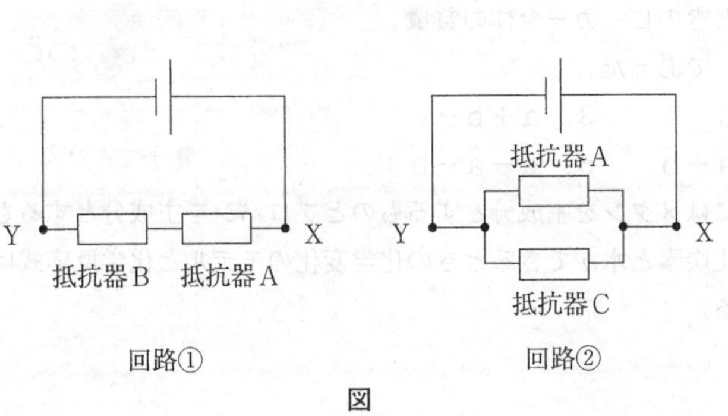

図

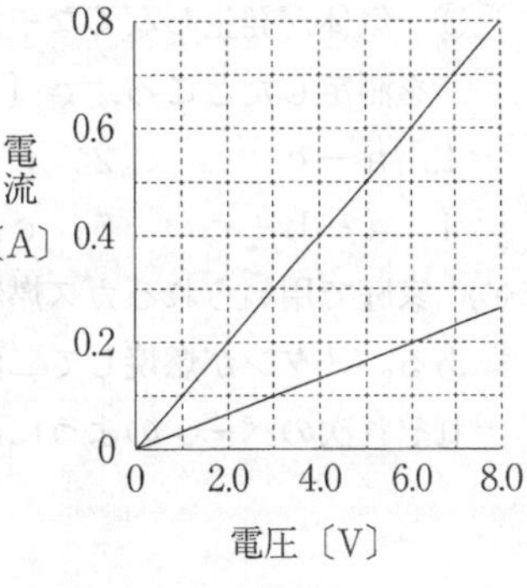

グラフ

1．抵抗器Ｂ：10Ω　抵抗器Ｃ：10Ω　　2．抵抗器Ｂ：10Ω　抵抗器Ｃ：20Ω
3．抵抗器Ｂ：20Ω　抵抗器Ｃ：10Ω　　4．抵抗器Ｂ：20Ω　抵抗器Ｃ：20Ω
5．抵抗器Ｂ：30Ω　抵抗器Ｃ：10Ω　　6．抵抗器Ｂ：30Ω　抵抗器Ｃ：20Ω

問２　次の各問いに答えなさい。

(ア)　ビーカーに入れた固体のろうを加熱して液体のろうにし，**図１**のように液面の高さに目印をつけた。その後，液体のろうを常温でゆっくりと冷却して，ろうが固体になったとき，**図２**のようにろうの中央がくぼんだことから，ろうの体積が減少したことがわかった。また，液体のろうが固体になったとき，ビーカー全体の質量は変化しなかった。ろうの体積が減少した理由として最も適するものを次の１～４の中から一つ選び，その番号を答えなさい。

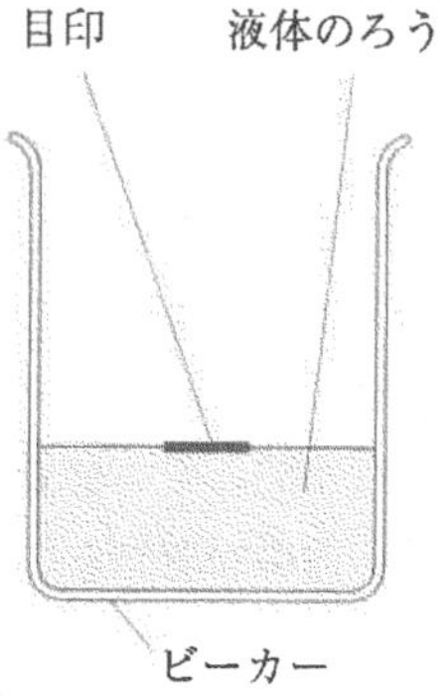

図１

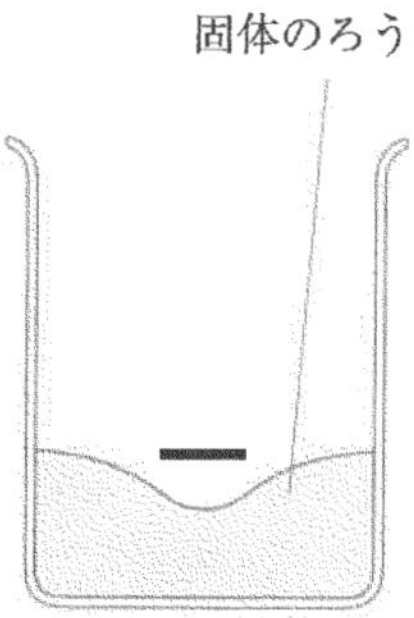

図２

1．ろうを構成する粒子の数が減少したため。
2．ろうを構成する粒子の大きさが小さくなったため。
3．ろうを構成する粒子どうしの間隔が小さくなったため。
4．ろうが蒸発して，ビーカーの外に逃げたため。

(イ)　うすい塩酸に石灰石を加えたときに発生する気体の質量を求めるために，次の①～③の順に操作を行った。発生した気体の質量〔g〕を①～③中のａ，ｂ，ｃを用いて表したものとして最も適するものをあとの１～６の中から一つ選び，その番号を答えなさい。ただし，発生した気体のうち，水に溶けたものの質量とビーカーの中にたまったものの質量は考えないものとする。

①　図のように，うすい塩酸を入れたビーカーを電子てんびんにのせて質量を測定したところ，ａ〔g〕であった。
②　ビーカーを電子てんびんにのせたまま，質量ｂ〔g〕の石灰石をうすい塩酸に加えて反応させたところ，気体が発生した。
③　気体が発生しなくなったときのビーカー全体の質量を測定したところ，ｃ〔g〕であった。

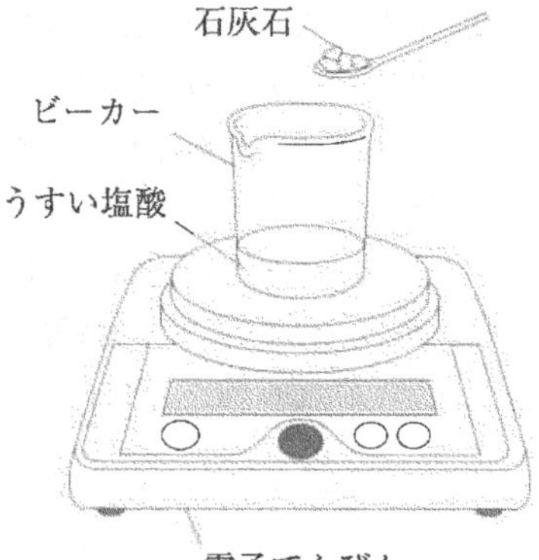

1．ａ－ｃ　　2．ｃ－ａ　　3．ａ＋ｂ－ｃ
4．ａ－ｂ＋ｃ　　5．ｃ－ａ＋ｂ　　6．ｃ－ａ－ｂ

(ウ)　家庭で用いられるガス燃料にはメタンを主成分とするものとプロパンを主成分とするものがある。メタンが燃焼して二酸化炭素と水ができるときの化学変化のモデルと化学反応式は，それぞれ次のページのようになる。

化学変化のモデル

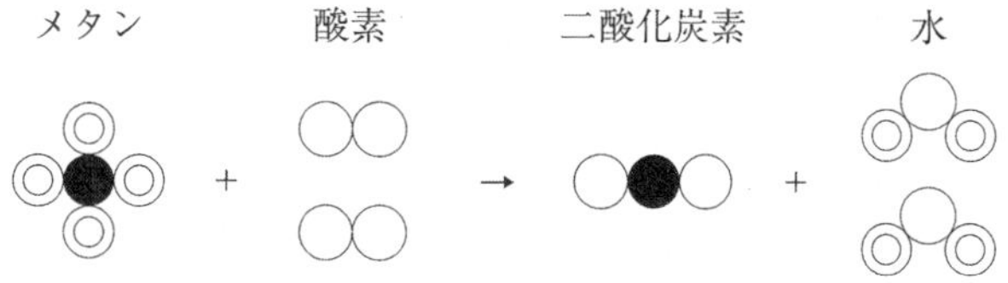

（水素原子を◎，酸素原子を○，炭素原子を●として表してある。）

化学反応式　CH_4 ＋ $2O_2$ → CO_2 ＋ $2H_2O$

Kさんは，プロパンも燃焼すると二酸化炭素と水ができることを知り，その化学反応式を次のように表した。化学反応式中の（あ），（い）にあてはまる数の組み合わせとして最も適するものをあとの1～4の中から一つ選び，その番号を答えなさい。

プロパン　　酸素　　二酸化炭素　　水

C_3H_8 ＋ （ あ ）O_2 → $3CO_2$ ＋ （ い ）H_2O

1．あ：5　い：4　　2．あ：7　い：8　　3．あ：10　い：4　　4．あ：14　い：8

問3　次の各問いに答えなさい。

(ア)　次の図a～eは，体細胞分裂をしている途中の細胞を模式的に示したものである。a～eを体細胞分裂が進む順番に並べたものとして最も適するものをあとの1～6の中から一つ選び，その番号を答えなさい。

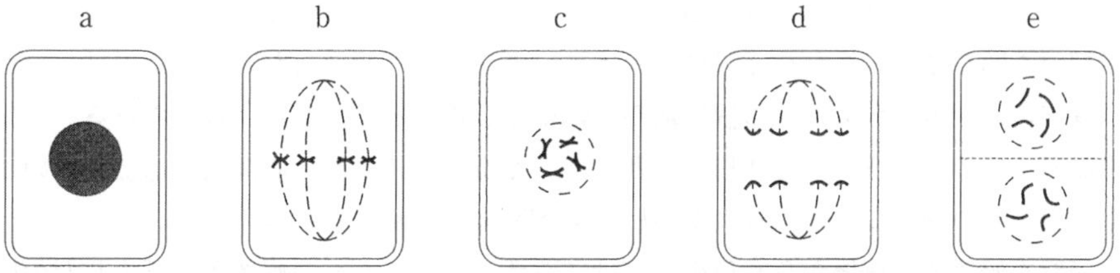

1．a→b→c→d→e　　2．a→b→d→c→e　　3．a→c→b→d→e
4．a→c→d→b→e　　5．a→d→b→c→e　　6．a→d→c→b→e

(イ)　Kさんは，光合成に必要な要素を確認するために，次のような〔実験〕を行った。この〔実験〕で，「光合成には二酸化炭素が必要である」ということを確認できたのは，用いた6本の試験管A～Fのうち，どの2本を比較したときか。最も適するものをあとの1～6の中から一つ選び，その番号を答えなさい。

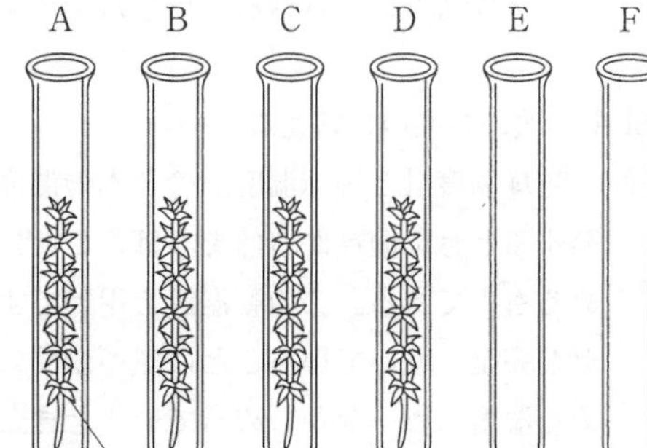

〔実験〕

① 水を沸騰させてから冷まし，溶けていた二酸化炭素を取り除いた。

② 図のように，6本の試験管A～Fを用意し，A～Dに同じ量のオオカナダモを入れた。

③ 試験管A，C，Eを，①の操作を行った水でみたし，ゴム栓でふたをした。

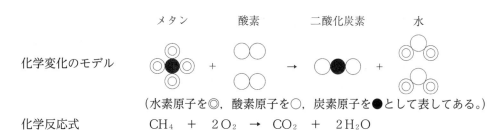

④　試験管B，D，Fを，水中の二酸化炭素濃度を高くするためにつくった炭酸水素ナトリウム水溶液（①の操作を行った水500㎤に炭酸水素ナトリウム2.0ｇを加えたもの）でみたし，ゴム栓でふたをした。

⑤　試験管C，Dの全体をアルミニウムはくで包んだ。

⑥　試験管A～Fを日光の当たる場所に6時間放置したところ，1本の試験管にだけ酸素の発生が見られた。

1．試験管Aと試験管B　　2．試験管Aと試験管C　　3．試験管Aと試験管E
4．試験管Bと試験管D　　5．試験管Bと試験管F　　6．試験管Dと試験管F

(ウ)　右の図は，同じビーカーに入れたゾウリムシとシオカメウズムシの個体数の変化を記録したものである。まず，ゾウリムシとそのえさをビーカーに入れて記録を始め，その2日後にシオカメウズムシを加えた。ゾウリムシとシオカメウズムシの個体数の変化を，これらの生物の間の食べる・食べられるの関係と関連付けて説明したものとして最も適するものを次の1～4の中から一つ選び，その番号を答えなさい。ただし，用いたビーカーにはゾウリムシやシオカメウズムシが隠れられる場所はないものとする。

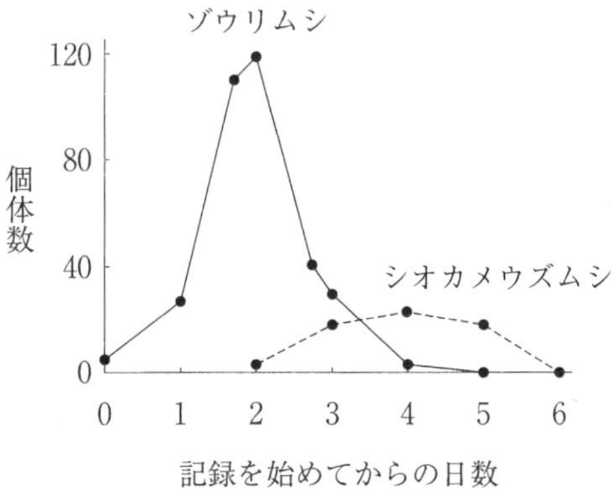

1．記録を始めて2日後から4日後にかけてゾウリムシの個体数が減少したのは，ゾウリムシが食べるシオカメウズムシの個体数が非常に少なくなったからだと考えられる。
2．記録を始めて2日後から4日後にかけてシオカメウズムシの個体数が増加したのは，シオカメウズムシを食べるゾウリムシの個体数が減少したからだと考えられる。
3．記録を始めて4日後から6日後にかけてシオカメウズムシの個体数が減少したのは，ゾウリムシがシオカメウズムシを食べたからだと考えられる。
4．記録を始めて4日後から6日後にかけてシオカメウズムシの個体数が減少したのは，シオカメウズムシが食べるゾウリムシの個体数が非常に少なくなったからだと考えられる。

問4　次の各問いに答えなさい。

(ア)　乾球温度計と湿球温度計の2本の温度計からなる乾湿計は，湿球に巻かれたガーゼの水が蒸発するときに湿球から熱をうばうことにより生じる2本の温度計の温度差を利用して湿度を求めるものである。この乾湿計を用いてよく晴れた日に湿度を求めるとき，湿球に巻かれたガーゼが完全に乾いていることに気づかずにそのまま用いたとすると，湿球温度計の示す温度と求めた湿度はガーゼがしめっているときと比べてどうなるか。最も適するものを次の1～4の中から一つ選び，その番号を答えなさい。

1．湿球温度計の示す温度と求めた湿度はどちらも高くなる。
2．湿球温度計の示す温度と求めた湿度はどちらも低くなる。
3．湿球温度計の示す温度は高くなり，求めた湿度は低くなる。
4．湿球温度計の示す温度は低くなり，求めた湿度は高くなる。

(イ)　次の図は，ある日の午前９時と午後９時の日本付近の天気図である。これらの天気図から，この日の午前９時から午後９時にかけての地点Ａの風向と気温の変化について考えられることとして最も適するものをあとの１～４の中から一つ選び，その番号を答えなさい。

午前９時

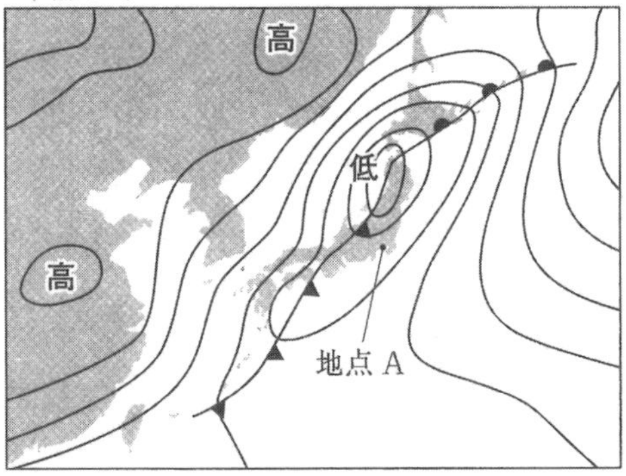

午後９時

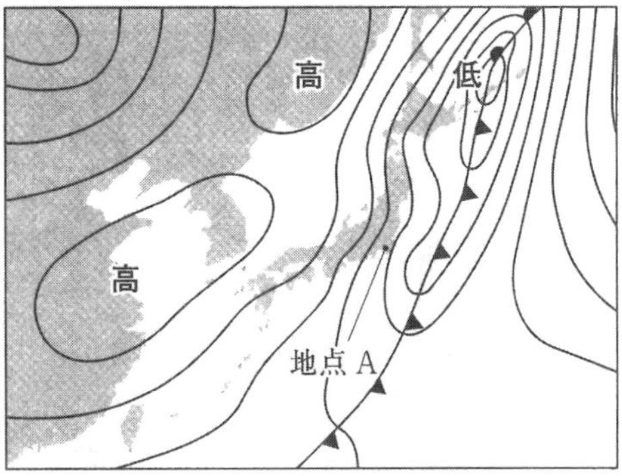

１．北寄りの風から南寄りの風に変わり，気温は上がった。
２．北寄りの風から南寄りの風に変わり，気温は下がった。
３．南寄りの風から北寄りの風に変わり，気温は上がった。
４．南寄りの風から北寄りの風に変わり，気温は下がった。

(ウ)　右の図は，断層を含むある地層を模式的に示したものであり，図中のＤ層からアンモナイトの化石が見つかったことから，この層は中生代に堆積したと推定されている。このとき，(i)アンモナイトの化石のように，地層が堆積した年代を推定できる化石を何というか。また，(ii)図中のＡ層～Ｃ層のそれぞれの層が堆積したことと，断層ができたことはどのような順序で起こったか。(i)，(ii)の組み合わせとして最も適するものを次の１～４の中から一つ選び，その番号を答えなさい。ただし，地層は逆転していないものとする。

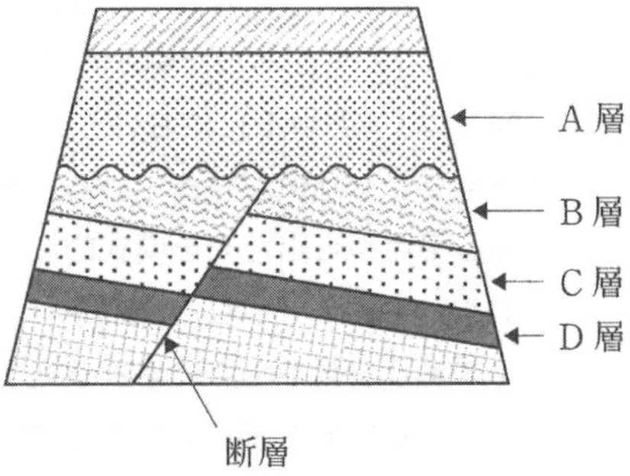

１．(i)：示相化石　　(ii)：Ｃ層，Ｂ層，Ａ層の順に堆積したあと，断層ができた。
２．(i)：示相化石　　(ii)：Ｃ層，Ｂ層の順に堆積したあと，断層ができ，その後，Ａ層が堆積した。
３．(i)：示準化石　　(ii)：Ｃ層，Ｂ層，Ａ層の順に堆積したあと，断層ができた。
４．(i)：示準化石　　(ii)：Ｃ層，Ｂ層の順に堆積したあと，断層ができ，その後，Ａ層が堆積した。

問５　Ｋさんは，凸レンズによる像について調べるために，次のような実験を行った。これらの実験とその結果について，あとの各問いに答えなさい。

〔実験１〕　次のページの**図１**のように，光源，物体（Ｋの文字をくりぬいた板），凸レンズ，スクリーンを一直線上に並べた装置を用意した。まず，凸レンズと物体との距離を30㎝にして，スクリーンを動かしてはっきりとした像が映るようにし，そのときの凸レンズとスクリーンとの距離を記録した。次に，凸レンズと物体との距離を５㎝ずつ，60㎝まで変えて，それぞれスクリーンにはっきりとした像が映るようにしたときの凸レンズとスクリーンとの距離を記録した。図２のＡ～Ｇは，これらの結果をまとめたものである。

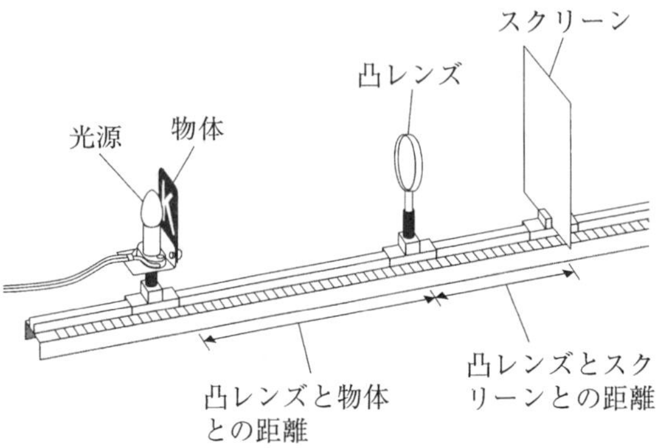

図１

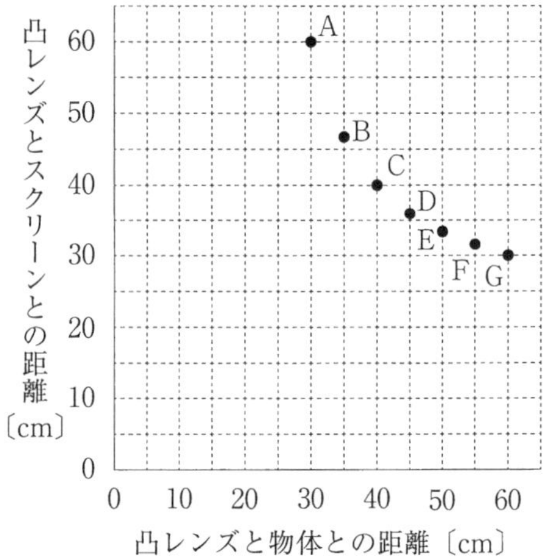

図２

〔実験２〕〔実験１〕のあと，凸レンズと物体との距離を15㎝にして，スクリーンを動かしてはっきりとした像が映るかどうかを調べたところ，像は映らなかった。次に，スクリーンを取り外し，スクリーンがあった側から凸レンズをのぞいたところ，凸レンズの向こう側に像が見えた。

(ア) **図３**は，〔実験１〕においてスクリーンにはっきりとした像が映っているときの，物体のある１点から出た光を模式的に示したものである。①～⑦で示した光のうち，**図３**の凸レンズより右側で１点に集まる光をすべて含むものとして最も適するものを次の１～４の中から一つ選び，その番号を答えなさい。ただし，③は凸レンズの軸（光軸）に平行な光，④は凸レンズの中心を通る光，⑤は凸レンズの手前の焦点を通る光を示している。

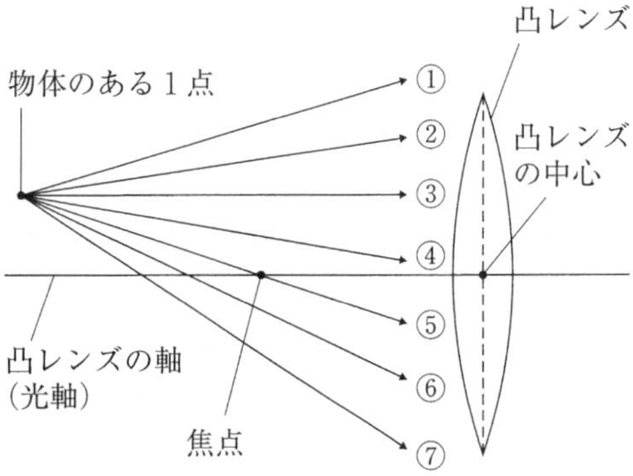

図３

１．①，②，③，④，⑤，⑥，⑦　　２．②，③，④，⑤，⑥
３．③，④，⑤　　４．③，④

(イ) 〔実験１〕の結果から，この凸レンズの焦点距離として最も適するものを次の１～６の中から一つ選び，その番号を答えなさい。

１．10㎝　２．20㎝　３．30㎝　４．40㎝　５．50㎝　６．60㎝

(ウ) 〔実験１〕において，(i)図２のＡ～Ｇのうち，スクリーンに映った像の大きさが物体の大きさよりも小さいものと，(ii)スクリーンに映った像の向きとの組み合わせとして最も適するものを次の１～４の中から一つ選び，その番号を答えなさい。

１．(i)：Ａ，Ｂ　　(ii)：物体と同じ向き
２．(i)：Ａ，Ｂ　　(ii)：物体と上下左右が逆向き

3．(i)：D，E，F，G　　(ii)：物体と同じ向き

4．(i)：D，E，F，G　　(ii)：物体と上下左右が逆向き

(エ) 次の□は，〔実験2〕に関するKさんと先生の会話である。(i)文中の（X）にあてはまるもの，(ii)文中の（Y），（Z）にあてはまるものの組み合わせとして最も適するものをそれぞれの選択肢の中から一つずつ選び，その番号を答えなさい。

Kさん　「〔実験2〕においてスクリーンがあった側から凸レンズをのぞいたとき，凸レンズの向こう側に（　X　）像が見えました。」

先　生　「そうですね。では，凸レンズと物体との距離を5cmにすると，できる像の大きさは，15cmのときと比べてどうなると思いますか。物体から出た光の道すじを作図して考えてみましょう。」

Kさん　「はい。凸レンズと物体との距離が15cmのとき，物体のある1点から出た光のうち，凸レンズの軸に平行な光と凸レンズの中心を通る光の道すじをそれぞれ作図すると，これらの光は凸レンズを通ったあと，（　Y　）ことがわかります。凸レンズと物体との距離が5cmのときの光の道すじを同様に作図して，できる像の大きさを比べると，凸レンズと物体との距離が5cmのときの像の大きさは，15cmのときの像の大きさよりも（　Z　）と思います。」

先　生　「そのとおりですね。」

(i) 文中の（X）にあてはまるもの

1．大きさが物体よりも大きく，物体と同じ向きの

2．大きさが物体よりも大きく，物体と上下左右が逆向きの

3．大きさが物体よりも小さく，物体と同じ向きの

4．大きさが物体よりも小さく，物体と上下左右が逆向きの

(ii) 文中の（Y），（Z）にあてはまるものの組み合わせ

1．Y：1点に集まる　　Z：大きくなる　　2．Y：1点に集まる　　Z：小さくなる

3．Y：1点に集まらない　Z：大きくなる　　4．Y：1点に集まらない　Z：小さくなる

問6　Kさんは，金属のイオンへのなりやすさと電池のしくみについて調べるために，次のような実験を行った。これらの実験とその結果について，あとの各問いに答えなさい。

〔実験1〕 **図1**のように，マイクロプレートの縦の列に銅片，亜鉛片，マグネシウム片，金属X片をそれぞれ入れたあと，横の列に硫酸銅水溶液，硫酸亜鉛水溶液，硫酸マグネシウム水溶液をそれぞれ入れたときに金属片の表面に固体が付着するかどうかを調べた。次のページの**表**は，この結果をまとめている途中のものである。

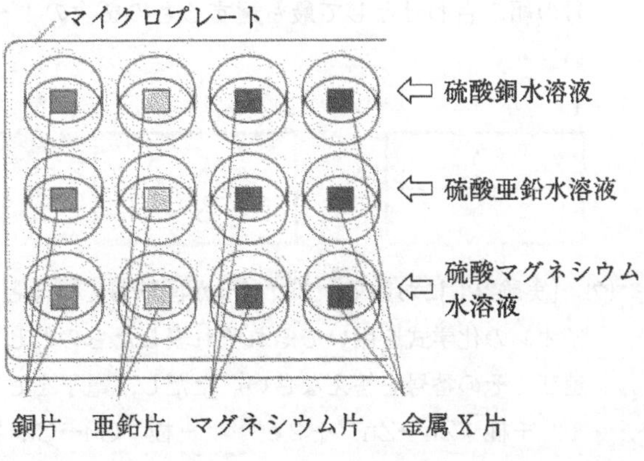

図1

表（金属片に固体が付着した場合を○，固体が付着しなかった場合を×として記してある。）

	銅片	亜鉛片	マグネシウム片	金属X片
硫酸銅水溶液	×	○		○
硫酸亜鉛水溶液	×	×		×
硫酸マグネシウム水溶液	×	×	×	×

〔実験2〕 **図2**のように，亜鉛板と銅板，硫酸亜鉛水溶液と硫酸銅水溶液，セロハンを用いてダニエル電池をつくり，プロペラ付きモーターと電圧計につないだところ，プロペラは回転し，電圧計の針は右にふれた。

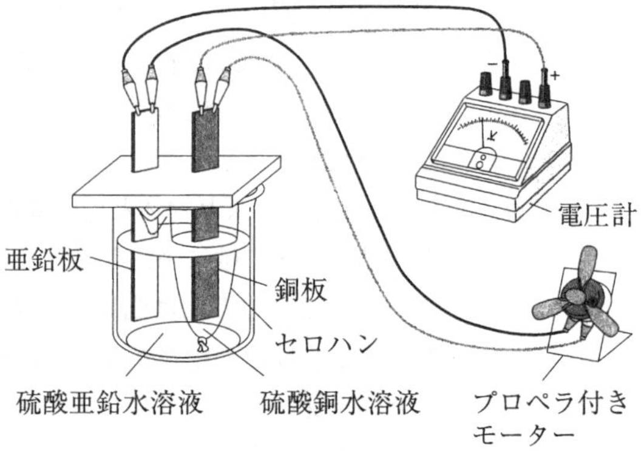

図2

(ア) 〔実験1〕において，**表**の□の結果について説明したものとして最も適するものを次の1～4の中から一つ選び，その番号を答えなさい。

1．水溶液中の銅イオンが固体の銅になるときに放出した電子を，亜鉛が受け取ってイオンになった。

2．水溶液中の硫酸イオンが硫酸になるときに放出した電子を，亜鉛が受け取ってイオンになった。

3．亜鉛がイオンになるときに放出した電子を，水溶液中の銅イオンが受け取って固体の銅になった。

4．亜鉛がイオンになるときに放出した電子を，水溶液中の硫酸イオンが受け取って硫酸になった。

(イ) Kさんは，〔実験1〕の結果から，「銅，亜鉛，マグネシウムをイオンになりやすい順番に並べると，マグネシウム，亜鉛，銅の順である」と判断した。このとき，**表**の□に入れた記号の組み合わせとして最も適するものを次の1～4の中から一つ選び，その番号を答えなさい。

1.

○
○

2.

○
×

3.

×
○

4.

×
×

(ウ) 〔実験2〕において，プロペラが回転しているとき，電池の＋極と－極で起こった化学変化をイオンの化学式を用いてそれぞれ表したものとして最も適するものを次の1～4の中から一つ選び，その番号を答えなさい。ただし，電子をe^-で表すものとする。

1．＋極：$Zn \rightarrow Zn^{2+} + 2e^-$　　－極：$Cu \rightarrow Cu^{2+} + 2e^-$

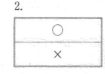

2．＋極：$Zn \rightarrow Zn^{2+} + 2e^-$　　－極：$Cu^{2+} + 2e^- \rightarrow Cu$

3．＋極：$Cu^{2+} + 2e^- \rightarrow Cu$　　－極：$Zn \rightarrow Zn^{2+} + 2e^-$

4．＋極：$Cu^{2+} + 2e^- \rightarrow Cu$　　－極：$Zn^{2+} + 2e^- \rightarrow Zn$

(エ)　Kさんは，金属のイオンへのなりやすさと電池の電圧の関係に興味をもち，〔探究活動〕として，**図2**の亜鉛板と硫酸亜鉛水溶液をマグネシウム板と硫酸マグネシウム水溶液にかえて，マグネシウムと銅を組み合わせた電池をつくり，電圧を測定した。次の［　　］は，〔探究活動〕に関するKさんと先生の会話である。文中の（あ），（い）に最も適するものをそれぞれの選択肢の中から一つずつ選び，その番号を答えなさい。

Kさん　「〔実験2〕のあと，〔探究活動〕として，マグネシウムと銅を組み合わせた電池をつくって電圧を測定したところ，**図2**の電池よりも高い電圧を示しました。このことと，〔実験1〕でわかった『マグネシウム，亜鉛，銅の順でイオンになりやすい』ということから，用いる2種類の金属のイオンへのなりやすさの差が（　あ　）ほど，電圧が高くなると考えられます。」

先　生　「そうですね。では〔実験1〕の金属Xと銅を組み合わせた電池の電圧はどうなると思いますか。金属Xについては，〔実験1〕の結果のほかに，『金属Xのイオンと硫酸イオンの水溶液に亜鉛片をひたすと，亜鉛片の表面に金属Xの固体が付着する』ということがわかっています。」

Kさん　「はい。金属Xと銅を組み合わせた電池の電圧は，（　い　）と思います。」

先　生　「そのとおりですね。では実際に確認してみましょう。」

（あ）の選択肢　1．大きい　　2．小さい

（い）の選択肢　1．マグネシウムと銅を組み合わせた電池の電圧よりも高くなる

2．**図2**の電池の電圧よりも低くなる

3．**図2**の電池の電圧よりも高くなり，マグネシウムと銅を組み合わせた電池の電圧よりも低くなる

問7　Kさんは，胃腸薬の中に消化酵素が含まれていることを知り，胃腸薬の粉末と脱脂粉乳を用いて次のような実験を行った。これらの実験とその結果について，あとの各問いに答えなさい。ただし，脱脂粉乳に含まれるタンパク質が分解されると，実験で用いた脱脂粉乳溶液のにごりが消えて透明になるものとする。また，酵素液のにごりはないものとする。

〔実験〕

①　脱脂粉乳0.5gを水200㎤に溶かし，脱脂粉乳溶液とした。

②　**表1**のように，5本の試験管に脱脂粉乳溶液の体積と水の体積をそれぞれ変えて入れ，にごりの度合いを0（透明）～4（脱脂粉乳溶液の色）のように定め，これらをにごりの度合いの見本液とした。

表1

にごりの度合いの見本液	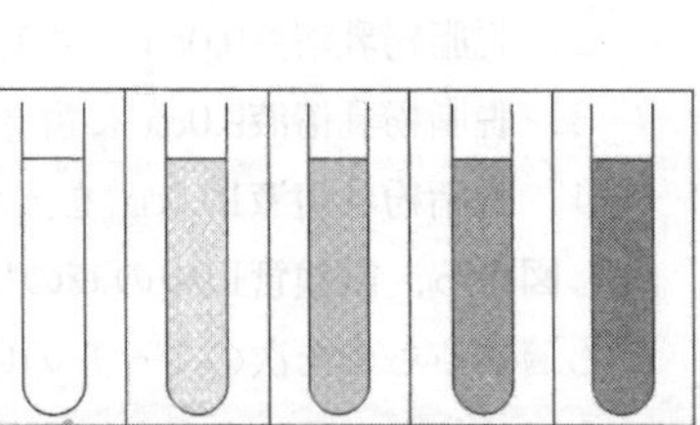				
にごりの度合い	0	1	2	3	4
脱脂粉乳溶液の体積〔cm^3〕	0	2.5	5.0	7.5	10.0
水の体積〔cm^3〕	10.0	7.5	5.0	2.5	0

③　胃腸薬の粉末を水に加えてよく混ぜ，しばらく静置したあと，消化酵素が含まれる上澄み液をビーカーに移した。

④　**表2**のように，③の上澄み液の体積と水の体積をそれぞれ変えて混合し，含まれる消化酵素の量が異なる4種類の酵素液Ⅰ～Ⅳをつくった。

⑤　**表3**のように，4本の試験管A～Dに脱脂粉乳溶液を入れ，④でつくった酵素液をそれぞれ加えた。

⑥　試験管A～Dを湯にひたして温度を40℃に保ち，試験管A～D中の液のにごりの度合いの変化を前のページの**表1**の見本液を参考にして調べた。**図**は，試験管を湯にひたしてからの経過時間と液のにごりの度合いの関係を，Kさんが試験管A～Cについてまとめたものである。

表2

	酵素液Ⅰ	酵素液Ⅱ	酵素液Ⅲ	酵素液Ⅳ
上澄み液の体積〔cm^3〕	20.0	10.0	5.0	2.5
水の体積〔cm^3〕	0	10.0	15.0	17.5

表3

試験管A	試験管B	試験管C	試験管D
脱脂粉乳溶液 $9.0cm^3$	脱脂粉乳溶液 $9.0cm^3$	脱脂粉乳溶液 $9.0cm^3$	脱脂粉乳溶液 $9.0cm^3$
酵素液Ⅰ $1.0cm^3$	酵素液Ⅱ $1.0cm^3$	酵素液Ⅲ $1.0cm^3$	酵素液Ⅳ $1.0cm^3$

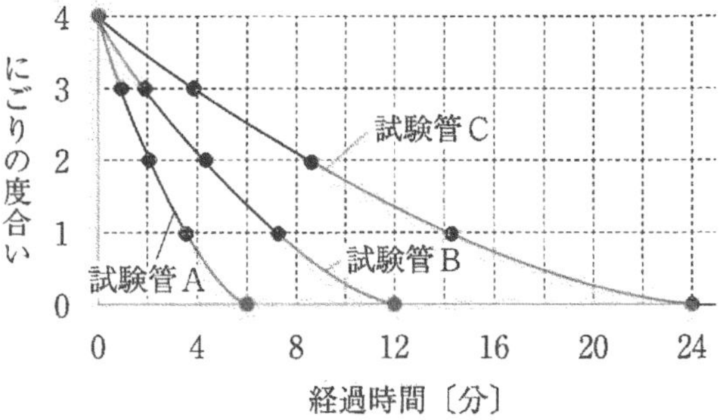

図

(ア)　ヒトの消化液（だ液，胃液，胆汁，すい液）のうち，タンパク質を分解する消化酵素が含まれているものはどれか。最も適するものを次の1～6の中から一つ選び，その番号を答えなさい。

1．だ液のみ　　2．胃液のみ　　3．胆汁のみ

4．すい液のみ　　5．だ液と胆汁　　6．胃液とすい液

(イ)　〔実験〕において，試験管Aと比較することにより，「酵素液のはたらきでタンパク質が分解された」ということを確認するためには，どのような対照実験が必要か。最も適するものを次の1～4の中から一つ選び，その番号を答えなさい。

1．脱脂粉乳溶液$9.0cm^3$に水$1.0cm^3$を加えた試験管を，25℃に保つ。

2．脱脂粉乳溶液$9.0cm^3$に水$1.0cm^3$を加えた試験管を，40℃に保つ。

3．脱脂粉乳溶液$9.0cm^3$に酵素液Ⅰを$1.0cm^3$加えた試験管を，25℃に保つ。

4．脱脂粉乳溶液$10.0cm^3$を入れた試験管を，40℃に保つ。

(ウ)　**図**から，試験管D中の液のにごりの度合いが0になるまでの時間は何分と考えられるか。最も適するものを次の1～5の中から一つ選び，その番号を答えなさい。

1．3分　　2．6分　　3．12分　　4．24分　　5．48分

(エ)　Kさんは，〔実験〕の結果から消化酵素の性質に興味をもち，「消化酵素は，一度はたらいたあとも，くり返しはたらくことができる」という仮説を立てた。この仮説を確かめるための実験とその結果として最も適するものを次の1～4の中から一つ選び，その番号を答えなさい。

ただし，〔実験〕において酵素液に含まれるすべての消化酵素がタンパク質にはたらいたものとする。

1．脱脂粉乳溶液18.0cm^3に酵素液Ⅰを1.0cm^3加えた試験管を用意して40℃に保つと，試験管中の液のにごりの度合いが0になるまでの時間が〔実験〕の試験管Aと同じになる。

2．脱脂粉乳溶液4.5cm^3に酵素液Ⅰを1.0cm^3加えた試験管を用意して40℃に保つと，試験管中の液のにごりの度合いが0になるまでの時間が〔実験〕の試験管Aと同じになる。

3．〔実験〕のあと，試験管Aに残った液体に酵素液Ⅰを1.0cm^3加えて40℃に保つと，にごりの度合いが0になる。その後，酵素液Ⅰをさらに加えて同様の操作を数回行っても，にごりの度合いが0になる。

4．〔実験〕のあと，試験管Aに残った液体に脱脂粉乳溶液9.0cm^3を加えて40℃に保つと，にごりの度合いが0になる。その後，脱脂粉乳溶液をさらに加えて同様の操作を数回行っても，にごりの度合いが0になる。

問8　Kさんは，北極星と北斗七星の見え方について調べるために，次のような観察を行った。これらの観察とその記録について，あとの各問いに答えなさい。

〔観察1〕　およそ北緯35度，東経139度のある場所で，ある日の午後9時に北の空を観察したところ，北極星と北斗七星が見えた。**図1**は，それらの位置をスケッチしたものである。このあとしばらく観察を続けたところ，北極星の位置は変化せず，北斗七星はその形を変えずに動いた。

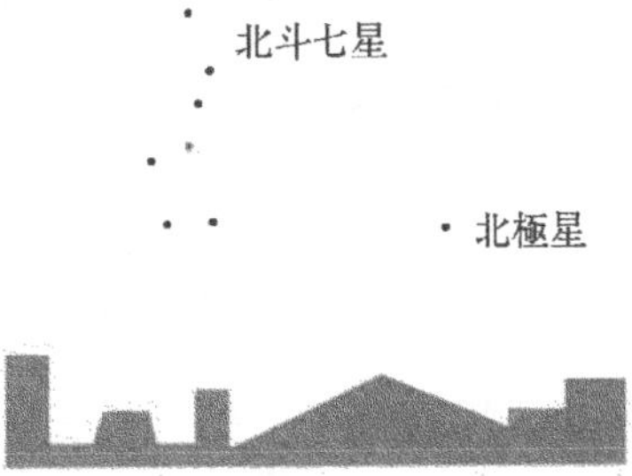

図1

〔観察2〕　〔観察1〕のあと，別の日の午後8時に同じ場所で北の空を観察したところ，北極星と北斗七星が**図1**とほぼ同じ位置で同じ形に見えた。

(ア)　〔観察1〕においてしばらく観察を続けたとき，北極星の位置が変化しなかった理由として最も適するものを次の1～4の中から一つ選び，その番号を答えなさい。

1．北極星が，北斗七星をつくる恒星に比べて，地球から近くにあるため。

2．北極星が地球の自転に合わせて運動するため。

3．北極星がほぼ地軸の延長線上にあるため。

4．北極星が地球の公転面に垂直な方向にあるため。

(イ)　〔観察1〕においてしばらく観察を続けたとき，(i)北斗七星が動いた向きを表す矢印は**図2**のa～dのうちどれか。また，〔観察1〕と〔観察2〕で，(ii)北斗七星の形が変わらなかった理由は何か。最も適するものをそれぞれの選択肢の中から一つずつ選び，その番号を答えなさい。

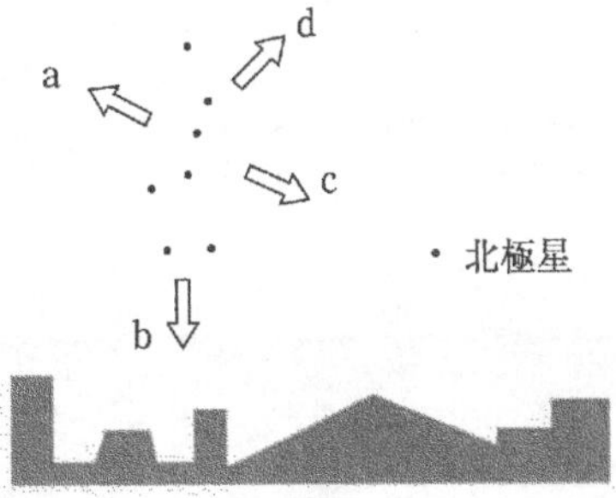

図2

(i)　北斗七星が動いた向きを表す矢印

1．a　　2．b　　3．c　　4．d

(ii)　北斗七星の形が変わらなかった理由

1．北斗七星をつくる恒星がそれぞれ，地球から非常に遠くにあるため。

2．北斗七星をつくる恒星がそれぞれ，地球から同じ距離にあるため。

3．北斗七星をつくる恒星それぞれの間に引力がはたらき，全体の形を保っているため。

(ウ)〔観察2〕を行った日は，〔観察1〕を行った日の何日後か。最も適するものを次の1～4の中から一つ選び，その番号を答えなさい。

1．15日後　　2．30日後　　3．45日後　　4．60日後

(エ)〔観察1〕を行ったときの北極星の高度を調べたところ，約35度であった。次の □ は，観察を行う場所の違いによる北極星の高度の違いについて考えられることをまとめたものである。文中の（X），（Y）に最も適するものをそれぞれの選択肢の中から一つずつ選び，その番号を答えなさい。ただし，観察を行う場所の地形や標高の違いは考えないものとする。

〔観察1〕を行ったとき，北極星は高度35度の位置に見えたことから，もし，およそ北緯43度，東経142度のある場所で同様の観察を行ったとすると，北極星は高度（　X　）の位置に見えると考えられる。また，このことから，北の空を観察したときに北極星が見える地域には限界があり，（　Y　）付近が限界であると考えられる。

Xの選択肢	1．8度	2．23度	3．35度	4．43度
	5．47度	6．55度		
Yの選択肢	1．北緯47度	2．北緯35度	3．北緯23度	4．赤道
	5．南緯23度	6．南緯35度	7．南緯43度	8．南緯47度

＜社会＞

時間　50分　　満点　100点

問1　Kさんは，都市Ａ～Ｄについて調べ学習をおこない，次の**略地図**と**文章**を作成した。これらについて，あとの各問いに答えなさい。**略地図**中の緯線は赤道から，経線は本初子午線からそれぞれ30度ごとに引いたものである。

略地図

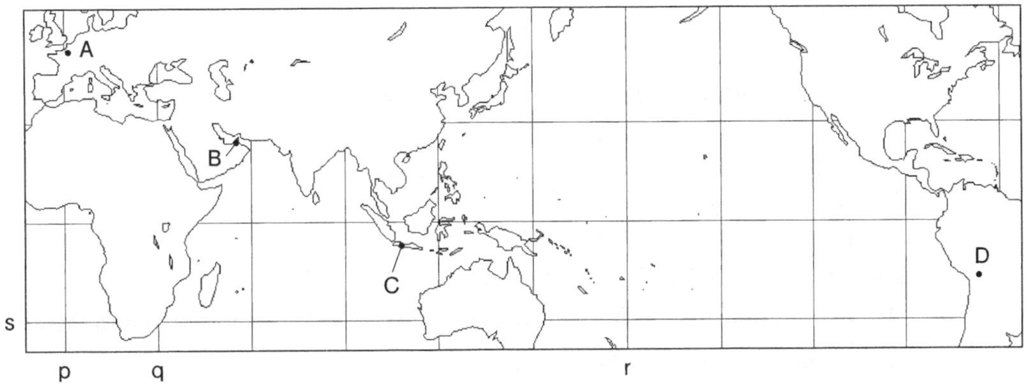

文章

○　地球上の位置は，緯度と経度を用いて表されます。**略地図**において，緯度と経度がともに０度である地点は，赤道と［あ］で示した経線が交わったところにあります。また，ｓで示した緯線とｑで示した経線が交わった地点に対して，地球の中心を通った反対側の地点の位置は，［い］です。

○　①都市Ａを首都とする国では，2024年にオリンピック・パラリンピックが開催される予定です。

○　都市Ｂの近くの海域では，②エネルギー源として利用できる資源が多く産出されます。

○　都市Ｃを首都とする国では，油やしや③コーヒー豆などのプランテーションがさかんです。

○　都市Ｄは，アンデス山脈の高地に位置しています。

(ア)　**文章**中の［あ］，［い］にあてはまるものの組み合わせとして最も適するものを，次の１～８の中から一つ選び，その番号を答えなさい。

１．あ：ｐ　い：北緯30度，西経30度　　２．あ：ｐ　い：北緯30度，西経150度
３．あ：ｐ　い：北緯60度，西経30度　　４．あ：ｐ　い：北緯60度，西経150度
５．あ：ｒ　い：北緯30度，西経30度　　６．あ：ｒ　い：北緯30度，西経150度
７．あ：ｒ　い：北緯60度，西経30度　　８．あ：ｒ　い：北緯60度，西経150度

(イ)　――線①における産業の様子について説明したものとして最も適するものを，次の１～４の中から一つ選び，その番号を答えなさい。

１．沿海部に設けられた経済特区に，外国の企業が進出している。

2．周辺の国ぐにで製造された部品をもとに，航空機を組み立てる工場がある。
3．北緯37度以南の温暖な地域で，先端技術産業が発達している。
4．鉄鉱石や石炭，ボーキサイトなどの資源を，他国にさかんに輸出している。

(ウ) ――線②に関して，次の**表1**を参考にしながら，あとの文X，Yの正誤の組み合わせとして最も適するものを，1～4の中から一つ選び，その番号を答えなさい。

表1　主な国の発電量のエネルギー源ごとの割合

国	年	水力	火力	原子力	風力	太陽光	地熱	その他
日本	2010	7.8%	66.7%	24.9%	0.4%	0.0%	0.2%	0.0%
	2017	8.9%	85.5%	3.1%	0.6%	1.6%	0.2%	0.0%
ブラジル	2017	62.9%	27.0%	2.7%	7.2%	0.1%	0.0%	0.1%
フランス	2017	9.8%	13.0%	70.9%	4.4%	1.7%	0.0%	0.2%

（『世界国勢図会　2020／21年版』『数字でみる　日本の100年　改訂第7版』をもとに作成）

※　小数第2位を四捨五入しているため，エネルギー源ごとの割合の合計が100%にならないことがある。

X　**表1**中の3か国における2017年の発電量の割合について，水力，風力，太陽光，地熱を利用した発電量の割合の合計が最も低い国は，ブラジルである。
Y　日本では，2010年から2017年までのあいだに，東日本大震災での原子力発電所の事故を背景に，原子力を利用した発電量の割合が低下した。

1．X：正　Y：正　　2．X：正　Y：誤
3．X：誤　Y：正　　4．X：誤　Y：誤

(エ) ――線③に関して，次の**表2**中の品目1～4は，コーヒー豆，米，小麦，バナナのいずれかを示している。コーヒー豆の割合を示したものとして最も適するものを，**表2**中の品目1～4の中から一つ選び，その番号を答えなさい。

表2　農産物の各品目の生産量の州ごとの割合（2019年）

品目＼州	アジア	ヨーロッパ	アフリカ	北アメリカ	南アメリカ	オセアニア
1	89.6%	0.5%	5.1%	1.5%	3.2%	0.0%
2	54.1%	0.5%	18.4%	10.4%	15.1%	1.5%
3	44.1%	34.8%	3.5%	11.5%	3.8%	2.4%
4	31.9%	0.0%	12.0%	12.2%	43.3%	0.6%

（国際連合食糧農業機関ウェブサイト掲載資料をもとに作成）

※　小数第2位を四捨五入しているため，生産量の州ごとの割合の合計が100%にならないことがある。

(オ) 都市**D**の気温と降水量を表したグラフとして最も適するものを，次のページの1～4の中から一つ選び，その番号を答えなさい。

1.

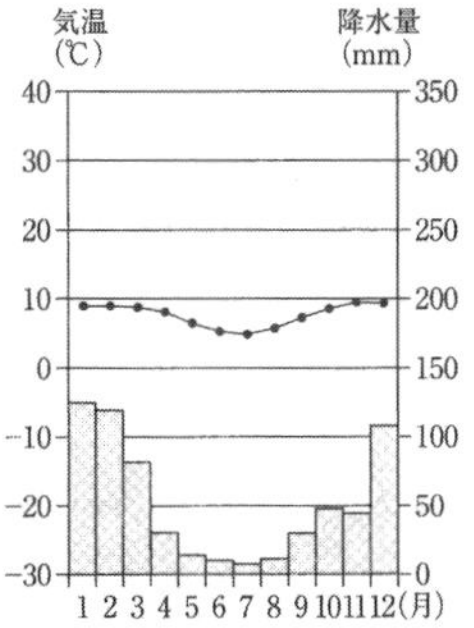

2.

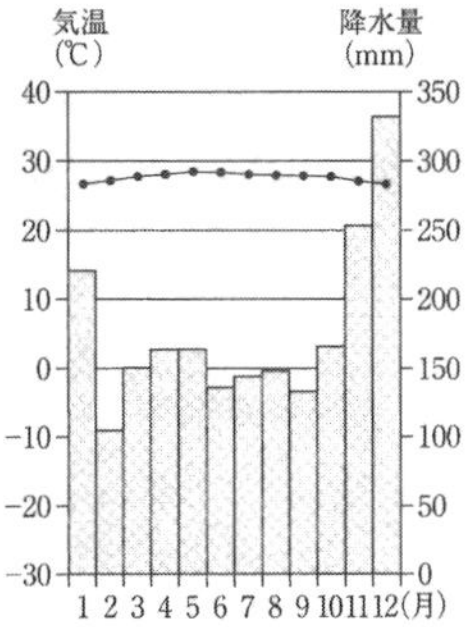

3.

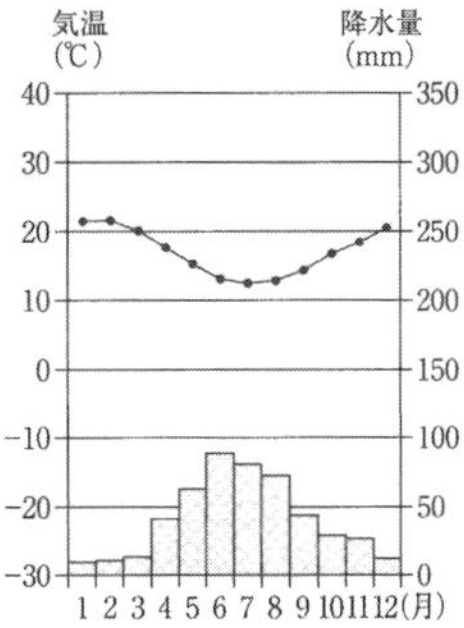

4.

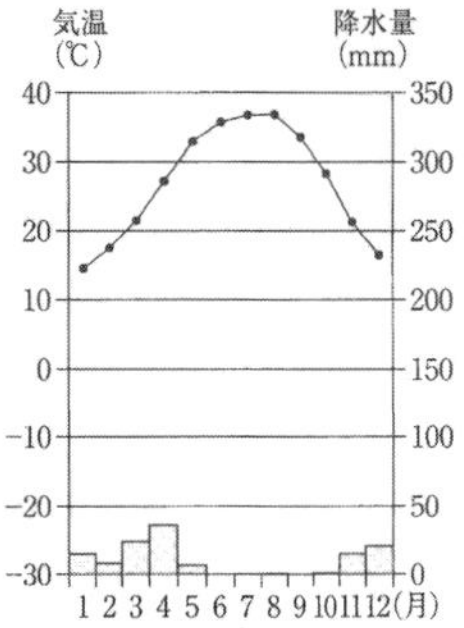

(気象庁ウェブサイト掲載資料（1991 ～ 2020 年）をもとに作成)

問 2　長野県の産業について興味をもったＫさんは，次の**資料１**～**資料４**を集めた。これらについて，あとの各問いに答えなさい。

資料１　中部地方における県ごとの就業者数と産業別就業者数の割合（2017 年）　　（就業者数の単位：万人）

	新潟県	富山県	石川県	福井県	山梨県	長野県	岐阜県	静岡県	愛知県
就業者数	116.5	55.4	61.0	42.2	44.2	111.2	105.9	194.5	406.9
第１次産業	5.3%	2.7%	2.9%	3.5%	6.9%	8.5%	3.4%	3.3%	2.1%
第２次産業	29.7%	33.9%	28.2%	31.4%	28.3%	28.7%	32.6%	33.4%	32.7%
第３次産業	65.1%	63.4%	68.9%	65.1%	64.8%	62.7%	64.1%	63.3%	65.3%

（『データでみる県勢　2020 年版』をもとに作成）

※　小数第２位を四捨五入しているため，県ごとの産業別就業者数の割合の合計が 100％にならないことがある。

資料２　長野県におけるレタス生産及び他の都道府県への出荷についての説明

○　長野県では，6月上旬から10月上旬までレタスの生産がさかんです。長野県のレタスの生産量は，全国第１位です。

○　早朝に収穫して，その日のうちに東京・大阪・名古屋等の大都市圏に出荷します。輸送中に野菜が傷まないように，専用のトラックで運びます。

資料３　レタスの生産量上位３県から東京へ出荷されるレタスの量（2020 年）

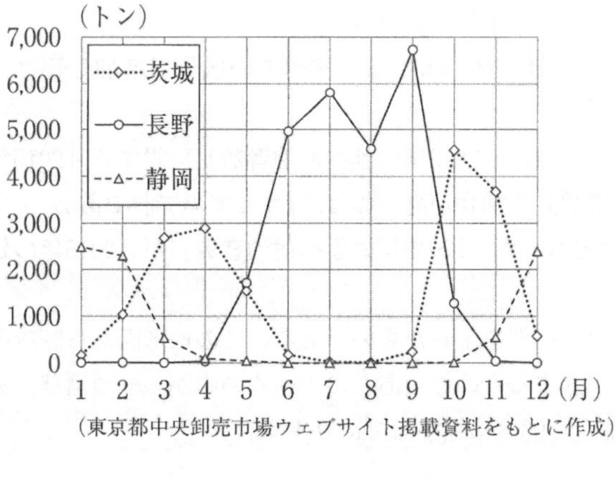

（東京都中央卸売市場ウェブサイト掲載資料をもとに作成）

資料4　長野県白馬村における外国人観光客の延べ宿泊者数の推移　（単位：人）

区分＼年	2015	2016	2017	2018	2019
ア　ジ　ア	33,499	36,596	50,654	57,871	67,113
北アメリカ	7,172	6,762	9,083	16,558	21,444
ヨーロッパ	5,162	6,117	7,017	9,793	9,147
オセアニア	53,517	53,868	46,048	78,756	170,739

（白馬村ウェブサイト掲載資料をもとに作成）

(ア)　前のページの**資料1**に関して，次の**産業の名称**X～Zのうち第1次産業に分類されるものと，**資料1**から**読み取れること**について説明した文a，bの組み合わせとして最も適するものを，あとの1～6の中から一つ選び，その番号を答えなさい。

産業の名称	X　サービス業　　　Y　建設業　　　Z　林業
読み取れること	a　中部地方において，第2次産業の就業者数が最も多いのは富山県である。 b　中部地方における第3次産業の就業者数は，600万人を上回っている。

1．Xとa　　2．Xとb　　3．Yとa
4．Yとb　　5．Zとa　　6．Zとb

(イ)　長野県におけるレタス生産及び他の都道府県への出荷について説明したものとして**適切でないもの**を，前のページの**資料2**，**資料3**の内容を参考にしながら，次の1～4の中から一つ選び，その番号を答えなさい。

1．標高が高く夏でも冷涼な気候を生かすことができる地域で，レタスが生産されている。
2．国内の他の産地から東京へのレタスの出荷量が多くなる時期に，長野県からの出荷量も多くなる。
3．道路網の整備を背景として，収穫したその日のうちにレタスを大都市圏に届けられるようになった。
4．保冷車の普及を背景として，鮮度を保ったままレタスを大都市圏に届けられるようになった。

(ウ)　**資料4**から読み取れることについて説明したものとして最も適するものを，次の1～4の中から一つ選び，その番号を答えなさい。

1．2015年の延べ宿泊者数の合計は，15万人を上回っている。
2．2015年から2019年にかけて，年ごとの延べ宿泊者数は，すべての区分で増加し続けている。
3．「アジア」と「オセアニア」を比べたとき，「2015年の延べ宿泊者数」に対する「2015年から2019年にかけて増加した延べ宿泊者数」の割合が高いのは，「オセアニア」である。
4．「北アメリカ」と「ヨーロッパ」はどちらも，「2019年の延べ宿泊者数」が「2015年の延べ宿泊者数」の2倍を上回っている。

(エ)　次のページの**地形図**は，長野県白馬村の一部を示したものである。この**地形図**から読み取れることについて説明したものとして最も適するものを，あとの1～4の中から一つ選び，その番号を答えなさい。（地形図は編集の都合で90％に縮小してあります。）

地形図

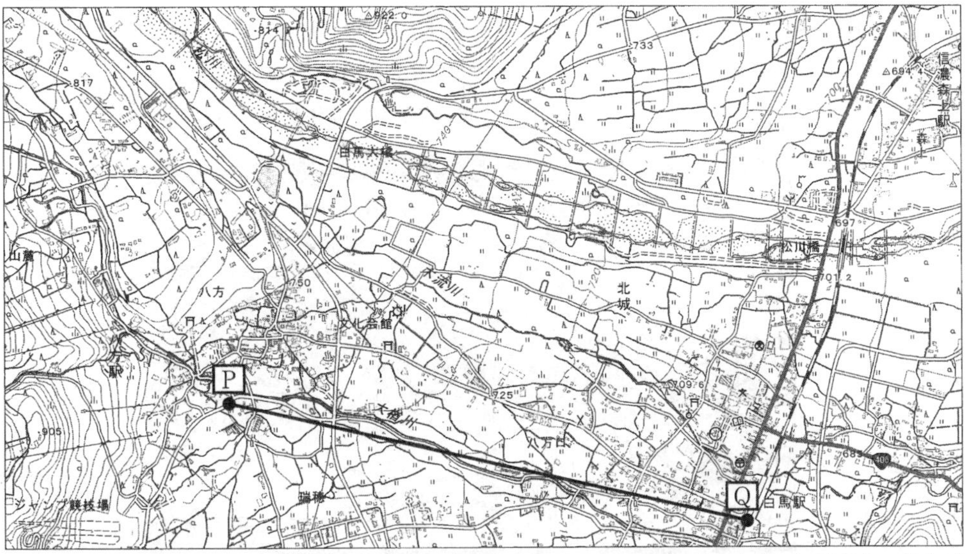

(「2万5千分の1の電子地形図　国土地理院作成（令和3年調製）」一部改変)

1．4方位で考えると，「白馬大橋」の西側には，「田」が広がっている。

2．8方位で考えると，「町・村役場」からみて北西の方位に「消防署」がある。

3．P で示した地点の標高は，800mをこえている。

4．P－Q の地図上の長さが8cmであるとすると，実際の距離は2kmである。

問3

Kさんは，仏教の歴史について発表するために，次のレポートを作成した。これについて，あとの各問いに答えなさい。

レポート

1　古代から中世にかけての仏教と政治

①仏教は，朝鮮半島から日本に伝わりました。私は，古代から中世にかけての仏教に関するできごとについて年代の古い順に並べ，次の表にまとめました。

表

古代から中世にかけての仏教に関するできごと	
伝染病や災害などの不安を取り除き国家を守るため，あ に大仏がつくられた。	
京都の宇治に，平等院鳳凰堂がつくられた。	↑
足利義満によって，禅宗の様式をとりいれた3層の建築物がつくられた。	A
加賀《かが》（現在の石川県）で，い の信者が守護をたおして自治をおこなうようになった。	↓

2　中世の絵画に描かれた僧の姿

次の**資料**は，備前《びぜん》（現在の岡山県）における様子を表したものです。

資料

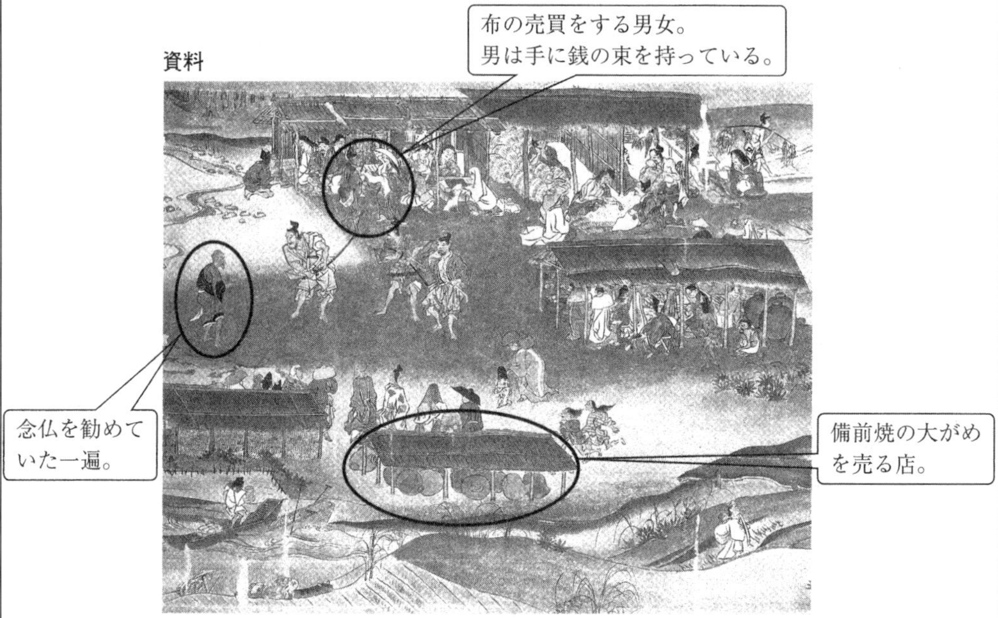
布の売買をする男女。
男は手に銭の束を持っている。
念仏を勧めていた一遍。
備前焼の大がめを売る店。

（国立国会図書館ウェブサイト掲載資料をもとに作成）

3　近世における仏教と人びととのかかわり

②幕府は，宗門改を全国的に制度化し寺院に宗門改帳をつくらせて，人びとが仏教徒であることを証明させました。

(ア)　**表**中の あ ，い にあてはまる語句の組み合わせとして最も適するものを，次の１～４の中から一つ選び，その番号を答えなさい。

１．あ：法隆寺　い：真言宗　　２．あ：法隆寺　い：浄土真宗（一向宗）

３．あ：東大寺　い：真言宗　　４．あ：東大寺　い：浄土真宗（一向宗）

(イ)　**表**中の A の期間におこったできごとについて説明した次の文Ⅰ～Ⅲを，年代の古いものから順に並べたものを，あとの１～６の中から一つ選び，その番号を答えなさい。

Ⅰ　フビライが日本に服属を要求したが，北条時宗はその要求を拒んだ。

Ⅱ　日明貿易が始まり，明に向かう貿易船は勘合の持参を義務づけられた。

Ⅲ　平清盛によって宋との貿易が推進され，陶磁器や書籍が日本にもたらされた。

１．Ⅰ→Ⅱ→Ⅲ　２．Ⅰ→Ⅲ→Ⅱ　３．Ⅱ→Ⅰ→Ⅲ

４．Ⅱ→Ⅲ→Ⅰ　５．Ⅲ→Ⅰ→Ⅱ　６．Ⅲ→Ⅱ→Ⅰ

(ウ)　――線①に関して，仏教が日本に伝わったあとの日本でおこったできごとについて説明したものとして最も適するものを，次の１～４の中から一つ選び，その番号を答えなさい。

１．大陸や朝鮮半島から伝わった稲作が，東北地方にまで広まった。

２．大宰府を守るために，水城がつくられた。

3．邪馬台国の卑弥呼が王になり，倭国内の争いがおさまった。

4．現在の大阪府にあたる地域に，日本最大の前方後円墳がつくられた。

(エ)　次の文１～４のうち，――線②のできごとがおこった時期に最も近い時期の日本のできごとについて説明したものを，１～４の中から一つ選び，その番号を答えなさい。

1．オランダの商館が，長崎の海に築かれた出島に移された。

2．ロシア使節のレザノフが長崎に来航し，日本に通商を要求した。

3．長崎において，ポルトガルとの貿易が始まった。

4．田沼意次が，長崎での貿易を活発にするために，海産物の輸出を拡大した。

(オ)　**レポート**中の**資料**に関して，次の**資料が表している様子**について説明した文Ｘ～Ｚと，**中世の日本**の様子について説明した文ａ，ｂの組み合わせとして最も適するものを，あとの１～６の中から一つ選び，その番号を答えなさい。

資料が表している様子	Ｘ　成人男子が，布や特産物を自ら都に運んで納めている様子を表している。 Ｙ　交通の要所にひらかれた定期市で，取引がおこなわれている様子を表している。 Ｚ　諸藩の役人が，年貢米や特産物を販売し貨幣を手に入れている様子を表している。
中世の日本	ａ　座禅によって自らの力で悟りをひらこうとする禅宗が，幕府の保護を受けた。 ｂ　検地などの政策によって兵農分離が進み，武士は帯刀などの特権をもった。

1．Ｘとａ　　2．Ｘとｂ　　3．Ｙとａ　　4．Ｙとｂ　　5．Ｚとａ　　6．Ｚとｂ

問４　Ｋさんは，**メモ**と**資料**をもとに近現代の歴史に関する次のページの**レポート**を作成した。これらについて，あとの各問いに答えなさい。

メモ　19世紀半ばから後半にかけての世界のできごと

○　イギリスが，インドを植民地とし，ビルマ（現在のミャンマー）を支配下においた。
○　フランスが，ベトナムをめぐる清との戦争に勝利し，インドシナに勢力を伸ばした。
○　ロシアが，日本海に面した沿海州に海軍基地をつくり，シベリア鉄道の建設を始めた。
○　アメリカ合衆国が，ハワイを併合し，フィリピンを獲得した。
○　ドイツが，太平洋の島々を植民地にした。

資料　19世紀後半の東アジアを風刺した絵画

(川崎市市民ミュージアムウェブサイト掲載資料をもとに作成)

レポート

1　**メモ**と**資料**の内容について
19世紀半ばから後半にかけての世界では，**メモ**で示されたできごとからわかるように，［あ］とよばれる考え方がみられました。また，**資料**では，日本を含む４か国が表されており，**資料**から当時の東アジアの国際関係を推測することができます。

2　**メモ**と**資料**の内容をふまえて設定した**学習課題**
メモで示されたできごとがおこった**時期**の日本は，欧米諸国と国際的に対等な地位を得るために，どのようにして近代化を進めたのだろうか。

(ア)　**レポート**中の［あ］にあてはまる語句として最も適するものを，次の１～６の中から一つ選び，その番号を答えなさい。

１．帝国主義　　２．ファシズム　　３．民族自決
４．冷戦　　５．ルネサンス　　６．尊王攘夷

(イ)　次の文ａ～ｅのうち，**資料**について正しく説明したものの組み合わせとして最も適するものを，あとの１～６の中から一つ選び，その番号を答えなさい。

ａ　**ア**，**イ**の人物の衣服などから考えると，**イ**の人物は清を表していると判断することができる。
ｂ　**ア**，**イ**の人物が座っている位置と中国と朝鮮半島の位置関係を関連付けて考えると，**イ**の人物は朝鮮を表していると判断することができる。
ｃ　日露戦争がおこっていたときの，東アジアの国際関係を風刺したものである。
ｄ　日清戦争がおこる前の，東アジアの国際関係を風刺したものである。
ｅ　日本が朝鮮半島を植民地にしたあとの，東アジアの国際関係を風刺したものである。

１．ａ，ｃ　２．ａ，ｄ　３．ａ，ｅ　４．ｂ，ｃ　５．ｂ，ｄ　６．ｂ，ｅ

(ウ)　**メモ**中の――線に関して，東南アジアでおこったできごとについて説明した次の文Ⅰ～Ⅲを，年代の古いものから順に並べたものを，あとの１～６の中から一つ選び，その番号を答えなさい。

Ⅰ　日本の陸軍が，イギリス領のマレー半島に上陸し，シンガポールを占領した。
Ⅱ　アジア・アフリカ会議が，インドネシアのバンドンでひらかれた。
Ⅲ　沖縄の基地から出撃したアメリカ合衆国の爆撃機が，北ベトナムを爆撃した。

１．Ⅰ→Ⅱ→Ⅲ　２．Ⅰ→Ⅲ→Ⅱ　３．Ⅱ→Ⅰ→Ⅲ
４．Ⅱ→Ⅲ→Ⅰ　５．Ⅲ→Ⅰ→Ⅱ　６．Ⅲ→Ⅱ→Ⅰ

(エ)　**レポート**中の**学習課題**を解決するための調査について説明したものとして最も適するものを，次の１～４の中から一つ選び，その番号を答えなさい。

１．この**時期**の日本は，欧米諸国と貿易をおこなう際に，自国の産業を保護するために関税の税率を自由に設定することが可能であったことに着目し，輸出入額の推移について調査する。
２．この**時期**の日本では，成人男性による普通選挙がはじめて実現したことに着目し，政府が

欧米諸国を模範として憲法にもとづく政治を進めた経緯について調査する。

3．この**時期**の日本では，ヨーロッパでおこった戦争を背景とする好景気を迎えていたことに着目し，重化学工業を中心としておこった産業の内容について調査する。

4．この**時期**の日本は，外国人が事件をおこした場合に，外国の領事が裁判をおこなう権利を欧米諸国に認めていたことに着目し，欧米諸国と結んだ条約が改正されるまでの経緯について調査する。

(オ)　Kさんは，**メモ**でまとめた国ぐにに関連するできごとを年代の古いものから順に並べ，次の**表**を作成した。**表**中の A ～ D の期間における日本のできごとについて説明したものとして最も適するものを，あとの1～4の中から一つ選び，その番号を答えなさい。

表

メモでまとめた国ぐにに関連するできごと	
イギリスが，香港を植民地とし，賠償金を獲得した。	
	A
フランスの思想家ルソーの考え方の影響を受けて，日本で自由民権運動が活発になった。	
	B
レーニンの指導のもとで，ロシアで革命がおこった。	
	C
アメリカ合衆国のサンフランシスコで，講和会議がひらかれた。	
	D
ドイツのベルリンを分断していた壁が，取りはらわれた。	

1．A の期間に，はじめての衆議院議員総選挙がおこなわれた。

2．B の期間に，治安維持法が制定され，社会運動に対する取りしまりが強まった。

3．C の期間に，農地改革がおこなわれ，自作農が増加した。

4．D の期間に，国際連合のPKOにはじめて自衛隊の部隊が派遣された。

問5

Kさんは，米に関する様々なことを調べ，次の**レポート**を作成した。これについて，あとの各問いに答えなさい。

レポート

1　米と日本の食文化

日本の伝統的な食事は，主食である米に一汁三菜（味噌汁やおかず）を組み合わせたもので，栄養バランスが理想的であると言われています。このような食文化は「和食：日本人の伝統的な食文化」として，国際連合の専門機関である [あ] の無形文化遺産に登録されています。

2　米が経済において果たしてきた役割

現在の私たちは，①貨幣（通貨）を用いて商品を②企業などから購入していますが，貨幣（通貨）を用いた経済が浸透する以前の日本では，米が貨幣のような役割を果たしていました。

3　政府備蓄米の制度

政府は，米の [い] 著しく上回る事態に備えて，米を民間から買い入れて必要な量の備蓄米を保有しています。そのための財源として，毎年の③予算に必要な額が計上されています。

4　日本における年ごとの米の輸入量と輸出量の推移

次の**グラフ**は，日本における年ごとの米の輸入量と輸出量の推移について示したものです。米の輸入量と輸出量は，時期によって大きく変化していることがわかりました。

グラフ

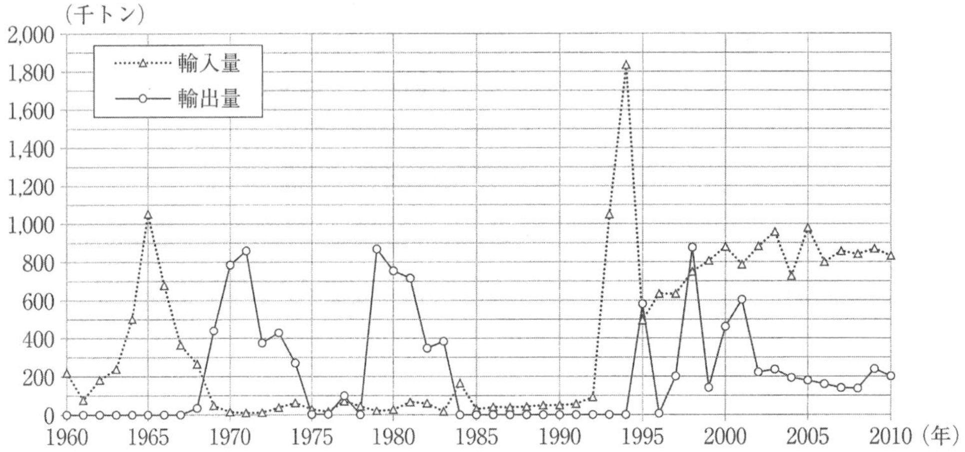

（農林水産省ウェブサイト掲載資料をもとに作成）

(ア)　**レポート**中の あ ， い にあてはまる語句の組み合わせとして最も適するものを，次の1～8の中から一つ選び，その番号を答えなさい。

1．あ：UNESCO　い：需要量が供給量を　　2．あ：UNESCO　い：供給量が需要量を
3．あ：UNICEF　い：需要量が供給量を　　4．あ：UNICEF　い：供給量が需要量を
5．あ：WHO　い：需要量が供給量を　　6．あ：WHO　い：供給量が需要量を
7．あ：IAEA　い：需要量が供給量を　　8．あ：IAEA　い：供給量が需要量を

(イ)　――線①に関して，現在の日本における経済活動について説明したものとして最も適するものを，次の1～4の中から一つ選び，その番号を答えなさい。

1．商品を購入するにあたって，代金を常に先払いで支払うクレジットカードが普及している。
2．一般の銀行が資金を融資することができるのは，紙幣を発行する権限をもっているからである。
3．外国の通貨に対し円の価値が高くなると，商品を日本から外国に輸出する企業にとって有利になる。
4．貨幣（通貨）は，財やサービスの価値を価格として表すはたらきをもっている。

(ウ)　――線②に関して，現在の日本における企業について説明したものとして最も適するものを，次の1～4の中から一つ選び，その番号を答えなさい。

1．企業を大企業と中小企業に分類すると，日本の企業数の90％以上は大企業である。
2．企業には，公立病院のように，国や地方公共団体によって運営されるものがある。
3．商品の生産が少数の企業に集中し企業間の競争が弱まると，商品の価格が上がりにくくなる。

4．労働組合法には，企業が労働者に命じる労働時間など，労働条件の基準が定められている。

(エ)　――線③に関して，現在の日本における国の財政について説明した次の文Ｘ～Ｚの正誤の組み合わせとして最も適するものを，あとの１～８の中から一つ選び，その番号を答えなさい。

Ｘ　国の予算と決算は，内閣によって議決される。
Ｙ　不景気のときには，景気を回復させるため，政府は公共事業などの支出を減らそうとする。
Ｚ　政府は，累進課税の仕組みを設けることで，所得の極端な格差を調整しようとしている。

１．Ｘ：正　Ｙ：正　Ｚ：正　　２．Ｘ：正　Ｙ：正　Ｚ：誤
３．Ｘ：正　Ｙ：誤　Ｚ：正　　４．Ｘ：正　Ｙ：誤　Ｚ：誤
５．Ｘ：誤　Ｙ：正　Ｚ：正　　６．Ｘ：誤　Ｙ：正　Ｚ：誤
７．Ｘ：誤　Ｙ：誤　Ｚ：正　　８．Ｘ：誤　Ｙ：誤　Ｚ：誤

(オ)　次の文ａ～ｆのうち，**グラフ**から読み取れることについて正しく説明したものの組み合わせとして最も適するものを，あとの１～８の中から一つ選び，その番号を答えなさい。

ａ　1960年から1965年にかけて，年ごとの輸出量は増加し続けている。
ｂ　1965年から1970年までのあいだに，年ごとの輸出量が年ごとの輸入量を上回った。
ｃ　1970年から1990年にかけて，年ごとの輸入量は20万トンを常に下回っている。
ｄ　1970年から1990年にかけて，年ごとの輸出量は70万トンを常に下回っている。
ｅ　2000年における輸入量は，1990年における輸入量の８倍を上回っている。
ｆ　2000年と2010年を比べると，輸入量から輸出量を引いたときの差は小さくなった。

１．ａ，ｃ，ｅ　２．ａ，ｃ，ｆ　３．ａ，ｄ，ｅ　４．ａ，ｄ，ｆ
５．ｂ，ｃ，ｅ　６．ｂ，ｃ，ｆ　７．ｂ，ｄ，ｅ　８．ｂ，ｄ，ｆ

問６　Ｋさんは，公民の授業で学習した内容について発表するために，次の**メモ**を作成した。これについて，あとの各問いに答えなさい。

メモ

現在の社会は急速に変化しており，①日本国憲法には直接的に規定されていない権利が主張されています。このような社会を生きていくために，私は，②日本国憲法の前文にもあるように「主権が国民に存する」ことを自覚し，積極的に政治に参加したいと考えています。そのために，③現在の日本における国や地方公共団体の制度や④国際社会の動向について理解を深めたいと思います。

(ア)　――線①に関して，Ｋさんは，次のページの**資料１**～**資料３**を集めた。あとの文ａ～ｄのうち，**資料１**～**資料３**の内容について正しく説明したものの組み合わせとして最も適するものを，１～４の中から一つ選び，その番号を答えなさい。

資料1　臓器提供意思表示カードに記載された内容の一部

《1.　2.　3.　いずれかの番号を○で囲んでください。》

1. 私は，脳死後及び心臓が停止した死後のいずれでも，移植の為に臓器を提供します。
2. 私は，心臓が停止した死後に限り，移植の為に臓器を提供します。
3. 私は，臓器を提供しません。

《1又は2を選んだ方で，提供したくない臓器があれば，×をつけてください。》

【心臓　・　肺　・　肝臓　・　腎臓　・　膵《すい》臓　・　小腸　・　眼球】

資料2　臓器移植法の内容

移植術に使用するために臓器を摘出することができる場合を次の[1]又は[2]のいずれかとする。

[1]　本人の書面による臓器提供の意思表示があった場合であって，遺族がこれを拒まないとき又は遺族がないとき。

[2]　本人の臓器提供の意思が不明の場合であって，遺族がこれを書面により承諾するとき。

資料3　臓器移植に関する説明

臓器を提供する意思表示は，15歳以上が有効ですが，実際の提供については本人の拒否の意思が無ければ，15歳未満でも家族の承認があれば提供が可能です。また，提供しない意思表示については年齢にかかわらず有効です。

(厚生労働省及び日本臓器移植ネットワークウェブサイト掲載資料をもとに作成)

a　臓器提供意思表示カードには，知る権利を尊重するための内容が記されている。
b　臓器提供意思表示カードには，自己決定権を尊重するための内容が記されている。
c　15歳未満の者は，自らの心臓が停止する前に，臓器の提供を拒否する意思を書面で表示していた場合であっても，家族が承諾すれば，臓器の提供が認められる。
d　15歳以上の者は，自らの心臓が停止する前に，臓器を提供する意思を書面で表示していた場合，遺族が拒否しなければ，臓器の提供が認められる。

1．a，c　　2．a，d　　3．b，c　　4．b，d

(イ)　――線②に関して，日本国憲法の条文を示した次の文中の [あ] ～ [う] にあてはまる語句の組み合わせとして最も適するものを，あとの1～8の中から一つ選び，その番号を答えなさい。

この憲法の改正は，各議院の総議員の [あ] の賛成で，[い] が，これを発議し，国民に提案してその承認を経なければならない。この承認には，特別の国民投票又は国会の定める選挙の際行は《(わ)》れる投票において，その [う] の賛成を必要とする。

1．あ：過半数　　い：内閣　う：3分の2以上
2．あ：過半数　　い：内閣　う：過半数

3．あ：過半数　　　い：国会　う：３分の２以上
4．あ：過半数　　　い：国会　う：過半数
5．あ：３分の２以上　い：内閣　う：３分の２以上
6．あ：３分の２以上　い：内閣　う：過半数
7．あ：３分の２以上　い：国会　う：３分の２以上
8．あ：３分の２以上　い：国会　う：過半数

(ウ)　――線③について説明したものとして最も適するものを，次の１～４の中から一つ選び，その番号を答えなさい。

1．民事裁判では，検察官が警察と協力して，被疑者を被告人として裁判所に起訴する。
2．国政における行政の長は，国民の直接選挙によって選出される。
3．裁判官は，国会が設置する裁判所の判断によって罷免させられることがある。
4．都道府県知事の選挙については，18歳以上の者に被選挙権が与えられる。

(エ)　――線④に関して，次の**表１**，**表２**は，国際連合の安全保障理事会についてまとめたものである。安全保障理事会について説明したものとして最も適するものを，**表１**，**表２**の内容を参考にしながら，あとの１～４の中から一つ選び，その番号を答えなさい。

表１　地域グループごとの加盟国数及び非常任理事国の数

地域グループ	加盟国数	非常任理事国の数
アジア・大洋州（注１）	54	2
アフリカ	54	3
ラテンアメリカ（注２）	33	2
東ヨーロッパ	23	1
西ヨーロッパ・その他	29	2

表２　常任理事国の一覧

国名
アメリカ合衆国
イギリス
フランス
ロシア連邦
中華人民共和国

（外務省ウェブサイト掲載資料をもとに作成）

（注１）オセアニア州。
（注２）北アメリカ州と南アメリカ州のうち，北半球の中緯度から南半球にかけての地域。

1．「非常任理事国１か国あたりの加盟国数」は，すべての「地域グループ」で15を上回っている。
2．第二次世界大戦において枢軸国の陣営に属した国は，「常任理事国」に含まれていない。
3．国連における重要な問題については，「非常任理事国」の１か国でも反対すると決定できない。
4．「常任理事国」と「非常任理事国」をあわせた数は，加盟国数の合計の１割を上回っている。

問７

Ｋさんは，海上輸送や船舶の安全について調べ，次の**レポート**を作成した。これについて，あとの各問いに答えなさい。

レポート

海上輸送に大きな役割を果たしているのが，1869年に開通した，［　あ　］と紅海を結ぶ①スエズ運河です。**略地図１**，**略地図２**で示された地域を経由し，スエズ運河を通って日本

からヨーロッパ州に到達する航路の距離は，スエズ運河の開通前に主に使用されていた［ い ］を回る航路の距離と比べて，とても短くなりました。現在では，多くの船舶がスエズ運河を利用しています。

　主要な貿易のほとんどを海上輸送に依存する日本にとって，船舶の安全を確保することは，社会・経済や国民生活の安定にとって必要不可欠です。海上を航行する船舶にとって脅威となっているのが海賊《かいぞく》です。国際社会による海賊対策などの取り組みの結果，②近年では，海賊が船舶を襲撃する件数は減少しています。

略地図１

略地図２

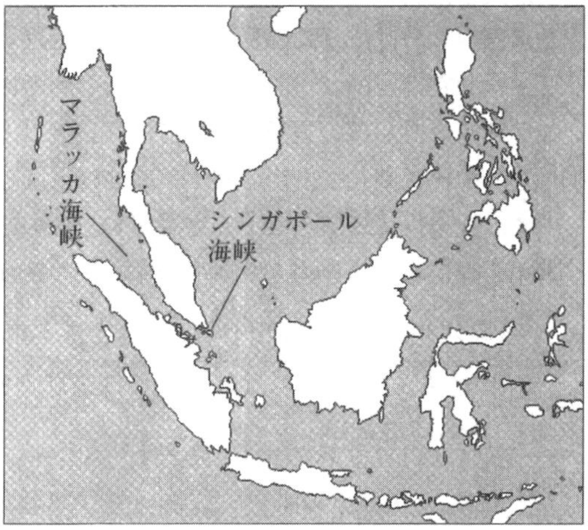

※　略地図１と略地図２の縮尺は同一ではない。　　　　（海上保安庁ウェブサイト掲載資料をもとに作成）

(ア)　**レポート**中の［ あ ］，［ い ］にあてはまる語句の組み合わせとして最も適するものを，**略地図１**，**略地図２**を参考にしながら，次の１～４の中から一つ選び，その番号を答えなさい。

１．あ：インド洋　い：アフリカ大陸の南端
２．あ：インド洋　い：ユーラシア大陸の北側
３．あ：地中海　　い：アフリカ大陸の南端
４．あ：地中海　　い：ユーラシア大陸の北側

(イ)　――線①に関して，スエズ運河が開通したあとのできごとについて説明した次の文Ⅰ～Ⅲを，年代の古いものから順に並べたものを，あとの１～４の中から一つ選び，その番号を答えなさい。

Ⅰ　エジプトが，第四次中東戦争において，スエズ運河を渡りイスラエルの拠点を攻撃した。
Ⅱ　イギリスが，第一次世界大戦において，スエズ運河に軍隊を駐留させた。
Ⅲ　岩倉具視を大使とする使節団が，スエズ運河を航行してヨーロッパから帰国した。

１．Ⅱ→Ⅰ→Ⅲ　　２．Ⅱ→Ⅲ→Ⅰ　　３．Ⅲ→Ⅰ→Ⅱ　　４．Ⅲ→Ⅱ→Ⅰ

(ウ)　――線②に関して，次のページの**資料**は，海賊が船舶を襲撃した件数の推移を地域ごとに示したものである。あとの文ａ～ｅのうち，**資料**から読み取れることについて正しく説明したも

のの組み合わせとして最も適するものを，1～6の中から一つ選び，その番号を答えなさい。

資料

（単位：件）

地域＼年	2010	2011	2012	2013	2014	2015	2016	2017	2018	2019
アフリカ	259	293	150	79	55	35	62	57	87	71
うちソマリア周辺海域	219	237	75	15	11	0	2	9	3	0
東南アジア（注1）	70	80	104	128	141	147	68	76	60	53
うちマラッカ・シンガポール海峡	5	12	8	10	9	14	2	4	3	12
世界計（注2）	445	439	297	264	245	246	191	180	201	162

（注1）ベトナム，南シナ海を除く。　（注2）その他の地域の件数を含む。

（海上保安庁ウェブサイト掲載資料をもとに作成）

> a　「アフリカ」と「東南アジア」を比べると，2010年の件数に対する2019年の件数の割合は，「アフリカ」が「東南アジア」より大きい。
>
> b　2010年から2012年にかけて，「世界計」の件数に占める「東南アジア」の件数の割合は，いずれの年も5割を上回っている。
>
> c　2013年から2019年にかけて，「世界計」の件数に占める「ソマリア周辺海域」の件数の割合は，いずれの年も1割を下回っている。
>
> d　2011年から2012年にかけて，「ソマリア周辺海域」で減少した件数は，「世界計」で減少した件数より多い。
>
> e　2015年から2016年にかけて，「マラッカ・シンガポール海峡」を除く「東南アジア」で減少した件数は，「世界計」で減少した件数より少ない。

1．a，d　　2．a，e　　3．b，d　　4．b，e　　5．c，d　　6．c，e

(エ)　Kさんは，**略地図1**で示された地域にあるソマリアに対して日本がおこなった支援について調べ，次の**メモ**を作成した。**メモ**中の＝＝線の考え方を表した語句として最も適するものを，あとの1～4の中から一つ選び，その番号を答えなさい。

メモ

> 現在の国際社会では，貧困等の様々な課題を解決するために，国連開発計画が1994年に打ち出した，様々な脅威から一人ひとりの生存，生活，尊厳を守るという考が方を生かして，人びとが安心して生きることができる社会を実現することが求められています。
>
> この考え方を推進するために，1999年，日本の主導により国連に基金が設置されました。ソマリアでは，紛争や干ばつにより国内避難民が発生しており，人びとは貧困状態にあります。2017年には，この基金から約205万ドルの支援がソマリアにおこなわれました。

1．人間の安全保障　　2．公共の福祉　　3．法の下の平等　　4．循環型社会

(ア) 本文中の［　　］に入れるものとして最も適するものを次の中から一つ選び、その番号を答えなさい。

1　リサイクルが難しい化学繊維の服は、RPF化することで多くの燃料を得ることができるために価値が高いとされている

2　化学繊維の服はリサイクルが困難で大量に廃棄されてしまうことが多く、リサイクルしやすいように改良する必要がある

3　安く手に入る上にRPF化することで燃料になるため、リサイクル意識の高い消費者は化学繊維の服を多く購入している

4　消費者にとって安価で着心地のよい化学繊維の服が、リサイクル業者にとってはリサイクル困難で厄介なものである

(イ) 本文中の［　　］に適する「Aさん」のことばを、次の①～③の条件を満たして書きなさい。

① 書き出しの［消費者には］という語句に続けて書き、文末の［ことが求められていると言えます。］という語句につながる**一文**となるように書くこと。

② 書き出しと文末の語句の間の文字数が**二十字以上三十字以内**となるように書くこと。

③ **グラフ**と**資料**からそれぞれ読み取った内容に触れていること。

Cさん　あまりの量に驚きましたが、私にも、買ったものの一度も着ていない服や、似た服を持っているのに安いからと買ってしまい、まだ着られるのに着なくなった服があると気付かされました。

Dさん　私もそういう経験があります。本当に必要かどうか吟味し、不要なものは買わないということの積み重ねが、サステナブルな暮らしにつながっていくのだろうと感じました。

Bさん　そうですね。ですが、消費者が気をつけなければならないのは購入時だけではありません。ここで**グラフ**をもう一度見てください。どのように衣類を手放しているかについてもまとめました。古着として人へ譲渡したり古着屋やフリーマーケットなどで再販売したりする、資源として店舗や地域で回収してもらう、可燃ゴミ・不燃ゴミとして廃棄するといった方法があるとわかります。

Cさん　手放す際には可燃ゴミや不燃ゴミとして廃棄されることが圧倒的に多いようです。環境のことを考えると、もっと積極的にリユースやリサイクルしていくことが大切ですね。

Dさん　私もそう考えていたのですが、リサイクル業界は今、厳しい状況に陥っているようなんです。**資料**を見てください。門《かど》倉《くら》貿易は、主に資源回収に出された衣類を、古着として輸出したり別素材に加工して販売したりしているリサイクル業者です。**資料**には、リサイクル不能品が増えて処理費用がかさんでいる現状への嘆きが書かれています。

Aさん　リサイクル不能品が増加した理由として、化学繊維の服が増えていることがあげられていますね。これについては、［　　　］ことも書かれています。

Bさん　そうですね。また、資源回収に出される服の量が増えていることもリサイクル不能品の増加に関係しているようです。要因として、消費者が処分する服の量自体が増えていることが指摘されていますし、実際に七十五万トン程度の服が手放されていることが**グラフ**から読み取れます。

Dさん　消費者のリサイクル意識は低くないとのことですが、手放す量そのものが増えればリサイクル不能品も増加することになります。

Cさん　なるほど。リサイクルを推進していけばサステナブルな暮らしが実現できると安易に考えていました。今ある服を大切にし、まだ着られるものを簡単に捨てないなど、今後は手放す際にも気をつけていこうと思います。

Aさん　そうですね。では、今日の話をまとめていきましょう。サステナブルという視点で考えると、消費者には［　　　］ことが求められていると言えます。また、使われている素材に気を配って服を選ぶことも大切なことの一つです。

Cさん　そのような一人ひとりの心がけが大事だということはよくわかります。ただ、おしゃれが楽しめるのかどうか気になってしまいます。

Dさん　資料を探す中で、「自分にできることを続けていくことが大切だ」という言葉を見つけました。無理をしても長続きしないので、できる範囲で行動を変えていくことが肝心です。また、企業も様々な工夫をしており、おしゃれでリサイクルに適した素材の服も作られているそうです。

Aさん　そうなんですね。次回は、企業側に求められていることについて考えていきましょう。

「うちもリサイクル業者なので、不能品をただ廃棄するよりはと思ってＲＰＦ化していますが、ビジネスとしては全く成立していない。このペースで不能品が増え続けると大変です。化繊の服は、着る人にとっては安くて快適かもしれないけど、リサイクルがとても難しいということは知ってほしい。せめてすぐに処分しないでほしいです。」

　リサイクル不能品が増えた背景は、ポリエステルなどの化繊の服が増えたこと以外にもある。理由の一つは、古着の回収量そのものが増えていることだ。「回収量は少しずつ増えていて、十年前に比べれば今は一、二割は多い。やはり、消費者のリサイクル意識の高まりと、その一方で消費者が処分する服の量自体が増えていることが大きいと思います。」

（仲村《なかむら》　和代《かずよ》・藤田《ふじた》　さつき「大量廃棄社会」から。一部表記を改めたところがある。）

（注）ＲＰＦ＝廃プラスチック等を原料とした固形燃料。

Ａさん　私たちは、ＳＤＧｓに関する発表に向けて、持続可能な服装を意味するサステナブルファッションについて調べてきました。前回の話し合いで、サステナブルファッションの実現には、消費者と企業、両方の取り組みが不可欠だとわかりましたね。今日は、消費者に求められていることについて考えましょう。

Ｂさん　では、**グラフ**を見てください。消費者が所有している衣類の利用状況をまとめてみました。これを見ると、一年間で一度も着用していない服が百四十万トン近くもあることがわかります。

グラフ

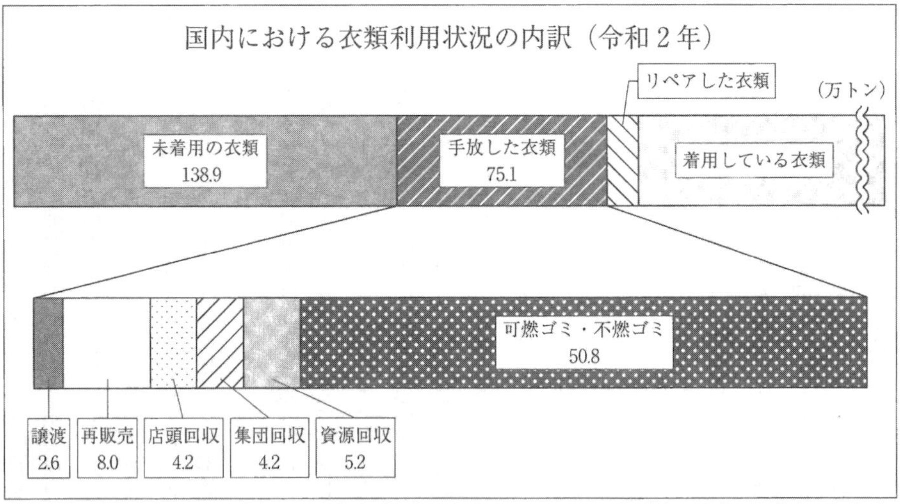

環境省「令和２年度 ファッションと環境に関する調査」より作成。
「着用している衣類」の実数は不明。

たのか知りたいと思っている。

3　賞の日の朝にはすでに出かけていた「成就院僧正」が、昼近くになっても一向に戻る気配がないので疑問に感じ、どこまで行ったのか知りたいと思っている。

4　賞の日の朝に修行へ出ていった「成就院僧正」が、昼近くになって慌てて戻ってきたので疑問に感じ、今までどこに行っていたのか知りたいと思っている。

(ウ)　――線3「御室、嬉しくも、あはれに思しめしけれ」とあるが、それを説明したものとして最も適するものを次の中から一つ選び、その番号を答えなさい。

1　「御室」は、「成就院僧正」が法眼の地位を諦めただけでなく、祝いの言葉を述べるために「京極大殿の御子息」を訪ねていたとわかったので、嬉しく感じるとともに、同情する気持ちにもなった。

2　「御室」は、自身の未熟さを痛感した「成就院僧正」が、「京極大殿の御子息」を恨むことなく修行を積んで法眼になったと報告してきたので、嬉しく思うとともに、素晴らしいことだと感動した。

3　「御室」は、手違いで昇進できなかった「成就院僧正」が、法眼になった「京極大殿の御子息」の喜ぶ姿を見て修行に出る決意を固めたと聞き、嬉しく感じるとともに、気の毒なことをしたとも思った。

4　「御室」は、「成就院僧正」が賞をもらえなかったことを恨むどころか、「京極大殿の御子息」の元へ法眼になったことを祝いに行っていたと知り、嬉しく思うとともに、しみじみと心を動かされた。

(エ)　本文の内容と一致するものを次の中から一つ選び、その番号を答えなさい。

1　昇進に対して執着のなかった「成就院僧正」は、弟子だった「京極大殿の御子息」に多くの賞を譲ったおおらかさから、生き仏として賞賛されるようになった。

2　昇進がかなわないこともあった「成就院僧正」だが、素晴らしい人柄もあって多くの賞を「御室」から譲られ、のちには法師関白と評されるようにまでなった。

3　賞とは縁のなかった「成就院僧正」だが、諦めることなく積み重ねた修行が実を結んで、「鳥羽院」の時代には生き仏と思われるほどに高い身分となった。

4　「御室」から多くの賞を譲り受けた「成就院僧正」は、昇進を重ねていくうちにわがままな性格へと変わっていき、法師関白として恐れられるようになった。

問五　中学生のＡさん、Ｂさん、Ｃさん、Ｄさんの四人のグループは、「総合的な学習の時間」で行われる発表に向けて、サステナブルファッションについて調べ、話し合いをしている。**グラフ**（次のページ）、**資料**と文章は、そのときのものである。これらについてあとの問いに答えなさい。

資料

門倉《かどくら》貿易はリサイクル不能品の古着を、一キロあたり約二十円の費用を支払ってＲＰＦ(注)業者に受け入れてもらっている。不能品が年々増えて処理費用がふくらんでいる、と門倉社長は頭を抱える。

のごとく供養とげられて、賞行はるるときになりて、京極大殿《きやうごくおほとの》(注)の御子息、阿闍梨にて、御弟子にて候《さぶら》ひたまひけるに、大殿、御対面のついでに、「今度の賞は、小法師《こぼふし》にぞたまはり侍《はべ》らめ（私の子どもにいただきましたぞ）。」と、かねてより（前もって）喜び申したまひければ、仰《おほ》せられやるべきかたなくて（何もおっしゃることができなくて）、法眼《ほふげん》(注)になりたまひにけり。

御室は、「かの阿闍梨、いかにくちをしと思ふらむ。」と、胸ふさがりて思《おぼ》しめしけるほどに、その日、ふつと見えざりければ、「さるらむ。もし修行に出《い》でたるか。また、うらめしさのあまりにや。」と思しめし乱れたるに、日高くなりて、御前にさし出《い》でたりけるに、2あやしく思しめして、「いづくへ行かれたりつるぞや。」と仰せられければ、「新法眼の御喜びにまかり侍る。」と、うち聞こえて、つゆも恨みたる気色なかりけり。

3御室、嬉《うれ》しくも、あはれに思しめしければ、次々の勧賞、あまた譲りたまひて、僧正までなりて、鳥羽院《とばゐん》(注)の御時は、生き仏と思しめしければ、世をわがままにして、法師関白とまで言はれたまひけり。いみじかりける人なり。

（「十訓抄《じっきんしょう》」から。）

（注）仁和寺の大御室＝性信法親王《しょうしんほうしんのう》（一〇〇五～一〇八五）。
成就院僧正＝寛助《かんじょ》（一〇五七～一一二五）。僧正は僧位の一つ。
阿闍梨＝僧位の一つ。
白河＝現在の京都市の地名。
御塔供養＝寺塔を建立《こんりゅう》した際に行われる儀式。
賞＝ほうびとしての位や物品。または、位や物品をもらうこと。
京極大殿＝藤原師実《ふじわらのもろざね》（一〇四二～一一〇一）。
法眼＝僧位の一つ。
鳥羽院＝平安時代後期の人物（一一〇三～一一五六）。

(ア)　――線1「かしこまり申したまふ」とあるが、それを説明したものとして最も適するものを次の中から一つ選び、その番号を答えなさい。

1　賞がもらえた際には是非譲ってほしいと「御室」に頼まれ、「成就院僧正」は謹んで承っている。
2　無事に御塔供養が済んだと「御室」から賞をもらい、「成就院僧正」はもったいなく感じている。
3　御塔供養の際に賞がもらえれば譲ると「御室」が言ったので、「成就院僧正」は恐縮している。
4　約束していた通りに「御室」から賞を譲られたので、「成就院僧正」は恐れ多いと思っている。

(イ)　――線2「あやしく思しめして」とあるが、そのときの「御室」を説明したものとして最も適するものを次の中から一つ選び、その番号を答えなさい。

1　賞の日の朝には姿が見えなかった「成就院僧正」が、昼近くになってからふいに姿を見せたので疑問に感じ、どこに行っていたのか知りたいと思っている。
2　賞の日の朝に気がかりなことがある様子だった「成就院僧正」が、昼近くになって急に出かけたので疑問に感じ、どこへ出かけ

2　言語は、話し手が音声化したもののことではなく、聞き手が受け取った音声を概念として理解した上で構成し直したものを指すため、聞き手が言語を構築する過程にこそ価値があるということ。

3　言語は、話し手が音声化するだけではなく、聞き手が耳で感じ取ったものを概念化したのちに音として表出することも必要となるため、聞き手が言語を構築する過程にも意味があるということ。

4　言語は、話し手が音声化したものを、聞き手が確認をとりながら理解を深めていくという行為を繰り返すことによって成り立つため、聞き手も言語を形作るときには重要な存在であるということ。

(ク)　――線5「相手や状況にあわせて表現に気を遣う」とあるが、その理由として最も適するものを次の中から一つ選び、その番号を答えなさい。

1　言葉は相手との関係によって使い方が変化するような不安定性を持つものであり、できる限り客観的な表現を用いて正確に伝えていく必要があると考えられているから。

2　言葉は共通の理念がないと成立が難しいような不安定性を持つものであり、よい関係を築くためには話し手の意図をくんで賛同を示す姿勢が大切だと理解されているから。

3　言葉は多義性を内包している上に流動的な性質を持つものであり、どのような表現を用いるかによって話し手と聞き手の関係は変わることがあると理解されているから。

4　言葉は多義性を有するために人によって捉え方が変わる性質を持つものであり、聞き手にあわせて話し手が意見を変えることで良好な関係を保てると考えられているから。

(ケ)　本文について説明したものとして最も適するものを次の中から一つ選び、その番号を答えなさい。

1　普段用いられている言語観の弱点を指摘するとともに、宅配便というたとえを用いて聞き手側から見た言語活動の意義を再確認し、主体の思想があらわれるという言葉の特質について論じている。

2　常識とされている言語観に疑問を投げかけた上で、国語学者の論理を用いて多くの会話が感情の交錯を無意識下で目指していると導き出し、言葉は主体の思想表出であるということを論じている。

3　広く用いられている言語観の難点を指摘しながら、国語学者の論理と対比させることで話し手が発信する伝達意思の重要性を再認識し、言葉には主体の思想が反映されるということを論じている。

4　普遍的な言語観に対する疑問点をあげつつ、宅配便のたとえを交えて共通理解がないと成り立ちにくい日常会話の性質を解き明かし、固定的な要素を持つという言葉の特性について論じている。

問四　次の文章を読んで、あとの問いに答えなさい。

(注)仁和寺《にんなじ》の大御室《おほおむろ》の御時《おほんとき》、(注)成就院僧正《じやうじゆゐんそうじやう》の、いまだ(注)阿闍梨《あじやり》と申しけること、(注)白河《しらかは》の九重の(注)御塔供養《みたふくやう》ありけり。御室、「このたびの(注)賞あらば、必ず譲らむ。」と御約束ありければ、1かしこまり申したまふほどに、思ひ

も適するものを次の中から一つ選び、その番号を答えなさい。

1　一石二鳥　2　三寒四温　3　十人十色　4　千載一遇

(エ)　――線1「スマホと同じようなきわめて便利な『道具』」とあるが、ここでの「道具」を説明したものとして最も適するものを次の中から一つ選び、その番号を答えなさい。

1　人間の能力だけではできないことを補助する目的で開発され、広く普及しているもの。

2　簡単に持ち運べる上に誰にでも使いこなせるという特徴があり、重宝されているもの。

3　多くの機能を有しており、単体でも様々な役割を果たせるという観点で作られたもの。

4　日常生活を送る上で、役に立つ上に使い勝手がよいという視点で作り出されたもの。

(オ)　――線2「もし言葉がコミュニケーションの道具・手段にすぎないなら、それはちょうど宅配便のような流通手続きということになります。」とあるが、そのことについて筆者はどのような考えを述べているか。それを説明したものとして最も適するものを次の中から一つ選び、その番号を答えなさい。

1　言葉を道具として用いることは、前もって決めておいた伝達意思を迅速に発信できる有効な手段だと理論上では言えるが、高い技術が求められるため実現することは難しい。

2　一般的な言語観で言葉のやり取りを捉えると、伝えるべきことを確定させた上で適切に発信すれば伝達意思はそのまま伝わるということになるが、やり取りの実態は異なる。

3　伝達意思を固定化するために言葉を用いると、余計な情報が加わることなく発信できるが、正確性が重視されるあまりコミュニケーションを上手にとることは困難になる。

4　言葉のやり取りにおいては伝達意思を的確に発信することが重視されるべきだが、現実のやり取りでは表現に工夫を凝らすことが大切にされており、ずれが生じている。

(カ)　――線3「表現行為の以前に存在する社会的実体としての『言語』という概念を認めなかった」とあるが、それを説明したものとして最も適するものを次の中から一つ選び、その番号を答えなさい。

1　言語活動がなくても言語は存在しているという言語観を肯定することによって、話し手と聞き手の間で交わされるやり取りが軽んじられることを危惧していたということ。

2　言語は時間の経過に沿って生みだされるものだという言語観を容認することによって、話し手と聞き手が言語活動に特別な意味を見つけ出すことを憂慮していたということ。

3　言語は個人の考えに基づいて組み立てられるものだという言語観を許容することによって、話し手と聞き手の思想が言語活動に影響を与えることを警戒していたということ。

4　言語活動と連動して言語は存在するという言語観を支持することによって、話し手と聞き手の間で行われるやり取りが価値あるものとされることを恐れていたということ。

(キ)　――線4「聞き手も立派な言語主体です。」とあるが、それを説明したものとして最も適するものを次の中から一つ選び、その番号を答えなさい。

1　言語は、話し手が音声化したものを、聞き手が耳で捉えて概念化した上で理解するという手順を踏むことではじめて成立するため、聞き手も言語を形作る際には欠かせない存在であるということ。

ろにされてしまうことを、時枝は、極度に警戒していたようです。

ひいては、社会的実体としての言語を認めることによって、古くからある言語道具観が導かれてしまうことを懼《おそ》れていたとも言えます。その意味で、筆者自身が先に疑問の(注)俎上《そじょう》に載せた、言語を、思想を運ぶ手段、道具、運搬機械とみなす考え方に対して、時枝は有効な対抗論理を対置しているのです。

この説では、話し手の言語構成行為から聞き手の理解と認識までの一連のプロセスそのものが言葉の本質ですから、当然、4聞き手も立派な言語主体です。そうだとすれば、聞き手が話し手の言葉をどう受け取るかは、聞き手の聞き方、つまり聞いた音声をどう言葉として構成し直すかというその仕方にゆだねられていることになります。

時枝のこの説は、実際の言葉のやり取りというものがどのように展開されていくかということをよく説明しています。送り手の送ったものがそのまま届く宅配便の荷解《にほど》きとはまったく違うのです。同時に、言葉が多義性や不安定性をもともと持つものだという、その理由の解き明かしにもなっています。

梱包した荷物が相手の手元でそのまま荷解きされないのは、多くの日常会話が、ただの事実の伝達を旨《むね》として行われるのではなく、互いの気持ち・情緒・感情の交錯を無意識に目標にしているからです。

人は必ずある気分の下にあるので、いわゆる理性的な会話というものは、そういうモードについての意識的な共通了解がなされていない場面ではたいへん成り立ちにくいものです。いくらでも話し手と受け手との間の気持ち・情緒・感情の交錯によってあらぬ方に展開してしまいますね。言葉というものは、そういう要素をもともと持っています。

したがって、この側面からは、言葉を発したりそれを聞き取ったりする行為は、つねに主体同士の関係をみずから変容させる行為であるという意味を持っています。これは、まったく些細《ささい》で事務的な事実の伝達、たとえば「書類、ここに置いとくよ。」「わかった。」といった種類の会話であっても例外なく当てはまることです。私たちはこのことをよくわきまえていて、だからこそ冷静なときには5相手や状況にあわせて表現に気を遣うのです。

つまり、言葉はただの「道具」「手段」ではなく、そのつどの言語主体である話し手、聞き手の思想表出そのものなのです。

（小浜《こはま》　逸郎《いつお》「日本語は哲学する言語である」から。一部表記を改めたところがある。）

（注）目論見＝計画、設計。
　　時枝誠記＝日本の国語学者（一九〇〇～一九六七）。
　　俎上に載せた＝対象としてとりあげた。

(ア)　本文中の[A]・[B]に入れる語の組み合わせとして最も適するものを次の中から一つ選び、その番号を答えなさい。

1　A　したがって　B　たとえば
2　A　もし　B　おそらく
3　A　なぜなら　B　さらに
4　A　また　B　しかし

(イ)　本文中の〰〰線Ⅰの「ない」と同じはたらきをする「ない」を含む文を、次の中から一つ選び、その番号を答えなさい。

1　電車がなかなか来ない。
2　今年はあまり寒くない。
3　無駄な動きが少ない。
4　今まで一度も見たことがない。

(ウ)　本文中の〰〰線Ⅱの四字熟語と似た意味をもつ四字熟語として最

実で心的なコストもかからⅠないからといって、人は必ずそちらの言葉のほうを選ぶでしょうか。ある言葉の表出の以前に、人はどういう意思を伝えたいのかという目的を前もって決めておき、その目的にいちばんかなう手段として言葉を選択しているのでしょうか。

　もしそうだとしたら、ある言ってしまった言葉に対していつまでも悔やんだり、感動のあまり思わず驚きや感嘆の言葉を発したり、わざわざ長い時間をかけ、工夫を凝らして文学的表現をするなどということをなぜ人はするのでしょうか。それは、言葉が「意思伝達のための手段」ではなく、むしろそれ自体が「意思伝達＝思想」そのものであるからではないでしょうか。言葉のやり取りにおいて、目的と手段とを分離して捉えることは正しいやり方でしょうか。

　2もし言葉がコミュニケーションの道具・手段にすぎないなら、それはちょうど宅配便のような流通手続きということになります。すると、伝達すべき意思は、まずはじめに固定した荷物として発信者側にあり、それが「言葉」という流通手段を通して受信者側に伝わり、受信者がそれを受け取って梱包《こんぽう》を解いてみると、まさに発信者が送った荷物がそのまま受信者の手元に落ちるという話になります。伝達意思は正確に相手に伝わったことになります。はたして現実の言葉のやり取りはそういうふうになっているでしょうか。まったくそうではない、と筆者は考えます。

　もちろん、多くの実用的な言葉のやり取りにおいて、できるだけきちんと手続きを踏みさえすれば正確に「荷物」が届くという実感が抱ける場合も多いことは事実です。だから逆に、コミュニケーションがうまく行かないのは、「手段」としての技巧がまずいからだという論理が導き出せることにもなります。

　B　ここで問題にしているのは、そういうレベルの話ではありません。いくら話術や書き方に高度なテクニックを用いて相手にこちらの意を正確に伝えようとしても思い通りにならないのは、そもそも言語表現というものが「正確に伝える」ということを本旨としていないからだと言いたいのです。とりあえず発話の場合だけに限って話を進めると、発話は、発話者の言葉の選択、発するときの調子、その会話がおかれた生活文脈などによって、受け手の側にどう受け取られるかがⅡ千差万別の結果を引き起こします。

　ここで、(注)時枝誠記《ときえだもとき》の言語本質論である言語過程説を紹介しておきましょう。時枝は、『国語学原論』において、言語の本質を概略次のように説きました。

　まず話し手が事物や表象を素材としてそれを一定の概念にまとめる。次にそれを脳の中でその概念に対応する聴覚印象に転化する。それは音声として聞き手に向かって表出される。空気を隔てて音波として物理的に聞き手の耳にその聴覚印象が伝えられたとき、聞き手は、話し手とは逆の過程をたどって、聴覚印象→概念→事物・表象へとたどり着き、聞き手は話し手の言わんとすることを理解する。そうしてはじめて言語が成立する。

　時枝は、時間的に継起してゆくこの一連の過程以外に、「言語」なるものは存在しないと考えました。彼は、3表現行為の以前に存在する社会的実体としての「言語」という概念を認めなかったのです。

　言語過程説では、言語の成立は、すべて話し手と聞き手との間に存在する心理的・生理的・物理的過程にゆだねられています。いったん言語を固定的な要素によって構成された社会的実体とみなすと、主体同士の間で交わされる実際の生きた言語活動の意味や価値がないがし

4　本音を知られることへの怖さがあり、考えを言葉にすることに抵抗があったが、不安も分け合ってひとつの答えを出そうという三人に心を揺さぶられ、意を決して自身の思いを伝えている。

(カ)　この文章について述べたものとして最も適するものを次の中から一つ選び、その番号を答えなさい。

1　ラジオドラマについて部員たちと話し合い、自身の考えを振り返ることを通して、インタビューでの失敗を乗り越えていく「僕」の姿を、閉店の寂しさを引きずる「菫さん」と対比させて描いている。

2　「菫さん」へのインタビューを振り返る中で、考えを伝えることの怖さを知り、ラジオドラマを通して悩みを分かち合いたいと思うようになっていく「僕」の姿を、多くの比喩を用いて描いている。

3　「菫さん」や部員たちと言葉を交わす中で、自分や相手の言葉と丁寧に向き合う大切さに気付き、ラジオドラマを通して伝えたいと感じるようになる「僕」の姿を、複数の場面を通して描いている。

4　言葉に対して様々な感じ方があるように、ラジオドラマに対しても部員それぞれの考えがあるとわかり、みんなの思いを大切にしていこうと決意する「僕」の姿を、「菫さん」の視点から描いている。

問三　次の文章を読んで、あとの問いに答えなさい。

言葉の本質をどのように規定するかを突き詰めるためには、次の考え方がもつ難点を克服しなくてはなりません。その考え方とは、言葉は意思伝達のための「道具」であり「手段」であるという考え方です。

これは、ふつう私たちがとっている言語観です。ある「意」を伝えようと思ったとき、私たちは自分の属する言語共同体の中で通用している言語規範にのっとって、語を選択し語順を整えて一定の表現にまで構成します。その場合に用いられる言語記号には、いろいろな制約や疎通の困難さがともないはするものの、「記号を用いる」という事実からして、その記号が1スマホと同じようなきわめて便利な「道具」であり、意を伝えるという目的にとっての「手段」であることは否定できないように思われます。たしかにそういう側面があることを認めなくてはなりません。

しかし、「道具」とはそもそもなんでしょうか。固定電話機やパソコンに比べてスマホは両方の機能を兼ね備えながら小型軽量でいつでもどこでも情報収集や情報交換ができるので、ほとんどの人がこちらに乗り換えています。このように、道具とは生活にとっての有用性という観点から編み出された「モノ」のことを意味します。

A　「手段」とは、「目的」という言葉と対関係にある概念です。出発点における(注)目論見《もくろみ》はすでに描かれており、その上でその目論見を達成するには、何を使いどういう経路をたどるのが有効かという観点から見た「行動」の観念が「手段」です。この「手段」という概念は、必ず目的とは明確に区別され、目的の概念に従属しています。

さてこれらのことは、言葉の使用という現象にそのまま重なるでしょうか。私たちは、「大きい」という言葉よりも「でかい」という言葉のほうが有用で便利であるという理由から、後者を選ぶのでしょうか。そうではなくて、特定の生活文脈のなかで自分の思想表現としてはそのほうが適切であると感じるためにそちらを選んでいるのではないでしょうか。

また、意思伝達という目的にとって、ある表現様式のほうが迅速確

4 インタビューを引き受けたときのことを振り返るうちに、長年続けた店への思いがこみ上げるとともに、通ってくれた学生たちのことがありがたくもなつかしく思い出され、温かな気持ちになっている。

(ウ) ――線3「今度こそ、嘘も飾りもなく届けたい。」とあるが、このときの「僕」を説明したものとして最も適するものを次の中から一つ選び、その番号を答えなさい。

1 あやまちを正直に謝罪した「菫さん」の勇気に後押しされ、他人に流されやすい未熟な自分を振り返る中で、自分の視点から今回のできごとを捉え直して伝えてみたいという思いがふくらんでいる。

2 聞く人から高く評価されなければならないという思い込みが、「嘘」につながってしまうこともあるとわかり、脚色せずに真実を伝えることこそやってみたいことだという気持ちが高まっている。

3 思い込みや優しさが重なり合って「嘘」が生まれることは、誰の身にも起こり得ると気付き、一連のできごとを背景も含めて伝えることこそ自分のやりたいことだという思いが湧き起こっている。

4 店の力になってほしいという「菫さん」の期待に応えようとするあまり、事実との食い違いを生んでしまったことを反省し、ありのままの真実を丁寧に伝えていきたいという決意を新たにしている。

(エ) ――線4「伝わってるから、続けて。」とあるが、ここでの「南条先輩」の気持ちをふまえて、この部分を朗読するとき、どのように読むのがよいか。最も適するものを次の中から一つ選び、その番号を答えなさい。

1 インタビューの仕方を「僕」から暗に責められ落ち込んだが、みんなの責任だという「赤羽さん」の思いを受けて気持ちを切り替えているとわかるように、明るい調子で読む。

2 「菫さん」から励まされたこともあって勢いよく話し始めたものの、具体的な提案もなく理想ばかり語る「僕」にいらだち、早く解決策を話し合いたいという思いを込めて読む。

3 インタビューの失敗は一人の責任ではないという自身の考えに、「僕」だけでなく「赤羽さん」も気付いてくれたことを嬉しく感じているとわかるように、弾んだ口調で読む。

4 「菫さん」と会って考えたことを懸命に伝えようとしているものの、伝わっているのか自信がなさそうにしている「僕」のことを肯定し、後押ししようという思いを込めて読む。

(オ) ――線5「体の脇で拳を握って、僕の言葉を待っている三人に思いの丈を伝えた。」とあるが、そのときの「僕」を説明したものとして最も適するものを次の中から一つ選び、その番号を答えなさい。

1 拒否されることを恐れるあまり、考えを掘り下げて言葉にすることを無意識に避けてきたが、受け止めようと耳を傾けてくれる三人の姿を見て、勇気を出して自身の思いを言葉にしている。

2 事実と異なることを言ってしまう恐怖が拭えず、伝えたい思いと向き合うことから逃げてきたが、間違えたとしても三人と正していけばよいとわかり、思い切って自身の考えを口にしている。

3 誤解されることを恐れるあまり、伝えたいことがあっても本音を隠してきたが、三人に促されて思いを言葉にしたところやはり正しく理解されず、悔しく感じながら自身の考えを伝えている。

りやすい身内ネタに走った。

伝えたいことを問われるたび真っ白な紙の上に立たされたような気分になったが、紙の裏にはたくさんの言葉が走り書きされていた。それを裏返して、誰かに見せるのが怖かっただけだ。

5 体の脇で拳を握って、僕の言葉を待っている三人に思いの丈を伝えた。

言葉も考えもすれ違うけど、どうかみんなが立ち止まって、振り返って、相手の言葉を受け止められますように。そのやり取りを、他の誰かが貶《おとし》めることがありませんように。

「それが、僕の伝えたいことだと思います。」

胸の内に浮かんだ気持ちを言葉にするのは怖い。否定されるかもしれないと思うとなおさらだ。でも、赤羽さんも、巌先輩も、南条先輩も、僕の言葉を退けなかった。

返ってきたのは、三者三様の深い頷きだった。

（青谷《あおや》　真未《まみ》「水野瀬高校放送部の四つの声」から。）

（一部表記を改めたところがある。）

（注）齟齬＝食い違い。

(ア)　――線1「僕らのインタビューだけが原因で店を閉めるわけではないのだと知りホッとした反面、疑問もよぎった。」とあるが、そのときの「僕」を説明したものとして最も適するものを次の中から一つ選び、その番号を答えなさい。

1　インタビューが閉店に直結したわけではないと知って気は楽になったものの、店を閉めるきっかけになったことは確かなのに、「菫さん」が笑顔で接してくれることが理解できず不安に感じている。

2　閉店は元から決まっていたと知って少し安心した一方で、店の存在を広めて力になりたいという思いを伝えていたにもかかわらず、「菫さん」がインタビューを受けた理由がわからず戸惑っている。

3　インタビューが閉店の要因ではないとわかって喜んだものの、パンの種類を増やすなど様々な努力を重ねていた「菫さん」が、結局は店を閉めると決断した心境の変化についていけず困惑している。

4　閉店の真相を聞いて納得した一方で、店に迷惑をかけていたことに気付いて申し訳なく感じるとともに、体調不良を隠してまで「菫さん」がインタビューに応じた意図がわからず不審に思っている。

(イ)　――線2「ふふ、と柔らかな声を立てて菫さんは笑う。」とあるが、そのときの「菫さん」を説明したものとして最も適するものを次の中から一つ選び、その番号を答えなさい。

1　学生たちが店を心配してくれたことに対して感謝の念を抱くとともに、当初の予定よりは早くなったものの、多くの人々に惜しまれながら閉店を迎えられたことを思い起こし、喜びに満ちあふれている。

2　パン作りを通して学生たちと触れ合った日々を思い出し、閉店したことへの悲しみが改めて沸き上がってきたが、力になってくれた「僕」を心配させてはならないと感じ、寂しさを隠そうとしている。

3　学生たちと交流することが喜びであり、お客さんが少ないことは大して気にしていなかったのに、インタビューの効果が出なかったと落ち込む「僕」のまっすぐな心に触れ、ほほえましく感じている。

もあるし。だけどやっぱり、言葉はすれ違ったままにしておかない方がいいんだって今回のことでわかりました。」

菫さんは僕を見上げ、そうね、と穏やかな声で相槌《あいづち》を打ってくれる。それに背中を押され、懸命に言葉を続けた。

「誰かが同じような状況に立ったとき、勇気を出して尋ね返したり、言い直したりする、そういうきっかけにこのドラマがなってくれればいいと思ってます。」

僕の言葉に菫さんは何度も小さく頷《うなず》いて、目元に柔らかな笑《わら》い皺《じわ》を寄せた。

「文化祭って、私たちも見に行けるのよね？」

「は、はい。確か、二日目だったら誰でも……。」

「だったら、私も是非そのドラマを聞きに行きたいわ。」

店にまつわる話はどんなことでも全部脚本に盛り込んでくれて構わない、と快諾して、菫さんは軽く僕の腕を叩《たた》く。

「楽しみにしてるから、頑張って。」

ごく軽い力だったのに、腕を叩かれた振動が全身に伝わったようだった。体の芯がぶるりと震える。自然と背筋がまっすぐ伸び、僕は菫さんの目を見て「頑張ります。」と応じた。

翌日の部活の時間、僕は早速菫さんと話してきたことを放送部のみんなに伝えた。

焦《あせ》って早口になる僕の言葉を、三人は身じろぎもせず聞いていてくれた。

「今回のこと、脚本に盛り込んだ方がいいと思います。内容はかなり変わっちゃうかもしれないんですけど、菫さんがどんな気持ちで事実と異なることを言ったのかは絶対に入れたいんです。菫さんにそう言わせてしまった僕らのことも含めて。」

気が急《せ》いて何度も話が前後したが、それでもなんとか最後まで言い切った。だが、僕が話を終えても誰も口を開かない。

「あの、あんまり上手《うま》く、伝わらないかもしれませんが……。」

自分の伝え方が悪いのか、そもそも根本的な考え方が間違っているのか、判断がつかずに口ごもると、南条先輩が「違う。」と鋭く僕の言葉を遮った。

「あんたの言ってることはわかる。そうじゃなくて、ちょっと考えてただけ。菫さんにそんなこと言わせちゃうなんて、あたしのインタビューの仕方が悪かったのかなって……。」

珍しく肩を落とした南条先輩に、すかさず赤羽さんがフォローを入れる。

「質問内容を考えたのは私たちですから、南条先輩が気に病むことないと思います。」

赤羽さんの言う通りだ。この件に関しては誰がどれだけ悪かったかなんて決めようがない。南条先輩も頷いて、まっすぐ僕の方を見る。

4「伝わってるから、続けて。」

巌先輩も頷く。赤羽さんも真剣な顔で耳を傾けてくれている。

三人の顔を見ていたら、ふいにわかった。

僕は伝えたいことがなかったわけじゃない。どうせ伝わらないだろうと諦めていただけだ。

何を伝えたいの、と問われたとき、ふっと頭に浮かぶ言葉があっても深追いしなかった。

だってどうせ否定されるし、撥《は》ねつけられる。

それが怖くて、嫌で、だからきちんと自分の胸の底を探って、考えたことを言葉にするのを躊躇《ちゅうちょ》した。その場でウケれば十分だと、わかて、それから足しげく通うようになってくれるらしい。南条先輩も、もしかしたらそうだったのだろうか。

「でも、学校全体にうちのお店を紹介しようとしてくれたのは今回が初めてだったの。インタビューに来てくれたみんなは熱心で、どうすれば店にお客さんが来てくれるか一生懸命考えて、この店のいい所がアピールできるような質問をたくさんしてくれたじゃない？　それを見たら、もうすぐお店を閉めるなんて言い出せなくて。」

　がっかりさせてしまいそうだったから、と、菫さんは申し訳なさそうな顔で言う。

「インタビューで嘘《うそ》ついちゃったのも、ごめんなさいね。せっかくだから、何か凄《すご》いお話をしてあげたかったんだけど、こんな小さなお店でしょう？　特に変わった話もできなくて……。学生さんたちにはたくさんお世話になったから、最後に何か役に立ちたかったんだけど。」

　ごめんなさい、と再三謝られてしまい、必死で首を横に振った。

　そんなのちっとも、謝られるようなことではない。むしろ謝るべきは僕たちだ。

　僕たちは全員、初めてのインタビューで舞い上がって、店のことを学校のみんなに知ってもらうのはいいことだと思い込んで、とにかく店に客が集まるようなインタビューを心掛けた。店の成り立ちや、どれほどパン作りに情熱を注いでいるのか、客足が遠のいている現状の苦労など。人が来なくて困っていることが伝われば、きっと学校のみんなも店に足を運んでくれる。そう考えて、知らず知らずのうちに菫さんに、困っている話をするよう仕向けてはいなかったか。

　きっと菫さんは、僕らが期待する回答を敏感に察知した。それでつい、僕らの要望に応えて話を大きくしてしまったのだ。

　だとしたら、菫さんに嘘をつかせたのは僕たちではないか。

　言葉もなく立ち尽くしていたら、菫さんに「大丈夫？」と声をかけられた。

　僕はもう一度菫さんに謝ろうとしたが、直前で思い直して別の言葉に変えた。

「来月の文化祭で、放送部のラジオドラマを作ることになったんです。できれば今聞いたお話も脚本に盛り込みたいのですが、構いませんか？」

　きょとんとした顔をする菫さんに、森杉パン屋と放送部の間で起きた一連のできごとをドラマ仕立てで流すのだと説明する。そうしながら、伝えなければ、と強く思った。

　他人に期待をすること。その期待に応えようとすること。そこで生まれる(注)齟齬《そご》。

　きっとこういうことは、日常生活でも起こり得る。振り返れば自分にだって覚えがあった。親や友達から期待されて、調子よく返事をしてしまって、後々自分で自分の首を絞めることなんて珍しくもない。

　実例を伴った言葉は、きっと聞く人の心に残る。

3 今度こそ、嘘も飾りもなく届けたい。実直にパン屋を営み続けた菫さんが、最後まで高校生たちのことを考えてインタビューに応じてくれたことも、僕たち放送部が未熟だったせいでトラブルを起こしてしまったことも。

　――伝えたいことって、こういうことか。

　菫さんに一通りの説明を終え、僕は体の脇で固く拳を握った。

「誰かと喋《しゃべ》っているとき、相手の言葉に違和感を覚えることってあると思います。勢いで口にした自分の言葉が、本心から少し離れてしまうことも。でも、テンポよく流れてる会話を止めるのって難しいです。下手に会話を止めると、空気を読まないって言われてしまうこと

3　明るさの裏に隠していたかなしみを、葉が生い茂るにつれて徐々に翳っていった一本の樹のさまを示すとともに、イ音を重ねて余韻をもたせることで効果的に描いている。

4　明るい日々のあとにはかなしみがやってくるのだという嘆きを、翳っていく一本の樹のそばで物思いにふける姿を明示しながら、ひらがなを多用して感傷的に描いている。

問二　次の文章を読んで、あとの問いに答えなさい。

> 水野瀬《みずのせ》高校放送部の「僕」と「赤羽《あかば》さん」「南条《なんじょう》先輩」は、「森杉《もりすぎ》パン屋」の「菫《すみれ》さん」にインタビューを行い、昼の放送で流した。しかし、「菫さん」が話を誇張していたという噂《うわさ》が広まり心労で倒れたこと、さらには閉店を考えていることを部員たちは知る。店の悪い印象を変えたいという思いから一連のできごとをラジオドラマ化しようと、「巌《いわお》先輩」も加わって制作を進めていたある日、「僕」は「森杉パン屋」に閉店のお知らせが貼られているのを見つける。そこへ「菫さん」が通りかかった。

「あの、すみませんでした。僕らのインタビューでお店に迷惑をかけてしまって。本当に、こんな、こんなことになってしまって……。」

謝っても済む問題ではないとわかっているだけに言葉がもつれる。せめて頭を下げ続けることしかできない僕に、菫さんは軽やかな口調で言った。

「謝る必要なんてないわ。あのインタビューを受ける前から、お店は年内で閉めるつもりだったの。」

驚いて顔を上げた僕に「もともと、あまり体調がよくなかったのよ。」と菫さんは笑いかける。先日倒れたというのも、心労以上に持病が悪化したことが大きかったそうだ。

1 僕らのインタビューだけが原因で店を閉めるわけではないのだと知りホッとした反面、疑問もよぎった。

「だったら、どうしてインタビューに応じてくれたんですか？　僕たち電話で『水野瀬高校の生徒にお店の存在をもっと知ってもらいたい。』『お店を盛り上げるお手伝いをしたい。』ってお話ししましたよね。お店を閉めるつもりならそんなインタビュー受ける必要もなかったんじゃ？　それなのに、どうして……。」

菫さんは口元に笑みを浮かべると、立ち話もなんだから、と店の引き戸を開けてくれた。

カーテンを抜け、久々に足を踏み入れた店内は、商品棚にパンが並んでいないせいか、ひどくがらんとして見えた。カーテンが夕日を透かし、全体が薄い緑に染まっている。

菫さんはレジカウンターに手をついて、猫の子でも撫《な》でるように台を撫でる。

「インタビューの連絡を受けたとき、とっても嬉《うれ》しかったの。だってわざわざ声をかけてきてくれたってことは、この店のパンが好きで、お客さんが少ないことを心配してくれた学生さんがいたってことでしょう。」

2 ふふ、と柔らかな声を立てて菫さんは笑う。

「古くなったお店を直すより、パンの種類を増やしたくて一生懸命パンを作ってるとね、たまに来るのよ。今にも潰れちゃいそうなうちの店を心配してくれる学生さんが。たくさんお友達を連れてきて『また来ます！』って言ってくれる子とか、毎日毎日ひとつだけパンを買っていってくれる子とか……。卒業すると顔を見なくなっちゃうんだけど、でもまたしばらくすると来るの。同じ制服を着た学生さんが。」

最初は恐る恐る店に足を踏み入れ、店内を見て驚いたような顔をし

＜国語＞

時間　五〇分　満点　一〇〇点

【注意】解答用紙にマス目（例：　　）がある場合は、句読点などもそれぞれ一字と数え、必ず一マスに一字ずつ書きなさい。なお、行の最後のマス目には、文字と句読点などを一緒に置かず、句読点などは次の行の最初のマス目に書き入れなさい。

問一　次の問いに答えなさい。

(ア) 次のa～dの各文中の――線をつけた漢字の読み方として最も適するものを、あとの1～4の中から一つずつ選び、その番号を答えなさい。

a　煩雑な手順を省略する。
（1　ぼんざつ　2　とんざつ　3　はんざつ　4　ひんざつ）

b　大臣を罷免する。
（1　ひめん　2　のうめん　3　りめん　4　たいめん）

c　寸暇を惜しんで勉強する。
（1　とひま　2　すんぴ　3　すんか　4　そんひ）

d　今日は爽やかな秋晴れだ。
（1　おだ　2　さわ　3　なご　4　にぎ）

(イ) 次のa～dの各文中の――線をつけたカタカナを漢字に表したとき、その漢字と同じ漢字を含むものを、あとの1～4の中から一つずつ選び、その番号を答えなさい。

a　ソクセキで作ったチームだが勝利した。
1　与党がギセキを大きく伸ばす。
2　活動のキセキをたどる。
3　コウセキをたたえる。
4　別の球団にイセキする。

b　法案をサイタクする。
1　生地をサイダンする。　2　ヤサイを積極的に食べる。
3　きのこをサイバイする。　4　森林をバッサイする。

c　竜はカクウの生き物だ。
1　物語がカキョウに入る。
2　けが人をタンカで運ぶ。
3　メンカをつむいで糸にする。
4　ゴウカな衣装を身にまとう。

d　米をトぐ。
1　センレンされた文章だ。　2　毎朝センチャを飲む。
3　仲間とボウケンする。　4　大学でケンキュウに励む。

(ウ) 次の短歌を説明したものとして最も適するものを、あとの1～4の中から一つ選び、その番号を答えなさい。

> かなしみは明るさゆゑ《（エ）》にきたりけり一本の樹《き》の翳《かげ》らひ《（イ）》にけり
> 前《まえ》　登志夫《としお》

1　明るい光の中で一本の樹が翳っていくことに対して抱いたかなしみを、「かなしみは」と普遍的なものとして表すとともに、歴史的仮名遣いを用いて壮大に描いている。

2　明るさがあるからこそかなしみが浮き彫りになるのだという気付きを、一本の樹が翳っていったさまに重ねながら、「けり」を繰り返すことによって印象的に描いている。

MEMO

大切なことはメモしておこうネ！

2022年度

解 答 と 解 説

《2022年度の配点は解答用紙集に掲載してあります。》

＜数学解答＞

問1　(ア)　1　(イ)　4　(ウ)　3　(エ)　2　(オ)　3

問2　(ア)　1　(イ)　3　(ウ)　2　(エ)　3　(オ)　4

問3　(ア)　(i)　(a)　3　(b)　2　(c)　2　(ii)　4　(イ)　(i)　1　(ii)　6

　　(ウ)　59°　(エ)　$\frac{13}{18}\text{cm}^2$

問4　(ア)　2　(イ)　(i)　3　(ii)　5　(ウ)　3：10

問5　(ア)　$\frac{1}{6}$　(イ)　$\frac{5}{18}$

問6　(ア)　2　(イ)　4　(ウ)　$\sqrt{34}\text{cm}$

＜数学解説＞

問1　(数・式の計算，平方根)

(ア)　$-6+(-9)=-(6+9)=-15$

(イ)　$-\frac{3}{8}+\frac{2}{3}=-\frac{9}{24}+\frac{16}{24}=\frac{7}{24}$

(ウ)　$\frac{3x-y}{4}-\frac{x-2y}{6}=\frac{3(3x-y)-2(x-2y)}{12}=\frac{9x-3y-2x+4y}{12}=\frac{7x+y}{12}$

(エ)　$\frac{18}{\sqrt{2}}-\sqrt{32}=\frac{18\times\sqrt{2}}{\sqrt{2}\times\sqrt{2}}-\sqrt{4^2\times2}=\frac{18\sqrt{2}}{2}-4\sqrt{2}=9\sqrt{2}-4\sqrt{2}=5\sqrt{2}$

(オ)　$(x-2)(x-5)-(x-3)^2=x^2-7x+10-(x^2-6x+9)=x^2-7x+10-x^2+6x-9=-x+1$

問2　(連立方程式，二次方程式，関数$y=ax^2$の変域，方程式の応用，因数分解を利用した式の値)

(ア)　$0.2x+0.8y=1$…①，$\frac{1}{2}x+\frac{7}{8}y=-2$…②とする。①×5より，$x+4y=5$…③　②×8より，$4x+7y=-16$…④　③×4−④より，$9y=36$　$y=4$　$y=4$を③に代入して，$x+4\times4=5$　$x=-11$

(イ)　解の公式より，$x=\frac{-(-1)\pm\sqrt{(-1)^2-4\times4\times(-2)}}{2\times4}=\frac{1\pm\sqrt{33}}{8}$

(ウ)　$x=0$のとき，最大値$y=0$　$x=4$のとき，最小値$y=-\frac{1}{4}\times4^2=-4$より，$y$の変域は，$-4\leqq y\leqq0$　よって，$a=-4$，$b=0$

(エ)　A班の生徒の人数をx人，B班の生徒の人数をy人とすると，生徒の人数の関係から，$y=x-5$…①　並べたイスの総数の関係から，$3x=4y+3$…②　①，②を連立方程式として解く。①を②に代入して，$3x=4(x-5)+3$　$3x=4x-20+3$　$-x=-17$　$x=17$　よって，A班の生徒の人数は17人

(オ)　与えられた式を因数分解してから，代入する。$x+y=(\sqrt{6}+\sqrt{3})+(\sqrt{6}-\sqrt{3})=2\sqrt{6}$，$xy=(\sqrt{6}+\sqrt{3})(\sqrt{6}-\sqrt{3})=(\sqrt{6})^2-(\sqrt{3})^2=6-3=3$　よって，$x^2y+xy^2=xy(x+y)=3\times2\sqrt{6}=6\sqrt{6}$

問3 (合同の証明，角度，資料の活用，円の性質と角度，面積)

(ア) (i) (a) AD//BFより，平行線の錯角は等しいから，<u>∠ADC＝∠DCF</u>　(b)・(c) DG＝DH(①)，∠EDG＝∠CDH(⑤)，DE＝DC(⑧)より，<u>2組の辺とその間の角がそれぞれ等しい</u>
(ii) 仮定より，CF＝DFなので，四角形CFDEはひし形である。よって，CE＝DE　また，(i)より，△DECはDC＝DEの二等辺三角形だから，△CDEは正三角形である。したがって，∠ADC＝60°　平行四辺形の向かいあう角は等しいから，∠ABC＝∠ADC＝60°

(イ) (i) ① 1年生の中央値は，回数の少ない方から19番目と20番目の値の平均だから，22回以上26回未満の階級に含まれている。　② 2年生の30回以上の生徒の割合は，1年生の30回以上の生徒の割合，$\frac{5+2}{38}=0.18\cdots$より小さい。①を満たすヒストグラムは1，2，5であり，1は，30回以上の生徒の割合が，$\frac{4}{40}=0.1$より，②を満たす。よって，1　(ii) ③ 1年生の最大値は34，35，36，37回のいずれかである。　④ 3年生の14回未満の生徒の割合は，1年生の14回未満の生徒の割合，$\frac{4}{38}=0.105\cdots$より小さい。　⑤ 2年生の度数の最も多い階級は26回以上30回未満の階級だから，最頻値は，$\frac{26+30}{2}=28$(回)である。③を満たすヒストグラムは4，5，6であり，6は，14回未満の生徒の割合が，$\frac{2+2}{40}=0.1$，最頻値が28回より，④，⑤を満たす。よって，6

(ウ) 線分BDと線分CEとの交点をGとする。$\overset{\frown}{BC}$に対する円周角は等しいから，∠BEG＝∠BDC…①　BE//CDより，平行線の錯角は等しいから，∠EBG＝∠BDC…②　①，②より，∠BEG＝∠EBGなので，△BGEはBG＝EGの二等辺三角形である。よって，三角形の**内角と外角の関係**により，∠BEG＝∠EBG＝86°÷2＝43°　$\overset{\frown}{BD}$に対する円周角は等しいから，∠BED＝∠BAD＝67°　△BDEで，∠BDE＝180°－(43°＋67°)＝70°　線分ADは∠BDEの二等分線だから，∠EDF＝70°÷2＝35°　また，∠CED＝67°－43°＝24°　△DEFで，**内角と外角の関係**により，∠AFE＝24°＋35°＝59°

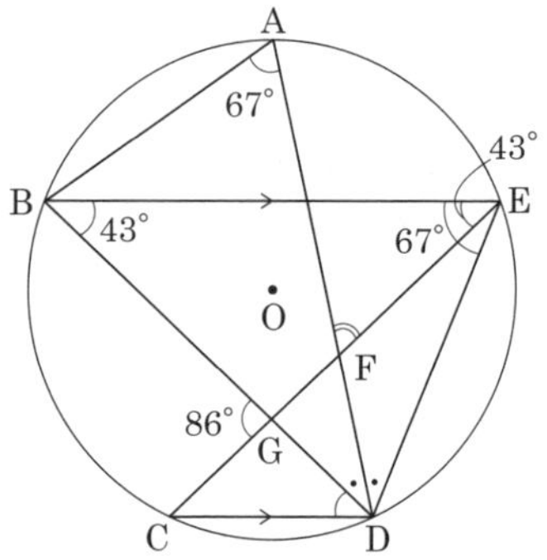

(エ) 線分ABは円Oの直径だから，∠ACB＝∠ADB＝90°　BC//DEより，平行線の同位角は等しいから，∠AED＝∠ACB＝90°　△AEDで，**三平方の定理**により，$AD^2=AE^2+DE^2=2^2+3^2=13$　AD＞0より，$AD=\sqrt{13}$(cm)　直線ADと直線BCとの交点をGとすると，△AEDと△BDGで，仮定より，∠AED＝∠BDG＝90°…①　GC//DEより，平行線の同位角は等しいから，∠ADE＝∠BGD…②　①，②より，2組の角がそれぞれ等しいから，△AED∽△BDG　AE：BD＝ED：DG　ここで，GC//DEなので，**三角形と比の定理**により，AD：DG＝AE：EC　$\sqrt{13}$：DG＝2：1　2DG＝$\sqrt{13}$　DG＝$\frac{\sqrt{13}}{2}$(cm)　よって，2：BD＝3：$\frac{\sqrt{13}}{2}$　3BD＝$\sqrt{13}$　BD＝$\frac{\sqrt{13}}{3}$(cm)　AF：FB＝AE：EC＝2：1より，$\triangle BDF=\frac{1}{2+1}\triangle ABD=\frac{1}{3}\times\left(\frac{1}{2}\times\sqrt{13}\times\frac{\sqrt{13}}{3}\right)=\frac{13}{18}$(cm²)

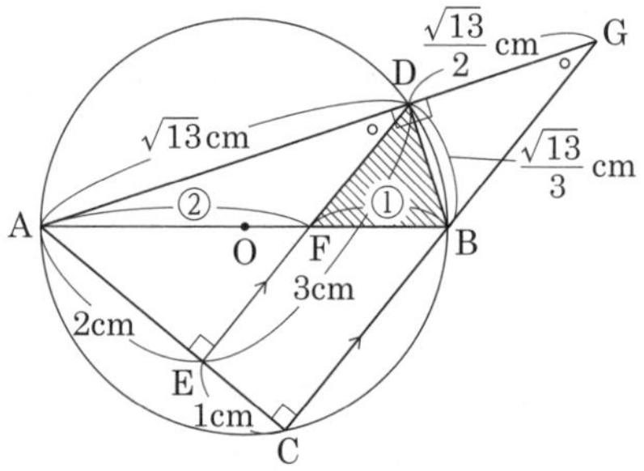

問4 (図形と関数・グラフ，比例定数，直線の式，面積の比)

(ア) 点Aは直線①上の点だから，y座標は，$y=x+3$に$x=6$を代入して，$y=6+3=9$　よって，A

(6, 9)　点Aは曲線②上の点でもあるから，$y=ax^2$に$x=6$，$y=9$を代入して，$9=a\times6^2$　$36a=9$，$a=\frac{1}{4}$

(イ)　2点A，Bはy軸について対称だから，B$(-6,\ 9)$　点Cのy座標は，$y=x+3$に$x=-6$を代入して，$y=-6+3=-3$　よって，C$(-6,\ -3)$　また，D$(-6,\ 0)$であり，DO：OE$=6:5$より，点Eの座標は$(5,\ 0)$　直線CEの式は，傾きが，$\frac{0-(-3)}{5-(-6)}=\frac{3}{11}$なので，$y=\frac{3}{11}x+n$に，$x=5$，$y=0$を代入して，$0=\frac{3}{11}\times5+n$　$n=-\frac{15}{11}$　したがって，直線CEの式は，$y=\frac{3}{11}x-\frac{15}{11}$

(ウ)　△AFGと△AGEにおいて，辺FG，GEをそれぞれの底辺とみると，高さは等しいから，直線①が△AFEの面積を2等分するとき，点Gは線分EFの中点である。よって，点Gのy座標は$\frac{9}{2}$であり，点Gは直線①上の点だから，x座標は，$y=x+3$に$y=\frac{9}{2}$を代入して，$\frac{9}{2}=x+3$　$x=\frac{3}{2}$　よって，G$\left(\frac{3}{2},\ \frac{9}{2}\right)$　点Gを通りy軸に平行な直線と線分ABとの交点をHとすると，GH//CBより，**三角形と比の定理**により，AG：AC＝HG：BC$=\left(9-\frac{9}{2}\right):\{9-(-3)\}=\frac{9}{2}:12=3:8$　また，直線①とx軸との交点をIとすると，x座標は，$y=x+3$に$y=0$を代入して，$0=x+3$　$x=-3$　よって，I$(-3,\ 0)$　AF//EIより，AF：EI＝FG：GE$=1:1$なので，AF＝EI$=5-(-3)=8$　したがって，点Fのx座標は，$6-8=-2$　よって，F$(-2,\ 9)$　これより，AF：AB$=8:\{6-(-6)\}=8:12=2:3$　以上より，△AFGの面積をSとすると，△BGF$=\frac{(3-2)}{2}$△AFG$=\frac{1}{2}$S　△CEG$=\frac{(8-3)}{3}$△AGE$=\frac{5}{3}$S　よって，△BGF：△CEG$=\frac{1}{2}$S：$\frac{5}{3}$S$=3:10$

問5　(確率)

(ア)　Xの面積とYの面積が等しくなるのは，$a:b=1:1$のときだから，$(a,\ b)=(1,\ 1)$，$(2,\ 2)$，$(3,\ 3)$，$(4,\ 4)$，$(5,\ 5)$，$(6,\ 6)$の6通り。大，小2つのさいころの目の出方の総数は，$6\times6=36$(通り)なので，求める確率は，$\frac{6}{36}=\frac{1}{6}$

(イ)　PR$=x$cmとすると，Xの面積はx^2cm^2，Yの面積は，$(10-x)^2$cm^{2}と表される。面積の差が25cm^{2}となるのは，$x^2-(10-x)^2=25$　$x^2-(100-20x+x^2)=25$　$20x-100=25$　$20x=125$　$x=\frac{125}{20}=\frac{25}{4}$　このとき，RQの長さをyとすると，$y=10-\frac{25}{4}=\frac{15}{4}$より，$x$が$y$の$\frac{25}{4}\div\frac{15}{4}=\frac{25}{15}=\frac{5}{3}$(倍)以上となればよい。よって，$(a,\ b)=(2,\ 1)$，$(3,\ 1)$，$(4,\ 1)$，$(4,\ 2)$，$(5,\ 1)$，$(5,\ 2)$，$(5,\ 3)$，$(6,\ 1)$，$(6,\ 2)$，$(6,\ 3)$の10通り。したがって，求める確率は，$\frac{10}{36}=\frac{5}{18}$

問6　(四角柱，体積，面積，表面上の最短距離)

(ア)　台形EFGHで，頂点Fから辺EHに垂線FJをひく。四角形FGHJは長方形より，FG＝JH＝1cmなので，EJ$=4-1=3$(cm)　△EFJで，**三平方の定理**により，FJ^2＝EF^2－EJ$^2=5^2-3^2=16$　FJ＞0より，FJ$=4$(cm)　よって，体積は，(台形EFGH)×AE$=\left\{\frac{1}{2}\times(1+4)\times4\right\}\times1=10$(cm^3)

(イ)　2組の辺とその間の角がそれぞれ等しいから，△BCD≡△GCD　よって，△BDGはBD＝GDの二等辺三角形である。△BCDで，**三平方の定理**により，BD^2＝BC^2＋CD$^2=1^2+4^2=17$　BD＞0より，BD＝GD$=\sqrt{17}$(cm)　△BCGは直角二等辺三角形だから，BG$=\sqrt{2}$BC$=\sqrt{2}\times1=\sqrt{2}$(cm)　線分BGの中点をJ′とすると，∠BJ′D$=90°$なので，△BDJ′で，**三平方の定理**により，DJ′^{2}＝BD^2－BJ′$^2=(\sqrt{17})^2-\left(\frac{\sqrt{2}}{2}\right)^2=\frac{33}{2}$　DJ′＞0より，DJ′$=\sqrt{\frac{33}{2}}=\frac{\sqrt{33}\times\sqrt{2}}{\sqrt{2}\times\sqrt{2}}=\frac{\sqrt{66}}{2}$(cm)　よって，面積は，$\frac{1}{2}\times$BG×DJ′$=\frac{1}{2}\times\sqrt{2}\times\frac{\sqrt{66}}{2}=\frac{\sqrt{33}}{2}$(cm^2)

(ウ)　右の図のような展開図を考えると，求める線の長さは，線分AIの長さに等しい。点Aから直線DEにひいた垂線と直線DEとの交点をKとする。△AEKと△EFJにおいて，仮定より，∠AKE＝∠EJF＝90°…①　3点J，E，Kは一直線上にあるから，∠AEK＝180°－(90°＋∠JEF)＝90°－∠JEF　△EFJで，内角の和は180°だから，∠EFJ＝180°－(90°＋∠JEF)＝90°－∠JEF　よって，∠AEK＝∠EFJ…②　①，②より，2組の角がそれぞれ等しいから，△AEK∽△EFJ　AK：EJ＝AE：EF　AK：3＝1：5　5AK＝3　AK＝$\frac{3}{5}$(cm)　また，EK：FJ＝AE：EF　EK：4＝1：5　5EK＝4　EK＝$\frac{4}{5}$(cm)　点Aを通り，直線DEに平行な直線と線分CDとの交点をLとすると，四角形ALDKは長方形だから，IL＝DI－DL＝$\frac{3}{3+7}\times4-\frac{3}{5}=\frac{3}{5}$(cm)　AL＝1＋4＋$\frac{4}{5}=\frac{29}{5}$(cm)　△AILで，**三平方の定理**により，$AI^2=AL^2+IL^2=\left(\frac{29}{5}\right)^2+\left(\frac{3}{5}\right)^2=34$　AI＞0より，AI＝$\sqrt{34}$(cm)

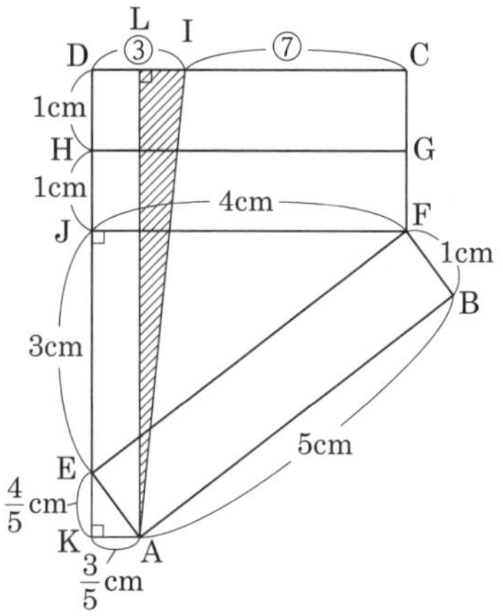

＜英語解答＞

問1　(ア)　No. 1　2　　No. 2　3　　No. 3　4　　(イ)　No. 1　1　　No. 2　3
　　(ウ)　No. 1　5　　No. 2　3
問2　(ア)　4　　(イ)　2　　(ウ)　1
問3　(ア)　2　　(イ)　4　　(ウ)　3　　(エ)　4
問4　(ア)　(3番目)　4　　(5番目)　3　　(イ)　(3番目)　6　　(5番目)　2
　　(ウ)　(3番目)　3　　(5番目)　1　　(エ)　(3番目)　3　　(5番目)　6
問5　(例) How long did it take to (get there when you used the train and the bus?)
問6　(ア)　3　　(イ)　2　　(ウ)　8
問7　(ア)　2　　(イ)　2
問8　(ア)　2　　(イ)　4　　(ウ)　5

＜英語解説＞

問1　(リスニング)

放送台本の和訳は，77ページに掲載。

(ア)，(イ)　対話文の内容を聞き取って，応答力や理解力が試された。

(ウ)　No.1は，英文を聞きながら，メモの中の空所に入る語句を選択する問題。正確に情報を聞き取れたかが試された。

No.2は，放送された英文内容をふまえて，英文メッセージの空所に入る語句を選択する問題。

No.1とNo.2は，どちらも組み合わせとして最適なものを選ぶ形式である。

問2　(語句の問題：動詞，名詞，形容詞)

(全訳)　鈴木先生：ソフィア，2週間前に日本に着いたそうですね。なぜ日本に来ることに決めたのですか？

ソフィア：ええと，私の国に日本人の友達が何人かいるからです。彼らは日本について，たくさんの興味深いことを話してくれました。だから，私はもっと知りたくなりました。

鈴木先生：何について興味がありますか？

ソフィア：日本文化です。それからたくさんの大切なことを学べると思います。私はとても敬意を持っています。特に，剣道の稽古をすることと着物を着ること，そして俳句を書くことに興味があります。

鈴木先生：すごいですよ！　日本で素晴らしい経験をしてほしいので，うちの学校の剣道部に入るのがよい考えではないかと思いますよ。

ソフィア：それがいいですね！

鈴木先生：異なる文化について学ぶことは，他国に住む人たちを理解する手助けになると思います。

ソフィア：私もそう思います，鈴木先生。日本でたくさんのことをやってみようと思います。

対話文の話の流れをつかんで，空所に適した単語を選ぶ。

(ア)　全訳参照。respect「尊敬する，敬服する」あとのitはJapanese cultureを指す。

(イ)　全訳参照。experience「経験」

(ウ)　全訳参照。different「異なる，違う」

問3　(語句補充・選択問題：be動詞，比較の表現，前置詞)

(ア)「昨日あなたが公園で会った少年たちの一人は，私の弟です」。この文の主語はOne ofからyesterdayまで。**<one of+名詞の複数形>「～の中の一人／一つ」**は，単数扱い。

(イ)「あなたはどの学校行事が一番好きですか？」。**Which ～ do you like the best?「どの～が一番好きですか」**。

(ウ)「これは1980年に建てられた学校です」。関係代名詞which以下が先行詞a schoolを説明する形。**was built in 1980「1980年に建てられた」という受け身**になる。

(エ)「私はけさ10時からずっとこの本を読んでいます」。**現在完了進行形<have been ～ing>**は，過去の時から現在まで「(ずっと)～している」の意味を表す。**過去の時の起点を表すのでsince「～から」**とする。

問4　(語句の並べ換え問題：受け身，不定詞，間接疑問，仮定法)

(ア)　(English is) spoken by many people as (their first language.)「英語は多くの人々によって第一言語として話されています」**受け身の文は<be動詞+過去分詞+by ～>で「～によって…されている」の意味。**　as ～「～として」　5. usesが不要。

(イ)　(What) did you want to be (when you were a child ?)「あなたは子どもだった時，何になりたかったですか？」**<want to+動詞の原形>の語順。want to be ～で「～になりたい」の意味。**　whenは「～のとき」の意味の接続詞。　1. workが不要。

(ウ)　(I'd like to buy a new computer, but I can't) decide which one I should (buy.)「私は新しいコンピューターを買いたいのですが，どれを買ったらよいか決めることができません」**動詞decideのあとに，その目的語にあたる間接疑問が続く。疑問詞のあとは<主語+動詞>の語順。**　4. toが不要。

(エ)　(But I) wish I were better at (playing it.)「でももっと上手に弾けるといいのだ

けれど」 **現実とは違う願望を表す文で<I wish+主語+動詞の過去形>の形**。be good at ~「~が上手にできる」の表現で，goodが比較級betterになっている。 5. couldが不要。

問5 (条件英作文：How long does it take ~?)

(全訳) A：ユキコは，「私はこの前の日曜日に祖父を訪ねました。彼はカモメ村に住んでいます」と言った。レイカは，「私はその村に行ったことがありません。どうやって行きましたか？」と言った。

B：ユキコは，「私はたいてい，家族と一緒に車で祖父の家に行きます。でも今回は一人で電車とバスに乗って行きました」と言った。レイカは，「電車とバスを使ったとき，そこに行くのにどのくらいの時間がかかりましたか？」と尋ねた。

C：ユキコは，「2時間です。バスから美しい山々を見て楽しくすごしました。旅について祖父に話しました。次は，カモメ村に一緒に行けますよ」と言った。レイカは，「ええ，そうしたいです！」と言った。

全訳参照。Aの絵からは，ユキコの祖父が遠くの山のほうに住んでいることがわかる。Bの絵からは，たいてい(Usually)は車だけれど，今回(This time)はバスと電車を乗り継いで行ったことがわかる。英文では，**空所の前後の文脈**を正確にとらえよう。

Bの場面の英文中で，空所を含む文は疑問文である。そして，〈条件〉①から**itとlongを用いる**ことがわかる。さらにCの場面で，**ユキコが「2時間です(Two hours)」と答えている**ことから，かかった時間をたずねる疑問文であることがわかる。**How long does it take to ~? で「~するのにどのくらい(の時間が)かかりますか」と聞く文**になる。〈条件〉②の6語以上という指示を守る。文頭のHowを大文字Hで始めることにも注意。

問6 (読解問題・スピーチ：語句補充，文の挿入，内容真偽)

(全訳) こんにちは，みなさん。ハルカです。私は夏休み中に調査をしました。今日は，調査でわかったことを共有したいと思います。

調査はカモメ市の商店街のごみ問題についてでした。カモメ市にはいくつかの有名な場所があるので，多くの観光客が私たちの市を訪れます。多くの人たち，観光客，市の住民たちが商店街でたくさんの種類の品物を楽しく買っていきます。ですが，通りにたくさんのごみを残していく人たちもいました。私はニュースで，その問題を解決するために活動している人たちがいることを知って，調査することにしました。

商店街に来る人たちの中には，ペットボトル，缶，紙その他のものを通りに残していく人がいました。それで大量のごみがありました。例えば店主のような，商店街のボランティアたちが時々ごみを拾いました。たいてい一日で20キロ以上のごみを集めました。彼らは①自分たちが通りを掃除するのはとても大変だったと言いました。一生懸命に作業をしたけれど，通りにはいつもごみがありました。

そこで，市役所の人たちと店主たちで問題を話し合いました。何度も会って，ついに企画案ができました。それを「カモメクリーンプロジェクト」と呼びました。

カモメクリーンプロジェクトは，クラウドファンディングを利用しました。クラウドファンディングは，企画が気に入って，それを助成したいと思う多くの人々から資金を集める方法です。このちらしを見てください。

[ちらし]

カモメクリーンプロジェクト(2021年7月1日~8月31日)

～商店街をクラウドファンディングできれいにしよう！～

私たちは，観光客に私たちのきれいな商店街を楽しんで訪れてほしいです！

☆プロジェクトに寄付してください！

(お金を寄付したら，特別券がもらえます。商店街で買い物をして特別券を見せると，10％の割引が受けられます)

☆商店街の店主にごみ(ペットボトル，缶など)を手渡すことができます。(寄付をしていない人からのごみも受け取ります)

☆カモメ市と店主たちは，クラウドファンディングで集めたお金を，ごみの撤去，チラシ作り，ごみ袋などのボランティアに必要な品物の購入に使います。

プロジェクトはこの前の6月に始まりました。調査中に商店街の店主の一人にプロジェクトについて尋ねました。「人が何かを飲んだら，②ペットボトルか缶が手に残ります。私たちは空のペットボトルや缶を受け取ります。だから，商店街でごみを持ち歩く必要がありません。多くの人がプロジェクトを好んでいます」と彼女が言いました。

次に，このグラフを見てください。3か月間に商店が受け取ったごみの種類をパーセンテージで示しています。ごみの40％以上がペットボトルで，約20％が缶です。

[グラフ]

皆さんの中には，「なぜ店主たちは商店街を訪れた全ての人たちからごみを受け取ることに同意したのですか？」とたずねる人がいるかもしれません。それが商店にとっても良いことだったからです！　店主にごみを手渡した後に店で物を買う人たちもいたし，店にしばらくいて店主と話をする人もいました。

私は家族とこのプロジェクトについて話しました。みんなはプロジェクトに好意を持って，寄付をして特別券をもらいました。先月，私は商店街に買い物に行きました。1本の水を買いました。飲んだ後，空のペットボトルをケーキ店に持っていきました。祖母の誕生日ケーキに対して10％の割引をしてもらいました。ケーキ店の店主は私に③店は多くの人からたくさんのごみを受け取りましたと言いました。また，「このプロジェクトのおかげで，カモメ市と商店街がごみ問題を解決するために熱心に活動しているということを，たくさんの人が知るようになりました」と言いました。より多くの人がごみ問題に興味を持つようになったので，商店街がよりきれいになってきています。

私は調査から学んだ最も大事なことを話したいと思います。ごみ問題を解決するために，市役所の人たちと店主たちが様々なアイデアを出し合いました。そして，カモメクリーンプロジェクトのアイデアがでました。たくさんの人たちがプロジェクトに参加して，商店街がよりきれいになりました。今，私はこう思います。「私たちがアイデアを出して話し合えば，答えを見つけることができます。みんなが力を合わせれば，問題が解決するでしょう」聞いてくださってありがとうございました。

(ア)　全訳参照。　空所①　前後の文の流れに合うものを選ぶ。**<it is ～ for …+to+動詞の原形>「…が一するのは～だ」**の文。　空所②　直前のAfter people drink somethingに自然につながる内容の文を選ぶ。　空所③　ハルカにケーキ店の店主が語った言葉として適した内容の文を選ぶ。

(イ)　全訳参照。プロジェクトが成功したという話の展開に合うものを選ぶ。

（ウ）　a.　カモメ市の多くの商店街は，ごみ撤去のための資金を集めようと熱心に活動した。(×)　b.　商店街の数人のボランティアたちがごみを集めたので，ごみ問題が解決した。(×)　第3段落3文目および，後ろから1，2文目を参照。　c.　店主たちはペットボトルを受け取ったが，紙は受け取らなかった。(×)　d.　お金を寄付した人だけが商店街の店にごみを持っていくことができた。(×)　e.　グラフは，ガラスびんよりもプラスチックのほうがより多くの割合で店に引き取られたということを示している。(○)　f.　ハルカは，カモメクリーンプロジェクトのおかげで，より多くの人たちが市のかかえている問題について知ったと思う。(○)　最後から2段落目8文目と9文目を参照。

問7 (会話文読解問題：英問英答，絵・表・暦などを用いた問題)

（ア）（全訳）*ショウとジュリアは高校生である。彼らは同級生で，学園祭でクラスの生徒たちが着る予定のTシャツについて話している。*

ショウ　：ジュリア，見て！　これは僕が見つけたウェブサイトだよ。ここでTシャツが買えるんだ。

ジュリア：わあ，全部良さそうだと思う。私たちのクラスにはどのTシャツがいちばんいいかしら？

ショウ　：自分たちでTシャツの上に絵を描きたいから，絵がないものを買おう。

ジュリア：それは良い考えね！　そうすれば私たちのTシャツを特別なものにできるわ！

ショウ　：では，Tシャツを選ぼう。僕たちは何枚のTシャツを買うの？

ジュリア：クラスのみんなが着るから，40枚のTシャツを買うのよ。　これを買うのはどうかしら？　1枚のTシャツの値段が一番安いから，これがいいわ。

ショウ　：配達日数を見て！　2週間も待てないよ。学園祭は来週末だから，配達日数は7日より少なくなければだめだね。

ジュリア：そうね。では，ほかの3枚のTシャツを見ましょう。私たちは40枚のTシャツを注文するから，割引も忘れないようにね。

ショウ　：これはどうだろう？総額が3枚のうちでいちばん安いよ。

ジュリア：いいわ。クラスに話しましょう。

〈価格表の注記〉

☆「価格」は「Tシャツ1枚の値段」。☆40枚以上のTシャツの注文で割引有り。☆10枚以上の注文で配送料不要。

質問：「ショウとジュリアはどのTシャツを選びましたか？」

上記全訳を参照。AとCが条件に合わないので，残りのB，D，Eのうちで最終の1枚の値段を比較する。Bは900×(1−0.3)で630円。Dは800×(1−0.2)で640円。Eは700×(1−0.05)で665円。結局，いちばん安い総額はBで，630×40＝25,200円になる。

（イ）（全訳）*カナとメアリーは高校生である。彼女たちはこの夏の予定表を見ている。*

カナ　　：はい，メアリー。カモメ美術館は，7月22日から8月11日まで音楽祭を開催する予定よ。私と一緒に行く？

メアリー：それはいいわね！

カナ　　：音楽祭では毎朝，ギターコンサートやピアノコンサートなどがあるのよ。私は特に*Singing Girls in New York*(ニューヨークで歌う少女たち)という人気のミュージカルに興味があるわ。音楽祭の期間中，毎週火曜日，木曜日，土曜日の午後2時から上演の予定よ。

メアリー：それを見たいわ！　いつ美術館に行くのがいいかしら？
カナ　　：えーと。私は7月23日か8月10日がいいわ。
メアリー：申し訳ないけど，私はその両日とも予定があるの。8月1日か3日はどう？
カナ　　：毎週木曜日の午後にはテニスレッスンがあるわ。8月3日と4日はカモメ湖に行く予定よ。
メアリー：私たちは本当に忙しいのね。私たちのスケジュールで都合の良い日を見つけられないわ。
カナ　　：では，私が1つのテニスレッスンを次の日に移すわ。そうすれば，私たちがその日に音楽祭に行けるでしょ。
メアリー：ありがとう。私は朝のピアノコンサートにも興味があるの。その日の午前10時に美術館で会うのはどうかしら？
カナ　　：いいわよ。待ち遠しいなあ！
〈カナの予定表〉
〈メアリーの予定表〉
質問：「カナとメアリーはいつ音楽祭に行きますか？」

上記全訳を参照。二人が見たいミュージカルは火曜日，木曜日，土曜日しかやっていない。予定表で二人が空いている日はなかったが，カナがある日のテニスレッスンを次の日に移すことで，行ける日ができた(カナの5番目の発言を参照)。

問8 (会話文読解問題：グラフを用いた問題，語句の補充，内容真偽)

(全訳) *ヤマト，マナ，そしてエリはカモメ高校の生徒である。彼らは放課後，教室で話している。そのとき，彼らの英語の先生であるスミス先生が，彼らと話す。*

スミス先生：こんにちは，みなさん。何をしているの？
ヤマト　　：こんにちは，スミス先生。私たちの地域社会での子ども向けイベントについて話しています。
マナ　　　：私たちの学校とカモメ小学校はここ10年間，毎年夏に小学生向けのイベントの開催を一緒にしてきました。
スミス先生：それは興味深いわ！　どんなイベントなの？
エリ　　　：私たちはそのイベントを遊び教室と呼んでいます。私たちの高校から何名かのボランティアが小学校に行って，そこで生徒たちとダンスをします。私たちは生徒たちに運動の楽しさを発見してもらいたいのです。
スミス先生：なんて素晴らしいイベントでしょう！
ヤマト　　：最近，子どもたちは十分な運動ができていません。小学生には毎日60分以上の運動が必要だと言われています。グラフ1を見てください。①このグラフでは5年生男子の約50％と5年生女子の30％が，一週間で420分以上運動することを示しています。
スミス先生：そうですね。
ヤマト　　：このグラフはまた，5年生男子の約8％と5年生女子の13％が，一週間に60分より少なく運動することを示しています！
スミス先生：だからあなたたちは，もっと多くの子どもたちが一週間に420分以上の運動をするようになって欲しいと願うのね？
ヤマト　　：そうです。画面を見ている時間に関するグラフ2を見てください。②このグラフは，5年生男子の約40％と5年生女子の約30％が1日に3時間以上，画面を見て過ごしていることを示しています。

エリ　　　：私は，何時間もテレビを見たり，スマートフォンを使ったり，ビデオゲームをしたりする子どもたちは十分な運動ができないと思います。

スミス先生：私もそう思います。

マナ　　　：私たちのイベントは，私たちの地域社会にいる子どもたちの健康を改善するために，10年前に始まりました。私はイベントに，小学生だった5年前に参加しました。私はそれをよく覚えています！

スミス先生：それは良いですね。あなたたちは今年の遊び教室で，どのようなダンスをする予定ですか？

エリ　　　：私たちは独自のダンスを作って，それを小学生たちに教えるつもりです。去年，私たちは『カモメダンス』と呼ばれるダンスを作りました。私たちにとってそのダンスを作ることは難しかったのですが，イベントに参加した小学生たちが本当に気に入っていたのでうれしかったです！　イベントに参加したあと，私たちにお礼状を送ってくれました。

スミス先生：あなたたちは素晴らしい時間を過ごしましたね！

ヤマト　　：はい，その通りです！　でも，今年は大きな問題があります。

スミス先生：まあ，それは何ですか？

ヤマト　　：えーと，私たちはたいていイベントに小学校の体育館を使うのですが，今年はそこが使えないのです。イベントを開催するために他の方法を探す必要があります。

スミス先生：何かアイデアはあるのですか？

マナ　　　：ええ，オンラインでイベントを開催するのはどうでしょうか？　もしオンラインで開催することができれば，体育館の必要がなくなります。

スミス先生：オンラインでのイベントですか？　それについてもっと話してください。

マナ　　　：インターネットで開催されるイベントです。イベントまでに，私たちはいくつかの資料を準備しなければなりません。私たちはダンスのしかたを示したパンフレットを作って，小学校に送ります。

スミス先生：わあ，もしそのパンフレットを使ったら，小学生たちにはダンスのしかたが理解しやすくなるでしょうね。あなたたちはイベントの日に何をする予定ですか？

マナ　　　：高校生のボランティアたちがここの教室でダンスをする予定です。私はビデオカメラを持ってきて，それを使ってオンラインで小学生に私たちのダンスを届けます。

エリ　　　：それは良いアイデアです。小学生たちはそれを見て私たちと一緒に踊れますね。また，彼らが他の人たちと一緒に見ても良いですね。私は彼らが友達や家族と一緒に楽しくダンスをするといいなあと思います。

スミス先生：なんて良いアイデアでしょう！

エリ　　　：イベントをさらに良くできるアイデアがもう一つあります。

スミス先生：あら，あなたのアイデアは何かしら？

エリ　　　：ダンスの後，小学生たちにオリジナルのダンスを作ってもらいます。そして，彼らにビデオを作ってもらって，それを私たちに送ってもらうのです！

ヤマト　　：いいですね！　小学生たちが楽しんでくれると思います！

エリ　　　：私は小学生たちに健康を保って欲しいので，イベントがこの地域社会で続くといいなあと思います。そして，マナみたいに，このイベントに参加した小学生たちが高校生になって，イベントを開催してくれるかもしれません。それによって私たちの地域社会がもっと良くなるでしょう。

ヤマト　：僕もそう思います。
マナ　：私はもうイベントにわくわくしています！

(ア)　全訳を参照。下線①のグラフは，**ア群**の中から選ぶ。まずヤマトの2つ目の発言から，**420 minutes or moreを示す斜線部分が「5年生男子の約50％と5年生女子の30％」になっているものをさがすと，AとBの2つ**が該当する。次にヤマトの3つ目の発言から，**less than 60 minutesを示す白色部分が「男子の約8％と5年生女子の13％」になっているものをさがすと，Aに決まる**。下線②のグラフは，**イ群**の中から選ぶ。ヤマトの4つ目の発言で「5年生男子の約40％と5年生女子の約30％」と述べている部分は，**5 hours or moreを示す斜線部分と，3 hours or more and less than 5 hoursを示す白色部分を足した数値の「～％」で**あることに気づくと，Zに決まる。従って，正解は①：Aと②：Zの組み合わせ。

(イ)　全訳で，該当箇所のエリの発言部分を参照。「小学生たちが見て一緒に踊れる」「また他の人たちと一緒に見てくれるといい」という言葉に自然に続くのは，4.「友達や家族と一緒に楽しくダンスをする」(といいなあと思う)である。

(ウ)　a.　カモメ小学校にはたくさんの生徒たちがいるので，運動を教える先生がもっとたくさん必要だ。(×)　b.　カモメ小学校の生徒たちは体育館を使えないので，十分な運動ができない。(×)　c.　スミス先生は，パンフレットは小学生たちがダンスのしかたを理解する手助けになると考えている。(○)　スミス先生の12番目の発言を参照。　d.　マナは中学生のときに参加した参加したイベントを覚えている。(×)　e.　エリは，小学生たちの健康に良いので，そのイベントがずっと続いてほしいと思う。(○)　エリの最後の発言を参照。　f.　友達や家族とオンラインで運動をした後，子どもたちはお礼状を書かなければならない。(×)

2022年度英語　リスニングテスト

〔放送台本〕

これから，問1のリスニングテストの放送を始めます。問題は(ア)・(イ)・(ウ)の三つに大きく分かれています。放送を聞きながらメモをとってもかまいません。

それでは，問題(ア)に入ります。問題(ア)は，No.1 ～No.3まであります。JackとNaomiが話をしています。まずJackが話し，次にNaomiが話し，その後も交互に話します。対話の最後でNaomiが話す言葉のかわりに(チャイムの音)というチャイムが鳴ります。そのチャイムのところに入るNaomiの言葉として最も適するものを，問題(ア)の指示にしたがって答えなさい。まず，問題(ア)の指示を読みなさい。それでは，始めます。対話は2回ずつ放送します。

No.1　[Jack:]　Naomi, how was your birthday party last week? What did you get?
[Naomi:]　It was good, Jack. My brother gave me a guitar! I wanted a new one, so I'm very happy.
[Jack:]　What a nice present! When do you usually play the guitar?
[Naomi:]　(チャイム)

No. 2　[Jack:]　Naomi, have you finished Ms. Brown's English homework?
[Naomi:]　No, not yet. We have to write about a country we want to visit. After that, we'll make a speech in the next English class, right?

[Jack:] Yes. I want to go to India, so I'll write about it. How about you?
[Naomi:] (チャイム)

No.3 [Jack:] Naomi, I want to make a video about our school.
[Naomi:] Oh, that's interesting, but why do you want to make it?
[Jack:] Well, I want my friends in my country to know about my school life. Can you help me?
[Naomi:] (チャイム)

〔英文の訳〕

No. 1 ジャック：ナオミ，先週の誕生日パーティーはどうだった？ 何をもらったの？
ナオミ ：楽しかったわ，ジャック。兄がギターをくれたの！新しいのが欲しかったから，とてもうれしいわ。
ジャック：なんて素敵なプレゼントだろうね！ ふだんは，いつギターを弾くの？
ナオミ ：2 兄と週末にギターを弾くのよ。

No. 2 ジャック：ナオミ，ブラウン先生の英語の宿題は終わった？
ナオミ ：いいえ，まだよ。私たちが行きたい国について書かなければならないわ。その後で，次の英語の授業でスピーチをするのよね？
ジャック：そうだよ。僕はインドに行きたいから，インドについて書くつもりだよ。あなたは？
ナオミ ：3 そこの動物が見たいから，私はオーストラリアについて書くつもりよ。

No. 3 ジャック：ナオミ，僕たちの学校のビデオを撮りたいと思うんだ。
ナオミ ：まあ，それはおもしろいわ。でも，なぜそれを撮ってみたいの？
ジャック：えーとね，僕の国の友達に，僕の学校生活について知ってもらいたいからだよ。手伝ってくれる？
ナオミ ：4 いいわよ。いくつか良いアイデアがあると思うわ。

〔放送台本〕

次に，問題(イ)に入ります。問題(イ)は，No.1とNo.2があります。それぞれ同じ高校に通うEmilyとKenの対話を放送します。対話の内容を聞いて，問題冊子に印刷されているそれぞれの質問の答えとして最も適するものを，問題(イ)の指示にしたがって答えなさい。まず，問題(イ)の指示を読みなさい。それでは，始めます。対話は2回ずつ放送します。

No. 1 [Emily:] Ken, I've read the book that you're reading now. I think the story is very interesting.
[Ken:] Oh, have you read it, Emily? I started reading this last week. I like reading about this high school baseball team that has a dream to be the best team in Japan.
[Emily:] Well, do you know there is a movie about this story? We can see it next month.
[Ken:] Really? I'm sure that the movie will be great.
[Emily:] I'm going to see the movie with my friends. Do you want to come with us?
[Ken:] Sure. Thank you, Emily. I can't wait!

No. 2　[Emily:]　Ken, I will go shopping with some of our classmates this Saturday. Would you like to come with us?

[Ken:]　I'll have time this Saturday. Where are you going to go?

[Emily:]　We will go to a shop near the station to buy something for Tom. Have you heard he will go back to Australia next month?

[Ken:]　Yes, I have. I'm very sad. OK. I'll go with you. What will be a good present for Tom?

[Emily:]　How about buying something to help him remember his time in Japan?

[Ken:]　That sounds good! I think we should write a message to Tom, too.

〔英文の訳〕

No. 1　エミリー：ケン，私はあなたが今読んでいる本を読んだことがあるわ。ストーリーがとてもおもしろいと思う。

ケン　：わあ，読んだことがあるの，エミリー？　僕は先週これを読み始めたんだよ。日本でベストチームになるという夢がある，この高校の野球チームについて読むのが好きなんだ。

エミリー：ところで，このストーリーに関する映画があるのを知っている？　私たちは来月それを見ることができるわ。

ケン　：本当？　その映画はきっとすごいだろうと思うよ。

エミリー：私は友達とその映画を見に行くつもりよ。私たちと一緒に見に行きたい？

ケン　：もちろんだよ。ありがとう，エミリー。待ち遠しいな！

質問：ケンについて何と言えますか？

答え：1　高校の野球チームに関する映画を見たいと思っている。

No. 2　エミリー：ケン，今度の土曜日にうちのクラスの数人と買い物に行くのよ。私たちと一緒に来ない？

ケン　：今度の土曜日なら時間があるよ。どこに行くつもりなの？

エミリー：トムにあげるものを買うために駅の近くのお店に行くつもりよ。来月彼がオーストラリアに帰ることを聞いたでしょ？

ケン　：うん，聞いたよ。すごく悲しい。わかった。僕も一緒に行くよ。トムへの良いプレゼントは何だろうね？

エミリー：日本ですごしたときを思い出せるようなものを買うのはどうかしら？

ケン　：それがよさそうだね！　トムにメッセージを書くべきだとも思うよ。

質問：エミリーとケンについて何と言えますか？

答え：3　ケンは今度の土曜日にエミリーや同級生たちと一緒に行くことに同意した。

〔放送台本〕

最後に，問題(ウ)に入ります。問題(ウ)では，学校の図書館について，図書委員のミホが留学生のマイクとジョーに行った説明を放送します。放送を聞き，問題(ウ)の指示にしたがって答えなさい。このあと，20秒後に放送が始まりますので，それまで問題(ウ)の指示を読みなさい。それでは，始めます。英文は2回放送します。

Hi, Mike. Hi, Joe. This is the library at our school. There are about 20,000 books. You can read and borrow books, and you can also study here. You can use the library from 9:00 in the morning to 4:45 in the afternoon from Monday to Friday. But, on the first Wednesday of every month, the library teacher is not here. If she isn't here, you can't use the library. Don't eat or drink in the library. You can study with your friends after school here, but, of course, you cannot speak with a big voice. You can usually borrow ten books for two weeks, but, during vacations, you can borrow more books if you want. The library has some dictionaries. You can use them only in the library. You can find the books you want by using the computer in the library. The books in the library will help you learn more about things you are interested in. For example, if you want to learn about Japan, you can find some books about Japanese art, festivals, or history here.

これで問1のリスニングテストの放送を終わります。

〔英文の訳〕

こんにちは，マイク。こんにちは，ジョー。ここは私たちの学校の図書館です。約2万冊の本があります。本を読んだり借りたりできるし，ここで勉強することもできます。月曜日から金曜日まで，朝9時から午後4時45分まで図書館を使うことができます。でも，毎月第一水曜日には，図書館の先生がここにいらっしゃいません。先生がここにいらっしゃらないときは，図書館を使うことができません。図書館内で食べたり飲んだりしてはいけません。放課後ここで友達と勉強することができますが，大声で話すことはもちろんできません。通常，10冊を2週間借りられますが，休暇中には希望するともっと多くの本を借りることができます。図書館には数冊の辞書があります。それらは館内だけで使えます。館内のコンピュータを使って欲しい本を探すことができます。図書館の本は興味があることについてもっと学ぶ上での手助けになります。例えば，日本について学びたいと思ったら，ここで日本の美術，祭り，歴史に関する本を見つけることができます。

No.1　下記和訳の下線部を参照。

〈メモ〉の和訳

私たちの図書館について

- 朝9時から午後4時45分まで図書館を使うことができる。
- 図書館の先生がいるときに図書館を使うことができる。（毎月第一水曜日には先生が①いない。）
- 通常借りることができる本の数は②2週間に10冊だけれど，休暇中にはもっと多くの本を借りることができる。
- 辞書を③借りることはできない。

No.2　〈メッセージ〉の和訳

やあ，ジョー！放課後に図書館へ行くのはどう？　そこで宿題をやるときに④助け合おうよ。図書館は一緒に勉強するのに一番良い場所だね。昨日，僕たちは日本の鎌倉，京都，その他多くの場所を訪れることについて話したね。図書館では，僕たちが訪れたい場所の⑤歴史を学ぶこともできるよ。

＜理科解答＞

問1　(ア)　6　(イ)　3　(ウ)　2
問2　(ア)　3　(イ)　3　(ウ)　1
問3　(ア)　3　(イ)　1　(ウ)　4
問4　(ア)　1　(イ)　4　(ウ)　4
問5　(ア)　2　(イ)　2　(ウ)　4　(エ)　(i)　1　(ii)　4
問6　(ア)　3　(イ)　1　(ウ)　3　(エ)　あ　1　い　2
問7　(ア)　6　(イ)　2　(ウ)　5　(エ)　4
問8　(ア)　3　(イ)　(i)　2　(ii)　1　(ウ)　1　(エ)　X　4　Y　4

＜理科解説＞

問1　(小問集合－光と音：音の性質，力学的エネルギー：力学的エネルギー保存の法則，電流：電圧と電流と抵抗)

(ア)　a　同じ高さの音が出る2つの音さを並べて**一方の音さを鳴らすともう一方の音さも鳴り始めるのは，一方の音さの振動がまわりの空気を次々と振動させ，それがもう一方の音さに伝わって振動させたから**である。　b　音は空気などの気体だけでなく，水などの液体や金属などの固体の中も伝わる。cとdの音の性質についての説明は適切である。

(イ)　手に持っている物体を真上に投げると，位置エネルギーは増加していくとともに，投げ上げたときの運動エネルギーは減少していき，運動エネルギーと位置エネルギーの和は，力学的エネルギー保存の法則により一定に保たれる。

(ウ)　**2個の抵抗器を直列につなぐと，回路全体の電気抵抗はそれぞれの電気抵抗より大きくなり，電流が流れにくくなる。並列につなぐと，電流の通り道がふえるので電流が流れやすくなる。よって，回路①のグラフは傾きが小さい方である。**抵抗器Bの抵抗をRBとすると，回路①の合成抵抗〔Ω〕$=R_B$〔Ω〕+20〔Ω〕である。回路①のグラフより，6.0〔V〕=0.2〔A〕×(R_B〔Ω〕+20〔Ω〕)であるから，R_B〔Ω〕=10〔Ω〕である。回路②のグラフは傾きが大きい方である。抵抗器Cの抵抗をR_Cとし，回路②の合成抵抗をR_T〔Ω〕とすると，$\frac{1}{R_T〔\Omega〕}=\frac{1}{R_C〔\Omega〕}+\frac{1}{20〔\Omega〕}$であるから，$R_T〔\Omega〕=\frac{20\times R_C〔\Omega〕}{R_C〔\Omega〕+20〔\Omega〕}$。回路②のグラフより，$4.0〔V〕=0.4〔A〕\times\frac{20\times R_C〔\Omega〕}{R_C〔\Omega〕+20〔\Omega〕}$であるから，$R_C$〔Ω〕=20〔Ω〕である。

問2　(小問集合－状態変化，化学変化と物質の質量：質量保存の法則，化学変化：化学反応式)

(ア)　ろうの液体から固体への状態変化であり，ビーカー全体の質量は変化しない。また，状態が変わっても，物質がほかの物質に変わることはない。よって，液体のろうが冷却されることにより，**ろうを構成する粒子どうしの間隔が小さくなったため**，ろうの体積が減少した。

(イ)　発生した気体の質量をx〔g〕とすると，質量保存の法則から，a〔g〕+b〔g〕=c〔g〕+x〔g〕，である。よって，発生した気体の質量x〔g〕=(a+b−c)〔g〕，である。

(ウ)　**プロパンC_3H_8の1分子が燃焼すると，二酸化炭素CO_2が3分子と，水H_2Oが4分子できる。**プロパンの1分子と反応した酸素分子O_2は5分子である。よって，化学反応式で表すと，**$C_3H_8+5O_2\rightarrow3CO_2+4H_2O$**，である。

問3　(小問集合－生物の成長と生殖：体細胞分裂，植物の体のつくりとはたらき：光合成，自然界のつり合い：食物連鎖)

(ア)　**体細胞分裂が進む順番**に図を並べると，a　分裂をはじめる前の細胞→ c　核の形が消え，染色体が見えるようになる。→ b　染色体が細胞の中央部分に集まる。→ d　染色体が，それぞれ分かれて細胞の両端に移動する。→ e　細胞質が2つに分かれはじめる。植物の細胞は中央部分に仕切りができて分裂する。

(イ)　光合成に必要な条件は，葉緑体，二酸化炭素，日光である。**「光合成には二酸化炭素が必要である」ことを調べるための対照実験に適する2本をさがす**。A，B，C，Dには葉緑体があるが，CとDは全体をアルミニウムはくで包んだので，日光は当たらない。よって，葉緑体と日光が当たるAとBの二酸化炭素について調べると，Aの試験管に入っているのは，沸騰させてから冷まし，溶けていた二酸化炭素を取り除いた水であり，Bの試験管に入っているのは，水中の二酸化炭素濃度を高くするためにつくった炭酸水素ナトリウム水溶液である。**光合成をして酸素を発生した1本は，光合成のための3つの条件がそろったBであり，Aは二酸化炭素のみが光合成の条件から欠けていた**。よって，二酸化炭素の濃度のみが大きく異なるAとBを対照実験とする。

(ウ)　ゾウリムシとそのえさを入れた日からゾウリムシはえさを食べ2日目までは個体数が増加したが，2日後にゾウリムシの捕食者である単細胞生物の肉食性の原生動物であるシオカメウズムシを加えるとゾウリムシの個体数が急激に減少し、シオカメウズムシは増加した。記録を初めて4日後から6日後にかけてシオカメウズムシの個体数が減少したのは，シオカメウズムシが食べるゾウリムシの個体数が非常に少なくなったからだと考えられる。

問4　(小問集合－気象観測：乾湿計，天気の変化：寒冷前線の通過，地層の重なりと過去の様子：断層と不整合)

(ア)　湿球に巻かれたガーゼが完全に乾いているときは，水の蒸発がないので，液だめの熱をうばうことができず，ガーゼがしめっているときよりも湿球温度計の示す温度は高くなる。よって，乾球温度計と湿球温度計の示度の差(℃)は小さくなり，その結果，湿度は高くなる。

(イ)　天気はおよそ西から東へ変化していくので，地点Aでは午前9時から午後9時にかけて，低気圧にともなう**寒冷前線が通過**しているので，南寄りの風から北寄りの風に変わり，気温は下がった。

(ウ)　D層から，示準化石であるアンモナイトの化石が見つかったので，D層は中生代に堆積したと推定される。また，B層とA層との間に**不整合**あることから，C層，B層の順に堆積した後，**土地は傾きながら隆起して，そのとき断層ができ，陸地になり，上部が浸食される。その後沈降して，再びその上に土砂が堆積したのがA層である。**

問5　(光と音：凸レンズによってできる像)

(ア)　物体が凸レンズの焦点の外側にあるとき，凸レンズで屈折した光は1点に集まり，上下・左右がともに逆向きの実像がスクリーンに映る。よって，図3の凸レンズより右側で1点に集まる光は②～⑥である。

(イ)　**図2のグラフの点Cは，凸レンズとスクリーンとの距離が，凸レンズと物体との距離に等しく，ともに40cmである。凸レンズと物体との距離が焦点距離の2倍であるとき，凸レンズとスクリーンとの距離も焦点距離の2倍である。**よって，焦点距離は20cmである。

(ウ)　D，E，F，Gは物体が焦点距離の2倍よりも遠い位置にあるため，物体の大きさよりも小さい，物体と上下・左右がともに逆向きの実像がスクリーンに映る。

(エ) (i) 凸レンズと物体との距離が15cmのときは，物体が凸レンズの焦点の内側にあるため，凸レンズを通して，大きさが物体よりも大きく，物体と同じ向きの虚像が見える。

(ii) 凸レンズと物体との距離が15cmのとき作図すると，光は凸レンズを通ったあと，1点に集まらない。**凸レンズと物体との距離が5cmのとき作図すると，15cmのときよりも物体が焦点から遠ざかりレンズに近づくため，虚像の大きさは小さくなる。**

問6 (化学変化と電池：金属のイオン化傾向・ダニエル電池・探究活動，水溶液とイオン：原子の成り立ちとイオン・イオン式)

(ア) 硫酸銅水溶液に亜鉛片を入れた場合，亜鉛片の表面に固体の銅が付着したのは，**亜鉛の方が銅よりイオン化傾向が大きく**イオンになりやすいため，**亜鉛がイオンとなって溶け出すとき放出した電子を，水溶液中の銅イオンが受け取って固体の銅になった**ためである。

(イ) 金属片のほうが，水溶液になっている金属よりもイオン化傾向が大きい場合には，金属片に，水溶液中の金属イオンが固体となって付着するので，○になる。Kさんは，イオン化傾向が大きい順は，マグネシウム＞亜鉛＞銅，と判断しているので，マグネシウム片に硫酸銅水溶液を入れた場合は，マグネシウムがイオンとなって溶け出し，銅が金属となって付着するので，○である。また，マグネシウム片に硫酸亜鉛水溶液を入れた場合も，マグネシウムがイオンとなって溶け出し，亜鉛が金属となって付着するので，○である。

(ウ) 図2は**ダニエル電池**である。〔実験2〕において，「プロペラが回転し，電圧計の針は右にふれた」ことから，電流は＋極から－極へ流れている。**電子の流れの向きは電流の向きと逆方向**なので，電子は－極で発生し＋極へと流れている。よって，**－極の金属は，＋極の金属よりイオン化傾向が大きい，亜鉛である**。電池の－極で起こった化学変化は，$Zn \rightarrow Zn^{2+} + 2e^-$，であり，＋極で起こった化学変化は，$Cu^{2+} + 2e^- \rightarrow Cu$，である。

(エ) マグネシウムと銅を組み合わせた電池の電圧は，亜鉛と銅を組み合わせた電池の電圧よりも高かったことと，イオン化傾向の大きさが，マグネシウム＞亜鉛＞銅，であることから，**用いる2種類の金属のイオン化傾向の差が大きいほど電圧が高くなる**。次に，金属Xと銅を組み合わせた電池の電圧については，まず，**金属Xのイオン化傾向を表の3種類の金属と比較する**。「金属Xのイオンと硫酸イオンの水溶液に亜鉛板をひたすと，亜鉛片の表面に金属Xの固体が付着する」ことから，イオン化傾向は，亜鉛＞金属X，である。また，〔実験1〕の結果の表から，イオン化傾向は，金属X＞銅，であることから，表の4種類の金属片をイオン化傾向が大きい順に並べると，**マグネシウム＞亜鉛＞金属X＞銅**，である。よって，**金属Xと銅を組み合わせた電池の電圧は，図2の亜鉛と銅を組み合わせた電池の電圧よりも低くなる。**

問7 (動物の体のつくりとはたらき：消化実験・対照実験・仮説の検証実験の設定，水溶液：濃度，数学：反比例)

(ア) タンパク質は，胃液中のペプシンや，すい液中のトリプシン，さらに小腸の壁にある消化酵素などのはたらきで，アミノ酸に分解される。

(イ) 脱脂粉乳溶液9.0cm^3と，消化酵素が含まれる上澄み液である酵素液Ⅰの1.0cm^3とが入っている試験管Aと比較することにより，「酵素液のはたらきでタンパク質が分解された」ということを確認するための**対照実験**は，脱脂粉乳溶液9.0cm^3に酵素液のかわりに水1.0cm^3を加えた試験管を，40℃に保つ。

(ウ) 表3から，試験管A，試験管B，試験管C，試験管Dの4本に含まれる脱脂粉乳溶液は濃度と体積が等しい。酵素液については，体積は等しいが濃度が異なる。表2から**消化酵素が含まれる**

上澄み液の濃度を比較する。試験管Aの酵素液Ⅰの濃度を100％とすると，試験管Bの酵素液Ⅱの濃度＝10.0〔cm^3〕÷（10.0〔cm^3〕＋10.0〔cm^3〕）×100＝50％であり，同様にして試験管Cの酵素液Ⅲの濃度は25％であり，試験管Dの酵素Ⅳの濃度は12.5％である。図から，**消化酵素が含まれる上澄み液の濃度と，にごりの度合いが4から0になるまでの時間の関係は**，100％の場合は6分，50％の場合12分，25％の場合は24分であり，**反比例の関係**にある。よって，試験管D中のタンパク質が分解されて液のにごりの度合いが4から0になるまでの時間をx分とすると，100％：12.5％＝x分：6分，x＝48，より，48分である。

（エ）「消化酵素は，一度はたらいたあとも，くり返しはたらくことができる」という仮説を確かめるための実験は，〔実験〕のあと，試験管Aに残った液体に**酵素液Ⅰを加えずに**，「にごりの度合いが0になったら**脱脂粉乳溶液9.0cm^3を加えて**，40℃に保つ」操作を**数回くり返し**ても，にごりの度合いが0になれば，仮説は正しいことになる。

問8 （天体の動きと地球の自転・公転：星の動きと地球の自転・公転・北緯と北極星の高度，数学：相似）

（ア） 地球は，地軸を軸として1日に1回，西から東へ自転しているため，天球上のすべての天体が，天の北極と天の南極を結ぶ軸を中心に，自転とは逆に，東から西に向かって1日に1回転して見える。**北極星はほぼ地軸の延長線上にあるため，北極星の位置は変化しない**。

（イ）（i） 北斗七星は**反時計回り**に東から西に向かって1日に1回転して見えるため，北斗七星が動いた向きはbである。　(ii) 地球から太陽以外の恒星までの**距離は非常に遠いため，距離の違いが感じられず**，地球が動いても北斗七星を形づくる恒星が見える方向は変わらない。よって，〔観察1〕と〔観察2〕で，北斗七星の形は変わらない。

（ウ） 観察1では，午後9時に図1の位置に北斗七星が見えた。観察1と同じ日の午後8時には地球が西から東に自転しているため，**星の日周運動**により，図1の位置より**約15°東に見えた**。午後8時に観察1と同じ位置に北斗七星が見えるのは，地球の西から東への公転による，**星の年周運動**により，1日に**約1°東から西に回転して見える**ため，約15°÷約1°≒15，より，ある日の午後9時に北斗七星が見えた位置と同じ位置に，午後8時に北斗七星が見えるのは15日後である。

（エ） 問題文から，〔観察1〕を行った，およそ北緯35度，東経139度の地点では北極星の高度が約35度であった。**地球の北半球にある地点における北極星の高度は，緯度（北緯）に等しい**。その理由を作図で説明する。観察地点における地球の断面図をかく。公転面に対して垂直より23.4度傾けて地軸をかき，延長上に北極星をかく。地軸に対して垂直になるように赤道をかく。観察地点を通る赤道に平行な線と観察地点を通る地軸に平行な線をかくと，それらがなす角は直角である。北極星など，天体までの距離は非常に遠いので，**観測地点を通る地軸に平行な線の延長線上に北極星は見え，北極星の高度は延長線と地平線（観測地点での円の接線）とが，なす角度である**。作図において，北極星の高度の対頂角は相似により，観察地点の緯度に等しい。よって，北緯43°の観察地点では北極星の高度は43°である。赤道付近の観察地点では北緯0°であるため，北極星の高度は0°である。よって，北極星の見える限界は赤道付近である。

＜社会解答＞

問1　（ア）　2　　（イ）　2　　（ウ）　3　　（エ）　4　　（オ）　1
問2　（ア）　6　　（イ）　2　　（ウ）　3　　（エ）　4

問3	(ア) 4	(イ) 5	(ウ) 2	(エ) 1	(オ) 3
問4	(ア) 1	(イ) 2	(ウ) 1	(エ) 4	(オ) 3
問5	(ア) 1	(イ) 4	(ウ) 2	(エ) 7	(オ) 5
問6	(ア) 4	(イ) 8	(ウ) 3	(エ) 2	
問7	(ア) 3	(イ) 4	(ウ) 5	(エ) 1	

＜社会解説＞

問1 (地理的分野－世界地図・産業・エネルギーなどに関する問題)

(ア) **経度0度はイギリスのロンドン郊外の旧グリニッジ天文台を通る本初子午線**であることから判断すれば良い。設問の条件に，緯線・経線は30度ごとに引いているとあることから，sは南緯30度の緯線，qは東経30度の経線であることが分かる。したがって，反対側の地点は北緯30度，西経150度となる。

(イ) Aはフランスの首都パリである。**フランスには**，フランスと西ドイツの企業の共同出資によって設立された**エアバス社がある**ことから判断すれば良い。

(ウ) 2017年の水力・風力・太陽光・地熱を利用した発電量は，日本が11.3％，ブラジルが70.2％，フランスが15.9％であることから，Xは誤りである。日本の原子力発電量は24.9％から3.1％に減っており，背景には2011年の東日本大震災での原子力発電所の事故であることから，Yは正しい。これらを併せて判断すれば良い。

(エ) **コーヒー生産量1位の国はブラジル**であることから，ブラジルのある南アメリカ州の数字に注目して判断すれば良い。

(オ) Aはフランスのパリ，Bはアラブ首長国連邦のアブダビ，Cはインドネシアのジャカルタ，Dはボリビアのラパスである。Dは南半球に位置することから，北半球に位置する日本と季節の巡り方が逆であり，標高が高いことから気温が低くなることを併せて判断すれば良い。

問2 (地理的分野－長野県を切り口にした問題)

(ア) **第1次産業に分類されるのは農林水産業**であることから判断すれば良い。なお，Xは第3次産業，Yは第2次産業に分類される。第2次産業の就業者数を計算すると，富山県は55.4万人×33.9％＝約18.8万人，愛知県は406.9万人×32.7％＝約133.1万人となり，愛知県の方が多いことからaは誤りである。これらを併せて判断すれば良い。

(イ) 資料3から，長野県から東京へのレタス出荷量が多くなる夏場は，その他の主な産地である茨城県・静岡県からの出荷量がほとんどないことが読み取れるので，2は誤りである。

(ウ) 2015年の延べ宿泊者数の合計は99350人であることから，1は誤りである。北アメリカの2016年及びヨーロッパの2019年の延べ宿泊者数は前年を下回っていることから，2は誤りである。2015年と2019年の延べ宿泊者数を比較すると，ヨーロッパは5162人から9147人と約1.8倍に留まっていることから，4は誤りである。これらを併せて判断すれば良い。

(エ) **縮尺25000分の1の地形図**であることから，**地図上の1cmは実際は25000cm＝250m**となる。したがって，8×250m＝2000m＝2kmであることが分かるはずである。

問3 (歴史的分野－各時代の様子に関する問題)

(ア) **仏教の力で国を治めようとした聖武天皇**が詔を出して造立したのは**東大寺の大仏**である。加賀で行われた自治は，**加賀の一向一揆**で始まったもので，**一向宗は鎌倉時代に開かれた浄土真宗**

のことである。これらを併せて判断すれば良い。

(イ)　Ⅰは鎌倉時代の**元寇**，Ⅱは室町時代の**日明貿易**，Ⅲは平安時代の**日宋貿易**である。

(ウ)　**仏教伝来は538年・552年**の説があるが，いずれにせよ**6世紀**のことである。水城は天智天皇の時代に造られた防衛施設であることから判断すれば良い。稲作が東北地方に広がったのは弥生時代であることから，1は時代が異なる。邪馬台国で卑弥呼が女王となるのは弥生時代であることから，3は時代が異なる。古墳時代は3世紀末頃から7世紀頃までであるが，仏教伝来以降は古墳の建設は減っていくことから，4は時代が異なる。

(エ)　**宗門改が制度化されたのは1640年**のことである。1は1641年，2は1804年，3は1571年，4は1772年に田沼意次が老中になった後に行われた改革の内容である。

(オ)　布の売買や大がめの販売とあり，また，**一遍上人**が描かれていることから，資料は**鎌倉時代の定期市の様子**であることが分かる。鎌倉時代，**栄西・道元によって禅宗が開かれた**ことが知られている。これらを併せて判断すれば良い。

問4　(歴史的分野－近現代の歴史に関する問題)

(ア)　メモに植民地とあることから，領土を拡大する帝国主義であることが分かる。

(イ)　資料に描かれている内容は，アが日本，イが清，橋の上の人物がロシア，川の中の魚が朝鮮である。この資料は，朝鮮を魚に見立ててそれを手に入れようとする各国の様子を描いており，日清戦争前の様子を表していることが分かる。

(ウ)　Ⅰは1941年，Ⅱは1955年，Ⅲは1965年からのことである。

(エ)　19世紀後半とあることから，**1894年の治外法権の撤廃**が課題になることが分かるはずである。1の**関税自主権の回復の実現は1911年**，2の**成人男子による普通選挙の実現は1925年**，3の**ヨーロッパで起こった戦争は1914年の第一次世界大戦**のことである。

(オ)　**イギリスが香港を植民地としたのは1842年**である。**自由民権運動が始まったのは1874年**に民撰議院設立建白書が提出されたことがきっかけである。**ロシア革命は1917年から1923年**のことである。**サンフランシスコ講和会議は1951年**のことである。**東西ドイツ統一は1990年**のことである。これらをもとに，それぞれのできごとの時期を判断すれば良い。1は1890年のことでありAにはあてはまらない。2は1925年のことでありBにはあてはまらない。3は1945年のことでありCにあてはまる。4は1992年のことでありDにはあてはまらない。

問5　(公民的分野－米を切り口にした問題)

(ア)　無形文化遺産の登録を行う国際連合の専門機関は**UNESCO(国連教育科学文化機関)**である。**UNICEFは国連児童基金**，**WHOは世界保健機関**，**IAEAは国際原子力機関**のことである。米を備蓄している理由が米価の安定にあることから，米価が上昇する場合すなわち，需要量が供給量を上回る状態を考えれば良い。これらを併せて判断すれば良い。

(イ)　**貨幣の基本的な働きには，尺度・交換・保存がある**ことから判断すれば良い。クレジットカードは代金後払いのシステムであることから，1は誤りである。**紙幣の発行ができるのは中央銀行である日本銀行だけである**ことから，2は誤りである。円高になると，それまでよりは少ない円でドルと交換できることから，輸入にプラスであることになるので，3は誤りである。

(ウ)　国・地方公共団体も企業を運営することはできることから判断すれば良い。日本の企業の99％以上は中小企業であることから，1は誤りである。**企業間の競争が弱まると，市場は生産者に有利なものとなり，商品価格は上昇する**ことから，3は誤りである。**労働条件の基準を定めた法律は労働基準法である**ことから，4は誤りである。

(エ)　**日本国憲法第60条・86条・90条**に**予算及び決算の議決を行うのは国会**と定められていることから，Xは誤りである。不景気のときには，市中に出回る通貨量を増やす必要があることから，政府は公共事業をなどの支出を増やそうとするので，Yは誤りである。**累進課税制度**は，税の公平な負担を実現するために，**所得税や相続税などの直接税に取り入れられている方式**であることから，Zは正しい。これらを併せて判断すれば良い。

(オ)　1960年から65年にかけて増加しているのは輸入量であることから，aは誤りである。1969年に輸出量が輸入量を上回ったことから，bは正しい。1970年から90年にかけて輸入量が最も多かった1984年でも20万tを下回っていることから，cは正しい。1970・71・79・80・81年の輸出量は70万t以上あることから，dは誤りである。1990年の輸入量5万tに対して2000年の輸入量は100万トンと20倍になっていることから，eは正しい。2000年は輸入量が100万t，輸出量が45万t，2010年は輸入量が95万t，輸出量が20万tで，その差は55万tと75万tとなり，差が大きくなっていることが分かるので，fは誤りである。

問6　(公民的分野－日本国憲法・地方公共団体・国際社会などに関する問題)

(ア)　知る権利とは国の政治に関する情報を国民が自由に入手する権利のことであるので，臓器提供意思表示カードの内容とは関係がないことから，aは誤りである。資料3から，提供しない意思表示に関しては年齢に関わらず有効であるとされていることから，cは誤りである。

(イ)　**日本国憲法第96条**の規定である。

(ウ)　**日本国憲法第64条**の規定である。**検察官が起訴するのは刑事裁判**であることから，1は誤りである。**行政の長である内閣総理大臣は国会で指名される**ことから，2は誤りである。**都道府県知事の被選挙権は30歳以上**であることから，4は誤りである。

(エ)　**第二次世界大戦時の枢軸国とは，日本・ドイツ・イタリア**であることから，表2より安全保障理事会の常任理事国に含まれていないことが分かる。非常任理事国1か国あたりの加盟国数は，西ヨーロッパでは14.5であることから，1は誤りである。安全保障理事会で拒否権を持つ国は常任理事国であることから，3は誤りである。常任理事国と非常任理事国を合わせると15か国，加盟国数は193か国であり，1割を下回っていることから，4は誤りである。

問7　(総合問題－海上輸送・船舶の安全を切り口にした問題)

(ア)　**スエズ運河はアフリカ大陸とアラビア半島の間**に位置する，**紅海と地中海を結ぶ運河**である。略地図2は東南アジアが描かれている。**スエズ運河開通以前，ヨーロッパから東南アジアへの航路は，アフリカ南端の喜望峰の沖合を利用**するものであったことから判断すれば良い。

(イ)　Ⅰの**第四次中東戦争は1973年**，Ⅱの**第一次世界大戦は1914年**，Ⅲの**岩倉使節団は1871年から1873年**のことである。

(ウ)　2010年の件数に対する2019年の件数の割合は，アフリカが71÷259×100＝27.4…%，東南アジアが53÷70×100＝75.7…%であることから，aは誤りである。2010年の世界計に対する東南アジアの件数の割合は70÷445×100＝15.7…%であることから，bは誤りである。2013年以降の世界計の1割は，26・25・25・19・18・20・16であり，ソマリア周辺海域の件数はいずれもそれを下回っていることから，cは正しい。2011年から2012年の減少件数は，ソマリア周辺海域では162件，世界計で142件であることから，dは正しい。2015年から2016年にかけてマラッカ・シンガポール海峡を除く東南アジアで減少した件数は67件，世界計で減少した件数は55件であることから，eは誤りである。

(エ)　国家の安全保障と相互依存・相互補完の関係にあるものとして，現在，そして新たに生まれつつある脅威，すなわち幅広く分野横断的な脅威に対応し，人々の生存・生活・尊厳を守ることを目指すものである。

＜国語解答＞

問一　(ア)　a 3　b 1　c 3　d 2　(イ)　a 1　b 4　c 2　d 4
(ウ)　2

問二　(ア)　2　(イ)　4　(ウ)　3　(エ)　4　(オ)　1　(カ)　3

問三　(ア)　4　(イ)　1　(ウ)　3　(エ)　4　(オ)　2　(カ)　1　(キ)　1
(ク)　3　(ケ)　2

問四　(ア)　3　(イ)　1　(ウ)　4　(エ)　2

問五　(ア)　4　(イ)　(例)(消費者には)不要な服の購入を控えるとともに，安易に手放さないよう心がける(ことが求められていると言えます。)

＜国語解説＞

問一　(知識・短歌―漢字の読み書き，内容吟味)

(ア)　a 「煩雑」は，物事がこみいっていて面倒なこと。　b 「罷免」は，職務をやめさせること。　c 「暇」の音読みは「カ」で，「寸暇」はほんのちょっとのひまという意味。　d 「爽」の音読みは「ソウ」で，「爽快」などの熟語を作る。

(イ)　各文のカタカナを漢字で書くと次のようになる。　a　即席　1　議席　2　軌跡　3　功績　4　移籍　b　採択　1　裁断　2　野菜　3　栽培　4　伐採　c　架空　1　佳境　2　担架　3　綿花　4　豪華　d　研ぐ　1　洗練　2　煎茶　3　冒険　4　研究

(ウ)　この短歌は「悲しみは明るさのためにきたなあ。1本の樹がかげってしまったよ」という意味。過去・詠嘆・気づきを表す「けり」を繰り返すことによって，明るさがあるからこそ影ができるのだという気づきを読者に印象づけている。正解は2。1は「樹が翳っていくことに対して抱いた悲しみ」が作者の気づきとずれている。3は，「葉が生い茂るにつれて徐々に翳っていった」が「明るさゆゑ」と合わない。4の「明るい日々のあとにはかなしみがやってくるのだという嘆き」は，この短歌からは読み取れない。

問二　(小説－情景・心情，内容吟味，その他)

(ア)　「僕」たちは，「お店の存在をもっと知ってもらいたい」「お店を盛り上げるお手伝いをしたい」という思いから「菫さん」にインタビューを行った後，「菫さん」が閉店を決めていたことを知る。傍線部の後の「僕」の言葉からは，「僕」が「店を閉めるつもりなら，『菫さん』はどうしてインタビューに応じたのか」という疑問を抱いたことがわかる。この疑問について正しく説明しているのは2である。1は「店を閉めるきっかけになった」が不適切。3の「心境の変化」は，「菫さん」がインタビューの前から閉店を決めていたことと合わない。4の「体調不良を隠してまで『菫さん』がインタビューに応じた」は，本文にない内容である。

(イ)　「菫さん」は傍線部の前でインタビューを受けたときの心境を述べ，後で店に通ってくれた学生の思い出を語っている。どちらの思い出も，「菫さん」にとっては思わず笑みがこぼれるな

つかしいものであった。正解は4。1は，閉店について「当初の予定よりは早くなった」としている点が誤り。2は，この場面からは「悲しみ」や「寂しさ」は読み取れないので不適切。3は，ほほえみの理由を「『僕』のまっすぐな心」に限定している点が不適切である。

(ウ)　「僕」が伝えたいと思ったのは，「他人に期待をすること。その期待に応えようとすること。そこで生まれる齟齬。」であり，このことを説明している3が正解となる。1は，「菫さん」の行動を「あやまち」としている点が不適切。また，「僕」が伝えたいと思ったのは，2の脚色しない「真実」や4の「ありのままの真実」ではない。

(エ)　「僕」は自分の思いを放送部のみんなに伝えようとしたが，「焦って早口」になったり，「気がせいて何度も話が前後した」りしたため，「あんまり上手く，伝わらないかもしれませんが……」と口ごもる。その姿を見た「南条先輩」が，「あんたの言ってることはわかる」と言って「僕」に言葉を続けさせようとしていることから，4が適切な朗読のしかたである。1は，「僕」たちは「南条先輩」を責めていないので誤り。2と3は，「僕」の話を真剣に聞こうとしている「南条先輩」の口調として不適切である。

(オ)　今までの「僕」は，否定されることが怖かったため，伝えたいことを伝えずにごまかしてきた。しかし，この場面では自分の言葉を真剣に待っている3人に，勇気を出して自分の思いを伝えようと決意している。正解は1。2の「事実と異なることを言ってしまうこと」，3の「誤解されること」4の「本音を知られること」は，「僕」が恐れていたことではないので誤りである。

(カ)　1は，この文章は「僕」と「菫さん」を対比させて描いていないので誤り。2は，「僕」が「考えを伝えることの怖さ」を感じていたのはインタビューより前であり，文章の後半では勇気を出して考えを伝えようとしているので不適切。3は，「僕」が「菫さん」との関わりを通じて「言葉はすれ違ったままにしておかない方がいい」ことに気づき，そのことをラジオドラマで「伝えたい」と放送部員たちに訴えるという本文の内容と合致するので，正解である。4は，この文章が「僕」の視点から描いたものであり，ラジオドラマに対する「部員それぞれの考え」がわかる描写がないことから，誤りである。

問三　(論説文－大意・要旨，内容吟味，接続語の問題，熟語，品詞・用法)

(ア)　Aは，前に「道具」の意味について述べ，後に「手段」の概念についての説明を付け加えているので，並立・累加の「また」などが入る。Bは，前に発信者が「手段」としてきちんと言葉を発すれば意思が正確に伝わる例を挙げ，後にここで問題にしていることは違うと述べているので，逆説の「しかし」などが入る。したがって，両方を満たす4が正解となる。

(イ)　「かからない」の「ない」は，打ち消しの助動詞。選択肢の「ない」は，1の「来ない」は助動詞，2の「寒くない」は補助形容詞，3の「少ない」は形容詞の一部，4の「ない」は形容詞。

(ウ)　「千差万別」は，多種多様であるという意味の四字熟語。選択肢の四字熟語の意味は，1「一石二鳥」＝一つのことをして二つの利益を得ること，2「三寒四温」＝三日寒い日が続き四日暖かい日が続くことが繰り返される冬から春先にかけての気候，3「十人十色」＝好みや考え方は人それぞれに違うこと，4「千載一遇」＝めったにないこと，という意味なので，3が正解。

(エ)　傍線部1の次の段落に「道具とは生活にとっての有用性という観点から編み出された『モノ』のことを意味します」とある。「有用性」は役に立つかどうかということなので，このことに触れた4が正解。他の選択肢の説明は，この文章の「道具」の定義とずれているので，不適切である。

(オ)　傍線部2の内容について，筆者は同じ段落の後半で「現実の言葉のやり取りは……まったくそうではない」という考えを述べている。「やり取りの実態は異なる」と説明する2が正解。1は

「技術」に限定した説明なので誤り。3は，「言葉を用いると，余計な情報が加わることなく発信できる」としているが，実際には「調子」や「生活文脈」などによって受け取られ方が変わるので，不適切である。4の「表現の工夫」については，ここでは言及されていない。

(カ)　時枝誠記は，「言語」は，主体である話し手と聞き手のやり取りによってはじめて成立するものと考えた。時枝は，言語を「固定的な要素によって構成された」，つまり，話し手や聞き手とは無関係な「社会的実体」として認めると，「主体同士の間で交わされる実際の生きた言語活動の意味や価値」を軽んじるおそれがあると考えたのである。このことを説明した1が正解。他の選択肢は，時枝が認めなかった「社会的実体としての『言語』という概念」や，警戒した事態について誤って説明している。

(キ)　傍線部4の直前に「話し手の言語構成行為から聞き手の理解と認識までの一連のプロセスそのものが言葉の本質」とある。つまり，「言葉」が成立するためには話し手が言語を発することと，聞き手が「聞いた音声」を「言葉として構成し直す」ことが必要なので，このことを説明した1が正解。2は，主体としての「話し手」を否定しているので不適切。3の，聞き手が「音として表出する」ことまでは含まれていない。4の「確認」という行為は必ず行われることではないので，誤りである。

(ク)　傍線部4の次の段落に「言葉が多義性や不安定性をもともと持つものだ」とある。また，傍線部5の段落の前半に「言葉を発したりそれを聞き取ったりする行為は，つねに主体同士の関係をみずから変容させる行為である」とある。このことをふまえた3が正解。1の「客観的な表現」，2の「賛同を示す姿勢が大切だ」は本文にない内容である。4の「聞き手にあわせて話し手が意見を変える」は，「変容」の内容を誤って捉えている。

(ケ)　本文はまず，言語が意思伝達のための「道具」であり「手段」であるという一般的な言語観に疑問を投げかけ，次に国語学者である時枝誠記の言語過程説を紹介して「多くの日常会話」が「互いの気持ち・情緒・感情の交錯」を目標にしていることを述べ，最後に言葉は「言語主体である話し手，聞き手の思想表出そのもの」であるとして文章を締めくくっている。この流れを説明した2が正解。1と4の「宅配便」のたとえは，言葉を「手段」とした場合について説明するために挙げられたものであるが，筆者はこれを「現実の言葉のやり取り」とは違うとしている。3は「対比」が誤り。筆者は時枝と同様，「話し手」だけでなく「聞き手」も主体と見ている。

問四　(古文―情景・心情，内容吟味)

〈口語訳〉　仁和寺の「御室」(＝性信法親王)の時代，「成就院僧正」がまだ阿闍梨と申したころ，白河の九重の御塔供養があった。「御室」から「今回の賞があったら，必ず(お前に)譲ろう。」とお約束があったので，(「成就院僧正」が)恐縮してお礼を申し上げたところ，思い通りに供養を成し遂げられて，賞をもらうときになって，藤原師実の御子息が阿闍梨で，(「御室」の)御弟子でいらっしゃったので，師実が(「御室」との)御対面のついでに，「今度の賞は，私の子どもにいただきましたぞ。」と，前もって昇進のことを申しなさったので，(「御室」は)何もおっしゃることができなくて，(藤原師実の御子息が)法眼になりなさってしまった。

「御室」は，「あの阿闍梨(＝「成就院僧正」)は，どんなにくやしいと思っているだろう。」と，胸がつまる思いをなさったときに，その日，全く(「成就院僧正」の)姿が見えなくなったので，「そうだろう。もしかしたら修行に出たのか。または，うらめしさのあまりだろうか。」と思い乱れていらっしゃったときに，昼近くなって，(「成就院僧正」が「御室」の)御前に姿を見せたので，(「御室」は)不思議に思って，「どこにいらっしゃっていたのですか。」とおっしゃると，(「成就院僧正」は)「新法眼の昇進のお祝いに出かけておりました。」と申し上げて，少しも恨んでいる様子がなかった。

「御室」は，嬉しく思うとともに，しみじみと心を動かされたので，次々にほうびをたくさんお譲りになって，(「成就院僧正」は)僧正にまでなって，鳥羽院の時代には，生き仏とあがめられたので，世の中のことを思うままにして，法師関白と評されるようにまでなった。すばらしい人であった。

(ア)　選択肢はすべて「かしこまり申したまふ」の主語と意味を正しく説明しているので，「成就院僧正」が「かしこまり申したまふ」理由を読み取る。傍線部の直前の「『このたびの賞あらば，必ず譲らむ。』と御約束ありければ」の内容を説明した3が正解。1は，「成就院僧正」は「御室」に頼まれていないので誤り。2と4は，「成就院僧正」は賞をもらっていないので誤りである。

(イ)　「御室」が不思議に思ったのは，賞の日の朝は全く姿が見えなかった「成就院僧正」が「日高くなりて，御前にさし出でたりける」ことなので，1が正解である。2は，出かけた時間が異なる。3は，「成就院僧正」が昼近くに姿を見せたことと合わない。4は，「修行へ出ていった」が不適切な説明である。

(ウ)　「御室」は賞をもらえず恨んで姿を消したと思っていた「成就院僧正」が戻ってきたことを嬉しく思い，「京極大殿の御子息」が自分をさしおいて昇進しても「恨みたる気色」が少しもないことに感動した。「御室」は，「成就院僧正」の人柄にふれてしみじみと感動したのであるから，4が正解。1の「同情」は，「成就院僧正」に悲しみや恨みがないことをふまえると不適切である。2は，「成就院僧正」が「自身の未熟さを痛感した」「法眼になった」が誤り。3は，「修行に出る決意を固めた」が，本文にない内容である。

(エ)　本文には，「成就院僧正」は「御室」に昇進を約束されながら「京極大殿」の横やりでかなわなかったこともあったが，少しも恨まないという素晴らしい人柄で，「御室」から「次々の勧賞，あまた」を譲られ，「法師関白」とまで言われるようになったことが書かれている。このことを説明した2が正解。1は，「成就院僧正」と「京極大殿の御子息」の人物関係が誤っている。3は，「賞とは縁がなかった」が本文と合わない。4は，「わがまま」を「成就院僧正」の性格として解釈しているが，ここは何でも思い通りにできるほど高い身分になったということを表している。

問五　(話し合い—脱文・脱語補充，その他)

(ア)　資料の門倉社長の言葉に「化繊の服は，着る人にとっては安くて快適かもしれないけど，リサイクルがとても難しい」とあるので，これと合致する4が正解。リサイクル不能な古着のRPF化は「ビジネスとしては全く成立していない」ため，RPF化の価値を高く評価している1と3は誤り。2の「改良」は，本文にない内容である。

(イ)　衣類利用状況を示すグラフからは，「未着用の衣類」と「手放した衣類」が多いことがわかる。また，資料には「せめてすぐに処分しないでほしい」という言葉がある。これをもとに，Dさんの「不要なものは買わない」，Cさんの「今ある服を大切にし，まだ着られるものを簡単に捨てない」などを参考にして，前後の語句につながるように20～30字でまとめる。書いたら必ず読み返して，誤字・脱字や表現の不自然なところは改めること。

MEMO

大切なことはメモしておこうネ！

T.G

神奈川県公立高等学校

2021年度

入　試　問　題

2021年度

●くわしい解説……69ページ

2021年 神奈川県公立高校入試 出題範囲縮小内容

令和２年５月13日付け２文科初第241号「中学校等の臨時休業の実施等を踏まえた令和３年度高等学校入学者選抜等における配慮事項について（通知）」を踏まえ，出題範囲について以下通りの配慮があった。

○以下の内容を出題範囲から除く。

数学	中学校第３学年で学習する内容のうち、「資料の活用（標本調査）」
英語	英単語を問う問題において、中学校第３学年で新たに学習する英単語
理科	第１分野で学習する内容のうち、「科学技術と人間」 第２分野で学習する内容のうち、「自然と人間」
社会	公民的分野で学習する内容のうち、「私たちと国際社会の諸課題」
国語	漢字を問う問題において、中学校第３学年で新たに学習する漢字

＜数学＞

時間　50分　　満点　100点

【注意】 1　答えに無理数が含まれるときは，無理数のままにしておきなさい。根号が含まれるときは，根号の中は最も小さい自然数にしなさい。また，分母に根号が含まれるときは，分母に根号を含まない形にしなさい。

2　答えが分数になるとき，約分できる場合は約分しなさい。

問1　次の計算をした結果として正しいものを，それぞれあとの1～4の中から1つ選び，その番号を答えなさい。

(ア)　$-9-(-5)$

1．-14　　2．-4　　3．4　　4．14

(イ)　$-\frac{5}{6}-\frac{3}{4}$

1．$-\frac{19}{12}$　　2．$-\frac{1}{12}$　　3．$\frac{1}{12}$　　4．$\frac{19}{12}$

(ウ)　$8ab^2 \times 3a \div 6a^2b$

1．$4a$　　2．$4ab$　　3．$4b$　　4．$6b$

(エ)　$\frac{3x+2y}{5}-\frac{x-3y}{3}$

1．$\frac{2x+5y}{15}$　　2．$\frac{4x-9y}{15}$　　3．$\frac{4x+21y}{15}$　　4．$\frac{14x-9y}{15}$

(オ)　$(2+\sqrt{7})(2-\sqrt{7})+6(\sqrt{7}+2)$

1．$-3+2\sqrt{7}$　　2．$-1+2\sqrt{7}$　　3．$-1+6\sqrt{7}$　　4．$9+6\sqrt{7}$

問2　次の問いに対する答えとして正しいものを，それぞれあとの1～4の中から1つ選び，その番号を答えなさい。

(ア)　$(x+6)^2-5(x+6)-24$を因数分解しなさい。

1．$(x-9)(x+2)$　　2．$(x-8)(x+3)$

3．$(x-3)(x+8)$　　4．$(x-2)(x+9)$

(イ)　2次方程式 $x^2-3x+1=0$ を解きなさい。

1．$x=\frac{-3\pm\sqrt{5}}{2}$　　2．$x=\frac{3\pm\sqrt{5}}{2}$　　3．$x=\frac{-3\pm\sqrt{13}}{2}$　　4．$x=\frac{3\pm\sqrt{13}}{2}$

(ウ)　関数 $y=ax^2$ について，x の値が1から4まで増加するときの変化の割合が -3 であった。このときの a の値を求めなさい。

1．$a=-5$　　2．$a=-\frac{3}{5}$　　3．$a=\frac{3}{5}$　　4．$a=5$

(エ)　1個15kgの荷物が x 個と，1個9kgの荷物が y 個あり，これらの荷物全体の重さを確かめたところ200kg以上であった。このときの数量の関係を不等式で表しなさい。

1．$15x+9y \geqq 200$　　2．$15x+9y>200$　　3．$15x+9y \leqq 200$　　4．$15x+9y<200$

(オ)　$\sqrt{\frac{540}{n}}$ が自然数となるような，最も小さい自然数 n の値を求めなさい。

1．$n=3$　　2．$n=6$　　3．$n=15$　　4．$n=30$

(カ)　右の図において，4点A，B，C，Dは円Oの周上の点で，AD // BCである。

また，点Eは点Aを含まない $\overset{\frown}{BC}$ 上の点であり，点Fは線分AEと線分BDとの交点である。

このとき，∠AFDの大きさを求めなさい。

1．72°　　2．74°

3．76°　　4．80°

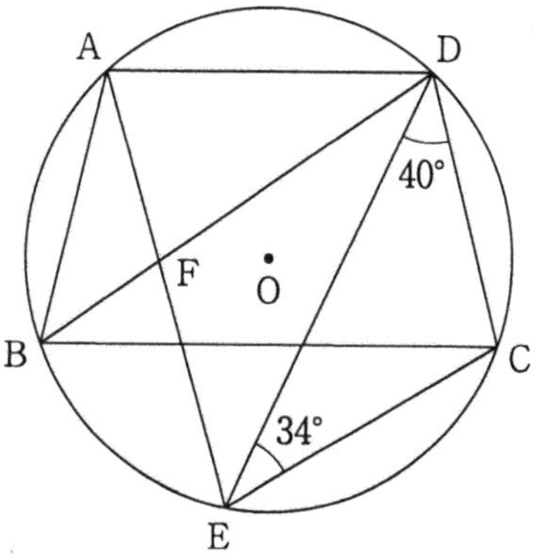

問3　次の問いに答えなさい。

(ア)　下の図1のように，正三角形ABCの辺AB上に点Dを，辺BC上に点Eを，辺CA上に点FをAD＝BE＝CFとなるようにとる。

このとき，次の(i)，(ii)に答えなさい。

図1

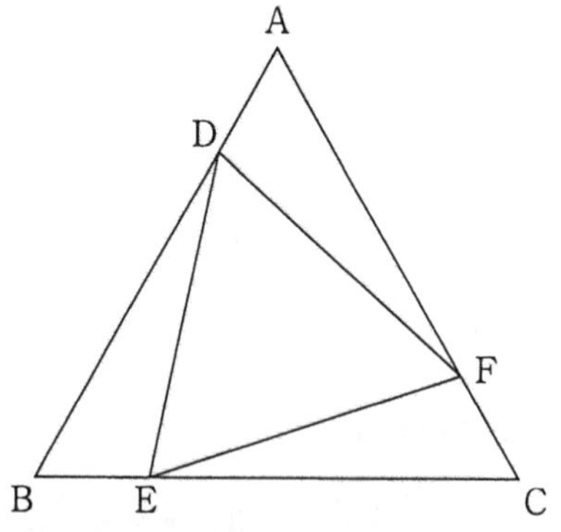

(i)　三角形ADFと三角形CFEが合同であることを次のページのように証明した。(a) ～ (c) に最も適するものを，それぞれ選択肢の1～4の中から1つ選び，その番号を答えなさい。

［証明］

$\triangle ADF$と$\triangle CFE$において，

まず，仮定より，

$AD=BE=CF$　……①

よって，$AD=CF$　……②

次に，$\triangle ABC$は正三角形であるから，

$\angle BAC=\angle ACB$

よって，$\angle DAF=\angle FCE$　……③

さらに，$\triangle ABC$は正三角形であるから，

$AB=BC=CA$　……④

①，④より，

$AF=CA-$ (a) $=AB-AD$　……⑤

$CE=$ (b) $-BE=AB-AD$　……⑥

⑤，⑥より，$AF=CE$　……⑦

②，③，⑦より，　(c)　から，

$\triangle ADF\equiv\triangle CFE$

(a)，(b)の選択肢

1．BC

2．BD

3．CE

4．CF

(c)の選択肢

1．３組の辺がそれぞれ等しい

2．２組の辺とその間の角がそれぞれ等しい

3．１組の辺とその両端の角がそれぞれ等しい

4．斜辺と１つの鋭角がそれぞれ等しい

(ii)　$AB=18$㎝で，$AD<BD$とする。三角形ABCの面積と三角形DEFの面積の比が12：７であるとき，線分ADの長さを求めなさい。

(イ)　次のページの図２は，Ａ中学校の生徒100人とＢ中学校の生徒150人がハンドボール投げを行ったときの記録をそれぞれまとめ，その相対度数の分布を折れ線グラフに表したものである。なお，階級は，５m以上10m未満，10m以上15m未満などのように，階級の幅を５mにとって分けている。

図２のグラフから読み取れることがらを，あとの**あ**～**え**の中から２つ選んだときの組み合わせとして最も適するものを１～６の中から１つ選び，その番号を答えなさい。

あ．中央値を含む階級の階級値は，Ａ中学校とＢ中学校で同じである。

い．記録が20m未満の生徒の割合は，Ａ中学校よりＢ中学校の方が小さい。

う．記録が20m以上25m未満の生徒の人数は，Ａ中学校よりＢ中学校の方が多い。

え．Ａ中学校，Ｂ中学校ともに，記録が30m以上の生徒の人数より記録が25m以上30m未満の生徒の人数の方が多い。

1．**あ**，**い**　　2．**あ**，**う**　　3．**あ**，**え**

4．**い**，**う**　　5．**い**，**え**　　6．**う**，**え**

図２

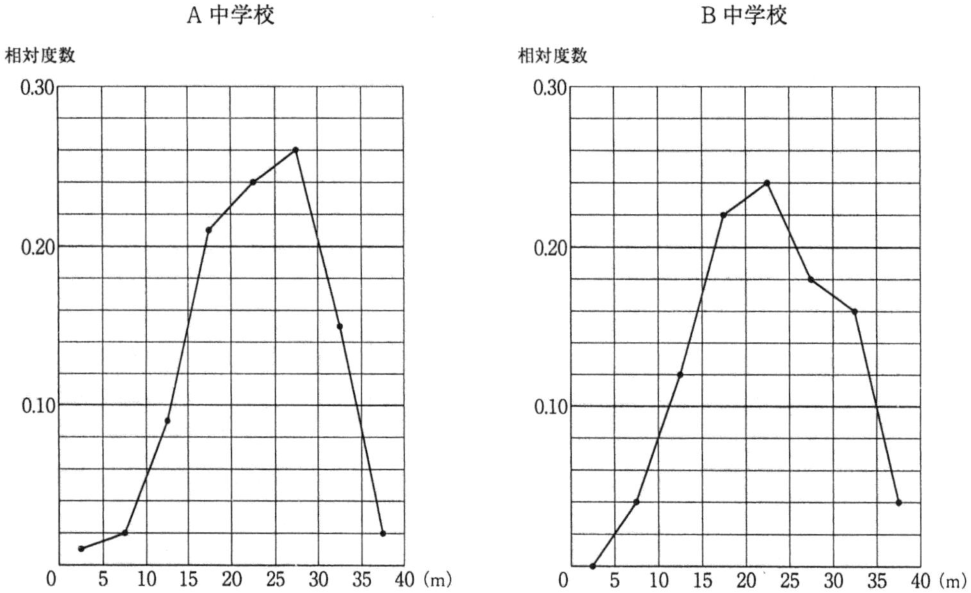

(ウ) 右の図３は，底面が縦30㎝，横60㎝で高さが36㎝の直方体の形をした水そうであり，水そうの底面は，高さが18㎝で底面に垂直な板によって，縦30㎝，横40㎝の長方形の底面Ｐと，縦30㎝，横20㎝の長方形の底面Ｑの２つの部分に分けられている。

いま，この水そうが空の状態から，底面Ｐの方へ毎秒200cm^3ずつ水を入れていき，水そうが完全に水で満たされたところで水を止める。

このとき，次の［　］中の説明を読んで，あとの(i)，(ii)に答えなさい。ただし，水そうや板の厚さは考えないものとする。

図３

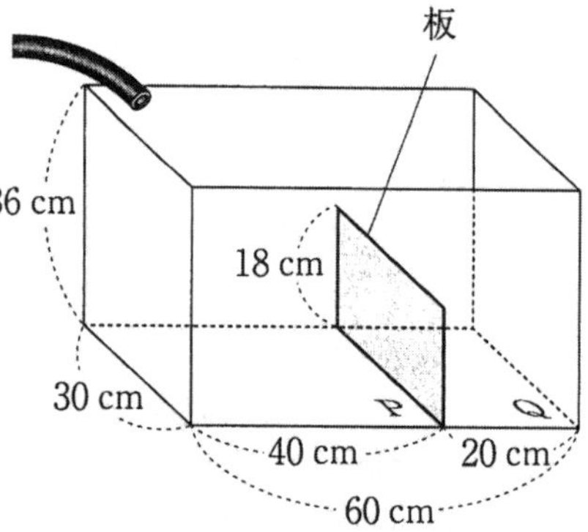

> 底面Ｐから水面までの高さに着目すると，水を入れ始めてから a 秒後に水面までの高さが板の高さと同じになり，a 秒後からしばらくは板を越えて底面Ｑの方へ水が流れるため水面までの高さは変わらないが，その後，再び水面までの高さは上がり始める。

(i) ［　］中の a の値を求めなさい。

(ii) 水を入れ始めてから x 秒後の，底面Ｐから水面までの高さを y ㎝とするとき，水を入れ始めてから水を止めるまでの x と y の関係を表すグラフとして最も適するものを次のページの１～４の中から１つ選び，その番号を答えなさい。

1.

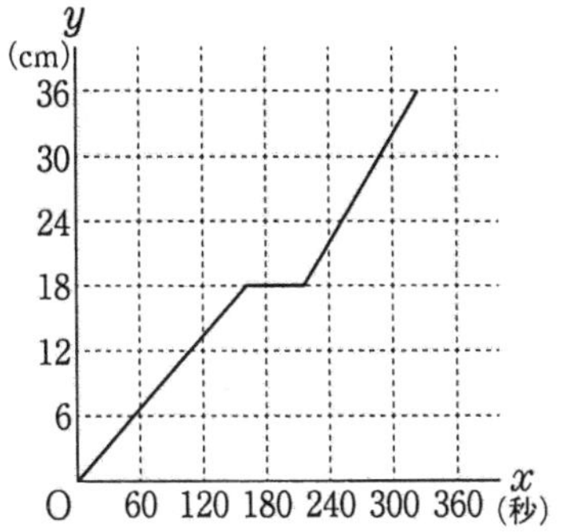

2.

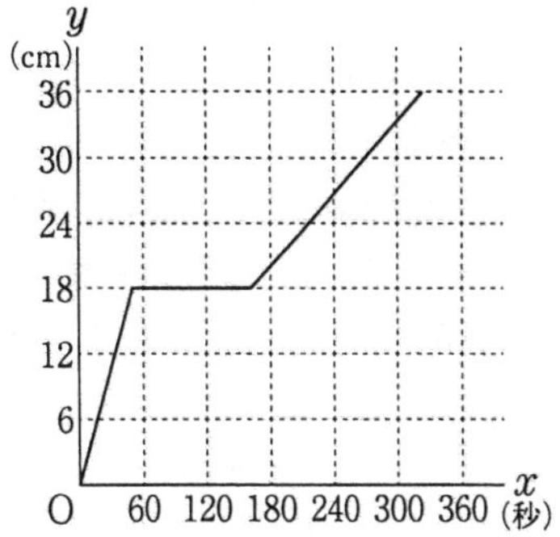

3.

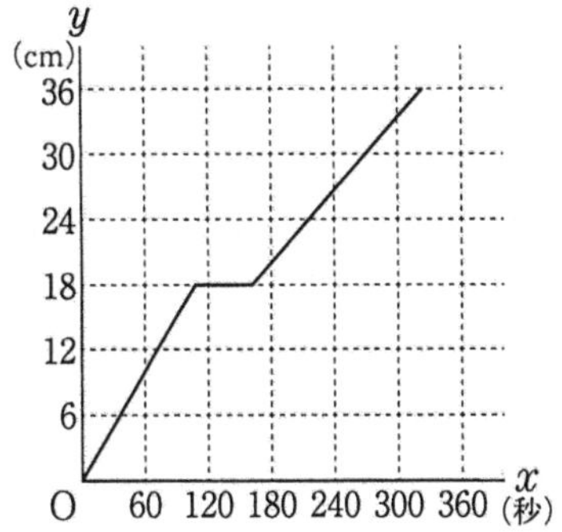

4.

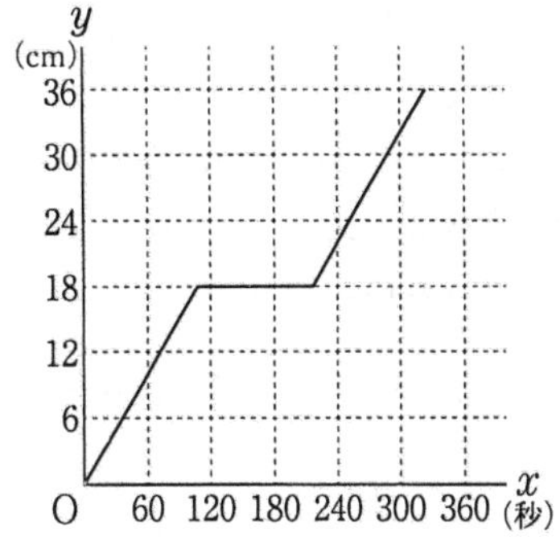

(エ)　あるバス停の利用者数を大人と子どもに分けて調べたところ，先週の利用者数は大人と子どもを合わせて580人であった。このバス停における今週の利用者数は，先週に比べ大人が1割増加して子どもが3割増加したため，合わせて92人増加した。

Aさんは，このときの，今週の大人の利用者数を次のように求めた。(i) にあてはまる式を，(ii)，(iii) にあてはまる数を，それぞれ書きなさい。

求め方

先週の大人の利用者数をもとに，今週の大人の利用者数を計算で求めることにする。
そこで，先週の大人の利用者数を x 人，先週の子どもの利用者数を y 人として方程式をつくる。
まず，先週の利用者数は大人と子どもを合わせて580人であったことから，

$x + y = 580$　　　……①

次に，今週の利用者数は，合わせて92人増加したことから，

(i) $= 92$　　　……②

①，②を連立方程式として解くと，解は問題に適しているので，先週の大人の利用者数は (ii) 人とわかる。
よって，今週の大人の利用者数は (iii) 人である。

問4 右の図において，直線①は関数 $y=-x$ のグラフであり，曲線②は関数 $y=ax^2$ のグラフである。

点Aは直線①と曲線②との交点で，その x 座標は -5 である。点Bは曲線②上の点で，線分ABは x 軸に平行である。点Cは線分AB上の点で，AC：CB＝2：1である。

また，原点をOとするとき，点Dは直線①上の点でAO：OD＝5：3であり，その x 座標は正である。

さらに，点Eは点Dと y 軸について対称な点である。

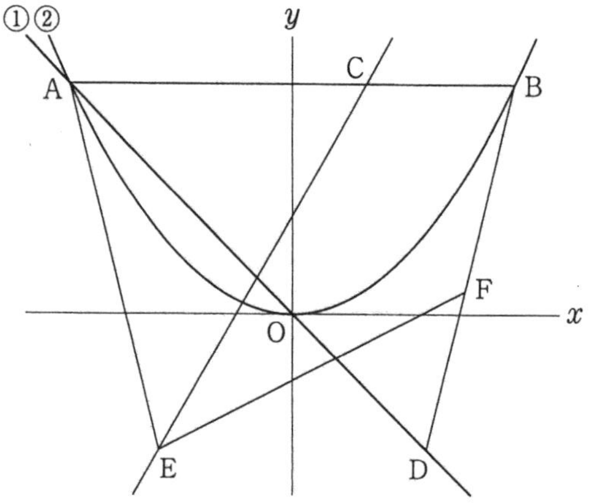

このとき，次の問いに答えなさい。

(ア) 曲線②の式 $y=ax^2$ の a の値として正しいものを次の1～6の中から1つ選び，その番号を答えなさい。

1．$a=-\frac{1}{2}$　　2．$a=-\frac{2}{5}$　　3．$a=-\frac{1}{5}$

4．$a=\frac{1}{5}$　　5．$a=\frac{2}{5}$　　6．$a=\frac{1}{2}$

(イ) 直線CEの式を $y=mx+n$ とするときの(i) m の値と，(ii) n の値として正しいものを，それぞれ次の1～6の中から1つ選び，その番号を答えなさい。

(i) m の値

1．$m=\frac{7}{5}$　　2．$m=\frac{3}{2}$　　3．$m=\frac{8}{5}$

4．$m=\frac{12}{7}$　　5．$m=\frac{24}{13}$　　6．$m=\frac{27}{14}$

(ii) n の値

1．$n=\frac{6}{5}$　　2．$n=\frac{9}{7}$　　3．$n=\frac{3}{2}$

4．$n=\frac{23}{14}$　　5．$n=\frac{9}{5}$　　6．$n=\frac{15}{7}$

(ウ) 点Fは線分BD上の点である。三角形AECと四角形BCEFの面積が等しくなるとき，点Fの座標を求めなさい。

問5　右の図1のように，3つの箱P，Q，Rがあり，箱Pには 1，2，4 の数が1つずつ書かれた3枚のカードが，箱Qには 3，5，6 の数が1つずつ書かれた3枚のカードがそれぞれ入っており，箱Rには何も入っていない。

大，小2つのさいころを同時に1回投げ，大きいさいころの出た目の数を a，小さいさいころの出た目の数を b とする。出た目の数によって，次の【操作1】，【操作2】を順に行い，箱Rに入っているカードの枚数を考える。

図1

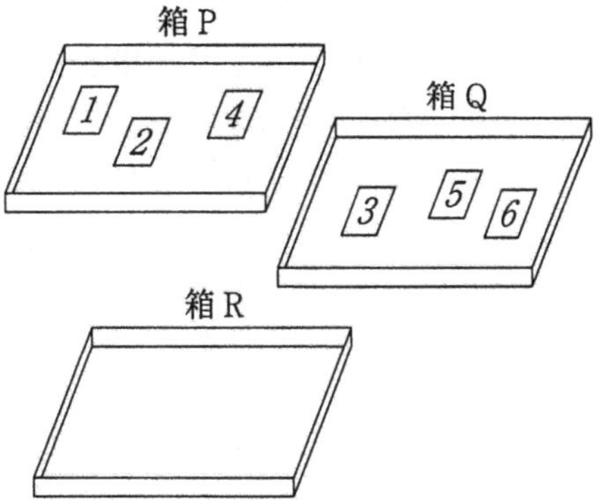

【操作1】　カードに書かれた数の合計が a となるように箱Pから1枚または2枚のカードを取り出し，箱Qに入れる。

【操作2】　箱Qに入っているカードのうち b の約数が書かれたものをすべて取り出し，箱Rに入れる。ただし，b の約数が書かれたカードが1枚もない場合は，箱Qからカードを取り出さず，箱Rにはカードを入れない。

例

大きいさいころの出た目の数が5，小さいさいころの出た目の数が3のとき，$a=5$，$b=3$ である。

このとき，【操作1】により，カードに書かれた数の合計が5となるように箱Pから[1]と[4]のカードを取り出し，箱Qに入れる。

次に，【操作2】により，箱Qに入っているカードのうち3の約数が書かれたものである[1]と[3]のカードを取り出し，箱Rに入れる。

この結果，図2のように，箱Rに入っているカードは2枚である。

図2

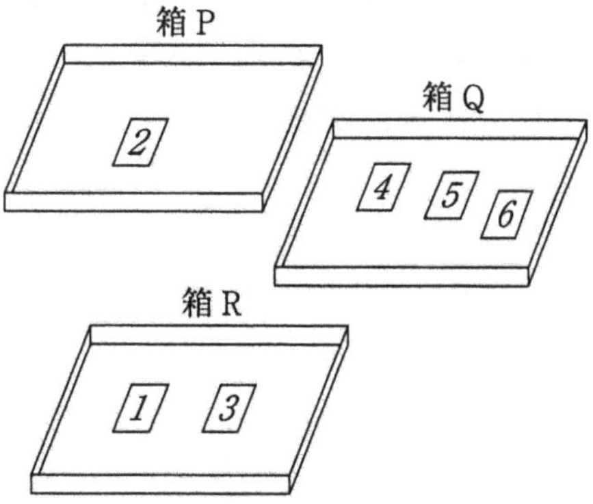

いま，図1の状態で，大，小2つのさいころを同時に1回投げるとき，次の問いに答えなさい。ただし，大，小2つのさいころはともに，1から6までのどの目が出ることも同様に確からしいものとする。

(ア)　箱Rに入っているカードが4枚となる確率として正しいものを次の1～6の中から1つ選び，その番号を答えなさい。

1．$\frac{1}{36}$　　2．$\frac{1}{18}$　　3．$\frac{1}{12}$　　4．$\frac{1}{9}$　　5．$\frac{5}{36}$　　6．$\frac{1}{6}$

(イ)　箱Rに入っているカードが1枚となる確率を求めなさい。

問6　右の図1は，線分ABを直径とする円Oを底面とし，線分ACを母線とする円すいである。

また，点Dはこの円すいの側面上に，点Aから点Bまで長さが最も短くなるように線を引き，この線を2等分した点である。

AB＝6cm，AC＝9cmのとき，次の問いに答えなさい。ただし，円周率はπとする。

図1

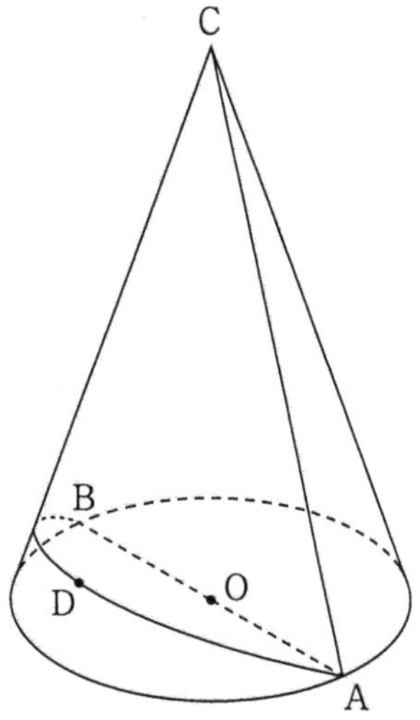

㋐　この円すいの体積として正しいものを次の1～6の中から1つ選び，その番号を答えなさい。

1．$9\sqrt{5}\pi\ \mathrm{cm}^3$　　2．$18\sqrt{2}\pi\ \mathrm{cm}^3$

3．$27\sqrt{5}\pi\ \mathrm{cm}^3$　　4．$54\sqrt{2}\pi\ \mathrm{cm}^3$

5．$36\sqrt{5}\pi\ \mathrm{cm}^3$　　6．$72\sqrt{2}\pi\ \mathrm{cm}^3$

㋑　この円すいの表面積として正しいものを次の1～6の中から1つ選び，その番号を答えなさい。

1．$\frac{33}{4}\pi\ \mathrm{cm}^2$　　2．$9\pi\ \mathrm{cm}^2$　　3．$15\pi\ \mathrm{cm}^2$

4．$\frac{117}{4}\pi\ \mathrm{cm}^2$　　5．$36\pi\ \mathrm{cm}^2$　　6．$63\pi\ \mathrm{cm}^2$

図2

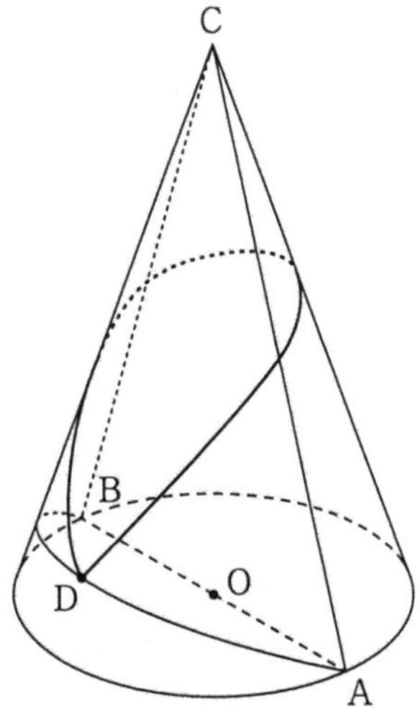

㋒　この円すいの側面上に，図2のように点Dから線分AC，線分BCと交わるように点Dまで円すいの側面上に引いた線のうち，長さが最も短くなるように引いた線の長さを求めなさい。

＜英語＞

時間　50分　　満点　100点

問1　**リスニングテスト**（放送の指示にしたがって答えなさい。放送を聞きながらメモをとってもかまいません。）

(ア)　チャイムのところに入るアキラの言葉として最も適するものを，次の1～4の中からそれぞれ一つずつ選び，その番号を答えなさい。

No. 1
1．I ask the people working there about history.
2．You can learn about the history of our city there.
3．You can use the train to go to the library.
4．The city library is not near the hospital.

No. 2
1．Let's meet at nine thirty tomorrow.
2．How about going to a museum?
3．It will be fine tomorrow morning.
4．Shall we go to the zoo tomorrow?

No. 3
1．Yes. I am happy to meet your new dog.
2．Yes. You need to call me when you get there.
3．No. You have to keep the dog in the house.
4．No. I am thinking about what to call him.

(イ)　対話の内容を聞いて，それぞれの質問の答えとして最も適するものを，あとの1～4の中から一つずつ選び，その番号を答えなさい。

No. 1　**質問：What can we say about Paul?**
1．He has fun when he talks about the movie with his classmates.
2．He says that it is very easy to make movies.
3．He wants to make a movie with Miki for the school festival.
4．He made a movie for the festival with his classmates last year.

No. 2　**質問：What can we say about Paul and Miki?**
1．Miki was happy to hear that Paul enjoyed playing the baseball game.
2．Paul and Miki went to the stadium to watch baseball together.
3．Paul and Miki watched a baseball game on Saturday.
4．Paul asked Miki to watch his baseball game at the stadium.

(ウ)　ケイタ（Keita）の高校で行われるオーストラリアへの研修旅行（School Trip）について，ブラウン先生が生徒に説明します。説明を聞いて，次のNo. 1とNo. 2の問いに答えなさい。

No. 1　説明を聞いてケイタが作った次のページの＜メモ＞を完成させるとき，① ～ ③ の中に入れるものの組み合わせとして最も適するものを，あとの1～6の中から一つ選び，その番号を答えなさい。

＜メモ＞

The School Trip to Australia

- We will get to Australia next [①].
- We can [②] in the park.
- We are going to study [③] subjects at school.
- We will arrive in Japan on Saturday.

	①	②	③
1.	Monday	take pictures	three
2.	Tuesday	watch birds	three
3.	Wednesday	look at art	three
4.	Monday	look at art	four
5.	Tuesday	take pictures	four
6.	Wednesday	watch birds	four

No. 2　説明を聞いてケイタがクラスメートのリエ（Rie）にあてて書いた次の＜メッセージ＞の（　）の中に適する１語を英語で書きなさい。ただし，**答えは（　）内に指示された文字で書き始め，一つの _ には１文字が入るものとします。**

＜メッセージ＞

Keita

Hi, Rie. We will talk about the last day of the school in Australia tomorrow. I want to study (s _ _ _ _ _ _). I want to learn about the *stars that can be seen from Australia. I also hope to learn about animals that are from Australia.

*stars：星

問２　次の英文は，リク（Riku）とアメリカからの留学生のアン（Ann）の対話です。対話文中の(ア)～(ウ)の（　）の中にそれぞれ適する１語を英語で書きなさい。ただし，**答えはそれぞれの（　）内に指示された文字で書き始め，一つの _ に１文字が入るものとします。**

Riku : Good morning, Ann.

Ann : Hi, Riku. I saw you in the park yesterday.

Riku : Oh, I usually run there on the weekend. I want to play basketball in the *U.S. *someday. There are a lot of (ア)(f _ _ _ _ _) teams there.

Ann : Yes. Many people around the world know about the basketball teams in the U.S.

Riku : I practice basketball with my *teammates after school. We also try other sports to become better basketball players. For example, I like (イ)(s _ _ _ _ _ _ _). I always *move legs a lot in the water because I want to run faster.

Ann : Wow, you try other sports, too! That's interesting.

Riku : What do I need to do before I play in the U.S., Ann?
Ann : I think you need to study English hard. People from *different countries play together on one team in the U.S.
Riku : I see. English is the (ウ)(l _ _ _ _ _ _ _) everyone on the team speaks.
Ann : That's right. I hope you will become a good basketball player!

*U.S.：アメリカ合衆国　someday：いつか　teammates：チームメート　move ～：～を動かす
different：異なる

問3　次の(ア)～(エ)の文の（　）の中に入れるのに最も適するものを，あとの１～４の中からそれぞれ一つずつ選び，その番号を答えなさい。

(ア)（　　）do you have for breakfast, rice or *bread?
１．When　２．Which　３．Why　４．How

(イ) The new library near the station（　　）great.
１．looks　２．sees　３．gives　４．takes

(ウ) She（　　）cold water when she arrived at school.
１．drinks　２．is drinking　３．drank　４．has drunk

(エ) My grandfather lives in Osaka, and I（　　）him for two months.
１．don't see　２．was seeing　３．was seen　４．haven't seen

*bread：パン

問4　次の(ア)～(エ)の対話が完成するように，（　）内の**六つの語の中から五つを選んで**正しい順番に並べたとき，その（　）内で**３番目と５番目にくる語の番号**をそれぞれ答えなさい。（**それぞれ一つずつ不要な語があるので，その語は使用しないこと。**）

(ア) A : Who is (1. tennis　2. the　3. of　4. best　5. in　6. player) the five?
B : Aya is. She won the city *tournament last month.

(イ) A : Do you know the (1. been　2. and　3. guitar　4. playing　5. girl　6. the) singing *over there?
B : Yes. That is Rumi, my sister's friend.

(ウ) A : Why do you like the book?
B : Because it (1. written　2. the　3. reading　4. eyes　5. through　6. is) of a little dog.

(エ) A : Do you (1. that　2. think　3. want　4. to　5. me　6. open) door?
B : Thank you. You are very kind.

*tournament：トーナメント　over there：向こうで

問5　次のＡ～Ｃのひとつづきの絵と英文は，トモヤ（Tomoya）のある日のできごとを順番に表しています。Ａの場面を表す＜**最初の英文**＞に続けて，Ｂの場面にふさわしい内容となるように，□ の中に適する英語を書きなさい。ただし，あとの＜**条件**＞にしたがうこと。

A

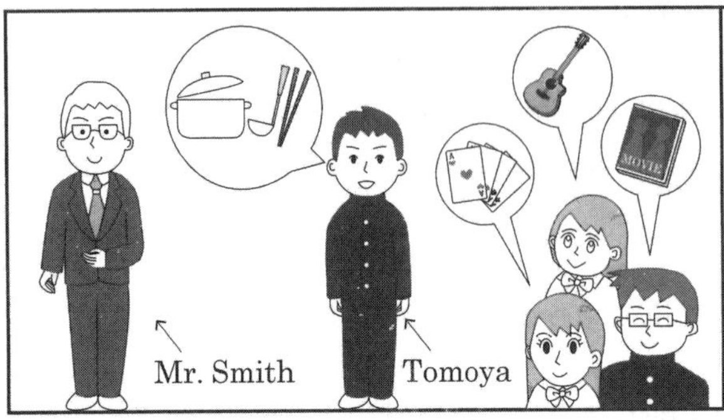

＜**最初の英文**＞

Mr. Smith asked everyone in class, “What do you do with your family at home on weekends?” Tomoya answered, “I cook lunch with my family.”

B

After coming home, Tomoya talked to his sister, Emi, about his friends’ answers. Tomoya said, “The most popular answer was watching movies.” Emi asked, “□ with their families at home on weekends?”

C

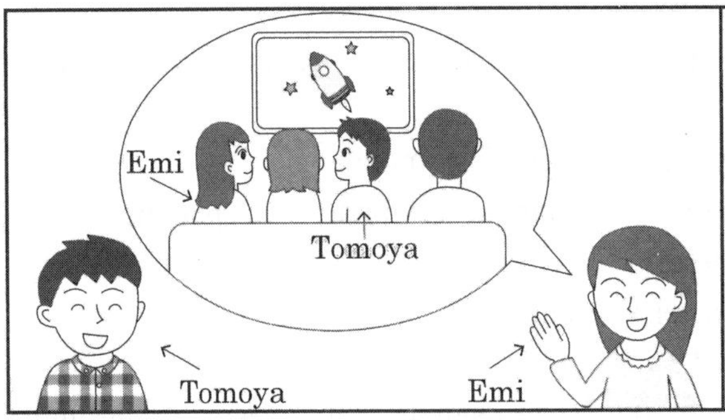

“Fifteen students,” Tomoya answered. He also said, “I want to try it, too.” “OK. Let’s try it next weekend,” Emi said.

＜**条件**＞

① students と watch を形を変えずに用いること。
② ①に示した語を含んで，□ 内を **5 語以上**で書くこと。
③ with their families at home on weekends? につながる 1 文となるように書くこと。
※短縮形（I’ mや don’t など）は 1 語と数え，符号（ ， など）は語数に含めません。

問６　次の英文は，高校生のハナコ（Hanako）が英語の授業でクラスの生徒に向けて行った発表の原稿です。英文を読んで，あとの(ア)～(ウ)の問いに答えなさい。

Hello, everyone. I am Hanako. Today, I am going to talk about food *waste. A lot of food that can *still be eaten is *thrown away at *convenience stores every day. I felt sad when I learned that.

On the New Year's Day this year, I visited my grandmother's house with my family. My father's brother and his family were there, too. We enjoyed a special dinner together. We couldn't eat all the food. My grandmother said to me, "There is (①). Hanako, you can take it to your house and eat it tomorrow." I said, "Thank you," and I *brought the food to my house. I ate it with my family the next day. I was happy because we didn't *throw away the *leftover food.

I learned about food waste on TV last week. There are about one *billion hungry people in the world. More than 30% of the food made in the world is thrown away. I wanted to learn more about the food waste *problem to help hungry people in the world.

Food waste is a problem in Japan, too. We have to *solve it. In 2015, the *amount of food waste *per person in Japan was about 51kg. We *should *reduce food waste in our country. What can we do? Please look at the *graph.

Graph

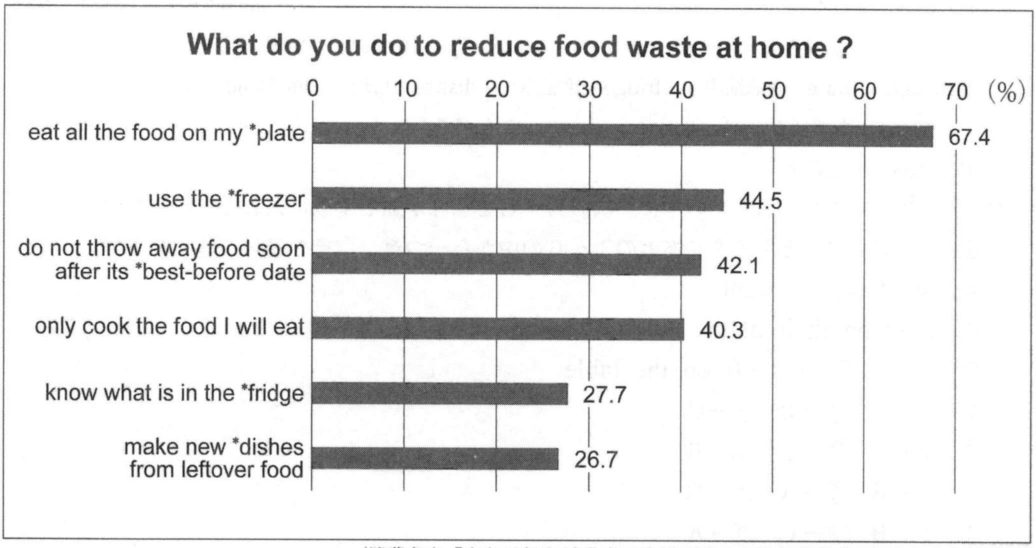

（消費者庁「令和元年度 消費者の意識に関する調査 結果報告書」をもとに作成）

This graph shows what three *thousand people in Japan did to reduce food waste at home in 2019. 67.4% of the people answered that they didn't leave (②). I think that everyone can start doing that today. Now, let's look at the other answers. About 45% of the people used the freezer to keep their food at home. About 40 % of the people said that they only cooked the amount of food they could eat. 27.7% of the people said that knowing what was in the fridge was important. I think that's a good idea. I have started to *check what food we have in the fridge and write it on the fridge door every day. If we eat, keep, and cook our food at home in a better way, we will *be able to reduce food waste.

We have to know how we should buy our food. There is too much food in *supermarkets. *Retailers keep a lot of food in stores because they think it is important to give us (③) at any time. I think retailers should stop doing that. Before we ask them to change, we should change now. We should buy our food in a better way. For example, if I don't find the food I want to buy, I will look for it next time. We should wait for two or three days. We may be able to buy it when retailers get the food again. They should reduce the amount of food they keep in stores.

You may say that [　　　　], but I think we can. I think we will be able to change the world in the future. We should start doing small things. It is important for us to find new ideas that we can try.

*waste：廃棄物　still：まだ　thrown away：捨てられる
convenience stores：コンビニエンスストア　brought ～：～を持って行った
throw away ～：～を捨てる　leftover：残り物の　billion：10億　problem：問題
solve ～：～を解決する　amount：量　per person：一人あたりの　should ～：～すべきである
reduce ～：～を減らす　graph：グラフ　plate：皿　freezer：冷凍庫
best-before date：賞味期限　fridge：冷蔵庫　dishes：料理　thousand：千の
check ～：～を調べる　be able to ～：～することができる　supermarkets：スーパーマーケット
Retailers：小売業者

(ア) 本文中の（①）～（③）の中に，次のA～Cを意味が通るように入れるとき，その組み合わせとして最も適するものを，あとの1～6の中から一つ選び，その番号を答えなさい。

A．the food we want
B．food on their plates
C．a lot of food left on the table

1．①－A　②－B　③－C
2．①－A　②－C　③－B
3．①－B　②－A　③－C
4．①－B　②－C　③－A
5．①－C　②－A　③－B
6．①－C　②－B　③－A

(イ) 本文中の [　　] の中に入れるのに最も適するものを，次のページの1～4の中から一つ選び，その番号を答えなさい。

1. we can't ask retailers to keep a lot of food in stores
2. we can't solve the food waste problem around the world
3. we can't find a new way to throw away food
4. we can't throw away the leftover food from a special dinner

(ウ) 次のa～fの中から，ハナコの発表の内容に合うものを**二つ**選んだときの組み合わせとして最も適するものを，あとの1～8の中から一つ選び，その番号を答えなさい。

a. Hanako says that people shouldn't buy the food at convenience stores if they want to reduce food waste.
b. Hanako ate the food from the special dinner at her grandmother's house and at her house, too.
c. Hanako says that the amount of food that was thrown away per person in the world in 2015 was 51kg.
d. The graph shows that more than 30% of the people cooked new dishes from leftover food.
e. Hanako has started checking the food in the fridge to send it to hungry people in the world.
f. Hanako thinks that retailers will change how much food they keep in stores if people change how they buy food.

1. aとc　2. aとe
3. bとd　4. bとf
5. cとe　6. cとf
7. dとe　8. dとf

問7 次の(ア)の英文と地図（**Map**），(イ)の英文と記事（**Article**）や表（**Chart**）について，それぞれあとの質問の答えとして最も適するものを，1～5の中からそれぞれ一つずつ選び，その番号を答えなさい。

(ア)

*Hiroto is working as a *volunteer at Kamome Station. He helps people visiting Kamome City. Emily is a *tourist from Australia. She is talking to Hiroto now.*

Emily: Excuse me. I want to have lunch and go to the city museum.
Hiroto: OK. What do you want to eat ?
Emily: I want to eat Japanese food.
Hiroto: How about sushi? There is a good sushi restaurant near the museum.
Emily: Sure. I want to try it. Please tell me the way to get there.
Hiroto: Well, can you see the guitar school *over there?
Emily: Yes, I can see it from here.
Hiroto: Please walk to the guitar school and turn right. There is a cake

shop *next to the hospital. Turn left at the cake shop. The restaurant will be on your right.

Emily: OK. Then, how can I get to the city museum after lunch?

Hiroto: There is a *bridge by the restaurant. The museum is on your left after you go *across the bridge.

Emily: Thank you. And I want to buy special things in Kamome City for my family in Australia.

Hiroto: You can get nice things for your family at the shop next to the guitar school.

Emily: I see. So, I'll go there after the museum. Thank you very much.

Hiroto: You're welcome. Have a good day!

Map

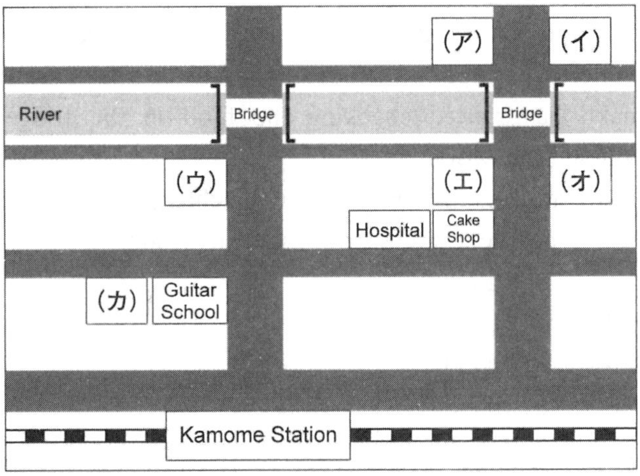

**volunteer*：ボランティア　*tourist*：旅行者　over there：向こうに　next to ～：～の隣に
bridge：橋　across ～：～を越えて

質問：**Which places will Emily visit on the map?**

1．(エ) → (ア) → (ウ)　　2．(エ) → (イ) → (カ)

3．(オ) → (ア) → (ウ)　　4．(オ) → (ア) → (カ)

5．(オ) → (イ) → (カ)

(イ)

Yumiko wants to be a *professional soccer player in the future. She is looking at the article and the chart about her favorite soccer player, Kanagawa Taro, on the Internet.

Article

Kanagawa Taro started to play soccer on a team when he was nine. His team had a great *coach. Taro enjoyed playing soccer with his friends. His dream was to *teach soccer to children in the future. When he was in his third year of high school, he was *chosen as the best high school player in the city. When he was 23, he became a professional player and started to play for the *Kamome Victories. He became a popular player in the team. He played for Japan's *national team. In 1999, his daughter *was born. When he was 32, he had his last game as a professional player. In the *same year, his son was born. Two years later, his dream *came true. The children on the team he *taught liked soccer. His son also *joined the Kamome Victories this March. Taro wrote a book about how to teach soccer this May.

July 8, 2020

Chart

Year	Event in Taro's life
1969	He was born in Kamome City.
1978	He started to play soccer.
1987	He was chosen as the best high school soccer player in the city.
1992	He joined the Kamome Victories.
1996	He played in an *international tournament in the *U.S. as *captain of Japan's national team.
2001	He stopped playing as a professional player.
2003	
2020	His son became a professional soccer player.

April 20, 2020

*professional：プロの　coach：コーチ　teach ～：～を教える　chosen：選ばれた
Kamome Victories：カモメビクトリーズ　national：国を代表する　was born：生まれた
same：同じ　came true：実現した　taught ～：～を教えた　joined ～：～に加入した
international tournament：国際大会　U.S.：アメリカ合衆国　captain：主将

質問：What is the event in Taro's life in 2003?

1．His son was born.
2．His daughter was born.
3．He wrote a book.
4．He left the team in the U.S.
5．He became a soccer coach.

問８　次の英文を読んで，あとの(ア)～(ウ)の問いに答えなさい。

*Naoto, Saori, and Mika are Kamome High School students. They are talking in the *classroom after school. Then, Ms. Green, their English teacher, talks to them.*

Ms. Green: Hi, everyone. What are you doing?

Naoto: Hello, Ms. Green. We are talking about our *volunteer work at the city library.

Saori: This weekend, we are going to work at the city library. We have some jobs to do, and our most important job is the *program for children.

Ms. Green: That's interesting. Please tell me more.

Mika: The people working at the library think that children *should read more books.

Naoto: I think many children like the Internet and video games more than books.

Saori: I think so, too. To change that, the city library has a program for children every weekend. The people working there give children good *experiences with books.

Ms. Green: What do they do?

Naoto: They read some *stories to children. They hope that many children will *become interested in books.

Ms. Green: That's nice! When I was small, my mother read stories to me every night. I loved a story about a little girl and a big bird.

Saori: My father read to me, too!

Mika: We will work from 9:00 *a.m. to 3:00 *p.m. Our important job is to read stories to children, but we will have more things to do. Please look at ①<u>the *timetable</u>.

Ms. Green: Oh, you have a lot of things to do in one day! You start your day by cleaning the library, and your last job is to *return books to the *bookshelves.

Naoto: Yes. Before lunch, we *collect books that people return at the *counter.

Ms. Green: I see. When will the program you talked about start?

Mika: After cleaning the library.

Ms. Green: Well, tell me about the program after lunch.

Saori: That is a reading *lesson for *parents. The people working at the library *teach some good ways to read books with children.

Naoto: I thought the library was only a place to read books, but now I know that the library is also a place to learn how to enjoy reading with other people. We can have many experiences at the library.

Mika: I think so, too.

Ms. Green: That's great! When will you go there?

Saori: We will visit the library on Saturday.

Ms. Green: I hope you will enjoy it. Please tell me about it later.

Next week, the three students visit the teachers' room, and they talk to Ms. Green.

Naoto: Good afternoon, Ms. Green. We had a good day at the library.

Mika: We will visit the library this weekend, too. I can't wait!

Saori: The experience we had last weekend was wonderful.

Mika: There was an *elementary school event in the morning, so the library changed the timetable.

Ms. Green: Oh, I see. How was the timetable changed?

Saori: Here is ②<u>the new timetable</u>. First, we cleaned the library. And then, we watched the program for parents. It was very interesting.

Ms. Green: I remember you also had to collect returned books, right?

Mika: Yes, we did that before our program. Our program started at two in the afternoon. We read three stories to the children.

Naoto: And we returned books to the bookshelves before lunch. We enjoyed the day very much, Ms. Green.

Ms. Green: That's good. What did you enjoy the most?

Naoto: Reading to children was really fun!

Saori: I enjoyed it, too. And most children looked happy.

Mika: I'm a little sad because I didn't do well. It was difficult to read books to children. When I was reading, I was *nervous, so I couldn't look at their faces. Some children started to talk to their friends.

Saori: From the program for parents, we learned that looking at children's faces was important, right?

Naoto: Yes. If we don't look at them when we are reading, the children won't become interested in the story.

Mika: That's right. I learned that from the program.

Saori: I think we will do better this weekend.

Mika: I hope so. I really wanted to say, "You can learn a lot of things from books," but I couldn't. I will say it this weekend.

Naoto: I hope that the children that we will meet this weekend will enjoy reading books with us. When we don't do something well, we should change how we do it the next time. We should find what was not good, and then, we can try a *different way.

Mika: You are right, Naoto.

Ms. Green: That is ③<u>an important thing</u> to learn.

Saori: Yes. We can learn a lot from the volunteer work. I'm going to try another job in the library. I will help people who don't know how to use computers to find books in the library.

Mika: Oh, that's great, Saori!

Naoto: Tell us about your new job next time.

Saori: Sure. I will.

*classroom：教室　volunteer：ボランティア　program：プログラム　should ～：～すべきである
experiences：経験　stories：物語　become interested in ～：～に興味をもつようになる
a.m.：午前　p.m.：午後　timetable：予定表　return ～：～を戻す　bookshelves：本棚
collect ～：～を回収する　counter：カウンター　lesson：授業　parents：親
teach ～：～を教える　elementary school：小学校　nervous：緊張して　different：異なる

(ア) 本文中の――線①と――線②が表す内容を，①は**ア群**，②は**イ群**の中からそれぞれ選んだときの組み合わせとして最も適するものを，あとの１～６の中から一つ選び，その番号を答えなさい。

ア群

A.

9:00 a.m.	Cleaning the library
10:00 a.m.	Collecting returned books
11:00 a.m.	Program for parents
	Lunch
1:00 p.m.	Program for children
2:00 p.m.	Returning books to the bookshelves

B.

9:00 a.m.	Cleaning the library
10:00 a.m.	Program for children
11:00 a.m.	Collecting returned books
	Lunch
1:00 p.m.	Program for parents
2:00 p.m.	Returning books to the bookshelves

C.

9:00 a.m.	Cleaning the library
10:00 a.m.	Program for children
11:00 a.m.	Collecting returned books
	Lunch
1:00 p.m.	Returning books to the bookshelves
2:00 p.m.	Program for parents

イ群

X.

9:00 a.m.	Cleaning the library
10:00 a.m.	Program for parents
11:00 a.m.	Returning books to the bookshelves
	Lunch
1:00 p.m.	Collecting returned books
2:00 p.m.	Program for children

Y.

9:00 a.m.	Cleaning the library
10:00 a.m.	Program for parents
11:00 a.m.	Collecting returned books
	Lunch
1:00 p.m.	Returning books to the bookshelves
2:00 p.m.	Program for children

Z.

9:00 a.m.	Cleaning the library
10:00 a.m.	Returning books to the bookshelves
11:00 a.m.	Program for parents
	Lunch
1:00 p.m.	Collecting returned books
2:00 p.m.	Program for children

１．①：A　②：Y　　２．①：A　②：Z　　３．①：B　②：X
４．①：B　②：Z　　５．①：C　②：X　　６．①：C　②：Y

(イ) 本文中の――線③の内容を表したものとして最も適するものを，次の１～４の中から一つ選び，その番号を答えなさい。

1．You should learn from your experiences.
2．You should know how to borrow books.
3．You should try a thing that you are not good at.
4．You should be kind to the people who help you.

(ウ) 次のａ～ｆの中から，本文の内容に合うものを**二つ**選んだときの組み合わせとして最も適するものを，あとの１～８の中から一つ選び，その番号を答えなさい。

a．Children can have good experiences at the city library's weekend program.
b．When Mika was a little girl, she often listened to stories before going to bed.
c．Naoto says that he likes school better than the library because he can read books with other people at school.
d．Naoto, Saori, and Mika showed the parents good ways to enjoy reading books with their children on Saturday.
e．Naoto, Saori, and Mika learned that they had to look at children's faces when they were reading to children.
f．Ms. Green asked Saori to get a new job and to have another good experience at the library.

1．ａとｃ　2．ａとｅ　3．ｂとｄ　4．ｂとｅ
5．ｃとｄ　6．ｃとｆ　7．ｄとｅ　8．ｄとｆ

＜理科＞

時間　50分　　満点　100点

【注意】 解答用紙にマス目（例：□□□）がある場合は，句読点もそれぞれ１字と数え，必ず１マスに１字ずつ書きなさい。なお，行の最後のマス目には，文字と句読点を一緒に置かず，句読点は次の行の最初のマス目に書き入れなさい。

問１　次の各問いに答えなさい。

(ア) 次の□は，真空放電管（クルックス管）で起こる放電についてまとめたものである。文中の（あ），（い）にあてはまるものの組み合わせとして最も適するものをあとの１～４の中から一つ選び，その番号を答えなさい。

> 誘導コイルを使って真空放電管に高い電圧を加えたところ，図のように蛍光板上に光るすじが見えた。このとき，蛍光板を光らせる粒子は，真空放電管の内部で（　あ　）に向かって流れている。次に，光るすじが見えている状態のまま，別の電源を用意し，電極板Xをその電源の＋極に，電極板Yをその電源の－極にそれぞれつないで電圧を加えたところ，光るすじは（　い　）の側に曲がった。
>
> 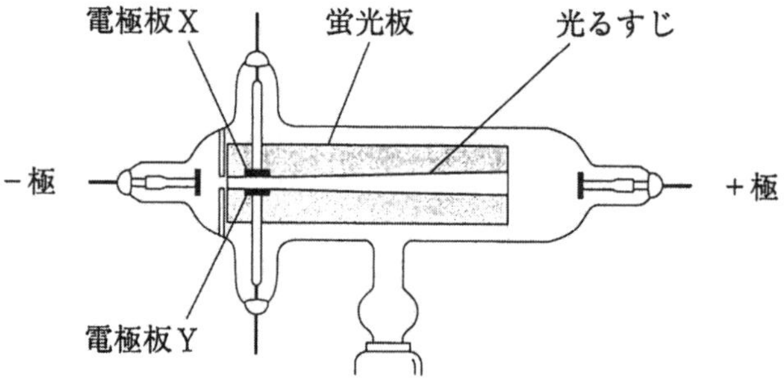
>

１．あ：＋極から－極　　い：電極板X　　　２．あ：＋極から－極　　い：電極板Y

３．あ：－極から＋極　　い：電極板X　　　４．あ：－極から＋極　　い：電極板Y

(イ) 電圧が等しい電池と，抵抗の大きさが等しい電熱線を用い，図のような３種類の回路A，回路B，回路Cをつくった。回路Aの電熱線の電力の値をa，回路Bの２つの電熱線の電力の値の合計をb，回路Cの２つの電熱線の電力の値の合計をcとするとき，a～cの関係を，不等号（<）で示したものとして最も適するものを次のページの１～６の中から一つ選び，その番号を答えなさい。

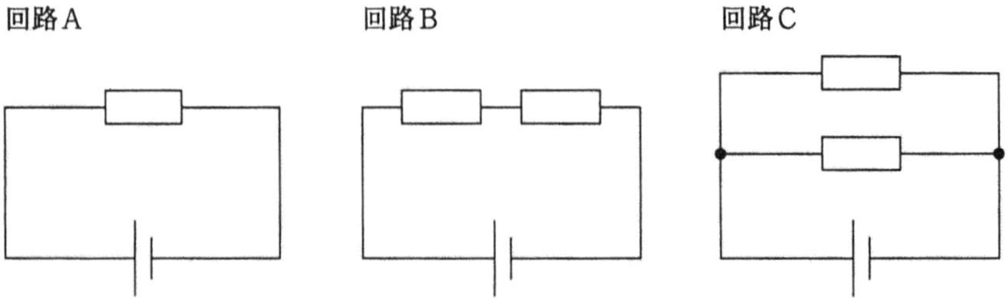

1．a＜b＜c　　2．a＜c＜b　　3．b＜a＜c
4．b＜c＜a　　5．c＜a＜b　　6．c＜b＜a

(ウ) 図のような光学台に，光源，物体（矢印の形をくりぬいた板），凸《とつ》レンズ，スクリーンを一直線になるように置いた。物体と凸レンズとの距離を20cmにして，スクリーンを移動させたところ，凸レンズとスクリーンとの距離が20cmになったときに，物体と同じ大きさの像がスクリーンにはっきりとうつった。□は，この実験から考えられることをまとめたものである。文中の（X），（Y）にあてはまるものの組み合わせとして最も適するものをあとの1～4の中から一つ選び，その番号を答えなさい。

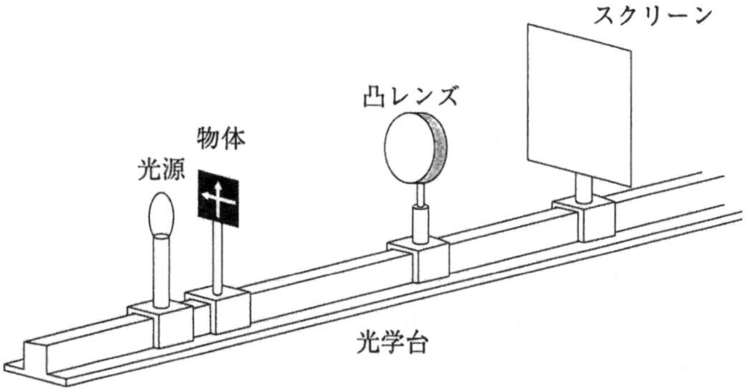

> この実験で用いた凸レンズの焦点距離は（　X　）cmである。この凸レンズを焦点距離が15cmの凸レンズに取りかえて，物体と凸レンズとの距離を20cmにすると，スクリーンに物体の像がはっきりとうつるときの凸レンズとスクリーンとの距離は，20cmより（　Y　）と考えられる。

1．X：10　Y：長くなる　　2．X：10　Y：短くなる
3．X：20　Y：長くなる　　4．X：20　Y：短くなる

問2　次の各問いに答えなさい。

(ア) ポリエチレンの袋に液体のエタノールを少量入れて密封し，熱湯をかけたところ，この袋は大きく膨らんだ。このとき，袋の中のエタノールの粒子の数，粒子の運動の激しさ，粒子どうしの間隔について説明したものの組み合わせとして最も適するものを次の1～6の中から一つ選び，その番号を答えなさい。

	粒子の数	粒子の運動の激しさ	粒子どうしの間隔
1	増加した	変化しなかった	大きくなった
2	増加した	激しくなった	変化しなかった
3	増加した	変化しなかった	変化しなかった
4	変化しなかった	激しくなった	大きくなった
5	変化しなかった	激しくなった	変化しなかった
6	変化しなかった	変化しなかった	大きくなった

(イ)　Kさんは，図1のような，原子のモデルを表す丸いカードを複数枚用いて化学反応式のつくり方を学習しており，図2は，酸化銀を加熱し，固体の銀と気体の酸素に分解するときの化学変化をこれらのカードを用いて表している途中のものである。これを完成させるには，図2の状態からどのカードがあと何枚必要か。最も適するものをあとの1～5の中から一つ選び，その番号を答えなさい。

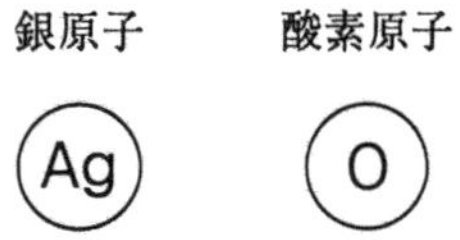

図1

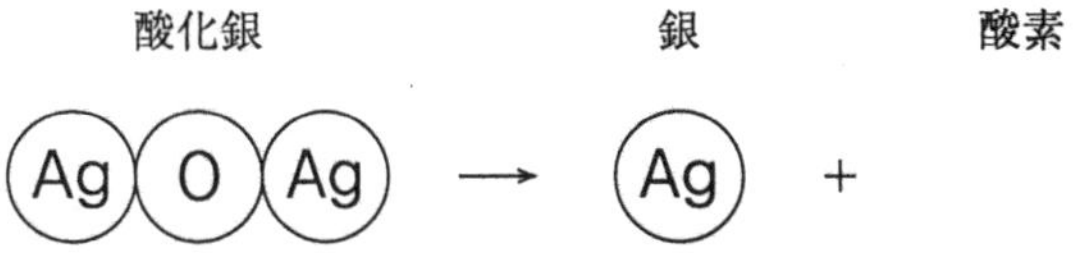

図2

1．酸素原子のカードが1枚
2．銀原子のカードが1枚と，酸素原子のカードが1枚
3．銀原子のカードが1枚と，酸素原子のカードが2枚
4．銀原子のカードが5枚と，酸素原子のカードが2枚
5．銀原子のカードが5枚と，酸素原子のカードが3枚

(ウ)　Kさんは，電池について調べるために，右の図のような装置を用意した。スイッチを入れると電子オルゴールが鳴り，電圧計の針は右にふれた。次の□は，このときの電子の流れと，起こった反応についてまとめたものである。文中の（X），（Y）にあてはまるものの組み合わせとして最も適するものをあとの1～4の中から一つ選び，その番号を答えなさい。

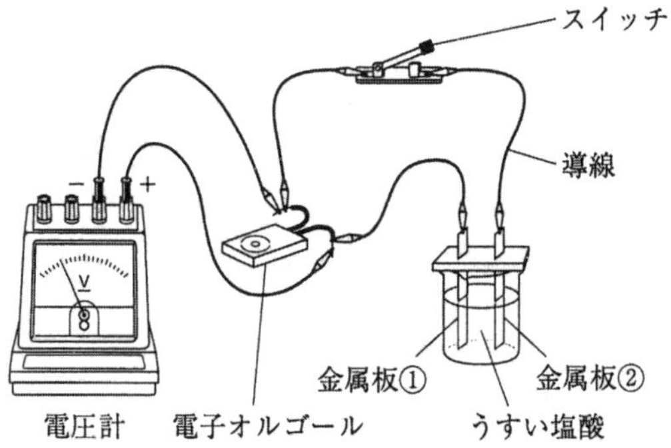

電圧計の針のふれた向きから，電子が導線中を（　X　）の向きに流れており，金属板①の表面では（　Y　）反応が起こっていたことがわかる。

1．X：金属板①から金属板②　　Y：イオンが電子を受け取る
2．X：金属板②から金属板①　　Y：イオンが電子を受け取る
3．X：金属板①から金属板②　　Y：原子が電子を放出してイオンになる
4．X：金属板②から金属板①　　Y：原子が電子を放出してイオンになる

問3　次の各問いに答えなさい。

(ア)　次の□中のA～Cのうち，顕微鏡の使い方として適切なものはどれか。最も適するものをあとの1～6の中から一つ選び，その番号を答えなさい。

A　観察を始めるときは，対物レンズを最も低倍率のものにする。

B　プレパラートをステージにのせ，プレパラートと対物レンズとの距離を近づけるときは，接眼レンズをのぞきながら行う。

C　ピントを合わせるときは，接眼レンズをのぞきながら，対物レンズとプレパラートとの距離を離していく。

1．Aのみ　2．Bのみ　3．Cのみ　4．AとB　5．AとC　6．BとC

(イ)　次の**図1**～**図3**は，エンドウ，イヌワラビ，ゼニゴケをそれぞれ表したものであり，エンドウとイヌワラビについては，矢印で示した部分のつくりを□の中に表している。図中のa～gについての説明として最も適するものをあとの1～4の中から一つ選び，その番号を答えなさい。

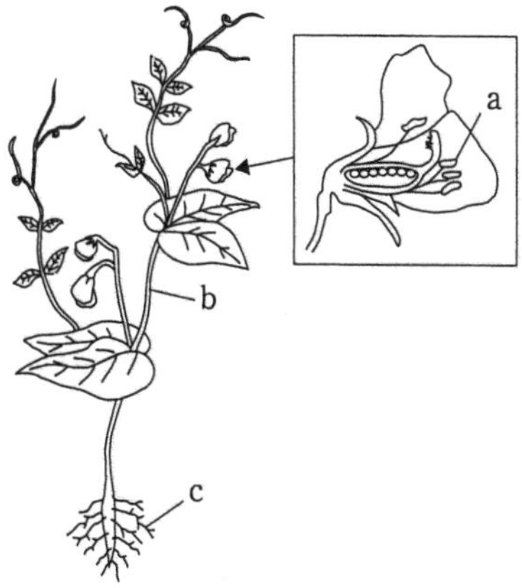

図1

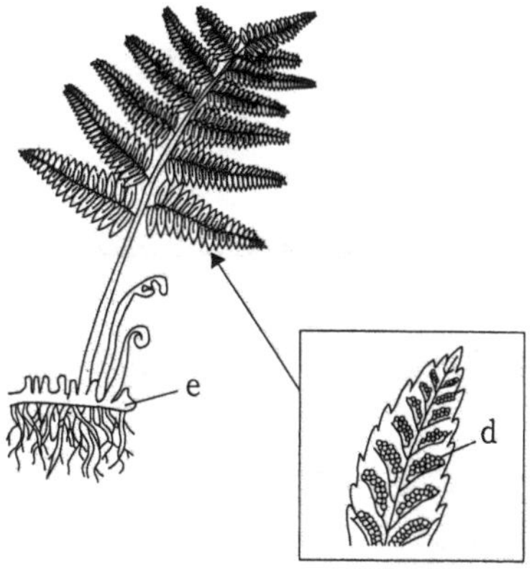

図2

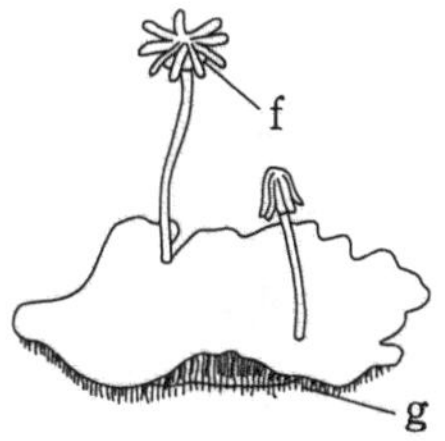

図3

1．aとdの主な役割は，どちらも花粉をつくることである。
2．cとgの主な役割は，どちらも水を吸収することである。
3．bとeはどちらも維管束があるところである。
4．dとfはどちらも精子をつくるところである。

(ウ)　**図1**は，ヒトの体を正面から見たときの心臓の断面を模式的に表したものであり，**図1**中の4つの◯で示した部分は弁である。また，**図2**は，心臓の拍動とそれにともなう血液の流れを模式的に表したものであり，**図2**（次のページ）中の➡は心房と心室の広がりや縮みを，⇨は血液の流れを表している。心臓のようすが**図2**の①→②→③→①→②→③→…の順に変化を繰り返すとき，心臓で起こることを説明したものとして最も適するものをあとの1～4の中から一つ選び，その番号を答えなさい。

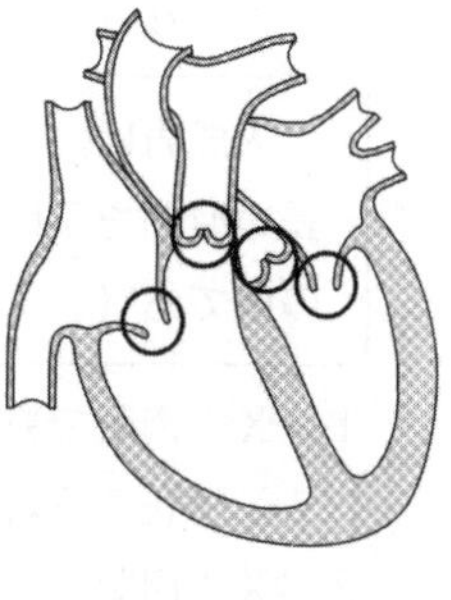

図1

1．左心房が広がるとき，左心房には全身から戻ってきた血液が流れ込む。
2．2つの心室が縮むとき，それぞれの心室から酸素を多くふくむ血液が流れ出す。
3．心房と心室の間にある弁は，心房が広がるときには開いており，心房が縮むときには閉じている。

4．心室と血管の間にある弁は，心室が広がるときには閉じており，心室が縮むときには開いている。

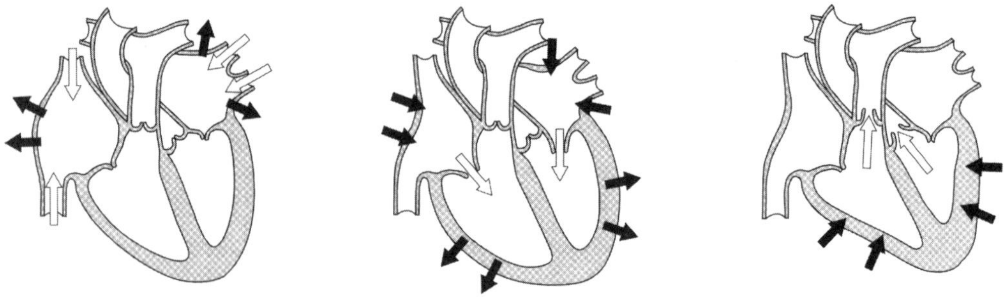

①　　②　　③

図２

問４　次の各問いに答えなさい。

(ア)　地震に関する説明として最も適するものを次の１～４の中から一つ選び，その番号を答えなさい。

1．マグニチュードの値が１大きくなると，地震によって放出されるエネルギーは約1000倍になる。

2．現在，日本における震度は１から７まであり，震度５と震度６はそれぞれ強と弱があるため全部で９段階に分けられている。

3．地震が起こると，震源ではまず初期微動を伝える波が発生し，しばらく時間がたってから主要動を伝える波が発生する。

4．小さなゆれを観測してから大きなゆれを観測するまでの時間は，一般的に震源から遠い場所ほど長い。

(イ)　次の□は，Kさんが火成岩について調べ，まとめたものである。文中の（X），（Y）にあてはまるものの組み合わせとして最も適するものをあとの１～４の中から一つ選び，その番号を答えなさい。

火成岩は，マグマが地表や地表付近で急に冷えてできた火山岩と，マグマが地下深くで長い時間をかけて冷えてできた深成岩に分けられる。深成岩は（　X　）構造をもち，その中でも（　Y　）はセキエイやチョウ石のような無色や白色の鉱物を多くふくむ。

1．X：肉眼で見分けられる程度の大きさの鉱物が集まっている
　　Y：花こう岩

2．X：肉眼で見分けられる程度の大きさの鉱物が集まっている
　　Y：はんれい岩

3．X：肉眼ではわからないほど小さな粒の集まりの中に，比較的大きな鉱物が散らばっている
　　Y：花こう岩

4．X：肉眼ではわからないほど小さな粒の集まりの中に，比較的大きな鉱物が散らばっている
　　Y：はんれい岩

(ウ) 神奈川県内のある水平な場所で，下の図のように，東西と南北の方向に十分長い２本の直線を引き，その交点に地面と垂直に棒を立て，太陽の光が棒に当たることでできる影の長さと動きを記録した。観察は春分の日，夏至の日，秋分の日，冬至の日に，それぞれ１日を通して行った。この観察の結果として最も適するものを次の１～４の中から一つ選び，その番号を答えなさい。ただし，２本の直線で区切られた４つの部分をそれぞれA，B，C，Dとする。

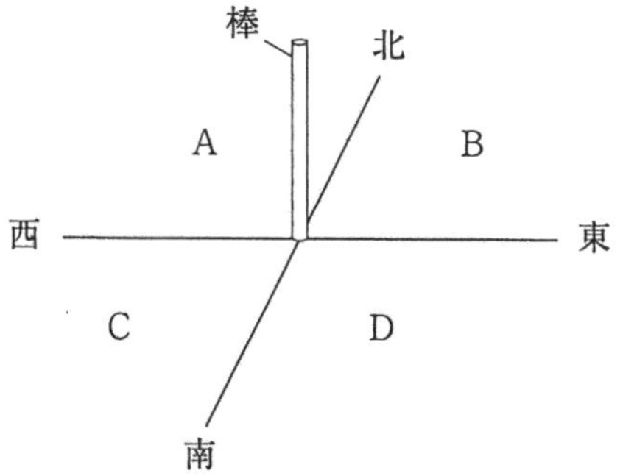

1．春分の日には，棒の影が時間とともにBからAに移動した。
2．夏至の日には，棒の影がCやDにできる時間帯があった。
3．昼の12時における棒の影の長さは，観察した４日のうち，秋分の日が最も長かった。
4．午前８時における棒の影の長さは，観察した４日のうち，冬至の日が最も短かった。

問５　Kさんは，物体の運動について調べるために，次のような実験を行った。これらの実験とその結果について，あとの各問いに答えなさい。ただし，用いた記録タイマーは，１秒間に50打点するものとし，記録タイマーとテープとの間の抵抗，台車と板との間の摩擦，滑車と糸との間の摩擦，台車とおもりにはたらく空気の抵抗，糸と滑車の質量および台車の大きさは考えないものとする。また，糸は伸び縮みしないものとし，台車は滑車と衝突しないものとする。

〔実験１〕 次のページの**図１**のように，水平な机の上に平らな板を乗せ，その上に台車を置いてテープをつないだ。台車の他方にはおもりをつけた糸をつなぎ，たるまないように滑車に通した。台車を手でおさえて静止させたあと，記録タイマーのスイッチを入れ，静かに手をはなしたところ，台車とおもりは同時に運動を始めた。おもりの真下にはいすがあり，おもりがいすについたあとも台車は運動を続けた。

次のページの**図２**は，この台車の運動を記録したテープを，打点がはっきりと分離できる適当な点から５打点ごとに切り取り，順に用紙にはり付けている途中のものである。ただし，**図２**における①～⑦のテープの打点は省略してある。

〔実験２〕 次のページの**図３**のように，〔実験１〕で用いた板と机の間に木片をはさんで斜面をつくり，その上におもりをつけた糸をつないだ台車を置き，手でおさえて静止させた。この状態から，手をはなしても台車が静止したままになるように斜面の角度を調節した。

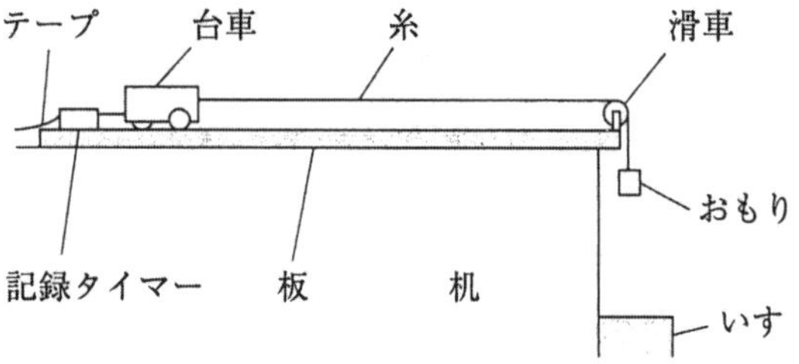

図１

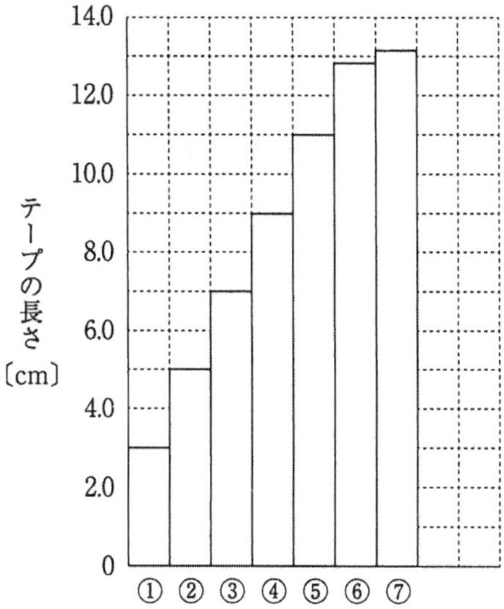

図２

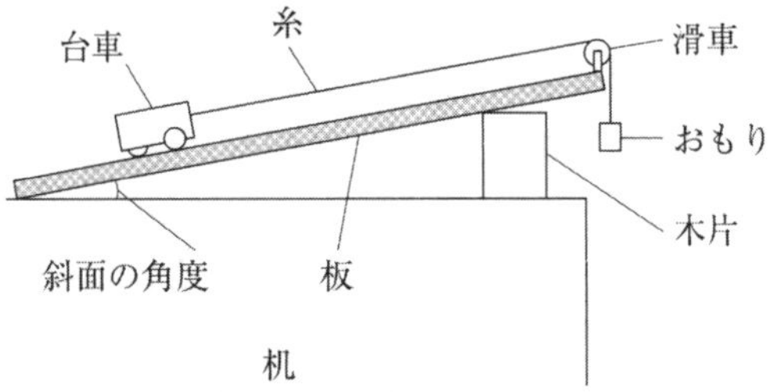

図３

(ア)〔実験１〕において，おもりがいすにつくまでの台車の運動のようすを説明したものとして最も適するものを次の１～４の中から一つ選び，その番号を答えなさい。

1．５打点ごとに切ったテープの長さが一定なので，台車は一定の速さで運動していた。

2．５打点ごとに切ったテープの長さが一定なので，台車は速さが増す運動をしていた。

3．５打点ごとに切ったテープがしだいに長くなっているので，台車は一定の速さで運動していた。

4．５打点ごとに切ったテープがしだいに長くなっているので，台車は速さが増す運動をしていた。

(イ) 次の □ は，台車の平均の速さについて，**図２**におけるテープの長さからわかることをまとめたものである。文中の（X）に適する**値**を書きなさい。また，（Y）に最も適するものをあとの１～３の中から一つ選び，その**番号を書きなさい**。

図２における④のテープの長さは9.0㎝であることから，このテープが示す区間での台車の平均の速さは（　X　）㎝/ｓであることがわかる。また，この速さは，①のテープの記録が始まってから⑦のテープの記録が終わるまでの間の平均の速さと比べて（　Y　）ということがわかる。

1．速い　　2．遅い　　3．同じ

(ウ)〔実験1〕において，**図2**におけるテープのうち，おもりがいすにつく瞬間の台車の運動が記録されたものはどれか。最も適するものを次の1～4の中から一つ選び，その番号を答えなさい。

1．④のテープ　　2．⑤のテープ　　3．⑥のテープ　　4．⑦のテープ

(エ) 次の□は，〔実験2〕についての先生とKさんの会話である。文中の（あ）に最も適するものをあとの1～4の中から一つ選び，その**番号を書きなさい**。また，（い）に適する内容を，会話全体の文脈をふまえて**12字以内**で書きなさい。

> 先　生「〔実験2〕において，手をはなしても台車が静止したままになっている角度のとき，台車には重力，垂直抗力，糸が台車を引く力の3つの力がはたらいています。この状態から，おもりを手で下向きに一瞬引き，すぐに手をはなすことによって，斜面に沿って上向きの力を台車に加えます。おもりから手をはなしたあとの台車の運動のようすはどうなると考えられますか。」
>
> Kさん「はい。台車は斜面に沿って（　あ　）運動をすると思います。」
>
> 先　生「なぜそのような運動をすると思ったのですか。」
>
> Kさん「糸が台車を引く力が，台車にはたらく重力と垂直抗力の（　い　）からです。」
>
> 先　生「そのとおりですね。」

1．上向きに，速さがしだいに小さくなる　　2．上向きに，速さが一定の
3．下向きに，速さがしだいに大きくなる　　4．下向きに，速さが一定の

問6　Kさんは，授業で，物質の溶解度の違いを利用して4種類の物質A～Dを区別するために，次のような実験を行った。これらの実験とその結果について，あとの各問いに答えなさい。ただし，物質A～Dはショ糖（砂糖），硝酸カリウム，塩化ナトリウム，ホウ酸のうちのいずれかであることがわかっており，右のグラフは，それぞれの物質の溶解度曲線を表したものである。

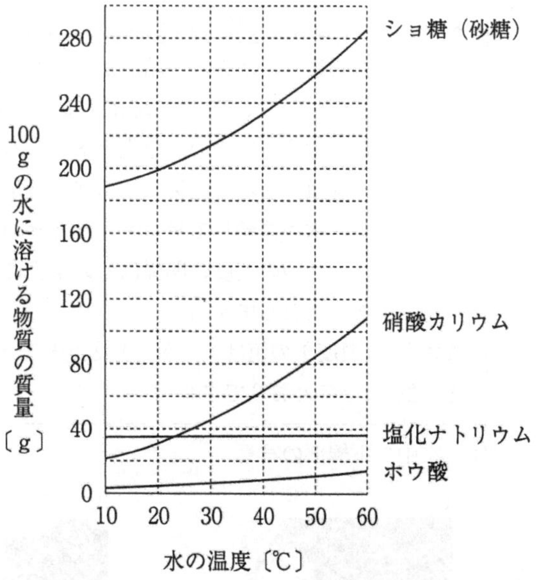

〔実験1〕物質A～Dを20gずつ薬包紙にとり，30℃の水100gを入れた4つのビーカーにそれぞれ加えてよくかき混ぜたところ，物質B～Dはいずれもすべて水に溶けたが，物質Aは一部が溶け残った。

〔実験2〕〔実験1〕で用いた物質B～Dの水溶液の温度を30℃に保ったまま，それぞれの物質を30g追加してよくかき混ぜたところ，物質Dはすべて水に溶けたが，物質B，Cはどちらも一部が溶け残った。

(ア)　〔実験１〕,〔実験２〕の結果から，物質Ａと物質Ｄの組み合わせとして最も適するものを次の１～６の中から一つ選び，その番号を答えなさい。

１．Ａ：ショ糖　　　　　Ｄ：硝酸カリウム　　２．Ａ：ショ糖　　　　　Ｄ：ホウ酸
３．Ａ：硝酸カリウム　Ｄ：ショ糖　　　　　４．Ａ：硝酸カリウム　Ｄ：ホウ酸
５．Ａ：ホウ酸　　　　Ｄ：ショ糖　　　　　６．Ａ：ホウ酸　　　　Ｄ：硝酸カリウム

(イ)　〔実験２〕のあとの物質Ｂと物質Ｃが入ったビーカーを用いて〔実験３〕を行ったところ，片方の物質がすべて水に溶けたことで，物質Ｂと物質Ｃがそれぞれ何であるかがわかった。このときの〔実験３〕の操作として最も適するものを次の１～４の中から一つ選び，その番号を答えなさい。

１．物質Ｂと物質Ｃの水溶液がともに60℃になるまで加熱する。
２．物質Ｂと物質Ｃの水溶液がともに10℃になるまで冷却する。
３．物質Ｂと物質Ｃが入ったビーカーに30℃の水をそれぞれ100ｇずつ追加する。
４．物質Ｂと物質Ｃが入ったビーカーに30℃の水をそれぞれ200ｇずつ追加する。

(ウ)　Ｋさんは，塩化ナトリウムの飽和水溶液から結晶を取り出すために，次の〔実験４〕を行った。

〔実験４〕　塩化ナトリウムの飽和水溶液をペトリ皿に入れ，実験室で１日放置して水を蒸発させたところ，結晶が出てきた。

次の□は，〔実験４〕に関するＫさんと先生の会話である。(i)文中の下線部の写真，(ii)文中の（Ｘ）にあてはまるものとして最も適するものをそれぞれの選択肢の中から一つずつ選び，その番号を答えなさい。

Ｋさん　「これは〔実験４〕で出てきた結晶の写真です。数時間おきにペトリ皿のようすを観察したところ，結晶がだんだん大きくなっていくようすがわかりました。」
先　生　「そうですね。では，塩化ナトリウムの飽和水溶液をペトリ皿に入れてから結晶が出てくるまでの，塩化ナトリウム水溶液の濃度について考えてみましょう。ペトリ皿に入れた直後の水溶液の質量パーセント濃度を濃度①，しばらく時間がたち，水が蒸発して量が減ったときの水溶液の質量パーセント濃度を濃度②とすると，２つの濃度の関係はどのようになりますか。ただし，水溶液の温度は一定であったとします。」
Ｋさん　「濃度①の値は（　Ｘ　）と思います。」
先　生　「そのとおりですね。」

(i)　文中の下線部の写真

1.

2.

3.
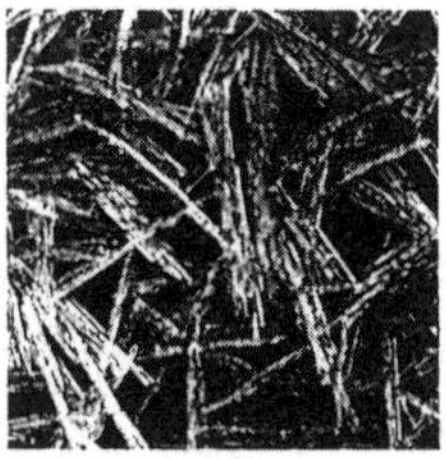

(ii) 文中の（X）にあてはまるもの

1．濃度②の値より大きい　　2．濃度②の値より小さい　　3．濃度②の値と等しい

(エ) Kさんは，〔実験4〕のあと，水溶液を冷却して結晶が出てくる場合の濃度の変化について考えた。次の□は，そのことについてまとめたものである。文中の（あ），（い）に最も適するものをそれぞれの選択肢の中から一つずつ選び，その番号を答えなさい。ただし，水の蒸発は考えないものとする。

> 30℃の水100gを入れたビーカーに硝酸カリウムを30g溶かし，この水溶液を10℃まで冷却したときの水溶液の質量パーセント濃度は（　あ　）であり，この値は水溶液を冷却する前の濃度の値と比べて（　い　）。

(あ)の選択肢　1．8％　　2．13％　　3．18％　　4．23％　　5．28％

(い)の選択肢　1．大きい　　2．小さい　　3．変わらない

問7　Kさんは，江戸時代の文化について調べている中で，花や葉の形がアサガオとは思えないような形に変化しているアサガオ（変化朝顔）の存在を知り，アサガオの遺伝の規則性について興味をもった。次の□は，Kさんが変化朝顔の展示をしている植物園を訪れたり，図書館で調べたりしてわかったことをまとめたものである。これらについて，あとの各問いに答えなさい。

> **わかったこと**
>
> 1　アサガオは，自然の状態では，1つの花の中の花粉とめしべが受粉する（自家受粉）ことで種子をつくる。
>
> 2　アサガオの1つの体細胞がもつ染色体の数は30本である。
>
> 3　アサガオの「花弁」には，図1のような一重《ひとえ》と八重《やえ》の2つの形質があり，これらが対立形質である。
>
> 4　アサガオの「葉の色」には，緑色と黄緑色の2つの形質があり，これらが対立形質である。緑色の純系と黄緑色の純系をかけ合わせてできる種子から育てたアサガオの「葉の色」はすべて緑色になる。
>
> 5　「花弁」や「葉の色」の遺伝では，エンドウの「種子の形」の遺伝と同じ規則性で，遺伝子が子孫に受けつがれる。

一重

八重

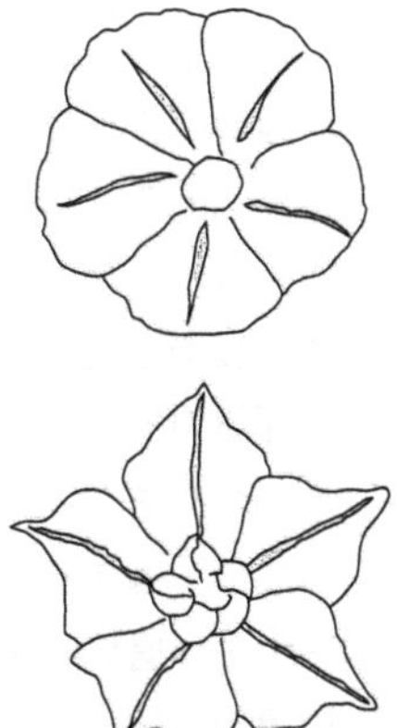

図1

(ア) 次の□は，一般的なアサガオについて説明したものであるが，文中の下線部①～④には誤って記述されたものもふくまれている。下線部①～④のうち適切に記述されたものの組み合わせとして最も適するものをあとの1～6の中から一つ選び，その番号を答えなさい。

> アサガオは①<u>種子植物</u>で，発芽すると②<u>2枚の子葉</u>が広がり，その間から出てきた芽がつるを伸ばしながら葉をつけていく。根のつくりは③<u>ひげ根</u>で，花は④<u>合弁花</u>を咲かせる。

1．①，③　　2．①，④　　3．①，②，③
4．①，②，④　　5．①，③，④　　6．②，③，④

(イ)　**わかったこと**の2と3について，アサガオの花弁を一重にする遺伝子をA，八重にする遺伝子をBとするとき，遺伝子の組み合わせがABである個体がつくる卵細胞についての説明として最も適するものを次の1～4の中から一つ選び，その番号を答えなさい。

1．染色体の数は30本で，Aをもつ卵細胞とBをもつ卵細胞の数の比は1：1になる。
2．染色体の数は30本で，Aをもつ卵細胞とBをもつ卵細胞の数の比は3：1になる。
3．染色体の数は15本で，Aをもつ卵細胞とBをもつ卵細胞の数の比は1：1になる。
4．染色体の数は15本で，Aをもつ卵細胞とBをもつ卵細胞の数の比は3：1になる。

(ウ)　**わかったこと**の4について，「葉の色」がすべて緑色になるのはなぜか。その理由を説明したものとして最も適するものを次の1～4の中から一つ選び，その番号を答えなさい。ただし，アサガオの「葉の色」を緑色にする遺伝子をC，黄緑色にする遺伝子をDとする。

1．子は両親から遺伝子Cと遺伝子Dを受けつぐが，遺伝子Cによる形質が遺伝子Dによる形質に対して優性であるため。
2．子は両親から遺伝子Cと遺伝子Dを受けつぐが，遺伝子Cによる形質が遺伝子Dによる形質に対して劣性であるため。
3．子は一方の親から遺伝子Cを受けつぎ，もう一方の親からは遺伝子Dを受けつがないため。
4．子は一方の親から遺伝子Dを受けつぎ，もう一方の親からは遺伝子Cを受けつがないため。

(エ)　**図2**のように，アサガオの「葉の形」には並葉の他に，丸葉がある。次の**表**は，昨年栽培したアサガオの4つの株W～Zの「葉の形」と，それぞれの株から採取した種子を今年栽培した結果をまとめたものである。この結果から，(i)「葉の形」の遺伝における優性形質，(ii)株W～Zを，組み合わせをかえてかけ合わせたときの子についての説明として最も適するものはどれか。それぞれの選択肢の中から一つずつ選び，その番号を答えなさい。ただし，「葉の形」の遺伝では，エンドウの「種子の形」の遺伝と同じ規則性で，遺伝子が子孫に受けつがれるものとする。

並葉

丸葉

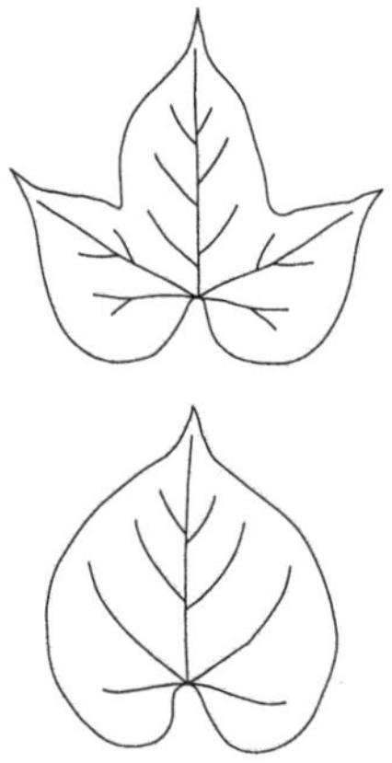

図2

表

	昨年栽培したときの「葉の形」	それぞれの株から採取した種子を今年栽培した結果
株W	丸葉	すべての株で，丸葉になった
株X	並葉	すべての株で，並葉になった
株Y	丸葉	すべての株で，丸葉になった
株Z	並葉	並葉になった株と丸葉になった株の数の比が3：1になった

(i)「葉の形」の遺伝における優性形質
　1．並葉　　2．丸葉
(ii) 株W～Zを，組み合わせをかえてかけ合わせたときの子についての説明
　1．株Wと株Xをかけ合わせると，子は並葉になる株と丸葉になる株の数の比が約3：1になる。
　2．株Wと株Yをかけ合わせると，子は並葉になる株と丸葉になる株の数の比が約1：1になる。
　3．株Xと株Zをかけ合わせると，子は並葉になる株と丸葉になる株の数の比が約3：1になる。
　4．株Yと株Zをかけ合わせると，子は並葉になる株と丸葉になる株の数の比が約1：1になる。

問8　Kさんは，神奈川県で雪が降った翌日に見た現象について次のような〔メモ〕をつくった。また，□は，〔メモ〕についてのKさんと先生の会話である。これらについて，あとの各問いに答えなさい。

〔メモ〕　1月23日の早朝に家の近くの川で，川に霧がかかる川霧という現象を見た。川のまわりには前日に降った雪が積もっていた。川霧の発生はそのときの天気と関係があるかもしれないと思い，1月22日から1月24日までの天気図を調べ，次の3枚を手に入れた。

1月22日

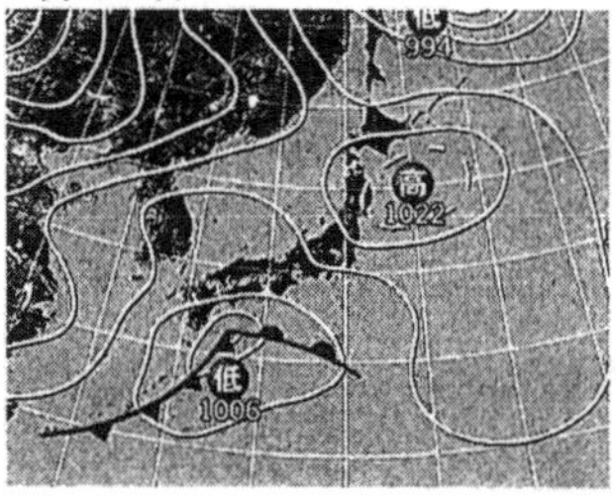

1月23日

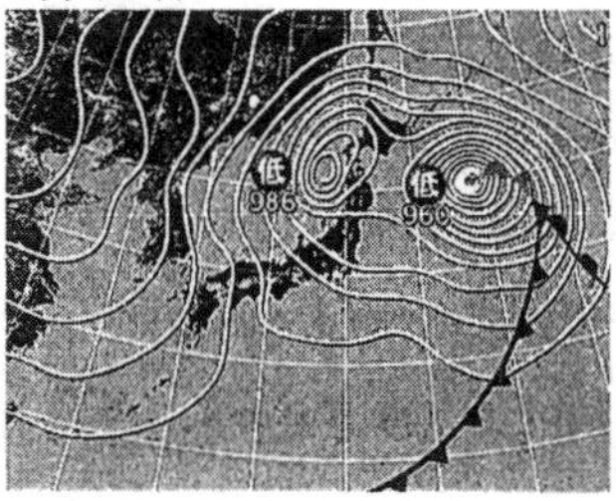

1月24日

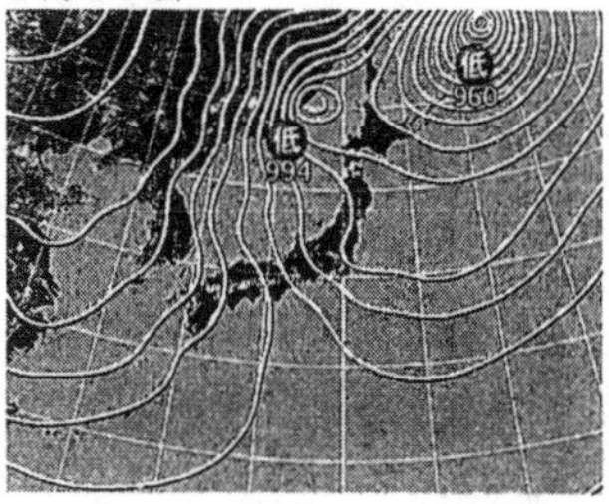

(tenki.jp ウェブサイト掲載資料をもとに作成)

Kさん「1月22日に雪が降ったとき，低気圧が日本列島を通過していたのですね。」
先　生「そうですね。実際に雲のようすを確認してみましょう。ここに3日間の天気図に対応する3枚の雲画像A～C（次のページ）がありますが，これらを日付の順に並べられますか。」
Kさん「1月22日の天気図の低気圧から（　X　）前線が南西に伸びていることと，低気圧の移動の向きを考えると，3枚の雲画像をこのように日付の順に並べることができます。1月24日の天気図は（　Y　）の気圧配置になっていて，授業で学んだとおり，雲画像では日本海上にすじ状の雲が現れています。」
先　生「そのとおりですね。実は，川霧が発生したときの川の水面上のようすと，すじ状の雲が発生するときの日本海上のようすには共通点があります。このことから，川霧が発生したしくみを考えてみましょう。」

A　　B　　C

（tenki.jp ウェブサイト掲載資料をもとに作成）

(ア)　文中の（Ｘ），（Ｙ）にあてはまるものの組み合わせとして最も適するものを次の１～４の中から一つ選び，その番号を答えなさい。

１．Ｘ：温暖　Ｙ：南高北低　　２．Ｘ：温暖　Ｙ：西高東低

３．Ｘ：寒冷　Ｙ：南高北低　　４．Ｘ：寒冷　Ｙ：西高東低

(イ)　文中の下線部について，Ｋさんが３枚の雲画像Ａ～Ｃを日付の順に並べたものとして最も適するものを次の１～６の中から一つ選び，その番号を答えなさい。

１．Ａ→Ｂ→Ｃ　　２．Ａ→Ｃ→Ｂ

３．Ｂ→Ａ→Ｃ　　４．Ｂ→Ｃ→Ａ

５．Ｃ→Ａ→Ｂ　　６．Ｃ→Ｂ→Ａ

(ウ)　次の□は，１月23日の早朝に川霧が発生したしくみについてＫさんが考察したものである。文中の（あ），（い）にあてはまるものの組み合わせとして最も適するものをあとの１～６の中から一つ選び，その番号を答えなさい。

> 川霧が発生したときの川の水面上のようすと，すじ状の雲が発生するときの日本海上のようすに共通点があるとすると，川の水温は気温に比べて（　あ　）といえる。その空気の温度が（　い　）水蒸気の一部が水滴になり，川霧が発生したと考えられる。

１．あ：高く，水面付近の空気がふくむ水蒸気量は多かった
　　い：上がり，露点を上回って

２．あ：高く，水面付近の空気がふくむ水蒸気量は多かった
　　い：下がり，露点を下回って

３．あ：高く，水面付近の空気がふくむ水蒸気量は少なかった
　　い：下がり，露点を下回って

４．あ：低く，水面付近の空気がふくむ水蒸気量は多かった
　　い：上がり，露点を上回って

５．あ：低く，水面付近の空気がふくむ水蒸気量は少なかった
　　い：上がり，露点を上回って

６．あ：低く，水面付近の空気がふくむ水蒸気量は少なかった
　　い：下がり，露点を下回って

(エ)　Kさんは，霧の発生と飽和水蒸気量との関係に興味をもち，そのことについて調べた。右のグラフは，気温と飽和水蒸気量との関係を表したものである。Kさんが観察した川霧は朝８時に消え，そのときの気温は3.1℃であった。同じ日の昼の12時には気温が9.3℃まで上がり，そのときの湿度は50%であった。朝８時に，ある体積の空気中にふくまれていた水蒸気量をａ，昼の12時に，同じ体積の空気中にふくまれていた水蒸気量をｂとしたとき，その比ａ：ｂとして最も適するものを次の１～５の中から一つ選び，その番号を答えなさい。ただし，霧は湿度が100%を下回ると消えるものとする。

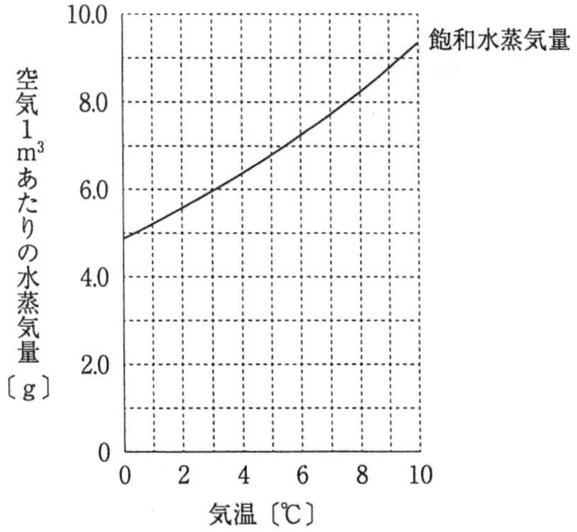

１．１：１　　２．２：３　　３．３：２　　４．３：４　　５．４：３

＜社会＞

時間　50分　　満点　100点

【注意】 解答用紙にマス目（例：□□□）がある場合は，句読点もそれぞれ１字と数え，必ず１マスに１字ずつ書きなさい。

問１　Ｋさんは，地理の学習について次の**レポート**を作成した。これについて，あとの各問いに答えなさい。**略地図**中の緯線は赤道から，経線は本初子午線からそれぞれ等間隔に引いたものである。

レポート

右の**詩**は，谷川俊太郎《たにかわしゅんたろう》の「朝のリレー」の一部です。私は，この**詩**に出てくる地名がどの国や大陸にあるかを，**表１**にまとめ，その位置を**略地図**に示しました。

表１

地　名	国	大　陸
カムチャッカ	①ロシア	ユーラシア大陸
メキシコ	メキシコ	北アメリカ大陸
ニューヨーク	アメリカ合衆国	北アメリカ大陸
ローマ	イタリア	ユーラシア大陸

詩

カムチャッカの若者が
きりんの夢を見ているとき
メキシコの娘は
朝もやの中でバスを待っている
ニューヨークの少女が
ほほえみながら寝がえりをうつとき
ローマの少年は
柱頭を染める朝陽《あさひ》にウインクする
この地球では
いつもどこかで朝がはじまっている

（『谷川俊太郎詩集　続』より引用）

略地図

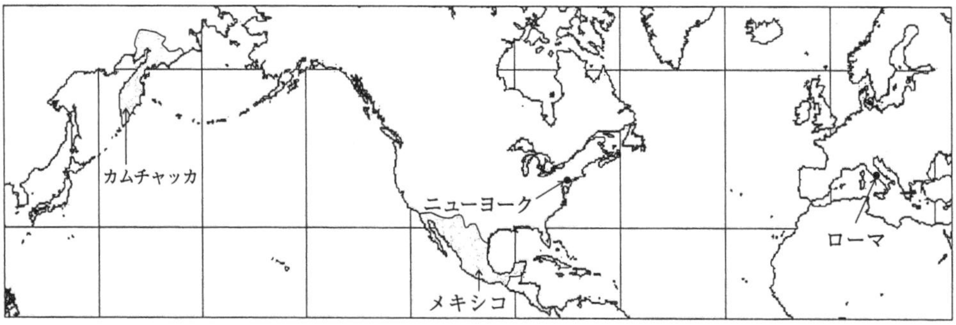

1　**詩**の内容について

詩の═══線の内容は，**詩**に出てくる四つの地名とその位置をふまえて考えると，地理で学習する「 あ 」という知識がもとになっていると，私は考えました。

2　**略地図**について

北アメリカ大陸の東側かつユーラシア大陸の西側に，②三大洋のうちの一つに数えられる大きな海洋が広がっています。

3　**表１**中の国の宗教や産業について

(1)　宗教　**表１**中の国ぐにでは，多くの人びとが［い］を信仰しています。例えば，メキシコでは，スペインによって植民地がつくられたという歴史的な背景からこの宗教を信仰する人びとが多く，また，イタリアのローマ市内には，この宗教に関係が深いバチカン市国があります。

(2)　産業　アメリカ合衆国は，世界で最も多く③とうもろこしを生産している国です。次の**表２**は，生産量上位４か国におけるとうもろこしの生産量と収穫がさかんな月を示したものです。

表２　　（生産量の単位：万トン）

	生産量		収穫がさかんな月（■のマスで示した）											
	2008年	2018年	1	2	3	4	5	6	7	8	9	10	11	12
アメリカ合衆国	30,591	39,245									■	■	■	
中華人民共和国	16,603	25,735								■	■	■		
ブラジル	5,893	8,229		■	■	■	■	■						
アルゼンチン	2,202	4,346			■	■	■							

（国際連合食糧農業機関ウェブサイト掲載資料をもとに作成）

(ア)　**レポート**中の［あ］にあてはまるものとして最も適するものを，次の１～４の中から一つ選び，その番号を答えなさい。

1．世界には，国土が海洋に囲まれている国や，国土が全く海に面していない国がある
2．標高が高い山脈や海洋の島々が連なる造山帯では，地震がおこりやすい
3．各国が定めている標準時子午線の経度が異なると，時差が生じる
4．気温と降水量によって，世界を五つの気候帯に分類することができる

(イ)　**レポート**中の［い］にあてはまる**宗教の名称**X，Yと，その宗教についての**説明文**a，bの組み合わせとして最も適するものを，あとの１～４の中から一つ選び，その番号を答えなさい。

宗教の名称	X　キリスト教　　　　Y　イスラム教
説　明　文	a　聖典の『コーラン』に，生活上の細かいきまりが記されている。 b　日曜日に，礼拝のために教会を訪れる習慣がある。

1．Xとa　　2．Xとb　　3．Yとa　　4．Yとb

(ウ)　――線①に関して，次の文a～dのうち，ロシアの特徴について説明したものの組み合わせとして最も適するものを，あとの１～４の中から一つ選び，その番号を答えなさい。

a　国土の面積が世界で最も大きい国である。
b　人口が世界で最も多い国である。
c　原油や天然ガスが，パイプラインを通じて外国へ輸出されている。
d　世界全体のパソコンの９割以上が生産されている。

1．a，c　　2．a，d　　3．b，c　　4．b，d

(エ)　――線②に関して，この海洋の名称を**漢字３字**で書きなさい。

(オ) ――線③に関して，**表2**から読み取れることについて説明した次の文X，Yの正誤の組み合わせとして最も適するものを，あとの1～4の中から一つ選び，その番号を答えなさい。

X　**表2**中の4か国のうち，「2008年の生産量」に対する「2018年の生産量」の割合が最も高い国は，アメリカ合衆国である。
Y　**表2**中の4か国のうち，首都が南半球にあるすべての国で，9月にとうもろこしの収穫がさかんである。

1．X：正　Y：正　　2．X：正　Y：誤　　3．X：誤　Y：正　　4．X：誤　Y：誤

問2　Kさんは，地理の学習について次の**レポートⅠ**，**レポートⅡ**を作成した。これらについて，あとの各問いに答えなさい。

レポートⅠ：北海道地方の土地利用

かつての石狩平野では，農業に適さない [あ] が広がっていました。明治時代になると，政府は北海道に開拓使を設置し，[い] などによる大規模な開拓をおこなうなど，土地改良が始まりました。

地形図1は大正時代の，**地形図2**は現在の石狩平野を示したもので，二つの**地形図**は同じ地域を示しています。私は，①二つの**地形図**に示された地域でどのような変化があったかについて考察しました。

地形図1

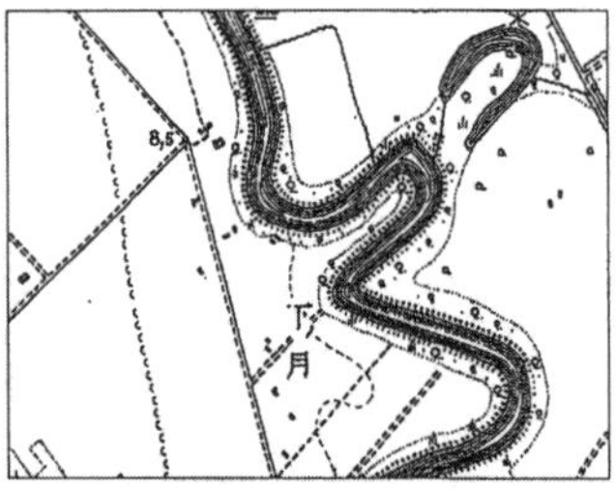

（「2万5千分の1の地形図　大日本帝国陸地測量部作成（大正5年測量）」）

地形図2

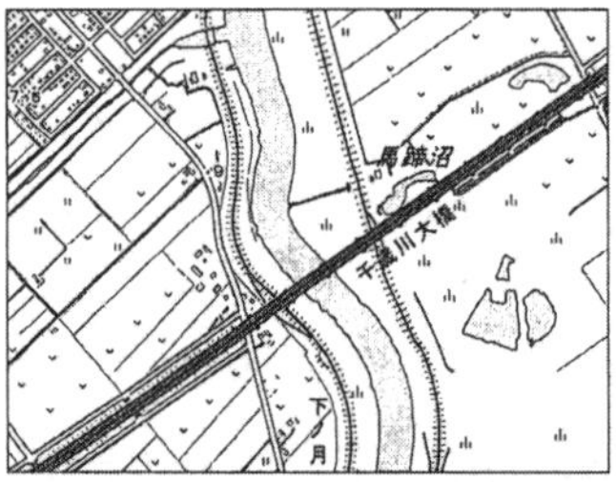

（「2万5千分の1の電子地形図　国土地理院作成（令和2年調製）」）

レポートⅡ：北海道地方と九州地方の比較

1　自然環境について
○どちらの地方にも，②火山の爆発や噴火による陥没などによってできた大きなくぼ地があります。
○③二つの地方を比較すると，気温や降水量は大きく異なっています。
2　産業について
○どちらの地方も，他の地方と比較すると④畜産産出額が大きくなっています。

(ア) **レポートⅠ**中の [あ]，[い] にあてはまるものの組み合わせとして最も適するものを，次の1～4の中から一つ選び，その番号を答えなさい。

1．あ：シラス台地　　い：屯田兵　　　　2．あ：シラス台地　　い：防人

3．あ：泥炭地　　　い：屯田兵　　　4．あ：泥炭地　　　い：防人

(イ) ――線①に関して，**地形図1**，**地形図2**から読み取れることについて説明した次の文X，Yの正誤の組み合わせとして最も適するものを，あとの1～4の中から一つ選び，その番号を答えなさい。

X　大正時代から現在までのあいだに，道路が整備され橋が架けられた。
Y　大正時代から現在までのあいだに，河川の流路が大きく蛇行するようになった。

1．X：正　Y：正　　　2．X：正　Y：誤
3．X：誤　Y：正　　　4．X：誤　Y：誤

(ウ) ――線②に関して，このくぼ地の名称を**カタカナ4字**で書きなさい。

(エ) ――線③に関して，次の**a**，**b**の**グラフ**は，札幌市，福岡市のいずれかにおける降水量をそれぞれ表したものである。このことについて説明したあとの文中の［う］～［お］にあてはまるものの組み合わせとして最も適するものを，1～4の中から一つ選び，その番号を答えなさい。

グラフ

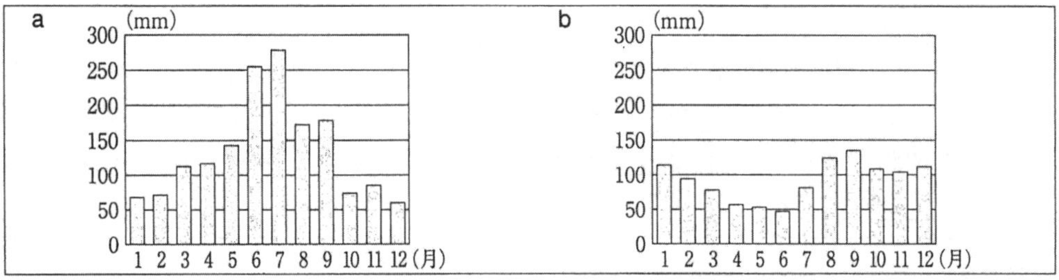

（気象庁ウェブサイト掲載資料（1981～2010）をもとに作成）

aの**グラフ**から［う］ことが読み取れます。このことと，［え］という知識をあわせて考えると，**a**の**グラフ**は［お］市の降水量を表したものであると判断することができます。

1．う：6～9月における月ごとの降水量が，すべて150㎜を上回っている
　　え：夏から秋にかけて九州地方を多くの台風が通過する　　　お：福岡
2．う：6～9月における月ごとの降水量が，すべて150㎜を上回っている
　　え：梅雨の時期がないことが北海道地方の気候の特色である　　　お：札幌
3．う：5～7月における月ごとの降水量が，すべて100㎜を下回っている
　　え：夏から秋にかけて九州地方を多くの台風が通過する　　　お：福岡
4．う：5～7月における月ごとの降水量が，すべて100㎜を下回っている
　　え：梅雨の時期がないことが北海道地方の気候の特色である　　　お：札幌

(オ) ――線④に関して，次のページの**表**から読み取れることとして最も適するものを，あとの1～4の中から一つ選び，その番号を答えなさい。

1．北海道の「地方別合計」は，「地方別合計」の総額の5割を上回っている。
2．「鶏」の「品目別合計」は，「品目別合計」の総額の5割を上回っている。
3．北海道の「豚」は，北海道における畜産の品目の中で，最も産出額が大きい。

4．九州の「肉用牛」は，他の地方における肉用牛の額と比べたとき，最も産出額が大きい。

表 地方ごとの畜産産出額（平成 30 年）　（単位：億円）

地方	肉用牛	乳用牛	豚	鶏	その他	地方別合計
九州	3,348	830	1,949	2,583	41	8,751
北海道	1,016	5,026	439	357	509	7,347
関東	684	1,300	1,637	1,480	32	5,133
東北	1,042	706	978	1,680	40	4,446
その他	1,326	1,477	1,101	2,899	109	6,912
品目別合計	7,416	9,339	6,104	8,999	731	32,589

（総務省統計局ウェブサイト掲載資料をもとに作成）

問3　Kさんは，歴史の授業で学習した文化財について，次の**カードⅠ**～**カードⅣ**にまとめた。これらについて，あとの各問いに答えなさい。

カードⅠ

「漢委奴国王」と刻まれた金印

江戸時代に，現在の福岡県で発見されました。歴史書には，①福岡市の付近にあったとされる奴国の王が漢に使いを送り，皇帝から金印を与えられたことが記されています。

カードⅡ

「源氏物語絵巻」

［あ］が書いた源氏物語を題材としてつくられました。②源氏物語が書かれた時期の宮廷には，教養や才能ある女性が集められました。

カードⅢ

東大寺

大仏殿などの建物が③武士による争乱で焼失しましたが，宋の技術によって再建されました。南大門には，［い］があります。

カードⅣ

浮世絵「東海道五十三次」

歌川広重が，東海道を行きかう人びとの様子を描いたものです。浮世絵は，ヨーロッパの絵画に大きな影響を与えました。

(ア)　**カードⅡ**中の［あ］，**カードⅢ**中の［い］にあてはまるものの組み合わせとして最も適するものを，次の1～4の中から一つ選び，その番号を答えなさい。

1．あ：紫式部　　い：極楽浄土へ生まれ変わることを願うためにつくられた阿弥陀如来像
2．あ：紫式部　　い：運慶や快慶らがつくった金剛力士像
3．あ：清少納言　い：極楽浄土へ生まれ変わることを願うためにつくられた阿弥陀如来像
4．あ：清少納言　い：運慶や快慶らがつくった金剛力士像

(イ)　――線①に関して，このできごとに最も近い時期の日本の様子について説明したものを，次の1～4の中から一つ選び，その番号を答えなさい。

1．ユーラシア大陸から移り住んだ人びとが，打製石器を使って大型動物をとらえていた。
2．食料の煮たきのために，表面に縄目の文様がつけられた土器が使われるようになった。
3．稲作が西日本から東日本へ広まり，ムラとムラのあいだで土地や水の利用をめぐる争いが始まった。
4．班田収授がおこなわれ，6歳以上の人びとに口分田が与えられた。

(ウ)　――線②に関して，次の**系図**は，11世紀前半から半ばにかけての時期における天皇と藤原氏の関係を示したものである。**系図**から**読み取れること**について説明した文X，Ｙと，その時期における政治についての**説明文**ａ，ｂの組み合わせとして最も適するものを，あとの１～４の中から一つ選び，その番号を答えなさい。

系図　　　　（□で囲まれた人物は，女性であることを示す。）

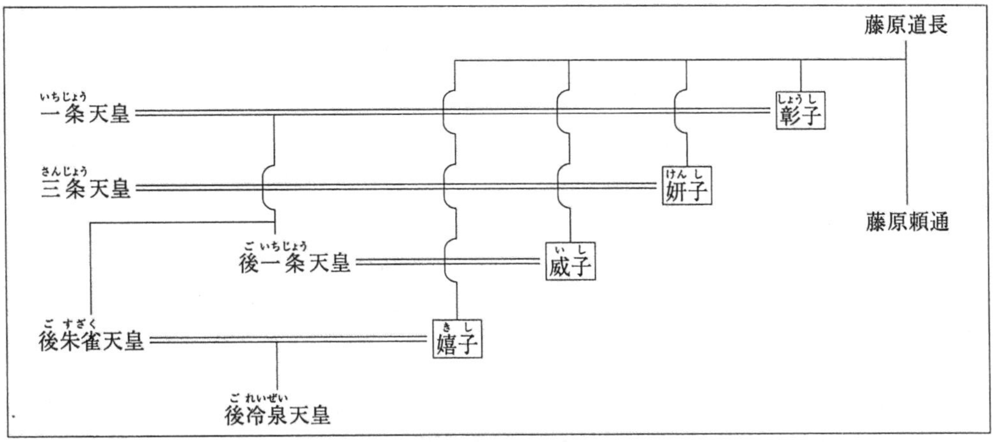

読み取れること	X　後一条天皇と威子は，婚姻関係にあった。 Y　後一条天皇と後朱雀天皇は，親子関係にあった。
説明文	a　藤原氏が，朝廷の高い官職をほぼ独占し，自分の娘の子を天皇に立てた。 b　天皇が，自らの位を幼少の皇子に譲り，上皇として権力をにぎった。

１．Xとa　　２．Xとb　　３．Yとa　　４．Yとb

(エ)　――線③に関して，武士による争乱について説明した次の文Ⅰ～Ⅲを，年代の古いものから順に並べたものを，あとの１～６の中から一つ選び，その番号を答えなさい。

Ⅰ　将軍のあとつぎ問題をめぐって有力な守護大名の細川氏と山名氏が対立し，戦乱がおこった。
Ⅱ　全国の武士が北朝，南朝の二つの勢力に分かれ，60年近く戦いが続いた。
Ⅲ　平氏に対する後白河上皇（法皇）らの反発が強まる中で，源頼朝らが挙兵した。

１．Ⅰ→Ⅱ→Ⅲ　　２．Ⅰ→Ⅲ→Ⅱ　　３．Ⅱ→Ⅰ→Ⅲ
４．Ⅱ→Ⅲ→Ⅰ　　５．Ⅲ→Ⅰ→Ⅱ　　６．Ⅲ→Ⅱ→Ⅰ

(オ)　Ｋさんは，**カードⅣ**の浮世絵が描かれた時期について調査したいと考えた。この時期に関する調査について説明したものとして最も適するものを，次の１～４の中から一つ選び，その番号を答えなさい。

１．調や庸が都に運ばれたことに着目して，朝廷が人びとに課した負担の特徴について調査する。
２．鉄道が初めて設けられたことに着目して，文明開化が人びとに与えた影響について調査する。
３．明との勘合貿易がおこなわれたことに着目して，東アジアの国ぐにの関係について調査する。
４．庶民が旅を楽しむようになったことに着目して，五街道などの交通の発達について調査する。

問４　Ｋさんは，近現代の歴史について次の**レポート**を作成した。これについて，あとの各問いに答えなさい。

レポート

私は，開業130年を迎えた「帝国ホテル」の歴史に着目して，調べ学習をおこないました。次の**表**は，帝国ホテルに関するできごとと歴史の授業で学習したことを，年代の古いものから順に並べて作成したものです。

表

帝国ホテルに関するできごと		歴史の授業で学習したこと
外国人を迎えるための施設として開業した。	↑	<u>第１回帝国議会が開かれた。</u>
	A	
新しい本館が開業した。	↓↑	関東大震災がおこった。
	B	
国際オリンピック委員会の会議が開催された。	↓	東京でオリンピックが開かれた。

（帝国ホテルウェブサイト掲載資料をもとに作成）

外国人を迎えるための施設として帝国ホテルがつくられたことから，外国人の入国者数の推移に興味をもちました。次の**グラフ**は，20世紀前半における，中国とアメリカ合衆国からの入国者数の推移を表したものです。

グラフ

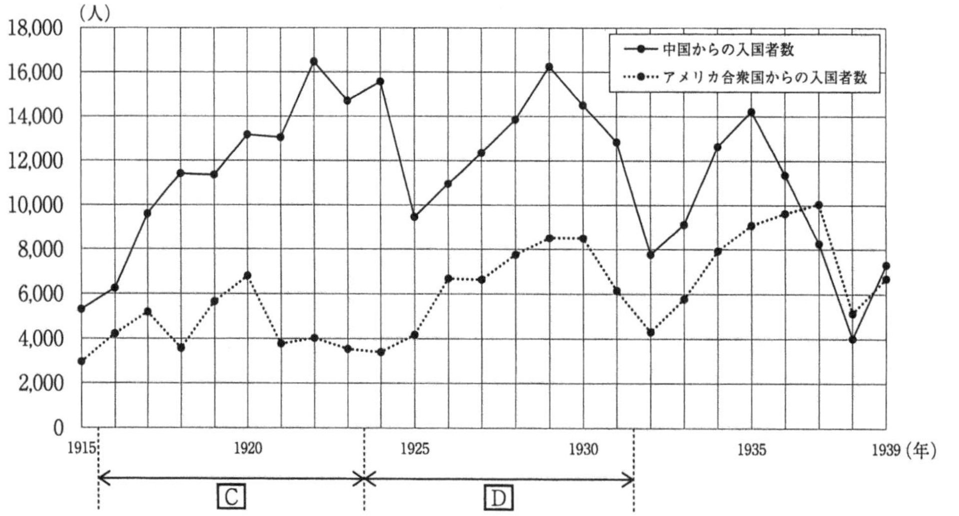

（国際観光局「入国外人統計」（昭和14年）をもとに作成）

(ア)　**表**中の——線に関して，帝国議会が開かれるまでに，内閣制度の創設や大日本帝国憲法の制定にかかわった人物として最も適するものを，次の１～４の中から一つ選び，その番号を答えなさい。

１．伊藤博文　　２．西郷隆盛　　３．板垣退助　　４．大隈重信

(イ)　次の文ａ～ｄのうち，**表**中のAの時期のできごとについて説明したものの組み合わせとして

最も適するものを，あとの１～４の中から一つ選び，その番号を答えなさい。

a　野口英世が，エクアドルで黄熱病について研究した。
b　日本でテレビ放送が開始され，スポーツ番組やドラマが人気を集めた。
c　日米安全保障条約の改定をめぐって反対運動がおこり，内閣が退陣した。
d　米騒動がおこり政府への批判が高まる中で，原敬が内閣を組織した。

１．a，c　２．a，d　３．b，c　４．b，d

(ウ)　**表**中のBの時期のできごとについて説明した次の文Ⅰ～Ⅲを，年代の古いものから順に並べたものを，あとの１～４の中から一つ選び，その番号を答えなさい。

Ⅰ　帝国ホテルは，サンフランシスコ平和条約が調印されて日本が主権を回復したことを受けて，自由な営業が認められ，一般の宿泊客を受け入れるようになった。
Ⅱ　帝国ホテルは，陸軍の青年将校らが大臣らを殺害し首相官邸や国会議事堂を占拠した事件がおこった際，反乱を鎮圧する部隊の拠点となった。
Ⅲ　帝国ホテルは，日本が敗戦し占領が始まったことを受けて，ＧＨＱ（連合国軍総司令部）によって強制的に取り上げられ，ＧＨＱの高官が宿泊するための施設となった。

１．Ⅰ→Ⅱ→Ⅲ　２．Ⅰ→Ⅲ→Ⅱ　３．Ⅱ→Ⅰ→Ⅲ　４．Ⅱ→Ⅲ→Ⅰ

(エ)　**グラフ**に関して，あとの各問いに答えなさい。

(i)　右の**略地図**は，1930年代における東アジアの様子を示したものである。この**略地図**について説明した次の文中の［　　］にあてはまる語句を**漢字２字**で書きなさい。

略地図中の二つの都市を含む**ア**の地域には「［　　］国」が建国され，清の最後の皇帝であった人物がこの国の元首になりました。

略地図

(ii)　グラフで示された時期におこった**世界のできごと**について説明した文Ｘ，Ｙと，**グラフ**から**読み取れる**ことについて説明した文ａ，ｂの組み合わせとして最も適するものを，あとの１～４の中から一つ選び，その番号を答えなさい。

世界のできごと	Ｘ　Cの時期に，日清戦争が始まった。 Ｙ　Dの時期に，世界恐慌が始まった。
読み取れること	a　中国からの入国者数は，五・四運動がおこった年には，１万人をこえていた。 b　アメリカ合衆国からの入国者数は，日中戦争が始まって以降，1939年まで減少し続けた。

１．Ｘとａ　２．Ｘとｂ　３．Ｙとａ　４．Ｙとｂ

問５　Ｋさんは，東京都に関することを調べ，次の**カードⅠ**～**カードⅣ**にまとめた。これらについて，あとの各問いに答えなさい。

カードⅠ

次の文は，東京都の浅草《あさくさ》神社で例年おこなわれている年中行事について説明したものです。

> もともと，[あ]は四季の節目を意味していた言葉で１年に４回ありましたが，旧暦で年の始まりにあたった立春が重視され，[あ]といえば立春の前日を指すようになりました。この日には，災厄《さいやく》や邪気を祓《はら》う行事がおこなわれますが，その代表的なものに「豆まき」があります。

（浅草神社ウェブサイト掲載資料をもとに作成）

カードⅡ

次の文は，東京都の渋谷《しぶや》区で平成27年から施行されている「渋谷区男女平等と多様性を尊重する社会を推進する条例」の一部です。

> 日本国憲法に定める個人の尊重及び法の下の平等の理念に基づき，性別，人種，年齢や障害の有無などにより差別されることなく，人が人として尊重され，誰もが自分の能力を活かしていきいきと生きることができる差別のない社会を実現することは，私たち区民共通の願いである。

（渋谷区ウェブサイト掲載資料より抜粋）

カードⅢ

次の**表**は，東京都と日本全体の地方公共団体の財政収入の内訳とその割合を示したものです。

表　東京都と日本全体の地方公共団体の財政収入（平成30年度）　（金額の単位：億円）

	総　額	地方税	地方譲与税	地方交付税(注)	国庫支出金	地方債	その他
東京都	78,688	54,625	2,768	（なし）	3,375	1,427	16,492
割合	100％	69.4％	3.5％	（なし）	4.3％	1.8％	21.0％
日本全体	1,013,453	407,514	26,509	165,482	148,341	105,084	160,523
割合	100％	40.2％	2.6％	16.3％	14.6％	10.4％	15.9％

（注）地方交付税：地方交付税交付金を都道府県側からみた呼び名。

（総務省及び東京都ウェブサイト掲載資料をもとに作成）

カードⅣ

東京都には，多くの企業が集中しています。次の文は，企業が経済活動をおこなう上で大きな役割を果たしている公正取引委員会が運用する法律について説明したものです。

> 独占禁止法の目的は，公正かつ自由な競争を促進し，事業者が自主的な判断で自由に活動できるようにすることです。市場メカニズムが正しく機能していれば，事業者は，

自らの創意工夫によって，より安くて優れた商品を提供して売上高を伸ばそうとしますし，消費者は，ニーズに合った商品を選択することができ，事業者間の競争によって，消費者の利益が確保されることになります。

（公正取引委員会ウェブサイト掲載資料より抜粋）

(ア) **カード**Ⅰ中の あ にあてはまる語句を**漢字２字**で書きなさい。

(イ) **カード**Ⅱに関して，次の文は，法の下の平等の理念を実現するために制定された法律について説明したものである。この文中の い にあてはまるものを，あとのA，Bの中から一つ選び，その記号を書きなさい。また， う にあてはまる語句を**カタカナ３字**で書きなさい。

○昭和60年に制定された「男女雇用機会均等法」では，雇用における女性差別が禁止されました。この法律では， い とされています。
○平成９年に制定された「 う 文化振興法」では，古くから北海道，樺太，千島列島を中心に独自の言葉と文化をもって生活してきた う の伝統を尊重することが求められています。この法律は，「 う の人々の誇りが尊重される社会を実現するための施策の推進に関する法律」が施行されたことを受けて，廃止されました。

A　社会における制度又は慣行が男女の社会における活動の選択に対して及ぼす影響をできる限り中立なものとするように配慮されなければならない

B　事業主は，労働者の募集及び採用について，その性別にかかわりなく均等な機会を与えなければならない

(ウ) **カード**Ⅲに関して，**表**から読み取れることについて説明したものとして最も適するものを，次の１～４の中から一つ選び，その番号を答えなさい。

1．東京都が独自に集めることができる自主財源からの財政収入は，東京都の財政収入の総額の５割に満たない。
2．日本全体の地方公共団体の財政収入の総額は，100兆円に満たない。
3．東京都には，他の地方公共団体と同様に，地方公共団体のあいだの財政格差をおさえるための資金が，国から配分されている。
4．東京都の財政収入の総額に占める「地方債」の割合は，日本全体の地方公共団体の財政収入の総額に占める「地方債」の割合よりも小さい。

(エ) **カード**Ⅳに関して，次の文X，Yの正誤の組み合わせとして最も適するものを，あとの１～４の中から一つ選び，その番号を答えなさい。

X　**カード**Ⅳを参考にして考えると，複数の企業が協定を結び，製品の価格を一定の水準以上に維持する行為は，独占禁止法の目的に反する行為である。
Y　**カード**Ⅳによると，「市場メカニズムが正しく機能する」ことで事業者の売上高が伸びるが，消費者の利益は確保されない。

1．X：正　Y：正　　2．X：正　Y：誤
3．X：誤　Y：正　　4．X：誤　Y：誤

問6 Ｋさんは，きまり（ルール）について調べたことを発表するために，次の**メモ**を作成した。これについて，あとの各問いに答えなさい。

メモ

きまり（ルール）をつくるためには，人びとのあいだの合意が必要です。合意を得るためには，①「効率」や「公正」という考え方をふまえる必要があります。私たちの暮らしは，合意によってつくられたきまりによって支えられています。 日本における主なきまりとしては，国と国民とのかかわりなどを定めた②憲法や，国民から選挙によって選ばれた③国会議員が話し合ってつくる法律，地方公共団体で制定される④条例があります。

(ア) ――線①に関して，「効率」の考え方について説明したものとして最も適するものを，次の１～４の中から一つ選び，その番号を答えなさい。

１．合意の内容が，他人の権利や利益を不当に侵害していないかどうかを重視する考え方。

２．合意の内容が，無駄を省き最大の利益が得られるものになっているかどうかを重視する考え方。

３．関係者の全員が，合意を得るための話し合いに参加できているかどうかを重視する考え方。

４．関係者の全員が，合意を得るための決定方法に納得できているかどうかを重視する考え方。

(イ) ――線②に関して，あとの各問いに答えなさい。

(i) 日本国憲法について説明した次の文Ｘ，Ｙの正誤の組み合わせとして最も適するものを，あとの１～４の中から一つ選び，その番号を答えなさい。

Ｘ　日本国憲法は，国の最高法規であって，条文を改正する仕組みをもっていない。 Ｙ　日本国憲法には，すべての国民が生存権を有すると定められている。

１．Ｘ：正　Ｙ：正　　２．Ｘ：正　Ｙ：誤

３．Ｘ：誤　Ｙ：正　　４．Ｘ：誤　Ｙ：誤

(ii) 次の**事例**は，権利の保障をめぐっておこなわれた実際の裁判について説明したものである。この**事例**中の＝＝線で示した内容に最も関係が深いと考えられる日本国憲法の条文を，あとの１～４の中から一つ選び，その番号を答えなさい。

事例

企業Ａは，新規の薬局を開設することを申請した。しかし，新規に開設する薬局と既存の店舗との距離を制限することを認める法律にもとづいて，薬局の開設は認められなかった。企業Ａは，この処分を不服として裁判をおこした。最高裁判所は，この法律が日本国憲法に違反し，無効であるとの判決を下した。

１．賃金，就業時間，休息その他の勤労条件に関する基準は，法律でこれを定める。

２．勤労者の団結する権利及び団体交渉その他の団体行動をする権利は，これを保障する。

３．何人も，公共の福祉に反しない限り，居住，移転及び職業選択の自由を有する。

4．天皇は，内閣の指名に基いて，最高裁判所の長たる裁判官を任命する。

(ウ)　——線③に関して，次の文ａ～ｄのうち，現在の日本における国会や国会議員を選出するための選挙について説明したものの組み合わせとして最も適するものを，あとの１～４の中から一つ選び，その番号を答えなさい。

ａ　国会の役割の一つは，予算にもとづいて政策を実施することである。 ｂ　衆議院か参議院に提出された法案は，通常，委員会で審査された後，本会議で議決される。 ｃ　直接国税を一定額以上納める満25歳以上の男性のみに対して，選挙権が認められている。 ｄ　満18歳以上の国民に対して，選挙権が認められている。

１．ａ，ｃ　　２．ａ，ｄ　　３．ｂ，ｃ　　４．ｂ，ｄ

(エ)　——線④に関して，次の**資料**は，平成31年に制定された神奈川県の条例の一部である。この**資料**から**読み取れること**について説明した文Ｘ，Ｙと，条例についての**説明文**ａ，ｂの組み合わせとして最も適するものを，あとの１～４の中から一つ選び，その番号を答えなさい。

資料

第５条　自転車利用者は，…（中略）…車両の運転者としての責任を自覚し，自転車を安全かつ適正に利用するため，自転車が関係する交通事故の防止についての知識を習得するとともに，自転車の利用に当たって必要な安全上の措置を講ずるよう努めなければならない。 第16条　自転車利用者は，その利用に係る自転車損害賠償責任保険等に加入しなければならない。ただし，当該自転車利用者以外の者が，当該利用に係る自転車損害賠償責任保険等に加入しているときは，この限りでない。

（神奈川県ウェブサイト掲載資料より抜粋）

読み取れること	Ｘ「自転車利用者」は，車両の運転者としての責任を自覚するとともに，自転車が関係する交通事故の防止についての知識を習得することが求められている。 Ｙ「自転車利用者」は，当該自転車利用者以外の者が，当該利用に係る自転車損害賠償責任保険等に加入していない場合であっても，自転車損害賠償責任保険等に加入する必要はない。
説明文	ａ　地方議会の役割の一つは，条例を制定することである。 ｂ　条例の制定について内閣総理大臣に請求することは，直接請求権の一つである。

１．Ｘとａ

２．Ｘとｂ

３．Ｙとａ

４．Ｙとｂ

問7　Kさんは，滋賀県を題材に調べ学習をおこない次の**レポート**を作成した。これについて，あとの各問いに答えなさい。

レポート

1　大津市の様子

大津市は，滋賀県の県庁所在地です。次の**地形図**は，大津市の一部を示したものです。

地形図

(「2万5千分の1の電子地形図　国土地理院作成（令和2年調製）」一部改変)

地形図上の**ア**で示した　の地図記号は，自然災害に見舞われたときの様子や教訓が刻まれた「自然災害伝承碑」を表したものです。下の**資料1**は，**ア**で示した位置にある碑に刻まれた内容について説明したものです。

資料1

明治29（1896）年9月3日から12日の間に1008ミリの雨量を記録し県内で死者・行方不明者34名などの大きな被害をもたらしている。［あ］が増水し，下阪本《しもさかもと》村では全村700戸のすべてが浸水した。

（国土地理院ウェブサイト掲載資料をもとに作成）

2　近江《おうみ》国（滋賀県の過去の名称）でおこったできごと

次の**資料2**は，近江国から始まり周辺に拡大した，あるできごとについて示したものです。

資料2

正長《しょうちょう》元年，大勢の民衆がいっせいに反乱をおこした。徳政と言い広めながら，酒屋や土倉，寺院などを破壊し，さまざまな物をほしいままに取り，借金の証明書などもすべて破った。管領はこれを取り締まった。…（中略）…日本が始まって以来，民衆の蜂起は初めてである。

（『大乗院日記目録』をもとに作成）

3　近代の滋賀県でおこったできごと

1891年に，現在の大津市でおこったできごとについて，次の**メモ**にまとめました。

メモ

> 日本を訪問していたロシアの皇太子に対し，警備にあたっていた警察官が重傷を負わせました。ロシアとの関係悪化を恐れた日本政府は，この警察官を死刑にするよう裁判所に圧力をかけましたが，裁判所は，日本の刑法にもとづき無期懲役《ちょうえき》(注)の判決を下しました。
>
> (注) 懲役：刑務所に拘禁《こうきん》し，労働を義務としておこなわせること。

(ア) **地形図**から読み取れることについて説明した次の文X，Yの正誤の組み合わせとして最も適するものを，あとの１～４の中から一つ選び，その番号を答えなさい。

> X　「湖西線《こせいせん》」が東西方向に設けられている。
> Y　標高が300mをこえる地点に建てられている神社がある。

１．X：正　Y：正　　２．X：正　Y：誤
３．X：誤　Y：正　　４．X：誤　Y：誤

(イ) **資料１**中の [あ] にあてはまる，**地形図**上の**イ**で示したものの名称として最も適するものを，次の１～４の中から一つ選び，その番号を答えなさい。

１．日本海　２．霞ヶ浦《かすみがうら》　３．大阪湾　４．琵琶湖

(ウ) **資料２**で示されたできごとがおこった時期を含む**時代区分**の名称X，Yと，その時期の**社会の様子**について説明した文ａ，ｂの組み合わせとして最も適するものを，あとの１～４の中から一つ選び，その番号を答えなさい。

時代区分	X　中世　　Y　近世
社会の様子	ａ　馬に荷を乗せて運搬する専門の運送業者が，陸上交通で活躍した。 ｂ　同業者の組織である株仲間が，営業をおこなう特権を得て利益をあげた。

１．Xとａ　２．Xとｂ　３．Yとａ　４．Yとｂ

(エ) 次の文は，**メモ**で示されたできごとについて説明したものである。これについて，あとの各問いに答えなさい。

> **メモ**から，「現在の日本における，裁判所が国会や [い] して裁判をおこなうという原則」につながる内容が読み取れます。この原則は，公正で中立な裁判をおこなうために必要です。

(i) 文中の [い] にあてはまる内容を，**内閣**という語句を用いて，**６字以上10字以内**で書きなさい。

(ii) ══線に関して，現在の日本において，公正で中立な裁判をおこなうために設けられている仕組みについて説明したものとして最も適するものを，次のA，Bの中から一つ選び，そ

の記号を書きなさい。

A　心身の故障や弾劾裁判による罷免の場合を除き，裁判官の身分は保障されている。

B　裁判官は，衆議院議員総選挙の際におこなわれる国民審査によって選出される。

で、適している輸送方式を考えて転換していくことが求められそうですね。

Aさん　ここまでは、モーダルシフトを進めることの意義について、環境問題の解決という切り口で話し合ってきました。他の問題における効果についても検討するとともに、反論を退ける際に必要となる資料を集めながら、引き続き準備を進めていきましょう。

(ア)　本文中の［　］に入れるものとして最も適するものを次の中から一つ選び、その番号を答えなさい。

1　平成30年度は平成5年度と比べて、国内貨物の「総輸送量」が三分の二以下になっている

2　平成30年度の国内貨物の「総輸送量」に占《し》める「自動車」の割合は、九割以上である

3　平成30年度の「鉄道」の貨物輸送量は、「船舶」の貨物輸送量の十分の一以下である

4　平成30年度は平成5年度と比べて、「航空」の貨物輸送量が一割以上減少している

(イ)　本文中の［　］に適する「Dさん」のことばを、次の①～④の条件を満たして書きなさい。

①　書き出しの［モーダルシフトを進めていくと、］という語句に続けて書き、文末の［という効果があると考えられます。］という語句につながる**一文**となるように書くこと。

②　書き出しと文末の語句の間の文字数が**三十字以上四十字以内**となるように書くこと。

③　**グラフ1**と**グラフ2**からそれぞれ読み取った内容に触れていること。

④　「環境問題」という語句を、そのまま用いること。

Aさん　今回のディベートのテーマであるモーダルシフトとは、様々な問題を解決するために、ある輸送方式を他の輸送方式に転換することです。日本の貨物輸送の課題に対する取り組みの一つとして、国が推進しているものです。

Bさん　私たちは今回のディベートでは、モーダルシフトを進めることに賛成という立場で意見を述べることになっています。まず、モーダルシフトの利点をまとめるために、日本の貨物輸送の現状を確認しておきましょう。

Cさん　では、**表**を見てください。国内貨物の輸送量を輸送方式ごとにまとめたものです。これを見ると、□ことがわかります。

Dさん　また、日本の貨物輸送に関して、地球温暖化や大気汚染といった環境問題や、労働者不足などの問題が生じていることもわかっています。

Aさん　このような問題を解決に導くためにモーダルシフトを進めることは有効であるという方向で、ディベートの準備を進めましょう。

Bさん　ここで**グラフ1**を見てください。一トンの貨物を一キロ運ぶために必要なエネルギー消費量を、輸送方式ごとにまとめたものです。これを見ると、航空や自家用貨物自動車のエネルギー消費量は、他の輸送方式と比べて非常に多いことがわかります。

Cさん　つまり、船舶《せんぱく》や鉄道には、それらと比べてエネルギー消費量を抑えられるという利点があるのですね。貨物自動車よりも船舶の方が大きいのでエネルギー消費量も多いと思っていましたが、そうではないとわかりました。

Aさん　そうですね。では、モーダルシフトを進めていくと、他にはどのような効果が期待できるでしょうか。

Dさん　**グラフ2**を見てください。輸送量あたりの二酸化炭素排出量を輸送方式ごとにまとめたものです。自家用貨物自動車の二酸化炭素排出量は、他の輸送方式と比べて非常に多くなっています。

Cさん　営業用貨物自動車の二酸化炭素排出量は、自家用貨物自動車と比べると少ないものの、船舶や鉄道と比べると多いことがわかります。

Bさん　二酸化炭素は、地球温暖化や、それに伴う異常気象の発生といった問題の要因と言われています。二酸化炭素排出量が少ない船舶や鉄道に輸送方式を転換することは、このような問題を解決する手立ての一つとなりそうですね。

Dさん　これまでの話をまとめましょう。**グラフ1**と**グラフ2**から読み取った内容から、モーダルシフトを進めていくと、□という効果があると考えられます。

Bさん　しかし、モーダルシフトは思ったほど進んでいないようです。国がモーダルシフトの推進を表明しているにもかかわらず、期待どおりには進展していない理由として、貨物自動車は他の輸送方式と比べて小回りがきき、便利であることがあげられます。

Cさん　ディベートでは、その点が反論として出てきそうですね。しかし、ただ利便性を追求するのではなく、生じている問題を認識し、何ができるかを考えて行動することが大切だと思います。

Dさん　そのためにも、それぞれの輸送方式の特徴を理解した上

問五　中学生のAさん、Bさん、Cさん、Dさんの四人のグループは、国語の授業で行われるモーダルシフトをテーマにしたディベートに向け、日本の貨物輸送の現状について調べ、話し合いをしている。次の**表**、**グラフ1**、**グラフ2**と文章は、そのときのものである。これらについてあとの問いに答えなさい。

表

輸送方式ごとの国内貨物輸送量　(万トン)

調査年度＼輸送方式	自動車	船舶《せんぱく》	鉄道	航空	総輸送量
平成 5 年度	582,154	52,884	7,926	86	643,050
平成 10 年度	581,988	51,665	6,037	102	639,791
平成 15 年度	523,408	44,554	5,360	103	573,426
平成 20 年度	471,832	37,871	4,623	108	514,432
平成 25 年度	434,575	37,833	4,410	103	476,922
平成 30 年度	432,978	35,445	4,232	92	472,747

国土交通省「国土交通白書」より作成。

グラフ1

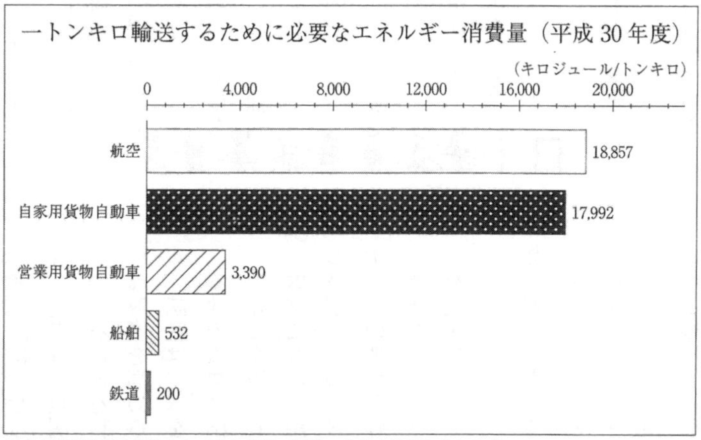

日本内航海運組合総連合会「内航海運の活動・令和２年度」より作成。

グラフ2

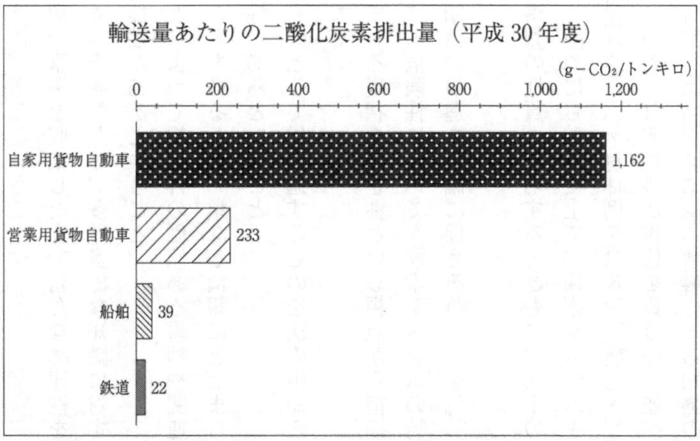

国土交通省ホームページより作成。

いては十字でそれぞれ抜き出し、そのまま書きなさい。

> インターネット検索によって、［ I ］だけを得る習慣がついてしまうと、知識の体系的な仕組みや、その中にある［ II ］を捉《とら》えることができなくなってしまうということ。

(カ) ――線5「それらの読書で最も重要なのは、そこに書かれている情報を手に入れることではありません。」とあるが、その理由として最も適するものを次の中から一つ選び、その番号を答えなさい。

1　読書においては、情報を読み取ることに意味があるのではなく、著者の意見を踏まえた上で書かれている記述を結びつけ独創的な結論を導き出すことにこそ意味があるから。

2　読書においては、入手した情報そのものが重要なのではなく、書かれている事柄のつなげ方や論述の仕方などといった著者独自の論理展開を読み解くことこそが大切だから。

3　読書においては、収集した情報を吟味《ぎんみ》することが大切なのではなく、自分なりに著者の論述を読み込んだ上で自らの考えと結びつけて展開していくことにこそ価値があるから。

4　読書においては、読み取った情報自体に価値があるのではなく、情報同士の関連性や引用事例を分析《ぶんせき》することでわかる著者の個性豊かな表現技法を知ることこそが重要だから。

(キ) ――線6「本の読者は一般的な検索システムよりもはるかに深くそこにある知識の構造を読み取ることができます。」とあるが、それを説明したものとして最も適するものを次の中から一つ選び、その番号を答えなさい。

1　読者は、本を読んだときに見当外れな情報しか発見できない場合も多くあるため、集めた事柄の関係性を推察して知識として蓄積する力が養われる可能性があるということ。

2　読者は、興味のある事例を調査する過程で正確かつ専門性の高い情報を得る機会に恵まれているため、難解な知識を習得して思考を深化させられる可能性があるということ。

3　読者は、無関係な複数の事例を収集した上で新たな関連性を見つけることを目的として本を読むため、多種多様な知識に対する理解度を高められる可能性があるということ。

4　読者は、本を読むことによって想定外の価値ある事柄や関連する他の事象に出会えることもあるため、単なる情報にとどまらない知識を得られる可能性があるということ。

(ク) 本文について説明したものとして最も適するものを次の中から一つ選び、その番号を答えなさい。

1　本の情報が軽視されている現状を作者性という視点から指摘《してき》した上で、ネットに依存する危険性についても検索システムの特徴を説明する中で触れ、知識の構造を正確に捉える難しさを論じている。

2　本とは異なるネット情報の性質を説明するとともに、ＡＩの発達に伴って失われていく能力にも触れた上で、検索システムを用いずに得られる知識の有用性について具体例を交えつつ論じている。

3　ネットと本の情報についてそれぞれ誰が責任を負うのか述べるとともに、情報と知識の違いを説明した上で、読書による知識の構造化を検索システムを用いた情報処理と比較《ひかく》しながら論じている。

4　誰にでも開かれているために要素のつながりが捉えやすいというネット情報の特徴を述べた上で、検索システムが情報を断片化して扱うことの弊害《へいがい》に触れながら、読書がもたらす効能を論じている。

3　A　さらに　B　したがって
4　A　たとえば　B　しかも

(イ)　――線1「レポートや記事を書く際」とあるが、その際の考え方について筆者が紹介した内容を説明したものとして最も適するものを次の中から一つ選び、その番号を答えなさい。

1　本や取材内容に基づく必要性に言及する意見がある一方で、変化に対応するためネットの活用も認めるべきという考えもあるうえ、参照物があるという点では何を参考にしても同じという意見もある。
2　ネットの普及で情報が容易に入手可能となり、情報をコピーして使うことへの抵抗《ていこう》は少なくなったが、ネットと本では情報の量や質が大きく異なることに留意しなければならないという意見がある。
3　本に載っている情報は使い古されている可能性が高いので、最新情報をネットで入手することを推奨《すいしょう》する意見もあれば、情報源が何であっても情報自体の価値に大きな差は生じないという意見もある。
4　補助的な資料にとどめさえすればネットの活用は認められるべきだが、完成度を高めるためには、本を調べたり現地を訪れたりすることによって集めた情報を再検証することが必要だという意見がある。

(ウ)　――線2「相対的に正しい」とあるが、それを説明したものとして最も適するものを次の中から一つ選び、その番号を答えなさい。

1　ネットの情報は、多数の利用者がともに作成し、確認できる性質を持っているため、ある程度の正しさが保持されているということ。
2　ネットの情報は、誰もが編集可能であり、訂正が迅速に行われる性質を持つため、本の情報と比べて正しさの度合いが高いということ。
3　ネットの情報は、誰でも閲覧《えつらん》でき、専門家の知恵が集結しやすい性質を持っているため、普遍的《ふへんてき》な正しさが保証されているということ。
4　ネットの情報は、複数の人で点検を行い、随時共有できる性質を持つため、本とは異なり誰にでも正しさの判断が可能だということ。

(エ)　――線3「私たちが何か知らない出来事についてのニュースを得たとき、それは少なくとも情報ですが、知識と言えるかどうかはまだわかりません。」とあるが、その理由として最も適するものを次の中から一つ選び、その番号を答えなさい。

1　多くの情報の中から課題解決に役立つものを見つけたとき、初めて知識として皆と共有されるから。
2　新しく情報を得ても、活用して新しい何かを生み出さない限り知識としての価値を持たないから。
3　様々な情報が結びつき体系をなしたとしても、多くの人に知識として認識されるとは限らないから。
4　新たな情報は既知の事柄《ことがら》と統合され、系統立った状態となることで知識と呼べるようになるから。

(オ)　――線4「リンゴが実っている樹の幹を見定めたり、そこから出ているいくつもの枝の関係を見極めたりすることができなくなってしまう」とあるが、このリンゴのたとえが示す内容を説明した次の文中の［Ⅰ］・［Ⅱ］に入れる語句として最も適するものを、本文中の▼から▲までの中から、［Ⅰ］については**六字**で、［Ⅱ］につしていない間に、適当なリンゴをいくつも探し出してきてくれるかもしれません。結局、私たちは検索システムやＡＩが発達すればするほど、自力で自分がどんな森を歩いているのかを知る能力を失っていく可能性があります。▲

本を読んだり書いたりすることが可能にするのは、これらとは対照的な経験です。少なくとも哲学《てつがく》や社会学、人類学、政治学、歴史学などの本に関する限り、5それらの読書で最も重要なのは、そこに書かれている情報を手に入れることではありません。その本の中には様々な事実についての記述が含《ふく》まれていると思いますが、重要なのはそれらの記述自体ではなく、著者がそれらの記述をどのように結びつけ、いかなる論理に基づいて全体の論述に展開しているのかを読みながら見つけ出していくことなのです。この要素を体系化していく方法に、それぞれの著者の理論的な個性が現れます。

古典とされるあらゆる本は、そうした論理の創造的展開を含んでおり、よい読書と悪い読書の差は、その論理的展開を読み込んでいけるか、それとも表面上の記述に囚《とら》われて、そのレベルで自分の議論の権威づけに引用したり、自分との意見の違いを強調したりしてしまうかにあります。最近では、おそらくはインターネットの影響で、出版された本の表面だけをつまみ食いし、それらの部分部分を自分勝手な論理でつないで読んだ気分になって書かれるコメントが蔓延《まんえん》しています。著者が本の中でしている論理の展開を読み取れなければ、いくら表面の情報を拾い集めてみても本を読んだことにはなりません。

今のところ、必要な情報を即座に得るためならば、ネット検索よりも優れた仕組みはありません。この点で紙の本の読書は、ネットに敵《かな》わない。わざわざ図書館まで行って、関係のありそうな本を何冊も借りて一生懸命読んでみても、知りたかった情報に行《ゆ》き当《あた》らないというのはよくある経験です。見当違いの本を選んでしまったのかもしれません。借りてきた本を隅《すみ》から隅まで読んでも、肝心なことは書かれていなかったということも起こり得ます。しかしネット検索ならば、はるかに短時間で、関係のありそうな本を読むよりもかなり高い確率で求めていた情報には行き当ります。［B］、ある単一の情報を得るには、ネット検索のほうが読書よりも優れているとも言えるのです。

それでも、6本の読者は一般的な検索システムよりもはるかに深くそこにある知識の構造を読み取ることができます。これが、ポイントです。調べものをしていて、なかなか最初に求めていた情報に行きつかなくても、自分が考えを進めるにはもっと興味深い事例があるのを読書を通じて発見するかもしれません。それに図書館まで行って本を探していたならば、その目当ての本の近くには、関連するいろいろな本が並んでいて、そのなかの一冊に手を伸ばすことから研究を大発展させるきっかけが見つかるかもしれません。このように様々な要素が構造的に結びつき、さらに外に対して体系が開かれているのが知識の特徴です。ネット検索では、このような知識の構造には至らない。なぜなら検索システムは、そもそも知識を断片化し、情報として扱うことによって大量の迅速処理《じんそくしょり》を可能にしているからです。

（吉見《よしみ》　俊哉《しゅんや》「知的創造の条件」から。一部表記を改めたところがある。）

（注）アクセシビリティ＝情報の利用しやすさのこと。
剽窃＝他人の文章などを自分のものとして発表すること。
コンテンツ＝中身や内容物のこと。

(ア)　本文中の［A］・［B］に入れる語の組み合わせとして最も適するものを次の中から一つ選び、その番号を答えなさい。

1　A　ただし　　B　また
2　A　もし　　B　なぜなら

こうした状況を受け、1レポートや記事を書く際、ネット情報の利用はあくまで補助的で、図書館に行って直接文献《ぶんけん》を調べ、現場へ足を運んで取材をすべきだと主張する人もいます。他方、そんなことをしていては変化に追いつけないので、ネット検索《けんさく》で得た情報をもとに書くことも認めるべき、さらに踏み込んで、書物や事典を参照して書くことと、ネット検索で得た情報をもとに書くことの間に本質的な差はないと主張する人もいます。ネット情報と図書館に収蔵されている本の間には、そもそもどんな違いがあるのでしょう。私の考えでは、両者には作者性と構造性という二つの面で質的な違いがあります。まず本の場合、誰が書いたのか作者がはっきりしていることが基本です。本というのは、基本的にはその分野で定評のある書き手、あるいは定評を得ようとする書き手が、社会的評価をかけて出版するものです。ですから、書かれた内容に誤りがあったり、誰か他人の著作の(注)剽窃《ひょうせつ》があったりした場合、責任の所在は明確です。その本の作者が責任を負うのです。

これに対してネット上の(注)コンテンツでは、特定の個人だけが書くというよりも、みんなで集合的に作り上げるという発想が強まる傾向にあります。作者性が匿名化《とくめいか》され、誰にでも開かれていることが、ネットのコンテンツの強みでもあります。そこでは複数の人がチェックしているから2相対的に正しいという前提があって、この仮説は実際、相当程度正しいのです。つまり、本の場合は、その内容について著者が責任を取るのに対し、ネットの場合は、みんなが共有して責任を取る点に違いがあるわけです。

二つ目の、構造性における違いですが、これを説明するためには、「情報」と「知識」の決定的な違いを確認しておく必要があります。一言でいうならば、「情報」とは要素であり、「知識」とはそれらの要素が集まって形作られる体系です。たとえば、3私たちが何か知らない出来事についてのニュースを得たとき、それは少なくとも情報ですが、知識と言えるかどうかはまだわかりません。その情報が、既存の情報や知識と結びついてある状況を解釈《かいしゃく》するための体系的な仕組みとなったとき、そのニュースは初めて知識の一部となるのです。

知識というのはバラバラな情報やデータの集まりではなく、様々な概念や事象の記述が相互に結びつき、全体として体系をなす状態を指します。いくら葉や実や枝を大量に集めても、それらは情報の山にすぎず、知識ではありません。情報だけでは、そこから新しい樹木が育ってくることはできないのです。そしてインターネットの検索システムの、さらにはAIの最大のリスクは、この情報と知識の質的な違いを曖昧にしてしまうことにあると私は考えています。

▼というのもインターネット検索の場合、社会的に蓄積《ちくせき》されてきた知識の構造やその中での個々の要素の位置関係など知らなくても、つまり樹木の幹と枝の関係など何もわからなくても、知りたい情報を瞬時に得ることができるわけです。つまり、ネットのユーザーは、その森のどのあたりがリンゴの樹《き》の群生地で、その中のどんな樹においしいリンゴの実がなっていることが多いかを知らなくても、瞬時にちょうどいい具合のリンゴの実が手に入る魔法を手に入れているようなものです。それで、その魔法の使用に慣れてしまうと、いつもリンゴの実ばかりを集めていて、その4リンゴが実っている樹の幹を見定めたり、そこから出ているいくつもの枝の関係を見極めたりすることができなくなってしまうのです。

A　AIに至っては、ユーザーは自分がリンゴを探しているのか、オレンジを探しているのかがわからなくても、目的を達成するにはリンゴが適切であることをAIが教えてくれて、しかもまだ検索も

る。

2　苦しんでいる人々のために力を尽くすという信条は正しかったが、自らの考えを言葉にして伝えようとしなければ人々に理解してもらえないのは当たり前だと、自身の言動を反省している。

3　強い気持ちを持って苦しい状況を乗り越えるべきだという考え方は間違っていなかったが、自分の信念を押し付けるだけでは人々の賛同を得られなくて当然だと、自身の言動を省みている。

4　資金を援助してもらうとともに出店を募って現状を打破するという発想は良案だったが、人々をまとめる力がなければ手を貸してくれないのも無理はないと、自身の言動を振り返っている。

(オ)　――線5「うちが全部被る羽目になるかも、ですぜ。」とあるが、ここでの「市兵衛」の気持ちをふまえて、この部分を朗読するとき、どのように読むのがよいか。最も適するものを次の中から一つ選び、その番号を答えなさい。

1　大きな損害を受ける可能性があると分かった上で、それでも人々に寄り添って後押しすることを決断した「弥兵衛」の思いを理解し、覚悟の強さを試すように読む。

2　皆で逆境に立ち向かうという「弥兵衛」の信念を尊重しつつ、事態を軽視して人々の要求を安易に受け入れる姿に心配を募らせ、考えの甘さをたしなめるように読む。

3　皆と協同するだけではなく、ひとりでもできることを模索《もさく》していく姿勢が必要だという「弥兵衛」の考えに共感を示すとともに、待ち受ける困難を気遣《きづか》うように読む。

4　懸命に花火を作る姿を示すことこそが、人々に対する励ましになると気付いた「弥兵衛」を誇らしく思いながらも、受ける被害が大きいことを理解させるように読む。

(カ)　この文章について述べたものとして最も適するものを次の中から一つ選び、その番号を答えなさい。

1　自身の正しさを考える中で、「市兵衛」を初めとした多くの人に支えられていることへの感謝の念を抱くとともに、世の中を立て直す覚悟を決めた「弥兵衛」のさまを、多彩《たさい》な比喩を用いて描いている。

2　「鍵屋」の皆とのやり取りの中で、人の事情や気持ちに思いを至らせる大切さに気付いた「弥兵衛」が、世の中を明るくしようという決意を新たにするさまを、江戸っ子の言葉遣いを交えて描いている。

3　皆に自身の気持ちが伝わらないことに苦悩《くのう》していた「弥兵衛」が、自らのあやまちに気付くことにより、上に立つ者としての自覚を持ち大きく成長していくさまを、「鍵屋」の皆の視点から描いている。

4　正しさに対する捉《とら》え方《かた》の相違から、衝突を繰り返していた「弥兵衛」と「市兵衛」が、お互いの本音を打ち明けて話し合うことを通して和解を迎えたさまを、回想を挟《はさ》みこむことによって描いている。

問四　次の文章を読んで、あとの問いに答えなさい。

ネット上の莫大《ばくだい》な情報へのアクセシビリティ(注)の拡大と、それらの情報の編集可能性の拡大は、私たちの知的生産のスタイルを大きく変えました。この変化の中で、今日、ネット情報をコピーしてレポートを作成する学生や、報道機関の記者が十分な取材をしないままネット情報を利用して記事を書いてしまい、後でその情報が間違っていたことがわかって問題となるケースなどが生じています。

そのときの「弥兵衛」を説明したものとして最も適するものを次の中から一つ選び、その番号を答えなさい。

1　江戸っ子の心意気を茶屋や屋台の人々が失っていることに腹を立てていたが、自分たち以外の人を巻き込もうとすること自体が身勝手なのではないかと悩《なや》み始《はじ》めている。

2　自分たちの考えを理解してくれない茶屋や屋台の人々に対して不満を抱いていたが、世の中の情勢以外にも協力を得られないわけがあるのではないかと思い始めている。

3　世の中のために団結することを渋《しぶ》る茶屋や屋台の人々に対していらだっていたが、怒りに任せて口汚く罵《ののし》ってしまった自分たちは卑劣なのではないかと後悔し始めている。

4　飢饉に対する不満を漏らす皆に同調して世の中を憂《うれ》いていたが、茶屋や屋台の人々が協力的でない原因を時世に求めることが間違っているのではないかと感じ始めている。

(イ)　――線2「言われた元太はむっつりとした顔になり、そっぽを向いて『はいよ。』と応じた。」とあるが、そのときの「元太」を説明したものとして最も適するものを次の中から一つ選び、その番号を答えなさい。

1　人のために奔走《ほんそう》する「弥兵衛」とは違い、「鍵屋」の利益にしか興味がない「市兵衛」の視野の狭さは改めてほしいが、未熟な自分は意見できる立場ではないと諦《あきら》め、投げやりになっている。

2　目の前の作業に専念するべきだという「市兵衛」の言葉を聞いて、感動を覚えるとともに、「弥兵衛」や自分たちの考え方が間違っていることが分かったものの、素直に認められずにいる。

3　「鍵屋」の一員である「市兵衛」ならば、自分のやり場のない思いを理解してくれるだろうと思っていたが、共感を得られなかったばかりか取り合ってももらえず、いらだちを覚えている。

4　「弥兵衛」の素晴らしさを「市兵衛」に訴《うった》えたところ厳しく批判され、ともに働いていくことに嫌気が差したものの、今まで「市兵衛」には世話になってきたため、思いを口に出せずにいる。

(ウ)　――線3「市兵衛はこちらの苦笑をちらりと一瞥し、それと分からぬくらいに頷くと、もそりと立ち上がって行灯に歩を進めた。」とあるが、そのときの「市兵衛」を説明したものとして最も適するものを次の中から一つ選び、その番号を答えなさい。

1　人に頼ることなく行いを振り返っている「弥兵衛」の姿を目にして大きな成長を認めつつ、見守ることしかできない寂《さび》しさを覚えてその場を離れようとしている。

2　皆の言葉から悩みを解決する手がかりを「弥兵衛」が見つけ出したと分かり、自分の考えは古びていて「弥兵衛」たちには受け入れがたいのだと痛感している。

3　自分の言動を「弥兵衛」が苦々しく感じていると気付いたが、何をするべきか見失っている「弥兵衛」を導くのは自身の役目だと信じて行動しようとしている。

4　振る舞い方を見つめ直してほしいという自分の思いに気付いた様子の「弥兵衛」を見て、口出しせずとも自ら答えを導き出すことができるだろうと感じている。

(エ)　――線4「あたしは正しかった。でも、間違ってたんだ。」とあるが、そのときの「弥兵衛」を説明したものとして最も適するものを次の中から一つ選び、その番号を答えなさい。

1　皆で協力すれば世の中は変えられるという考えは正論だったが、世の中のために尽くすよう人々に求めても具体策が浮かばなければ受け入れられなくて当然だと、自身の言動を後悔してい出《だ》して、浮かれていたのだ。

何が正しいかは、きっと誰にも分かっているのだろう。とは言いつつ、踏ん切りを付けられるかどうかは人それぞれだ。同じでなど、あろうはずがない。自分が正しいからと言って、他人にも同じであれと押し付ける。それは、驕《おご》りだ。

「4あたしは正しかった。でも、間違ってたんだ。」

誰も口を開かない。弥兵衛はぐっと奥歯を噛んだ。日が傾き、作事場は暗さを増している。左手の奥では、市兵衛がいつもどおりの顔で行灯に火を入れていた。

「あの、旦那様。あっし……どうしたらいいんです?」

新蔵が頼りなげに問う。不思議とおかしさが湧《わ》いてきた。

「はは……。ははは、はは!　あっはははははっ。」

静かに漏れた笑いは、すぐに天を仰いでの大笑いに変わった。市兵衛を除いて皆が身を強張《こわば》らせ、新蔵に至っては「うひぃ。」と腰を抜かしている。

弥兵衛は笑いながら「すみませんね。」と詫《わ》び、涙目《なみだめ》の新蔵に向いて力強く言った。

「どうしたらも何もありません。やると決めたら、やるんです。明日も屋台回りですからね。それから小屋の方、材木の仕入れなんかも遅れないでくださいよ。こき使って申し訳ないけどさ。」

そして、ひとりずつ顔を見た。

「あたしと喜助さんは茶屋回りだ。元太さんに京さん、火薬は山ほど要りますから、まだまだ作り増してもらいますよ。市兵衛さんも、たっぷり星(注)を固めといてください。」

市兵衛が、にやりと笑みを見せる。元太と京次は、狐《きつね》に摘《つま》まれたように「へえ。」と返した。

喜助から、戸惑いがちな問いが向けられた。

「やる、ってのは構わねえんですがね。後払《あとばら》いだの手間賃だのは、どうすんです。」

「聞いてやんなさい。当たり前でしょう。」

世に明るさを取り戻したい。そのために動こうと言うのなら、高みに立っていてはならないのだ。尻込《しりご》みする者があれば、そこまで下りて行き、まず光明を見せねばならない。全ての人が自分と同じではないのだから。

「5うちが全部被る羽目になるかも、ですぜ。」

市兵衛が釘《くぎ》を刺した。ただし、この上なく穏《おだ》やかな声である。弥兵衛は「ええ。」と眼差《まなざ》しに力を込めた。

「しくじれば鍵屋は傾くでしょうけどね。それでも、やるんです。言いだしっぺは、あたしなんだ。出店を頼む相手だけじゃない、うちも懸命でなけりゃ……でしょう?」

「まあ、そうでさあね。」

市兵衛の物腰に、もう嫌なものは見えない。安堵《あんど》したような眼差しだけがある。弥兵衛は自らを恥じる笑みで応じた。

(吉川《よしかわ》　永青《ながはる》「憂《う》き夜《よ》に花を」から。一部表記を改めたところがある。)

(注)　西詰＝橋の西側の端を指す。ここでは、現在の東京都にある両国橋の西端のこと。

市兵衛＝先代の頃《ころ》から「鍵屋」を支えてきた職人。

銀六さんと仙吉さん＝「弥兵衛」が「鍵屋」へ呼び、夕飯をふるまったことのある町人。

大川端＝現在の東京都を流れる隅田川《すみだがわ》(当時は大川《おおかわ》)下流の右岸一帯。

星＝花火が開いた時に花弁の部分を形作る、火薬を練り固めたもの。

(ア)　――線1「悪口雑言の飛び交う中、小声で自問した。」とあるが、俯《うつむ》いたまま問うた。元太は「え。」と言ったきり何も返せずにいる。

弥兵衛は「おや。」と何かを感じた。誰かの——左側にいる市兵衛の気配が変わっている。ここしばらく癇《かん》に障《さわ》る物腰が続いていたのだが、どうしたのだろう。

そういう戸惑いを余所《よそ》に、正面で背を丸める新蔵が、なよなよした声を寄越した。

「本当に正しいのかって、そんな。こないだの(注)銀六《ぎんろく》さんと仙吉《せんきち》さんでしたっけ。あの二人と旦那様の話……あっし、目頭が熱くなって仕方なかったんですから。今さら、あれが問違いだったって言われたら、どうすりゃいいんです。同じ気持ちで茶屋の人たちも誘《さそ》ってんでしょう？　だったら正しいに決まってますよ。」

弥兵衛は俯いた顔を上げ、小さく笑みを浮かべて頷《うなず》く。聞きたいのは、そういうことではなかった。

果たして自分は、本当に正しかったのか。

水茶屋も屋台の衆も、商いの何たるかを忘れている。人々の心が暗闇《くらやみ》に押し込まれ、半年以上も上手《うま》く行かずにきたからだろう。鍵屋も他と同じ、去年の夏はろくに稼《かせ》げず蓄《たくわ》えを吐き出し、切《き》り詰《つ》めて切り詰めて、どうにかなっている格好だ。

それでも、自分は踏ん張ろうとしている。こんなご時世だからこそ、何を糞《くそ》と歯を食い縛らねばならないのだ。父にそう育てられたし、努めてそう生きようと自らを戒めてきた。

だから、それで当然だと思っていた。しかし——。

「河原の蒲公英《たんぽぽ》。」

ぽつりと漏《も》れた。船宿を回った後の(注)大川端《おおかわばた》が、頭に蘇《よみがえ》る。あの日、思ったではないか。お天道様《てんとさま》の機嫌が直れば、野の草はまた花を咲《さ》かせる。だが、人はそう簡単ではないのだと。

「……そうだね。」

誰もが気を塞《ふさ》いだままでは、世の中は良くならない。これは確かな話だ。ひとりひとりが「やってやる。」の意気を持って、初めて全てが良い方に転がる。

しかし、だから自分と同じ心を持てと言って回るのは、違うのかも知れない。周りにいる皆、分かってくれる人ばかりを見て、そこを勘違《かんちが》いしていたのではあるまいか。

「正しい、か。そいつは……腹が立つだろうねえ。」

「へえ？」

市兵衛が口を開いた。

横目に見れば、七十も近い頬《ほお》が少しばかり緩《ゆる》んだかに見えた。

それによって、胸を包んだ霧《きり》が晴れたような気がする。参った。これぞ年の功だ。

3市兵衛はこちらの苦笑をちらりと一瞥《いちべつ》し、それと分からぬくらいに頷くと、もそりと立ち上がって行灯《あんどん》に歩を進めた。

そうだ。自分は勘違いしていた。

このところ市兵衛の物言いに嫌気が差していた。しかし、ずっとそうだった訳ではない。水神祭で花火を上げよう、世の中を明るくしようと話した時には、他の面々と同じに奮い立っていたのだ。変わったのは、幕府から金が出ないと決まり、その分を皆から集めようと考えてからである。

両国橋《りょうごくばし》西詰の店に金を出してくれと頼んだ。屋台を呼び、掘《ほ》っ立《た》て小屋《ごや》を作って出店を募《つの》ろうとした。どちらも断られはしたが、間違いなく良案である。そして自分は正しかった。

しかし。花火屋なら手を動かすのが「正しい。」と言われた時の元太を見て、やっと分かった。自分はいい気になっていた。良案を捻《ひね》り安置した。

問三　次の文章を読んで、あとの問いに答えなさい。

花火屋「鍵屋《かぎや》」の主人である六代目「弥兵衛《やへえ》」は、飢饉《ききん》の影響を受けている江戸《えど》の町や人々を活気づけるため、数か月後に開催される水神祭《すいじんさい》で花火を打ち上げようと計画し、ともに働く「京次《きょうじ》（京《きょう》さん）」「元太《げんた》」「喜助《きすけ》」「新蔵《しんぞう》」も賛同した。「弥兵衛」たちは資金の援助《えんじょ》を頼もうと、手分けして茶屋や屋台、船宿などに出向いたものの、良い返事は得られずにいた。

江戸っ子の心意気ってのを、忘れちまったのかねえ。何をするにも気持ちが第一じゃねえか。皆で元気を出そうってのに、何で分からんかねえ――不平不満が撒《ま》き散《ち》らされてゆく。弥兵衛も始めは同じ気持ちだったが、聞いているうちに少し違う思いが生まれてきた。

「……どうして。」

1悪口雑言《あっこうぞうごん》の飛び交う中、小声で自問した。

どうしてなのだろう。鍵屋の皆は、こう言ってくれるのに。分かってくれるのに。なぜ、茶屋や屋台には通じないのだろう。(注)西詰《にしづめ》の店も同じだ。

今のご時世が悪いからには違いあるまい。が、そのせいだとばかり思うのは、いささか手前勝手に過ぎる気もする。

自分は、何か見落としていないか。

「茶屋も屋台も、しみったれたこと言いやがって。旦那《だんな》はよう、世の中のためにやろうとしてんじゃねえか。」

「ねえ旦那さん。もう、やめちまいましょうよ。何が正しいか分からねえ奴《やつ》らなんて、勝手に野垂れ死にすりゃいいんだ。」

京次と元太が怒りのやり場を探している。弥兵衛は二人の言葉をゆっくり噛《か》み砕《くだ》いた。

世の中のために。京次の言うとおり、自分はそのつもりである。何が正しいか分からない奴らなど。元太の言うとおり、放って置いても良いはずだ。

だが。

正しいとは何だろう。

世のためとは、いったい何なのだろう。

分からなくなってきた。

作事場の面々はまだ言い足りないらしく、あれこれの文句を繰り返している。

うんざりしたように、(注)市兵衛《いちべえ》が「うるせえなあ。」とぼやいた。

「おい元太。口動かしてる暇があったら、手ぇ動かせ。」

「そうは言うけどねえ、父《と》っつぁんよう。旦那さんは世のため人のため、正しいこと、しようとしてんですぜ。なのに誰も分からねえなんて、情けねえたあ思いやせんか。」

「正しいとか何とかほざくならよ、おめえが何者か考えな。花火屋だろ。だったら夕飯の賄《まかな》いまで、手ぇ動かして火薬作んのが正しいんじゃねえのかい。」

2言われた元太はむっつりとした顔になり、そっぽを向いて「はいよ。」と応じた。

「父っつぁんの仰《おっしゃ》るとおりでごぜえます。手ぇ動かすのが正しい。ええ、正しいですとも。」

いつものやり取りである。だが、そんな珍しくもない言葉が、弥兵衛の胸に深く刺さった。

「正しい……か。ねえ喜助さん。元太さんも。あたしは、本当に正しいんですかね。」

摂津の国の難波のあたり＝現在の大阪市周辺。
畜生＝鳥や獣、虫などの総称《そうしょう》。

(ア) ――線1「必ずこれを買ひて放たむ」とあるが、「尼」がそのように思った理由を説明したものとして最も適するものを次の中から一つ選び、その番号を答えなさい。

1 絵仏を探す道中で、生き物の声がする箱を見つけ、放生を行って絵仏を盗まれた悲しみを癒《いや》すことを思いついたから。
2 盗まれた絵仏を見つけ出すことができず、放生を行おうと考えて訪れた場所で、生き物の声がする箱を見つけたから。
3 盗まれた絵仏の情報を得ようと訪れた市場で、生き物の入った箱が売られているのを見て、放生に最適だと気付いたから。
4 絵仏を盗まれた罪悪感を消すため、放生を行いながら歩いていたところ、樹の上に置かれた箱から生き物の声がしたから。

(イ) ――線2「すみやかにその箱を開けてその虚実を見るべし。」とあるが、「市人等」がそのように言った理由を説明したものとして最も適するものを次の中から一つ選び、その番号を答えなさい。

1 放生のために箱を求める「尼」と、生き物は入れていないと主張する「箱の主」が争っていたから。
2 生き物の入った箱を譲《ゆず》ってほしい「尼」と、生き物を手放したくない「箱の主」が争っていたから。
3 自分が放生を行うべきだと訴《うった》える「尼」と、自らの手で放生を行いたい「箱の主」が争っていたから。
4 生き物の声がしたと指摘《してき》する「尼」と、何も入っていないとうそをつく「箱の主」が争っていたから。

(ウ) ――線3「尼を讃め尊び、箱の主の逃げぬることをことわりなりと思ひて、憎みそしりけり。」とあるが、それを説明したものとして最も適するものを次の中から一つ選び、その番号を答えなさい。

1 「市人等」は「尼」の話を聞き、絵仏の入った箱を取り戻した「尼」を祝福するとともに、「尼」の箱を盗んだ「箱の主」が放生に参加せず去ったのは当然だと非難した。
2 「市人等」は「尼」の話を聞き、盗まれた絵仏を見つけた「尼」をたたえるとともに、悪事を働いたことを悔やんだ「箱の主」が人知れず姿を消したのは当然だと非難した。
3 「市人等」は「尼」の話を聞き、絵仏を強く求め続けた「尼」を賞賛するとともに、「尼」の絵仏を盗んだ「箱の主」が逃げ出したのはもっともなことだと非難した。
4 「市人等」は「尼」の話を聞き、生き物の命を救った「尼」をほめるとともに、必要以上に生き物を捕らえていた「箱の主」が逃げたのはもっともなことだと非難した。

(エ) 本文の内容と一致《いっち》するものを次の中から一つ選び、その番号を答えなさい。

1 「仏」が応えてくれると信じて放生を行った「尼」は、絵仏を無事に取り返すことができたため、今後も熱心に絵仏を拝もうと心に決めた。
2 探していた絵仏を見つけることができた「尼」は、「箱の主」や「市人等」に放生を行うことの大切さを説いたのち、絵仏を寺へ持ち帰った。
3 「尼」は絵仏を盗んだ「箱の主」を許しただけではなく、ともに放生を行うことによって罪を悔い改めさせたため、「市人等」から尊敬された。
4 「仏」が箱の中から存在を知らせたおかげで、盗まれた絵仏を無事に取り戻すことができた「尼」は放生を行い、絵仏を元の寺に

2　しきりに鳴く鴫に誘《さそ》われ、閉じこもっていた書斎から出て実感した秋空の雄大《ゆうだい》さと、季節の移ろいに気付かせてくれた鴫に対する深い思いを、「鴫の空」という語句で象徴的に描いている。

3　行《ゆ》き詰《づ》まっている自身の現状を、「書斎はひくゝあり」という語句で明確に示すと同時に、広い空を飛んでいる鴫を見て抱いた自由への憧《あこが》れを、明るい将来への希望を交えて描いている。

4　書斎に聞こえてくる鴫の声に、開放的な秋空の明るさや高さが想起されるとともに、書斎やそこにいる自身が対照的に意識された感慨《かんがい》を、直接的に「思ふ」という語を用いて描いている。

問二　次の文章を読んで、あとの問いに答えなさい。

> 「尼《あま》」は、自身で仏像を描き写した絵（絵仏）を寺へ安置して熱心に拝んでいたが、しばらく寺を離れている間に、その絵仏は盗まれてしまった。

尼悲しび嘆《なげ》きて、堪ふるに（力の及ぶ限り）随《したが》ひて東西を求むといへども、たづね得ることなし。しかるにこのことを嘆き悲しみて、(注)放生を行ぜむと思ひて、(注)摂津《せっつ》の国の難波《なには》のあたりに行きぬ。河のあたりに徘徊《はいくわい》する間、市より帰る人多かり。見れば荷《にな》へる箱を樹《き》の上に置けり。主《あるじ》は見えず。尼聞けば、この箱の中に種々《くさぐさ》の生類の音（声）あり。これ(注)畜生《ちくしやう》の類を入れたるなりけりと思ひて、1必ずこれを買ひて放たむと思ひて、しばらく留《とど》まりて箱の主の来るを待つ。

やや久しくありて箱の主来れり。尼これに会ひて曰《い》はく、「この箱の中に種々の生類の音あり。われ放生のために来れり。これを買はむと思ふ故になんぢ（あなた）を待つなり。」と。箱の主答へて曰はく、「これさらに生類を入れたるにあらず。」と。尼なほ固くこれを乞《こ》ふに、箱の主、「生類にあらず。」と争ふ。その時に市人《いちびと》等来り集まりて、このことを聞きて曰はく、「2すみやかにその箱を開けてその虚実を見るべし。」と。しかるに箱の主あからさまに（ほんの少しの間）立ち去るやうにて、箱を捨てて失《う》せぬ。たづぬといへども行き方を知らず。早く逃げぬるなりけりと知りて、そののち、箱を開けて見れば、中に盗まれにし絵仏の像おはします（いらっしゃる）。尼これを見て、涙《なみだ》を流して喜び悲しびて、市人等に向かひて曰はく、「われ、前《さき》にこの仏の像を失ひて、日夜に求め恋《こ》ひたてまつりつるに、今思はざるに会ひたてまつれり。うれしきかな。」と。市人等これを聞きて、3尼を讃《ほ》め尊び、箱の主の逃げぬることをことわりなりと思ひて、憎《にく》みそしりけり。尼これを喜びて、いよいよ放生を行ひて帰りぬ。仏をば元の寺にゐてたてまつりて（お連れ申し上げて）、安置したてまつりけり。

これを思ふに、仏の、箱の中にして音を出《い》だして尼に聞かしめたまひけるが、あはれにかなしく尊きなり。

（『今昔物語集《こんじやくものがたりしゆう》』から。）

(注)　放生＝徳を積むために、捕らえた生き物を放す行いのこと。

＜国語＞

時間　五〇分　満点　一〇〇点

【注意】解答用紙にマス目（例：［ ］）がある場合は、句読点なども それぞれ一字と数え、必ず一マスに一字ずつ書きなさい。なお、行の最後のマス目には、文字と句読点などを一緒に置かず、句読点などは次の行の最初のマス目に書き入れなさい。

問一　次の問いに答えなさい。

(ア)　次の1～4の各文中の――線をつけた漢字の読み方を、ひらがなを使って現代《げんだい》仮《か》名遣《なづか》いで書きなさい。

1　元気よく挨拶する。　2　政権を掌握する。
3　惜別の念を抱く。　4　無事に目的を遂げる。

(イ)　次のa～dの各文中の――線をつけたカタカナを漢字に表したとき、その漢字と同じ漢字を含《ふく》むものを、あとの1～4の中から一つずつ選び、その番号を答えなさい。

a　エンチュウの体積を求める。
1　ピアノをエンソウする。
2　会議をエンカツに進める。
3　友人とソエンになる。
4　ガンエンを料理に使う。

b　会員としてトウロクする。
1　富士山のトウチョウに成功する。
2　伝家のホウトウを抜く。
3　熊《くま》がトウミンする。
4　国会でトウシュが討論を行う。

c　公民館のキソクを守って楽しむ。
1　太陽の動きをカンソクする。
2　ヤクソクを果たす。
3　管理に関するサイソクを定める。
4　キュウソクをとる。

d　税金をオサめる。
1　関係をシュウフクする。
2　ストーブにキュウユする。
3　運動会をケッセキする。
4　毎日ナットウを食べる。

(ウ)　次の**例文**中の――線をつけた「に」と同じ意味で用いられている「に」を含む文を、あとの1～4の中から一つ選び、その番号を答えなさい。

例文　すでに支度を済ませた。

1　今朝は特に冷え込んだ。
2　彼女は穏《おだ》やかに話す。
3　景色に目を奪われた。
4　寒いのに薄着で過ごす。

(エ)　次の俳句を説明したものとして最も適するものを、あとの1～4の中から一つ選び、その番号を答えなさい。

鵙《もず》の空書斎《しょさい》はひくゝ《（ク）》ありと思《も》ふ《（ウ）》　山口《やまぐち》　青邨《せいそん》

1　書斎で悲しげに鳴く鵙の声を聞き、狭い室内ではなく広い空こそが鵙にとっての居場所だと感じ、放つことを決意したさまを、「鵙」という語を句の頭に置くことで印象深く描いている。

MEMO

大切なことはメモしておこうネ！

T・G

2021年度

解答と解説

《2021年度の配点は解答用紙集に掲載してあります。》

※新傾向の出題が見られた問題には，解説の大問および小問の冒頭に☆印を記してあります。(数学，社会には該当する問題が見られませんでした。)

＜数学解答＞

問1　(ア)　2　(イ)　1　(ウ)　3　(エ)　3　(オ)　4

問2　(ア)　4　(イ)　2　(ウ)　2　(エ)　1　(オ)　3　(カ)　1

問3　(ア)　(i)　(a)　4　(b)　1　(c)　2　(ii)　3cm　(イ)　2
(ウ)　(i)　a＝108　(ii)　3　(エ)　(i)　$\frac{1}{10}x+\frac{3}{10}y$　(ii)　410　(iii)　451

問4　(ア)　4　(イ)　(i)　4　(ii)　6　(ウ)　$\mathrm{F}\left(\frac{35}{9}, \frac{5}{9}\right)$

問5　(ア)　1　(イ)　$\frac{4}{9}$

問6　(ア)　2　(イ)　5　(ウ)　$\frac{27}{2}$cm

＜数学解説＞

問1　(数・式の計算，平方根)

(ア)　$-9-(-5)=-9+5=-4$

(イ)　$-\frac{5}{6}-\frac{3}{4}=-\frac{10}{12}-\frac{9}{12}=-\frac{19}{12}$

(ウ)　$8ab^2\times 3a\div 6a^2b=\frac{8ab^2\times 3a}{6a^2b}=4b$

(エ)　$\frac{3x+2y}{5}-\frac{x-3y}{3}=\frac{3(3x+2y)-5(x-3y)}{15}=\frac{9x+6y-5x+15y}{15}=\frac{4x+21y}{15}$

(オ)　$(2+\sqrt{7})(2-\sqrt{7})+6(\sqrt{7}+2)=2^2-(\sqrt{7})^2+6\sqrt{7}+12=4-7+6\sqrt{7}+12=9+6\sqrt{7}$

問2　(因数分解，二次方程式，関数$y=ax^2$の変化の割合，不等式，数の性質，円の性質と角度)

(ア)　$x+6=\mathrm{A}$とおくと，$\mathrm{A}^2-5\mathrm{A}-24=(\mathrm{A}-8)(\mathrm{A}+3)$　Aをもとにもどして，$\{(x+6)-8\}\{(x+6)+3\}=(x-2)(x+9)$

(イ)　解の公式より，$x=\frac{-(-3)\pm\sqrt{(-3)^2-4\times 1\times 1}}{2\times 1}=\frac{3\pm\sqrt{5}}{2}$

(ウ)　$x=1$のとき，$y=a\times 1^2=a$　$x=4$のとき，$y=a\times 4^2=16a$　xの増加量は，$4-1=3$，yの増加量は，$16a-a=15a$より，変化の割合は，$\frac{(y\text{の増加量})}{(x\text{の増加量})}=\frac{15a}{3}=5a$　$5a=-3$より，$a=-\frac{3}{5}$

(エ)　1個15kgの荷物x個と1個9kgの荷物y個の合計の重さは，$(15x+9y)$kgと表される。これが200kg以上だから，不等号「≧」を用いて，$15x+9y\geqq 200$

(オ)　540を素因数分解すると，$540=2^2\times 3^3\times 5=(2\times 3)^2\times 15$　よって，$\sqrt{\frac{540}{n}}$が自然数となる，最も小さい自然数nの値は，$n=15$

(カ)　$\overset{\frown}{\mathrm{CD}}$に対する円周角は等しいから，$\angle\mathrm{DBC}=\angle\mathrm{DEC}=34°$　$\overset{\frown}{\mathrm{EC}}$に対する円周角は等しいから，$\angle\mathrm{CBE}=\angle\mathrm{CDE}=40°$　$\overset{\frown}{\mathrm{ED}}$に対する円周角は等しいから，$\angle\mathrm{DAE}=\angle\mathrm{DBE}=34°+40°=74°$　また，AD//BCより，平行線の錯角は等しいから，$\angle\mathrm{ADB}=\angle\mathrm{DBC}=34°$　△AFDで，$\angle\mathrm{AFD}=180°-(74°+34°)=180°-108°=72°$

問3 (合同の証明，線分の長さ，資料の活用，一次関数のグラフの利用，連立方程式の応用)

(ア)　(i)　(a)　$AF=CA-\underline{CF}$　(b)　$CE=\underline{BC}-BE$　(c)　AD＝CF，$\angle DAF=\angle FCE$，AF＝CEより，2組の辺とその間の角がそれぞれ等しい

(ii)　2組の辺とその間の角がそれぞれ等しいから，△ADF，△BED，△CFEは合同である。AD＝BE＝CF＝$x$cmとすると，BD＝CE＝AF＝$(18-x)$cmと表されるから，$\triangle ADF=\triangle BED=\triangle CFE=\dfrac{x}{18}\triangle ABF=\dfrac{x}{18}\times\dfrac{18-x}{18}\triangle ABC=\dfrac{x(18-x)}{324}\triangle ABC$　△ABC：△DEF＝12：7より，△ABC：△ADF×3＝12：(12－7)＝12：5　よって，$\triangle ABC : \dfrac{3x(18-x)}{324}\triangle ABC=12:5$

$\dfrac{x(18-x)}{9}=5$　$x^2-18x+45=0$　$(x-3)(x-15)=0$　$x=3,\ 15$　$0<x<9$より，$x=3$　よって，AD＝3(cm)

(イ)　**あ**　(A中学校)15m以上20m未満の階級の累積相対度数は，0.01＋0.02＋0.09＋0.21＝0.33　20m以上25m未満の階級の累積相対度数は，0.33＋0.24＝0.57　よって，中央値を含む階級は20m以上25m未満の階級であり，その階級値は$\dfrac{20+25}{2}=22.5$(m)である。(B中学校)15m以上20m未満の階級の累積相対度数は，0＋0.04＋0.12＋0.22＝0.38　20m以上25m未満の階級の累積相対度数は，0.38＋0.24＝0.62　よって，中央値を含む階級は20m以上25m未満の階級であり，その階級値は$\dfrac{20+25}{2}=22.5$(m)である。したがって，A中学校とB中学校で同じである。　**い**　(A中学校)20m未満の生徒の割合は0.33である。(B中学校)20m未満の生徒の割合は0.38である。よって，B中学校よりA中学校の方が小さい。　**う**　(A中学校)20m以上25m未満の生徒の人数は，100×0.24＝24(人)である。(B中学校)20m以上25m未満の生徒の人数は，150×0.24＝36(人)である。よって，A中学校よりB中学校の方が多い。　**え**　(A中学校)30m以上の生徒の割合は，0.15＋0.02＝0.17，25m以上30m未満の生徒の割合は0.26である。よって，25m以上30m未満の生徒の人数の方が多い。(B中学校)30m以上の生徒の割合は，0.16＋0.04＝0.2，25m以上30m未満の生徒の割合は0.18である。よって，30m以上の生徒の人数の方が多い。したがって，A中学校は25m以上30m未満の生徒の人数の方が多く，B中学校は30m以上の生徒の人数の方が多い。以上より，グラフから読み取れることがらは，**あとう**

(ウ)　(i)　毎秒200cm^3ずつ水を入れるから，$200a=30\times40\times18$　$a=108$(秒後)

(ii)　底面Qの方へ水が流れている間は水面の高さは変わらない。その時間をb秒間とすると，$200b=30\times20\times18$　$b=54$(秒間)　よって，水を入れ始めてから，108秒後に水面の高さは18cmになり，108＋54＝162より，108秒後から162秒後までの水面の高さは一定である。これを満たすグラフは3

(エ)　(i)　1割＝$\dfrac{1}{10}$，3割＝$\dfrac{3}{10}$より，今週は，大人の利用者数が$\dfrac{1}{10}x$人，子どもの利用者数が$\dfrac{3}{10}y$人増えたから，$\underline{\dfrac{1}{10}x+\dfrac{3}{10}y}=92$

(ii)　②×10－①より，$2y=340$　$y=170$　$y=170$を①に代入して，$x+170=580$　$x=410$　よって，$x=410$，$y=170$　したがって，先週の大人の利用者数は$\underline{410}$人である。

(iii)　今週の大人の利用者数は，$\left(1+\dfrac{1}{10}\right)x=\dfrac{11}{10}\times410=\underline{451}$(人)である。

問4 (図形と関数・グラフ，比例定数，直線の式，面積が等しくなる点)

(ア)　点Aは直線①上の点だから，y座標は，$y=-x$に$x=-5$を代入して，$y=-(-5)=5$　よって，A$(-5,\ 5)$　点Aは曲線②上の点でもあるから，$y=ax^2$に$x=-5$，$y=5$を代入して，$5=a\times(-5)^2$　$25a=5$，$a=\dfrac{1}{5}$

(イ)　2点A，Bはy軸について対称だから，B$(5,\ 5)$　AB＝5－(－5)＝10より，点Cのx座標は，－5

$+10\times\frac{2}{3}=\frac{5}{3}$　よって，$\mathrm{C}\left(\frac{5}{3},\ 5\right)$　また，AO：OD＝5：3より，点Dのx座標は3　y座標は，$y=-x$に$x=3$を代入して，$y=-3$　よって，$\mathrm{D}(3,\ -3)$　2点D，Eはy軸について対称だから，$\mathrm{E}(-3,\ -3)$　直線CEの式は，傾きが，$\{5-(-3)\}\div\left\{\frac{5}{3}-(-3)\right\}=8\div\frac{14}{3}=8\times\frac{3}{14}=\frac{12}{7}$なので，$y=\frac{12}{7}x+b$とおいて，$x=-3$，$y=-3$を代入すると，$-3=\frac{12}{7}\times(-3)+b$　$b=\frac{15}{7}$　したがって，直線CEの式は，$y=\frac{12}{7}x+\frac{15}{7}$

(ウ)　△AECの面積は，$\frac{1}{2}\times\left\{\frac{5}{3}-(-5)\right\}\times\{5-(-3)\}=\frac{1}{2}\times\frac{20}{3}\times8=\frac{80}{3}$　直線BDの式は，傾きが，$\{5-(-3)\}\div(5-3)=8\div2=4$なので，$y=4x+c$とおいて，$x=5$，$y=5$を代入すると，$5=4\times5+c$　$c=-15$　よって，直線BDの式は，$y=4x-15$　点Fの座標を$(t,\ 4t-15)$とすると，四角形BCEFの面積は，台形BCEDの面積から△DFEの面積をひいて，$\frac{1}{2}\times\left[\left(5-\frac{5}{3}\right)+\{3-(-3)\}\right]\times\{5-(-3)\}-\frac{1}{2}\times\{3-(-3)\}\times\{(4t-15)-(-3)\}=\frac{1}{2}\times\left(\frac{10}{3}+6\right)\times8-\frac{1}{2}\times6\times(4t-12)=-12t+\frac{220}{3}$　△AEC＝(四角形BCEF)のとき，$\frac{80}{3}=-12t+\frac{220}{3}$　$12t=\frac{140}{3}$　$t=\frac{35}{9}$　したがって，$\mathrm{F}\left(\frac{35}{9},\ \frac{5}{9}\right)$

問5 (確率)

(ア)　1，2，3，4，5，6の自然数のうち，約数が4個のものは6であり，6の約数は1，2，3，6だから，箱Pから1，2のカードを取り出し，箱Qから6の約数のカードを取り出す場合である。よって，$(a,\ b)=(3,\ 6)$の1通り。大，小2つのさいころの目の出方の総数は，$6\times6=36$(通り)なので，求める確率は，$\frac{1}{36}$

(イ)　(i)　$b=1$(約数は1)のとき，$(a,\ b)=(1,\ 1)$，$(3,\ 1)$，$(5,\ 1)$の3通り。$b=2$(約数は1，2)のとき，$(a,\ b)=(1,\ 2)$，$(2,\ 2)$，$(5,\ 2)$，$(6,\ 2)$の4通り。$b=3$(約数は1，3)のとき，$(a,\ b)=(2,\ 3)$，$(4,\ 3)$，$(6,\ 3)$の3通り。$b=4$(約数は1，2，4)のとき，$(a,\ b)=(1,\ 4)$，$(2,\ 4)$，$(4,\ 4)$の3通り。$b=5$(約数は1，5)のとき，$(a,\ b)=(2,\ 5)$，$(4,\ 5)$，$(6,\ 5)$の3通り。$b=6$(約数は1，2，3，6)のとき，なし。よって，全部で，$3+4+3+3+3=16$(通り)　したがって，求める確率は，$\frac{16}{36}=\frac{4}{9}$

問6 (円すい，体積，表面積，表面上の最短距離)

(ア)　△AOCで，**三平方の定理**により，$\mathrm{OC}^2=\mathrm{AC}^2-\mathrm{OA}^2=9^2-3^2=72$　$\mathrm{OC}>0$より，$\mathrm{OC}=\sqrt{72}=6\sqrt{2}$ (cm)　よって，求める体積は，$\frac{1}{3}\pi\times3^2\times6\sqrt{2}=18\sqrt{2}\,\pi$ (cm^3)

(イ)　円すいの側面を展開したときのおうぎ形の中心角を$a°$とすると，おうぎ形の弧の長さと底面の円の周の長さは等しいから，$2\pi\times9\times\frac{a}{360}=2\pi\times3$　$a=120$　よって，側面積は，$\pi\times9^2\times\frac{120}{360}=27\pi$ (cm^2)　また，底面積は，$\pi\times3^2=9\pi$ (cm^2)　したがって，求める表面積は，$27\pi+9\pi=36\pi$ (cm^2)

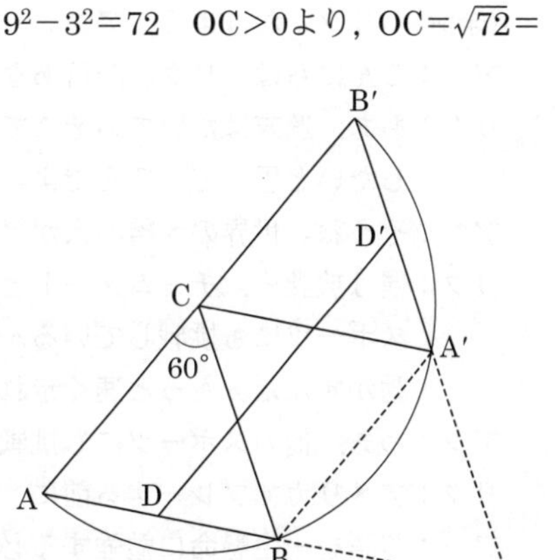

(ウ)　右図の側面の展開図で，点Eは直線ABと直線A′B′の交点であり，求める線の長さは，線分DD′の長さに等し

い。ここで，側面のおうぎ形の中心角の大きさは(イ)より120°だから，$\angle ACB=\angle BCA'=\angle A'CB'=60^\circ$　また，$AC=BC=A'C=B'C$より，$\triangle ABC$，$\triangle BA'C$，$\triangle A'B'C$，$\triangle EA'B$はすべて合同な正三角形である。これより，$\triangle ED'D$は正三角形だから，$DD'=ED=9+\frac{9}{2}=\frac{27}{2}$(cm)

＜英語解答＞

問1　(ア)　No. 1　3　　No. 2　2　　No. 3　4　　(イ)　No. 1　1　　No. 2　3
(ウ)　No. 1　5　　No. 2　(例)science

問2　(ア)　(例)famous　　(イ)　(例)swimming　　(ウ)　(例)language

問3　(ア)　2　　(イ)　1　　(ウ)　3　　(エ)　4

問4　(ア)　(3番目)　1　　(5番目)　3　　(イ)　(3番目)　6　　(5番目)　2
(ウ)　(3番目)　5　　(5番目)　4　　(エ)　(3番目)　4　　(5番目)　1

問5　(例)How many students watch movies (with their families at home on weekends?)

問6　(ア)　6　　(イ)　2　　(ウ)　4

問7　(ア)　4　　(イ)　5

問8　(ア)　3　　(イ)　1　　(ウ)　2

＜英語解説＞

☆問1　(リスニング)

放送台本の和訳は，78ページに掲載。

(ア)，(イ)　対話文の内容を聞き取って，応答力や理解力が試された。

(ウ)　No. 1は，英文を聞きながら，メモの中の空所に入るふさわしい語を選択する問題。正確に情報を聞き取れたかが試された。

No. 2は，放送された英文内容をふまえて，英文メッセージの空所に，適語を書く問題。ふさわしい単語のスペリングを正しく書けるかが問われた。

☆問2　(語句の問題：形容詞，動名詞，名詞)

(全訳)　リク：おはよう，アン。

アン：こんにちは，リク。昨日あなたを公園で見かけたわ。

リク：ああ，週末はたいていそこで走っているんだ。いつかアメリカ合衆国でバスケットボールをしたいと思っているんだよ。アメリカにはたくさんの有名なチームがあるね。

アン：そうね。世界の大勢の人がアメリカのバスケットボールチームについて知っているわ。

リク：僕は放課後，チームメートとバスケの練習をしているんだ。バスケが上手になるように他のスポーツにも挑戦しているんだ。例えば，泳ぐのがお気に入りだよ。水の中で足をいっぱい動かすんだ。もっと速く走れるようになりたいからね。

アン：わあ，他のスポーツにも挑戦しているんだ！　興味深いわ。

リク：アメリカでプレーする前に，僕は何をする必要があるかな，アン？

アン：英語を一生懸命に勉強する必要があると思うわ。アメリカでは，一つのチームに，異なる国から来る人たちが一緒にプレーするわね。

リク：なるほど。英語は，チーム全員が話す言語なんだよね。
アン：その通り。バスケの上手な選手になれるといいわね。
日本語訳はないので，**話の展開を押さえて**ふさわしい単語を書く必要がある。
(ア)　全訳参照。形容詞 famous「有名な」。
(イ)　全訳参照。動名詞 swimming「泳ぐこと」。＜like＋動名詞…＞「…することが好きだ」
(ウ)　全訳参照。名詞 language「言語」

問3 (語句補充・選択問題：疑問詞，動詞，時制，現在完了形)

(ア)「あなたは朝食に，ご飯とパンのどちらを食べますか？」文末の 'rice or bread' がヒント。どちらなのかを尋ねていると判断する。**＜Which＋疑問文の語順, A or B?＞**

(イ)「駅の近くの新しい図書館は立派に見える」。 The new library(新しい図書館)←near the station(駅の近くの)までが，主語の働きをする語句のまとまり。**＜look(s)＋形容詞＞「～に見える」**。

(ウ)「彼女は学校に到着したとき，冷たい水を飲んだ」。**接続詞when以下の部分の時制が過去形であることに着目する**。drinkの過去形は，不規則動詞のdrank。

(エ)「私の祖父は大阪に住んでいて，私は彼に2か月間会っていない」。**for two months(2か月間)とあるので**，現在完了形＜have＋過去分詞＞の継続用法「(ずっと)～している」がふさわしいと判断する。

☆問4 (語句の並べ換え問題：最上級best，分詞の形容詞的用法，受け身，不定詞)

(ア)　(Who is) the best tennis player of (the five ?)「その5人の中でテニスが一番上手なのはだれですか？」比較の最上級。**＜of＋複数名詞＞「～の中で」**。　最上級は，昨年に続いての出題。

(イ)　(Do you know the) girl playing the guitar and (singing over there?)「あそこでギターをひいて歌っている女の子をあなたは知っていますか？」 **現在分詞(～ing)の形容詞的用法　＜A(説明したい名詞)＋～ing ＋語句＞「～しているA(名詞)」**。playing the guitarのまとまりと，singing over thereのまとまりが共に，名詞girlを後ろから説明。

(ウ)　(Because it) is written through the eyes (of a little dog.)「なぜならその本が子犬の目を通して書かれているからです」 **受け身形。＜be動詞＋過去分詞…＞「…されている」**。through the eyes of～「～の目を通して」。

(エ)　(Do you) want me to open that (door?)「あのドアを開けましょうか[開けてほしいですか]？」 **不定詞＜want＋人＋to＋動詞の原形…＞「人に…してほしい」**。

☆問5 (条件英作文：疑問詞how many＋名詞)

(全訳)　A：スミス先生はクラス全員に,「週末，家で家族と何をしますか？」と尋ねた。トモヤは,「家族と一緒に昼食を作ります」と答えた。
B：帰宅後，トモヤは妹のエミに，自分の友だちの答えについて話した。トモヤは,「一番多かった答えはテレビを見ることだったよ」と言った。エミは,「何人の生徒が週末に，自分の家族とテレビを見るの？」と尋ねた。
C：「15人の生徒だよ」とトモヤは答えた。彼はまた,「僕もそうしてみたいな」と言った。エミは,「いいわよ。今度の週末にそうしましょうよ」と言った。
全訳参照。**空所の前後の文脈**を正確にとらえよう。Cの絵でトモヤが返答している部分が**最大の**

ヒント。＜条件＞①も大きなヒント。studentsという複数名詞と，watchという動詞の原形を必ず用いなければいけない。上記の全訳も参考に、以下の**2つのポイント**を意識しよう。

① トモヤの返答が，"Fifteen students."と具体的な人数であることを踏まえ，「何人の生徒が…？」という**疑問文**にする。

② 提示されている＜条件＞を落とさずに，質問文を考える。**1つ目の指定語：**'students' →＜How many students。←主語のまとまりとすることに注意。その後ろに，2つ目の指定語である'watch'（動詞）を続ける。

問6 （読解問題・スピーチ：文の挿入，語句補充，内容真偽）

（全訳） こんにちは，みなさん。ハナコです。今日私は，食品廃棄物についてお話しします。まだ食べられる多くの食べ物が，コンビニエンスストアで毎日捨てられています。私はそのことを知ったとき悲しくなりました。

今年の正月，私は家族と祖母の家を訪れました。父の兄とその家族もそこにいました。私たちはスペシャルディナーを一緒に楽しみました。すべての食べ物を食べることはできませんでした。祖母は私に言いました，「①C 食卓にはたくさんの残ってしまった食べ物があるわ。ハナコ，家に持って行って明日食べて」。 私は，「ありがとう」言い，その食べ物を家に持ってかえりました。次の日，家族とそれを食べました。残り物の食べ物を捨てなかったのでうれしかったです。

先週テレビで，食品廃棄物について学びました。世界には約10億の飢えた人がいます。世界で作られる食物の30パーセント以上が捨てられています。世界の飢えた人を助けるために食品廃棄物の問題についてもっと学びたいと思いました。

食品廃棄物は日本でも問題になっています。私たちはそれを解決しなければなりません。2015年において，日本の一人当たりの食品廃棄物の量は約51キログラムでした。私たちの国の食品廃棄物を減らすべきです。私たちには何ができるでしょうか？ このグラフを見てください。

[グラフ]

このグラフは2019年に，家庭での食品廃棄を減らすために日本の3,000人が何をしたのかを示しています。67.4パーセントの人が ②B 自分の皿の食べ物を残さなかったと答えています。全員が今日，このことから始められると思います。では他の回答を見てみましょう。約45パーセントの人が家庭で，食べ物を保存するために冷凍庫を使いました。約40パーセントの人は，食べられる量の食べ物だけを作ったと言っています。27.7パーセントの人は，冷蔵庫の中に何が入っているのかを知っておくことが大切だと言いました。それはいい考えだと私は思います。私は毎日，冷蔵庫にどんな食品が入っているかを調べてそれを冷蔵庫の扉に書くことを始めました。私たちがより良い方法で，家の食べ物を食べ，保存し，そして料理するなら，食品廃棄物を減らせるでしょう。

食べ物の買い方も知っておかなければなりません。スーパーマーケットにある食べ物は多過ぎです。小売業者は店にたくさんの食品をとっておきます。彼らは私たちにいつでも ③A 私たちが欲しい食品を提供することが重要だと考えているからです。小売業者がそのように考えることは止めるべきだと私は思います。彼らに変わるようにたのむ前に，私たちが今変わるべきです。より良い方法で食べ物を買うべきなのです。例えば，自分の買いたい食べ物が見つからなければ，私は次回それを探すことにします。2，3日待つべきなのです。小売業者がその食べ物を再び手に入れたときにそれを買うことができるかもしれません。彼らは店に蓄えておく食物の量を減らすべきです。

あなたは，世界中の食品廃棄物の問題を解決することはできないと言うかもしれません。でも私はできると思います。私たちに努力できる，新たなアイデアを見つけることが私たちにとって大切なのです。

(ア)　上記全訳参照。　空所①　直後の文の代名詞，it(それを)が指すものを考える。

空所②　グラフ上の67.4パーセントは，「皿の上の食べ物はすべて食べる」という人。空所②の直前の動詞leave(～を残す)という動詞に注意を払って，ふさわしい選択肢を選ぼう。

空所③　空所前後の内容から，小売業者が重要だと考えていることは？と考えよう。

(イ)　上記全訳を参照し，話の展開を確認しよう。

(ウ)　a.　ハナコは，もし人々が食品廃棄物を減らしたいのであればコンビニエンスストアで食べ物を買うべきではないと言っている。(×)　b.　ハナコは祖母の家で，そして自宅においても，特別な夕食で出された料理を食べた。(○)　第2段落3文目および，後ろから2文目を参照。

c.　ハナコは，2015年の世界の一人当たりで廃棄された食べ物の量は51キログラムであると言っている。(×)　d.　グラフは，30パーセント以上の人が残りものから新しい料理を作るということを示している。(×)　e.　ハナコは，世界の飢えている人に送るために，冷蔵庫の中の食品を調べることを始めた。(×)　f.　ハナコは，人々が食品の買い方を変えれば，どのくらいの食品を店に保管しておくかに関して小売業者は変わるだろうと考えている。(○)　最後から2段落目4文目から6文目を参照。

問7　(読解問題：英問英答，絵・図・表・グラフなどを用いた問題)

(ア)　(全訳)　*ヒロトはカモメ駅でボランティアとして働いている。彼は，カモメ市を訪れる人々の手伝いをしている。エミリーはオーストラリアから来た旅行者である。彼女は今，ヒロトと話している。*

エミリー：すみません。お昼ご飯を食べてから，市立博物館に行きたいのですが。

ヒロト　：わかりました。何を食べたいですか？

エミリー：和食が食べたいです。

ヒロト　：お寿司はいかがですか？　博物館の近くに，おいしい寿司レストランがありますよ。

エミリー：いいですね。食べてみたいです。そこへの行き方を教えてください。

ヒロト　：えーと，向こうにギタースクールが見えますか？

エミリー：はい，ここから見えます。

ヒロト　：ギタースクールまで歩いて，そこで右に曲がってください。病院の隣にケーキ屋さんがあります。そのケーキ屋さんのところで左に曲がってください。レストランは右側にあります。

エミリー：わかりました。そして昼食の後，どうやって市立博物館へ行けばいいですか？

ヒロト　：レストランのそばに橋があります。博物館は，その橋を越えてから左側にありますよ。

エミリー：ありがとうございます。それから，オーストラリアにいる家族にカモメ市の特産品を買いたいと思っています。

ヒロト　：ギタースクールの隣の店で，ご家族のための素敵なものを手に入れることができますよ。

エミリー：なるほど。では博物館のあとにそこへ行ってみます。どうもありがとうございました。

ヒロト　：どういたしまして。素敵な一日を過ごしてください！

質問：「エミリーは，地図上のどの場所を訪れる予定ですか？」

上記全訳を参照。(オ)　ヒロトの4番目の発言を参照。　(ア)　ヒロトの5番目の発言を参照。

(カ)　ヒロトの6番目の発言を参照。

(イ)　ユミコは将来，プロのサッカー選手になりたいと思っている。彼女はインターネットで，彼女の好きなサッカー選手，カナガワ タロウに関する記事と表を見ている。

（記事全訳）

カナガワ タロウは9歳のときに，あるチームでサッカーを始めた。彼のチームには偉大なコーチがいた。タロウは友だちとサッカーを楽しんだ。彼の夢は将来，子どもたちにサッカーを教えることだった。高校3年生の時，彼は市の高校生のベストプレーヤーに選ばれた。23歳のとき，プロ選手となり，カモメビクトリーズでプレーし始めた。彼はチームの人気選手となった。日本代表のチームでプレーをした。1999年に彼の娘が生まれた。32歳のとき，プロ選手としての最後の試合に出場した。同じ年，息子が生まれた。2年後，彼の夢が実現した。彼が教えたチームの子供たちはサッカーが好きだった。今年の3月，彼の息子もまたカモメビクトリーズに加入した。タロウは今年の5月，サッカーの教え方に関する本を書いた。

2020年7月8日

質問：「2003年のタロウの人生における出来事はどれですか？」

5　彼はサッカーのコーチになった。

記事本文第2文，および第10文，第12文を参照。「彼が32歳のとき」＝ Chart（表）の2001年，「彼はプロの選手として試合に出るのをやめた」。その2年後（つまり2003年）に彼の夢（サッカーのコーチになること）が実現した。

問8　（会話文読解問題：絵・図・表などを用いた問題，語句の解釈，内容真偽）

（全訳）　*ナオト，サオリ，そしてミカはカモメ高校の生徒である。彼らは放課後，教室で話している。そのとき，彼らの英語の先生である，グリーン先生が彼らと話す。*

グリーン先生：こんにちは，みんな。何をしているの？

ナオト　　　：こんにちは，グリーン先生。市立図書館でのボランティア活動について話しています。

サオリ　　　：今週末，市立図書館で活動する予定なんです。しなければいけない仕事が幾つかあって，一番大切なのは子供たちのためのプログラムなんです。

グリーン先生：興味深いわね。もう少し教えて。

ミカ　　　　：図書館で働く人たちは，子供はもっと本を読むべきだと考えています。

ナオト　　　：多くの子たちは，本よりもインターネットやテレビゲームが好きなんだと思います。

サオリ　　　：私もそう思います。それを変えるために毎週末，市立図書館で子供たちのためのプログラムが用意されているんです。図書館で働く皆さんは子供たちに本に関しての良い経験を与えています。

グリーン先生：彼らは何をするの？

ナオト　　　：子供たちにいくつかの物語を読んであげるんです。彼らはたくさんの子供たちが本に興味を持つことを願っています。

グリーン先生：すばらしいわ！　私が小さかったころ，母は毎晩私に物語を読んでくれたわ。幼い少女と大きな鳥の物語が大好きだった。

サオリ　　　：私の父もそれを私に読んでくれました！

ミカ　　　　：私たちは午前9時から午後3時まで働く予定です。私たちの大切な仕事は子供たちに物語を読むことですが，やるべきことはもっとたくさんあります。①この予定表を見てください。

グリーン先生：わあ，1日でやらなければいけないことがたくさんあるのね！　図書館の掃除でその日が始まって，最後の仕事は，本棚に本を戻すことね。

ナオト　　　：はい。昼食前に，人々がカウンターで戻す本を私たちは回収します。

グリーン先生：なるほど。あなたたちが話していたプログラムはいつ始まるの？

ミカ：図書館の掃除の後です。

グリーン先生：じゃあ，昼食後のそのプログラムについて教えて。

サオリ：親のための朗読の授業です。図書館の職員の方たちが子供たちと一緒に本を読む良い方法を教えます。

ナオト：図書館は本を読むためだけの場所と私は思っていましたが，今では図書館が，他の人と一緒に読書を楽しむ方法を学ぶ場所でもあることが分かりました。図書館でたくさんの経験をすることができます。

ミカ：私もそう思います。

グリーン先生：素晴らしいわね！　図書館にはいつ行くの？

サオリ：土曜日に行きます。

グリーン先生：楽しんでね。後でまた教えてね。

翌週，3人の生徒は職員室へ行き，グリーン先生と話す。

ナオト：こんにちは，グリーン先生。私たちは図書館で楽しい時を過ごしました。

ミカ：今週末も図書館に行く予定です。待ち遠しいです！

サオリ：先週末に経験したことはすばらしいものでした。

ミカ：午前中は小学校のイベントがあったので，図書館の予定表は変更されました。

グリーン先生：あら，そうだったんだ。予定表はどんなふうに変わったの？

サオリ：これが②新しい予定表です。最初に図書館を掃除しました。それから，親のためのプログラムを見ました。とても興味深かったです。

グリーン先生：返却された本を回収することもしなければいけなかったわよね？

ミカ：はい，私たちのプログラムの前にそれをしました。私たちのプログラムは午後2時に始まりました。子供たちに3つの物語を読みました。

ナオト：そして，昼食前に本棚へ本を戻しました。私たちはとても楽しい時を過ごしました，グリーン先生。

グリーン先生：それは良かったわ。一番楽しかったのは何？

ナオト：子供たちに読んであげるのは本当に楽しかったです。

サオリ：私もそれが楽しかったです。ほとんどの子供たちがうれしそうでした。

ミカ：私はあまりうまくできなかったので，少し悲しかったです。子供たちに本を読んであげるのが難しかったんです。私は読んでいるとき緊張してしまったので，子供たちの顔を見ることができませんでした。友だちと話し始める子供たちもいました。

サオリ：親のためのプログラムを通して，子供たちの顔を見ることが大事だと学んだわね？

ナオト：そうだね。僕たちが朗読しているときに顔を見ないと，子供たちはその話に興味を持たなくなってしまうんだね。

ミカ：その通りね。プログラムからそのことを学んだよね。

サオリ：今週末は，私たちはもっと上手にできると思うわ。

ミカ：そう思いたいわ。私は，「みんなは本からたくさんのことを学べますよ」と言いたかったんだけど，できなかったわ。今週末は，そう言うつもり。

ナオト：今週末に会う子供たちが僕たちと一緒に読書を楽しんでくれるといいよね。何かがうまくできなかった時には，次回，そのやり方を変えるといいよね。良くなかった点を見つけて，それから次は，異なる方法でトライできるよ。

ミカ：あなたの言う通りね，ナオト。

グリーン先生：それって，学ばなければいけない③大切なことね。
サオリ：そうですね。ボランティア活動からたくさんのことが学べますね。私は図書館で別の仕事に挑戦します。図書館の検索用のコンピューターの使い方が分からない人のお手伝いをするつもりです。
ミカ：それはいいわね，サオリ！
ナオト：次回は，君の新しい仕事について教えてよ。
サオリ：ええ，そうするわ。

（ア）①：Bの予定表
10:00 a.m.　ミカの3番目の発言参照。
11:00 a.m.　ナオトの4番目の発言参照。
1:00 p.m.　サオリの4番目の発言参照。
2:00 p.m.　グリーン先生の5番目の発言参照。
②：Xの予定表
10:00 a.m.　サオリの7番目の発言参照。
11:00 a.m.　ナオトの7番目の発言参照。
1:00 p.m.　ミカの7番目の発言参照。

（イ）1.「あなたはあなたの経験から学ぶべきです」直前のナオトの10番目の発言を参照。

（ウ）a.　子供たちは，市立図書館の週末のプログラムでよい経験ができる。(○)　サオリの2番目の発言を参照。　b.　ミカが幼い女の子のころ，寝る前によく物語を聞いた。(×)　c.　ナオトは，図書館よりも学校の方が好きだと言った。理由は，学校で他の人と本を読めるからだ。(×)　d.　ナオト，サオリ，そしてミカは土曜日，子供たちと読書を楽しむよい方法を親たちに教えた。(×)　e.　ナオト，サオリ，そしてミカは，子供たちに読んであげるときには彼らの顔を見なければいけないということを学んだ。(○)　サオリの9番目の発言，ナオトの9番目の発言を参照。　f.　グリーン先生はサオリに，図書館で新しい仕事を見つけて別の良い経験をするよう頼んだ。(×)

2021年度英語　リスニングテスト

〔放送台本〕

これから，問1のリスニングテストの放送を始めます。問題は(ア)・(イ)・(ウ)の三つに大きく分かれています。放送を聞きながらメモをとってもかまいません。

それでは，問題(ア)に入ります。問題(ア)は，No.1～No.3まであります。SarahとAkiraiが話をしています。まずSarahが話し，次にAkiraiが話し，その後も交互に話します。対話の最後でAkiraiが話す言葉のかわりに(チャイムの音)というチャイムが鳴ります。そのチャイムのところに入るAkiraiの言葉として最も適するものを，問題(ア)の指示にしたがって答えなさい。まず，問題(ア)の指示を読みなさい。それでは，始めます。対話は2回ずつ放送します。

No. 1　[Sarah:] I want to go to the city library after school, Akira. I'm going to learn about the history of our city there. Do you know where the library is?
[Akira:] Yes, Sarah. It's not near our school. It's by the hospital. It has

a lot of interesting books about our city. I like the library.

[Sarah:] That's nice! How can I get there from school?

[Akira:] （チャイム）

No. 2 [Sarah:] Akira, let's take your little brother to the zoo tomorrow.

[Akira:] Oh, but it will be rainy tomorrow. Let's visit another place.

[Sarah:] OK. Where will we go?

[Akira:] （チャイム）

No. 3 [Sarah:] I heard you got a dog. Are you happy, Akira?

[Akira:] Yes, I am. He is very cute. My grandmother gave him to me yesterday.

[Sarah:] That's wonderful! I want to meet him soon. Does he have a name?

[Akira:] （チャイム）

〔英文の訳〕

No. 1 サラ　：私は放課後に市立図書館に行きたいんだ，アキラ。この市の歴史についてそこで学ぶつもりなの。図書館がどこにあるかわかる？

アキラ：わかるよ，サラ。僕たちの学校の近くにはないよ。病院のそばにあるんだ。この市についての興味深い本がたくさんあるよ。僕は図書館が気に入っているよ。

サラ　：よかった！　学校からそこへどうやって行けばいいの？

アキラ：3　図書館へ行くのに電車を使うといいよ。

No. 2 サラ　：アキラ，明日，あなたの弟を動物園へ連れて行ってあげようよ。

アキラ：あー，でも明日は雨だよ。別の場所に行こうよ。

サラ　：オーケー。どこに行く？

アキラ：2　博物館に行くのはどうかな？

No. 3 サラ　：犬を飼うようになったそうね。うれしい，アキラ？

アキラ：うれしいよ。彼はとってもかわいいんだ。昨日，祖母が僕にくれたんだ。

サラ　：すばらしいわ！　すぐに彼に会ってみたいわ。名前はあるの？

アキラ：4　ないよ。彼を何と呼んだらいいか考えているんだ。

〔放送台本〕

次に，問題(イ)に入ります。問題(イ)は，No.1とNo.2があります。それぞれ同じ高校に通うPaulとMikiの対話を放送します。対話の内容を聞いて，問題冊子に印刷されているそれぞれの質問の答えとして最も適するものを，問題(イ)の指示にしたがって答えなさい。まず，問題(イ)の指示を読みなさい。それでは，始めます。対話は2回ずつ放送します。

No. 1 [Paul:] Miki, what is your class going to do at the school festival?

[Miki:] We are thinking about it. How about your class, Paul?

[Paul:] Our class is making a movie. My classmates and I like to watch movies. We have some good ideas for our movie.

[Miki:] That's cool! It's hard to make movies, right?

[Paul:] Yes, but it's interesting. We always talk about our ideas. I enjoy it.

[Miki:]　I hope your movie will be good. I want to watch it at the festival.

No. 2　[Paul:]　Miki, what did you do on Saturday?

[Miki:]　I went to Kamome Stadium to watch a baseball game with my family.

[Paul:]　Really? I watched that game on TV at home! There were a lot of people in the stadium, right?

[Miki:]　Yes. I enjoyed watching the game with all of the people around us.

[Paul:]　That's nice! I hope we can watch a game at the stadium together.

[Miki:]　Sure, let's do that!

〔英文の訳〕

No. 1　ポール：ミキ，あなたのクラスは文化祭で何をする予定なの？

ミキ　：考えているところなんだ。あなたのクラスはどうなの，ポール。

ポール：僕のクラスは映画を作っているんだ。クラスメートと僕は映画を見るのが好きなんだ。僕たちの映画のためのいいアイデアがあるんだよ。

ミキ　：かっこいい！　映画を作るのって大変なんでしょう？

ポール：うん，でもおもしろいよ。僕たちはいつも自分たちのアイデアについて話すんだ。楽しいよ。

ミキ　：良い映画ができるといいわね。文化祭でそれを見たいわ。

質問：ポールについて何と言えますか？

答え：1　クラスメートと映画について話すときを楽しんでいる。

No. 2　ポール：ミキ，土曜日に何をしたの？

ミキ　：家族と野球の試合を見にカモメスタジアムに行ったわ。

ポール：ほんとう？　僕は家でその試合をテレビで見たんだ！　スタジアムにはたくさんの人がいたよね？

ミキ　：そうね。私たちの周りにいた人たちみんなと試合を見て楽しんだわ。

ポール：いいね！　君といっしょにスタジアムで試合を見れたらいいな。

ミキ　：ええ，そうしましょ！

質問：ポールとミキについて何と言えますか？

答え：3　ポールとミキは土曜日に野球の試合を見た。

〔放送台本〕

最後に，問題(ウ)に入ります。問題(ウ)では，オーストラリアへの研修旅行についてのブラウン先生の説明を放送します。放送を聞き，問題(ウ)の指示にしたがって答えなさい。このあと，20秒後に放送が始まりますので，それまで問題(ウ)の指示を読みなさい。それでは，始めます。英文は2回放送します。

Hello, everyone. The school trip will start next Monday. We are going to leave Japan at seven in the evening and arrive in Australia on the morning of the next day. After we arrive, we will do some exciting things. We will go to a new art museum first, and then we will go to a large beautiful park. Please take some nice pictures in the park and show them to your families later. On

Wednesday, you will start to go to school. You will have classes for three days. On Wednesday and Thursday, all of you will study English, history, and music. On Friday, you will study one more subject together. What subject do you want to study? Let's talk about it tomorrow. We will leave Australia on Saturday morning and arrive in Japan in the evening.

これで問1のリスニングテストの放送を終わります。

〔英文の訳〕

こんにちは，みなさん。修学旅行は来週月曜からです。夜7時に日本を出発して，翌日の朝にオーストラリアに到着する予定です。到着後に，ワクワクすることをします。まず，新しくできた美術館へ行きます。それから大きくて美しい公園へ行きます。その公園で素敵な写真を撮って，後で家族に見せてあげてください。水曜日には，学校へ行き始めます。3日間の授業があります。水曜日と木曜日には，全員が英語，歴史そして音楽を勉強します。金曜日には，さらにもう一教科を一緒に勉強します。どんな科目を勉強したいですか？　明日そのことについて話し合いましょう。土曜の朝にオーストラリアを出発して，その晩に日本に到着する予定です。

No.1　上記和訳の下線部を参照。

〈メモ〉の和訳

オーストラリアへの修学旅行

- 次の①火曜日にオーストラリアに着く予定。
- 公園で②写真をとることができる。
- 学校で③4教科を勉強する。
- 土曜日に日本に到着予定。

No.2　〈メッセージ〉の和訳

やあ，リエ。僕たちは明日，オーストラリアの学校での最終日のことを話し合うよね。僕は理科を勉強したいな。オーストラリアで見ることのできる星について学びたいんだ。オーストラリアの動物についても学べるといいな。

＜理科解答＞

問1　(ア)　3　(イ)　3　(ウ)　1

問2　(ア)　4　(イ)　5　(ウ)　2

問3　(ア)　5　(イ)　3　(ウ)　4

問4　(ア)　4　(イ)　1　(ウ)　2

問5　(ア)　4　(イ)　X　90cm/s　Y　1　(ウ)　3　(エ)　あ　2
い　合力とつり合っている(からです。)

問6　(ア)　5　(イ)　1　(ウ)　(i)　2　(ii)　3　(エ)　あ　3　い　2

問7　(ア)　4　(イ)　3　(ウ)　1　(エ)　(i)　1　(ii)　4

問8　(ア)　4　(イ)　6　(ウ)　2　(エ)　5

＜理科解説＞

問1　(小問集合－電流：放電・回路の電圧と電流と抵抗・電力，光と音：凸レンズによる実像)

(ア)　蛍光板を光らせる粒子は，真空放電管の内部で－極から＋極に向かって流れている。電極板Xをその電源の＋極に，電極板Yをその電源の－極にそれぞれつないで電圧を加えると，光るすじは電極板Xの側に曲がる。このことから，蛍光板を光らせる粒子は，－の電気を帯びた電子であることがわかる。

☆　(イ)　回路Aに流れる電流$I_A=\frac{V}{R}$であるから，回路Aの電熱線の電力$a=V\times I_A=V\times\frac{V}{R}=\frac{V^2}{R}$である。回路Bに流れる電流$I_B=\frac{V}{2R}$であるから，回路Bの電熱線の電力$b=V\times I_B=V\times\frac{V}{2R}=\frac{V^2}{2R}$である。回路Cの並列回路の合成抵抗を$R_T$とすると$\frac{1}{R_T}=\frac{1}{R}+\frac{1}{R}=\frac{2}{R}$より$R_T=\frac{R}{2}$である。回路Cに流れる電流$I_C=\frac{V}{R_T}=\frac{2V}{R}$であるから，回路Cの電熱線の電力$c=V\times I_C=V\times\frac{2V}{R}=\frac{2V^2}{R}$である。よって，$b<a<c$である。

(ウ)　物体が凸レンズの焦点距離の2倍の位置にあるとき，物体と同じ大きさの上下左右が逆向きの実像が焦点距離の2倍の位置のスクリーンにはっきりとうつる。よって，この実験で用いた凸レンズの焦点距離は10cmである。焦点距離が15cmの凸レンズに取りかえて，物体と凸レンズとの距離を20cmにすると，物体が焦点距離の2倍の位置と焦点の間にあるときは，物体より大きい上下左右が逆向きの実像が焦点距離の2倍の位置より遠いスクリーンにはっきりとうつる。よって，このときの凸レンズとスクリーンとの距離は20cmより長くなる。

問2　(小問集合－状態変化，物質の成り立ち：物質の熱分解・原子と分子，化学変化：化学変化のモデル化，化学変化と電池)

(ア)　液体を加熱すると粒子の運動は激しくなり，粒子が自由に飛び回ることができるようになる。これが気体である。閉じられた空間では，液体が気体に変わるとき，物質をつくる粒子の数は変わらず，粒子どうしの間隔が大きくなるために体積はふえる。

(イ)　酸化銀の熱分解を原子と分子のモデルで表すと，(Ag)○(Ag)　(Ag)○(Ag) ⟶ (Ag)(Ag)(Ag)(Ag) ＋ ◎◎ である。よって，銀原子のカードが5枚と，酸素原子のカードが3枚必要である。モデルを化学式で表し，酸化銀の熱分解を化学反応式で表すと，$2Ag_2O \rightarrow 4Ag+O_2$である。

☆　(ウ)　電圧計の針が右にふれたことは電圧計の＋端子にオルゴールの＋極側の導線がつながっていることを示す。それは，オルゴールが鳴ったことからも確かめられる。よって，金属板①は＋極であり，金属板②は－極である。電流は＋極から－極へ流れる。電子の移動は逆向きなので，電子は導線中を金属板②から金属板①の向きに流れており，金属板①の表面ではイオンが電子を受け取る反応(たとえば，$2H^{+}+2⊖\rightarrow H_2$，のような)が起こっていたことがわかる。

問3　(小問集合－生物と細胞：顕微鏡操作，植物の特徴と分類，動物の体のつくりとはたらき：ヒトの心臓)

(ア)　顕微鏡操作では，手順①　対物レンズを最も低倍率のものにし，接眼レンズをのぞきながら反射鏡を調節して，視野が最も明るくなるようにする。　手順②　プレパラートをステージにのせ，対物レンズを横から見ながら調節ねじを回して，対物レンズとプレパラートをできるだけ近づける。　手順③　接眼レンズをのぞきながら調節ねじを回し，対物レンズとプレパラートを遠ざけながら，ピントを合わせる。

☆　(イ)　エンドウは種子植物であり，種子をつくってふえ，維管束があり，主根と側根がある。イヌワラビはシダ植物であり，胞子をつくってふえ，維管束があり，葉，茎，根の区別があり，図2

のeは，地下茎である。ゼニゴケはコケ植物であり，胞子をつくってふえ，維管束がなく，葉，茎，根の区別がなく，図3のgで，根のように見える部分は仮根とよばれ，からだを土や岩に固定させるように変形したものであり，**必要な水分などは，からだの表面全体から直接吸収**している。**シダ植物の精子がつくられるところは**葉ではなく，**前葉体**である。また，**図3のfはゼニゴケの雌株なので精子はつくられない。**

(ウ)　1　図①において，右心房が広がるとき，**右心房**には全身から戻ってきた血液が流れ込む。　2　図③において，2つの心室が縮むとき，**右心室から肺動脈に流れ出す血液には二酸化炭素が多くふくまれ，左心室から大動脈に流れ出す血液には酸素が多くふくまれる。**　3　図①と②から，心房と心室の間にある弁は，心房が広がるときには閉じており，心房が縮むときには開いている。　4　図②と③から，心室と血管の間にある弁は，心室が広がるときには閉じており，心室が縮むときには開いている。よって，4が正しい。

問4　(小問集合－地震と地球内部のはたらき，火山活動と火成岩，天体の動きと地球の自転・公転：季節による太陽の日周運動の変化)

(ア)　1　マグニチュードの値が1大きくなると，地震によって放出されるエネルギーは**約32倍**になる。　2　現在，日本における震度は，0，1，2，3，4，5弱，5強，6弱，6強，7，の**10段階**に分けられている。　3　地震が起こると，**震源では伝わる速さのちがう2種類の波が同時に発生し**，岩石の中を伝わっていく。初期微動は伝わる速さが速い波(P波)によるゆれで，主要動は伝わる速さが遅い波(S波)によるゆれである。　4　小さなゆれを観測してから大きなゆれを観測するまでの時間である初期微動継続時間は，一般的に震源から遠い場所ほど長い。

(イ)　深成岩は肉眼でも見分けられる程度の大きさの鉱物のみが組み合わさっているつくりで，等粒状組織とよばれる。その中でも花こう岩はセキエイやチョウ石のような無色や白色の鉱物を多くふくむ。

☆　(ウ)　1　春分の日には，太陽は真東から出て真西に沈むため，棒の影が時間とともにAからBに移動する。　2　**夏至の日には，太陽は東北東から出て西北西に沈むため，棒の影がCやDにできる時間帯がある。**　3　昼の12時における棒の影の長さが，観測した4日のうち，最も長いのは冬至の日である。　4　午前8時における棒の影の長さが，観測した4日のうち，最も短いのは夏至の日である。

問5　(力と物体の運動：力がはたらく物体の運動・慣性の法則，力のつり合いと合成・分解)

(ア)　記録タイマーは1秒間に50打点するため，0.1秒間に5打点する。5打点ごとに切ったテープの長さは0.1秒間の台車の移動距離であり，このときの台車の速さである。図2よりテープがしだいに長くなっているので，台車は速さが増す運動をしていたことがわかる。

☆　(イ)　④のテープが示す区間での台車の平均の速さ$[cm/s]=\frac{9.0[cm]}{0.1[s]}=90[cm/s]$である。図2のテープの長さは①から⑤まで一定の割合で増加している，つまり，**台車の速さは①から⑤まで一定の割合で増加している。**しかし，テープの長さは⑥から⑦までは増加の割合は減少している，つまり，**台車の速さは⑥から⑦までは増加の割合は減少している。**④は①から⑦までの真ん中である。よって，④のテープが示す区間での台車の平均の速さは，①から⑦までの間の平均の速さと比べて速いということがわかる。

(ウ)　おもりがいすにつく瞬間に，台車を水平方向に引く力がはたらかなくなるので，台車の速さは増加しなくなる。台車の速さは⑥の区間から増加の割合は減少している。よって，おもりがいすにつく瞬間の台車の運動が記録されたものは⑥のテープである。

★　（エ）　台車には重力，垂直抗力，糸が台車を引く力の3つの力がはたらいているが，手をはなしても台車が静止したままになっているので、糸が台車を引く力が，台車にはたらく重力と垂直抗力の合力とつり合っている。おもりを手で下向きに一瞬引くことによって，台車は斜面に沿って上向きに動き出すが，すぐに手をはなすことによって、台車には力が、はたらかなくなる。**台車にはたらく3つの力はつり合っているので、慣性の法則により，動き出した台車は斜面に沿って上向きにそのままの速さで等速直線運動を続ける。**

問6　(水溶液：溶解度の違いを利用した物質の区別・結晶の析出方法の違いと水溶液の濃度)

（ア）〔実験1〕から，30℃の水100gに対して，物質A～Dで，溶解度が最も小さい物質はホウ酸であり，グラフから約5〔g/水100g〕である。よって，物質20gを30℃の水100gに加えたとき溶け残こるのはAのホウ酸である。〔実験2〕は，〔実験1〕で30℃の水100gが入った各ビーカーに物質B～Dの20gを加えて溶かしたところに，さらにそれぞれの物質を30gずつ加えて，50gとした。30℃のとき，溶解度が50〔g/水100g〕より大きいのはDのショ糖である。

★　（イ）〔実験2〕のあとの物質Bと物質Cが入ったビーカーの水溶液がともに60℃になるまで加熱することにより区別することができる。グラフから，硝酸カリウムの場合は60℃における溶解度が約110〔g/水100g〕であり，50gのすべてが溶質となって溶けきる。塩化ナトリウムの場合は，60℃における溶解度が約38〔g/水100g〕であり，約12gが溶け残る。

☆　（ウ）　塩化ナトリウムの結晶は，写真2である。**水溶液の温度が一定の場合，溶解度も一定であるため，水100gに溶けこめる塩化ナトリウムの質量も一定である。水が蒸発して水の量が減少しても、水温が一定であるため、溶けこめなくなった塩化ナトリウムは結晶となって析出し，飽和水溶液の状態を保つ。よって，水溶液の質量パーセント濃度②の値は，ペトリ皿に入れた直後の飽和水溶液の質量パーセント濃度①の値と等しい。**

（エ）　硝酸カリウムの30℃の溶解度はグラフから約45〔g/水100g〕であり，30gのすべてが溶ける。このときの水溶液の質量パーセント濃度〔%〕＝30÷(30＋100)×100≒23〔%〕である。これを10℃まで冷却したときの溶解度はグラフから約22〔g/水100g〕であり，水溶液は飽和しているため，この水溶液の質量パーセント濃度〔%〕＝22÷(22＋100)×100≒18〔%〕である。**硝酸カリウムの30－22＝8(g)が結晶となって析出したため，冷却後の硝酸カリウム水溶液の濃度は冷却する前の濃度に比べて小さくなる。**

問7　(遺伝の規則性と遺伝子：メンデルの実験，生物の成長と生殖：減数分裂・分離の法則，植物の分類)

（ア）　アサガオは種子をつくる種子植物であり，子房の中に胚珠があるので被子植物に分類される。発芽すると2枚の子葉が出る双子葉類であり，根は主根と側根，花は合弁花である。

（イ）　**減数分裂**によって，生殖細胞である卵細胞や精細胞ができるので，卵細胞の染色体数は体細胞の2分の1であり，30÷2＝15(本)である。遺伝子の組み合わせがABである個体がつくる卵細胞は，**分離の法則**により，遺伝子Aをもつ卵細胞と遺伝子Bをもつ卵細胞に分離するので，(遺伝子Aをもつ卵細胞の数)：(遺伝子Bをもつ卵細胞の数)＝1：1である。

★　（ウ）　緑色の純系と黄緑色の純系をかけ合わせてできる種子から育てたアサガオの葉の色はすべて緑色になったことから緑色が優性形質である。緑色の純系の遺伝子CCをもつ親と，黄緑色の純系の遺伝子DDをもつ親とをかけ合わせると，子**のすべてがCDの遺伝子をもつが，Dは劣性形質なので現れず，子の「葉の色」はすべてが緑色になる。**

☆　（エ）(i)　昨年栽培したときの葉の形が並葉だった株Zから採取した種子を栽培した結果，並葉になった株と丸葉になった株があったので，昨年栽培したとき並葉であった株Zは，並葉の遺伝子と丸葉の遺伝子の両方をもつと考えられる。並葉の遺伝子をA，丸葉の遺伝子をaとすると，**遺伝子がAaの株Zの並葉が自家受粉した場合**にできる種子の子の遺伝子は，AaとAaのかけ合わせであるため，**AA：Aa：aa＝1：2：1となり，(並葉になった株)：(丸葉になった株)＝3：1となるのは並葉が優性形質の場合である。**　(ii)　(i)から，株Wの遺伝子はaa，株Xの遺伝子はAA，株Yの遺伝子はaa，株Zの遺伝子はAaである。株Wと株Xをかけ合わせると，子の遺伝子はすべてAaとなり並葉である。株Wと株Yをかけ合わせると，子の遺伝子はすべてaaとなり丸葉である。株Xと株Zをかけ合わせると，子の遺伝子はAA：Aa＝1：1となりすべて並葉である。株Yと株Zをかけ合わせると，子の遺伝子はAa：aa＝1：1となり，(並葉)：(丸葉)＝1：1である。

問8　(天気の変化：天気図と雲画像・川霧・空気中の水蒸気量，日本の気象：冬の天気)

(ア)　1月22日の天気図の低気圧から南西方向に伸びている前線は寒冷前線である。1月24日の天気図の気圧配置は，等圧線がせまい間隔で南北に走っていることから東西の気圧の差が大きいことがわかり，東の海上に大きな低気圧があるため，西高東低の気圧配置である。

★　(イ)　1月22日の天気図の雲画像は，中緯度で発生し前線をともなう温帯低気圧が発達すると，温暖前線の東側から寒冷前線の少し西側にわたって雲が発生することが多く，**雲はしだいに北側へふくらんでくる。**Cでは日本海上に，あつく雲がかかっている様子がわかる。また，温暖前線と寒冷前線にはさまれた部分にうすく雲がかかっていることからCである。1月23日の天気図の雲画像は，日本列島の東の太平洋上には寒冷前線に対応する雲があり，閉塞前線ができているので北海道の東海上の低気圧の中心が**うず状の雲**となっていること，また，北海道をはさむようにして日本海上にある低気圧にもあつく雲がかかっていることからBである。1月24日の天気図の雲画像は，**日本海上と太平洋上に，北西の季節風に沿ったすじ状の雲が見られること，東北地方の日本海側に雪を降らせる雲があつくかかっていること**からAである。

(ウ)　1月23日の早朝に川霧が発生したしくみは次の通り。川の水温は気温に比べて高く，水面付近の空気がふくむ水蒸気量は多かったといえる。その空気の温度が下がり，露点を下回って水蒸気の一部が凝結して水滴になり，川霧が発生したと考えられる。

☆　(エ)　**川霧が消えた朝8時の空気中にふくまれていた水蒸気量aは，グラフから，川霧が消えた3.1℃のときの空気1m^3あたりの飽和水蒸気量〔g〕**で，約6.0gである。同じ日の昼の12時の気温9.3℃，湿度50％における空気1m^3あたりの水蒸気量bは，約9.0(g)×0.5＝約4.5(g)である。よって，a：b＝約6.0(g)：約4.5(g)≒4：3である。

<社会解答>

問1　(ア)　3　(イ)　2　(ウ)　1　(エ)　大西洋　(オ)　4
問2　(ア)　3　(イ)　2　(ウ)　カルデラ　(エ)　1　(オ)　4
問3　(ア)　2　(イ)　3　(ウ)　1　(エ)　6　(オ)　4
問4　(ア)　1　(イ)　2　(ウ)　4　(エ)　(i)　満州　(ii)　3
問5　(ア)　節分　(イ)　い　B　う　アイヌ　(ウ)　4　(エ)　2
問6　(ア)　2　(イ)　(i)　3　(ii)　3　(ウ)　4　(エ)　1
問7　(ア)　3　(イ)　4　(ウ)　1　(エ)　(i)　内閣から独立　(ii)　A

＜社会解説＞

問1　(地理的分野－世界地図・産業・宗教などに関する問題)

(ア)　略地図から，経度が異なることで時差が生じることが読み取れる。地球は24時間で360度自転することから，360÷24＝15となり，**経度15度の差が時差1時間**になる。

(イ)　**バチカン市国はキリスト教のカトリックの総本山**であることから判断すれば良い。また，キリスト教では**日曜日は安息日**であり，仕事はしないで**教会に礼拝に行く**こととされている。

(ウ)　**ロシアの面積は世界最大**で，日本の約45倍にあたる，**約17130000km^2**であることから，aは正しい。**世界で最も人口が多い**のは，**2020年現在で14億3565万人の人口を抱える中国**であることから，bは誤りである。ロシアからのパイプラインで供給される天然ガスは，ヨーロッパ諸国にとって重要なエネルギー供給源となっていることから，cは正しい。パソコンの出荷台数1位は中国のレノボが約25％を占めていることから，dは誤りである。

(エ)　**世界で2番目に広い海洋**である。

(オ)　それぞれの国の2008年の生産量に対する2018年の生産量の割合を計算すると，アメリカが1.3倍，中国が1.6倍，ブラジルが1.4倍，アルゼンチンが2.0倍となり，アルゼンチンが最も高くなっていることから，Xは誤りである。9月に収穫が盛んなアメリカ・中国の首都はいずれも北半球に位置することから，Yは誤りである。これらを併せて判断すれば良い。

問2　(地理的分野－北海道・九州を切り口にした問題)

(ア)　あ　**植物が腐らずにそのまま残っている土地**である。**シラス台地は南九州に広がる火山灰地**のことである。　い　**明治時代に北海道の警備と開拓にあたった兵士とその部隊**のことである。**防人は，律令制度下で九州の防衛を担当**した人々のことである。

(イ)　X　地図2では橋が掛かっていることが読み取れることから，Xは正しい。　Y　地図2では，川の流路がまっすぐになっていることが読み取れることから，Yは誤りである。

(ウ)　「釜」「鍋」という意味のスペイン語に由来する言葉である。北海道には，阿寒カルデラや洞爺カルデラなどがあり，九州には阿蘇カルデラなどがある。

(エ)　う　5月の降水量は140mm程度であり，6～9月は150mmを上回ることが，aからは読み取ることができる。　え　梅雨と台風の影響で初夏から初秋にかけて降水量が増えることから，aのグラフの理由は説明できる。　お　**北海道には梅雨がなく，初夏に降水量が少ない**ことから，aは福岡であることが分かる。

(オ)　九州の乳用牛の産出額は3348億円で，地方別で最も多いことが読み取れるはずである。北海道の「地方別合計」の割合は，7347÷32589×100＝22.5(％)であることから，1は誤りである。「鶏」の「品目別合計」の割合は，8999÷32589×100＝27.6(％)であることから，2は誤りである。北海道の品目の中で産出額が最も多いのは乳用牛であることから，3は誤りである。

問3　(歴史的分野－各時代の様子に関する問題)

(ア)　あ　源氏物語の作者とあることから判断できる。**清少納言は枕草子の作者**である。　い　東大寺南大門とあることから，運慶・快慶の手による金剛力士像であると判断できる。極楽浄土への生まれ変わりを願う阿弥陀如来像が造られたのは，平安時代が中心である。

(イ)　奴国王が漢から金印を授かったのは57年のことであり，日本の弥生時代にあたることから判断すれば良い。1は旧石器時代，2は縄文時代，4は奈良時代の説明である。

(ウ)　系図を見ると，二重線が婚姻関係を示していることが分かるので，Xは正しい。後一条天皇と後朱雀天皇は兄弟であることが分かるので，Yは誤りである。系図が示すものは，**藤原氏の摂**

関政治の様子であることから，aは正しい。bは院政の説明である。

（エ）　Ⅰは1467年からの応仁の乱，Ⅱは1337年からの南北朝時代，Ⅲは1159年の平治の乱のことである。

（オ）　浮世絵は江戸時代につくられたものであることから判断すれば良い。五街道は江戸時代に整備された，東海道・中山道・甲州街道・日光街道・奥州街道のことである。1は奈良時代，2は明治時代，3は室町時代のできごとである。

問4　(歴史的分野－近現代の歴史に関する問題)

（ア）　長州出身の政治家で，初代内閣総理大臣になった人物である。2は明治維新の立役者の一人であるが，征韓論が敗れた後は政府を批判する側に回り，1877年の西南戦争で自決した人物である。3は自由党，4は立憲改進党を結党した人物である。

（イ）　第1回帝国議会が1890年，関東大震災が1923年であることから判断すれば良い。1は1918年，2は1953年，3は1960年，4は1918年のことである。これらを併せて判断すれば良い。

（ウ）　サンフランシスコ平和条約が調印されたのは1951年，陸軍の青年将校による反乱である2・26事件は1936年，GHQが日本にいたのは1945年8月からであることから判断すれば良い。

（エ）　(i)　中国北東部のことである。満州国は1932年から1945年にかけて存在していた国である。(ii)　日清戦争は1894年のことであることから，Cの時期にはあてはまらない。世界恐慌は1929年のことであることから，Dの時期にあてはまる。五・四運動が起こった1919年の中国からの入国者は11000人を超えていることが読み取れることから，aは正しい。日中戦争が始まった1937年以降，1939年はアメリカからの入国者数が増えていることから，bは誤りである。

問5　(公民的分野－年中行事・地方自治・経済などに関する問題)

（ア）　春夏秋冬の各季節の始まる日の前日のことで，本来1年に4回あるが，現在では立春の前日の豆まきが年中行事の一つとして行われている。

（イ）　い　資料に「女性差別禁止」とある点から判断すれば良い。性別にかかわりなく，機会を均等にしなくてはならないということである。　う　樺太・千島列島・北海道・本州北部に居住していた民族である。

（ウ）　地方債の割合は，東京都で1.8%，日本全体では10.4%であることから，4の内容が正しいことが判断できるはずである。東京都の地方税の割合は69.4%であることから，1は誤りである。日本全体の地方公共団体の財政収入は101兆3453億円であることから，2は誤りである。地方公共団体間の財政格差をおさえるための地方交付税は東京都には交付されていないことから，3は誤りである。

（エ）　資料から，複数の企業が価格協定を結ぶことは独占禁止法に反する行為であり，市場メカニズムが正しく機能することは消費者利益の確保につながることが読み取れるはずである。

問6　(公民的分野－きまりを切口にした問題)

（ア）　合意は必ずしも全会一致である必要はないことから判断すれば良い。

（イ）　(i)　日本国憲法第96条に憲法改正の手続きが規定されていることから，Xは誤りである。日本国憲法第25条の内容から，Yは正しい。　(ii)　新規の薬局と既存の薬局とあることから，職業選択に関する内容だと判断できるはずである。

（ウ）　日本の国会は委員会主義を取っていることから，bは正しい。公職選挙法の規定により，2016年から選挙権は満18歳以上の国民とされたことから，dは正しい。政策を実施するのは内閣の仕事であることから，aは誤りである。現在の選挙権に関して，納税額の制限はないことから，cは誤りである。

（エ）　Xは第5条の内容と合致し，Yは第16条の内容に反することから判断すれば良い。地方議会は条例を定めることができるので，aは正しい。**直接請求権は地域住民に認められたもの**であることから，bは誤りである。これらを併せて判断すれば良い。

問7　(総合問題－滋賀県を切り口にした問題)

（ア）　**地形図には方位記号が描かれていないことから，地図の上が北**となる。湖西線は南北方向に走っていることになるので，Xは誤りである。八王子山の文字の下にある神社は標高300mを超えていることが分かるので，Yは正しい。これらを併せては判断すれば良い。

（イ）　**滋賀県の面積の6分の1を占める，日本最大の面積を誇る湖**である。

（ウ）　日本の歴史区分では，**中世とは鎌倉時代から安土桃山時代**であり，**近世とは江戸時代**のことである。**正長元年は1428年**であることから判断すれば良い。aは室町時代に活躍した**馬借**のことであり，bは江戸時代の**株仲間**のことである。これらを併せて判断すれば良い。

（エ）（i）**日本国憲法第76条3項**の規定である司法権の独立の内容から判断すれば良い。（ii）**日本国憲法第78条**の内容から，Aは正しい。**国民審査は最高裁判所の裁判官を辞めさせるかどうかを判断**するものであることから，Bは誤りである。

＜国語解答＞

問一　（ア）　1　あいさつ　　2　しょうあく　　3　せきべつ　　4　と(げる)
（イ）　a　2　　b　1　　c　3　　d　4　　（ウ）　1　　（エ）　4

問二　（ア）　2　　（イ）　1　　（ウ）　3　　（エ）　4

問三　（ア）　2　　（イ）　3　　（ウ）　4　　（エ）　3　　（オ）　1　　（カ）　2

問四　（ア）　3　　（イ）　1　　（ウ）　1　　（エ）　4　　（オ）　Ⅰ　知りたい情報
Ⅱ　個々の要素の位置関係　　（カ）　2　　（キ）　4　　（ク）　3

問五　（ア）　2　　（イ）　(例)(モーダルシフトを進めていくと，)エネルギー消費量が減少し，二酸化炭素排出量も減るため，環境問題の解決につながる(という効果があると考えられます。)

＜国語解説＞

問一　(知識・俳句―漢字の読み書き，品詞・用法，内容吟味)

（ア）　1「挨」も「拶」も元は押し合うという意味の漢字だが，「**挨拶**」はあいさつのことである。
2「**掌握**」は，自分の思い通りに支配すること。　3「**惜別**」は，別れをおしむこと。
4「**遂**」の音読みは「スイ」で，「未遂」「遂行」などの熟語を作る。

（イ）　各文のカタカナを漢字で書くと次のようになる。　a　**円柱**　　1　演奏　　2　**円滑**　　3　疎遠　　4　岩塩　　b　**登録**　　1　**登頂**　　2　宝刀　　3　冬眠　　4　党首　　c　**規則**　　1　観測　　2　約束　　3　**細則**　　4　休息　　d　**納める**　　1　修復　　2　給油　　3　欠席　　4　**納豆**

（ウ）「すでに」の「に」は**副詞の一部**。1「特に」は副詞の一部，2「穏やかに」は形容動詞の連用形の活用語尾，3「景色に」は助詞，4「寒いのに」は助詞「のに」の一部なので，正解は1。

(エ)　この俳句では，「**空**」と「**書斎**」が対比されている。書斎が「ひくゝあり」とあるので，「空」の高さが想起される。また，空にいる「**鵙**」と対比されるものとして書斎にいる**筆者自身**が意識される。句の最後には「思ふ」が用いられている。このことを説明している4が正解。1は，鵙が「書斎」で鳴くとしている点が誤り。2は，筆者が「書斎から出て」としている点が誤り。3は，「明るい将来への希望」が俳句から読み取れないので，不適切である。

問二　(古文―情景・心情，内容吟味)

〈口語訳〉　尼は悲しみ嘆いて，力の及ぶ限りあちこち探したが，見つけることができない。そこでこのことを嘆き悲しんで，(せめて)放生を行おうと思って，摂津の国の難波のあたりに行った。河のあたりを歩き回っていると，市から帰ってくる人が多い。見ると，(誰かが)背負っていた箱を木の上に置いていた。持ち主は見当たらない。尼が聞くと，この箱の中でいろいろな生き物の声がする。これは鳥・獣・虫の類を入れているのだなあと思って，絶対にこの箱を買って(中の生き物を)放そうと思って，しばらくそこに留まって箱の持ち主が来るのを待つ。

かなり長い時間が経って箱の持ち主が来た。尼がこの人に会って言うことには，「この箱の中でいろいろな生き物の声がします。私は放生のために来ました。これを買おうと思ったのであなたを待っていたのです。」と。箱の持ち主が答えて言うことには，「これはまったく生き物を入れたものではない。」と。尼がそれでも強くこれを求めると，箱の持ち主は，「生き物ではない」と言い争う。そのときに市から来た人たちが集まってきて，この事情を聞いて言うことには，「早く箱を開けて，どちらが嘘か本当かを見なさい」と言う。ところが，箱の持ち主はほんの少しの間立ち去るようにして，箱を捨てていなくなった。探そうとしても行方がわからない。なんと逃げてしまったのだということがわかって，その後，箱を開けて(中を)見ると，中に盗まれた絵仏の像がいらっしゃる。尼はこれを見て，涙を流して喜び感激して，市の人たちに向かって言うことには，「私は，以前この仏の像を失って，昼も夜も探して恋い慕っておりましたが，今思いがけずお会いいたしました。うれしいなあ。」と。市の人たちはこれを聞いて，尼をほめたたえ，箱の持ち主が逃げたことを当然だと思って非難した。尼はこれを喜んで，いっそう放生を行って帰った。仏を元の寺にお連れ申し上げて，安置し申し上げた。

これを思うと，仏が，箱の中にいて音を出して尼に聞かせなさったことが，しみじみと感慨深く尊いことである。

(ア)　リード文と本文に「**絵仏は盗まれてしまった**」，「**たづね得ることなし**」(見つけることができない)，「**放生を行ぜむと思ひて**」(放生を行おうと思って)，「**生類の音あり**」(生き物の声がする)とある。これと合致するのは2。1は，放生を思いつくことと箱の発見の順序が逆になっている。生き物の入った箱は木の上にあり，売られてはいなかったので，3は誤り。4は「放生を行いながら歩いていた」が不適当である。

(イ)　「尼」と「箱の主」が「**箱の中に生き物が入っているか**」ということで言い争っていたので，周囲の人たちは「箱を開けてみればわかる」と考えたのである。正解は1。2と3は，「箱の主」が生き物が入っていると認めているので誤り。「箱の主」は「何も入っていない」とは言っていないので，4は不適当である。

(ウ)　箱の中身は，盗まれた絵仏であった。「市人等」が**絵仏を探し続けた「尼」**をほめたたえ，**絵仏を盗んだ「箱の主」**を非難したことを説明する3が正解。1は，「放生に参加せず」が不適当。「箱の主」は悪事の発覚を恐れて逃亡したのである。2は「悪事を働いたことを悔やんだ」が本文にない内容。4は「必要以上に生き物を捕らえていた」が誤りである。

(エ) 1は，「尼」の放生は「仏」が応えてくれることを期待した行動ではないので誤り。2は，「放生を行うことの大切さを説いた」が，本文にない内容。3は，「箱の主」は絵仏が見つかる前に逃亡しているので誤り。4は，「**仏の，箱の中にして音を出だして**」「**尼～放生を行ひて**」「**仏をば～安置したてまつりけり**」と一致するので，正解である。

問三 （小説－情景・心情，内容吟味，その他）

(ア) 「弥兵衛」は，茶屋や屋台の人々が花火のための資金援助をしてくれないことについて，「鍵屋の皆」と同様「**何で分からんかねえ**」と思っていたが，次第に「**自分は，何か見落としていないか**」と思うようになった。このことを説明した2が正解。この時点ではまだ，1のように自分たちが「身勝手なのではないか」とまでは考えていない。3は，「茶屋や屋台の人々」を「口汚く罵ってしまった」を「弥兵衛」の説明としている点が不適当。「鍵屋の皆」が仕事場で不平不満を言っている。4は「今のご時世が悪いからには違いあるまい」と矛盾するので，誤りである。

(イ) 「元太」は世のために花火を打ち上げることは「**正しい**」ことで，そのために茶屋や屋台の人々が資金を出すのは当然だと考え，その考えは「**鍵屋の皆」が共有しているはず**だと信じていた。しかし，ベテランの「市兵衛」は「元太」をたしなめて仕事をするように促す。「元太」は，口では「市兵衛」が「正しい」と言っているが，納得したわけではない。正解は3である。1は，「『鍵屋』の利益にしか興味がない『市兵衛』」が不適当。「市兵衛」は後の場面で利益を度外視した「弥兵衛」の決断を認めている。2は「感動」「自分たちの考え方が間違っていることが分かった」が誤り。4は，「市兵衛」は「元太」に仕事をするように言っており，「『弥兵衛』の素晴らしさ」を訴えたことを批判したのではないので，誤りである。

(ウ) 「弥兵衛」が「**あたしは，本当に正しいんですかね**」と言うと，「市兵衛」の気配が変わった。「市兵衛」は，それまでの「弥兵衛」たちの振る舞いを苦々しく思っていたが，ここで「弥兵衛」の視点が変わったことを感じたのである。そして，わずかな表情の変化で「弥兵衛」の思考の方向が自分の意にかなったものであることを伝え，もう「弥兵衛」に任せても大丈夫だと判断すると具体的なことは何も言わずにその場を去る。教えすぎずに**自分で答えを見つけさせる**のが「年の功」なのである。正解は4。1は，「寂しさ」が誤り。「市兵衛」は「弥兵衛」を信頼している。2は「自分の考えは～受け入れがたいのだ」が不適当。「市兵衛」は「弥兵衛」が答えを見つけたと手ごたえを感じている。3の説明は，「市兵衛」が「弥兵衛」を積極的に導こうとしていることになるので，誤りである。

(エ) 「**飢饉の影響を受けている江戸の町や人々を活気づける**」という目的は正しいが，自分の考えを他の人たちに**押し付ける**という手段は間違っていたのである。これと同じことを説明した3が正解。「弥兵衛」たちは「具体策」を考えていたし，「自らの考えを言葉にして」伝えていたので，1と2は誤り。4は手段が目的として示されている点が不適当。また，「人々をまとめる力」は，本文にない内容である。

(オ) 「弥兵衛」の決断は，「鍵屋」の今後の経営を揺るがしかねないものであった。「市兵衛」はその点を「弥兵衛」に確認して**覚悟を促す**が，「穏やかな声」であったことから「**市兵衛」がその決断を支持しようとしている**ことがわかる。1が正解である。2は，「考えの甘さをたしなめるように」が不適当。3は，「ひとりでもできること」が文脈と合わない。「弥兵衛」たちは盛大に花火を打ち上げようとしているので，4の「花火を作る姿を示す」は不適当である。

(カ) 1は「感謝の念」が文脈から外れている。また，「多彩な比喩」は，この文章の特徴とは言えない。2は，「弥兵衛」が「正しさ」について思いをめぐらし，**他の人のことも配慮しつつ，花火を打ち上げる決意を新たにする**という本文の内容と合致するので，これが正解。この文章は

「弥兵衛」の視点から描いているので，3は誤り。4は，「『弥兵衛』と『市兵衛』が，お互いの本音を打ち明けて話し合う」「回想」が本文にない場面なので，誤りである。

問四 (論説文－内容吟味，文脈把握，接続語の問題)

(ア) Aは，前の「インターネット検索は知りたい情報を瞬時に得ることができる」ということに，後の「AIは，何を探しているかわからなくても必要な情報を探してくれるかもしれない」ということを付け加えているので，**「さらに」**が入る。Bは，前のネットと読書の情報検索についての比較を根拠として後の内容を導いているので，**「したがって」**が入る。両方を満たす3が正解となる。

(イ) 筆者は，レポートや記事を書く際の考え方について，①**文献**を調べ現場で取材すべき，②**ネット検索**で得た情報を認めるべき，③書物でもネットの情報でも**差はない**，の3つを紹介している。これを過不足なく説明した1が正解。2は本文の3つの考え方が紹介されていない。3は①の要素が欠けている。4は①と②を両方使うという考え方であり，筆者が紹介したものと合わないので，不適当である。

(ウ) 「相対的に正しい」は，絶対に正しいという保証はないが，チェックしている人が多いから**間違いが少なくなっているだろう**，ということである。**「ある程度の正しさ」**と説明する1が正解。本と比較して正しいということではないので，2は不適当。3は，ネットの情報は「専門家の知恵が集結しやすい」とは限らず，「普遍的な正しさが保証されている」とは言えないので，不適当。4は，「誰にでも正しさの判断が可能」とは言えず，判断できてもそれが情報の正しさの根拠とはならないので，誤りである。

(エ) 傍線部3直後の「その**情報が，既存の情報や知識と結びついて～知識の一部となる**」を言い換えた4が正解。1と2は「体系」が説明されていないので不適当，3は「体系」を否定しているので誤りである。

(オ) 指定された範囲の最初の一文に「インターネット検索の場合，社会的に蓄積されてきた知識の構造やその中での**個々の要素の位置関係**など知らなくても，つまり樹木の幹と枝の関係など何もわからなくても，**知りたい情報**を瞬時に得ることができる」とある。裏返せば，知りたい情報だけを得ようとしていると，個々の要素の位置関係はわからないままになってしまうということである。

(カ) 傍線部5の後の文に「重要なのは～**著者がそれらの記述をどのように結びつけ，いかなる論理に基づいて全体の論述に展開しているのか**を読みながら見つけ出していくこと」とある。「著者独自の論理展開を読み解くことこそが大切」と説明する2が正解となる。1は読者が「独創的な結論を導き出す」ことになるので誤り。3は，「著者の論述」を「自らの考え」と結びつけるという点が不適当。4は「表現技法を知る」ことを重視しているので，誤りである。

(キ) 筆者が傍線部6の後で述べている**「もっと興味深い事例」**の発見や，「**関連**するいろいろな本」との出会いと重なる4が正解。1の「見当外れな情報」の「関係性を推察」することや，2の「難解な知識」の習得，3の「無関係な複数の事例の収集」は，本文の内容から外れている。

(ク) 1は，「ネットに依存する危険性」が本文にない内容。2は，「検索システムを用いずに得られる知識の有用性」の「具体例」にあたる内容が本文にない。3は，本は著者が，ネットはみんなが共有して**責任**を負うことを述べ，**情報と知識の質的な違い**を述べたあと，**読書は知識を構造化**し，ネット検索は知識を断片化することを述べている本文の内容と合致する。4は，情報の責任についても知識についても触れていないので，内容として不十分である。

☆問五　(話し合い―脱文・脱語補充，その他)

(ア)　1の平成30年度の「総輸送量」は平成5年度の約74％で，3分の2以上なので誤り。2の平成30年度の「総輸送量」に占める「自動車」の割合は約92％で，**9割以上**なので正しい。3の平成30年度の「鉄道」の輸送量は「船舶」の約12％で，10分の1以上である。4の平成30年度の「航空」の輸送量は平成5年度より増えているので，誤りである。

(イ)　「モーダルシフト」は，Aさんの言葉にあるように，「ある輸送方式を他の輸送方式に転換すること」である。グラフ1からは輸送方式を航空や自家用貨物自動車から営業用貨物自動車・船舶・鉄道に転換すると**エネルギー消費量が減少する**ことがわかり，グラフ2からは輸送方式を貨物自動車から船舶・鉄道に転換すると**二酸化炭素排出量が減少する**ことがわかる。Bさんの言葉に「二酸化炭素は，地球温暖化や，異常気象の発生といった問題の要因」とあるので，モーダルシフトを進めることは**環境問題の解決につながる**と考えられる。この内容を，「環境問題」という語句を必ず用いて，前後の語句につながるように30～40字でまとめる。書いたら必ず読み返して，誤字・脱字や表現の不自然なところは改めること。

神奈川県公立高等学校

2020年度

入 試 問 題

●くわしい解説……65ページ

＜数学＞

時間　50分　　満点　100点

【注意】 1　答えに無理数が含まれるときは，無理数のままにしておきなさい。根号が含まれるときは，根号の中は最も小さい自然数にしなさい。また，分母に根号が含まれるときは，分母に根号を含まない形にしなさい。

2　答えが分数になるとき，約分できる場合は約分しなさい。

問1　次の計算をした結果として正しいものを，それぞれあとの1～4の中から1つ選び，その番号を答えなさい。

(ア)　$2-(-9)$

1. -11　　2. -7　　3. 7　　4. 11

(イ)　$52a^2b\div(-4a)$

1. $-26b$　　2. $-13ab$　　3. $13ab$　　4. $26b$

(ウ)　$\sqrt{28}+\dfrac{49}{\sqrt{7}}$

1. $8\sqrt{7}$　　2. $9\sqrt{7}$　　3. $10\sqrt{7}$　　4. $11\sqrt{7}$

(エ)　$\dfrac{3x-y}{3}-\dfrac{x-2y}{4}$

1. $\dfrac{3x+2y}{4}$　　2. $\dfrac{9x+y}{6}$　　3. $\dfrac{9x-10y}{12}$　　4. $\dfrac{9x+2y}{12}$

(オ)　$(\sqrt{2}+1)^2-5(\sqrt{2}+1)+4$

1. $2-3\sqrt{2}$　　2. $8-3\sqrt{2}$　　3. $2+3\sqrt{2}$　　4. $12-3\sqrt{2}$

問2　次の問いに対する答えとして正しいものを，それぞれあとの1～4の中から1つ選び，その番号を答えなさい。

(ア)　連立方程式 $\begin{cases} ax+by=10 \\ bx-ay=5 \end{cases}$ の解が $x=2$，$y=1$ であるとき，a，b の値を求めなさい。

1. $a=1$，$b=8$　　2. $a=3$，$b=4$　　3. $a=3$，$b=16$　　4. $a=7$，$b=4$

(イ)　2次方程式 $x^2-5x-3=0$ を解きなさい。

1. $x=\dfrac{-5\pm\sqrt{13}}{2}$　　2. $x=\dfrac{-5\pm\sqrt{37}}{2}$　　3. $x=\dfrac{5\pm\sqrt{13}}{2}$　　4. $x=\dfrac{5\pm\sqrt{37}}{2}$

(ウ)　関数 $y=-\dfrac{1}{3}x^2$ について，x の値が3から6まで増加するときの変化の割合を求めなさい。

1. -9　　2. -3　　3. 3　　4. 9

(エ) ある動物園では，大人１人の入園料が子ども１人の入園料より600円高い。大人１人の入園料と子ども１人の入園料の比が５：２であるとき，子ども１人の入園料を求めなさい。

1. 400円　　2. 600円　　3. 800円　　4. 1000円

(オ) $\dfrac{5880}{n}$が自然数の平方となるような，最も小さい自然数 n の値を求めなさい。

1. $n=6$　　2. $n=10$　　3. $n=30$　　4. $n=210$

(カ) 右の図において，線分ABは円Oの直径であり，３点C，D，Eは円Oの周上の点である。

このとき，∠ODCの大きさを求めなさい。

1. 54°
2. 63°
3. 68°
4. 72°

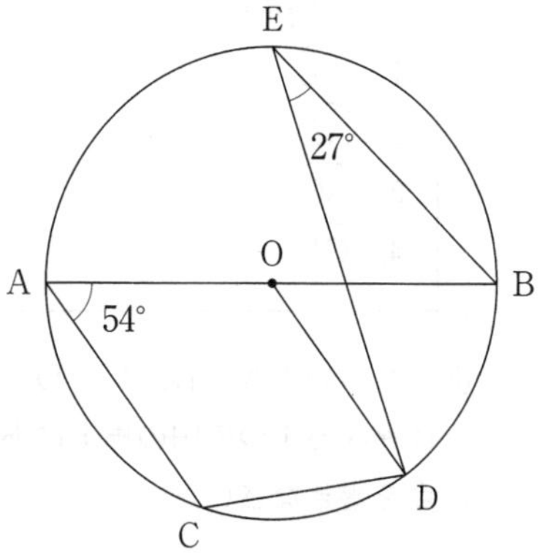

問３　次の問いに答えなさい。

(ア) 右の図１のように，円Oの周上に３点A，B，Cをとる。

また，点Bを含まない$\overset{\frown}{AC}$上に，2点A，Cとは異なる点Dをとり，∠CBDの二等分線と円Oとの交点のうち，点Bとは異なる点をEとする。

さらに，線分AEと線分BDとの交点をFとし，線分ACと線分BDとの交点をG，線分ACと線分BEとの交点をHとする。

このとき，次の(i)，(ii)に答えなさい。

図１

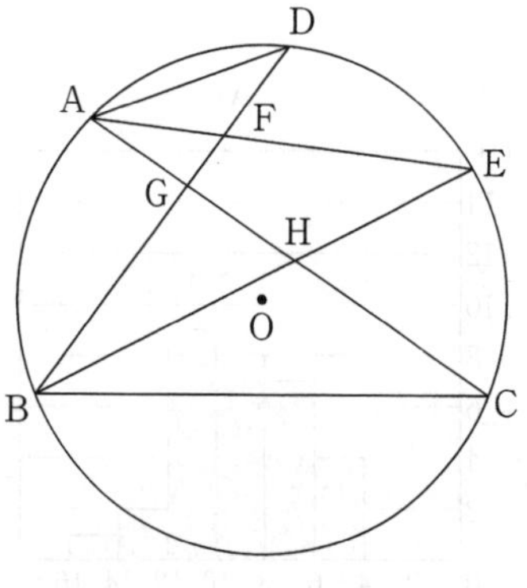

(i) 三角形ＡＦＤと三角形BHCが相似であることを次のように証明した。(a)，(b) に最も適するものをそれぞれ選択肢の１～４の中から１つ選び，その番号を答えなさい。

［証明］

△AFDと△BHCにおいて，

まず，(a) に対する円周角は等しいから，

∠ADB＝∠ACB

よって，∠ADF＝∠BCH　　……①

次に，$\overset{\frown}{DE}$に対する円周角は等しいから，

∠DAE＝∠DBE　　……②

また，線分BEは∠CBDの二等分線であるから，

［ (b) ］ ……③

②，③より，∠DAE＝∠CBE

よって，∠DAF＝∠CBH ……④

①，④より，2 組の角がそれぞれ等しいから，

△AFD∽△BHC

(a)の選択肢

1. $\overset{\frown}{\mathrm{AB}}$
2. $\overset{\frown}{\mathrm{AD}}$
3. $\overset{\frown}{\mathrm{BC}}$
4. $\overset{\frown}{\mathrm{CE}}$

(b)の選択肢

1. ∠ACB＝∠AEB
2. ∠AHB＝∠CHE
3. ∠CBE＝∠DBE
4. ∠EAC＝∠EBC

(ii) 8 つの点A，B，C，D，E，F，G，Hのうちの 2 点A，Bを含む 4 つの点が，円Oとは異なる 1 つの円の周上にある。この円の周上にある 4 つの点のうち，点Aと点B以外の 2 点を書きなさい。

(イ) 神奈川県のある地点における 1 日の気温の寒暖差（最高気温と最低気温の差）を 1 年間毎日記録し，月ごとの特徴を調べるため，ヒストグラムを作成した。

図 2

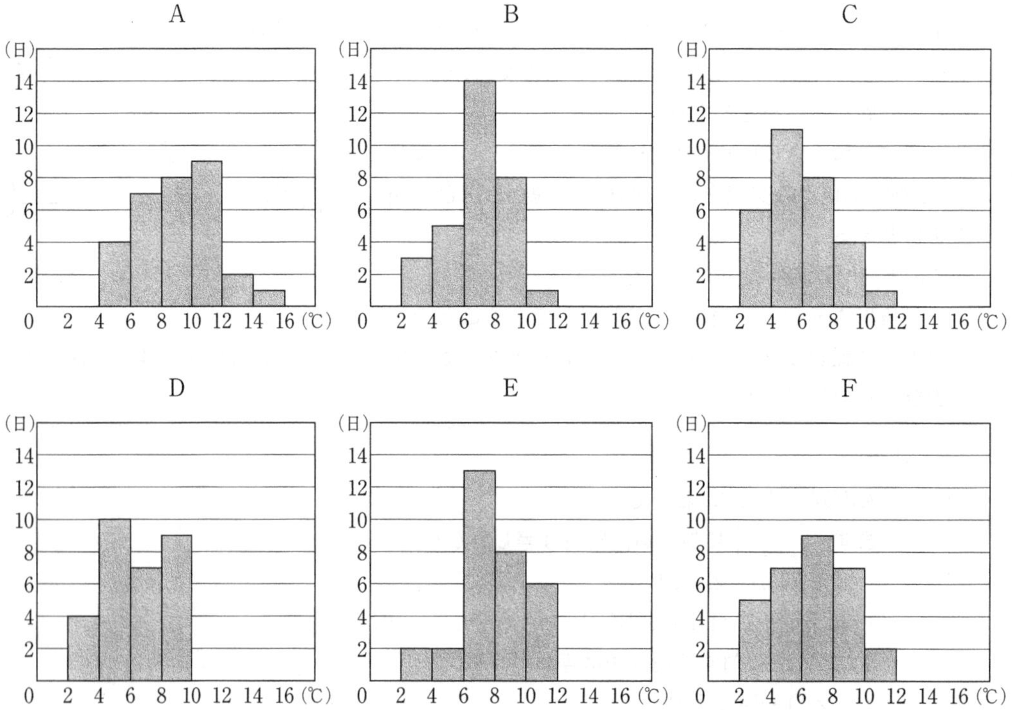

前のページの図2のA～Fのヒストグラムは，1日の気温の寒暖差の記録を月ごとにまとめたものであり，1月と11月を含む6つの月のヒストグラムのいずれかを表している。なお，階級は，2℃以上4℃未満，4℃以上6℃未満などのように，階級の幅を2℃にとって分けられている。

これらの6つの月に関するあとの説明から，(i)1月のヒストグラムと，(ii)11月のヒストグラムとして最も適するものを1～6の中からそれぞれ1つ選び，その番号を答えなさい。

説明

・1月には，寒暖差が10℃以上の日はあったが，寒暖差が12℃以上の日はなかった。
・1月の寒暖差の中央値は，6℃以上8℃未満の階級にあった。
・1月の寒暖差の平均値は，6つの月のヒストグラムから読み取れる寒暖差の平均値の中で2番目に大きかった。
・1月，11月ともに，寒暖差が4℃未満の日は4日以内であった。
・11月には，寒暖差が2.1℃の日があった。
・11月の寒暖差の最頻値は，4℃以上6℃未満の階級の階級値であった。

1. A　2. B　3. C　4. D　5. E　6. F

(ウ) 右の図3のような平行四辺形ABCDがあり，辺BC上に点Eを辺BCと線分AEが垂直に交わるようにとり，辺AD上に点FをAB＝AFとなるようにとる。

また，線分BFと線分AEとの交点をG，線分BFと線分ACとの交点をHとする。

AB＝15cm，AD＝25cm，∠BAC＝90°のとき，三角形AGHの面積を求めなさい。

図3

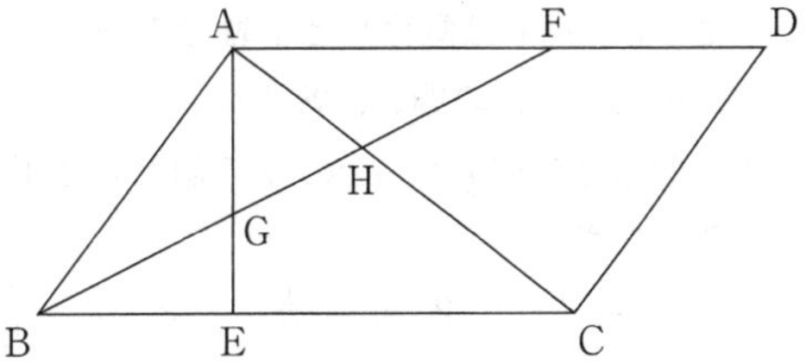

(エ) 右の図4のように，かみあってそれぞれ回転する歯車Pと歯車Qがある。歯数が24である歯車Pを1秒間に6回転させるとき，歯車Qの1秒間に回転する数が，その歯数によってどう変わるかを考える。

Aさんは，歯車Qの1秒間に回転する数について，次のようにまとめた。(i) にあてはまる数を，(ii) にあてはまる式を，それぞれ書きなさい。

図4

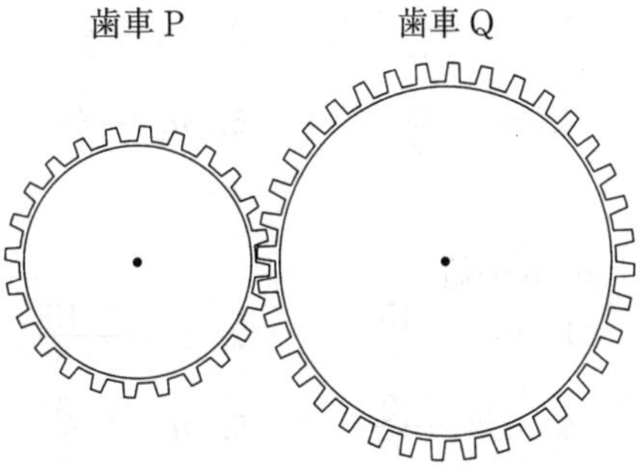

まとめ

歯車Qの歯数が48のとき，歯車Qは1秒間に3回転する。
また，歯車Qの歯数が36のとき，歯車Qは1秒間に (i) 回転する。
これらのことから，歯車Qの歯数を x とするとき，歯車Qの1秒間に回転する数を y とし

て y を x の式で表すと，

(ii)

となる。

問 4　右の図において，直線①は関数 $y = x$ のグラフ，直線②は関数 $y = -x + 3$ のグラフであり，曲線③は関数 $y = ax^2$ のグラフである。

点Aは直線①と曲線③との交点であり，その x 座標は6である。点Bは曲線③上の点で，線分ABは x 軸に平行であり，点Cは直線②と線分ABとの交点である。点Dは直線①と直線②との交点である。

また，原点をOとするとき，点Eは直線①上の点でAO：OE＝4：3であり，その x 座標は負である。

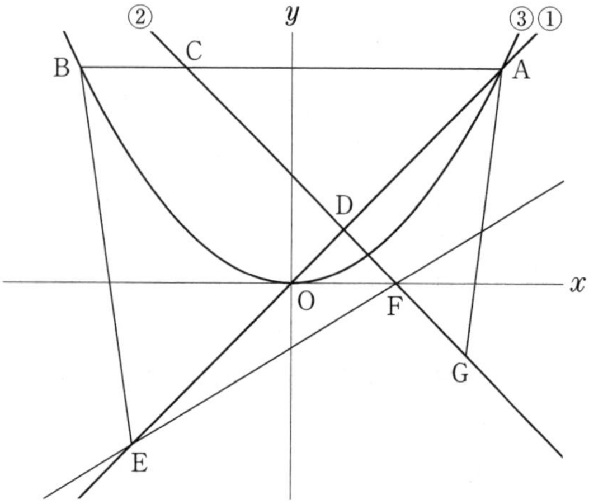

さらに，点Fは直線②と x 軸との交点であり，点Gは直線②上の点で，その x 座標は5である。

このとき，次の問いに答えなさい。

(ア)　曲線③の式 $y = ax^2$ の a の値として正しいものを次の1～6の中から1つ選び，その番号を答えなさい。

1. $a = \frac{1}{9}$　　2. $a = \frac{1}{8}$　　3. $a = \frac{1}{6}$　　4. $a = \frac{2}{9}$　　5. $a = \frac{1}{4}$　　6. $a = \frac{1}{3}$

(イ)　直線EFの式を $y = mx + n$ とするときの(i) m の値と，(ii) n の値として正しいものを，それぞれ次の1～6の中から1つ選び，その番号を答えなさい。

(i)　m の値

1. $m = \frac{1}{3}$　　2. $m = \frac{2}{5}$　　3. $m = \frac{4}{7}$

4. $m = \frac{3}{5}$　　5. $m = \frac{5}{8}$　　6. $m = \frac{5}{7}$

(ii)　n の値

1. $n = -\frac{15}{7}$　　2. $n = -\frac{15}{8}$　　3. $n = -\frac{9}{5}$

4. $n = -\frac{12}{7}$　　5. $n = -\frac{6}{5}$　　6. $n = -1$

(ウ)　三角形ADGの面積をS，四角形BEDCの面積をTとするとき，SとTの比を**最も簡単な整数の比**で表しなさい。

問5　右の図1のように，正方形ABCDを底面とし，AE＝BF＝CG＝DHを高さとする立方体がある。

また，図2のように，袋Pと袋Qがあり，その中にはそれぞれB，C，D，E，F，Gの文字が1つずつ書かれた6枚のカードが入っている。袋Pと袋Qからそれぞれ1枚ずつカードを取り出し，次の【ルール】にしたがって，図1の立方体の8個の頂点のうちから2個の点を選ぶ。

図1

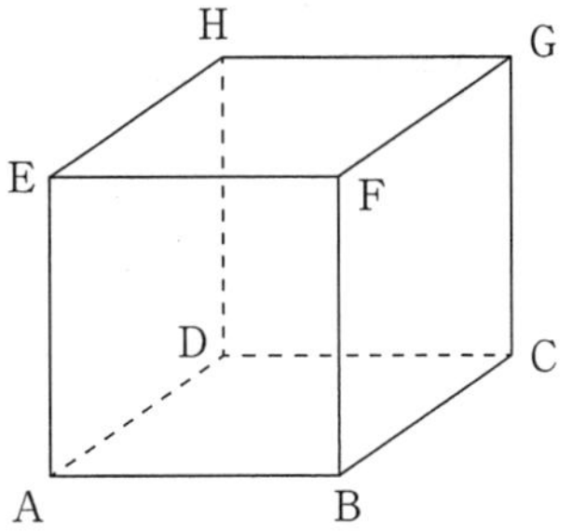

【ルール】
- 袋Pと袋Qから取り出したカードに書かれた文字が異なる場合は，それぞれの文字に対応する点を2個の点として選ぶ。
- 袋Pと袋Qから取り出したカードに書かれた文字が同じ場合は，その文字に対応する点および点Hを2個の点として選ぶ。

図2

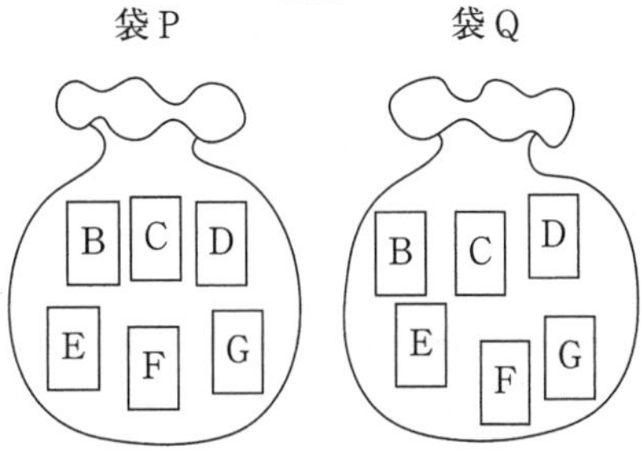

いま，図2の状態で，袋Pと袋Qからそれぞれ1枚ずつカードを取り出すとき，次の問いに答えなさい。ただし，袋Pと袋Qそれぞれについて，袋の中からどのカードが取り出されることも同様に確からしいものとする。

(ア)　選んだ2個の点が，ともに平面ＡＢＣＤ上の点となる確率として正しいものを次の1～6の中から1つ選び，その番号を答えなさい。

1. $\frac{1}{36}$　2. $\frac{1}{18}$　3. $\frac{1}{12}$　4. $\frac{1}{9}$　5. $\frac{5}{36}$　6. $\frac{1}{6}$

(イ)　選んだ2個の点および点Aの3点を結んでできる三角形について，その3つの辺の長さがすべて異なる確率を求めなさい。

問6　右の図の五角形ABCDEはある三角すいの展開図であり，AB＝BC＝CD＝DE＝EA＝6㎝，∠B＝∠C＝90°　である。

また，点Fは線分BCの中点であり，2点G，Hはそれぞれ線分AF，DFの中点である。

この展開図を3点B，C，Eが重なるように組み立てたときの三角すいについて，次の問いに答えなさい。

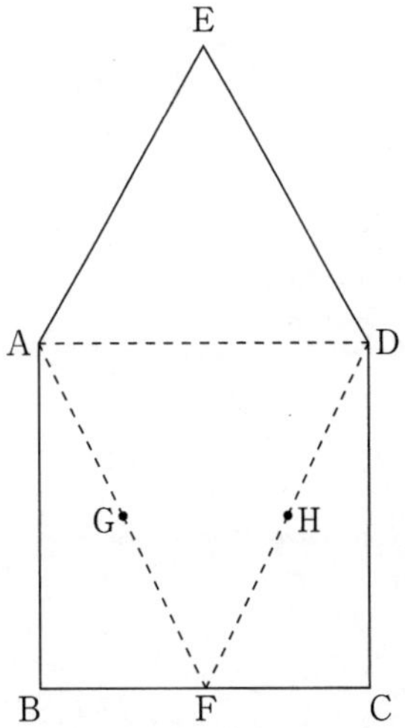

(ア)　この三角すいの表面積として正しいものを次の1～6の中から1つ選び，その番号を答えなさい。

1. $(18+3\sqrt{3})$ ㎠　2. $(18+6\sqrt{3})$ ㎠
3. $(18+9\sqrt{3})$ ㎠　4. $(36+3\sqrt{3})$ ㎠
5. $(36+6\sqrt{3})$ ㎠　6. $(36+9\sqrt{3})$ ㎠

(イ)　この三角すいの体積として正しいものを次の1～6の中から

１つ選び，その番号を答えなさい。

1. $\frac{3\sqrt{3}}{2}$cm³　　2. $3\sqrt{3}$cm³　　3. $\frac{9\sqrt{3}}{2}$cm³　　4. 12cm³　　5. $9\sqrt{3}$cm³　　6. 18cm³

(ウ)　３点Ｂ，Ｃ，Ｅが重なった点をＩとする。この三角すいの表面上に，点Ｇから辺AI，辺DIと交わるように点Ｈまで，長さが最も短くなるように線を引いたときの線の長さを求めなさい。

＜英語＞

時間　50分　　満点　100点

問1　リスニングテスト（放送の指示にしたがって答えなさい。放送を聞きながらメモをとってもかまいません。）

(ア)　チャイムのところに入るユキの言葉として最も適するものを，次の１～４の中からそれぞれ一つずつ選び，その番号を答えなさい。

No.1
1. We want to visit the lake again.
2. We have never been to the lake in Hokkaido.
3. We will watch birds around the lake.
4. We walked around the lake and ate lunch.

No.2
1. I practice the piano for one hour.
2. I practice the piano every Friday.
3. I've practiced the piano since I was four.
4. I'm going to practice the piano this afternoon.

No.3
1. Let's talk about it with Rika later.
2. We have played tennis three times.
3. We started to play at ten o'clock.
4. A group of four is good for playing tennis.

(イ)　対話の内容を聞いて，それぞれの **Question** の答えとして最も適するものを，あとの１～４の中から一つずつ選び，その番号を答えなさい。

No.1　**Question: What can we say about Jack?**
1. He wanted to talk about the cake he made.
2. He was able to finish his homework easily.
3. He thought his homework was very difficult.
4. He ate a piece of cake after doing his homework.

No.2　**Question: Which is true about Miho?**
1. She was taught Japanese history by Jack.
2. She will ask her friend to take Jack to the city museum.
3. She will learn Japanese from her friend in London.
4. She worries about talking about Japanese history in English.

(ウ)　かもめ高校に来週から来る留学生について，英語部のアキコが全校生徒に紹介するスピーチを行います。次のページの**＜スライド＞**はスピーチのためにアキコが用意したものです。アキコのスピーチを聞いて，あとの No.1 と No.2 の問いに答えなさい。

＜スライド＞

> **A new student from the U.S. will come!**
>
> - Emma will come to Kamome High School on Monday, [①] 20.
> - She speaks [②] languages.
> - She will start to play [③] in Japan.
> - She will leave our school on December 20.

No.1 [①] ～ [③] の中に入れるものの組み合わせとして最も適するものを，次の１～６の中から一つ選び，その番号を答えなさい。

1. ① August ② two ③ basketball
2. ① June ② three ③ basketball
3. ① July ② two ③ basketball
4. ① August ② three ③ soccer
5. ① June ② two ③ soccer
6. ① July ② three ③ soccer

No.2 アキコのスピーチを聞いたあと，生徒たちはそれぞれ留学生に歓迎のメッセージを書きました。フミヤ（Fumiya）が書いた＜メッセージ＞の（ ）の中に適する１語を英語で書きなさい。ただし，（ ）**内の一つの＿には１文字が入るものとします。**

＜メッセージ＞

> Dear Emma,
> I'm glad you will join our school! I know a good (_ _ _ _ _ _ _ _ _ _) near our school. I want you to eat sushi there. I think you will like it.
> Fumiya

問２ 次の英文は，タク（Taku）と留学生のキャシー（Cathy）の対話です。対話文中の(ア)～(ウ)の（ ）の中にそれぞれ適する１語を英語で書きなさい。**ただし，答えはそれぞれの（ ）内に指示された文字で書き始め，一つの＿に１文字が入るものとします。**

Taku : We are going to make speeches about our future jobs in our English class tomorrow. What do you want to do in the future, Cathy?

Cathy: I want to work in a zoo because I'm interested in taking care of lions. I like lions.

Taku : Oh, do you? Lions kill and eat large animals, so I'm (ア)(a_ _ _ _ _) of lions. Why do you like them?

Cathy: Because they are cool! Lions are big. Also, they always work together and catch a lot of other animals. So, I believe they are the (イ)(s_ _ _ _ _ _ _ _) of all the animals. Now, tell me about your future job, Taku.

Taku : I want to be a musician and sing songs for a lot of people.

Cathy: That's great! I'm sure you'll be a good musician because you have a beautiful (ウ)(v_ _ _ _).

Taku : Thank you, Cathy. Good luck tomorrow.

Cathy: You, too.

問3　次の(ア)～(エ)の文の（　）の中に入れるのに最も適するものを，あとの１～４の中からそれぞれ一つずつ選び，その番号を答えなさい。

(ア) Whose pencils are (　　　)?
　1. that　2. those　3. them　4. yours

(イ) Can Mt. Fuji (　　　) from your classroom?
　1. see　2. seen　3. be seen　4. be seeing

(ウ) Mr. Suzuki (　　　) us to bring lunch this week.
　1. told　2. said　3. spoke　4. talked

(エ) This is a camera (　　　) is popular in Japan.
　1. what　2. it　3. who　4. which

問4　次の(ア)～(エ)の対話が完成するように，（　）内の**六つの語の中から五つを選んで**正しい順番に並べたとき，その（　）内で**３番目と５番目に来る語の番号**をそれぞれ答えなさい。（**それぞれ一つずつ不要な語があるので，その語は使用しないこと。**）

(ア) A：Can I see that picture, please?
　B：Sure. Look! This is one of (1. most 2. in 3. mountains 4. picture 5. the 6. beautiful) the world.

(イ) A：What do (1. do 2. watching 3. going 4. you 5. to 6. before) bed?
　B：I usually watch news on TV.

(ウ) A：Has your family (1. where 2. been 3. to 4. decided 5. during 6. go) summer vacation?
　B：Yes. We will visit Okinawa.

(エ) A：Why do you look so happy?
　B：I received an (1. a 2. message 3. enjoyed 4. e-mail 5. with 6. special) from my grandmother.

問5　次のページのＡ～Ｃのひとつづきの絵と英文は，チカ（Chika）のある二日間のできごとを順番に表しています。Ａの場面を表す＜**最初の英文**＞に続けて，Ｂの場面にふさわしい内容となるように，□の中に適する英語を書きなさい。ただし，下の＜**条件**＞にしたがうこと。

＜**条件**＞

- **music** と **listen** を必ず含んで，文末が when you want to relax? で終わる１文となるように，□内を**６語以上**で書くこと。

※　短縮形（I'm や don't など）は１語と数え，符号（，など）は語数に含めません。

A

＜最初の英文＞

Chika was studying hard at night. She wanted to listen to music to *relax after studying.

B

The next day at school, she said to her friend, Ken, "I want to listen to some music after studying. [　　　　　] when you want to relax ?"

C

He answered, "American popular music. I'll tell you my favorite *band." "Thank you," Chika said.

＊ relax：くつろぐ　　band：バンド

問６　次の英文は，高校生のリョウ（Ryo）が英語の授業でクラスの生徒に向けて行った発表の原稿です。英文を読んで，あとの(ア)～(ウ)の問いに答えなさい。

Hi, I'm Ryo. Three months ago, I read a story about a girl on the Internet. She made a speech at an international *conference. In the speech, she said, "Young people can do a lot of things for the earth." She gives power to young people around the world. I believe her words. I am a student and I was able to do a small thing for the earth. Today, I'm going to talk about something I did with my family and I hope you will also believe her words after my speech.

*Plastic bags are very useful. They are *light, waterproof, and cheap. (①) For example, animals and fish die because of *plastic waste. Many countries are now trying to find the answers to these things. I think we should *reduce the number of plastic bags we use. I hope everyone will try to live without plastic bags.

Now I have a question. *How often do you get plastic bags? Please look at *Graph 1. It shows how often people got plastic bags in Japan in 2014.

Graph 1

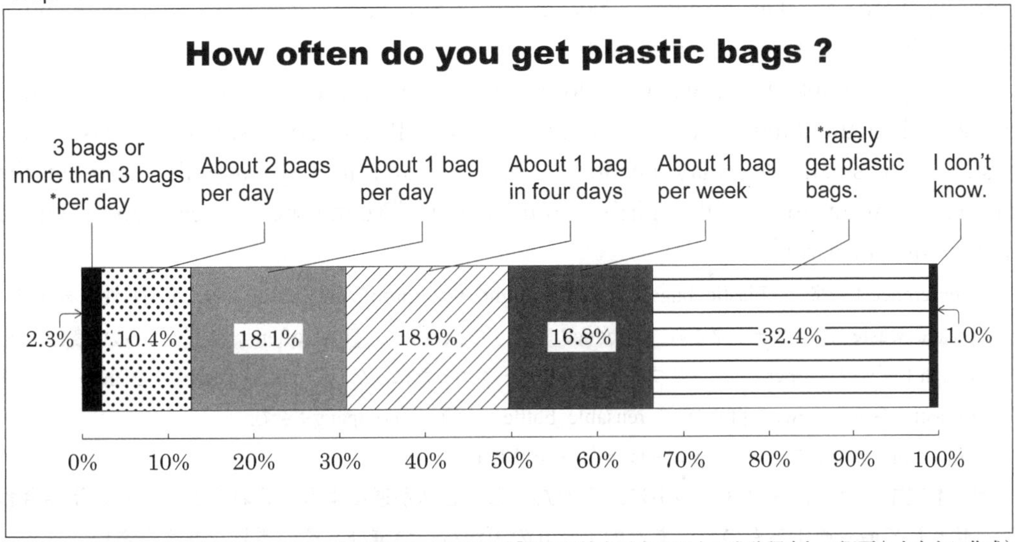

(内閣府政府広報室「『循環型社会形成に関する世論調査』の概要」をもとに作成)

About 30% of the people got one plastic bag or more than one plastic bag per day, and some of them got three or more plastic bags per day. But about 50% of the people only got about one plastic bag per week or rarely got plastic bags. This means that about half of the people didn't get a lot of bags. (②) I wanted to find something I could do, too. I didn't know the number of plastic bags I used at that time, but I wanted to know that. So, I talked with my family.

In January this year, my family started a *four-week *project to reduce the number of plastic bags we got. In Graph 2, you can see the number of plastic bags we got each week. My mother usually used her *own shopping bag, so she only got two plastic bags during the project. My sister and I started to carry our own shopping bags when we started the project. In the first, second, and third week, I sometimes forgot to carry my shopping bag to stores and got some plastic bags, but I got no plastic bags in the last week. My father got one plastic bag every day until the end of the second week. He got plastic bags when he bought coffee or tea at stores. At the end of the second week, my sister and I gave him a *reusable bottle. He started to use it to take coffee or tea from home, and the number of plastic bags he got became smaller the next week. In the last week, my family only got two plastic bags!

I have used too many plastic bags in my life. I think the project was a good chance to learn that. Before I started the family project, I didn't even think about the number of plastic bags my family got every day. Now, we carry our own shopping bags, so we rarely get plastic bags. （ ③ ） My mother makes shopping bags from our family's old clothes, and she enjoys it very much. My father's *company works with a *volunteer group that *protects a river. Now he is working hard on that project. My sister and I have started to talk with other people about the future of the earth.

When you think about what to do for the earth, some of you may try to do a big and difficult thing. But you don't have to. Please do a small and easy thing first. Your small idea may become a big one and it may save the earth in the future. I want to say the girl's words again, "Young people can do a lot of things for the earth."

＊ conference：会議　Plastic bags：レジ袋　light, waterproof, and cheap：軽くて耐水性があり安い
plastic waste：プラスチックごみ　reduce ～：～を減らす　How often ～：どのくらいの頻度で～
Graph：グラフ　per ～：～につき　rarely ～：めったに～ない　four-week：４週間の
project：企画　own：自分の　reusable bottle：水筒　company：会社
volunteer：ボランティア　protects ～：～を保護する

(ア)　本文中の（①）～（③）の中に，次のＡ～Ｃを意味が通るように入れるとき，その組み合わせとして最も適するものを，あとの１～６の中から一つ選び，その番号を答えなさい。

A．They did something to reduce the number of plastic bags they got.
B．But do you know that there are many problems with plastic bags?
C．Each of us has also started to do other things for the earth.

1. ①- A　②- B　③- C　　2. ①- A　②- C　③- B　　3. ①- B　②- A　③- C
4. ①- B　②- C　③- A　　5. ①- C　②- A　③- B　　6. ①- C　②- B　③- A

(イ)　本文中の――線部を表したものとして最も適するものを，次の１～４の中から一つ選び，その番号を答えなさい。

1. Graph 2

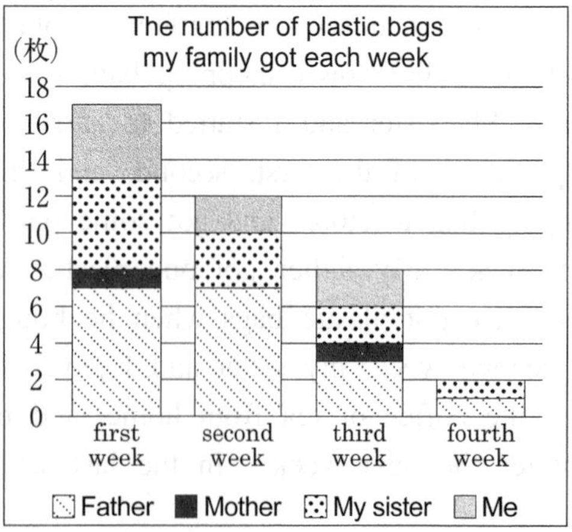

2. Graph 2

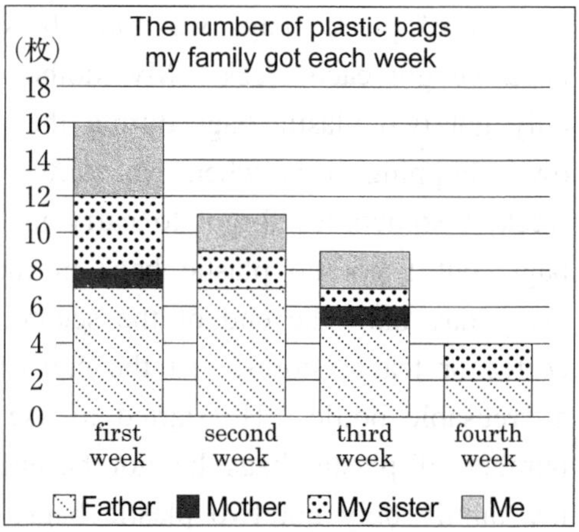

3．Graph 2

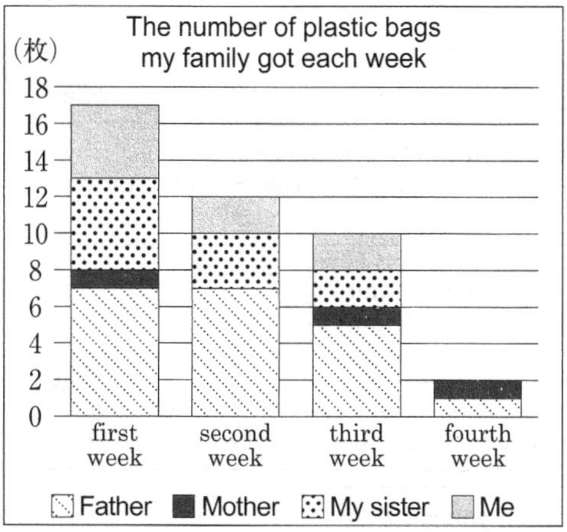

4．Graph 2

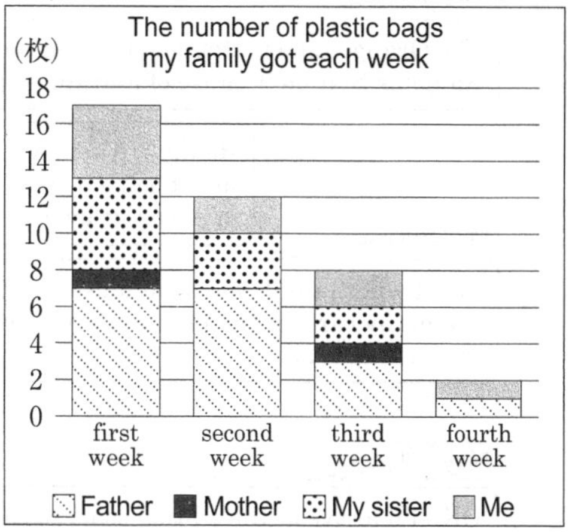

(ウ)　次のａ～ｆの中から，リョウの発表の内容に合うものを**二つ**選んだときの組み合わせとして最も適するものを，あとの１～８の中から一つ選び，その番号を答えなさい。

ａ．Ryo wants his classmates to listen to the speech that the girl will make at a conference.

ｂ．Ryo asked his classmates about the number of plastic bags they got in a week and made a graph.

ｃ．During the family project, Ryo's father bought his own reusable bottle for coffee or tea.

ｄ．Before the family project, Ryo didn't know how many plastic bags he got.

ｅ．Ryo is going to give his classmates the shopping bags his mother made.

ｆ．Ryo wants his classmates to start doing a small and easy thing for the earth.

1. ａとｃ　2. ａとｅ　3. ｂとｄ　4. ｂとｆ
5. ｃとｄ　6. ｃとｆ　7. ｄとｅ　8. ｄとｆ

問７　次の(ア)，(イ)の英文と，路線図（Route Map）や価格表（Price List）について，それぞれあとの**Question**の答えとして最も適するものを，１～５の中からそれぞれ一つずつ選び，その番号を答えなさい。

(ア)

*Mayumi and Saki are going to visit the city stadium to watch a baseball game on Sunday. The stadium is near Kamome Station and they want to meet there. They are sending messages to each other by using their *smartphones.*

Mayumi: Saki, I've got on the Orange Line at Momiji Station. Where are you now?

Saki: I've just got on a train at Ayame Station.

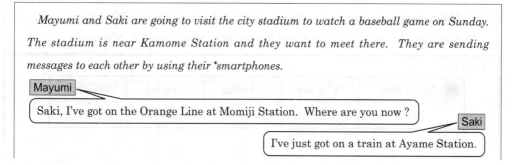

Mayumi: The Orange Line is stopped between Sakura Station and Kamome Station because of a *train inspection.

Saki: Really ? Then, we can't use trains between the two stations. How about going by bus ? I think I'll get on the bus from Satsuki Station. Will you go by bus, too ?

Mayumi: Yes, I will. I think you should use a different bus, because there are many cars on the bus *route you are going to take. It may take a long time.

Saki: I see. Then, I'll get on the bus with you.

Mayumi: OK. I'll arrive at the station soon, so call me when you get there.

Route Map

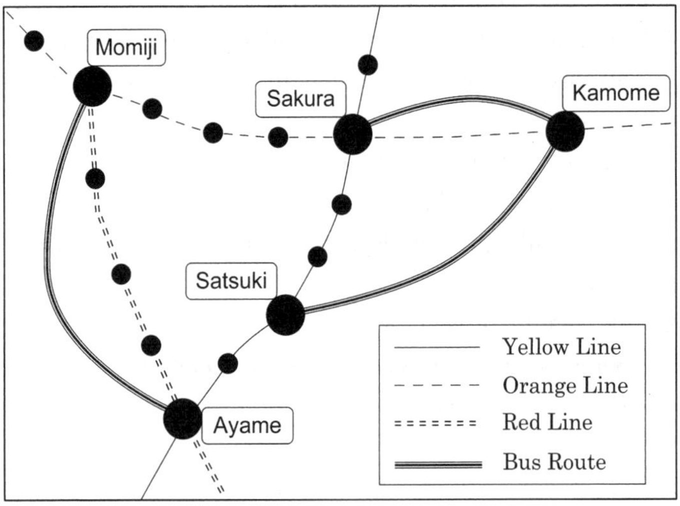

＊ *smartphones*：スマートフォン　train inspection：車両点検　route：経路

Question: Where will Mayumi and Saki get on the bus?

1. At Kamome Station.
2. At Sakura Station.
3. At Momiji Station.
4. At Satsuki Station.
5. At Ayame Station.

(イ)

*Mike wants to buy some *bags of rice from Kamome Rice Store. He is looking at the price list and talking to the *staff on the phone.*

Price List

Sunny Rice	*1-kg bag	2-kg bag	5-kg bag	10-kg bag
Price	1,000 *yen	1,800 yen	4,250 yen	8,000 yen

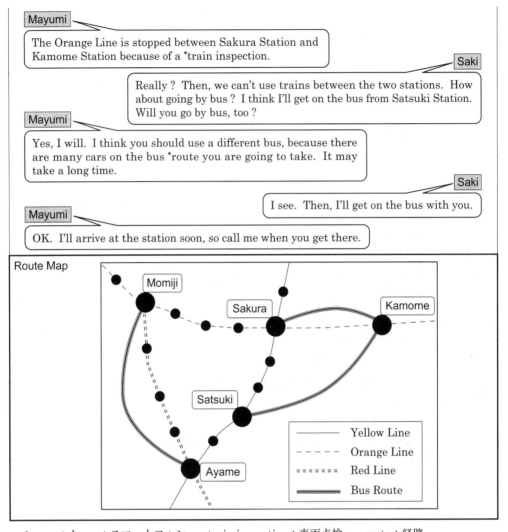

Flower Rice	1-kg bag	2-kg bag	5-kg bag	10-kg bag
Price	800 yen	1,500 yen	3,500 yen	6,500 yen

● The *delivery charge to one place is 1,000 yen. You don't need to *pay it if you spend more than 12,000 yen for the rice *in total.

● You'll get a special present when you *order rice from our store for the first time !

Mike : Hello. My name is Mike Brown. I'd like to order some rice.
Staff : Sure. Is this your first time to order rice from us?
Mike : Yes, it is.
Staff : OK. What would you like?
Mike : I want a 10-kg bag and two 2-kg bags of Sunny Rice.
Staff : All right, Mr. Brown. If you order one more bag of rice, you won't have to pay a delivery charge.
Mike : Oh, really? Then I'll also buy a 1-kg bag of Flower Rice.
Staff : Thank you very much, Mr. Brown. We'd like to give you a 1-kg bag of Sunny Rice as a present. So, we'll send you 16 kg of rice in total. Is that OK?
Mike : Yes, of course. Thank you.

* bags：袋　staff：店員　1- kg ～：1 kg入りの～　yen：円　delivery charge：配達料
pay ～：～を支払う　in total：合計で　order ～：～を注文する

Question: How much will Mike pay in total?

1. 11,600 yen.　2. 12,000 yen.　3. 12,400 yen.　4. 13,400 yen.
5. 14,400 yen.

問 8　次の英文を読んで，あとの(ア)～(ウ)の問いに答えなさい。

*Manabu, Ryoko, and Kazuki are learning about how to have a good *discussion in Ms. Green's class. They are talking in the same group.*

Ms. Green: You are going to *plan a city today. Let's have a good discussion.
Manabu: Ryoko and Kazuki, what do you want in a city?
Ryoko: I think the city should have a *mall.
Kazuki: If we have a mall in the city, there may be too many cars around it. That's not good.
Manabu: If the city has a mall, a lot of people will enjoy shopping there. They may not buy things at small old shops near their houses. I worry about those shops.
Kazuki: Oh, we all have different ideas. There are many different groups of people living and working in the city. They all want and need

different things.

Ryoko: You are right. I will be happy if the city has a mall, [　　　　]. So, to plan a good city, we should look at the city from different *points of view.

Ms. Green: Have you shared your ideas? Use these *sticky notes to have a better discussion. You can share ideas easily by using them.

Kazuki: All right. How about writing things we need for the city on sticky notes and putting them on this paper? Let's write one idea on one sticky note.

The three students write their ideas on sticky notes.

Ryoko: I'll tell you my ideas first. I want a mall. I also think it's a good idea to have a big *company in the city.

Manabu: I think we need a *nursery school. A big park will also be good.

Kazuki: Do you know that about *one in four people in Japan is older than sixty-five now? In 2060, about 40% of the people in Japan will be older than sixty-five. So, we need a large hospital. I also think we should build a *wide street.

Ms. Green: Your group has six different ideas. Move the sticky notes and put *similar ideas into one *box.

Ryoko: All right. If we have a mall and a company, many people will have jobs in the city. Then, there will be more people who *pay taxes, and the city will become *rich. So, these two things should be put in the same box.

Manabu: I think a nursery school and a hospital are similar because both of them help people who need *support.

Kazuki: I agree. So, let's put those two things in one box. I think that a park has a lot of trees and flowers, and it is good for the *environment.

Manabu: That's good. If we have a wide street, it will be easier to move around the city.

Ryoko: OK. So, let's put the big park and the wide street in two different boxes. Now, we have put our ideas in four different boxes.

Ms. Green: Good. So, if all the things in the boxes are in the city, will it be perfect?

Kazuki: Let me see. That's difficult. I can't say yes.

Ms. Green: I agree. Now let's do one more thing on the paper. Look at *Signs. I'll tell you how to use Sign A and Sign B. If the ideas in

Signs

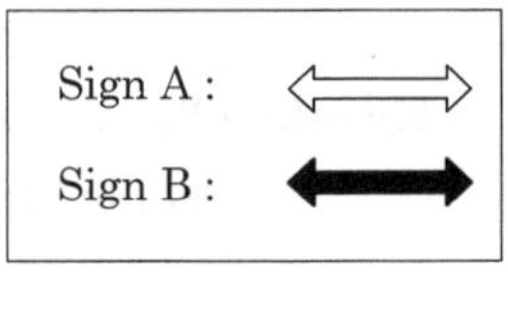

one box *are in harmony with the ideas in another box, put Sign A between the two boxes. If the ideas in one box are not in harmony with the ideas in another box, put Sign B between the two boxes.

Manabu: OK. I think the wide street is in harmony with the nursery school and the hospital because each of the three things is a great support to many people in the city. People can take children to the nursery school or go to see a doctor easily by using the wide street.

Ryoko: Also, people can go shopping or go to work easily if they have the wide street, so it is in harmony with the mall and the company.

Kazuki: I agree with both of you, but cars are not good for the environment. I think the wide street is needed, but it is not in harmony with the big park.

Ryoko: I see. I think the park is not in harmony with the mall and the company. When the people in the mall and the company visit the park, they may leave *trash in the park. I think it's bad.

Kazuki: I have a different idea, Ryoko. If I work in the company, I want to have lunch in the park. We must think about the trash problem because the park should be beautiful. I think the company can do something. For example, the people working there clean the park.

Manabu: That's interesting! Let's put both signs between the two boxes. I have one more idea about the park. It is good for children and old people because children can play in the park and old people can enjoy talking with their friends there. So, the park is in harmony with the nursery school and the hospital.

Ryoko: That's right. No more ideas? OK, we have finished putting signs on our paper.

Ms. Green: Good job! By looking at your paper, I can understand what your group has talked about.

Manabu: It is difficult to plan a good city for everyone, right?

Kazuki: Yes, I think so. But we had a good discussion because we could *organize our ideas by using sticky notes.

Ryoko: When we had different ideas, we put both signs between the two boxes. I think that was a good way to share ideas.

Manabu: That's true. I've learned that it is important to share many different ideas when we have a discussion. By doing so, we will find better answers.

＊ *discussion*：話し合い　plan ～：～を設計する　mall：ショッピングモール
points of view：ものの見方　sticky notes：ふせん　company：企業　nursery school：保育園
one in four people：四人のうち一人　wide：広い　similar：似ている　box：囲み

pay taxes：税金を払う　rich：裕福な　support：支援　environment：環境　Signs：記号
are in harmony with ～：～と調和する　trash：ごみ　organize ～：～を整理する

(ア) 本文中の□の中に入れるのに最も適するものを，次の1～4の中から一つ選び，その番号を答えなさい。

1. but I know there are people who don’t want it
2. but I will be sad if the city doesn’t have a mall
3. and I believe that other people also want it
4. and I will buy a car to go to the mall easily

(イ) 本文中の――線部のとき，三人の生徒が作成したものとして最も適するものを，次の1～4の中から一つ選び，その番号を答えなさい。

1.

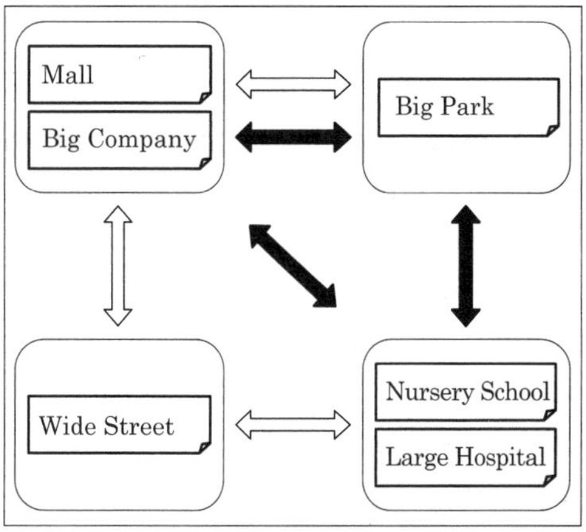

2.

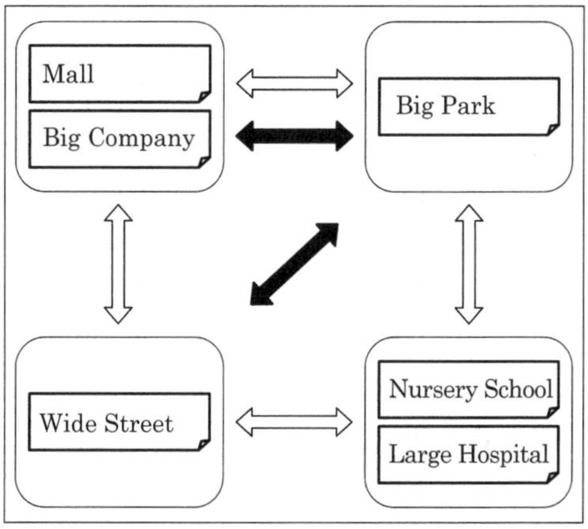

3.

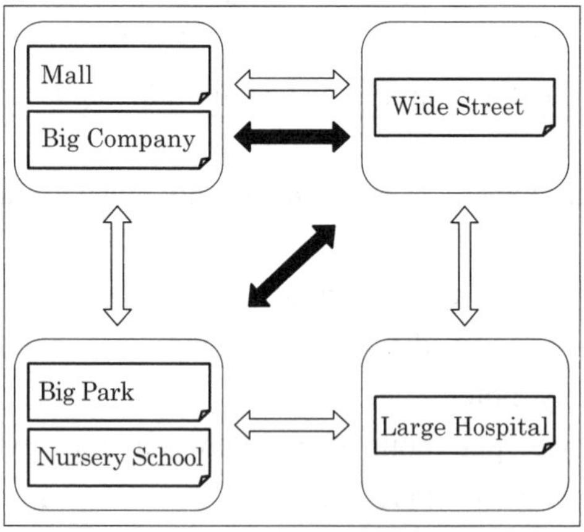

4.

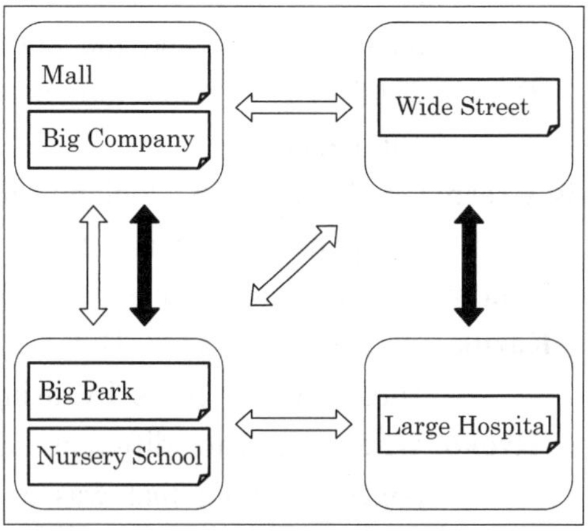

(ウ) 次のa～gの中から，本文の内容に合うものを**二つ**選んだときの組み合わせとして最も適するものを，あとの1～8の中から一つ選び，その番号を答えなさい。

a. Ryoko wants a mall but she worries that there may be too many cars around it.
b. Manabu thinks that it may be difficult for small old shops to sell many

things if there is a mall in the city.

c. Kazuki says that about 40% of the people in Japan are older than sixty-five now.

d. The three students agree that the city will become rich and it can build the wide street if there is a big company in the city.

e. Ms. Green says that the city will be perfect if all six things the students want are in the city.

f. Ryoko thinks the trash in the park is a problem, and Kazuki says the company can do something to make the park beautiful.

g. Manabu thinks that the students should share ideas without using sticky notes to find good answers quickly.

1. aとc　2. aとe　3. bとd　4. bとf
5. cとd　6. eとf　7. eとg　8. fとg

＜理科＞

時間　50分　　満点　100点

【注意】解答用紙にマス目（例：□□□）がある場合は，句読点もそれぞれ１字と数え，必ず１マスに１字ずつ書きなさい。

問１　次の各問いに答えなさい。

(ア)　次の□は，ジェットコースターのもつエネルギーについてまとめたものである。文中の（X），（Y）にあてはまるものの組み合わせとして最も適するものをあとの１～４の中から一つ選び，その番号を答えなさい。

> ジェットコースターがコース上の最も高い位置で静止したのち，そこから動力を使わずに下降した。摩擦や空気抵抗がないとすると，高さが最も低い位置でのジェットコースターの速さは（　X　）となる。ジェットコースターの位置エネルギーと運動エネルギーの和は最も高い位置で静止したジェットコースターの位置エネルギーの大きさと等しくなることから，ジェットコースターは下降し始めた高さと同じ高さまで再び上昇できると考えられる。
>
> しかし，実際に鉄球をジェットコースターに見立てて実験をすると，鉄球は手を離したときと同じ高さまで上昇することができない。これは，鉄球がもつ力学的エネルギーが熱エネルギーや（　Y　）などの別の種類のエネルギーに変わるためである。

1. X：最小　Y：電気エネルギー　　2. X：最小　Y：音エネルギー
3. X：最大　Y：電気エネルギー　　4. X：最大　Y：音エネルギー

(イ)　次の□は，磁界と磁針（方位磁針）の関係についてまとめたものである。文中の（あ），（い），（う）にあてはまるものの組み合わせとして最も適するものをあとの１～４の中から一つ選び，その番号を答えなさい。

> 地球のまわりには磁界があり，磁力線は地球の（　あ　）付近から出て，（　い　）付近に向かっている。このため，図１のように，磁針のN極がほぼ北をさす。また，導線に電流を流すと，導線を中心に磁界ができる。磁界の向きは電流の向きによって決まり，磁針の向きが図２のような場合，電流は（　う　）の向きに流れている。

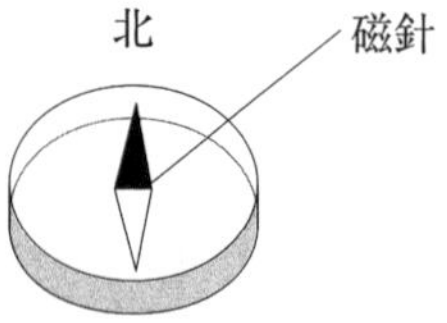

図１

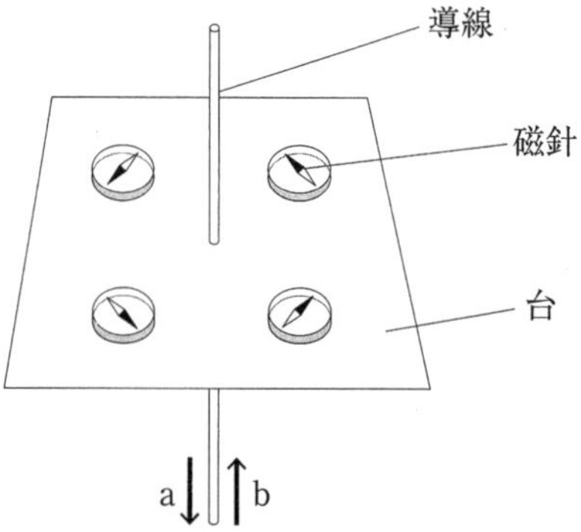

図２

1. あ：北極　い：南極　う：a　　2. あ：北極　い：南極　う：b
3. あ：南極　い：北極　う：a　　4. あ：南極　い：北極　う：b

(ウ) 右のグラフは，ばねA，ばねB，ばねCのそれぞれについて，ばねを引く力とばねののびの関係を示したものである。これらのばねA～Cをそれぞれスタンドにつるし，ばねAには200ｇのおもりを1個，ばねBには150ｇのおもりを1個，ばねCには70ｇのおもりを1個つるした。おもりが静止したときのばねAののびをa〔cm〕，ばねBののびをb〔cm〕，ばねCののびをc〔cm〕とする。このときのa～cの関係を，不等号（＜）で示したものとして最も適するものを次の1～6の中から一つ選び，その番号を答えなさい。ただし，質量100ｇの物体にはたらく重力を1.0Nとし，実験でつるしたおもりの重さにおいてもグラフの関係が成立するものとする。また，ばねA～Cの重さは考えないものとする。

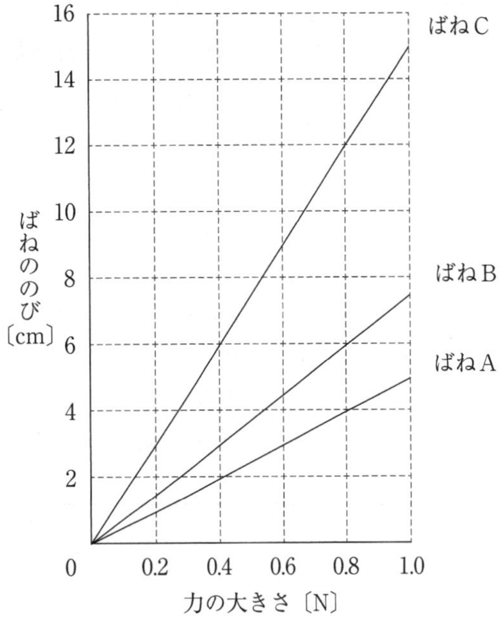

1. a＜b＜c　　2. a＜c＜b　　3. b＜a＜c
4. b＜c＜a　　5. c＜a＜b　　6. c＜b＜a

問2　次の各問いに答えなさい。

(ア) 次の表は，20℃における様々な気体の密度をまとめたものである。空気が窒素80％と酸素20％の混合物であるとすると，表の5種類の気体のうち，同じ条件で比べたときに同じ体積の空気よりも重いものとして最も適するものをあとの1～6の中から一つ選び，その番号を答えなさい。

気体の種類	窒素	酸素	二酸化炭素	アンモニア	塩素
密度〔g/L〕	1.17	1.33	1.84	0.72	3.00

1. 窒素，アンモニア
2. 窒素，酸素，二酸化炭素
3. 窒素，酸素，アンモニア
4. 酸素，二酸化炭素，塩素
5. 酸素，二酸化炭素，アンモニア，塩素
6. 窒素，酸素，二酸化炭素，塩素

(イ) 次のページの図のような装置を組み立て，大型試験管に水とエタノールの混合物を入れ，ゆっくりと加熱した。出てくる液体を2 cm^3ずつ順に3本の試験管に集め，そのときの温度をデジタル温度計で測定した。液体を3本の試験管に集めたところでガスバーナーの火を消し，それぞれ

の試験管に集めた液体のにおいを確かめた。また，それぞれの試験管に集めた液体にろ紙をひたし，ろ紙にマッチの火を近づけたときのようすを調べた。下の**表**は実験の結果をまとめたものである。この実験結果からわかる内容として最も適するものを次の１～６の中から一つ選び，その番号を答えなさい。

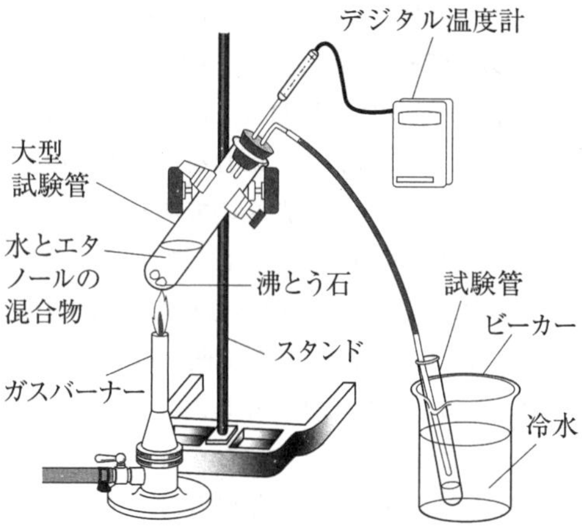

図

1. 水は100℃にならないと蒸発しない。
2. エタノールの沸点は78℃である。
3. 水は73.5～81.5℃で最も蒸発する量が多い。
4. エタノールは81.5～90.5℃では蒸発しない。
5. 水の沸点は100℃である。
6. エタノールは水よりも低い温度で蒸発しやすい。

表

	１本目の液体	２本目の液体	３本目の液体
温度〔℃〕	73.5～81.5	81.5～90.5	90.5～95.5
におい	エタノールのにおいがした。	エタノールのにおいが少しした。	ほとんどにおいがしなかった。
ろ紙に火を近づけたときのようす	よく燃えた。	少しだけ燃えた。	燃えなかった。

(ウ) 次の □ は，たたら製鉄についてまとめたものである。文中の（X），（Y）にあてはまるものの組み合わせとして最も適するものをあとの１～４の中から一つ選び，その番号を答えなさい。

> たたら製鉄は，砂鉄から鉄をつくる日本古来の製鉄法である。炉の中で砂鉄と一緒に木炭を燃やすことにより，木炭の炭素が砂鉄を（　X　）し，鉄をつくることができる。
> 銅の場合も同様の化学反応を利用し，（　Y　）のように単体にすることができる。

1. X：酸化　Y：$2CuO+C \rightarrow 2Cu+CO_2$　　2. X：酸化　Y：$2Cu+O_2 \rightarrow 2CuO$
3. X：還元　Y：$2CuO+C \rightarrow 2Cu+CO_2$　　4. X：還元　Y：$2Cu+O_2 \rightarrow 2CuO$

問３　次の各問いに答えなさい。

(ア) オランダイチゴは種子によって子孫をふやす以外に，右の図のように茎の一部がのび，その茎の先に新しい個体をつくることもできる。右の図のオランダイチゴの葉の細胞に含まれる染色体に関する説明として最も適するものをあとの１～４の中から一つ選び，その番号を答えなさい。

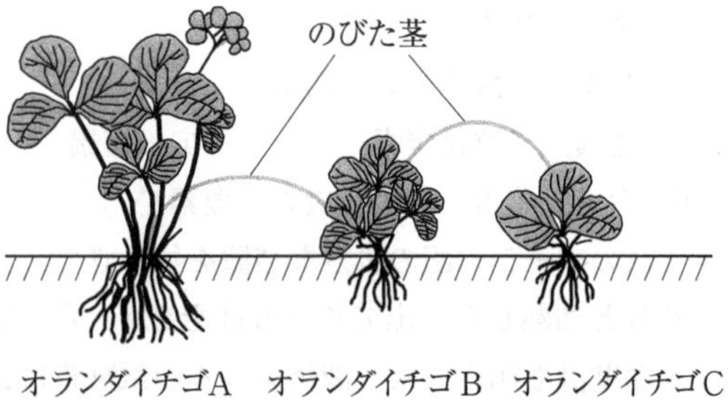

1. オランダイチゴAの葉の細胞1個に含まれる染色体にある遺伝子は，オランダイチゴCの葉の細胞1個に含まれる染色体にある遺伝子と同じである。
2. オランダイチゴBの葉の細胞1個に含まれる染色体にある遺伝子は，オランダイチゴCの葉の細胞1個に含まれる染色体にある遺伝子と異なる。
3. オランダイチゴAの葉の細胞1個に含まれる染色体の数は，オランダイチゴBの葉の細胞1個に含まれる染色体の数の半分である。
4. オランダイチゴAの葉の細胞1個に含まれる染色体の数は，オランダイチゴCの葉の細胞1個に含まれる染色体の数の2倍である。

(イ) 次の表は，Kさんが一般的なセキツイ動物の特徴をまとめている途中のものであり，A～Eは，魚類，両生類，ハチュウ類，鳥類，ホニュウ類のいずれかである。A～Eに関する説明として最も適するものをあとの1～5の中から一つ選び，その番号を答えなさい。

	A	B	C	D	E
背骨がある	○	○	○	○	○
親は肺で呼吸する				○	×
子は水中で生まれる		○		×	○
体温を一定に保つことができる	○	×		×	
胎生である	×	×		×	

1. Aのからだの表面は体毛でおおわれ，肺で呼吸する。
2. Bのからだの表面はうろこでおおわれて乾燥しており，親は陸上で生活する。
3. Cのからだの表面は羽毛でおおわれ，空を飛ぶのに適したからだのつくりをしている。
4. Dのからだの表面は常にしめっており，親は陸上で生活する。
5. Eのからだの表面はうろこでおおわれ，えらで呼吸する。

(ウ) 次の**図1**はマツの花を，**図2**はアブラナの花のつくりを模式的に表したものである。これらの花の説明として最も適するものをあとの1～4の中から一つ選び，その番号を答えなさい。

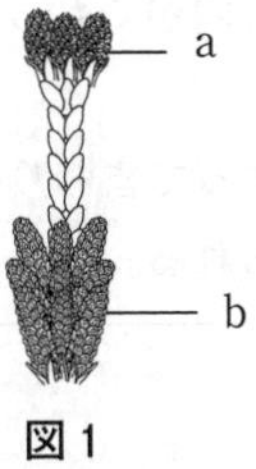

図1

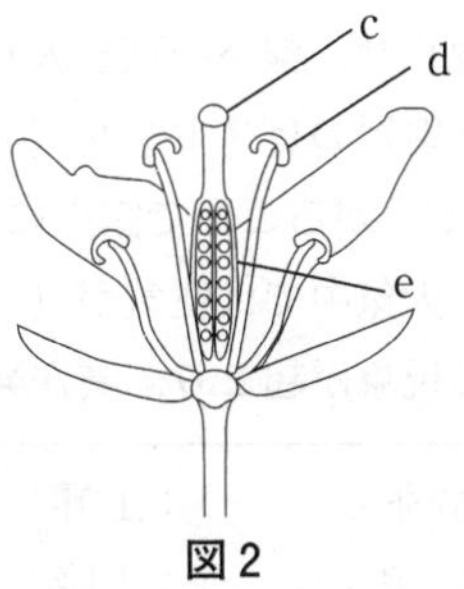

図2

1. aとdはどちらも花粉がつくられるところである。
2. bとeはどちらも受精が行われるところである。
3. aとcはどちらも受粉が行われるところである。
4. bとeはどちらにも胚珠があり，子房につつまれているかいないかの違いがある。

問４　次の各問いに答えなさい。

(ア)　右の図のような前線について，X－Yの線での地表から鉛直方向の断面を模式的に表した図として最も適するものを次の１～４の中から一つ選び，その番号を答えなさい。

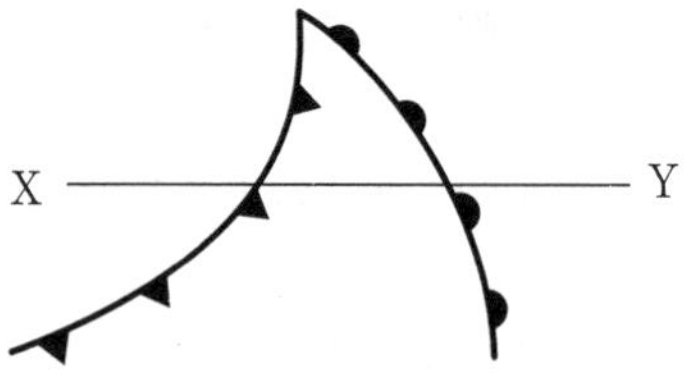

1.

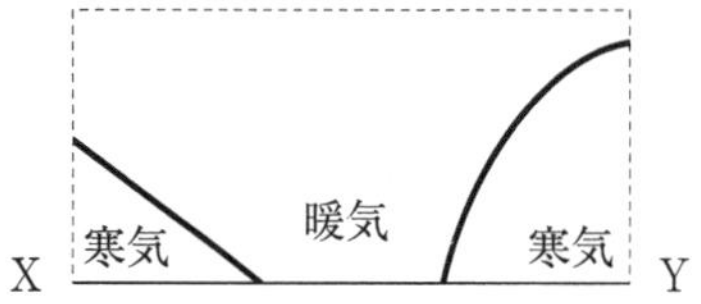

2.

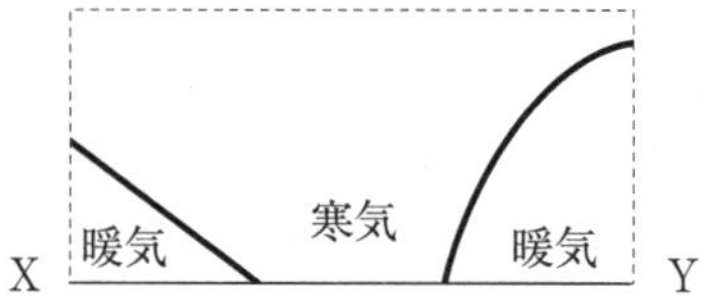

3.

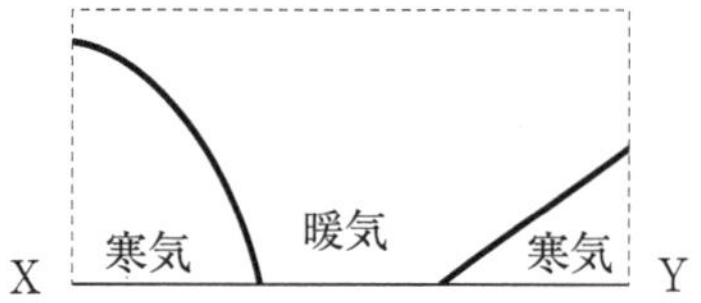

4.

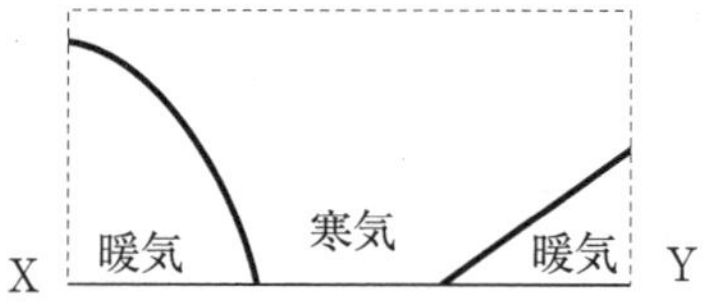

(イ)　Kさんは，右の図のような装置を使って雲の発生について調べる実験を行った。次の［　　］は，Kさんが実験についてまとめたものである。文中の（あ），（い），（う）にあてはまるものの組み合わせとして最も適するものをあとの１～６の中から一つ選び，その番号を答えなさい。

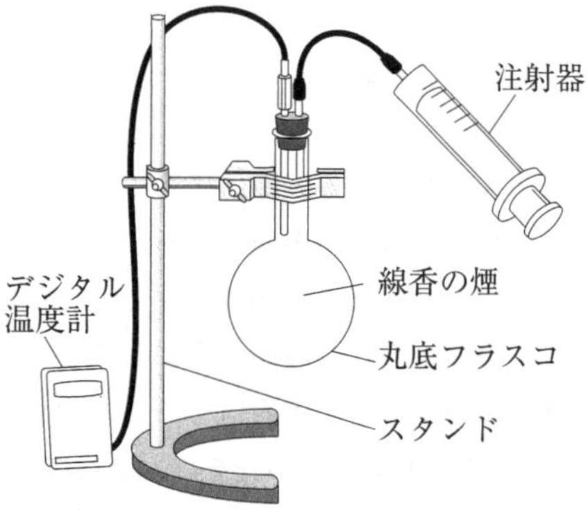

> 　フラスコ内を湿らせ，線香の煙を入れたのち，フラスコにデジタル温度計と注射器をつないで密閉した。注射器のピストンを（　あ　）と，フラスコ内がくもった。これは，空気が（　い　），温度が下がることで露点に達したためである。
> 　このことから，大気中では空気が（　う　）することによってまわりの気圧が変化し，フラスコ内と同様の現象が起こり，雲が発生していると考えられる。

1. あ：引く　い：膨張し　　う：上昇
2. あ：押す　い：圧縮され　う：下降
3. あ：引く　い：膨張し　　う：下降
4. あ：押す　い：圧縮され　う：上昇
5. あ：引く　い：圧縮され　う：下降
6. あ：押す　い：膨張し　　う：上昇

(ウ) 右の図は，太平洋上の島や海底の山である海山が列をつくって並んでいるようすを表したものである。これらは，現在のハワイ島付近でできた火山が，図中の ⇨ のように太平洋プレートが移動することで形成されたと考えられている。太平洋プレートが年間で平均8.5cm移動し，ハワイ島から海山Bまでの距離がおよそ3500km，海山Bから海山Aまでの距離がおよそ2500kmであるとすると，(i)海山Aがハワイ島付近でできた時期，(ii)その時期を含む地質年代に地球上で起きた主なできごととして最も適するものをそれぞれの選択肢の中から一つずつ選び，その番号を答えなさい。

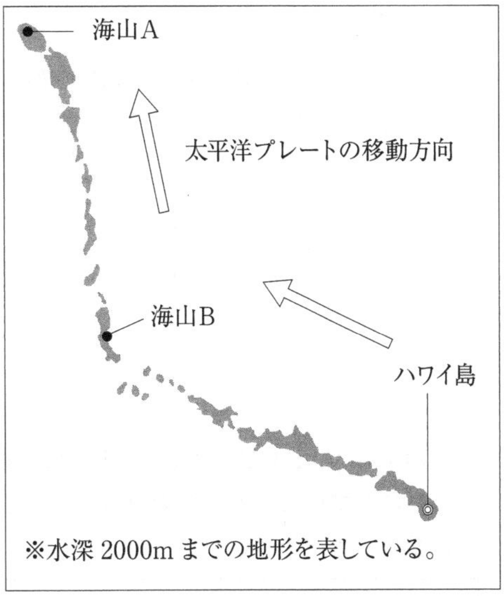

(i) 海山Aがハワイ島付近でできた時期

1. およそ7万年前　2. およそ70万年前　3. およそ700万年前
4. およそ7000万年前　5. およそ7億年前

(ii) その時期を含む地質年代に地球上で起きた主なできごと

1. 生命が誕生した。　2. 恐竜が繁栄した。　3. 人類が誕生した。

問5　Kさんは，音の性質を調べるために，次のような実験を行った。これらの実験とその結果について，あとの各問いに答えなさい。

〔実験1〕 音が出ているブザーを容器の中に入れ密閉したところ，ブザーの音は容器の外まで聞こえた。真空ポンプを使い，この容器内の空気を抜いていくと，ブザーの音は徐々に小さくなり，やがて聞こえなくなった。

〔実験2〕 **図1**のようなモノコードを用意し，ことじとaの間の弦の長さを50cmにした。ことじとaとの間の弦をはじき，オシロスコープで音の波形を調べたところ，**図2**のようになった。**図2**の縦軸は振幅を，横軸は時間を表している。

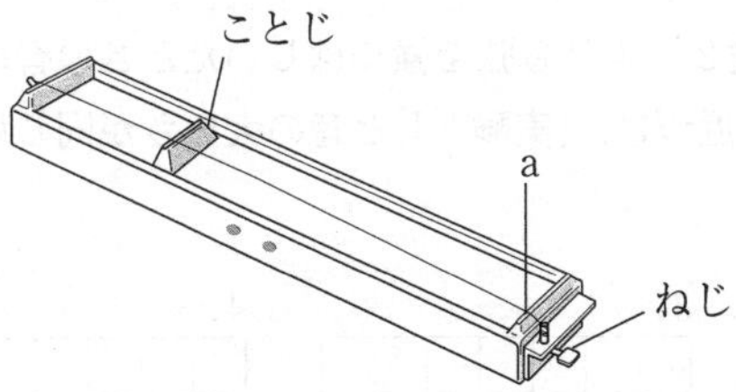

図1

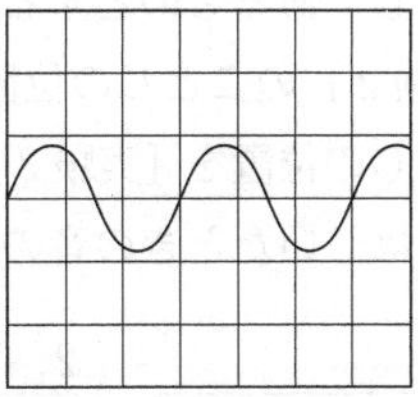

図2

〔実験3〕 **図1**のモノコードのことじとaの間の弦の長さ，弦の太さ，弦を張る強さを変え，ことじとaの間の弦を同じ強さではじき，様々な条件で発生した音の振動数を調べた。次のページの**表**は，Kさんが実験結果をまとめたものである。

表

条件	弦の長さ〔cm〕	弦の太さ〔mm〕	弦を張る強さ	発生した音の振動数〔Hz〕
Ⅰ	25	0.6	弱い	600
Ⅱ	25	0.6	条件Ⅰより強い	800
Ⅲ	50	0.6	条件Ⅱと同じ	400
Ⅳ	50	0.6		200
Ⅴ	50	0.9		400
Ⅵ	50	0.9		200

(ア) 次の□は，Kさんが〔実験１〕と〔実験２〕についてまとめたものである。文中の(あ)，(い)，(う) にあてはまるものの組み合わせとして最も適するものをあとの１～６の中から一つ選び，その番号を答えなさい。

> 〔実験１〕の結果から，真空中で音が（　あ　）ことがわかる。また，〔実験２〕からモノコードの弦をはじくと，弦の振動が（　い　）として空気中を伝わることがわかる。ヒトが音を聞くことができるのは。空気中を伝わった振動により耳の（　う　）が振動するためと考えられる。

1. あ：伝わる　　　い：粒子　う：聴神経
2. あ：伝わる　　　い：粒子　う：鼓膜
3. あ：伝わる　　　い：波　　う：鼓膜
4. あ：伝わらない　い：波　　う：聴神経
5. あ：伝わらない　い：波　　う：鼓膜
6. あ：伝わらない　い：粒子　う：聴神経

(イ) 〔実験２〕においてモノコードの弦をはじくときの条件を次の(i)，(ii)のように変えたときの音の波形として最も適するものをあとの１～４の中からそれぞれ一つずつ選び，その番号を答えなさい。ただし，いずれもことじとaとの間で弦をはじき，1～４のオシロスコープの１目盛りの値は**図２**と同じであるものとする。

(i) 〔実験２〕のことじの位置は変えず，〔実験２〕よりも弦を強くはじいたときの音の波形。

(ii) ことじの位置を〔実験２〕よりもaの側に近づけ，〔実験２〕と音の大きさが同じになるように弦をはじいたときの音の波形。

1.
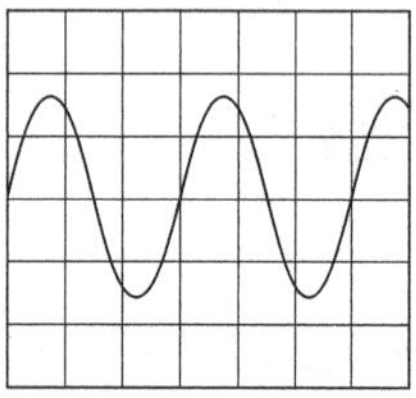

2.
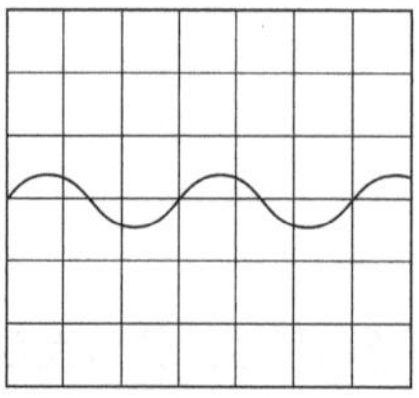

3.
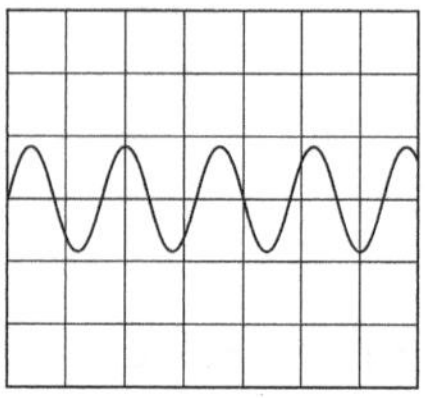

4.
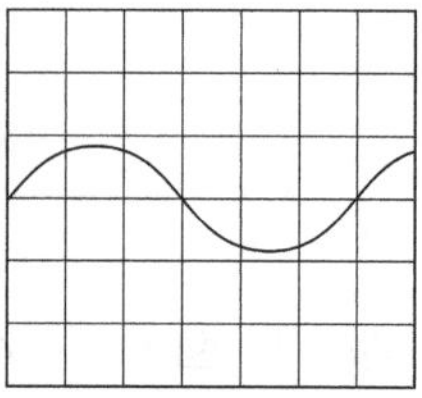

(ウ)　次の〔　〕中のA～Dのうち，〔実験3〕の条件Ⅰ～条件Ⅲの結果から考えられることはどれか。最も適するものをあとの1～6の中から一つ選び，その番号を答えなさい。

A　弦の太さと弦を張る強さが同じときは，弦の長さを長くすると音は高くなる。
B　弦の太さと弦を張る強さが同じときは，弦の長さを長くすると音は低くなる。
C　弦の長さと弦の太さが同じときは，弦を張る強さを強くすると音は高くなる。
D　弦の長さと弦の太さが同じときは，弦を張る強さを強くすると音は低くなる。

1. Aのみ　2. Bのみ　3. AとC　4. AとD　5. BとC　6. BとD

(エ)　次の□は，〔実験3〕についてのKさんと先生の会話である。文中の（X），（Y）に最も適するものをあとの1～3の中からそれぞれ一つずつ選び，その番号を答えなさい。

Kさん　「〔実験3〕の条件Ⅳ～条件Ⅵで弦を張る強さの記録をするのを忘れてしまいました。」
先　生　「それで記録が抜けているのですね。実は，弦の長さと弦を張る強さが同じならば，弦が太い方が音は低くなります。このことから，〔実験3〕の条件Ⅳ～条件Ⅵでの弦を張った強さを考えることができます。では，〔実験3〕の条件Ⅳ～条件Ⅵのうちで，弦を張った力が最も強いものと弱いものはそれぞれどれだと考えられますか。」
Kさん　「条件Ⅳ～条件Ⅵで，弦を張った力が最も強いものは（　X　），最も弱いものは（　Y　）だと思います。」
先　生　「そのとおりですね。」

1. 条件Ⅳ　2. 条件Ⅴ　3. 条件Ⅵ

問6　Kさんは，いろいろな水溶液に電流を流したときの反応について調べるために，次のような実験を行った。これらの実験とその結果について，あとの各問いに答えなさい。ただし，電気分解を行うときに使用する電極は，それぞれの水溶液に適したものとする。

〔実験1〕　図1のような装置を組み立て，うすい塩化銅水溶液を入れたビーカーに電極を入れて，直流電流を流したところ，陰極には赤色の物質が付着した。

また，陽極で気体が発生しているときに陽極付近の液をこまごめピペットでとり，赤インクで色をつけた水が入った試験管に入れて色の変化を観察したところ，インクの赤色が消えた。

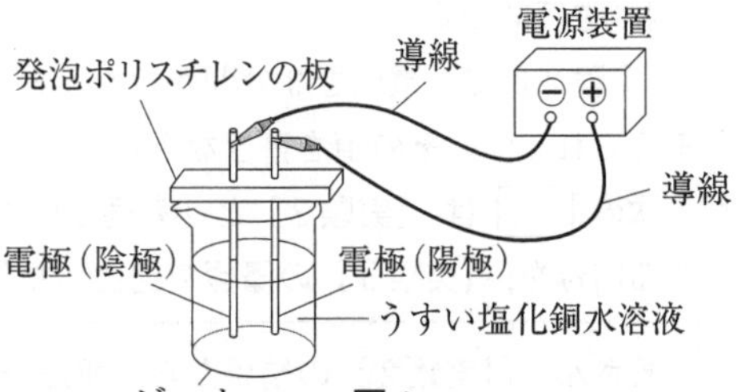

図1

〔実験2〕　図2のように電気分解装置にうすい水酸化ナトリウム水溶液を満たし，電源装置につないで電圧をかけたところ，陰極には水素が，陽極には酸素が発生した。表1は電圧をかけた時間とたまった気体の体積をまとめたもので

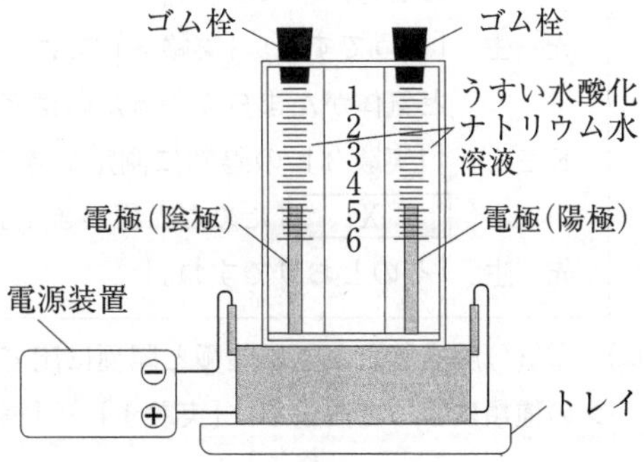

図2

ある。ただし，かけた電圧の大きさは一定であるものとする。

表1

電圧をかけた時間〔分〕	0	2	4	6
陰極にたまった水素の体積〔cm^3〕	0	1.2	2.4	3.6
陽極にたまった酸素の体積〔cm^3〕	0	0.6	1.2	1.8

〔実験3〕 **図2**のうすい水酸化ナトリウム水溶液のかわりに，うすい塩酸を満たし，電圧をかけたところ，陰極と陽極それぞれで気体が発生した。**表2**は電圧をかけた時間とたまった気体の体積をまとめたものである。ただし，かけた電圧の大きさは一定であるものとする。

表2

電圧をかけた時間〔分〕	0	2	4	6
陰極にたまった気体の体積〔cm^3〕	0	1.2	2.4	3.6
陽極にたまった気体の体積〔cm^3〕	0	－	－	－

※ －：気体は発生していたが，たまった量が少なく測定ができなかった。

(ア) 〔実験1〕の下線部について，(i)赤色の物質の名称，(ii)その特徴として最も適するものをそれぞれの選択肢の中から一つずつ選び，その番号を答えなさい。

(i) 赤色の物質の名称

1. 塩化銅　2. 銅　3. 塩化水素　4. 塩素

(ii) その特徴

1. ろ紙にとり，薬さじでこすると光沢が出る。
2. ろ紙にとり，空気中にしばらく置くと蒸発する。
3. 水によく溶ける。
4. 磁石につく。

(イ) 〔実験2〕で，電圧を9分間かけたときにたまる水素の体積と酸素の体積の差は何cm^3になると考えられるか。その値を書きなさい。

(ウ) 次の［　］は，〔実験2〕と〔実験3〕に関するKさんと先生の会話である。文中の［X］に適する内容を，〔実験3〕の**陽極で発生した気体名を用いて10字以内**で書きなさい。

> Kさん 「〔実験2〕の結果から，電圧をかけた時間とたまった気体の体積には比例関係があると考えられます。」
> 先　生 「そうですね。〔実験3〕では，陽極からも気体は発生していたのに，測定できるほど気体がたまらなかったのはどうしてだと思いますか。」
> Kさん 「〔実験3〕の陽極に測定できるほど気体がたまらなかったのは，陽極で発生した［　X　］ためだと思います。」
> 先　生 「そのとおりですね。」

(エ) 電気分解をしたときに陰極と陽極に出てくる物質は，水溶液中で電解質が電離してできるイオンの種類によって決まる。〔実験1〕～〔実験3〕の結果から，**図2**の電気分解装置にうすい塩化ナトリウム水溶液を満たし，電源装置につないで電圧をかけたときに陰極と陽極に出てくる物質の組み合わせとして最も適するものを次の1～6の中から一つ選び，その番号を答えなさい。

1. 陰極：水素　陽極：酸素　　　2. 陰極：ナトリウム　陽極：酸素
3. 陰極：水素　陽極：塩素　　　4. 陰極：ナトリウム　陽極：塩素
5. 陰極：水素　陽極：塩化水素　6. 陰極：ナトリウム　陽極：塩化水素

問7　Kさんは，刺激に対する反応のしくみについて調べるために，次のような実験を行った。これらの実験とその結果について，あとの各問いに答えなさい。

〔実験1〕　次の①～④の手順で実験を行った。

①　Kさんを含めたクラスの生徒8人で，Kさんから順に**図1**のように手をつないだ。最初に，Kさんが左手でストップウォッチをスタートさせると同時に右手でとなりの人の左手をにぎった。

②　左手をにぎられた人は，すぐに右手で次の人の左手をにぎった。

③　②を繰り返し，最後の人は自分の左手をにぎられたら右手を挙げた。

④　最後の人の右手が挙がったのを見て，Kさんはストップウォッチを止めた。

図1

〔実験2〕　次の①～③の手順で実験を行った。

①　**図2**のように，Lさんがものさしの上部をつまみ，Kさんはものさしにふれないように0の目盛りの位置に指をそえた。

②　Lさんが合図をせずにものさしを離し，ものさしが落ち始めたらすぐにKさんは手の高さを変えずにものさしをつかみ，ものさしが落ちた距離を測定した。この手順を5回行い，ものさしが落ちた距離をもとにものさしをつかむまでにかかった時間を求め，**表**の記録1の欄にまとめた。

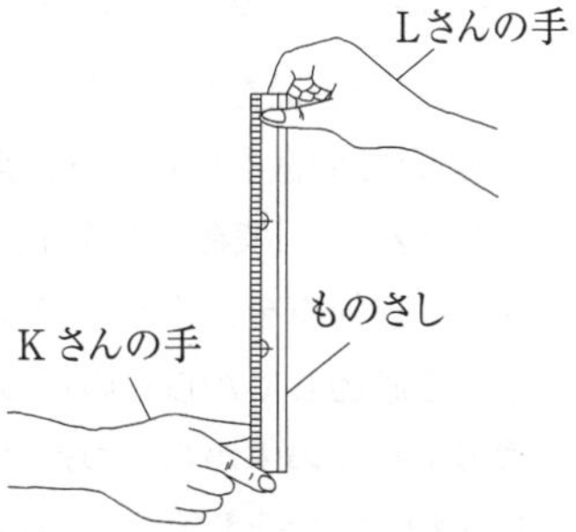

図2

③　次に①の手順のあと②において，Kさんが目を閉じてものさしをつかむようにした。Lさんがものさしを離す瞬間がわかるように声で合図し，その声によってKさんがものさしをつかむまでに落ちた距離を測定した。この手順を5回行い，ものさしをつかむまでにかかった時間を求め，**表**の記録2の欄にまとめた。

表

	1回目	2回目	3回目	4回目	5回目
記録1〔秒〕	0.18	0.16	0.16	0.15	0.16
記録2〔秒〕	0.12	0.12	0.12	0.13	0.11

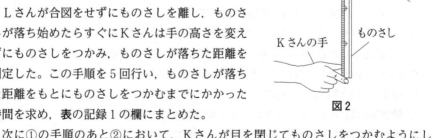

(ア)［実験1］②において，左手の皮膚で刺激を受けとってから信号が右手の筋肉に伝わるまでの経路を，図3のA～Fを用いて表したものとして最も適するものを次の1～6の中から一つ選び，その番号を答えなさい。

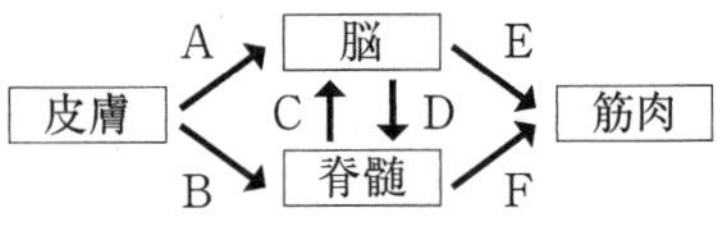

図3

1. A→E　　2. A→D→F　　3. A→D→C→E
4. B→F　　5. B→C→E　　6. B→C→D→F

(イ)［実験1］の結果，ストップウォッチの値は2.2秒であった。Kさんは，皮膚で刺激を受けてからとなりの人の手をにぎる反応に要する時間の一人あたりの平均の値を，2.2÷8という式で求めようとした。しかし，［実験1］の手順の中にこの式で求める上で適さない経路があることに気がついた。次の□は，Kさんがそのことについてまとめたものである。文中の（X），（Y）に最も適するものをそれぞれの選択肢の中から一つずつ選び，その番号を答えなさい。

> ［実験1］の手順の中で適さない経路となるのは（　X　）という部分である。これは（　Y　）という経路であるため，皮膚で刺激を受けてからとなりの人の手をにぎる反応に要する時間にならないと考えられる。

Xの選択肢

1. Kさんが左手でストップウォッチをスタートさせると同時に右手でとなりの人の左手をにぎった
2. 左手をにぎられた人は，すぐに右手で次の人の左手をにぎった
3. 最後の人の右手が挙がったのを見て，Kさんはストップウォッチを止めた

Yの選択肢

1. 皮膚で刺激を受け，脳が筋肉に命令し，筋肉を動かす
2. 目で刺激を受け，脳が筋肉に命令し，筋肉を動かす
3. 耳で刺激を受け，脳が筋肉に命令し，筋肉を動かす

(ウ) Kさんは，［実験2］を「自転車で走っているときに，障害物があることに気づいてブレーキをかけ，自転車を止める。」という場面に置きかえて考えてみた。［実験2］②のものさしが落ちたことを確認してからものさしをつかむまでに要する時間に相当するものとして最も適するものを次の1～4の中から一つ選び，その番号を答えなさい。

1. 障害物に気づくまでの時間
2. 障害物に気づいてから，ブレーキをかけるまでの時間
3. 障害物に気づいてから，自転車が止まるまでの時間
4. ブレーキをかけてから，自転車が止まるまでの時間

(エ)［実験2］の**表**から立てられる仮説として最も適するものを次の1～4の中から一つ選び，その番号を答えなさい。

1. ヒトが刺激を受けてから反応するまでにかかる時間は，音の刺激の方が光の刺激よりも短い。
2. ヒトが刺激を受けてから反応するまでにかかる時間は，音の刺激，光の刺激，皮膚への刺激のうち，音の刺激が最も短い。
3. ヒトが刺激を受けてから反応するまでにかかる時間は，光の刺激の方が音の刺激よりも短い。
4. ヒトが刺激を受けてから反応するまでにかかる時間は，音の刺激，光の刺激，皮膚への刺激のうち，光の刺激が最も短い。

問８　Ｋさんは，神奈川県のある場所で次のような天体の観察を行った。これらの観察とその記録について，あとの各問いに答えなさい。

〔観察〕　ある日の午前６時に空を観察すると，木星と月と金星が見えた。また，木星の近くにはさそり座の１等星であるアンタレスが見えた。**図１**は，それらの位置をスケッチしたものである。

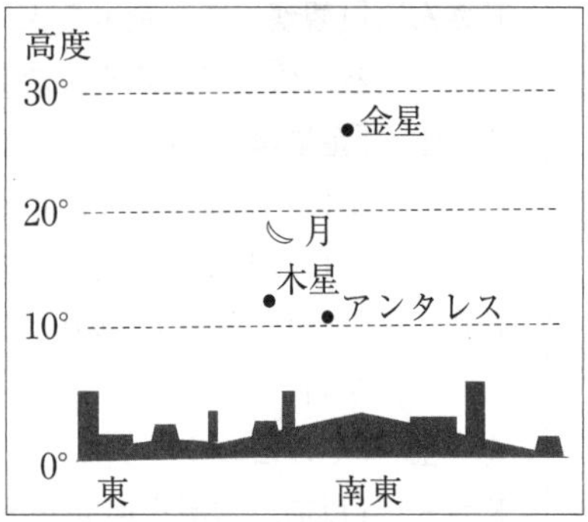

図１

(ア)　**図２**は，月が地球のまわりを公転するようすを模式的に表している。〔観察〕を行ったときの月の位置として最も適するものを**図２**の１～８の中から一つ選び，その番号を答えなさい。

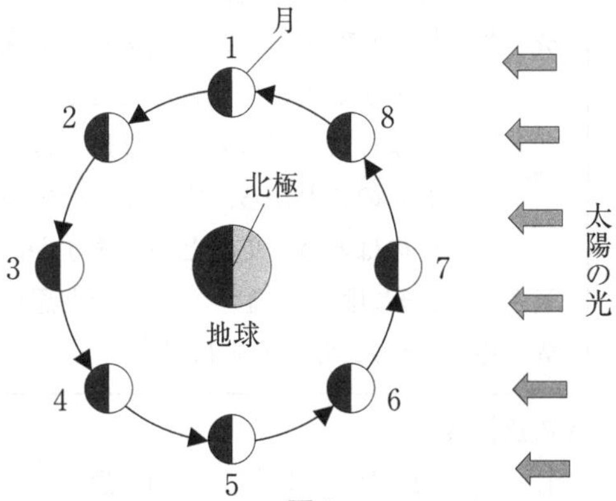

図２

(イ)　**図３**は，地球が太陽のまわりを公転するようすを模式的に表している。(i)さそり座が夜中に南中する季節の地球の位置，(ii)〔観察〕を行った季節の地球の位置として最も適するものを**図３**の１～４の中からそれぞれ一つずつ選び，その番号を答えなさい。

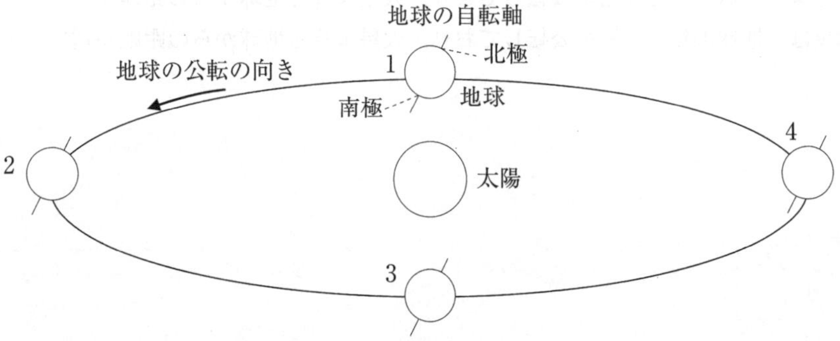

図３

(ウ)　〔観察〕から１か月後に，さそり座のアンタレスが〔観察〕を行ったときとほぼ同じ位置に見えるのは何時か。その時間を**午前**または**午後**という語句を必ず用いて書きなさい。

(エ)　次の□は，〔観察〕についてのＫさんと先生の会話である。また，**図４**は，天の北極側から見た金星と地球のそれぞれの公転軌道と太陽との位置の模式図である。文中の（Ｘ），（Ｙ）に最も適するものをそれぞれの選択肢の中から一つずつ選び，その番号を答えなさい。

Kさん 「〔観察〕で，金星を天体望遠鏡で観察したところ，欠けて見えました。」
先　生 「金星は，月のように満ち欠けして見えますね。では，〔観察〕で見たとき金星の位置は**図4**のA～Dのどこだと思いますか。」
Kさん 「このときの金星の位置は（　X　）だと思います。」
先　生 「そのとおりですね。」
Kさん 「以前，木星を何回か天体望遠鏡で観察しましたが，欠けて見えることがありませんでした。」
先　生 「そうですね。実は火星を天体望遠鏡で観察すると少し欠けて見えることがありますが，金星のように三日月のような形にはなりません。これらのことから，木星が欠けて見えることがないのはどうしてだと思いますか。」
Kさん 「それは，（　Y　）からだと思います。」
先　生 「そのとおりですね。」

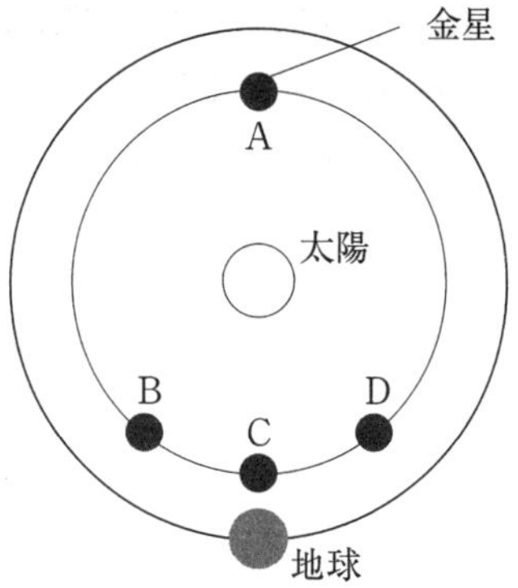

図4

Xの選択肢
1. A　2. B　3. C　4. D

Yの選択肢
1. 木星の赤道半径が，金星の赤道半径よりも大きい
2. 木星の赤道半径が，地球の赤道半径よりも大きい
3. 木星が，太陽のように自ら輝いている
4. 木星は，地球よりも外側を公転しており，火星よりも地球からの距離が近い
5. 木星は，地球よりも外側を公転しており，火星よりも地球からの距離が遠い

＜社会＞

時間　50分　　満点　100点

【注意】　解答用紙にマス目（例：□□□）がある場合は，句読点もそれぞれ１字と数え，必ず１マスに１字ずつ書きなさい。

問１　次の**略地図**は，地図の中心からの距離と方位が正しく表されたものであり，南緯60度より南側の範囲が省略されている。緯線は北極点から，経線は本初子午線からそれぞれ等間隔に引いたものである。また，**表１**～**表３**は，**略地図**中の様々な国の宗教や産業についてまとめたものである。

これらの**略地図**及び次のページの**表１**～**表３**について，あとの各問いに答えなさい。

略地図

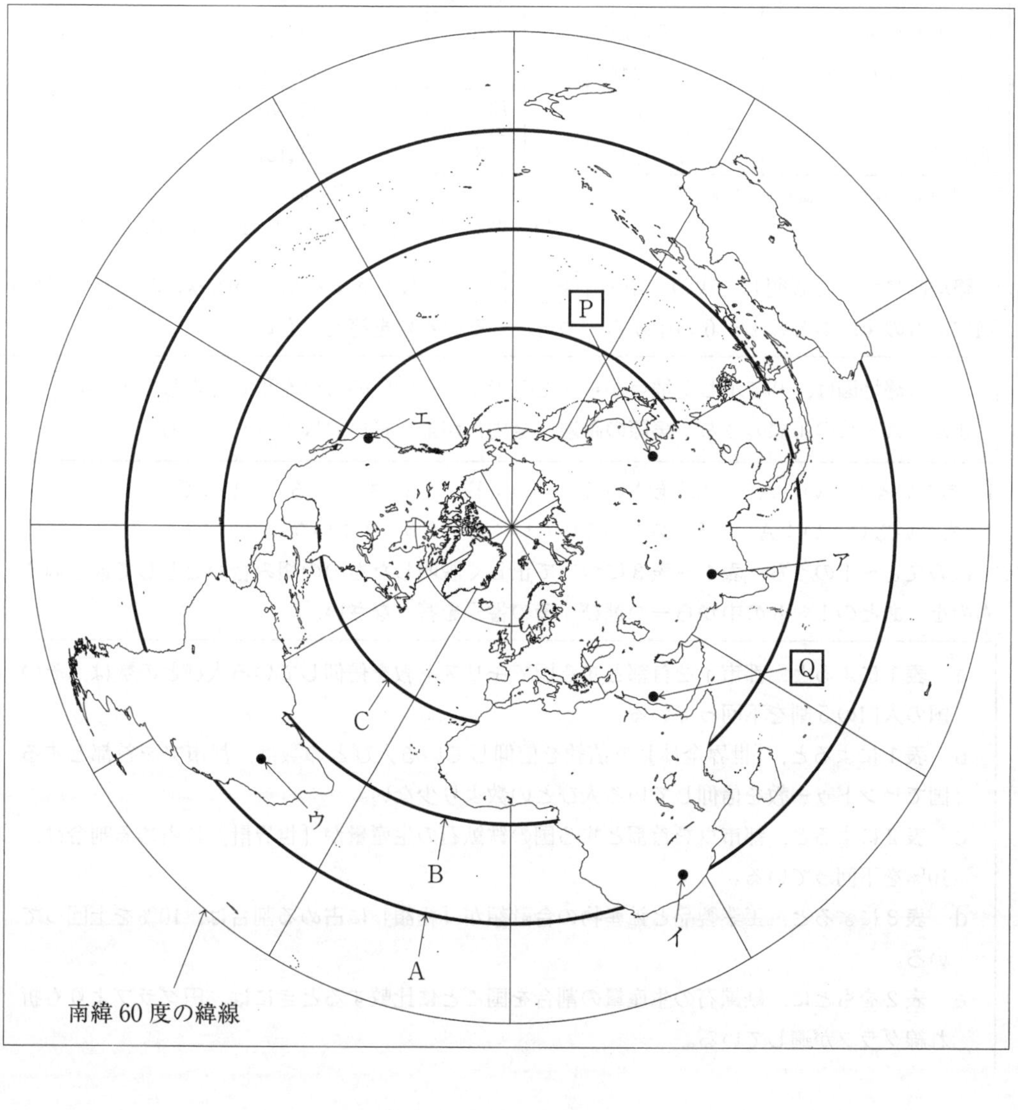

表 1 略地図中の国及び世界全体の主な宗教・宗派別人口の割合

	人口	主な宗教・宗派別人口の割合
都市アを首都とする国	13 億 3918 万人	ヒンドゥー教 79.8%，イスラム教 14.2%，キリスト教 2.3%
都市イを首都とする国	5672 万人	プロテスタント 36.6%，カトリック 7.1%，他のキリスト教 36.0%，イスラム教 1.5%
世界全体	75 億 5026 万人	キリスト教 31.4%，イスラム教 23.2%，ヒンドゥー教 15.0%，仏教 7.1%

表 2 鉄鉱石の生産量（2014 年）

国	生産量（単位：千トン）
オーストラリア	468,000
都市ウを首都とする国	262,000
中華人民共和国	254,000
都市アを首都とする国	80,000
ロシア	61,700
世界計	1,430,000

注：「世界計」は，その他の国の生産量を含む。

表 3 都市ウを首都とする国の輸出品（2015 年）

品目	輸出額（単位：百万ドル）
大豆	20,984
機械類	15,246
肉類	14,410
鉄鉱石	14,076
原油	11,781
総額	191,127

注：「総額」は，その他の品目を含む。

（**表 1**～**表 3** はすべて，『世界国勢図会 2017/18 年版』をもとに作成）

(ア) **略地図**について説明した次の文中の [あ]，[い] にあてはまる語句の組み合わせとして最も適するものを，あとの 1 ～ 6 の中から一つ選び，その番号を答えなさい。

> この**略地図**は，[P]で示した地点から見た[Q]で示した地点の方位を正しく表して [あ] 。
> また，A～Cの緯線のうち，実際の距離（全周）が最も長いのは [い] である。

1. あ：いる い：A　2. あ：いる い：B　3. あ：いる い：C
4. あ：いない い：A　5. あ：いない い：B　6. あ：いない い：C

(イ) 次の文 a ～ f のうち，**表 1** ～**表 3** について正しく説明したものの組み合わせとして最も適するものを，あとの 1 ～ 8 の中から一つ選び，その番号を答えなさい。

a **表 1** によると，都市イを首都とする国でキリスト教を信仰している人びとの数は，その国の人口の 5 割を下回っている。

b **表 1** によると，「世界全体」で仏教を信仰している人びとの数は，都市アを首都とする国でヒンドゥー教を信仰している人びとの数より少ない。

c **表 2** によると，都市ウを首都とする国の鉄鉱石の生産量が「世界計」に占める割合は，10%を下回っている。

d **表 3** によると，工業製品と鉱産物の合計額が「総額」に占める割合は，10%を上回っている。

e **表 2** をもとに，鉄鉱石の生産量の割合を国ごとに比較するときには，円グラフよりも折れ線グラフが適している。

f　**表3**をもとに，都市ウを首都とする国からの輸出額の品目ごとの割合を示すときには，折れ線グラフよりも円グラフが適している。

1. a，c，e　　2. a，c，f　　3. a，d，e　　4. a，d，f
5. b，c，e　　6. b，c，f　　7. b，d，e　　8. b，d，f

(ウ)　**略地図**中の都市エの郊外のようすについて説明した文として最も適するものを，次の1～4の中から一つ選び，その番号を答えなさい。

1. 情報通信技術（情報技術）に関連する産業が集中し，高度な技術の開発が進められている。
2. 北大西洋海流や偏西風の影響による温暖な気候を利用した，混合農業や酪農がさかんである。
3. 火山のはたらきによってできた島や，さんご礁が発達してできた島が多くみられる。
4. プランテーションにおいて，天然ゴムやバナナなど輸出用の作物が栽培されている。

問2　Kさんは，富山県黒部《くろべ》市を題材に調べ学習をおこないレポートを作成した。これについて，あとの各問いに答えなさい。

レポート

私は，新幹線に乗って日本アルプスの東側を通りました。①この一帯には断層が集まっており，ここを境にして本州の東と西では自然環境が大きく異なっているそうです。その後，②北陸地方に入り富山県の③黒部市に到着した私は，市のパンフレットに掲載されていた**案内図**を使って調査を始めようとしました。しかし，**案内図**では方位や一部の道路などが省略されていたので，次のページの**地形図**を用意して調査にのぞむことにしました。

案内図

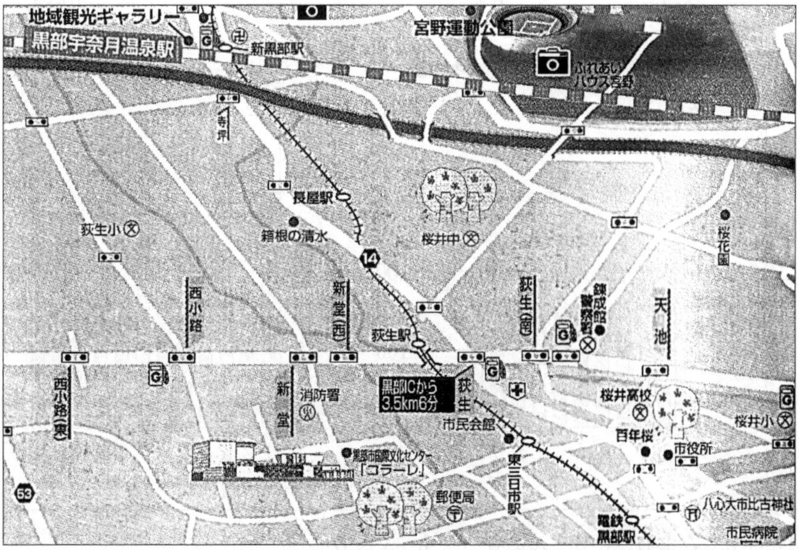

（『KUROBEマガジン』（黒部市商工観光課）を一部改変）

地形図

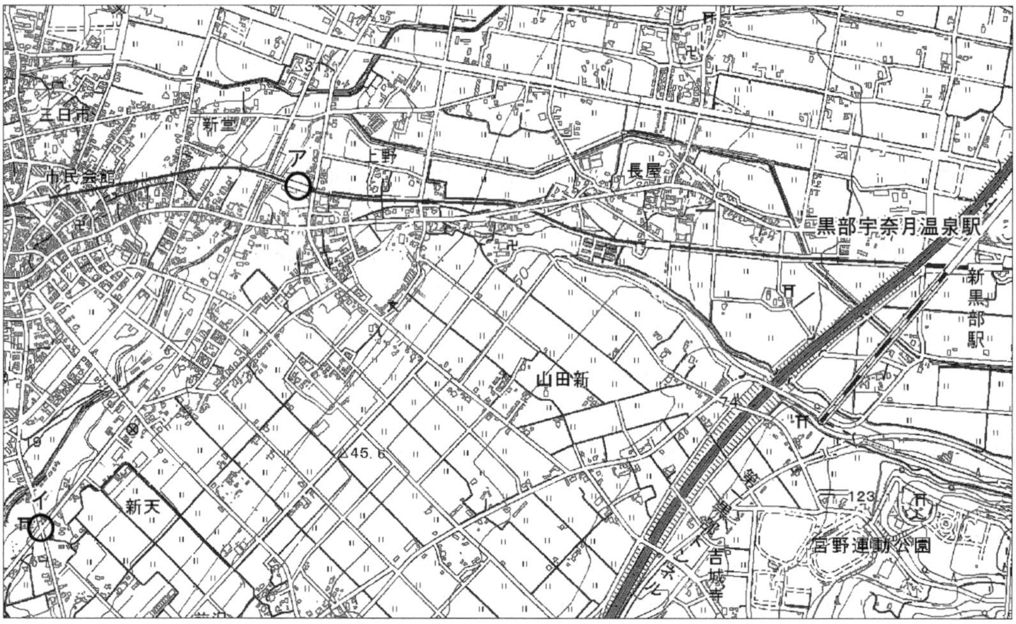

（『2万5千分の1電子地形図　国土地理院作成（2019年8月調製）』をもとに作成）

(ア)　——線①に関して，この一帯の名称を**カタカナ7字**で書きなさい。

(イ)　——線②に関して，この地方に含まれる**都市**の名称とその都市の気温と降水量を表した**グラフ**の組み合わせとして最も適するものを，あとの1～8の中から一つ選び，その番号を答えなさい。

都　市	W　金沢市　　X　札幌市　　Y　仙台市　　Z　名古屋市
グラフ	a 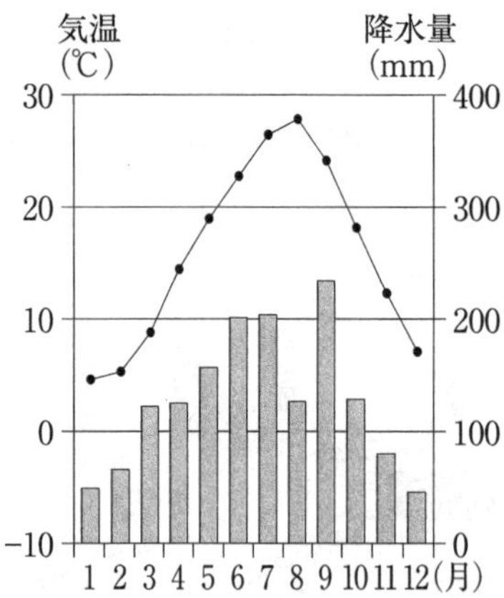 b 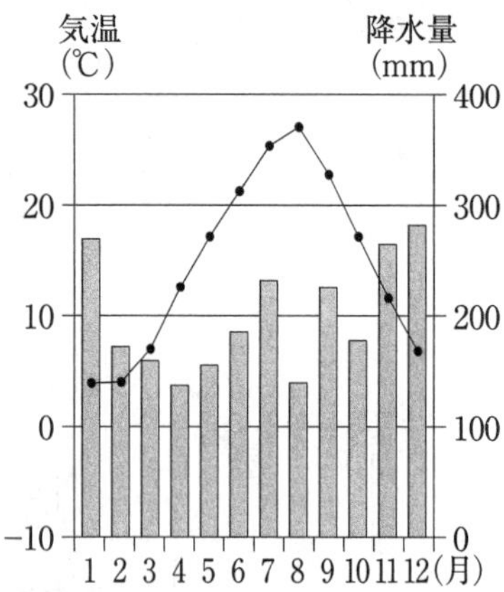 （気象庁ウェブサイト掲載資料（1981～2010）をもとに作成）

1. Wとa　　2. Wとb　　3. Xとa　　4. Xとb

5. Yとa　　6. Yとb　　7. Zとa　　8. Zとb

(ウ)　——線③に関して，黒部市の人口の推移を示した次のページの**グラフ**から読み取れることについて説明した文として最も適するものを，あとの1～4の中から一つ選び，その番号を答えなさい。

グラフ

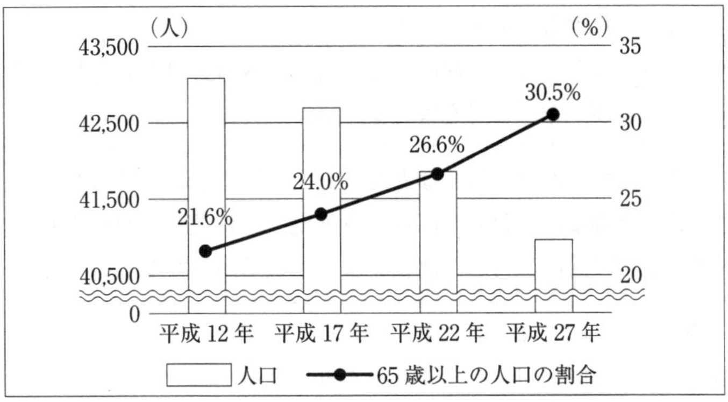

(黒部市ウェブサイト掲載資料をもとに作成)

1. 平成12年から平成27年にかけて，65歳以上の人口の割合が低下し続けている。
2. 平成12年から平成27年にかけて，出生率が低下し少子化が進んでいる。
3. 平成27年には，65歳以上の人口が64歳以下の人口を上回っている。
4. **グラフ**に示された4つの年のすべてで，65歳以上の人口は8千人をこえている。

(エ) **地形図**上の**ア**，**イ**で示した地点に対応する**案内図**上の場所の組み合わせとして最も適するものを，次の1～4の中から一つ選び，その番号を答えなさい。

1. ア：電鉄黒部駅　イ：「天池《あまいけ》」の交差点
2. ア：電鉄黒部駅　イ：「西小路《にしょうじ》」の交差点
3. ア：荻生《おぎゅう》駅　イ：「天池」の交差点
4. ア：荻生駅　イ：「西小路」の交差点

問3　Kさんは，夏休みを利用して大分県を訪れ，**レポート**を作成した。これについて，あとの各問いに答えなさい。

レポート

古代から近世にかけて，現在の大分県にあたる範囲の北部の地域は豊前《ぶぜん》，中部から南部にかけての地域は豊後《ぶんご》とよばれていたそうです。7世紀以降の大分県に関係のあるできごとや中学校までに学習した内容について，年代の古い順に**表**にしました。

表

大分県に関係のあるできごと		中学校までに学習した内容
		倭国の軍勢が，朝鮮半島で唐・新羅の連合軍に敗れた。
あ	A	
		壇ノ浦で，平氏の軍勢が源氏の軍勢に敗れた。
い		
		京都で，多くの守護大名を巻きこんだ戦乱がおこった。
	B	
		大阪城が攻められ，豊臣家が滅亡した。
う	C	
		貿易の利益を守ろうとするイギリスが，清と戦った。

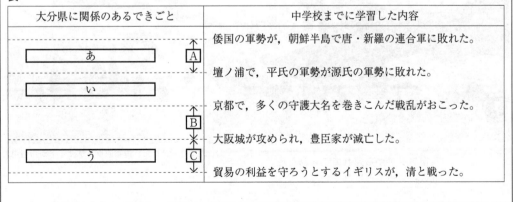

(ア) **レポート**中の——線に関して，この期間を西暦で表すと何年から何年までか，その始まりの年と終わりの年をそれぞれ**算用数字**で書きなさい。

(イ) **表**中の あ ～ う にあてはまる次の文Ⅰ～Ⅲの組み合わせとして最も適するものを，あとの1～6の中から一つ選び，その番号を答えなさい。

Ⅰ　豊後についての地理や産物，伝承などをまとめた風土記がつくられた。
Ⅱ　複数の藩があった豊後に，幕府の直接の支配地（直轄領）が設けられた。
Ⅲ　大友氏泰《うじやす》が，足利尊氏に味方した功績によって豊前や豊後などの守護に任じられた。

1. あ：Ⅰ　い：Ⅱ　う：Ⅲ　　2. あ：Ⅰ　い：Ⅲ　う：Ⅱ
3. あ：Ⅱ　い：Ⅰ　う：Ⅲ　　4. あ：Ⅱ　い：Ⅲ　う：Ⅰ
5. あ：Ⅲ　い：Ⅰ　う：Ⅱ　　6. あ：Ⅲ　い：Ⅱ　う：Ⅰ

(ウ) **表**中のAの時期のできごとについて説明した次の文Ⅰ～Ⅲを年代の古いものから順に正しく並べたものを，あとの1～4の中から一つ選び，その番号を答えなさい。

Ⅰ　大宝律令が制定され，天皇を頂点に太政官が政策を決める仕組みが定められた。
Ⅱ　藤原道長が，天皇が幼いときに政治を代行する職につき，政治を主導した。
Ⅲ　後白河上皇に仕える人びとの勢力争いに勝利した平清盛が，政権をにぎった。

1. Ⅰ→Ⅱ→Ⅲ　2. Ⅰ→Ⅲ→Ⅱ　3. Ⅱ→Ⅰ→Ⅲ　4. Ⅱ→Ⅲ→Ⅰ

(エ) 次の**資料**は，**表**中のBの時期のようすを描いた屏風《びょうぶ》の一部である。この**資料**に関する**説明文**と，Bの時期におきた**世界のできごと**の組み合わせとして最も適するものを，あとの1～6の中から一つ選び，その番号を答えなさい。

資料

従来の仏教寺院を改造してつくられた教会。
その屋根には十字架が取り付けられている。
東南アジアから連れてこられた虎。

商人によって運ばれている。

（神戸市立博物館ウェブサイトから引用）

説明文	X　朝鮮の人びとが，幕府の新たな将軍が就任した際に，外交使節として日本を訪れたようすを表している。 Y　ヨーロッパの人びとが，貿易やキリスト教の布教のために，日本を訪れたようすを表している。
世界のできごと	a　キリスト教徒で構成された十字軍が，エルサレムに遠征した。 b　元が，高麗を従わせて日本を攻めた。 c　ルターやカルバンらによって，宗教改革がおこなわれた。

1. Xとa　2. Xとb　3. Xとc　4. Yとa　5. Yとb　6. Yとc

(オ)　表中のⒸの時期の日本でみられた文化について説明した文として最も適するものを，次の1～4の中から一つ選び，その番号を答えなさい。

1. 宮廷に才能ある女性が集まる中で，清少納言がかな文字を使って随筆を書いた。
2. 武家の文化が公家の文化ととけ合っていく中で，京都の北山に金閣がつくられた。
3. 武士の力が伸びたことを背景に軍記物が生まれ，琵琶法師によって『平家物語』が語られた。
4. 商業の発達や都市の繁栄を背景に，上方の町人である井原西鶴が浮世草子を書いた。

問4　Kさんは，日本と海外とのかかわりに関するできごとを年代の古い順に並べた**表**を作成した。これについて，あとの各問いに答えなさい。

表

日本と海外とのかかわりに関するできごと	
アメリカ合衆国のペリーが，艦隊を率いて日本に開国を求めた。	
	A
ロシアが，ドイツやフランスとともに，戦争で得た領土の一部を返還するよう日本に要求した。	
	B
満州にいた日本の軍隊が，南満州鉄道の線路を爆破し，満州全体を占領した。	
	C
日韓基本条約が結ばれ，日本と大韓民国のあいだで国交が樹立された。	
	D
日朝首脳会談がおこなわれ，拉致《らち》被害者の一部の帰国が実現した。	

(ア)　**表**中のⒶの時期に結ばれた条約について説明した次の文Ⅰ～Ⅲを年代の古いものから順に正しく並べたものを，あとの1～4の中から一つ選び，その番号を答えなさい。

> Ⅰ　イギリスとのあいだで条約が結ばれ，日本国内で罪を犯した外国人に対して，領事が本国の法で裁判をおこなう仕組みが廃止されることになった。
> Ⅱ　岩倉具視を大使とする使節団が，条約の不平等な点を改正する準備のために，欧米諸国に派遣された。
> Ⅲ　欧米諸国とのあいだで条約が結ばれ，輸出入品に課す税の税率を日本が決めることができない仕組みのもとで，欧米諸国との貿易が始まった。

1. Ⅱ→Ⅰ→Ⅲ　2. Ⅱ→Ⅲ→Ⅰ　3. Ⅲ→Ⅰ→Ⅱ　4. Ⅲ→Ⅱ→Ⅰ

(イ) **表中のBの時期における人びとの生活について説明した文として最も適するものを，次の１～４の中から一つ選び，その番号を答えなさい。**

1. 電気洗濯機，電気冷蔵庫，テレビなどの家庭電化製品が普及した。
2. 雑誌や新聞が普及するとともに，新たにラジオ放送が始まった。
3. 太陽暦を採用することが定められるなど，欧米の文化や生活様式が取り入れられた。
4. 空襲が激しさを増す中で，都市の小学生が集団で農村へ疎開した。

(ウ) **表中のCの時期のできごとについて説明した次の文中の あ ， い にあてはまる語句の組み合わせとして最も適するものを，あとの１～６の中から一つ選び，その番号を答えなさい。**

日本と あ との戦争中に，日本では国家総動員法が制定された。この法によって，大日本帝国憲法（明治憲法）で議会に認められている い に関する機能は大きく制限され，政府は国民や物資を優先して戦争にまわすことができるようになった。

1. あ：アメリカ合衆国　い：法律の制定
2. あ：アメリカ合衆国　い：軍隊の指揮
3. あ：中華民国　い：法律の制定
4. あ：中華民国　い：軍隊の指揮
5. あ：ドイツ　い：法律の制定
6. あ：ドイツ　い：軍隊の指揮

(エ) **表中のDの時期について，あとの各問いに答えなさい。**

(i) 次の**資料**は，この時期に日本と中華人民共和国の両国政府が共同で発表したものの一部である。**資料**中の う にあてはまる**語句**と，中華人民共和国の政治を建国当初から主導していた**人物**の組み合わせとして最も適するものを，あとの１～４の中から一つ選び，その番号を答えなさい。

資料

…（略）…日中両国は，一衣帯水《いちいたいすい》(注)の間にある隣国であり，長い伝統的友好の歴史を有する。両国国民は，両国間にこれまで存在していた不正常な状態に終止符を打つことを切望している。戦争状態の終結と日中 う という両国国民の願望の実現は，両国関係の歴史に新たな一頁《ページ》を開くこととなろう。…（略）…

（注）一衣帯水：一筋の帯のような狭い川・海。その狭い川や海峡をへだてて近接していることをいう。

（外務省ウェブサイトから引用）

語句	X　国交の正常化　Y　軍事同盟の構築
人物	a　毛沢東　b　蔣介石

1. Xとa　2. Xとb　3. Yとa　4. Yとb

(ii) 次のページの**グラフ**は，この時期における日本とアメリカ合衆国のあいだの貿易額の推移を示したものである。この**グラフ**から**読み取れること**と，**グラフ**中の時期の日本についての**説明文**の組み合わせとして最も適するものを，下の１～４の中から一つ選び，その番号を答えなさい。

1. Xとa　2. Xとb　3. Yとa　4. Yとb

グラフ

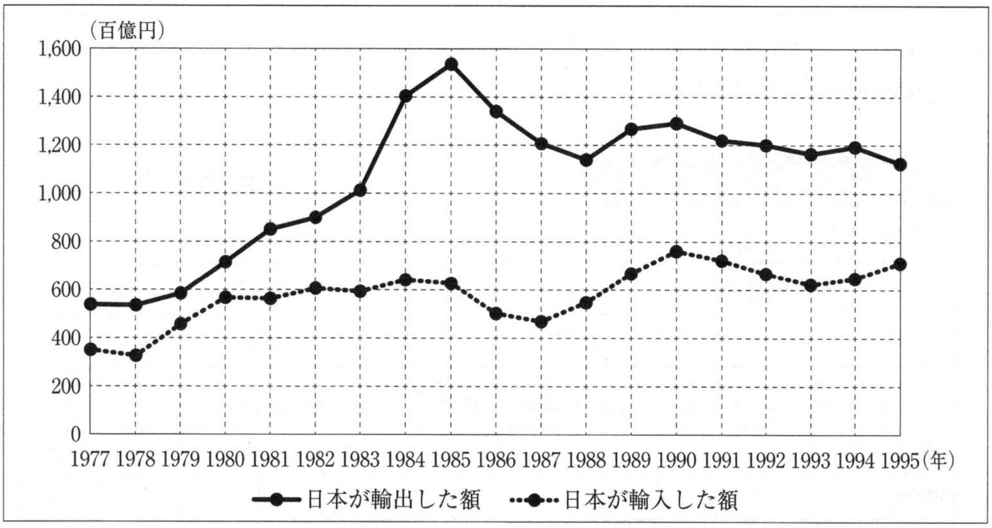

(総務省統計局ウェブサイト掲載資料をもとに作成)

読み取れること	X　1985年に日本が輸入した額は，同年に日本が輸出した額の約2.5倍である。 Y　1985年に比べて，1993年のアメリカに対する日本の貿易黒字は小さくなった。
説明文	a　エネルギー資源を石炭から石油へ転換する動きが始まった。 b　自動車などの輸出をめぐって，アメリカとのあいだで貿易摩擦がおきた。

問5　Kさんは経済について学習し，**感想文**を作成した。これについて，あとの各問いに答えなさい。

感想文

私は，①インターネットを利用して日本の経済について学習しました。私たちが過ごしている社会の経済活動は，②家計・③企業・政府という3つの経済主体によって成り立っており，これらをつなぐ④銀行の役割も重要です。中学生である私たちは，⑤価格が高いか低いかなど，消費者としての視点のみを重視しがちです。しかし，企業を通しての視点，納税者としての視点など，様々な見方を活用して経済を考えていくべきだと思いました。

(ア)　――線①について説明した次の文X，Yの正誤の組み合わせとして最も適するものを，あとの1～4の中から一つ選び，その番号を答えなさい。

X　インターネット上に書きこんだ内容から，個人情報が広く流出することがある。
Y　インターネットを利用して，店舗に行かずに商品を購入できる。

1. X：正　Y：正　　2. X：正　Y：誤　　3. X：誤　Y：正　　4. X：誤　Y：誤

(イ)　――線②に関して，医療費の負担についての次のページの**事例**に最も関係が深いものを，あとの1～4の中から一つ選び，その番号を答えなさい。

事例

太郎さんは，目の検査のために眼科を受診しました。その際に総医療費の一部を負担し，次の領収書を受け取りました。

診療費領収書　　　　　　　　**かもめ中央病院**

神奈川　太郎　　様

入・外	領収書番号	診療科	負担割合	本・家	発行日
外来	***	眼科	30%	家族	2019年11月1日

	初・再診料	投薬	注射	処置	手術	麻酔	検査	リハビリテーション	入院料等	その他	小計
保険分	74点	72点	点	点	点	点	442点	点	点	点	588点
保険外分	円	円	円	円	円	円	円	円	円	円	0円

自費		
	予防注射	円
	室料差額	円
	その他	円
	小計	0円

	保険	保険外	自費
総医療費	5,880円	0円	
自己負担額	1,760円		0円
請求額合計	1,760円		

領収印
1.11.1
かもめ中央病院

1．1点は10円となります。　2．四捨五入になっています。

1．社会資本　　2．社会保障　　3．循環型社会　　4．情報社会

(ウ)　――線③に関して，次の**表**は，非正規雇用で働く人について，性別及び年齢層ごとに示したものである。この**表**から読み取れることについて説明した文として**適切でないもの**を，あとの1～4の中から一つ選び，その番号を答えなさい。

表　「非正規雇用で働く人の数」及び「非正規雇用で働く人の数が雇用者の数に占める割合」

		年齢層／計	15～24歳	25～34歳	35～44歳	45～54歳	55～64歳	65歳以上
男性	数	669万人	127万人	83万人	65万人	60万人	145万人	189万人
	割合	22.2%	46.2%	14.3%	9.2%	8.6%	29.2%	72.4%
女性	数	1,451万人	145万人	181万人	307万人	365万人	284万人	169万人
	割合	56.0%	53.1%	37.8%	52.5%	58.2%	67.9%	81.3%
合計	数	2,120万人	273万人	264万人	371万人	425万人	429万人	358万人
	割合	37.8%	49.8%	24.9%	28.8%	32.1%	46.9%	76.3%

（総務省「労働力調査（2018）」をもとに作成）

1．「非正規雇用で働く人の数」の半数以上は，女性である。
2．65歳以上の年齢層について見てみると，男性と女性の両方において，「非正規雇用で働く人の数」が他の年齢層と比べて最も多い。
3．45歳以上の男女の合計について見てみると，年齢層が高くなるほど，「非正規雇用で働く人の

数が雇用者の数に占める割合」が増加している。

4．25歳以上54歳以下の女性について見てみると，年齢層が高くなるほど，「非正規雇用で働く人の数が雇用者の数に占める割合」が増加している。

(エ)　――線④について説明した次の文中の あ にあてはまる語句を**漢字２字**で書きなさい。また， い にあてはまる語句として最も適するものを，あとのＡ，Ｂの中から一つ選び，その記号を書きなさい。

> (1)　一般の銀行について：企業や家計などの資金の借り手は，銀行に対して借り入れた金額（元金）を返済するだけでなく，一定期間ごとに あ を支払わなければなりません。元金に対する あ の比率を金利といいます。
> (2)　中央銀行について：日本の中央銀行は， い など，さまざまな役割を果たしています。

Ａ　日本国内で流通している紙幣（日本銀行券）を発行する

Ｂ　企業が不当な価格操作をおこなわないように監視する

(オ)　――線⑤に関して，次の文ａ～ｄのうち，価格や景気の変動について正しく説明したものの組み合わせとして最も適するものを，あとの１～４の中から一つ選び，その番号を答えなさい。

> ａ　供給量が需要量より多い場合，価格は高くなり，供給量は増える。
> ｂ　生産者が１人や少数である場合，生産者は供給量を減らして価格を上げることができる。
> ｃ　好況（好景気）の際には，物価が下がり続けるデフレーションが発生する傾向にある。
> ｄ　不況（不景気）の際には，減税をおこなうことで，景気の回復が期待できる。

1．ａ，ｃ　　2．ａ，ｄ　　3．ｂ，ｃ　　4．ｂ，ｄ

問６　公民の学習を終えたＫさんは，ふり返りのための**レポート**を作成した。これについて，あとの各問いに答えなさい。

レポート

> ①日本国憲法にもとづいて実際の政治をおこなっているのは，②国や地方公共団体（地方自治体）です。私たちが生きている現代社会には，国や地方公共団体の枠にとどまらず，考えていかなければならない地球規模の課題がたくさんあります。世界の人びとと共存し，より良い③国際社会を実現するためにできることについて，考えるべきだと思いました。

(ア)　――線①について説明した次の文Ｘ，Ｙの正誤の組み合わせとして最も適するものを，あとの１～４の中から一つ選び，その番号を答えなさい。

> Ｘ　日本国憲法では，抑留《よくりゅう》または拘禁《こうきん》された後に無罪の裁判を受けたとしても，国にその補償を求めることができない。
> Ｙ　日本国憲法では，勤労者に対して，団体で行動しストライキなどをおこなう権利が保障されている。

1．Ｘ：正　Ｙ：正　　2．Ｘ：正　Ｙ：誤　　3．Ｘ：誤　Ｙ：正　　4．Ｘ：誤　Ｙ：誤

(イ)　――線②について説明した文として**適切でないもの**を，次の１～４の中から一つ選び，その番号を答えなさい。

1. 国や地方公共団体の公務員が，行政の仕事を分担して実行している。
2. 最高裁判所の裁判官は身分を保障されているが，国民審査によって罷免される仕組みがある。
3. 地方公共団体の議会の解散を請求するためには，有権者の50分の１以上の署名が必要である。
4. 政治活動に必要な資金の一部を，政党交付金として政党に補助する仕組みがある。

(ウ)　――線③について，あとの各問いに答えなさい。

(i)　次の文中の [あ] にあてはまる語句を**漢字２字**で書きなさい。また，[い] にあてはまる語句として最も適するものを，あとのA，Bの中から一つ選び，その記号を書きなさい。

> 国際社会における [あ] とは，他の国がおかすことができない，それぞれの国がもつ権利のことであり，[あ] をもつ国家同士は対等である。[あ] が及ぶ領域には，領土・領海・領空があり，領海の外にある排他的経済水域では，[い] ことができる。

A　沿岸国以外の国が航海や漁業を自由におこなう

B　沿岸国が漁業資源や鉱産資源を自国のものとする

(ii)　日本による国際貢献について説明した次の文X，Yの正誤の組み合わせとして最も適するものを，あとの１～４の中から一つ選び，その番号を答えなさい。

> X　戦争や内戦で生活がこわされた地域の人びとに対する支援として，政府開発援助（ODA）による経済援助や非政府組織（NGO）による開発協力がおこなわれてきた。
>
> Y　日本の自衛隊は，法律にもとづいて国際連合の平和維持活動（PKO）に参加するとともに，21世紀のはじめには，イラクに派遣され活動した。

1. X：正　Y：正　　2. X：正　Y：誤　　3. X：誤　Y：正　　4. X：誤　Y：誤

(iii)　次の**表**は，2015年における１人あたりの国内総生産，国内総生産に対する医療関連支出の割合，乳児死亡率の３つを国家間で比較したものである。この**表**から読み取れることについて説明した文として最も適するものを，あとの１～４の中から一つ選び，その番号を答えなさい。

表

	１人あたりの国内総生産	国内総生産に対する医療関連支出の割合			乳児死亡率（注）
		合計	政府から支出された割合	家計などから支出された割合	
日本	34,629ドル	10.9％	9.2％	1.7％	2.0
韓国	27,397ドル	7.0％	4.1％	2.9％	2.9
インド	1,614ドル	3.6％	0.9％	2.7％	37.9
南アフリカ共和国	5,773ドル	8.2％	3.5％	4.7％	33.6
フランス	36,304ドル	11.5％	8.8％	2.7％	3.5
アメリカ合衆国	56,054ドル	16.7％	14.2％	2.5％	5.6

（注）出生児1,000人のうち，満１歳未満で死亡した人数で表したもの。

（経済協力開発機構ウェブサイト掲載資料及び『世界国勢図会 2017/2018 版』をもとに作成）

1. 日本では，家計などから支出された医療関連支出の割合が，政府から支出された医療関連支出の割合の5倍を上回っている。
2. インドは，表中の6か国の中で乳児死亡率が最も高く，家計などから支出された医療関連支出の割合が最も低くなっている。
3. 乳児死亡率が10人を下回っている4か国では，政府から支出された医療関連支出の割合が，家計などから支出された医療関連支出の割合を下回っている。
4. 1人あたりの国内総生産が25,000ドルを上回っている4か国は，乳児死亡率が10人を下回っている。

問7　アメリカ合衆国のニューヨークへ旅行に行ったKさんは，ニューヨークを題材とする**レポート**を作成した。これについて，あとの各問いに答えなさい。

レポート

1　旅行の日程表（主なものを抜粋）

日次	現地時刻	スケジュール
1	あ	JFK 空港着
		（途中省略）
2	午前 10 時 午後 3 時 午後 6 時	①国際連合本部ビルを見学 ウォール街を散策 ミュージカルを鑑賞
3	午前 10 時 午後 8 時	メトロポリタン美術館を見学 チャイナタウンを散策
4	午前 10 時 午後 4 時	自由の女神像を観光 JFK 空港発

○私は，ニューヨーク郊外の JFK 空港まで，直行便で 13 時間かかる飛行機を使いました。その飛行機は，日本時間の 12 月 28 日午前 10 時に羽田空港を出発し，予定通りの時刻に JFK 空港に到着しました。

○左の日程表にある現地時刻は，西経 75 度の経線を基準とする時刻です。

2　**旅行の感想**

aニューヨークには，さまざまな大陸からやってきた人びとやその子孫が生活していて，興味深い。自由の女神像を見て，b明治維新から影響を受けてアメリカ独立戦争がおこり，アメリカが建国されたことに思いをはせた。cアメリカによるアフガニスタンへの攻撃につながった同時多発テロの現場は，大変な出来事があったと思えないくらいきれいに整備されていた。現地での観光のために日本円をドルと交換したのだが，dその時よりも円高ドル安になっていたら，同じ金額の日本円をさらに多くのドルと交換できたのに，と思った。

3　ニューヨークと世界のつながりについて

20 世紀前半，ウォール街の証券取引所で株価が暴落したことで恐慌が始まりました。次の**グラフ**は，②その前後の時期のアメリカ合衆国における失業率の推移を示したものです。

グラフ

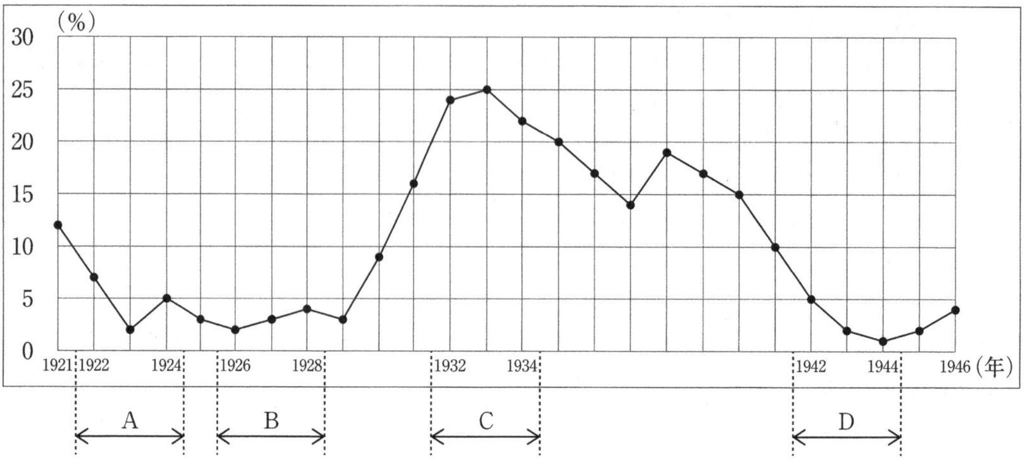

(『アメリカ歴史統計・第Ⅰ巻〈新装版〉』(1999) をもとに作成)

(ア)　**レポート**中の あ にあてはまる**時刻**と，その**日付**の組み合わせとして最も適するものを，あとの１～６の中から一つ選び，その番号を答えなさい。

時刻	X　午前３時	Y　午前９時	Z　午後７時
日付	a　12月28日	b　12月29日	

1. Xとa　　2. Xとb　　3. Yとa　　4. Yとb　　5. Zとa　　6. Zとb

(イ)　──線①について説明した次の文中の い ， う にあてはまる語句の組み合わせとして最も適するものを，あとの１～４の中から一つ選び，その番号を答えなさい。

> (1)　次の条文（国際連合憲章）から，国際連合は い を使用することができると考えられる。
> 第41条　安全保障理事会は，…（略）…兵力の使用を伴わないいかなる措置を使用すべきかを決定することができ，且《か》つ，この措置を適用するように加盟国に要請することができる。この措置は，経済関係及び鉄道，航海，航空，郵便，電信，無線通信その他の運輸通信の手段の全部又は一部の中断並びに外交関係の断絶を含むことができる。
> 第42条　安全保障理事会は，第41条に定める措置では不充分であろうと認め，又は不充分なことが判明したと認めるときは，国際の平和及び安全の維持又は回復に必要な空軍，海軍または陸軍の行動をとることができる。…（略）…
> (2)　国際連合が採択した う では，「すべての人間は，生まれながらにして自由であり，かつ，尊厳と権利とについて平等である。」と掲げられている。

1. い：軍事的な措置　　　　う：世界人権宣言
2. い：軍事的な措置　　　　う：児童（子ども）の権利に関する条約
3. い：経済的な措置のみ　　う：世界人権宣言
4. い：経済的な措置のみ　　う：児童（子ども）の権利に関する条約

(ウ)　**旅行の感想**中の〰〰線ａ～ｄのうち，**事実として誤りのあるもの**を，次のページの１～４の中から一つ選び，その番号を答えなさい。

1. a　　2. b　　3. c　　4. d

(エ) ——線②に関して，**グラフ**中の時期におこったできごとについて説明した次の**カード**及びその**説明文**について，あとの各問いに答えなさい。

カード

アメリカ合衆国では，テネシー川流域開発公社がつくられ，この公社の事業によって多くのダムが建設されました。公社とは，国家が出資してつくられた法人のことです。

説明文

カードで説明された事業は，公共事業であり，[え] 効果をもっています。

この効果をふまえて考えると，この事業は，**グラフ**中の [お] の時期におこなわれたと考えることができます。

(i) **説明文**中の [え] にあてはまる語句を，**雇用**の語を用いて**4字以上8字以内**で書きなさい。

(ii) **説明文**中の [お] にあてはまる時期を，**グラフ**中のA～Dの中から一つ選び，その記号を書きなさい。

た人の中にも、節水は必要だと考えている人は全体の二十パーセント程度いますから、実践しているかどうかは個人差があるものの、九十パーセントを超える人が節水の必要性を認識していると言えますね。

Dさん　一方、「節水は考えず豊富に使う」と答えた人は、昭和六十一年では十二・三パーセントでしたが、平成二十年では四・〇パーセントとかなり低い割合になっています。節水に対する意識がこれほど変化しているとは知りませんでした。

Aさん　これまでの話を総合すると、**表1**と**表2**から読み取った内容から、家庭用水の使用量が減った主な理由は、□からだと考えられます。

Dさん　そうですね。本日の話し合いをきっかけに、改めて限りある水を大切に使っていきたいと思いました。

(ア)　本文中の□に入れるものとして最も適するものを次の中から一つ選び、その番号を答えなさい。

1　平成27年度の家庭用水の使用量の中で、「風呂・シャワー」の使用量は、「トイレ」の使用量の半分以下になっている

2　平成27年度の家庭用水の使用量の中で、「洗濯」の使用量は、「風呂・シャワー」の使用量の三分の一以下になっている

3　平成27年度は平成14年度と比べて、「トイレ」の使用量は三割程度減少しており、「洗濯」の使用量は二割程度減少している

4　平成27年度は平成14年度と比べて、家庭用水の使用量全体に占める「炊事」の使用量の割合が、三分の一以下に減少している

(イ)　本文中の□に適する「Aさん」のことばを、次の①～④の条件を満たして書きなさい。

① 書き出しの［家庭用水の使用量が減った主な理由は、］という語句に続けて書き、文末の［からだと考えられます。］という語句につながる**一文**となるように書くこと。

② 書き出しと文末の語句の間の文字数が**二十五字以上三十五字以内**となるように書くこと。

③ **表1**と**表2**から読み取った具体的な内容に触れていること。

④ 「技術」「意識」という二つの語句を、どちらもそのまま用いること。

響もあると思いますが、なぜ家庭用水の使用量は減ったのでしょうか。

Cさん　それを考えるために、**表1**を見てみましょう。便器で使用する一回あたりの水量を発売年ごとにまとめたものです。ここからは大きな変化が読み取れますね。使用者が用途ごとに水量を切り替えられる機能も開発されており、公共施設でもそのような機能が搭載された節水便器を見かけることが多くなってきました。

Bさん　便器以外の水利用機器で言えば、風呂水《ふろみず》をくみ上げる機能がついた洗濯機も販売されています。また、手で洗うときの十分の一程度の水量で洗える食器洗い乾燥機もあるそうです。

Aさん　便器や洗濯機などの水利用機器は進歩してきたのですね。新しい技術は私たちの生活を快適にしてくれるだけでなく、限りある資源を有効に使うことにも役立ちそうです。

Dさん　では、これからも新しい水利用機器の開発が進んでいけばよいということですね。

Bさん　本当にそれだけでよいのでしょうか。**表2**を見てください。普段の生活でどのような水の使い方をしているか調査した結果を、年ごとにまとめたものです。「節水している」と答えた人は、昭和六十一年では五十パーセント程度でしたが、平成二十年では七十パーセントを超えています。

Cさん　平成二十年の調査で「豊富に使っている」と答え

表1

便器の一回あたりの洗浄水量（L）

発売年＼機能	大	小	eco 小
昭和 51 年	13.0		
平成 5 年	8.0	6.0	
平成 18 年	6.0	5.0	4.5
平成 19 年	5.5	4.5	4.0
平成 21 年	4.8	4.0	3.8
平成 24 年	3.8	3.3	3.0
平成 29 年	3.8	3.3	3.0

一般社団法人日本レストルーム工業会「各社節水便器の変遷」より作成。
表1内の「eco 小」はごく少量の水を流す場合に使用する機能をさす。

表2

水の使い方

調査年	豊富に使っている		節水している		特に気にしていない・その他
	節水は考えず豊富に使う	節水は必要だが豊富に使う	ある程度節水している	まめに節水している	
昭和 61 年	12.3％	27.3％	41.5％	9.7％	9.2％
平成 6 年	9.5％	25.4％	50.8％	9.1％	5.1％
平成 11 年	6.0％	21.7％	50.3％	13.9％	8.3％
平成 13 年	5.1％	24.5％	54.2％	10.7％	5.4％
平成 20 年	4.0％	21.8％	58.3％	14.0％	1.8％

内閣府「『節水に関する特別世論調査』の概要」より作成。

そ価値があるから。

4 科学において必要なことは、様々な考えを持つ人々が自ら情報を集めて思考を深化させることであり、一つに集約することは重要ではないから。

(ク) 本文について説明したものとして最も適するものを次の中から一つ選び、その番号を答えなさい。

1 様々な個性を持つ研究者の中から次代を担う科学者が現れている意義を、生物の遺伝子変異の過程と重ねて説明した上で、「科学」の伝統は守るべきだと論じている。

2 世界の姿を解明するために変化し続けていく科学のあり方を、権威主義との関係にも触れながら説明した上で、誰もが「科学」に携わることができると論じている。

3 自ら情報を集めて真摯に考える職業的科学者の重要性を、「科学」の歴史を根拠に説明した上で、あらゆる分野において専門家の意見に従うのが良いと論じている。

4 再現性の高さ故に信頼を得てきた科学の姿を、人間の心理が持つ弱点と関連付けながら説明した上で、すべての人が「科学」に寄与しなければならないと論じている。

問五 中学生のAさん、Bさん、Cさん、Dさんの四人のグループは、「総合的な学習の時間」で水の使用量について調べ、話し合いをしている。次の**グラフ**、**表1**、**表2**と文章は、そのときのものである。これらについてあとの問いに答えなさい。

Aさん 私たちは水の使用量について、様々なことを調べてきましたね。近年、家庭用水を含む生活用水の使用量は減少傾向にあり、一人が一日あたりに使用する量も減っているそうです。

Bさん ここで**グラフ**を見てください。一般家庭において、一人が一日あたりに使用している水量を目的別に分け、年ごとに示したものです。これを見ると［　］ことがわかります。

Cさん なるほど。他には、一人が一日あたりに使用する家庭用水の使用量全体が減っていることもわかりますね。

Dさん 水の使用量の変動には、気候や生活スタイルの変化などの影

グラフ

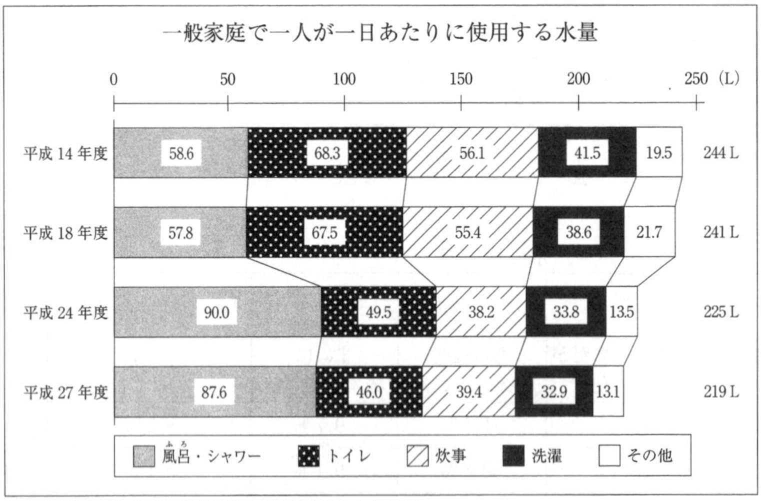

東京都水道局「一般家庭水使用目的別実態調査」より作成。

(エ) ――線3「より正確な判断のために、対象となる科学的知見の確からしさに対して、正しい認識を持つべきだ」とあるが、そのことについて筆者はどのように述べているか。それを説明したものとして最も適するものを次の中から一つ選び、その番号を答えなさい。

1 様々な科学的知見の確度の違いを見極めていくことが必要となるが、情報の収集や確度の判定には課題も多くあり、専門家でない人々が高度な判断をすることには難しさが伴う。

2 科学的知見についての完全な情報が公開されていないことに加え、専門家と非専門家が同じ条件下で議論をかわすことは無意味なため、確度を正しく認識することは現実的ではない。

3 現在残っている科学的知見は確度の高いものばかりだが、情報公開の程度や調査規模を判断する方法には問題もあり、非専門家が分析して行動の指針とすることには危険が伴う。

4 科学的知見の質や研究手法に対して疑義を唱える専門家がいることに加え、どの分野も画一的な視点によって調査されているため、確度を正確に判別することは専門家でも困難だ。

(オ) ――線4「権威の高さと情報の確度を同一視して判断するというやり方」とあるが、そのことについて筆者はどのように述べているか。それを説明した次の文中の Ⅰ ・ Ⅱ に入れる語句として最も適するものを、本文中の▼から▲までの中から、 Ⅰ については**六字**で、 Ⅱ については**七字**でそれぞれ抜き出し、そのまま書きなさい。

権威の高さと情報の確度を同一視する手法は、 Ⅰ という利点はあるが、行き過ぎてしまえば何かにすがりたいという心理と結びつき、権威あるものは正しいというような Ⅱ に陥りかねない。

(カ) ――線5「権威主義が〝科学の生命力〟を蝕む」とあるが、その理由として最も適するものを次の中から一つ選び、その番号を答えなさい。

1 権威主義者は、人々の不安を解消して信頼を勝ち取ることを重視し、揺るぎない真実を世間に広めるという科学の目的を軽視してしまうから。

2 権威主義者は、自分の支持する学説が他の学説より優位であることを示すため、科学の特徴である一貫性を無視して次々と仮説を修正するから。

3 権威主義者は、正しさよりも世間の関心を集める話題性を優先するため、真実を追究して変化するという科学の長所を消し去ってしまうから。

4 権威主義者は、権威を失うことや自分の信じた価値が崩れることを恐れ、科学の本質である修正や変化を受け入れられず現状に固執するから。

(キ) ――線6「ランダムな方向を持ったものの集合体で良い」とあるが、その理由として最も適するものを次の中から一つ選び、その番号を答えなさい。

1 科学で重要なことは、ある学説を先入観なく理解しようとするひたむきな姿勢であり、専門家でない人々が思考したものにこそ意味があるから。

2 科学を支えているのは、過去に提唱された学説に基づいて判断しようとする誠実な態度であり、正しいかどうかを追究することは必要ではないから。

3 科学で大切なのは、ある学説が信頼に足るものかどうかを深い知識を用いて証明することであり、専門家による思考の集積にこ観なくあるがままに見て、自らの理性でその意味や仕組みを考えることである。それは何かに頼って安易に「正解」を得ることとは、根本的に真逆の行為だ。

　だから、科学には（注）伽藍《がらん》ではなく、（注）バザールが似合う。権威ではなく、個々の自由な営為の集合体なのだ。〝科学的に生きる〟ことにとっては、〝信頼に足る情報を集め、真摯に考える〟、そのことが唯一大切なことではないかと思う。その考えが正しいか間違っているかは、厳密に言えば答えのない問いのようなものである。それが真摯な営みである限り、様々な個性を持った個々人の指向のまま、生物の遺伝子変異のように、6ランダムな方向を持ったものの集合体で良いのだ。

　そういった様々な方向で進む人々の中から、より適したやり方・仮説が生き残り、次の世界を担《にな》っていく。それが生きている「科学」の姿であり、職業的科学者だけでなく、すべての人がその生き様を通して参加できる〝人類の営み〟ではないかと思うのである。

（中屋敷《なかやしき》　均《ひとし》「科学と非科学」から。一部表記を改めたところがある。）

（注）　教条主義＝ある特定の原理や原則に基づいて物事を説明しようとする応用のきかない考え方。
　　プロセス＝手順。方法。　峻別＝厳しく区別すること。
　　ネイチャー＝学術雑誌のうちの一つ。　瓦解＝壊れること。
　　伽藍＝寺の建物の総称。　バザール＝市場のこと。

(ア)　本文中の A ・ B に入れる語の組み合わせとして最も適するものを次の中から一つ選び、その番号を答えなさい。

1　A　もちろん　B　しかし
2　A　なぜなら　B　そこで
3　A　たとえば　B　もし
4　A　ところで　B　だから

(イ)　――線1「それはまるで生態系における生物の『適者生存』のようである。」とあるが、それを説明したものとして最も適するものを次の中から一つ選び、その番号を答えなさい。

1　科学的知見が評価される際に、科学者が他の仮説を批判することで自説の価値を高めてきたさまは、環境に適さないものを犠牲に繁栄する生物のあり方と似ているということ。
2　ある科学的知見が人々の需要に合わせて修正される中で、他の仮説を排除して不動のものへと進化してきたことは、強い生物だけが生き延びていくさまと似ているということ。
3　様々な科学的知見が選別される過程において、残った仮説がさらに良いものへと進化してきたことは、より環境に順応した生物が生き残っていくさまと似ているということ。
4　多くの科学的知見が存在する中で、科学者が互いの学説を参考にし合って適応度を上げてきたさまは、互いの特長が影響し合って進化する生物のあり方と似ているということ。

(ウ)　――線2「科学という体系が持つ構造的な宿命」とあるが、その内容を説明したものとして最も適するものを次の中から一つ選び、その番号を答えなさい。

1　科学の価値は時代によって変動するため、永遠に有用性を維持することはできないという宿命。
2　科学は変化を前提とするものであるため、絶対的に正しい科学的知見は存在し得ないという宿命。
3　科学の価値は進化し続ける点にあるため、科学者も成長し続ける努力を強いられるという宿命。
4　科学は学説の公平性を最優先するため、科学者は科学的知見の修正から逃れられないという宿命。

拠」の確からしさを判断する方法として採用されているのは、この権威主義に基づいたものが主であると言わざるを得ないだろう。

[A] こういった権威ある賞に選ばれたり、権威ある雑誌に論文が掲載されるためには、多くの専門家の厳しい審査があり、それに耐えてきた知見はそうでないものより強靱さを持っている傾向が一般的に認められることは、間違いのないことである。また、科学に限らず、専門家は非専門家よりもその対象をよく知っている。だから、何事に関しても専門家の意見は参考にすべきである。それも間違いない。多少の不具合はあったとしても、どんな指標も万能ではないし、権威主義による判断も分かりやすくある程度、役に立つなら、それで十分だという考え方もあろうかと思う。

[B]、この権威主義による言説の確度の判定という手法には、どこか拭《ぬぐ》い難《がた》い危うさが感じられる。それは人の心が持つ弱さと言えばいいのか、人の心理というシステムが持つ弱点と関連した危うさである。端的に言えば、人は権威にすがりつき安心してしまいたい、そんな心理をどこかに持っているのではないかと思うのだ。拠《よ》りどころのない「分からない」という不安定な状態でいるよりは、とりあえず何かを信じて、その不安から逃れてしまいたいという指向性が、心のどこかに潜んでいる。権威主義は、そこに忍び込む。

そして行き過ぎた権威主義は、科学そのものを社会において特別な位置に置くことになる。倒錯した権威主義の最たるものが、科学に従事している研究者の言うことなら正しい、というような誤解であり、また逆に科学に従事する者たちが、非専門家からの批判は無知に由来するものとして、専門用語や科学論文の引用を披露することで、高圧的かつ一方的に封じ込めてしまうようなことも、よく見られる現象である。科学の知見は決して一〇〇%の真実ではないにもかかわらずである。

「権威が言っているから正しい」というのは、本質的に妄信的な考え方であり、いかに美辞を弄しようと、とどのつまりは何かにしがみついているだけなのだ。▲

また、もう一つ指摘しておかなければならないことは、権威主義が〝科学の生命力〟を蝕《むしば》む性質を持っていることだ。権威は人々の信頼から成り立っており、一度間違えるとそれは失墜し、地に落ちてしまう。この失墜への恐怖感が〝硬直したもの〟を生む。「権威は間違えられない」のだ。また、権威主義者に見られる典型的な特徴が、それを構築する体系から逸脱するものを頑《かたく》なに認めない、という姿勢である。それは権威主義が本質的に人々の不安に応えるために存在(注)しているという要素があるからであり、権威主義者はその世界観が瓦解《がかい》し、その体系の中にある自分が信じた価値が崩壊する恐怖に耐えられないのである。

現代の民主主義国家では、権威主義による強権的な異論の封じ込めはもう起こらないと信じたいが、特定の分野において「権威ある研究者」の間違った学説が、その人が存命の間はまかり通っているというようなことは、今もしばしば見られるようには思う。権威主義に陥ってしまえば、科学の可塑性、その生命力が毒されてしまうことは、その意味で、今も昔も変わらない。科学が「生きた」ものであるためには、その中の何物も「不動の真実」ではなく、それが修正され変わり得る可塑性を持たなければならない。権威主義はそれを蝕んでしまう。

そして、何より妄信的な権威主義と、自らの理性でこの世界の姿を解き明かそうとする科学は、その精神性において実はまったく正反対のものである。科学を支える理性主義の根底にあるのは、物事を先入

問四　次の文章を読んで、あとの問いに答えなさい。

　玉石混交の科学的知見と称されるものの中でも、現実をよく説明する「適応度の高い仮説」は長い時間の中で批判に耐え、その有用性や再現性故に、後世に残っていくことになる。そして、その仮説の適応度をさらに上げる修正仮説が提出されるサイクルが繰り返される。1それはまるで生態系における生物の「適者生存」のようである。ある意味、科学は「生きて」おり、生物のように変化を生み出し、より適応していたものが生き残り、どんどん成長・進化していく。それが最大の長所である。現在の姿が、いかに素晴らしくとも、そこからまったく変化しないものに発展はない。(注)教条主義に陥らない。〝可塑性〟こそが科学の生命線である。

　しかし、このことは「科学が教えるところは、すべて修正される可能性がある」ということを論理的必然性をもって導くことになる。科学の進化し成長するという素晴らしい性質は、その中の何物も「不動の真理」ではない、ということに論理的に帰結してしまうのだ。科学の知見が常に不完全ということは、ある意味、2科学という体系が持つ構造的な宿命であり、絶え間ない修正により、少しずつより強靭《きょうじん》で真実の法則に近い仮説ができ上がってくるが、それでもそれらは決して一〇〇％の正しさを保証しない。

　より正確に言えば、もし一〇〇％正しいところまで修正されていたとしても、それを完全な一〇〇％、つまり科学として「それで終わり」と判定するような(注)プロセスが体系の中に用意されていない。どんなに正しく見えることでも、それをさらに修正するための努力は、科学の世界では決して否定されない。だから科学的知見には、「正しい」「正しくない」という二つのものがあるのではなく、その仮説がどれくらい確からしいのかという確度の問題が存在するだけなのである。

　では、我々はそのような「原理的に不完全な」科学的知見をどう捉えて、どのように使っていけば良いのだろうか？　一体、何が信じるに足るもので、何を頼りに行動すれば良いのだろう？　優等生的な回答をするなら、3より正確な判断のために、対象となる科学的知見の確からしさに対して、正しい認識を持つべきだ、ということになるのだろう。

「科学的な知見」という大雑把なくくりの中には、それが成熟した分野のものか、まだ成長過程にあるような分野なのか、あるいはどんな手法で調べられたものなのかなどによって、確度が大きく異なったものが混在している。ほぼ例外なく現実を説明できる非常に確度の高い法則のようなものから、その事象を説明する多くの仮説のうちの一つに過ぎないような確度の低いものまで、幅広く存在している。それらの確からしさを正確に把握して(注)峻別《しゅんべつ》していけば、少なくともより良い判断ができるはずである。

　しかし、非専門家でも理解しやすい情報が、どんな科学的知見に対しても公開されている訳ではもちろんないし、科学的な情報の確度というものを単純に調査規模や分析方法といった画一的な視点で判断して良いのか、ということにも、実際は深刻な議論がある。一つの問題に対して専門家の間でも意見が分かれることは非常に多く、そのような問題を非専門家が完全に理解し、それらを統合して専門家たちを上回る判断をすることは、現実的には相当に困難なことである。

▼こういった科学的知見の確度の判定という現実的な困難さに忍び寄って来るのが、いわゆる権威主義である。たとえばノーベル賞を取ったから、(注)『ネイチャー』に載った業績だから、といった4権威の高さと情報の確度を同一視して判断するというやり方だ。この手法の利点は、なんと言っても分かりやすいことで、現在の社会で「科学的な根

(エ) ――線4「そこにいまは、レースに縁取られた家族の日々が透けて見える。」とあるが、そのときの「長門」を説明したものとして最も適するものを次の中から一つ選び、その番号を答えなさい。

1　スワトウのハンカチを見て、家族のことに思い悩む「牧子」の姿が想起されたが、それぞれを思いやる気持ちで家族はつながっていたとわかり、温かい思い出も確かにあったのだと認識を改めている。

2　スワトウのハンカチを見て、家族の危機にも気丈に振る舞う「牧子」の姿が想起されたが、思いも寄らなかった家族それぞれの哀しみを知り、本当の気持ちを見ようとしていなかったと痛感している。

3　スワトウのハンカチを見て、家族のことに絶望する「牧子」の姿が想起されたが、一つの目標に向かって互いに励まし合ってきた家族の歩みを知り、強いきずなに気づいていなかったと実感している。

4　スワトウのハンカチを見て、家族の危機にも希望を抱き続ける「牧子」の姿が想起されたが、惜しみない努力で家族は結ばれていたとわかり、人知れず涙にくれる日々もあったのだと考え直している。

(オ) ――線5「まぁ、染みのついたシャツの一枚ぐらいは、私も残しておくとしますか。」とあるが、そのときの「長門」を説明したものとして最も適するものを次の中から一つ選び、その番号を答えなさい。

1　染みに対する独特な考え方は受け入れられないが、頑固な「洋二郎」と相反する柔軟さには魅力を感じ、前途多難かもしれないが自分も「三十次郎」とともに成長していこうと心に決めている。

2　染みに対する「三十次郎」の考え方には感激したものの、経験不足からくる店長としての未熟さは無視することができず、いまは亡き「洋二郎」の代わりに自分が育てていきたいと感じている。

3　染みに対する考え方に共感はできないものの、信念を持っているところには「洋二郎」と通じるものを感じ、「三十次郎」に寄り添いながらこれからも見守っていこうと思いを新たにしている。

4　染みに対する考えを押し付けてくる「三十次郎」に腹は立つが、世話になった「洋二郎」の息子である以上は意見することもできず、あきらめて支えていくしかないと自分に言い聞かせている。

(カ) この文章について述べたものとして最も適するものを次の中から一つ選び、その番号を答えなさい。

1　「洋二郎」との心温まる思い出を「長門」と分かち合ったことで、自覚していなかった魅力に「三十次郎」が気づいていくさまを、染みに関する話や多くの比喩を用いて生き生きと描いている。

2　優秀な職人である「長門」と関わる中で、「洋二郎」に叱られてばかりだった「三十次郎」が店長として大きく成長していくさまを、兄との対比や家族の思い出を交えて感動的に描いている。

3　「洋二郎」とは異なる奔放な振る舞いに隠れた信念に触れたことで、頑固な「長門」が「三十次郎」に深くのめり込むさまを、家族の過去やさまざまな料理の描写を用いて鮮やかに描いている。

4　これまで知り得なかった「洋二郎」の話を聞く中で、「長門」が気づいていなかった「三十次郎」の姿が浮かびあがってくるさまを、回想やハンカチにまつわる話を通して印象的に描いている。

プレゼントするために購入している。

スワトウ＝中国の都市。レースや刺繍《ししゅう》が有名である。

(ア) ——線1「その顔がその日初めて、まぶしい陽射しに困惑するみたいな不可思議な色に染まっている。」とあるが、そのときの「三十次郎」を説明したものとして最も適するものを次の中から一つ選び、その番号を答えなさい。

1　跡継ぎとして頼りにするような言葉を「洋二郎」が残していたと「醤生」から聞いたことを思い出し、誇らしく思うものの応えられていないことを歯がゆく思っている。

2　ハンカチを色水で染めた作品を褒める言葉を「洋二郎」が残していたと「醤生」から聞いたことを思い起こし、喜びを覚えるものの店長としては未熟な自分を恥じている。

3　自分の将来を楽しみにしているというような言葉を「洋二郎」が残していたと「醤生」から聞いたことを思い起こし、改めて嬉しく思うとともに照れくさくも感じている。

4　家族を和ませるための実験を喜ぶ言葉を「洋二郎」が残していたと「醤生」から聞いたことを思い出し、戻らない過去を寂しく感じるとともになつかしさも覚えている。

(イ) ——線2「そう、ですか。そんなことを言いましたか。」とあるが、ここでの「長門」の気持ちをふまえて、この部分を朗読するとき、どのように読むのがよいか。最も適するものを次の中から一つ選び、その番号を答えなさい。

1　「洋二郎」が「三十次郎」のことも気にかけていたとわかって驚くとともに、新たに知った「洋二郎」の一面を心に描いて感慨にふけっていることがわかるように、ゆっくりと噛みしめながら読む。

2　「洋二郎」が「三十次郎」の無責任さを黙認していたと知って落胆するとともに、以前から抱いていた「三十次郎」への不信感をあらわにしていることが伝わるように、厳しく責める口調で読む。

3　「洋二郎」がハンカチを染めた「三十次郎」のことを許していたと知り、染み抜き職人として「洋二郎」に裏切られたと気づいた怒りを抑えていることがわかるように、声を押し殺しながら読む。

4　「洋二郎」は「三十次郎」を怒鳴りつけてばかりいたが、跡継ぎとして「三十次郎」に期待するがゆえの行動であったことに気づいて納得していることが伝わるように、明るく朗らかな調子で読む。

(ウ) ——線3「長門は泣きたいような笑いたいような気持ちを抑え、ゆっくり首を振った。」とあるが、そのときの「長門」を説明したものとして最も適するものを次の中から一つ選び、その番号を答えなさい。

1　「三十次郎」の話に聞き入っていた自分に気づき、人の心をつかむのが上手な「三十次郎」を見直したものの、気持ちを素直に伝えることは腹立たしく思えてごまかそうとしている。

2　頼りなく見える「三十次郎」に「中島クリーニング」が救われたのではないかと思ったものの、こみ上げてくる思いを伝えることはせず、自分の胸にとどめておこうとしている。

3　楽天的な性格の「三十次郎」に「牧子」まで希望を持っていたことが許せず、染み抜き職人として尽力してきた過去の自分が愚かに感じられ、うそであってほしいと思っている。

4　「三十次郎」のつけた染みが「中島クリーニング」のためには不可欠だったと理解はしたが、染みは抜くべきものだという信念が揺らいだことを、すぐには受け入れられずにいる。

ら。」

「どうだかわかりませんな。」

哀《かな》しくたたずむ母親の姿を縫い取るように映し出していた(注)スワトウのハンカチ。

4そこにいまは、レースに縁取られた家族の日々が透けて見える。その端に、遠巻きにたたずんで彼らを見守る自分の姿までもが、淡く縫いこまれている気がした。

長門はゆっくりまばたきをしてから、気を取り直すように咳払《せきばら》いした。

「三十次郎さん、いや店長。念のため、ひとつおうかがいしたいのですが……その、じゃましない染み云々《うんぬん》というのは、いまも思っていることでしょうか。」

「うん、思ってるよ。そういう染みはさ、あえて綺麗に抜かなくたっていいんでないの。」

長門はさめたウーロン茶を噴きそうになりながら、亡《な》き先代の言葉を心でたどる。

クリーニング屋の、店長とも、あろうべき者が。

「長さん食べないなら、この餃子《ギョーザ》、最後の一個もらってもいい?」

あ。長門がこたえるより先に、三十次郎がひとつだけ残っていた海《え》老《び》餃子にさっと箸を伸ばした。相手が食べないのを見届けてからおもむろに取ろうと、さっきから長門が虎視眈々《こしたんたん》とタイミングを狙っていた皿だ。そのとたん、だらりと下がっていた三十次郎の皺《しわ》だらけのシャツの袖口が、小皿のラー油《ゆ》醤油《じょうゆ》に浸《つ》かった。

左の袖口と律儀に対になるように、右の袖口にも赤茶の染みが広がる。長門は慌てておしぼりの端をコップの水に浸す。その手を伸ばしたところで「いいよいいよ。」と制された。

「でも唐辛子と油が入っていますから。軽く処理をしておけば、あとで落ちやすくなります。」

「いいのいいの。これはじゃましない染みだから。」

「なんと?」

「長さんと中華街で飯食ったっていう、記念の染みだからさ。」

三十次郎は首をすくめてみせると、最後の一個の餃子を旨《うま》そうに咀《そ》嚼《しゃく》する。むろん、もう片方の袖についている醤油染みのことなど、はなから気づいてもおらぬようだ。

前途多難、という言葉が長門の胸に落ち、曖昧な輪郭の染みとなった。

帰《かえ》り際《ぎわ》、中国語のネオンがにぎやかに光る通りを先刻くぐりぬけた門を目指し歩いた。横を歩く三十次郎は満足げに、肉まんや腸詰《ちょうづめ》の土産で膨らんだ袋をゆらしている。その袖についた「長門と中華街で飯を食った記念」なる染みも、いまや薄い闇にまぎれている。

だが染みがそこにあるかぎり、抜かねばならない。長門の気持ちも、宵闇に漂う。

5頼りなさそうに見えても、やはりあなたの息子ですな。妙なところが頑《かたく》なだ。まぁ、染みのついたシャツの一枚ぐらいは、私も残しておくとしますか。

いまは何を問うこともできなくなった遠い姿を思い浮かべ、長門は声もなく語りかけた。

(野中《のなか》ともそ「洗濯屋《クリーニング》三十次郎」から。一部表記を改めたところがある。)

(注)　せがれ＝息子のこと。　健啖家＝大食いの人のこと。

このハンカチ＝「三十次郎」は、「牧子」が好んでいた、中国の都市スワトウで作られたレース地のハンカチを飲食店に入る前に見つけ、染めた、作品みてぇなもんだろって。」
「先代が、洋二郎さんが、そう言われたのですか？」
レンゲを持つ手をふいに止め、長門は訊《たず》ねた。三十次郎がうなずく。1その顔がその日初めて、まぶしい陽射《ひざ》しに困惑するみたいな不可思議な色に染まっている。
「あいつは店を継がせるには頼りねえが、なんか違うもんにでもなんだろ。楽しみに見ててやろうじゃねえか、とか。兄貴もうろ覚えらしいけどね、そんなふうなこと言ったって。」
「見てて、やろうと？」
長門の喉を、杏仁豆腐よりもあまくて滑らかなつめたさが、すうと流れ落ちる。
「それ聞いた母さんが、なんでだかとても嬉《うれ》しそうな顔したらしいんだよ。そうよ、全部は洗わなくていいわって、染まったハンカチを一枚抜き取るもんだから、兄貴、すげえ悔しかったらしくてさ。『せっかく僕がぜんぶ綺麗《きれい》にしてやるって言ってんのに！』って。それでよく覚えてるらしいんだ。兄貴もへんなとこ、記憶力いいからなぁ。」
「2そう、ですか。そんなことを言いましたか。」
「違うもんどころか、いまだなぁんもなってないけどね、俺。」
へらへら笑う三十次郎は、口にはしない。
父の言葉を伝え聞いたから、ためらっていた店を継ぐ気になったのだ、とは。いつでも言葉が足りないか、発された言葉もあさっての方角に飛んでいってしまう子だった。
「この杏仁豆腐、うまいよねぇ。お土産にもう一個たのもっかな。長さんもどう。」
だがそんなことをつぶやく三十次郎の目じりに、嬉しさが染みている。幼いころ好物だったところてんを盛大に啜ったときみたいに、透明な喜びを噛《か》みしめる顔をしている。
あの夏。日陰の暗さにとりこまれそうだった遠いひと夏。長男だけをあからさまに贔屓《ひいき》していたような洋二郎も、まだ「家族」を見ていたのだ。背を向けては、いなかったのだ。牧子もまたそのことを知って、嬉しかったのだろうか。
まだ、この家は大丈夫だ。そんなほのかな希望を、胸に灯《とも》らせたのだろうか。
「どうかした？　長さん。」
レンゲを宙に浮かせたままでいる長門を、三十次郎が不思議そうな顔で覗き込む。
あのとき、中島クリーニングが崩れ落ちるのを食い止めたのは、ひょっとしてこの薄ぼんやりした男のつけた、ハンカチの染みだったのかもしれない。
3長門は泣きたいような笑いたいような気持ちを抑え、ゆっくり首を振った。
「いえ、あまさが歯にしみまして。」
「それにしても、まさかお袋までオーストラリアについていくとは思わなかったよなぁ。結局、残された次男より孫なんだよな。日本食に飢えてる日本人主婦たちを集めて、和食教室をやるなんて張り切ってるらしいけどさ。うまくいくのかなあ。ホームシック(注)でこのハンカチで涙を拭く、なぁんてことにならなきゃいいけど。」
三十次郎が袋から出してみせたハンカチを、長門も見やる。
「そんなことにはならんでしょう。お強い方ですから。それより店長、言っておきますが、くれぐれもそのハンカチは白いままで送ってあげてくださいよ。」
「はは、わかってるって。もう色水遊びなんてする歳《とし》じゃないんだか近くの円卓で家族連れが和やかに談笑している。小さな兄弟が皿にのった蟹炒《かにいた》めを覗《のぞ》き込《こ》んでは、指でつついている。弟が脂ぎったソースを服で拭うと、兄は止めるでもなく笑って同じことをしている。こらこら、そんなことをしたら染みになってしまうのに。ナプキンを使いなさい、ナプキンを。長門は他人事《ひとごと》ながらそわそわとし、兄弟のやんちゃな指先を目で追った。両親は楽しげに喋《しゃべ》っているだけで、子どもたちの素行には構いもしない。

醤生が弟を叱ったり、そんな真似《まね》はやめろと言うのも見たことがなかったな。長門はふいに思い出す。母の牧子《まきこ》も困った顔で言い聞かせはしたが、怒ったりしなかった。

洋二郎だけが怒鳴り声を散らし、三十次郎の首ねっこを猫の子みたいにひっつかみ、店からはじき出していた。クリーニング屋(注)のせがれのくせに、と背中に荒い声を投げつけて。

洋二郎は、醤生の就職先のことを手放しで褒めていた。

「すげえな。総合商社ってところはクリーニングもあつかうのか。それも高度な無菌クリーニングだっつうんだから。よくわかんねぇけど、たいした仕事じゃねえか、なあ。」

だが三十次郎の製紙業に関しては「ふうん、紙屋でノートでもつくんのか。」と仏頂面《ぶっちょうづら》で的外れな感想を口にしただけだ。

自分に関心のこもった視線などついぞ向けなかった父の跡を、兄の願いをかなえるためとはいえ、継ぐことになったのだ。三十次郎もさぞ戸惑っているのではなかろうか。

しかし目前で、デザートの胡麻団子《ごまだんご》と杏仁豆腐《あんにんどうふ》をどちらにするかさんざん迷っている男からは、不安も気概も伝わってこない。もしかして根っから楽天的な性格なのか。単に何も考えていないだけか。いずれにせよ心配になってくる。三十次郎もつられて家族連れに目をやっている。

「あーあ。あの子ら、あんなに染みつけちゃって。親父《おやじ》だったら雷おとすとこだよなぁ。」

さすがの三十次郎も、少しは気になるらしい。長門は心で大いにうなずく。

そうだ、染みというのはじゃまなものだ。そこにあるかぎり、抜かねばならんものなのだ。

「蟹は手で食うもんだ、と言いながらも、厳重にエプロンはつけさせるでしょうな。」

(注)健啖家《けんたんか》だった洋二郎の豪快な食べ方を思い出し、長門もそこは同意した。

醤生とは洋二郎のこと、主に店の引継《ひきつ》ぎに関しては仕事中にさまざまな言葉をかわしたものだ。だが三十次郎と洋二郎について語ることなど、いままでになかったなと気づく。

「じつは、これも兄貴から店のことを頼まれるときに聞いた話なんだけどね。親父が昔、おかしなこと言ってたらしいんだよ。」

三十次郎は、円卓ではしゃぐ兄弟に投げていた視線を長門のもとに戻した。

「またお袋のハンカチの話に戻るけどさ。簞笥《たんす》の引き出しにたくさん入ってたハンカチを俺、一気にごっそり取り出して、いろんな色水で染める実験をしたことあったんだよね。」

一気にとは、ますます救いがたい。長門は嘆息し、運ばれてきた杏仁豆腐を啜《すす》った。

「それを兄貴に見つかって。兄貴、また律儀《りちぎ》に全部染み抜きしようとして、親父に意気揚々と見せたらしいんだけどさ。親父、言ったんだって。一枚ぐらいそのままにしといてやれ。三十次郎ががんばって

2　「盗人」の出家を手助けするために準備していると「僧」は主張するものの、少しも進展が見られないから。
3　改心しようと決めたときから「僧」に教わったように祈りをささげてきたが、悪念は消えることがないから。
4　善人になりたいと思ったときから「僧」に言われたとおり修行に励んできたが、全く心穏やかにならないから。

(イ)　――線2「件の井戸へ押し入れけり。」とあるが、「盗人」がそのようにした理由として最も適するものを次の中から一つ選び、その番号を答えなさい。
1　水が飲みたいという「僧」の願いをかなえれば、悪念は消え去って善人になれると確信したから。
2　「僧」が祈りに専念していなかったことを隠そうとしたため、仕返しをしようと思いついたから。
3　出家したいという願いに耳を貸さず、自身の望みを優先する「僧」の身勝手さに腹が立ったから。
4　喉が渇いたという「僧」の言葉を聞いたので、満足するまで水を飲んでもらおうと思ったから。

(ウ)　――線3「いかが祈祷も験あるべきや。」とあるが、それを説明したものとして最も適するものを次の中から一つ選び、その番号を答えなさい。
1　人を導く立場にもかかわらず、石に執着して修行をおろそかにするような愚かな「僧」の祈りには効果など期待できないということ。
2　自ら石にしがみついておきながら、引き上げてほしいと訴えるような愚かな「僧」の祈りには効果など期待できないということ。
3　重い石を離さずに、引き上げてくれないと文句ばかり口にするような愚かな「僧」の祈りには効果など期待できないということ。
4　水を全く飲むことなく、落ちている石に気をとられてばかりいるような愚かな「僧」の祈りには効果など期待できないということ。

(エ)　本文の内容と一致するものを次の中から一つ選び、その番号を答えなさい。
1　「盗人」は、出家したいという訴えを一度は断られたが、困っていた「僧」の手助けをしたことが高く評価され、弟子になることが認められた。
2　「盗人」は、強い悪念ゆえに改心は難しいと皆から言われていたが、あきらめることなく「僧」が祈り続けたおかげで、善人になることができた。
3　「盗人」は、「僧」が持つ祈りの力ばかりをあてにしていたが、まず自身が悪念を捨てようとしなければならないと説かれ、すっかり心を改めた。
4　「盗人」は、「僧」が持つ祈りの力を信じられず心を閉ざしていたが、修行の大切さを懸命に伝えようとする熱意に心を動かされ、出家を決めた。

問三　次の文章を読んで、あとの問いに答えなさい。

「三十次郎《みそじろう》」は、オーストラリアへ行った兄「醤生《ひしお》」に代わり、一時期は経営が傾いていた「中島《なかじま》クリーニング」を引き継いだばかりである。父「洋二郎《ようじろう》」の代から「中島クリーニング」を支えてきた染《し》み抜き職人「長《なが》門《と》（長《ちょう》さん）」と「三十次郎」は、連れだって中華街へ出かけ、飲食店に入った。

いている。

2　赤く染まった空の美しさを聴覚的に捉え、時間が経過して色あせたさまを自らとの距離として示すことによって、効果的に描いている。

3　街を染める夕焼を擬人的に表し、あっけなく夜が訪れたことへの孤独を暗示することで、あらがうことのできない自然を壮大に描いている。

4　激しい音が響く中で目にした夕焼を直喩で示し、赤色が薄れて闇に包まれた後の静けさと対比させることによって、感傷的に描いている。

問二　次の文章を読んで、あとの問いに答えなさい。

> ある日、「盗人」は道で「僧」と出会い、祈りの力によって善人にしてほしいと頼んで別れた。その後、「盗人」と「僧」は再び出会った。

盗人、僧の袖を控へて(引きとめて)、怒つて申しけるは、「われ御辺(あなた)を頼むといへども、その甲斐《かひ》なし。祈誓したまはずや。」と申しければ、僧答へて日《い》はく、「われその日より片時《へんし》のいとまもなく、御辺のことをこそ祈り候《さうら》へ。」とのたまへば(おっしゃるので)、盗人申しけるは、「おこと(あなた)は出家の身として、1虚言《そらごと》をのたまふものかな。その日より悪念のみこそおこり候へ。」と申しければ、僧の謀《はかりごと》に、「にはかに喉渇きてせんかたなし(仕方がない)。」とのたまへば、盗人申しけるは、「これに井戸の侍《はべ》るぞや。われ上より縄をつけて、その底へ入れ奉《たてまつ》るべし(お入れしましょう)。」飽くまで水飲みたまひて、上がりたく思《おぼ》しめし候はば、引き上げ奉らん。」と契約して、2件《くだん》の井戸へ押し入れけり。かの僧、水を飲んで、「上げたまへ。」とのたまふとき、盗人力を出《い》だしてえいやと引けども、いささかも上がらず(全く上がらない)。いかなればとて、さしうつぶして見れば、何しかは上がるべき(どうして上がるはずがあろうか)、かの僧、そばなる石にしがみつきておるほどに、盗人怒つて申しけるは、「さても御辺は愚かなる人かな。その儀にては、3いかが祈祷《きたう》も験《しるし》あるべきや。その石放したまへ。やすく引き上げ奉らん。」と言ふ。僧、盗人に申しけるは、「さればこそ、われ御辺の祈念をいたすも、このごとく候ふぞよ。いかに祈りをなすといへども、まづ御身の悪念の石を離れたまはず候ふほどに、御辺のごとく強き悪念は、善人になりがたふ候ふ。」と申されければ、盗人うちうなづゐて、かの僧を引き上げ奉り、足元にひれ臥《ふ》して、「げにもかな(もっともなことであるなあ)。」とて、それより元結《もとゆひ》切《き》り(髪を切って出家し)、すなはち僧の弟子となりて、やんごとなき善人とぞなりにけり。

（「伊《い》曾《そ》保《ほ》物語《ものがたり》」から。）

(ア)　――線1「虚言をのたまふものかな。」とあるが、「盗人」がそのように言った理由として最も適するものを次の中から一つ選び、その番号を答えなさい。

1　「盗人」の悪念を消し去るために力を尽くしていると「僧」は言うものの、いまだに効果が表れていないから。

＜国語＞

時間　五〇分　　満点　一〇〇点

【注意】　解答用紙にマス目（例：□□□）がある場合は、句読点などもそれぞれ一字と数え、必ず一マスに一字ずつ書きなさい。なお、行の最後のマス目には、文字と句読点などを一緒に置かず、句読点などは次の行の最初のマス目に書き入れなさい。

問一　次の問いに答えなさい。

(ア)　次の1～4の各文中の――線をつけた漢字の読み方を、ひらがなを使って現代仮名遣いで書きなさい。

1　彼女はとても勇敢だ。　　2　自転車で疾走する。
3　俊敏な身のこなしに感心する。　　4　服の綻びを丁寧に繕う。

(イ)　次のa～dの各文中の――線をつけたカタカナを漢字に表したとき、その漢字と同じ漢字を含むものを、あとの1～4の中から一つずつ選び、その番号を答えなさい。

a　人材確保がキュウムとなっている。
1　カンキュウをつけて読む。
2　キュウカをとって旅行する。
3　強いダキュウを捕る。
4　セイキュウされた金額を確認する。

b　マイゾウされた宝を探す。
1　ドウゾウを建てる。
2　カンゾウをいたわる。
3　内容をゾウホする。
4　野菜をレイゾウする。

c　ダキョウを許さない。
1　ソッキョウで演奏する。
2　新聞社がキョウサンしている。
3　キョウエイの選手をめざす。
4　商品のキョウキュウが追いつかない。

d　目上の人をウヤマう。
1　具体的なセイサクを考える。
2　望遠鏡でエイセイを観察する。
3　警察官がケイレイする。
4　不可能と判断するのはソウケイだ。

(ウ)　次の**例文**中の――線をつけた「が」と同じ意味で用いられている「が」を含む文を、あとの1～4の中から一つ選び、その番号を答えなさい。

例文　新しい電子辞書が欲しい。

1　彼は足も速いが力も強い。
2　友達を訪ねたが留守だった。
3　授業で我が国の歴史を学ぶ。
4　先月公開された映画が見たい。

(エ)　次の短歌を説明したものとして最も適するものを、あとの1～4の中から一つ選び、その番号を答えなさい。

はなやかに轟《とどろ》くごとき(ウ)夕焼《ゆふやけ》はしばらくすれば遠くなりたり
佐藤《さとう》　佐太郎《さたろう》

1　空に赤色が広がるさまをひらがなで表し、夕暮れ時のもの悲しさを忘れて見入った姿を明示することで、静かな喜びを鮮明に描

2020年度

解　答　と　解　説

《2020年度の配点は解答用紙集に掲載してあります。》

※新傾向の出題が見られた問題には，解説の大問および小問の冒頭に☆印を記してあります。(数学，社会には該当する問題が見られませんでした。)

＜数学解答＞

問1　(ア)　4　(イ)　2　(ウ)　2　(エ)　4　(オ)　1

問2　(ア)　2　(イ)　4　(ウ)　2　(エ)　1　(オ)　3　(カ)　2

問3　(ア)　(i)　(a)　1　(b)　3　(ii)　点Fと点H　(イ)　(i)　5　(ii)　4

(ウ)　$\frac{45}{2}\mathrm{cm}^2$　(エ)　(i)　4　(ii)　$y=\frac{144}{x}$

問4　(ア)　3　(イ)　(i)　4　(ii)　3　(ウ)　S：T＝7：19

問5　(ア)　6　(イ)　$\frac{4}{9}$

問6　(ア)　6　(イ)　5　(ウ)　$\left(3+\frac{3\sqrt{3}}{2}\right)\mathrm{cm}$

＜数学解説＞

問1　(数・式の計算，平方根)

(ア)　$2-(-9)=2+9=11$

(イ)　$52a^2b\div(-4a)=-\frac{52a^2b}{4a}=-13ab$

(ウ)　$\sqrt{28}+\frac{49}{\sqrt{7}}=\sqrt{2^2\times7}+\frac{49\times\sqrt{7}}{\sqrt{7}\times\sqrt{7}}=2\sqrt{7}+\frac{49\sqrt{7}}{7}=2\sqrt{7}+7\sqrt{7}=9\sqrt{7}$

(エ)　$\frac{3x-y}{3}-\frac{x-2y}{4}=\frac{4(3x-y)-3(x-2y)}{12}=\frac{12x-4y-3x+6y}{12}=\frac{9x+2y}{12}$

(オ)　$\sqrt{2}+1=\mathrm{X}$とおく。$(\sqrt{2}+1)^2-5(\sqrt{2}+1)+4=\mathrm{X}^2-5\mathrm{X}+4=(\mathrm{X}-1)(\mathrm{X}-4)=\{(\sqrt{2}+1)-1\}\{(\sqrt{2}+1)-4\}=\sqrt{2}\times(\sqrt{2}-3)=2-3\sqrt{2}$

問2　(連立方程式，二次方程式，関数$y=ax$2の変化の割合，一次方程式の応用，数の性質，円の性質と角度)

(ア)　連立方程式に$x=2$，$y=1$をそれぞれ代入して，$2a+b=10$…(i)，$2b-a=5$　$-a+2b=5$…(ii)　(i)，(ii)をa，bについての連立方程式として解く。(i)+(ii)×2より，$5b=20$　$b=4$　$b=4$を(i)に代入して，$2a+4=10$　$2a=6$　$a=3$　よって，$a=3$，$b=4$

(イ)　解の公式より，$x=\frac{-(-5)\pm\sqrt{(-5)^2-4\times1\times(-3)}}{2\times1}=\frac{5\pm\sqrt{37}}{2}$

(ウ)　$x=3$のとき，$y=-\frac{1}{3}x^2=-\frac{1}{3}\times3^2=-3$　$x=6$のとき，$y=-\frac{1}{3}x^2=-\frac{1}{3}\times6^2=-12$　よって，xの増加量は，$6-3=3$，yの増加量は，$-12-(-3)=-9$　したがって，変化の割合は，$\frac{(y\text{の増加量})}{(x\text{の増加量})}=\frac{-9}{3}=-3$

(エ)　子ども1人の入園料をx円とすると，大人1人の入園料は$(x+600)$円と表される。入園料の比より，$(x+600):x=5:2$　$2(x+600)=5x$　$2x+1200=5x$　$-3x=-1200$　$x=400$　よって，子ども1人の入園料は400円

（オ）　5880を素因数分解すると，$5880=2^3\times3\times5\times7^2=2\times3\times5\times(2\times7)^2$より，$\dfrac{5880}{n}$が自然数の平方となる最も小さい自然数$n$は，$n=2\times3\times5=30$

（カ）　$\overset{\frown}{\mathrm{BC}}$に対する**円周角と中心角の関係**により，$\angle\mathrm{BOC}=2\angle\mathrm{BAC}=2\times54^\circ=108^\circ$　$\overset{\frown}{\mathrm{BD}}$に対する**円周角と中心角の関係**により，$\angle\mathrm{BOD}=2\angle\mathrm{BED}=2\times27^\circ=54^\circ$　よって，$\angle\mathrm{COD}=108^\circ-54^\circ=54^\circ$　△OCDはOC＝ODの二等辺三角形だから，$\angle\mathrm{ODC}=(180^\circ-54^\circ)\div2=63^\circ$

問3 （相似の証明，円周角の定理の逆，ヒストグラム，面積，反比例の利用）

（ア）（i）（a）$\overset{\frown}{\mathrm{AB}}$に対する円周角は等しいから，$\angle\mathrm{ADB}=\angle\mathrm{ACB}$　（b）線分BEは∠CBDの二等分線であるから，<u>$\angle\mathrm{CBE}=\angle\mathrm{DBE}$</u>　（ii）（i）の①，④と**三角形の内角と外角の関係**により，$\angle\mathrm{AFB}=\angle\mathrm{AHB}$　2点F，Hは直線ABについて同じ側にあって，$\angle\mathrm{AFB}=\angle\mathrm{AHB}$より，**円周角の定理の逆**により，4点A，B，F，Hは1つの円の周上にある。

（イ）　寒暖差の最頻値が4℃以上6℃未満の階級の階級値であるヒストグラムはC，Dである。このうち，寒暖差が4℃未満の日が4日以内であったのはDであり，寒暖差が2.1℃の日があったという説明も満たすから，11月のヒストグラムはDである。また，「寒暖差が10℃以上の日はあったが，寒暖差が12℃以上の日はなかった」，「中央値は，6℃以上8℃未満の階級にあった」，「寒暖差が4℃未満の日は4日以内であった」をすべて満たすのは，B，Eである。2つのヒストグラムの平均値を比較すると，Bは，$\dfrac{3\times3+5\times5+7\times14+9\times8+11\times1}{31}=\dfrac{215}{31}$
Eは，$\dfrac{3\times2+5\times2+7\times13+9\times8+11\times6}{31}=\dfrac{245}{31}$より，$\dfrac{215}{31}<\dfrac{245}{31}$　また，平均値が1番大きいのはAで，$\dfrac{5\times4+7\times7+9\times8+11\times9+13\times2+15\times1}{31}=\dfrac{281}{31}$だから，Eは「寒暖差の平均値の中で2番目に大きかった」という説明を満たす。よって，1月のヒストグラムはEである。したがって，（i）5，（ii）4

（ウ）　△ABCで，**三平方の定理**により，$\mathrm{AC}^2=\mathrm{BC}^2-\mathrm{AB}^2=25^2-15^2=400$　AC＞0より，AC＝20(cm)　△ABEと△CBAにおいて，仮定より，∠AEB＝∠CAB…(i)　∠ABE＝∠CBA(共通)…(ii)　(i)，(ii)より，2組の角がそれぞれ等しいから，△ABE∽△CBA　よって，AE：CA＝AB：CB　AE：20＝15：25　25AE＝300　AE＝12(cm)　BE：BA＝AB：CB　BE：15＝15：25　25BE＝225　BE＝9(cm)　AD//BCより，**三角形と比の定理**により，BG：GF＝BE：AF＝9：15＝3：5　BH：HF＝BC：AF＝25：15＝5：3　よって，BG：GH：HF＝3：2：3より，GH：BF＝2：(3+2+3)＝2：8＝1：4　△AGHと△ABFは底辺をそれぞれGH，BFとみると，高さが等しいから，面積の比は底辺の比になる。したがって，$\triangle\mathrm{AGH}=\dfrac{1}{4}\triangle\mathrm{ABF}=\dfrac{1}{4}\times\left(\dfrac{1}{2}\times\mathrm{AF}\times\mathrm{AE}\right)=\dfrac{1}{4}\times\left(\dfrac{1}{2}\times15\times12\right)=\dfrac{45}{2}(\mathrm{cm}^2)$

（エ）（歯車Pの歯数）×（歯車Pの回転数）＝（歯車Qの歯数）×（歯車Qの回転数）が成り立つ。よって，歯車Qの歯数が36のとき，歯車Qの1秒間に回転する数をyとすると，$24\times6=36\times y$　$y=4$　また，歯車Qの歯数をxとするとき，歯車Qの1秒間に回転する数をyとすると，$24\times6=x\times y$
$y=\dfrac{144}{x}$　したがって，（i）4，（ii）$y=\dfrac{144}{x}$

問4 （図形と関数・グラフ，比例定数，直線の式，面積の比）

（ア）　点Aは直線①上の点だから，y座標は，$y=x$に$x=6$を代入して，$y=6$　よって，A(6，6)
点Aは曲線③上の点でもあるから，$y=ax^2$に$x=6$，$y=6$を代入して，$6=a\times6^2$　$36a=6$　$a=\dfrac{1}{6}$

（イ）　点Eのx座標の絶対値をtとすると，AO：OE＝4：3より，$6:t=4:3$　$4t=18$　$t=\dfrac{9}{2}$　点E

は直線①上の点だから，y座標は，$y=x$に$x=-\frac{9}{2}$を代入して，$y=-\frac{9}{2}$　よって，$\mathrm{E}\left(-\frac{9}{2},\ -\frac{9}{2}\right)$　点Fは直線②とx軸との交点だから，x座標は，$y=-x+3$に$y=0$を代入して，$0=-x+3$　$x=3$　よって，F(3, 0)　直線EFの式は，傾きが，$\left\{0-\left(-\frac{9}{2}\right)\right\}\div\left\{3-\left(-\frac{9}{2}\right)\right\}=\frac{9}{2}\div\frac{15}{2}=\frac{3}{5}$なので，$y=\frac{3}{5}x+b$とおいて，$x=3$，$y=0$を代入すると，$0=\frac{3}{5}\times3+b$　$b=-\frac{9}{5}$　したがって，直線EFの式は，$y=\frac{3}{5}x-\frac{9}{5}$

（ウ）　2点A，Bはy軸について対称だから，B(−6, 6)　点Cのx座標は$y=-x+3$に$y=6$を代入して，$6=-x+3$　$x=-3$　よって，C(−3, 6)　点Dは直線①と直線②との交点だから，直線①，②の式を連立方程式として解いて，$x=-x+3$　$2x=3$　$x=\frac{3}{2}$　$x=\frac{3}{2}$を$y=x$に代入して，$y=\frac{3}{2}$　よって，$\mathrm{D}\left(\frac{3}{2},\ \frac{3}{2}\right)$　点Gのy座標は$y=-x+3$に$x=5$を代入して，$y=-5+3=-2$　よって，G(5, −2)　これより，△ACD，△ACG，△ABEの面積は，$\triangle\mathrm{ACD}=\frac{1}{2}\times\{6-(-3)\}\times\left(6-\frac{3}{2}\right)=\frac{1}{2}\times9\times\frac{9}{2}=\frac{81}{4}$　$\triangle\mathrm{ACG}=\frac{1}{2}\times9\times\{6-(-2)\}=\frac{1}{2}\times9\times8=36$　$\triangle\mathrm{ABE}=\frac{1}{2}\times\{6-(-6)\}\times\left\{6-\left(-\frac{9}{2}\right)\right\}=\frac{1}{2}\times12\times\frac{21}{2}=63$　したがって，$\mathrm{S}=\triangle\mathrm{ACG}-\triangle\mathrm{ACD}=36-\frac{81}{4}=\frac{63}{4}$，$\mathrm{T}=\triangle\mathrm{ABE}-\triangle\mathrm{ACD}=63-\frac{81}{4}=\frac{171}{4}$より，$\mathrm{S}:\mathrm{T}=\frac{63}{4}:\frac{171}{4}=7:19$

問5　(確率)

（ア）　(袋P，袋Q)＝(B，C)，(B，D)，(C，B)，(C，D)，(D，B)，(D，C)の6通り。取り出し方の総数は，6×6＝36(通り)あるから，求める確率は，$\frac{6}{36}=\frac{1}{6}$

（イ）　△ABCは直角二等辺三角形，△ACHは正三角形であることから，3つの辺の長さがすべて異なる場合は，(袋P，袋Q)＝(B，B)，(B，G)，(C，E)，(C，G)，(D，F)，(D，G)，(E，C)，(E，G)，(F，D)，(F，G)，(G，B)，(G，C)，(G，D)，(G，E)，(G，F)，(G，G)の16通り。よって，求める確率は，$\frac{16}{36}=\frac{4}{9}$

問6　(三角すいの展開図，表面積，体積，表面上の最短距離)

（ア）　△ADEは1辺の長さが6cmの正三角形より，線分ADの中点をSとすると，△AESは，内角の大きさが30°，60°，90°の直角三角形だから，$\mathrm{AE}:\mathrm{ES}=2:\sqrt{3}$　$\mathrm{ES}=\frac{\sqrt{3}}{2}\mathrm{AE}=\frac{\sqrt{3}}{2}\times6=3\sqrt{3}$ (cm)　よって，求める表面積は，(四角形ABCD)＋△ADE＝$6^2+\frac{1}{2}\times6\times3\sqrt{3}=36+9\sqrt{3}$ (cm^2)

（イ）　3点B，C，Eが重なった点をIとすると，∠AIF＝∠DIF＝90°より，直線IFは面AIDに垂直である。よって，三角すいにおいて，△AID(△AED)を底面とみると，高さはIF(BF)＝3cmである。したがって，求める体積は，$\frac{1}{3}\times\triangle\mathrm{AID}\times\mathrm{IF}=\frac{1}{3}\times9\sqrt{3}\times3=9\sqrt{3}$ (cm^3)

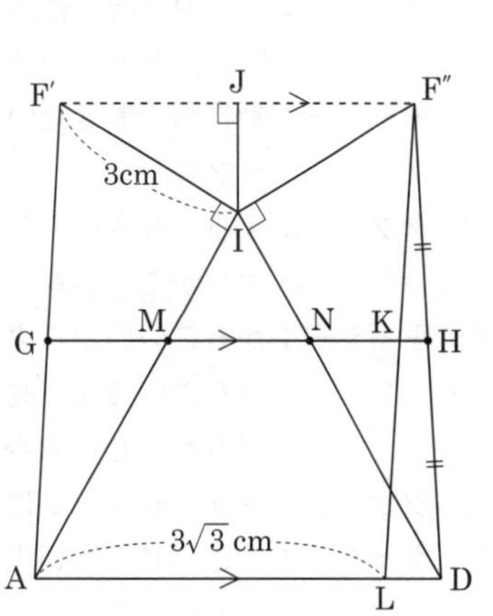

（ウ）　右の図の展開図で，辺AI上の点をM，辺DI上の点をNとすると，4点G，M，N，Hが一直線上にあるとき，線の長さは最も短くなる。△IF″F′はIF′＝IF″，∠F′IF″＝360°−(60°＋90°×2)＝120°の二等辺三角形だから，線分F′F″の中点をJとすると，IJ⊥F′F″であり，△F′IJは内角の大きさが30°，60°，90°の直角三角形だから，$\mathrm{F'J}=\frac{\sqrt{3}}{2}\mathrm{IF'}=\frac{\sqrt{3}}{2}\times3=$

$\frac{3\sqrt{3}}{2}$(cm)　よって，F′F″＝$\frac{3\sqrt{3}}{2}\times 2=3\sqrt{3}$ (cm)　対称性から，点Aと点D，点Gと点H，点F′と点F″は直線IJについて対称だから，3つの直線AD，GH，F′F″は平行である。点F″を通り直線AF′に平行な直線と線分GH，ADとの交点をそれぞれK，Lとすると，四角形F′GKF″，四角形F′AL F″はともに平行四辺形である。よって，GK＝AL＝F′F″＝$3\sqrt{3}$ (cm)　また，KH//LDなので，**三角形と比の定理**により，KH：LD＝F″H：F″D＝1：2　KH＝$\frac{1}{2}$LD＝$\frac{1}{2}\times(6-3\sqrt{3})=3-\frac{3\sqrt{3}}{2}$(cm)　したがって，GH＝GK＋KH＝$3\sqrt{3}+3-\frac{3\sqrt{3}}{2}=3+\frac{3\sqrt{3}}{2}$(cm)

＜英語解答＞

問1　(ア)　No. 1　4　　No. 2　3　　No. 3　1　　(イ)　No. 1　2　　No. 2　4
　(ウ)　No. 1　6　　No. 2　(例)restaurant

問2　(ア)　(例)afraid　　(イ)　(例)strongest　　(ウ)　(例)voice

問3　(ア)　2　　(イ)　3　　(ウ)　1　　(エ)　4

問4　(ア)　(3番目)　6　　(5番目)　2　　(イ)　(3番目)　6　　(5番目)　5
　(ウ)　(3番目)　3　　(5番目)　5　　(エ)　(3番目)　1　　(5番目)　2

問5　(例1)　What music do you listen to (when you want to relax?)
　(例2)　What kind of music do you listen to (when you want to relax?)

問6　(ア)　3　　(イ)　1　　(ウ)　8

問7　(ア)　2　　(イ)　3

問8　(ア)　1　　(イ)　2　　(ウ)　4

＜英語解説＞

☆問1　(リスニング)

放送台本の和訳は，75ページに掲載。

☆問2　(語句の問題：連語，比較の最上級，名詞)

(全訳)

タク　　：明日の英語の授業で，自分の将来の仕事についてスピーチするよね。君は将来何をしたいの，キャシー？

キャシー：動物園で働きたいわ。ライオンの世話をすることに興味があるから。私，ライオンが好きなの。

タク　　：えっ，好きなの？　ライオンは大きな動物たちを殺して食べてしまうから，ぼくはライオンがこわいな。なんでライオンが好きなの？

キャシー：かっこいいからよ！　ライオンは大きいわ。それに，彼らはいつも一緒に協力してたくさんのいろんな動物を捕まえるしね。だからライオンがすべての動物の中で一番強いと思うわ。じゃあ今度は，あなたの将来の仕事について話して，タク。

タク　　：ミュージシャンになってたくさんの人のために歌いたい。

キャシー：すごいじゃない！　あなたはきっと素晴らしいミュージシャンになれるわよ。あなたは美しい声をしているから。

タク　　：ありがとう，キャシー。明日がんばってね。
キャシー：あなたも。

日本語訳はないので，**話の展開を押さえて**ふさわしい単語を書く必要がある。

（ア）　全訳参照。連語 < be afraid of~ >「～がこわい」。
（イ）　全訳参照。比較の最上級 < the strongest >「一番強い」。
（ウ）　全訳参照。名詞 < a beautiful voice >「美しい声」

問3　（語句補充・選択問題：複数形，助動詞を用いた受動態，不定詞，関係代名詞）

（ア）「あれらはだれの鉛筆ですか？」pencilsが複数形。選択肢のなかで対応する主語はthoseのみ。単数か複数か，**数に注意を払う問題**はここ数年，毎年出題されている。

（イ）「あなたの教室から富士山は見えますか？」助動詞canを含む受動態<be動詞＋過去分詞…>「…される」の文。主語がMt. Fujiであることを意識する。日本語訳ではわかりにくいが，**主語が「～される」立場のもの（この場合，富士山という主語は「見られる」立場）**なので，受け身の文と判断する。助動詞があるので，be動詞は原形で使用する。

（ウ）「スズキ先生は私たちに，今週昼食を持参するように言った」**<tell＋人(us)＋to＋動詞の原形(bring)>「私たちに持ってくるように言う」**toldはtellの過去形。

（エ）「これは，日本で人気のあるカメラです」**<先行詞camera（もの）＋主格の関係代名詞which＋動詞(is)…>**　先行詞cameraをwhich以下の部分が後ろから説明する構文。

☆問4　（語句の並べ換え問題：最上級most，前置詞＋動名詞，疑問詞＋不定詞，前置詞with）

（ア）(This is one of) the most beautiful mountains in (the world.)「これは世界で最も美しい山の一つです」 **<one of the most ～ ＋複数形の名詞(mountains)>「最も～の一つ」**　最上級の後ろにつづく，「…(の中)で」という意味を表す語句は，**前置詞inかofを使い分けて用いる。<in＋単数名詞>，<of＋複数名詞>**。

（イ）(What do) you do before going to (bed?)「あなたは寝る前に何をしますか？」 **<前置詞(before)＋動名詞(going)>前置詞の直後に来る動詞は動名詞にする。**beforeには前置詞のほかに，接続詞として，<before＋主語＋動詞>の語順を取るパターンもある。

（ウ）(Has your family) decided where to go during (summer vacation?)「あなたの家族は夏休みのあいだどこに行くか決定しましたか？」動詞のdecide(～を決定する)の後ろに，**<疑問詞where＋to＋動詞の原形go>「どこに行くか」という意味の語句のまとまりがつづく構文。**during summer vacation「夏休みのあいだ」はひとまとまりの表現として覚えよう。**前置詞duringは，あることが「特定の期間中」に行われることを表す。**

（エ）(I received an) e-mail with a special message (from my grandmother.)「私は祖母から，特別なメッセージの付いた電子メールを受け取った」 **<名詞an e-mail＋with a special message>「特別なメッセージの付いた電子メール」というまとまり**でとらえよう。

☆問5　（条件英作文：疑問詞what＋名詞）

（全訳）

A：チカは夜，一生懸命勉強していた。勉強した後，彼女はくつろぐために音楽を聞きたいと思った。

B：次の日学校で，彼女は友だちのケンに言った，「勉強した後に音楽を聞きたいと思っているの。

あなたはくつろぎたいとき，どんな音楽を聞くの？」

C：彼は答えた，「アメリカのポピュラーミュージック。ぼくのお気に入りのバンドを教えてあげるよ」「ありがとう」とチカは言った。

全訳参照。**空所の前後の文脈**を正確にとらえよう。Cの絵でケンが返答している部分が**最大のヒント**。上記の全訳も参考に、以下の**3つのポイント**を意識しよう。　①　ケンの返答が，“American popular music.”と具体的な音楽ジャンルであることを踏まえ，「どんな音楽…？」という**疑問文**にする。　②　提示されている＜条件＞を落とさずに，質問文を考える。**1つ目の指定語：** ‘music’→＜What music＋疑問文の語順＞ “what＋名詞(music)”のまとまりで,「どんな(名詞)？」。**2つ目の指定語：** ‘listen’ →<listen to～>のまとまりで，「～を聞く」。**文末の終わり方：** ‘when you want to relax?’「あなたがくつろぎたいとき」→Bの空所の直後の文と同じあることを確認する。なお，完成した英文は，接続詞whenの直前がtoになるが，戸惑うことがないようにしよう。<listen to music>「音楽を聞く」の ‘music’が文頭の疑問詞whatと結びついた疑問文。別解として，What musicの部分を，What kind of music「どんな種類の音楽」としても可。

問6　(読解問題・スピーチ：文の挿入，グラフを用いた問題，内容真偽)

(全訳)　こんにちは。私はリョウです。3か月前ネットで，ある少女に関するストーリーを読みました。ある国際会議で彼女はスピーチをしました。その中で彼女は言いました，「地球のために若者には多くのことができます」。彼女は世界中の若者に力を与えました。私は彼女の言葉は本当だと思います。私は学生ですが，地球のためにある小さなことをすることができました。今日，私が家族と行ったことについてお話しするつもりです。私の発表を聞いて，皆さんも彼女の言葉は本当だと思ってくれるといいなと思っています。

レジ袋はとても便利です。軽くて耐水性があり安いです。①　B.でもレジ袋には問題が多いということを知っていますか？　例えば，プラスチックごみのために動物や魚が死んでいます。多くの国々が現在，これらのことに対する解決策を見つけようと努力しています。私たちが使用するレジ袋の数を減らすべきだと私は思います。みんながレジ袋なしの生活をしようとすればいいなあと思います。

ここで私から質問があります。みなさんはレジ袋をどのくらいの頻度でもらいますか？　グラフ1を見てください。これは2014年の日本で，どれくらいの頻度で人々がレジ袋をもらったかを示しています。

[グラフ1]

約30パーセントの人が1日につき1枚かそれ以上のレジ袋をもらっていました。その中には，1日につき3枚かそれ以上もらっている人もいました。しかし約50パーセントの人は週に1枚もらう，あるいはめったにもらいませんでした。これは，半数以上の人がレジ袋をたくさんはもらわなかったことを意味します。②　A.彼らは受け取るレジ袋の数を減らすために何かをしたのです。私も自分ができることを見つけたいと思いました。その時は，自分が使うレジ袋の数が分かりませんでした。そこで，私は家族と話し合いました。

今年の1月に，私の家族は受け取るレジ袋の数を減らすために4週間の企画をスタートさせました。グラフ2を見ると，私たちが各週に受け取ったレジ袋の枚数が分かります。母はたいてい自分の買い物袋を使ったので，この企画の間は2枚のレジ袋しか受け取りませんでした。妹と私は企画を始めたときに自分の買い物袋を携帯し始めました。1，2，3週目では，私は店へ行く際に買い物袋を携帯し忘れることがあり，レジ袋を何枚かもらいました。でも最後の週には，1枚も受け取りませんでした。父は2週目の終わりまで，毎日1枚のレジ袋を受け取っていました。店でコーヒーや紅茶を買ったときにレジ袋を受け取っていました。2週目の終わりに，妹と私は彼に水筒を渡しました。家からコーヒーや紅茶を持っていくために，父はそれを使い始め，受け取るレジ袋の数は翌週には少なくなりました。最後の週には，家族は2枚のレジ袋しか受け取りませんでした！

私は人生の中であまりにも多くのレジ袋を使ってきました。この企画はそれを知るよい機会になったと思います。家族としてこの企画を始める前には，家族が受け取るレジ袋の数など考えることさえありませんでした。今，私たちは買い物袋を携帯しているので，レジ袋はめったに受け取りません。③　C.私たちそれぞれは地球のためにできるほかのこともやり始めました。母は，家族の古着から買い物袋を作り，それをとても楽しんでいます。父の会社は，川を保護するボランティアグループと共に働いています。父は現在，そのプロジェクトに熱心に取り組んでいます。妹と私は地球の将来についてほかの人と話すことを始めました。

地球のために何ができるかを考えるとき，皆さんの中には，なにか大きくて難しいことをしようとする人がいるかもしれません。でもその必要はありません。小さくて簡単なことをまずやってみて下さい。小さなアイデアが大きなものとなって，やがて地球を救うことにつながるかもしれません。あの少女の言葉をもう一度言いたいと思います，「地球のために若者には多くのことができます」。

(ア)　上記全訳参照。空所①の前後の内容から判断する。空所の前でレジ袋の良い点，後ではレジ袋のよくない点の具体例が書かれている。空所②の直前の文にはレジ袋をあまり使わない人のことが書かれている。選択肢Aの文の主語，‘they’（彼らは）がそれらの人を表す。**代名詞が何を指すのか**を確認することがヒントになる。空所③の前後の内容から判断。選択肢Cの文の主語は，‘Each of us…’（私たちそれぞれは…）とあり，家族それぞれがし始めた行動を述べている。空所の後には，母親，父親，そしてリョウと妹のそれぞれの具体的な行動が，この段落の最後まで述べられており，自然につながると判断できる。

(イ)　選択肢のグラフは，家族がそれぞれの週に受け取ったレジ袋の数の推移を示す。第5段落3文目から10文目までを参照。母親，リョウ，父親の順に具体的なレジ袋の数を確認できる。なお，妹の受け取ったレジ袋の数は本文に具体的には書かれていない。

(ウ)　a.　リョウはクラスメートに，少女が会議でする予定のスピーチを聞いてほしいと思っている(×)　b.　リョウはクラスメートに，1週間に受け取ったレジ袋の数を尋ね，グラフにした。(×)　c.　家族の企画の間，リョウの父親はコーヒー，紅茶用の自分の水筒を買った。(×)　d.　家族の企画の前は，リョウは自分が何枚のレジ袋を受け取ったのかわからなかった。(○)第4段落最後から2文目を参照。　e.　リョウは母親が作った買い物袋をクラスメートにあげるつもりだ。(×)　f.　リョウはクラスメートに，地球のためになる小さくて簡単なことを始めてほしいと思っている。(○)　最終段落3文目を参照。

問7　(読解問題：英問英答，絵・図・表・グラフなどを用いた問題)

(ア)　(全訳)*マユミとサキは日曜日，野球観戦のために市のスタジアムに行く予定である。スタジアムはカモメ駅の近くにあり，彼女たちはそこで待ち合わせをしたいと思っている。スマートフォンを使ってお互いのメッセージを送信している。*

マユミ：サキ，モミジ駅でオレンジラインに乗ったよ。今どこにいる？

サキ　：アヤマ駅で電車に乗ったところ。

マユミ：車両点検のために，オレンジラインはサクラ駅とカモメ駅の間は運休なんだ。

サキ　：本当？　じゃあ，その2つの駅の区間では電車が使えないね。バスで行くのはどう？私はサツキ駅からバスに乗ろうと思うわ。あなたもバスで行く？

マユミ：ええ，そうする。あなたは別のバスに乗った方がいいと思うよ。あなたが乗るつもりのバスの経路は車が多いから。長い時間かかるかもしれないよ。

サキ　：そうかあ。それじゃ，あなたと一緒のバスに乗るわ。

マユミ：OK。もうすぐ私は駅に着くから，あなたがそこに着いたら電話して。

質問「マユミとサキはどこでバスに乗りますか？」

上記全訳を参照。マユミの最終発言にある，‘the station’（その駅）と‘there’（そこ）がサクラ駅を指すことを読み取れたかがポイント。マユミとサキのそれぞれの2番目のメッセージのやり取りから，マユミはサクラ駅でバスに乗るとわかる。サキの最後のメッセージより，彼女はマユミと一緒にバスに乗るつもりにしている。

（イ）　マイクはカモメ米店から米袋を買いたいと思っている。彼は価格表を見ながら，電話で店員と話している。

［価格表］

● 1箇所への配達料は1,000円です。合計でお米12,000円以上お買い上げの場合，配達料は必要ありません。

● 当店で初めてご注文の場合，特別なプレゼントを差し上げます。

マイク：こんにちは。マイク・ブラウンといいます。お米を注文したいのですが。

店員　：はいどうぞ。当店からのお米の注文は初めてですか？

マイク：はい，そうです。

店員　：分かりました。どれをご注文なさいますか？

マイク：Sunny Riceの10キロの袋一つと，2キロの袋を二つお願いします。

店員　：承知しました，ブラウン様。もう一つの米袋をご注文なさいますと，配達料が必要なくなります。

マイク：あ，本当ですか？　じゃあ，Flower Riceの1キロの袋も買います。

店員　：ありがとうございます，ブラウン様。プレゼントとして，1キロのSunny Rice 一袋を差し上げます。それで，合計16キロのお米をお送りします。よろしいでしょうか？

マイク：ええ，もちろんです。ありがとう。

質問「マイクは合計でいくら支払いますか？」

マイクの3番目の発言を参照し，価格表と照合する。Sunny Rice，10キロ一袋8,000円，2キロ二袋1,800円×2＝3,600円。マイクの4番目の発言より，Flower Rice，1キロ一袋800円。合計12,400円となる。

問8　（会話文読解問題：文の挿入，絵・図・表などを用いた問題，内容真偽）

（全訳）　*マナブ，リョウコ，カズキは，グリーン先生の授業で，良い話し合いをする方法について学んでいる。彼らは同じグループ内で話している。*

グリーン先生：皆さんは今日，町を設計するつもりなのね。良い話し合いをしましょう。

マナブ　　　：リョウコ，カズキ，あなたたちは町に何があってほしい？

リョウコ　　：ショッピングモールがあった方がいいと思うな。

カズキ　　　：町にショッピングモールがあると，その周辺は車であふれてしまうかもね。

マナブ　　　：町にショッピングモールがあれば，たくさんの人がそこで買い物を楽しむね。家の近くの小さな古い店で物を買わなくなるかもしれないな。そうした店のことが心配だよ。

カズキ　　　：そうかあ，私たちには皆いろいろな考えがあるよね。この町に住み，働いている人はいろいろだよね。みんないろんなことを望んだり，必要としたりしてる。

リョウコ　　：そうね。この町にショッピングモールがあれば私はうれしいけど，1. でもそれを望まない人もいることはわかっているわ。　だから，良い町を設計するために，いろいろなものの見方でこの町を見るべきよね。

グリーン先生：自分たちの考えを共有しましたか？　より良い話し合いをするのに，このふせんを使ってみて。ふせんを使えば簡単に考えを共有できますよ。

カズキ　　　：分かりました。町に必要なものをふせんに書いて，この紙にそれを貼るのはどうかな？　1枚のふせんに1つの考えを書いてみよう。

この3人の生徒はふせんに自分たちの考えを書く。

リョウコ　　：私の考えをまず言います。私はショッピングモールが欲しいな。町に大きな企業があるのもいいと思う。

マナブ　　　：ぼくは保育園が必要だと思う。大きな公園があるのもいいね。

カズキ　　　：今，日本のおよそ4人に1人が65歳以上だっていうこと知ってる？　2060年には，日本のおよそ40パーセントの人が65歳以上になるんだ。だから，大きな病院が必要だよ。広い通りも作る必要があると思うな。

グリーン先生：皆さんのグループでは，6つの異なる考えが出ましたね。ふせんを移動させて，1つの囲みの中に，似ている考えを入れてみてごらん。

リョウコ　　：分かりました。ショッピングモールと企業があれば，たくさんの人がこの町で仕事ができるわ。そして，税金を払う人が増えて，町は裕福になるわね。だから，この二つは同じ囲みに入れるといいわね。

マナブ　　　：保育園と病院は両方とも，支援が必要な人を助けるので，この二つは似ていると思うな。

カズキ　　　：ぼくも同じ意見だよ。じゃあ，この二つも一つの囲みに入れよう。公園にはたくさんの木と花があって，環境がいいよね。

マナブ　　　：いいね。もし広い通りがあれば，町を動き回るのが，より楽になるよね。

リョウコ　　：OK。じゃあ，大きな公園と広い通りを二つの別々の囲みに入れましょう。今，4つの異なる囲みに，私たちの考えを入れてみたね。

グリーン先生：いいですね。では，もし囲みに入っているすべてのものがこの町にあったら，完璧かな？

カズキ　　　：えーと…，そうだなあ，難しいなあ。はいとは言えないですね。

グリーン先生：私も同意する。では，この紙の上にもう一つのことをしてみましょう。記号を見てください。記号Aと記号Bの使い方を皆さんに教えます。1つの囲みの中にある考えが別の囲みの考えと調和しているなら，その二つの囲みの間に記号Aを付けて。もし1つの囲みにある考えが別の囲みの考えと調和しないなら，その二つの囲みの間に記号Bを付けてみて。

マナブ　　　：分かりました。広い通りと，保育園，病院は調和するとぼくは思う。なぜなら，この三つはそれぞれ町のたくさんの人の大きな支えになるからね。広い通りを使うことによって，保育園に子供をつれて行ったり，医者に見てもらったりすることが，より楽にできるようになるよね。

リョウコ　：また，広い通りがあると買い物や仕事に行きやすくなるから，広い通りは，ショッピングモール，企業と調和するね。

カズキ　：二人の意見にぼくも賛成なんだけど，車は環境にはよくないよね。広い通りは必要だと思うけど，それは大きな公園と調和しないと思うな。

リョウコ　：なるほど。公園はショッピングモールや企業と調和しないんだと思う。ショッピングモールや企業の人が公園を訪れると，公園にごみを残していくかもしれないね。それは良くないと思う。

カズキ　：ぼくの考えは違うな，リョウコ。もしぼくが企業で働いたら，公園でランチを取りたいと思うな。公園はきれいにすべきだから，ごみの問題は考えなくてはいけないね。企業が何かできるんじゃないかとぼくは思う。例えば，そこで働く人が公園を掃除するとか。

マナブ　：面白いね！　その二つの囲みに両方の記号を付けよう。公園に関して，ぼくはもう一つの考えがあるんだ。公園は子どもたちと老人にとって良いものだよね。子供たちは公園で遊べるし，老人たちは友人とそこでおしゃべりをして楽しめるからね。だから，公園は保育園，病院と調和してるよ。

リョウコ　：そのとおりだわ。考えはまだある？　OK，紙に記号を付け終えたわ。

グリーン先生：よくできました！　あなたたちの紙を見ると，グループで何を話したかが分かるわ。

マナブ　：すべての人にとって良い町を設計するというのは難しいですね？

カズキ　：うん，ぼくもそう思う。でもふせんを使うことで考えを整理することができたから，いい話し合いになったね。

リョウコ　：異なる考えがあるときには，二つの囲みの間に両方の記号を付けたわ。それは考えを共有する良い方法だったと思う。

マナブ　：本当だね。話し合いをするときには，たくさんの異なる考えを共有することが大切なんだと学んだよ。そうすることによって，より良い答えをぼくたちは見つけ出せるはずだよね。

（ア）　上記全訳を参照。**空所の直後の接続詞 So(だから)**に自然につながる選択肢を選ぶ。

（イ）　選択肢2が正解である根拠を確認しよう。4つの囲みを順に確認するため，選択肢2の図の4つの囲みに，左上から時計回りに①～④の数字を便宜上付けて，下記のように確認してみよう。

①MallとBig Companyの囲み(左上)：リョウコの4番目の発言を参照。

②Big Parkの囲み(右上)：リョウコの5番目の発言を参照。

③Nursery SchoolとLarge Hospitalの囲み(右下)：マナブの4番目，カズキの5番目のそれぞれの発言を参照。

④Wide Streetの囲み(左下)：リョウコの5番目の発言を参照。

次に，それぞれの囲みの間の記号を確認すると…,

①MallとBig Companyの囲みと，②Big Parkの囲みの間の記号A，B：マナブの7番目の発言2文目を参照。

②Big Parkの囲みと③Nursery SchoolとLarge Hospitalの囲みの間の記号A：マナブの7番目の発言最後の2文を参照。

③Nursery SchoolとLarge Hospitalの囲みと④Wide Streetの囲みの間の記号A：マナブの6番目の発言を参照。

①MallとBig Companyの囲みと④Wide Streetの囲みの間の記号A：リョウコの6番目の発言を参照。

②Big Parkの囲みと④Wide Streetの囲みの間の記号B：カズキの7番目の最後の発言を参照。

(ウ)　a.　リョウコはショッピングモールを望んでいるが，その周辺に車があふれることを心配している。(×)　b.　マナブは，町にショッピングモールができると，小さな古い店は物があまり売れなくなるかもしれないと思っている。(○)　マナブの2番目の発言を参照。　c.　カズキは，現在日本のおよそ40パーセントの人が65歳以上であると言っている。(×)　d.　3人の生徒は，町に大企業があれば町は裕福になって，広い通りを建設できるということに同意している。(×)　e.　グリーン先生は，生徒が望む6つのものが町にあれば完璧だと言っている。(×)　f.　リョウコは，公園のごみが問題だと思っており，カズキは，企業が公園を美しくするためにできることがあると言っている。(○)　リョウコの7番目の発言3文目，カズキの8番目の発言最後の2文を参照。　g.　マナブは，生徒たちが良い答えを早く見つけるために，ふせんを使わないで考えを共有すべきだと思っている。(×)

2020年度英語　リスニングテスト

〔放送台本〕

これから，問1のリスニングテストの放送を始めます。問題は(ア)・(イ)・(ウ)の三つに大きく分かれています。放送を聞きながらメモをとってもかまいません。

それでは，問題(ア)に入ります。問題(ア)は，No.1～No.3まであります。PaulとYukiが話をしています。まずPaulが話し，次にYukiが話し，その後も交互に話します。対話の最後でYukiが話す言葉のかわりに(チャイムの音)というチャイムが鳴ります。そのチャイムのところに入るYukiの言葉として最も適するものを，問題(ア)の指示にしたがって答えなさい。まず，問題(ア)の指示を読みなさい。それでは，始めます。対話は2回ずつ放送します。

No. 1　[Paul:]　Yuki, tell me about your family trip to Hokkaido.

[Yuki:]　Sure, Paul. Look at this picture of us. We had a good time at a beautiful lake.

[Paul:]　Oh, you look happy in the picture. What did you do at the lake?

[Yuki:]　(チャイム)

No. 2　[Paul:]　You are good at playing the piano, Yuki.

[Yuki:]　Thank you, Paul. I take piano lessons every Friday.

[Paul:]　That's nice! How long have you practiced the piano?

[Yuki:]　(チャイム)

No. 3　[Paul:]　Yuki, I hear you will play tennis with Rika this Saturday. Can I join you?

[Yuki:]　Sure. I know your brother also likes tennis. Ask him to join us.

[Paul:]　OK. A group of four will be perfect for playing tennis! What time shall we start?

[Yuki:]　(チャイム)

〔英文の訳〕

No. 1　ポール：ユキ，北海道への家族旅行のことを話してよ。
　　　ユキ　：いいわよ，ポール。私たちのこの写真を見て。きれいな湖で楽しい時を過ごしたわ。
　　　ポール：わあ，この写真で君は楽しそうだね。湖で何をしたの？
　　　ユキ　：4　湖の周りを歩いて，ランチを食べたわ。

No. 2　ポール：君はピアノが上手だね，ユキ。
　　　ユキ　：ありがとう，ポール。毎週金曜日にピアノのレッスンを受けているの。
　　　ポール：それはいいね。どのくらいの間ピアノを練習しているの？
　　　ユキ　：3　4歳のときから練習しているわ。

No. 3　ポール：ユキ，今週の土曜日にリカとテニスをするそうだね。ぼくも参加していい？
　　　ユキ　：いいわよ。あなたのお兄さんもテニスが好きよね。私たちに加われるか聞いてみて。
　　　ポール：OK。テニスをするのに4人のグループならちょうどいいね！
　　　ユキ　：1　後でリカとそのことについて話そうよ。

〔放送台本〕

次に，問題(イ)に入ります。問題(イ)は，No.1とNo.2があります。それぞれ同じ高校に通うMihoとJackの対話を放送します。対話の内容を聞いて，問題冊子に印刷されているそれぞれの質問の答えとして最も適するものを，問題(イ)の指示にしたがって答えなさい。まず，問題(イ)の指示を読みなさい。それでは，始めます。対話は2回ずつ放送します。

No. 1　[Miho:]　Jack, I think the science homework is very difficult. Have you finished it yet?
　　　[Jack:]　Yes, I have, Miho. It was a piece of cake.
　　　[Miho:]　A piece of cake? I'm not talking about food. I'm asking you about the homework.
　　　[Jack:]　I know. Oh, do you know what "a piece of cake" means?
　　　[Miho:]　No, I've never heard that. What does it mean?
　　　[Jack:]　It means that something is very easy.

No. 2　[Miho:]　Jack, my friend from London will visit me next month. I want to take her to a nice place in our city. Can you come with us?
　　　[Jack:]　Sure. Where will you take her?
　　　[Miho:]　I think I'll take her to the city museum because she is interested in Japanese history. I hope she will learn about it there.
　　　[Jack:]　That's good. The museum is my favorite place. Does she speak Japanese?
　　　[Miho:]　No, she doesn't. So, we will talk about Japanese history in English. I'm nervous about it.
　　　[Jack:]　No problem, Miho. I can help you.

〔英文の訳〕

No. 1　ミホ　　：ジャック，理科の宿題はとても難しいよね。もう終わった？
　　　ジャック：うん，終わったよ，ミホ。とても簡単だったよ。
　　　ミホ　　：ひと切れのケーキ？　食べ物のことなんて話してないよ。私は宿題について尋ねているの。

ジャック：分かってるよ。あーそうか，“a piece of cake”の意味は分かる？

ミホ　　：いいえ，聞いたことないわ。どういう意味？

ジャック：とても簡単だという意味だよ。

質問：ジャックについて何と言えますか？

答え：2　彼は宿題を簡単に終えることができた。

No. 2　ミホ　　：ジャック，来月なんだけど，ロンドンから私の友だちが来るの。彼女を私たちの町の素敵な場所へ連れて行ってあげたいんだ。一緒に来れる？

ジャック：もちろんだよ。彼女をどこに連れて行ってあげるの？

ミホ　　：彼女は日本の歴史に関心があるから，市立博物館に連れて行ってあげようと思っているわ。そこで学んでくれたらいいな。

ジャック：それはいいね。その博物館はぼくのお気に入りの場所だよ。彼女は日本語を話せるの？

ミホ　　：いいえ話せないわ。だから日本の歴史について英語で話すことになるわ。そのことで緊張してるの。

ジャック：大丈夫だよ，ミホ。ぼくが君の助けになれるよ。

質問：ミホについて正しいのはどれですか？

答え：4　英語で日本の歴史を話すことについて心配している。

〔放送台本〕

最後に，問題(ウ)に入ります。問題(ウ)では，かもめ高校に来週から来る留学生について，英語部のアキコが全校生徒に紹介するスピーチを放送します。放送を聞き，問題(ウ)の指示にしたがって答えなさい。このあと，20秒後に放送が始まりますので，それまで問題(ウ)の指示を読みなさい。それでは，始めます。英文は2回放送します。

Hello, everyone. I'm Akiko. Next Monday, a new student from the U.S. will join our school. Her name is Emma. She speaks English, and she can speak Chinese and Japanese, too. Emma likes sports very much. She plays basketball in the U.S. but she wants to try a new sport in Japan. So, she's going to join the soccer club at our school. Emma wants to try many kinds of Japanese food. Can anyone help her? Please enjoy your favorite Japanese food with her. Emma will stay with us for five months and she will leave our school before the New Year comes.

〔英文の訳〕

こんにちは，みなさん。私はアキコです。次の月曜日，アメリカから新入生が私たちの学校に入ります。彼女の名前はエマです。彼女は英語を話しますし，中国語と日本語も話せます。エマはスポーツが大好きです。アメリカではバスケットボールをしていますが，日本では，新しいスポーツに挑戦したいと思っています。それで，彼女は私たちの学校でサッカー部に入るつもりです。エマはいろいろな種類の和食にも挑戦したがっています。だれか彼女のお手伝いができますか？　彼女と一緒に自分のお気に入りの和食を楽しんでみてください。エマは5か月間こちらに滞在して，年が明ける前に私たちの学校を離れます。

これで問1のリスニングテストの放送を終わります。

＜理科解答＞

問1　(ア)　4　(イ)　4　(ウ)　2
問2　(ア)　4　(イ)　6　(ウ)　3
問3　(ア)　1　(イ)　5　(ウ)　3
問4　(ア)　3　(イ)　1　(ウ)　(i)　4　(ii)　2
問5　(ア)　5　(イ)　(i)　1　(ii)　3　(ウ)　5　(エ)　X　2　Y　1
問6　(ア)　(i)　2　(ii)　1　(イ)　2.7cm^3　(ウ)　塩素が水に溶けた　ため　(エ)　3
問7　(ア)　6　(イ)　X　3　Y　2　(ウ)　2　(エ)　1
問8　(ア)　6　(イ)　(i)　2　(ii)　4　(ウ)　午前4時　(エ)　X　4　Y　5

＜理科解説＞

問1　(小問集合－力学的エネルギー，エネルギーとその変換，電流と磁界：磁界の向き，力のはたらき：フックの法則)

(ア)　運動エネルギーと位置エネルギーの和である力学的エネルギーは一定に保たれる。ジェットコースターがコース上の最も高い位置から下降すると，位置エネルギーが減っていき，その分だけ運動エネルギーが大きくなり，ジェットコースターはしだいに速くなる。高さが最も低い位置でのジェットコースターの速さは最大となる。実際の実験で，鉄球が手を離したときと同じ高さまで上昇することができないのは，鉄球がもつ力学的エネルギーが熱エネルギーや音エネルギーなどの別の種類のエネルギーに変換されるためである。

(イ)　**地球は北極付近にS極，南極付近にN極をもつ1つの磁石**であり，磁力線は南極付近のN極から出て北極付近のS極に向かっている。図1で，磁針のさす北向きを磁界の向きという。図2で，磁界の向きをねじを回す向きとすると，ねじの進む向きが電流の向きなのでbである。

☆　(ウ)　フックの法則により，ばねののびは，ばねを引く力に比例する。グラフより，ばねAを引く力が0.4 Nのときのばねののびは2 cmであるため，**ばねAを引く力が2Nのときのばねののびをa cmとすると，0.4〔N〕：2〔N〕＝2〔cm〕：a〔cm〕**より，a＝10である。同様にして，ばねBは，0.8〔N〕：1.5〔N〕＝6〔cm〕：b〔cm〕より，b≒11.3である。同様にして，ばねCは，0.4〔N〕：0. 7〔N〕＝6〔cm〕：c〔cm〕より，c＝10.5である。よって，a＜c＜bである。

問2　(小問集合－身のまわりの物質とその性質：密度，状態変化：蒸留，化学変化：還元)

(ア)　空気が窒素80％と酸素20％の混合物であるとすると，20℃において，窒素の密度1.17〔g/l〕＜空気の密度＜酸素の密度1.33〔g/l〕，である。よって，同じ条件で比べたときに同体積の空気より重い・密度が大きい気体は，酸素，二酸化炭素，塩素である。

☆　(イ)　発生してくる蒸気(気体)の温度が73.5℃～81.5℃のときに集めた1本目の液体のにおいは，2本目，3本目の液体に比べて，**最もエタノールのにおいがしたことや燃えやすかったことから，73.5℃～81.5℃の蒸気の成分の多くはエタノールである**と考えられる。また，蒸気の温度が90.5℃～95.5℃のときに集めた3本目の液体にはエタノールの性質は見られなかったことから，90.5℃～95.5℃の蒸気の成分の多くは水であると考えられる。よって，エタノールは水よりも低い温度で蒸発しやすいと言える。

(ウ)　「たたら製鉄」は，砂鉄(酸化鉄)を木炭(炭素)で還元して単体の鉄をつくる日本古来の製鉄法である。酸化銅を炭素で還元するときの化学反応式は，$2CuO+C \rightarrow 2Cu+CO_2$，であり，酸化銅は還元されて単体の銅になる。

問3　(小問集合－生物の成長と生殖：無性生殖・有性生殖，植物の体のつくりとはたらき，動物の分類と生物の進化：セキツイ動物の分類)

(ア)　受精によって殖えたのではなく，**無性生殖によって殖えた**ので，オランダイチゴAの葉の細胞1個に含まれる染色体にある遺伝子は，オランダイチゴBおよびオランダイチゴCの葉の細胞1個に含まれる染色体にある遺伝子と同じである。

☆　(イ)　Aは恒温動物であり，卵生なので鳥類である。Dは変温動物，卵生，子は陸上で生まれ，親は肺で呼吸するのでハチュウ類である。BとEは，子が水中で生まれるので，両者は魚類または両生類である。親が肺で呼吸しないEが魚類である。よって，Bは両生類と考えられ，表から，変温動物であり，卵生であり，親の呼吸の空欄には肺呼吸と皮膚呼吸が入ると両生類の特徴になる。Cはセキツイ動物のホニュウ類である。説明文で正しいのは，Eの魚類の説明の5である。

(ウ)　図1のマツの花は裸子植物で，aは雌花で子房に包まれていない胚珠があり，bは雄花で花粉が入っている花粉のうがある。図2のアブラナの花は被子植物で，cはめしべの柱頭であり，eは子房で中には胚珠がある。dはやくで花粉が入っている。よって，**マツの花では花粉がaの胚珠に直接ついて受粉し，アブラナの花ではcのめしべの柱頭で受粉が行われる。**

問4　(小問集合－天気の変化：前線・雲のでき方，地震と地球内部のはたらき，地層の重なりと過去の様子：地質年代)

(ア)　日本列島付近では，温帯低気圧の南東側に温暖前線，南西側に寒冷前線ができることが多い。寒冷前線は寒気が暖気の下にもぐり，暖気をおし上げながら進んでいき，温暖前線は暖気が寒気の上にはい上がり，寒気をおしやりながら進んでいくので，X－Yの線での地表から鉛直方向の断面を模式的に表した図は，3．である。

☆　(イ)　**注射器のピストンを引いたときフラスコ内が白くくもったのは，フラスコ内の空気が膨張し，温度が下がることで露点に達したためである。**このことから，大気中では空気が上昇すると，周囲の気圧が低いために，空気が膨張して露点以下になり，フラスコ内に発生した白いくもりと同様の現象が起こり，自然界では雲が発生していると考えられている。

(ウ)　(i)　(3500000m＋2500000m)÷0.085m≒70,000,000である。よって，海山Aがハワイ等付近でできた時期は，およそ7000万年前である。　(ii)　およそ**7000万年前の地質時代は中生代**であり，恐竜が繁栄した。

問5　(光と音：弦の振動による音の大きさと高さ，動物の体のつくりとはたらき：刺激と反応)

(ア)　真空ポンプを使い，容器内の空気を抜いていくと，ブザーの音は徐々に小さくなり，やがて聞こえなくなったため，真空中では音が伝わらないことがわかる。音が聞こえるのは，音が波として空気中を伝わった空気の振動が耳の鼓膜を振動させるからである。

(イ)　(i)　〔実験2〕よりも弦を強くはじいたとき，大きい音が出るため，〔実験2〕よりも振幅が大きい1．の波形が最も適する。　(ii)　ことじの位置を〔実験2〕よりもaの側に近づけて，弦の振動する部分を短くすると，高い音が出るため，〔実験2〕よりも振動数が多くなり，音の大きさが同じになるように弦をはじいたので，振幅は図2と同じであるため，3．の波形が最も適する。

★　(ウ)　Bは，条件ⅡとⅢの比較から，**弦の太さと弦を張る強さが同じとき，弦の長さが長い条件Ⅲの方が振動数は少ないので音は低い**ため，適する。Cは，条件ⅠとⅡの比較から，**弦の長さと弦の太さが同じとき，弦を張る強さが強い条件Ⅱの方が振動数は多いので音は高い**ため，適する。

☆　(エ)　弦の長さと弦を張る強さが同じ場合，弦が太い方が音は低くなるため，弦を張る強さが同じであれば，弦が細い条件Ⅳの方が，弦が太い条件Ⅴや条件Ⅵよりも音は高くなり振動数は多いはずである。しかし，〔実験3〕の結果の表では，条件Ⅳと条件Ⅵは同じ振動数であるため，条件Ⅵの方が条件Ⅳよりも弦を張る強さが強いことがわかる。条件Ⅴと条件Ⅵは弦の長さと弦の太さが同じであるが，条件Ⅴの方が条件Ⅵよりも振動数は多いので，条件Ⅴの方が条件Ⅵよりも弦を張る強さは強い。よって，弦を張る強さは，条件Ⅴ＞条件Ⅵ＞条件Ⅳ，である。

問6　(水溶液とイオン：イオン化傾向，電解質の電気分解，物質の成り立ち：水の電気分解，化学変化と物質の質量，気体の発生とその性質)

(ア)　(i)　〔実験1〕は塩化銅の電気分解である。塩化銅の水溶液中での電離を化学式とイオン式で表すと，$CuCl_2 \rightarrow Cu^{2+} + 2Cl$，であり，電気分解を化学反応式で表すと，$CuCl_2 \rightarrow Cu + Cl_2$，である。よって，陰極に付着した赤色の物質の名称は，金属の銅である。　(ii)　金属の銅の特徴は，ろ紙にとり，薬さじでこすると光沢が出る。

(イ)　〔実験2〕は水の電気分解である。化学反応式で表すと，$2H_2O \rightarrow 2H_2 + O_2$，である。表1の実験結果の数値をグラフ化して求める。**電圧をかけた時間をx，たまった気体の体積をyとし，水素と酸素のそれぞれについてグラフ化する。**水素については，グラフ上に原点を通り，(2，1.2)，(4，2.4)，(6，3.6)の点の最も近くを通る直線を引くと，**y＝0.6xで表せる比例のグラフになる。**酸素についても同様にしてグラフ化すると，y＝0.3xで表せる比例のグラフになる。よって，電圧を9分間かけたときにたまる水素の体積は5.4cm^3であり，酸素の体積は2.7cm^3となり，その差は2.7cm^3である。

★　(ウ)　〔実験3〕は塩酸の電気分解である。塩酸の中での塩化水素の電離を化学式とイオン式で表すと，$HCl \rightarrow H^+ + Cl^-$，である。電気分解を化学反応式で表すと，$2HCl \rightarrow H_2 + Cl_2$，である。また，(イ)から，〔実験2〕水の電気分解において，**電圧をかけた時間をx，たまった気体の体積をyとすると，陰極に発生した水素の体積は，y＝0.6xであり，陽極に発生した酸素の体積は，y＝0.3xであることから，電圧をかけた時間とたまった気体の体積には比例関係があると考察できた。**しかし，塩酸の電気分解で，陽極に測定できるほど気体がたまらなかったのは，陽極で発生した塩素が水に溶けたためである。

☆　(エ)　図2の電気分解装置にうすい塩化ナトリウム水溶液を入れて電圧をかけると，塩化ナトリウム水溶液(食塩水)の電気分解が起きる。塩化ナトリウムの電離を化学式とイオン式で表すと，$NaCl \rightarrow Na^+ + Cl^-$，であり，電解質を加えることにより水も電離するので，水の電離をイオン式で表すと，$H_2O \rightarrow H^+ + OH^-$である。電圧をかけると，陽極には$Cl^-$と$OH^-$が移動してくるが，**〔実験3〕のうすい塩酸の電気分解では，ビーカー内の水溶液中に存在した陰イオンは，Cl^-とOH^-，であり，陽極に発生したのは塩素Cl_2であったことから，イオン化傾向は$OH^- > Cl^-$と考えられる。よって，うすい塩化ナトリウム水溶液の電気分解でも，陽極に発生するのは塩素Cl_2であると考えられる。**電圧をかけると，陰極にはNa^+とH^+が移動してくるが，**〔実験2〕の水の電気分解では，電流が流れやすくするために水酸化ナトリウムを加えてあるので，ビーカー内の水溶液中に存在した陽イオンは，Na^+とH^+，であり，陰極に発生したのはH_2であったことから，イオン化傾向は$Na^+ > H^+$と考えられる。よって，うすい塩化ナトリウム水溶液の電気分解でも，陰極に発生するのは水素H_2であると考えられる。**

問7　(動物の体のつくりとはたらき：刺激と反応)

(ア)　左手をにぎられた刺激を皮膚(感覚器官)が受けとり，信号が感覚神経を通り，脊髄を経て脳に伝えられる。脳は手をにぎられたことを感じ、判断し，右手に「にぎれ」という命令を出す。命令の信号は脊髄を経て，運動神経を通って手の筋肉に伝えられ，にぎるという反応になる。

★　(イ)　**「最後の人の右手が挙がったのを見て、Kさんがストップウオッチを止めた」**行為は，「目で刺激を受け，脳が筋肉に命令し，筋肉を動かす」という経路であり，**(ア)のように意識して起こす反応ではあるが，皮膚で刺激を受けてからとなりの人の手をにぎる反応に要する時間とは異なり**，実験1の手順の中では適さない経路である。

☆　(ウ)　実験2の2回目以降の「ものさしが落ち始めたらすぐにKさんは手の高さを変えずにものさしをつかむ」という行為は，信号が脳に伝わらずに，「ものさしが落ち始めたとき，意識せずにとっさにつかむ」反射である。これにかかった時間は，反射である「障害物に気づいてから，ブレーキをかけるのにかかった時間」に相当する。

(エ)　〔実験2〕の記録1は、目から入った光の刺激に対する反射にかかった時間であり，記録2は耳から入った音の刺激に対する反射にかかった時間である。よって，ヒトが刺激を受けてから反応するまでにかかる時間は，音の刺激の方が光の刺激よりも短いといえる。

問8　(天体の動きと地球の自転・公転：地球の公転と星座の移り変わり，太陽系と恒星：月と金星の見え方)

(ア)　図1の月は，**満月から右側が大きく欠けた東側が光って見える細い月**である。図2のように，地球は天の北極側から見ると西から東の方向に反時計回りに自転しており，月も同じ向きに公転しているので，太陽の光が東から上ってくる前の**午前6時**の観察で見えた図1の月の位置は，図2では**半月(下弦の月)から新月へ変化する途中の6である。**

★　(イ)　(i)　さそり座が夜中に南中する季節は夏であり，夏は北極側が太陽の方向に傾くため，地球の位置は2である。　(ii)　〔観察〕を行ったとき，さそり座が午前6時に南東の空に見える地球の位置は4であり，日本は冬である。

☆　(ウ)　地球は1年で360°公転するので，**1か月で約30°公転軌道上を西から東へ移動する。〔観察〕から1か月後の地球からは，さそり座のアンタレスは東から西へ約30°移動して見える。**地球は1日に360°自転するので，**1時間に自転する角度は，360°÷24＝15°，である。**よって，〔観察〕から1か月後に，さそり座のアンタレスが〔観察〕を行ったときとほぼ同じ位置に見えるのは**2時間前**の午前4時である。

(エ)　〔観察〕を行ったのは，太陽の光が東から上ってくる前の午前6時の地球の地点からであり，金星が南東の空に見えるのは図4のDの位置である。明けの明星と呼ばれ，天体望遠鏡で観察すると，太陽に照らされている東側だけが反射して細くかがやいて見える。火星は，地球よりも外側を公転しているので，金星のように三日月のような形に見えることはないが，地球からの距離が近いため，少し欠けて見えることがある。木星は，地球よりも外側を公転しており，火星よりも地球からの距離が遠いため，欠けて見えることはない。

<社会解答>

問1　(ア)　5　(イ)　8　(ウ)　1
問2　(ア)　フォッサマグナ　(イ)　2　(ウ)　4　(エ)　3
問3　(ア)　601年から700年まで　(イ)　2　(ウ)　1　(エ)　6　(オ)　4
問4　(ア)　4　(イ)　2　(ウ)　3　(エ)　(i)　1　(ii)　4

問5	（ア） 1　（イ） 2　（ウ） 2　（エ） あ 利子　い A　（オ） 4
問6	（ア） 3　（イ） 3　（ウ） (i) あ 主権　い B　(ii) 1　(iii) 4
問7	（ア） 3　（イ） 1　（ウ） 2　（エ） (i) 雇用をうみ出す　(ii) C

＜社会解説＞

問1　(地理的分野－世界地図・貿易・都市の様子などに関する問題)

（ア）　略地図は**中心からの距離・方位が正しく示される正距方位図法**で描かれていることから，中心にないP・Q地点間の方位は正しく示されない。緯線は北極点から同心円に描かれていること，最も外の円が南緯60度であることから，Aが南緯30度，Bが赤道であることが分かる。赤道の長さは約40000kmで，地球一周に相当することから判断すれば良い。

（イ）　a　キリスト教徒は，プロテスタント・カトリック・その他のキリスト教の合計であり，36.6＋7.1＋36.0＝79.7(％)となることから誤りである。　b　世界全体で仏教を信仰している人びとの数は，75億5026万人×7.1％＝5億3606万8460(人)であり，アを首都とする国のヒンドゥー教徒の数は13億3918万人×79.8％＝10億6866万5640(人)となることから正しい。　c　都市ウを首都とする国の鉄鉱石の生産量が世界計に占める割合は，262000÷1430000×100≒18.3…(％)となることから誤りである。　d　機械類と鉄鉱石の合計の割合を考えると，(15246＋14076)÷191127×100≒15.3…(％)となることから正しい。　e　折れ線グラフは変化の移り変わりを表すことに適しており，割合を表すには円グラフが適していることから誤りである。
f　**割合を示すには円グラフが適している**ので正しい。これらを併せて判断すれば良い。

（ウ）　都市エはサンフランシスコである。サンフランシスコのベイエリアには，**ソフトウェアやインターネット関連企業が多数生まれたシリコンバレー**があることから判断すれば良い。

問2　(地理的分野－富山県黒部市を切り口にした問題)

（ア）　本州の中央を南北に貫く構造線で，**大地溝帯**のことである。

（イ）　**北陸地方は，中部地方の日本海側**のことで，**新潟県・富山県・石川県・福井県**が含まれることから，石川県の県庁所在地である金沢市を選べば良い。**北陸地方の気候は，冬の降水量が多い日本海側の気候**であることからbを選べば良い。これらを併せて判断すれば良い。

（ウ）　65歳以上の人口を計算すると，平成12年は約43000人×21.6％＝約9288人，平成17年は約42600人×24.0％＝約10224人，平成22年は約42000人×26.6％＝約11172人，平成27年は約41000人×約12505人となることから，4は正しい。グラフの折れ線が増加していることが読み取れることから，1は誤りである。グラフからは出生率を読み取ることは出来ないので，2は誤りである。平成27年の64歳以下人口の割合は69.5％であることから，3は誤りである。

（エ）　案内図では上部に描かれている宮野運動公園が地形図では下部に描かれていることに注目すると，2つの図は上下が逆になっていることが分かる。したがって，アは新黒部駅の2つ先の私鉄の駅である萩生駅であることが分かる。イはアの駅の先の橋のかかる地点を進んだ先にある警察署(⊗)の先に位置する交差点である天池の交差点であることが分かる。これらを併せて判断すれば良い。

問3　(歴史的分野－各時代の様子に関する問題)

（ア）　**西暦100年間が1世紀**である。したがって，西暦1年から100年までの100年間が1世紀となることから，7世紀は西暦601年から700年までの100年間であることが分かる。

（イ）　**風土記は奈良時代につくられた地方の歴史書**であることから，Ⅰはあにあてはまる。**藩・直轄領は江戸時代のしくみ**であることから，Ⅱはうにあてはまる。**室町幕府を開いた足利尊氏**に味方したとあることから，Ⅲはいにあてはまる。これらを併せて判断すれば良い。

（ウ）　Ⅰは701年，Ⅱは1016年，Ⅲは1167年のことである。

（エ）　資料には教会が描かれていることから，説明文はYとなることが分かる。aは，11世紀から13世紀にかけての出来事である。bは，14世紀のできごとである。cは，16世紀の出来事である。**キリスト教伝来は1549年**であり**豊臣家滅亡は1615年**であることから，[B]は16世紀から17世紀にかけての時期を表していることになる。これらを併せて判断すれば良い。

（オ）　1は平安時代の**国風文化**，2は室町時代の**北山文化**，3は**鎌倉文化**，4は江戸時代の**元禄文化**である。[C]は江戸時代から明治時代にかけての時期となることから判断すれば良い。

問4　（歴史的分野－江戸時代以降の外交史に関する問題）

（ア）　Ⅰは1894年，Ⅱは1871年，Ⅲは1858年のことである。

（イ）　1は**1960年代の高度経済成長期**，2は1925年，3は1872年，4は1944年からの出来事である。[B]が1905年から1931年の期間であることと併せて判断すれば良い。

（ウ）　**国家総動員法は1938年**に出されたものである。**日本は1937年から中華民国との間で日中戦争**を開戦していたこと，当時の帝国議会は天皇の協賛機関として法律の制定に関わっていたこと，これらを併せた判断すれば良い。大日本帝国憲法下では天皇は軍隊に対する統帥権を持つ存在として規定されていた。

（エ）（i）　資料が**1972年の日中共同声明**であることから判断すれば良い。**田中角栄**と**周恩来**が調印したこの条約により，日中国交正常化は実現した。1949年の建国から1976年に死去するまで，**中華人民共和国の最高権力者**の地位に就いていたのは**毛沢東**である。　(ii)　1985年の日本の輸入額は約600億円，輸出額は約1500億円であり，輸出額が輸入額の約2.5倍になっていることが分かるので，Xは誤りである。1985年の黒字額は約1500億円－約600億円＝900億円，1993年の黒字額は約1100億円－約700億円＝約400億円となることから，Yは正しい。aに示された内容は，1960年代に起きたエネルギー革命であることから，aは誤りである。アメリカとの自動車に関する貿易摩擦は，1980年代に日本の自動車生産台数が世界1位になったことで大きな課題となっていることから，bは正しい。

問5　（公民的分野－インターネット・経済・社会保障制度などに関する問題）

（ア）　インターネットでは他者に情報を盗まれるハッキングの問題が存在しているので，Xは正しい。インターネットを通して物・サービスの売買を行うことは可能であることから，Yは正しい。これらを併せて判断すれば良い。

（イ）　事例の中に保険とある点に注目すれば良い。**日本国憲法第25条第1項の生存権**を保障するため，国は**社会保険・社会福祉・公的扶助・公衆衛生**といった**社会保障制度**を整えている。

（ウ）　非正規雇用で働く人の数は55~64歳の世代が429万人と最も多くなっていることから，2は誤りである。

（エ）　あ　元金に対する比率とある点に注目すれば良い。　い　**日本の中央銀行は日本銀行**であり，その役割は**発券銀行・政府の銀行・銀行の銀行**と多岐に渡っている点に注目すれば良い。Bの内容は公正取引委員会の説明である。

（オ）　供給が需要より多い場合は価格が安くなるので，aは誤りである。生産者が1人や少数の場合は競争が起きにくいので価格操作が容易になることから，bは正しい。好景気の場合，物価が上昇するインフレーションが発生する傾向にあることから，cは誤りである。不景気の場合，減税を行うことで家計における可処分所得が増え，その分消費が増えることが期待できることから，dは正しい。これらを併せて判断すれば良い。

問6　(公民的分野－日本国憲法・地方自治・国際社会などに関する問題)

(ア)　**日本国憲法第17条**の規定を保障するために，**国家賠償法**が制定されていることから，Xは誤りである。**日本国憲法第28条**に規定されている内容であることから，Yは正しい。これらを併せて判断すれば良い。

(イ)　**地方自治法第76条**の規定によると，**地方議会の解散請求に実用な署名は有権者の3分の1**とされていることから，3は誤りである。

(ウ)　(i)　あ　領土・領海・領空がその及ぶ領域とあることから判断すれば良い。　い　排他的経済水域とは，沿岸国が漁業資源や鉱産物資源に対して権利を主張できる範囲であることから，Bの内容が正しいものとなることが分かる。　(ii)　ODAによる援助や，**青年海外協力隊などのNGO**による開発協力を日本は行ってきたことから，Xは正しい。**2003年から2009年まで，日本はPKO活動としてイラクに自衛隊を派遣**していたことから，Yは正しい。これらを併せて判断すれば良い。　(iii)　条件を満たす日本・韓国・フランス・アメリカ合衆国の乳児死亡率は，それぞれ2.0，2.9，3.5，5.6と10人を下回っていることが分かるはずである。日本の家計などから支出された割合は，1.7÷9.2≒0.2…(倍)であることから，1は誤りである。家計などから支出された割合は日本の1.7％が最も低いことから，2は誤りである。日本と韓国は，政府から支出された割合が家計などから支出された割合より多いことから，3は誤りである。

問7　(総合問題－ニューヨークを切り口にした問題)

(ア)　ニューヨークの現地時間は西経75度を基準とするとあることから判断すれば良い。日本との時差は，以下の流れで求められる。**360÷24＝15(経度15度は1時間に相当する)**。135＋75＝210度(日本とニューヨークの経度の差を求める)。210÷15＝14時間(2地点間の経度の差を時差にする)。そして，日本の方が日付変更線に近いことから，日本とニューヨークの時差は日本が14時間進んでいることになる。日本時間12月28日午前10時に羽田空港を出発し，13時間のフライトをするとJFK空港に着くのは日本時間の12月28日午後11時になる。したがって，現地時間は12月28日午後11時－14時間＝12月28日午前9時であることが分かる。

(イ)　国際連合は国連軍を組織することができることから判断すれば良い。対象が子どもだけではなくすべての人間となっている点に注目すれば良い。取り上げられている条文は，1948年に採択された決議の第1条の条文である。これらを併せて判断すれば良い。

(ウ)　**アメリカの独立戦争は1775年から1783年**の出来事であり，1868年から始まる明治時代より前のことであるから，bは誤りである。

(エ)　(i)　カードは，1930年代に**フランクリン・ルーズベルト大統領**が行った，世界恐慌を克服するための新規まき直しといわれる**ニューディール政策**のことで，公共事業による雇用の創出を目指すものであった。　(ii)　カードに書かれている内容は，1930年代にアメリカ合衆国大統領であるフランクリン・ルーズベルトが世界恐慌を克服するために行った経済政策であることから判断すれば良い。

＜国語解答＞

問一　(ア)　1　ゆうかん　　2　しっそう　　3　しゅんびん　　4　ほころ(び)

（イ）　a　1　b　4　c　2　d　3　（ウ）　4　（エ）　2
問二　（ア）　1　（イ）　4　（ウ）　2　（エ）　3
問三　（ア）　3　（イ）　1　（ウ）　2　（エ）　1　（オ）　3　（カ）4
問四　（ア）　1　（イ）　3　（ウ）　2　（エ）　1　（オ）　Ⅰ　分かりやすい　Ⅱ　妄信的な考え方　（カ）　4　（キ）　4　（ク）　2
問五　（ア）　3　（イ）　(例)(家庭用水の使用量が減った主な理由は,)節水便器などの技術が進歩するとともに，人々の節水に対する意識も高まった(からだと考えられます。)

＜国語解説＞

問一　(知識・短歌－漢字の読み書き，品詞・用法，内容吟味)

（ア）　1　「**勇敢**」は，恐れずに立ち向かう様子。　2　「**疾走**」は，たいへんな速さで走ること。　3　「**俊敏**」は，頭がよくはたらき行動がすばやい様子。　4　「**綻び**」は，縫い目の糸が切れてすきまがあくこと。

（イ）　各文のカタカナを漢字で書くと次のようになる。　a　**急務**　1　**緩急**　2　休暇　3　打球　4　請求　b　**埋蔵**　1　銅像　2　肝臓　3　増補　4　**冷蔵**　c　**妥協**　1　即興　2　**協賛**　3　競泳　4　供給　d　**敬う**　1　政策　2　衛星　3　**敬礼**　4　早計

（ウ）　例文「新しい電子辞書が欲しい」の「が」は，**対象となるものを示す格助詞**。　1「足も速いが力も強い」　2「訪ねたが留守だった」は**接続助詞**，　3「我が国」は格助詞で口語の「の」にあたる文語的表現，　4「映画が見たい」が**対象を示す格助詞**なので，4を選ぶ。

（エ）　二句の「轟く」は，大きな音が辺りに響くという意味。作者は，夕焼の美しさを**聴覚**的に表現している。また，夕焼が薄れていく様子を「**遠く**なりたり」と，自分との**距離**が開いていくこととして表現している。聴覚と距離に着目して説明した2が正解となる。1は「もの悲しさを忘れて見入った姿を明示する」が合わない。3は夕焼を「擬人的」に表しているとする点が誤り。4の「激しい音」は実際に響いていたものではないので，説明として不適当である。

問二　(古文－情景・心情，内容吟味)

〈口語訳〉　盗人が，僧の袖を引きとめて，怒って申したことには，「私はあなたに(善人にしてほしいと)頼んだのに，そのかいがなかった。祈ってくださらなかったのか」と申したところ，僧が答えて言うことには，「私はその日から片時も休まずあなたのことを祈っていました。」とおっしゃるので，盗人が申したことには，「あなたは出家の身なのに，うそをおっしゃるのですね。その日から悪事をしようとする心ばかり起こります。」と申したので，僧は計略として，「急にのどが渇いてしかたがない。」とおっしゃると，盗人が申したことには，「ここに井戸がありますよ。私が上から縄をつけて，(あなたを)その底にお入れしましょう。飽きるまで水をお飲みになって，上がりたいとお思いになりましたら，引き上げて差し上げましょう。」と約束して，例の井戸に押し入れた。その僧は，水を飲んで，「上げてください」とおっしゃるとき，盗人は力を出してえいやと引くけれども，全く上がらない。どうしてかと思って，下を見ると，どうして上がるはずがあろうか，その僧がそばにある石にしがみついているので，盗人が怒って申したことには，「それにしてもあなたは愚かな方ですね。そんなことでは，どうして祈祷に効果があるでしょうか(，いや，効果など期待できない)。その石を放してください。簡単に引き上げて差し上げましょう。」と言う。僧が盗人に申したことには，「だからこそ，私があなたのために祈祷をしても，このようなのですよ(＝効果がない)。どんなに祈祷をするといっても，まずあなたが悪事をしようとする心という石を離れ

なさらないのですから，あなたのように強い悪事をしようとする心をもった人は，善人になるのが難しいのです。」と申されたので，盗人は深くうなずいて，その僧を引き上げて差し上げ，足元にひれ伏して，「もっともなことであるなあ」と言って，それから髪を切って出家し，すぐに僧の弟子になって，並々ならぬ善人になったということだ。

(ア)　本文の前の部分に書かれているように，盗人は僧に，**「祈りの力によって善人にしてほしい」**と頼んだが，いっこうに**「悪念」がなくならなかった**。盗人が怒ると，僧は「その日から片時も休まずあなたのことを祈っていました」と言う。盗人は，本当に祈っていたのならば必ず効果があったはずだと考え，僧の言葉を「うそ」と言ったのである。正解は1。僧は盗人の「出家の手助け」は求められていないので，2は不適当。盗人自身は「祈り」も「修業」もしていないので，3と4は誤りである。

(イ)　盗人は，僧が声をかけると，すぐに力をこめて僧を引き上げようとしている。この行動から，僧が「のどが渇いた」と言ったため，**親切心から井戸に入れた**ということがわかるので，4が正解となる。2の「仕返し」や3の怒りのために井戸に入れたのであれば，すぐに引き上げたりはしなかったはずである。ただし，1のような「確信」は本文から読み取れない。

(ウ)　直前の僧の行動に注目する。「そばなる**石にしがみつきて**おる」とあるように，僧は石にしがみついて引き上げられないようにしながら「**上げたまへ**」と言ったのである。このことを指摘した2が正解である。1の「修業をおろそかにする」は，本文の内容と無関係。3の「文句ばかり口にする」と4の「水を全く飲むことなく」も，本文に書かれていないことである。

(エ)　本文は，①盗人が僧の**祈りの力をあてにして悪念をなくそうとする**，②僧がのどが渇いたと言って盗人に井戸に入れてもらう，③僧が石にしがみつきながら盗人に引き上げてもらおうとする，④僧が盗人に**自分が悪念を捨てる**ように説く，⑤**改心**した盗人が出家して善人になる，という展開である。このことを説明した3が正解となる。盗人は初めは「出家したい」と言っていないので1は誤り。「皆から言われていた」ことは本文に書かれていないので，2は不適当。4は「心を閉ざしていた」「修行の大切さ～心を動かされ」が本文にない内容である。

問三　(小説－情景・心情，内容吟味，その他)

(ア)　三十次郎が，父が自分のことを「**楽しみに見ててやろうじゃないか**」と言ったという話を，長門にしている場面である。三十次郎にとって洋二郎は「自分に関心のこもった視線などついぞ向けなかった父」であり，父の自分に対する**期待**は「初めて」の「まぶしい陽射し」のようなものであったと考えられる。その話を兄から聞いたときの三十次郎の**嬉しさ**と，長門に伝えるときの**照れくささ**を読み取る。正解は3。1の「跡継ぎとして頼りにする」，2の「作品を褒める」，4の「家族を和ませるための実験を喜ぶ」は，いずれも洋二郎の言葉の説明として不適当である。

(イ)　長年の従業員である長門の記憶にある洋二郎は「長男だけをあからさまに贔屓していた」姿であったため，三十次郎の話は長門にとっても**意外**なものであり，「レンゲを宙に浮かせたままでいる」ほど**感慨深い**ものであった。このことを表現するためには，1のように朗読するのが適当である。2の「落胆」「不信感」，3の「怒り」は長門の心情として不適当。また，洋二郎は跡継ぎとして三十次郎に期待していたのではないので，4は誤りである。

(ウ)　先代の洋二郎が期待をかけていた長男の醤生は別の会社に就職してオーストラリアに行き，母の牧子までついていった。そのとき「中島クリーニングが崩れ落ちることを食い止めた」，つまり店を続けられたのは，三十次郎が跡を継いだためである。三十次郎の行動に**感動**し，そのきっかけが「ハンカチの染み」であったことを**滑稽**に感じながらも，その**感情をあえて三十次郎に見せまいとする**長門の姿を読み取る。正解は2。1の「人の心をつかむのが上手な『三十次郎』

を見直した」，2の「『牧子』まで～許せず」「過去の自分が愚かに感じられ」は，本文にない内容。最後の場面に「染みがそこにあるかぎり，抜かねばならない」とあるように，長門の「信念」は揺らいでいないので，4は誤りである。

(エ)　スワトウのハンカチは，かつては長門に「**哀しくたたずむ母親の姿**」を想起させるものであったが，三十次郎からハンカチのエピソードを聞いた長門は，そこに「**『家族』を見ていた**」洋二郎と「**ほのかな希望**」を抱いた牧子の姿を見いだしている。その内容を「家族のことに思い悩む『牧子』の姿」「温かい思い出」などと説明している1が正解。2の「思いも寄らなかった家族それぞれの哀しみ」は本文からは読み取れない。3の「絶望」は不適当。「互いに励まし合ってきた家族」も本文と合わない。牧子の「人知れず涙にくれる日々」は長門にとっては既知のものであり，むしろ「希望」のほうが発見であったので，4は誤り。

(オ)　長門は「染みがそこにあるかぎり，抜かねばならない」と考えており，三十次郎の「じゃましない染みはあえて綺麗にぬかなくったっていい」という考え方には**共感できない**が，「妙なところが頑な」なところに洋二郎と三十次郎の**共通点**を見いだし，今後も見守っていこうと考えている。正解は3である。長門は三十次郎の洋二郎と「相反する」ところに魅力を感じたのではないので，1は誤り。2の「感激」も本文と合わない。4の「腹が立つ」「あきらめて」は，長門の心情として不適当である。

(カ)　本文は，**長門の視点**から，長門がこれまで気づいていなかった三十次郎やその家族の姿が，長門自身の**回想**や三十次郎が語る**ハンカチのエピソード**を通して描かれている。このことを説明した4が正解。1の三十次郎が「気づいていくさま」や2の「成長」は本文からは読み取れない。3の「『長門』が『三十次郎』にのめり込む」は言い過ぎである。

問四　(論説文－内容吟味，文脈把握，接続語の問題)

(ア)　A　空欄の前に「権威主義」という話題を示し，後で「権威主義にも利点があり，それで十分だ」という一般的な考え方を自明のこととして認めているので「**もちろん**」が入る。　B　前の「権威主義にも利点があり，それで十分だ」という内容から予想されることと反対の「権威主義による確度の判定には危うさがある」という内容が後に続くので，「**しかし**」が入る。したがって，正解は1になる。

(イ)　筆者は，「現実をよく説明する『適応度の高い仮説』」の「**適応度をさらに上げる**修正仮説が提出されるサイクル」が繰り返される様子を生物の「適者生存」に例えている。科学は，生物のように**変化**するものであり，「より適応していたものが生き残り，どんどん成長・進化していく」のである。このことを説明した3が正解。1と2は「変化」に言及していないので誤り。4の「互いの特徴が影響し合って」は，本文の観点と異なるので不適当である。

(ウ)　科学が「進化し成長する」ということは「**科学の知見が常に不完全**」であることを意味する。よりよい仮説を求め続ける科学にゴールは存在しないのである。正解は2。「時代」による変動ではないので1は誤り。3の「科学者」の成長や4の「学説の公平性」は，本文にない内容である。

(エ)　傍線部3に続く段落で「それら(＝科学的知見)の**確からしさを正確に把握して峻別**していけば，少なくともより良い判断ができるはずである」としながらも，「科学的な**情報**」が非専門家に公開されていない場合があることや，権威主義に基づく**判断方法**に課題があることが示され，現実的には**難しい**としている。これは，1の説明と合致する。筆者は専門家と非専門家の議論が「無意味」とは考えていないので，2は不適当。3は科学的知見について「確度が大きく異なったものが混在している」とする本文の内容と合致しない。「画一的な視点」による判断の是非について議論されていることは，「どの分野も画一的な視点によって調査されている」という意味ではないので，4は誤りである。

(オ)　Ⅰ　傍線部4のやり方の「利点」が入る。直後の「この手法の利点は，なんと言っても**分かりやすい**ことで～」から抜き出す。　Ⅱ　「陥りかねない」という表現は，その状態になっては困ることを示す。指定範囲の最後の文に「『権威が言っているから正しい』というのは，本質的に**妄信的な考え方**であり～」とあるので，ここから抜き出す。

(カ)「科学の生命力」は，次の段落で「科学の**可塑性**」と言い換えられている。科学の本質は「**修正され変わりうる**可塑性」であるのに，「権威は間違えられない」と考える権威主義者は，自分が信じた価値を「**不動の真実**」として「異論」を封じ込め，変化を認めない場合がある。正解は4。科学の目的は「揺るぎない真実を世間に広める」ことではないので，1は誤り。権威主義者は「仮説を修正」しないので，2は不適当。3の権威主義者が「話題性を優先」するということは，本文に書かれていない。

(キ)　“科学的に生きる”ことにとって大切なことを「**信頼に足る情報を集め，真摯に考える**」ことだとして，「**様々な方向で進む人々**」の中から出てきた「より適したやり方・仮説」が残ると考えている。重要なのは情報収集と思考の深化であり，集約ではないと説明する4が正解となる。情報収集も必要な要素であり，専門家の役割も重要であるから，1は不適当。2の「過去の学説」を「正しさ」の追究　より優先するのは科学的な態度とは言えず，誤り。3は非専門家の価値を否定する説明であり，本文の内容と合わない。

(ク)　本文は，科学的知見は「**変化**」すること，すなわち修正をくり返すことによってよりよくなるのに，**権威主義**が「不動の真実」を振りかざして変化を認めず，科学をだめにしてしまう可能性を指摘する。そして，科学を「職業的科学者」だけでなく「**すべての人**」が参加できる営みと位置づけるのである。2が正解である。1の「職業的科学者」に限定した説明は，本文の「適者生存」の説明として不適当。3は，「職業的科学者」を重視しすぎている。4の「再現性の高さ故に信頼を得てきた科学の姿」は，本文にない内容である。

☆問五　(話し合い－脱文・脱語補充，その他)

(ア)　1　平成27年度の「風呂・シャワー」の使用量は87,6L，「トイレ」の使用量は46,0Lで「半分以下」ではない。　2　平成27年度の「洗濯」の使用量は32,9Lで，「風呂・シャワー」の使用量の「三分の一以下」ではない。　3　**「トイレ」の使用量**は平成27年度46,0Lで，平成14年度68,3Lの約67%であり，「**三割程度減少した**」と言える。また，**「洗濯」の使用量**は平成27年度32,9Lで，平成14年度41,5Lの約79%であり，「**二割程度減少した**」と言える。4「炊事」の使用量は平成27年度39,4Lで，平成14年度56,1Lの約70%であり，「三分の一以下」ではない。よって，空欄には3を入れるのが適当である。

(イ)　家庭用水の使用量が減った主な理由として本文から読み取れるのは，①「新しい**技術**」により，「便器や洗濯機などの水利用機器」が**進歩**したこと，②人々の「**意識**」が変化し，「節水の必要性を認識している」人が増加したこと，の2点である。また，表1は「**便器の1回あたりの洗浄水量」が減少した**ことを示し，表2は**人々の節水に対する意識が高まった**ことを示している。本文の内容と表から読み取ったことをもとに，指定語句を用いて書く。前後の語句につながるように制限字数内でまとめること。書いたら必ず読み返して，誤字・脱字や表現の不自然なところは改める。

神奈川県公立高等学校

2019年度

入 試 問 題

●くわしい解説……57ページ

＜数学＞

時間　50分　　満点　100点

【注意】 1　答えに無理数が含まれるときは，無理数のままにしておきなさい。根号が含まれるときは，根号の中は最も小さい自然数にしなさい。また，分母に根号が含まれるときは，分母に根号を含まない形にしなさい。

2　答えが分数になるとき，約分できる場合は約分しなさい。

問1　次の計算をした結果として正しいものを，それぞれあとの1～4の中から1つ選び，その番号を答えなさい。

(ア)　$(-7)+(-13)$

1．-20　　2．-6　　3．6　　4．20

(イ)　$-\frac{3}{5}+\frac{3}{7}$

1．$-\frac{36}{35}$　　2．$-\frac{6}{35}$　　3．$\frac{6}{35}$　　4．$\frac{36}{35}$

(ウ)　$32ab^2\div(-4b)$

1．$-16a$　　2．$-16ab$　　3．$-8ab$　　4．$-8a$

(エ)　$\sqrt{63}+\frac{42}{\sqrt{7}}$

1．$6\sqrt{7}$　　2．$9\sqrt{7}$　　3．$12\sqrt{7}$　　4．$15\sqrt{7}$

(オ)　$(x+4)^2-(x-5)(x-4)$

1．$-x-36$　　2．$-x-4$　　3．$17x-36$　　4．$17x-4$

問2　次の問いに対する答えとして正しいものを，それぞれあとの1～4の中から1つ選び，その番号を答えなさい。

(ア)　$(x-4)^2+8(x-4)-33$ を因数分解しなさい。

1．$(x+7)(x-7)$　　2．$(x-1)(x-15)$　　3．$(x+4)(x-9)$

4．$(x+4)(x+9)$

(イ)　2次方程式 $3x^2-8x+2=0$ を解きなさい。

1．$x=\frac{-4\pm\sqrt{10}}{6}$　　2．$x=\frac{4\pm\sqrt{10}}{3}$　　3．$x=\frac{-4\pm2\sqrt{10}}{3}$

4．$x=\frac{4\pm2\sqrt{10}}{3}$

(ウ)　関数 $y=-\frac{2}{3}x^2$ について，x の変域が $-3 \leqq x \leqq 2$ のとき y の変域は $a \leqq y \leqq b$ である。このとき，a，b の値を求めなさい。

1．$a=-6$，$b=0$　　2．$a=-6$，$b=-\frac{8}{3}$　　3．$a=-\frac{8}{3}$，$b=0$

4．$a=0$，$b=6$

(エ)　ある商店では，12月の１か月間はすべての商品を通常の価格の３割引きで販売している。12月にこの商店で，通常の価格が a 円の商品を２つと通常の価格が b 円の商品を１つ購入したとき，支払った代金の合計は5000円より少なかった。このときの数量の関係を不等式で表しなさい。

1．$\frac{3}{10}(2a+b)>5000$　　2．$\frac{3}{10}(2a+b)<5000$

3．$\frac{7}{10}(2a+b)>5000$　　4．$\frac{7}{10}(2a+b)<5000$

(オ)　３つの数 $5\sqrt{3}$，8，$\sqrt{79}$ の大小を不等号を使って表しなさい。

1．$5\sqrt{3}<\sqrt{79}<8$　　2．$8<\sqrt{79}<5\sqrt{3}$　　3．$8<5\sqrt{3}<\sqrt{79}$

4．$\sqrt{79}<8<5\sqrt{3}$

(カ)　ある工場で製造された製品から500個を無作為に抽出したところ，その中に不良品が６個あった。この工場で製造された30000個の製品には，不良品がおよそ何個含まれていると考えられるか。

1．72個　　2．240個　　3．360個　　4．720個

問３　次の問いに答えなさい。

(ア)　右の図１において，３点A，B，Cは円Oの周上の点で，AB＝AC である。

また，点Dは線分BOの延長と線分ACとの交点である。

このとき，∠BDCの大きさを求めなさい。

図１

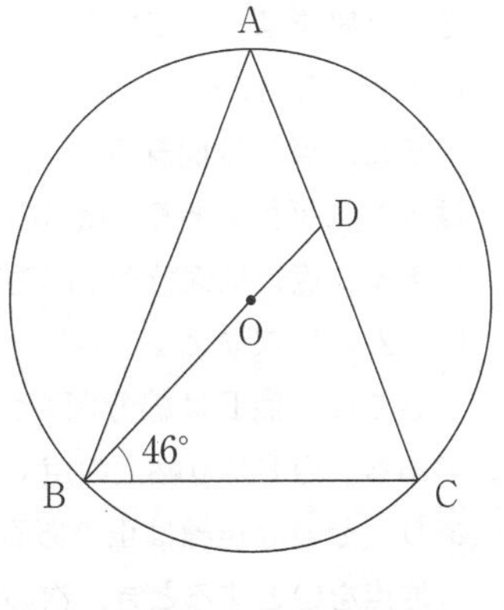

(イ)　次のページの図２のように，三角形ABCがあり，辺ABの中点をDとする。

また，辺ACを３等分した点のうち，点Aに近い点をE，点Cに近い点をFとする。

さらに，線分CDと線分BEとの交点をG，線分CDと線分BFとの交点をHとする。

三角形BGDの面積をS，四角形EGHFの面積をTとするとき，SとTの比を**最も簡単な整数の比**で表しなさい。

図2

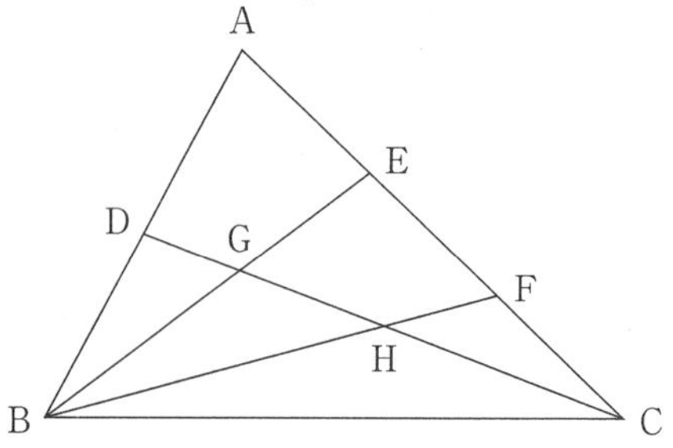

(ウ) 箱に入っているみかんを，何人かの子どもで同じ数ずつ分けることにした。1人6個ずつ分けると8個足りず，1人5個ずつ分けると5個余る。

Aさんは，このときの箱に入っているみかんの個数を次のように求めた。(i) にあてはまる式を，(ii) にあてはまる数を，それぞれ書きなさい。

求め方

箱に入っているみかんの個数を x 個として方程式をつくると，［　(i)　］となる。

この方程式を解くと，解は問題に適しているので，箱に入っているみかんの個数は［(ii)］個である。

問4 右の図において，直線①は関数 $y=-x$ のグラフであり，曲線②は関数 $y=\frac{1}{3}x^2$ のグラフ，曲線③は関数 $y=ax^2$ のグラフである。

点Aは直線①と曲線②との交点であり，その x 座標は -3 である。点Bは曲線②上の点で，線分ABは x 軸に平行である。

また，点Cは曲線③上の点で，線分ACは y 軸に平行であり，点Cの y 座標は -2 である。点Dは線分AC上の点で，AD：DC＝2：1 である。

さらに，点Eは線分BDと y 軸との交点である。点Fは y 軸上の点で，AD＝EF であり，その y 座標は正である。

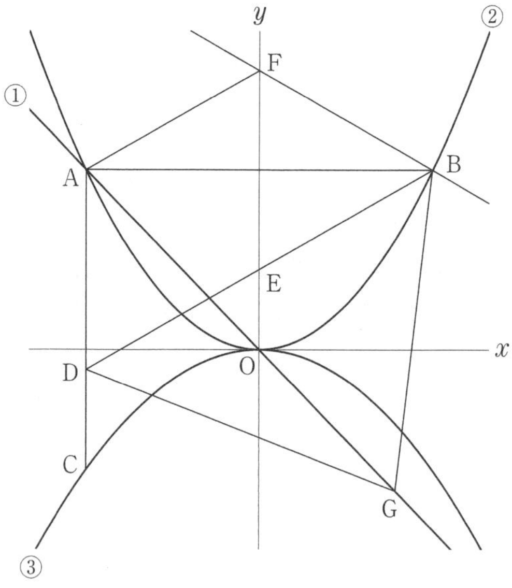

原点をOとするとき，次の問いに答えなさい。

(ア) 曲線③の式 $y=ax^2$ の a の値として正しいものを次の1～6の中から1つ選び，その番号を答えなさい。

1．$a=-\frac{2}{3}$　2．$a=-\frac{1}{2}$　3．$a=-\frac{4}{9}$　4．$a=-\frac{1}{3}$　5．$a=-\frac{2}{9}$

6．$a=-\frac{1}{9}$

(イ) 直線BFの式を $y=mx+n$ とするときの(i) m の値と，(ii) n の値として正しいものを，それぞれ次の**1**～**6**の中から1つ選び，その番号を答えなさい。

(i) m の値

1．$m=-\frac{2}{3}$　**2**．$m=-\frac{5}{9}$　**3**．$m=-\frac{4}{9}$　**4**．$m=-\frac{1}{3}$

5．$m=-\frac{2}{9}$　**6**．$m=-\frac{1}{6}$

(ii) n の値

1．$n=4$　**2**．$n=\frac{25}{6}$　**3**．$n=\frac{13}{3}$　**4**．$n=\frac{14}{3}$

5．$n=\frac{29}{6}$　**6**．$n=5$

(ウ) 点Gは直線①上の点である。三角形BDGの面積が四角形ADBFの面積と等しくなるとき，点Gの x 座標を求めなさい。ただし，点Gの x 座標は正とする。

問5　右の図1のように，1，2，3，4，5の数が1つずつ書かれた5枚のカードがある。

大，小2つのさいころを同時に1回投げ，大きいさいころの出た目の数を a，小さいさいころの出た目の数を b とする。出た目の数によって，次の【ルール①】にしたがって自然数 n を決め，【ルール②】にしたがってカードを取り除き，残ったカードに書かれている数について考える。

図1

【ルール①】 $a>b$ のときは $n=a-b$ とし，$a\leqq b$ のときは，$n=a+b$ とする。

【ルール②】 図1の5枚のカードから，1枚以上のカードを取り除く。このとき，取り除くカードに書かれている数の合計が n となるようにする。また，取り除くカードの枚数ができるだけ多くなるようにする。なお，取り除くカードの枚数が同じ場合には，書かれている数の最も大きいカードを含む組み合わせを取り除く。

例

大きいさいころの出た目の数が1，小さいさいころの出た目の数が4のとき，$a=1$，$b=4$ だから，$a<b$ となり，【ルール①】により，$n=1+4=5$ となる。

図2

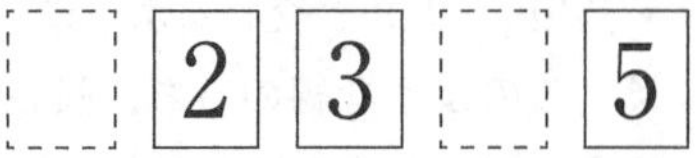

【ルール②】により，取り除くカードに書かれている数の合計が5となるのは[5]のみの場合，[1]と[4]の場合，[2]と[3]の場合の3通りがある。ここで，取り除くカードの枚数ができるだけ多くなるようにするので，[1]と[4]の場合，[2]と[3]の場合のどちらかとなる。書かれている数の最も大きいカードは[4]であるから，このカードを含む組み合わせである[1]と[4]のカードを取り除く。

この結果，残ったカードは図2のように，[2]，[3]，[5]となる。

いま，図１の状態で，大，小２つのさいころを同時に１回投げるとき，次の問いに答えなさい。ただし，大，小２つのさいころはともに，１から６までのどの目が出ることも同様に確からしいものとする。

㈠　残ったカードが，５と書かれているカード１枚だけとなる確率として正しいものを次の**1**～**6**の中から１つ選び，その番号を答えなさい。

1．$\frac{1}{36}$　**2**．$\frac{1}{18}$　**3**．$\frac{1}{12}$　**4**．$\frac{1}{9}$　**5**．$\frac{5}{36}$　**6**．$\frac{1}{6}$

㈡　残ったカードに書かれている数の中で最小の数が３となる確率を求めなさい。

問６　右の図１は，AB＝３cm，BC＝４cm，∠ABC＝90°の直角三角形ABCを底面とし，AD＝BE＝CF＝２cm を高さとする三角柱である。

また，点Gは辺EFの中点である。

このとき，次の問いに答えなさい。

図１

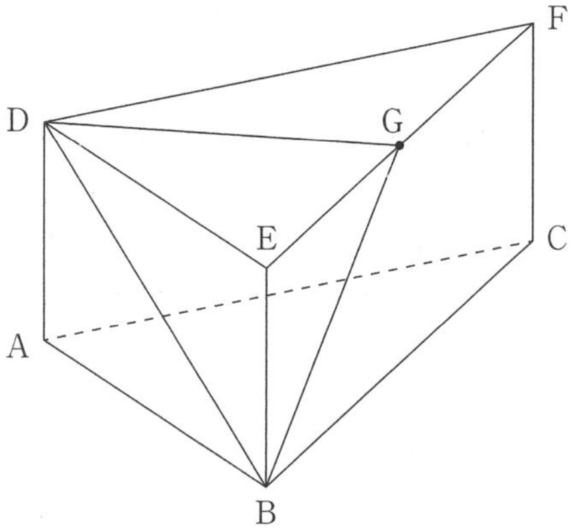

㈠　この三角柱の表面積として正しいものを次の**1**～**6**の中から１つ選び，その番号を答えなさい。

1．20cm²　**2**．24cm²　**3**．26cm²
4．30cm²　**5**．36cm²　**6**．48cm²

㈡　この三角柱において，３点B，D，Gを結んでできる三角形の面積として正しいものを次の**1**～**6**の中から１つ選び，その番号を答えなさい。

1．$\sqrt{10}$cm²　**2**．$\sqrt{11}$cm²　**3**．$\sqrt{13}$cm²　**4**．$\sqrt{22}$cm²　**5**．$2\sqrt{11}$cm²
6．$2\sqrt{22}$cm²

㈢　この三角柱の表面上に，図２のように点Bから辺EF，辺DFと交わるように，点Cまで線を引く。このような線のうち，長さが最も短くなるように引いた線の長さを求めなさい。

図２

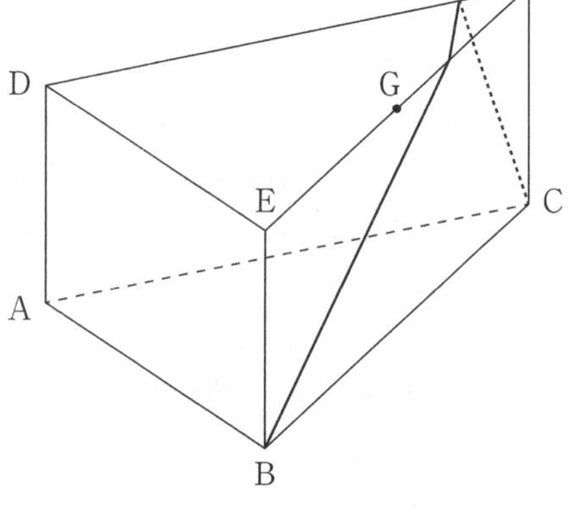

問7　右の図1のように，円Oの周上に3点A，B，Cを，三角形ABCの辺が長い方から順にAC，AB，BCとなるようにとる。

また，点Bを含まない$\overset{\frown}{AC}$上に2点A，Cとは異なる点Pをとり，線分ACと線分BPとの交点をQとする。

このとき，次の問いに答えなさい。

図1

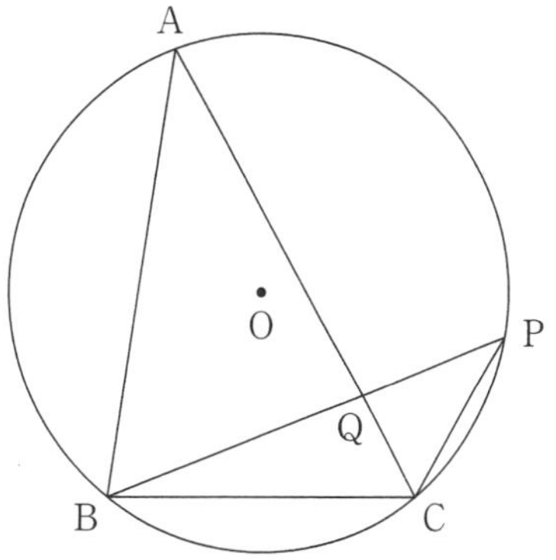

(ア)　三角形ABQと三角形PCQが相似であることを次のように証明した。[(i)]，[(ii)] に最も適するものをあとの**1**～**6**の中からそれぞれ1つ選び，その番号を答えなさい。

> [証明]
> △ABQと△PCQにおいて，
> まず，[　　　(i)　　　] から，
> ∠BAC＝∠BPC
> よって，∠BAQ＝∠CPQ　　……①
> 次に，[　　　(ii)　　　] から，
> ∠AQB＝∠PQC　　……②
> ①，②より，2組の角がそれぞれ等しいから，
> △ABQ∽△PCQ

1．対頂角は等しい
2．$\overset{\frown}{AB}$に対する円周角は等しい
3．$\overset{\frown}{BC}$に対する円周角は等しい
4．$\overset{\frown}{CP}$に対する円周角は等しい
5．$\overset{\frown}{PA}$に対する円周角は等しい
6．三角形の外角は，それととなり合わない2つの内角の和に等しい

(イ)　点Pが，点Bを含まない$\overset{\frown}{AC}$上の2点A，Cを除いた部分を動くとき，次の [　] 中の [　] に適するものを書きなさい。ただし，「AB」を必ず用いること。

> 三角形ABQと三角形PCQは常に相似であり，AB＝CP となるとき，三角形ABQと三角形PCQは合同である。
> また，三角形ABQと三角形PCQがともに二等辺三角形となるのは，AB＝AQ のときや [　　　] のときである。

(ウ) 図２のように，点Ｐを，線分ACと線分BPが垂直に交わるようにとる。

AB＝７㎝，AC＝８㎝，BC＝５㎝ のとき，線分BPの長さを求めなさい。

図２

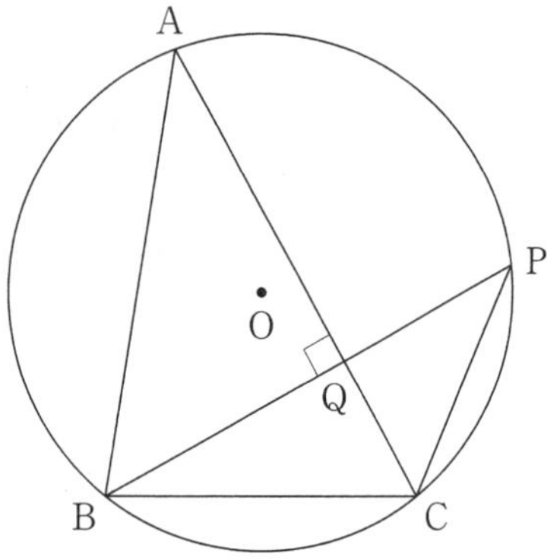

＜英語＞

時間　50分　　満点　100点

問1　リスニングテスト（放送の指示にしたがって答えなさい。放送を聞きながらメモをとってもかまいません。）

(ア)　チャイムのところに入るケンジの言葉として最も適するものを，次の1～4の中からそれぞれ一つずつ選び，その番号を答えなさい。

No.1　1．Sure.　Let's visit him at lunch time.
　　　2．Yes.　He is good at teaching tennis.
　　　3．OK.　I like teaching math to students at school.
　　　4．I see.　I finished it last night.

No.2　1．He is happy to hear that you are in the United States.
　　　2．He isn't studying but he will work in the United States.
　　　3．He is going to go there to learn about music history.
　　　4．He is interested in making movies and is learning how to make movies.

No.3　1．We'd like to cook and sell food at the school festival.
　　　2．We sang some popular songs in front of a lot of people.
　　　3．We have some good ideas about food to sell at the event.
　　　4．We are going to make a movie about our school events.

(イ)　対話の内容を聞いて，それぞれの **Question** の答えとして最も適するものを，あとの1～4の中から一つずつ選び，その番号を答えなさい。

No.1　**Question : Which is true about Miki's brother, Taro?**
1．Taro wants to visit the museum with his sister this spring.
2．Taro wants his sister to know more about the science club at school.
3．Taro is interested in the stars and often watches them at school.
4．Taro would like to join the science club when he is in junior high school.

No.2　**Question : What can we say about Miki?**
1．Miki doesn't think her team has to practice before class every day.
2．Miki wants Frank to watch the soccer game on TV this weekend.
3．Miki didn't watch the soccer game on TV and she went to bed early.
4．Miki is in the soccer club which had an important tournament last night.

(ウ)　かもめ高校の新入生に，学校行事についてのアンケートを実施し，生徒300人が一人一つずつ選びました。次のページの＜**メモ**＞はアンケート結果をまとめている途中のものです。アンケートの結果について生徒会長が行う新入生へのあいさつを聞いて，あとのNo.1とNo.2の問いに答えなさい。

<メモ>

"What school event do you want to enjoy the most ?"

Answer	The Number of Students
The running event	
The music event	①
The school trip	85
The sports festival	
The school festival	②
Other things	10
Total (合計)	300

If the ［　③　］ is not good on that day, the date of the sports festival will be changed.

No. 1　［①］と［②］の中に入れる数字の組み合わせとして最も適するものを，次の1～6の中から一つ選び，その番号を答えなさい。

1. ①　40　②　60
2. ①　25　②　75
3. ①　45　②　60
4. ①　55　②　50
5. ①　45　②　75
6. ①　25　②　135

No. 2　［③］の中に適する**1語**を英語で書きなさい。

問2　次の英文は，ショウヘイ（Shohei）と留学生のボブ（Bob）の対話です。対話文中の(ア)～(ウ)の（　）の中にそれぞれ適する**1語**を英語で書きなさい。ただし，**答えはそれぞれの（　）内に指示された文字で書き始め，一つの _ に1文字が入るものとします。**

shohei: I hear you can speak Chinese very well.　Did you live in China?

Bob　: Yes, I was (ア)(b___) in China and I lived there until I was ten years old.

shohei: What do you remember about living in China?

Bob　: I enjoyed a lot of things with my friends.　For (イ)(e______), we played soccer, baseball, and games.　We had a lot of fun.

Shohei: You had a lot of good friends there, right?

Bob　: That's right.　We still (ウ)(c_______) to send e-mails in Chinese to each other.

Shohei: Oh, you've been good friends for a long time.　That's great!

問3　次の(ア)～(エ)の文の（　）の中に入れるのに最も適するものを，あとの１～４の中からそれぞれ一つずつ選び，その番号を答えなさい。

(ア) One of the birds I bought yesterday (　　) singing now.

１．is　　２．are　　３．was　　４．were

(イ) When did the cat become as (　　)?

１．the big cat　　２．big as its mother

３．bigger than its mother　　４．the biggest of the three

(ウ) When Takuya was ten years old, he (　　) a book written by a famous soccer player.

１．read　　２．reads　　３．is read　　４．has read

(エ) The city is visited by many people (　　) a famous festival in February.

１．when　　２．which　　３．between　　４．during

問4　次の(ア)～(エ)の対話が完成するように，（　）内の**六つの語の中から五つを選んで**正しい順番に並べたとき，その（　）内で**３番目と５番目に来る語の番号**をそれぞれ答えなさい。（**それぞれ一つずつ不要な語があるので，その語は使用しないこと。**）

(ア) A：Sayaka, (1. eat　2. what　3. you　4. food　5. like　6. do) the best?

B：I like *sushi* the best.

(イ) A：How was your weekend ?

B：I went to the zoo with my family. My sister (1. the　2. see　3. at　4. looked　5. happy　6. to) animals there.

(ウ) A：Happy birthday, Ayako! This is a present for you.

B：Thank you, Mom. It's wonderful. I've wanted (1. something　2. watch　3. a　4. like　5. have　6. to) this.

(エ) A：Do you know the (1. the　2. girl　3. tall　4. of　5. name　6. about) singing under the tree?

B：Yes. Her name is Maiko.

問5　次のページのＡ～Ｃのひとつづきの絵と英文は，アキ（Aki）のある日のできごとを順番に表しています。Ａの場面を表す＜**最初の英文**＞に続けて，Ｂの場面にふさわしい内容となるように，□ の中に適する英語を書きなさい。ただし，あとの＜**条件**＞にしたがうこと。

＜**条件**＞

① **able, see** と **we** を必ず含んで，文頭の Next week, に続く１文となるように □ 内を**７語以上**で書くこと。

② 文末は「?」で終わること。

※ 短縮形（I'm や don't など）は１語と数え，符号（ , や ? など）は語数に含めません。

A

<最初の英文>

Aki was enjoying the flowers in Kana Park. She wanted her friend, Lucy, to see them. Lucy was going to come from Australia the next week.

B

Aki said to a guide, “I have a question about these flowers. I'd like to come here again with my friend. Next week, [　　　　　] ”

C

He answered, “Yes, you will. They will be beautiful until next week.” Aki said, “We will come here then. Thank you.”

*Guide：案内者

問6　次の英文は，高校生のサチ（Sachi）が出席した高校生議会（the city assembly for high school students）について英語の授業で行った発表の原稿です。英文を読んで，あとの(ア)～(ウ)の問いに答えなさい。

Hello, everyone. I'm Sachi. This summer, I joined the city assembly for high school students. It is an event my city has every summer, and I joined it last year, too. Every year, about 30 students from the high schools in my city join the event for three days. This year, we made three groups, and each group talked about how to make our city better. I was in the *agriculture group. Today, I want to talk about the event.

On the first day, our group visited a *farmer in our city. We *helped the farmer with the *farm work and talked with him. We had a chance to eat the *vegetables he grew. They were really *fresh and delicious. He works hard to grow delicious food, and he hopes that more people in our city will eat *local food.

After talking with the farmer, we became interested in the *production and consumption of local food. This means we buy and eat food which is grown and made in our city. There are many good things about the production and consumption of local food. When we buy food at a *farmer's market, we can know who grew it. If we have a chance to talk with farmers, we can learn how they grow food and how we can cook it. That *helps us feel *safe about the food we eat. Now, I want to know where our food comes from and how farmers grow it. We should be more interested in the food we eat every day.

The farmer also talked about the *distance which food travels. (①) This uses a lot of energy and is not good for the earth. Please look at the picture. This picture shows two different distances that *soybeans travel. In the picture, the distance between the U.S. and the *tofu* *factory in our city is 19,968km, and this *produces 245.9kg of CO_2. The distance between the farm in our city and the *tofu* factory is 3.4km, and this produces 0.6kg of CO_2. □ That is better for the earth because traveling from the farm in our city produces *less CO_2 than traveling from the U.S. (②) I think so. When we eat local food, the distance between *the place where the food is grown and the place where it is eaten is shorter. For our future, I want to eat food which produces less CO_2.

Picture

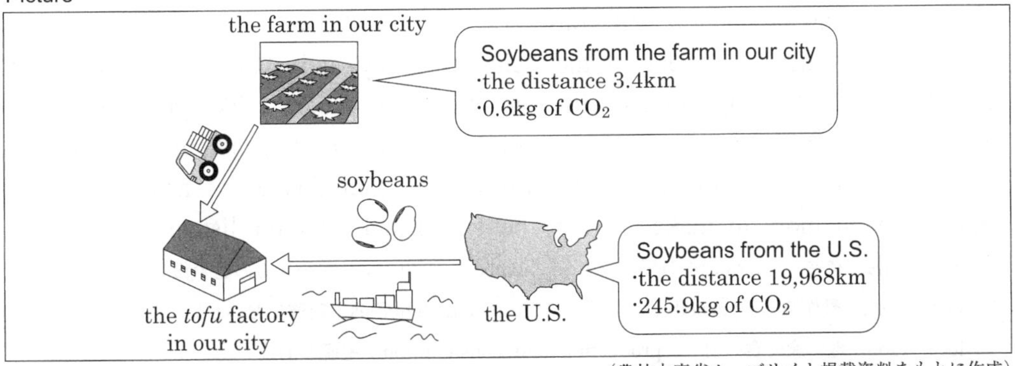

（農林水産省ウェブサイト掲載資料をもとに作成）

Next, please look at the *graph. This graph is about Japan's *food self-sufficiency ratio. This graph shows that in 1960, Japan's food self-sufficiency ratio was about 80%. In 2015, it was about 40%. The *rest comes from other countries! Japan's food self-sufficiency ratio has gone down. If we become interested in local food and eat it more, Japan's food self-sufficiency ratio may go up.

Graph

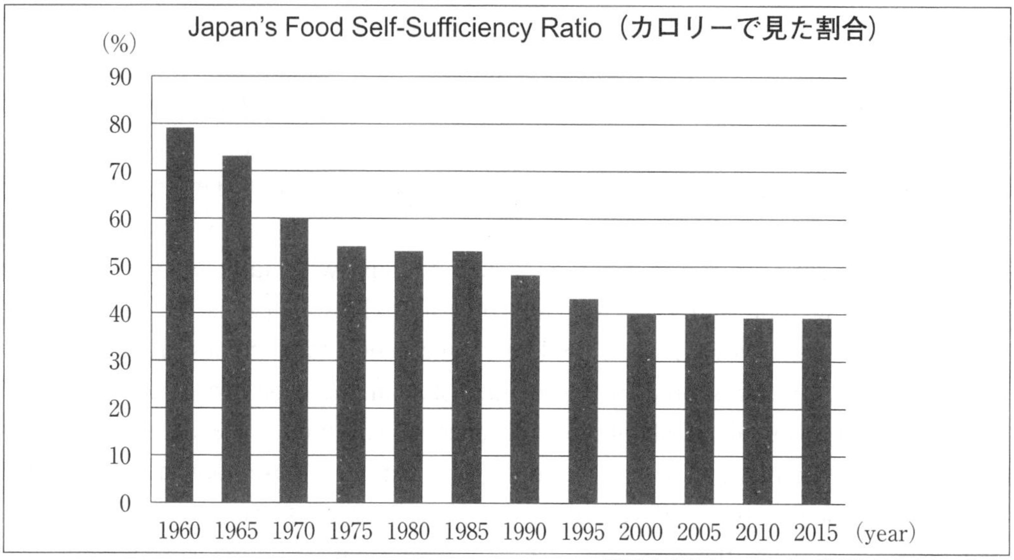

（農林水産省ウェブサイト掲載資料をもとに作成）

The next day, our group talked about the production and consumption of local food. We want people living in our city to eat our local food more. What can we do for our local food? (③) So, we think it is good to make some events. We have some ideas. People living in our city will visit farmers in our city, work with them, and eat our local food. We will also have a food festival and sell the fresh local food there. We'll use the Internet to tell people good things about the production and consumption of local food.

On the last day, we went to the *city assembly and shared our ideas there. The *mayor of the city agreed with our ideas. He said, "I like your ideas very much and I'd like to use them. Please come to the city assembly next year, too." We were happy to hear that. I'd like to join this event next year again and try to do more to make our city better. Thank you for listening.

*agriculture：農業　farmer：農場経営者　helped ～ with…：～が…するのを手伝った
farm work：農作業　vegetables：野菜　fresh and delicious：新鮮でおいしい
local food：地元産の食べ物　production and consumption：生産と消費
farmer's market：農作物の直売所　helps ～…：～が…するのを助ける　safe：安全な
distance：距離　soybeans：大豆　factory：工場　produces ～：～を産出する
less：より少ない　the place where ～：～する場所　graph：グラフ
food self-sufficiency ratio：食料自給率　rest：残り　city assembly：市議会　mayor：市長

(ア) 本文中の（①）～（③）の中に，次のA～Cを意味が通るように入れるとき，その組み合わせとして最も適するものを，あとの1～6の中から一つ選び，その番号を答えなさい。

A. Do you think choosing local food is good for the earth?

B. We want people in our city to know more about our local food.

C. If the food we eat comes from other countries, it travels a long distance.

1. ①－A　②－B　③－C　　2. ①－A　②－C　③－B
3. ①－B　②－A　③－C　　4. ①－B　②－C　③－A
5. ①－C　②－A　③－B　　6. ①－C　②－B　③－A

(イ)　本文中の □ の中に入れるのに最も適するものを，次の１～４の中から一つ選び，その番号を答えなさい。

1. I'd like to try food made from these two different soybeans.
2. I'd like to visit the U.S. to study how to make soybeans.
3. I think we should learn how soybeans travel from Japan to the U.S.
4. I think we should eat our local food made from the soybeans in our city.

(ウ)　次のａ～ｆの中から，サチの発表の内容に合うものを**二つ**選んだときの組み合わせとして最も適するものを，あとの１～８の中から一つ選び，その番号を答えなさい。

a. This year, Sachi joined the city assembly for high school students for the first time.
b. Through the experience on the farm on the first day, Sachi became interested in the production and consumption of local food.
c. In 1995, Japan got about 40% of its food from other countries.
d. Sachi thinks that people should eat food which travels a long distance for the future.
e. On the second day, Sachi's group talked about local food in their city and thought about what to do.
f. The mayor of the city will use the Internet to understand the agriculture group's ideas.

1. ａとｃ　　2. ｂとｄ　　3. ｃとｅ　　4. ｂとｆ
5. ａとｄ　　6. ｂとｅ　　7. ｃとｆ　　8. ｄとｅ

問７　次の(ア)，(イ)の英文と，ピアノのレッスンの案内（Leaflet）や電車の乗換案内（Route Search）について，それぞれあとの **Question** の答えとして最も適するものを，１～５の中からそれぞれ一つずつ選び，その番号を答えなさい。

(ア)

Akari is a high school student and she is sixteen years old. Now, she is talking with her mother. Akari wants to start taking piano lessons.

Akari:　Mom, I got this leaflet at the station and I want to take one of these piano lessons.
Mother:　Oh, that's great. How often do you want to go?
Akari:　I want to take a lesson every Thursday.
Mother:　What time would you like?
Akari:　I want to go after school from 4:30 to 5:00 p.m.

Mother: OK. Playing the piano will be a lot of fun!

Akari: Thank you, Mom.

Mother: When do you want to start?

Akari: Next month, in May.

Leaflet

Piano Lessons *Monthly Price			
	Thursday or Friday Two lessons every month 30 minute lessons	Every Tuesday or Thursday 30 minute lessons	Every Monday, Thursday, or Saturday 60 minute lessons
3 ～ 6 years old	4,000 *yen	7,000 yen	10,000 yen
7 ～ 12 years old	4,500 yen	8,000 yen	12,000 yen
13 ～ 15 years old	5,000 yen	9,000 yen	14,000 yen
16 ～ 18 years old	5,500 yen	10,000 yen	16,000 yen
19 years old ～	6,000 yen	11,000 yen	18,000 yen

・You *pay only 50% of the first monthly price.

・You need to pay 3,000 yen for the music book in the first month.

＊ Monthly Price：月謝　yen：円　pay ～：～を払う

Question : How much will Akari pay for May?

1．5,500yen.　2．5,750yen.　3．8,000yen.　4．11,000yen.

5．13,000yen.

(イ)

*Mari and Yumi are going to go to a *concert at Kamome Stadium. It is near Kamome Station. They are going to go there by train. There are five *routes. They will start from Kita Station.*

Mari: I found five routes to go to Kamome Station from Kita Station on the Internet. Which route will we take?

Yumi: How about Route A?

Mari: Well, it takes about an hour, and we have to change trains three times.

Yumi: If we *miss the *transfer, it will take more time.

Mari: That's right. So, let's take another route. Which route is the easiest for us to change trains?

Yumi: I think this one. We only need to change trains once, but it *costs about 800 *yen.

Mari: Oh, let's see *the other three routes. We need to change trains two times. Have you ever been to these transfer stations? I have been to Sakura Station only once.

Yumi: I've been to Kawa Station. I often change trains there.

Mari: Oh, that's good. Let's take this route. It doesn't cost more than 600 yen and you know how to change trains.

Yumi: OK.

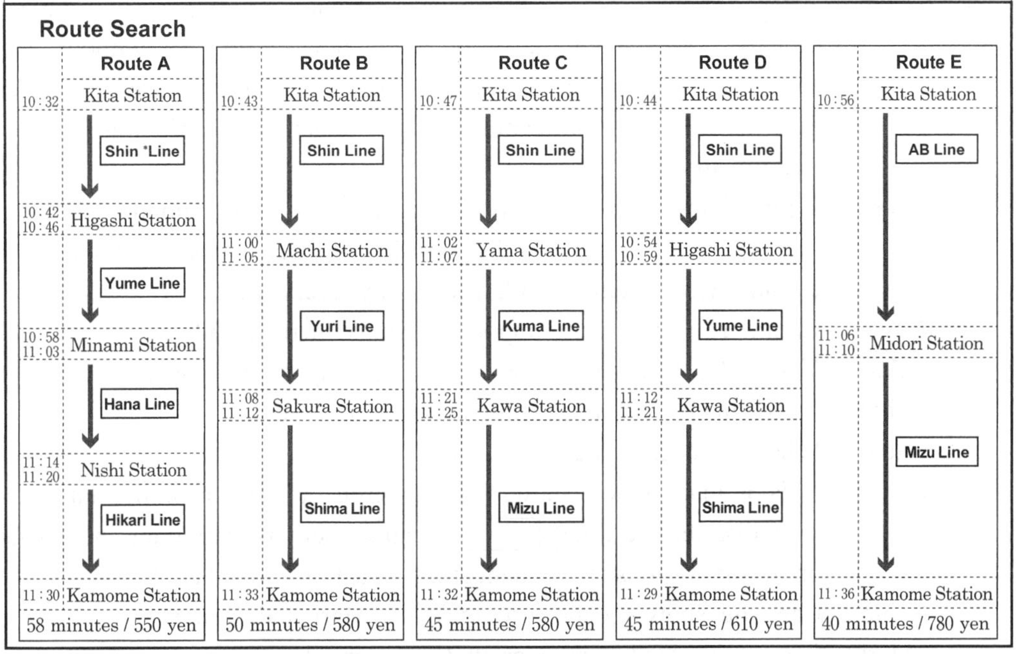

*concert：コンサート　routes：ルート　miss ～：～をしそこなう　transfer：乗り換え
costs ～：(～の費用が) かかる　yen：円　the other：その他の　Line：路線

Question : Which route are they going to take?

1．Route A.　2．Route B.　3．Route C.　4．Route D.　5．Route E.

問８　次の英文を読んで，あとの(ア)～(ウ)の問いに答えなさい。

Three students, Naoto, Keiko, and Mari are Kamome High School students. They are talking in the classroom after school. Then, Mr.Brown, their English teacher from Australia, comes into the classroom and talks to them.

Mr. Brown: Hello, everyone. What are you doing?

Naoto: We are doing our homework about *disaster prevention.

Mr. Brown: Oh, tell me more.

Keiko: We were just talking about an *emergency drill.

Mr. Brown: Last weekend, I joined an emergency drill at a junior high school in my *neighborhood. I walked to the school with the people in my neighborhood and learned how to *prepare for *disasters.

Keiko : Many cities have this kind of event at schools for the people living near the school. I also joined one last year.

Naoto : Really? I've heard about emergency drills, but I've never joined one. What did you do at the event, Keiko?

Keiko : I made an *emergency kit. We put things like medicine, water, food, and a *radio into it.

Mr. Brown : After a *flood or an *earthquake, *relief goods may not be sent quickly. We should have an emergency kit to live without *help for a few days. In an *emergency, the radio is useful. It can give us *information about our city when we can't watch TV or use the Internet.

Mari : I joined the Kamome City Emergency Drill last month. It taught me ways to *survive *dangerous *situations like a flood or an earthquake. I join it with my family every year.

Mr. Brown : Great! You also learn important things there, right?

Mari : Yes. This year, we made a *hazard map at the event.

Keiko : I also made one at a different event last year.

Naoto : What's a hazard map?

Keiko : It is a map which shows us dangerous places or important places in a disaster. I think [　　　] because there is important information on it for us to survive dangerous situations together.

Naoto : Can you show me how to make it, Mari and Keiko?

Mari : Sure. We need a map around our school.

Keiko : Let's go to the computer room to get it from the Internet.

They get the map in the computer room. Mari and Keiko show Naoto how to make a hazard map.

Naoto : Look, my house is here. When I walk from school, it takes ten minutes. So, what should we do first?

Mari : We have to find dangerous places around our school. What do you see?

Naoto : Well, the Suzume River is near our school. When it rains a lot, it is dangerous to walk along the river.

Keiko : Look at this *bridge. It may break in a flood or a strong earthquake.

Mr. Brown : That's right. We can't use this way then.

Keiko : There are a lot of buildings along Kaede Street, and some buildings are very old. They may break in a strong earthquake, too.

Mari : Put black *stickers on these dangerous places, Naoto.

Naoto : I see.

Mari : Next, let's put white stickers on important places like hospitals, and *safe places like parks.

Naoto : We have a hospital along Sakura Street, and Tsubame Park is near my house.

Keiko : Tsubame Park is a large park, so many people can stay there in an emergency.

Naoto : It's also a good place to meet my family in an emergency because it is an *evacuation point, and it only takes a few minutes to get there from my house.

Mari : That's a good idea. Also, there is a *water supply station at the park. It has an *underground water tank, so we can get water from it in an emergency. We should remember that and put a sticker on the park.

Keiko : Oh, there is a store in front of the park, too. It will be useful.

Naoto : OK. I'll put a white sticker on it.

Mari : Finally, choose the best way to take from our school when we are in a dangerous situation.

Keiko : Naoto, when you are at school and there is an earthquake, which way will you take? Will you find the best way and show it to us? You can use this pen.

Naoto : Well, I'll take this way to go to the park. I can meet my family there.

Mr. Brown : That's right. Naoto, you should show (イ)this map to your family tonight. It is very important to talk with your family about what to do in a dangerous situation.

Naoto : Sure. I will talk about it tonight.

Keiko : I think there are other dangerous places around our school. How about walking around our school and finding them together ?

Naoto : That's a good idea! Then we can make a better map.

Mari : When we are in a difficult situation, we should help each other. I think students like us can do something for the people living in our city.

Mr. Brown : That's true. When we take lessons at such an event like the Kamome City Emergency Drill, we can start thinking about how to help each other. That will make our *community stronger. I want you to think about the things you need in an emergency and talk with your family, friends, and the people in your neighborhood about disaster prevention. Please share your ideas.

Mari：Let's join the Kamome City Emergency Drill together next time.

Naoto：I'm sure that I'll join it next time. I learned a lot of things today.

*disaster prevention：防災　emergency drill：防災訓練　neighborhood：近所
prepare for ～：～に備えて準備する　disasters：災害　emergency kit：防災セット
radio：ラジオ　flood：洪水　earthquake：地震　relief goods：救援物資　help：援助
emergency：緊急事態　information：情報　survive ～：～を生き残る　dangerous：危険な
situations：状況　hazard map：防災地図　bridge：橋　stickers：シール　safe：安全な
evacuation point：避難場所　water supply station：給水所
underground water tank：地下にある貯水槽　community：地域社会

(ア)　本文中の［　］の中に入れるのに最も適するものを，次の１～４の中から一つ選び，その番号を答えなさい。

1. we should learn ways to live without it
2. we should share it with the people living in our neighborhood
3. people should take a lesson for making an emergency kit
4. people should get information about our city from the radio

(イ)　本文中の――下線部(イ)を表したものとして最も適するものを，次の１～６の中から一つ選び，その番号を答えなさい。

●… black sticker　○… white sticker

1.

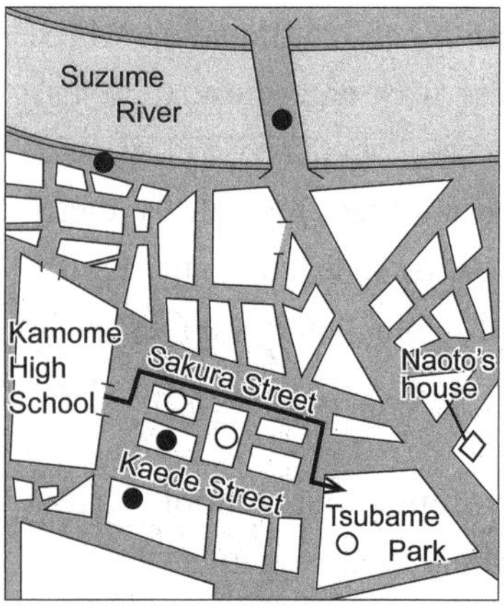

2.

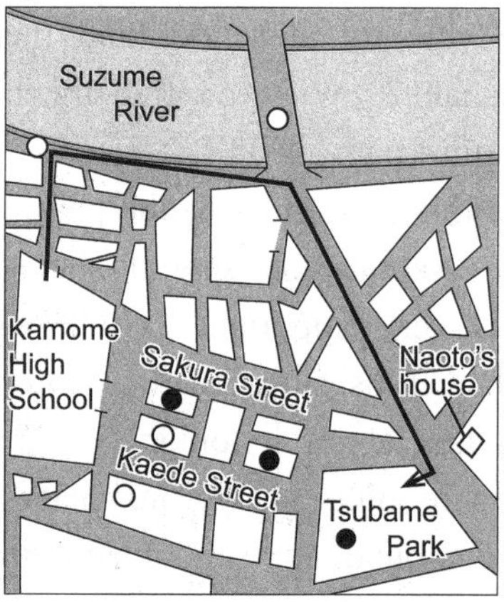

3.

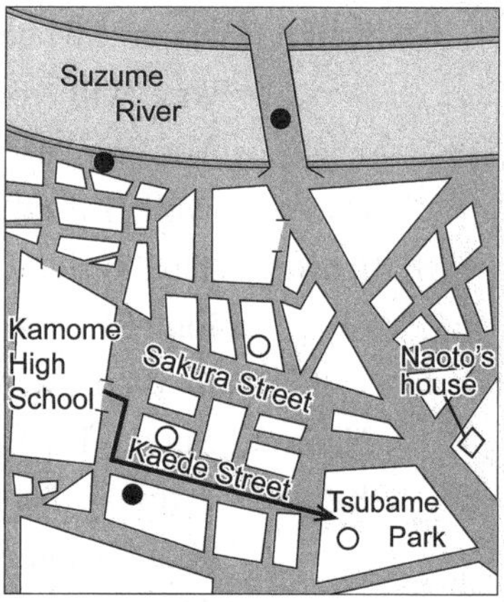

4.

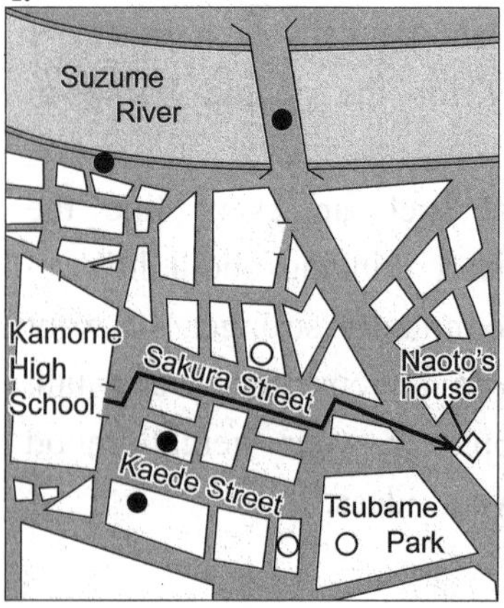

5.

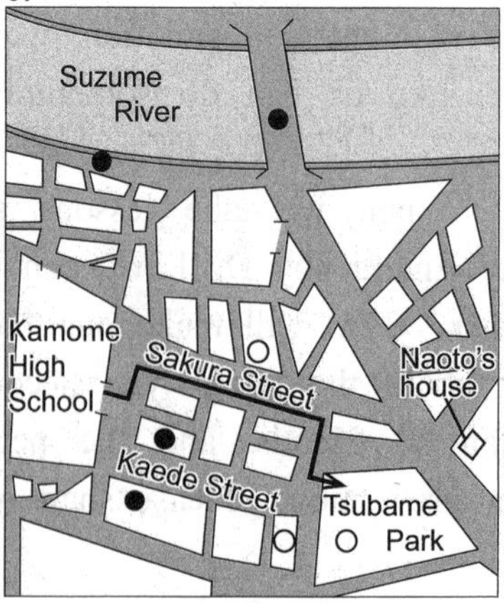

6.

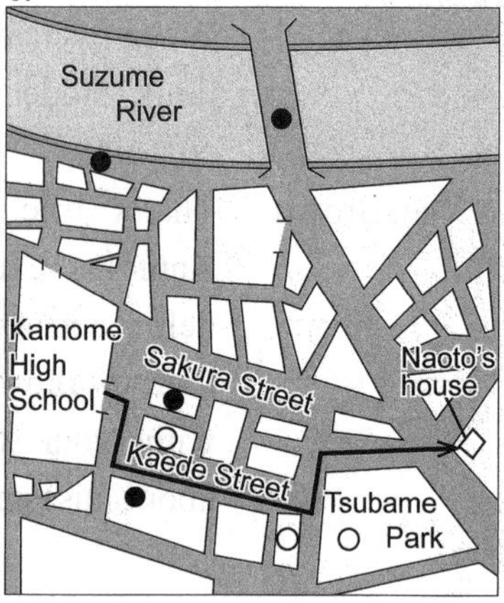

(ウ) 次のａ～ｆの中から，本文の内容に合うものを**二つ**選んだときの組み合わせとして最も適するものを，あとの１～８の中から一つ選び，その番号を答えなさい。

ａ．Keiko and Mari joined the Kamome City Emergency Drill together and took a lesson to prepare for disasters.

ｂ．Mr. Brown says that relief goods may not arrive for a few days, and he also says that people have to make a hazard map to know where important places are.

ｃ．Keiko made an emergency kit at her city's event, and she says that she wants Naoto and Mari to make it to live without help.

ｄ．Naoto has learned the best way to go to the park from his school, so he will show it to his family and talk about what to do in an emergency.

ｅ．Keiko, Naoto, and Mari have found all of the dangerous places after walking around their school.

ｆ．Mr. Brown thinks that thinking about other people and helping each other will make their community stronger.

１．ａとｃ　２．ｂとｄ　３．ｃとｅ　４．ｄとｆ

５．ａとｄ　６．ｂとｆ　７．ｃとｆ　８．ｄとｅ

＜理科＞

時間　50分　　満点　100点

【注意】 解答用紙にマス目（例：□□□）がある場合は，句読点もそれぞれ１字と数え，必ず１マスに１字ずつ書きなさい。なお，行の最後のマス目には，文字と句読点を一緒に置かず，句読点は次の行の最初のマス目に書き入れなさい。

問１　次の各問いに答えなさい。

(ア)　次の□は，Ｋさんが白熱電球とＬＥＤ電球（発光ダイオードを使用した電球）についてまとめたものである。文中の（Ｘ），（Ｙ），（Ｚ）にあてはまるものの組み合わせとして最も適するものをあとの１～４の中から一つ選び，その番号を答えなさい。

> 白熱電球とＬＥＤ電球はともに（　Ｘ　）エネルギーを（　Ｙ　）エネルギーに変換し，利用している。このエネルギーを変換する過程で，ＬＥＤ電球は白熱電球に比べ放出する（　Ｚ　）エネルギーが小さいため，ＬＥＤ電球への切りかえが進んでいる。

１．Ｘ－光　　Ｙ－電気　　Ｚ－熱　　　２．Ｘ－電気　　Ｙ－光　　Ｚ－熱
３．Ｘ－電気　　Ｙ－熱　　Ｚ－化学　　４．Ｘ－熱　　Ｙ－光　　Ｚ－化学

(イ)　**図１**のように，半円形レンズのうしろ側にトというカードを点線の位置に置き，光の進み方について調べた。**図２**は，**図１**を真上から見たときの半円形レンズとカードの位置関係を示したものである。**図２**の矢印の方向から半円形レンズの高さに目線を合わせてカードを観察すると，トというカードはどのように見えるか。最も適するものをあとの１～４の中から一つ選び，その番号を答えなさい。ただし，カードは半円形レンズと接しているものとする。

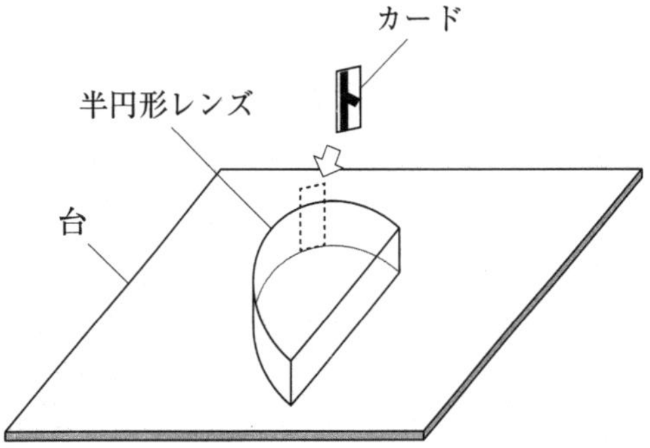

図１

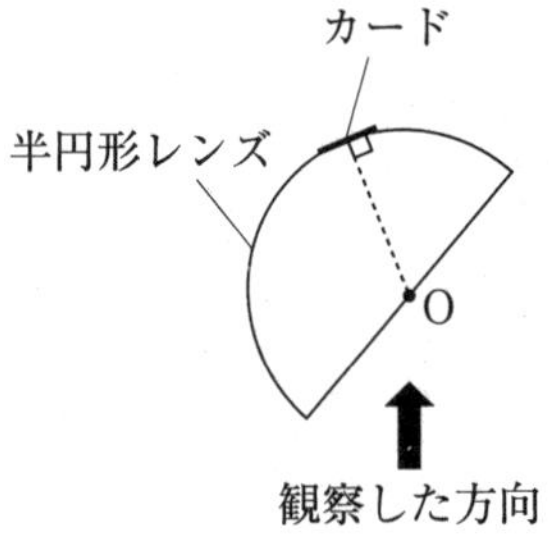

図２

１．
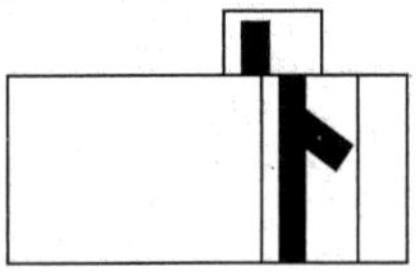

２．
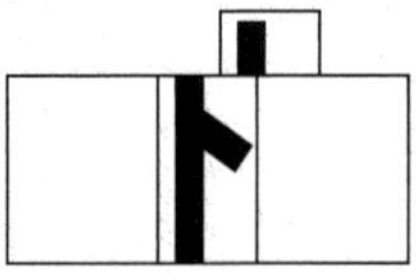

３．
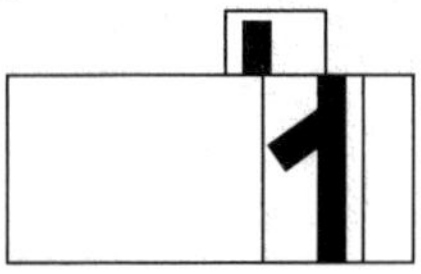

４．
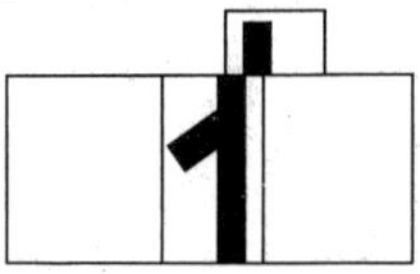

(ウ) 同じ電圧の電池4個と抵抗の大きさの等しい抵抗器4個を用い，図のような2種類の電気回路をつくった。図中のA，Bの部分に流れる電流の大きさを測定したとき，Aの部分に流れる電流の大きさは，Bの部分に流れる電流の大きさの何倍になるか。最も適するものをあとの1～6の中から一つ選び，その番号を答えなさい。

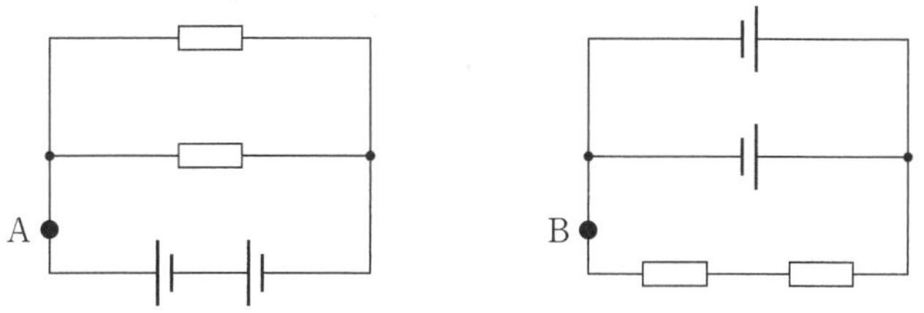

1．0.5倍　　2．1倍　　3．2倍　　4．4倍　　5．8倍　　6．16倍

問2　次の各問いに答えなさい。

(ア) 右の図は，点火したガスバーナーの空気の量が不足している状態を示している。ガスの量を変えずに空気の量を調節し，炎を青色の安定した状態にするために必要な操作として最も適するものを次の1～4の中から一つ選び，その番号を答えなさい。

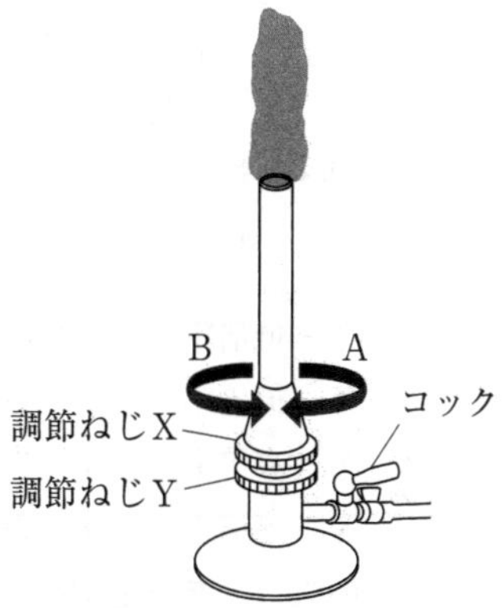

1．調節ねじYをA方向に回す。
2．調節ねじYをB方向に回す。
3．調節ねじYをおさえて，調節ねじXだけをA方向に回す。
4．調節ねじYをおさえて，調節ねじXだけをB方向に回す。

(イ) うすい塩酸が入ったビーカーに亜鉛を入れたところ，反応して気体が発生した。この反応において，亜鉛を入れる前のビーカー全体の質量をa，亜鉛の質量をb，反応が終わった後のビーカー全体の質量をc，発生した気体の質量をdとする。これらの質量の関係を，不等号や等号で示したものとして最も適するものを次の1～4の中から一つ選び，その番号を答えなさい。

1．$a+b<c+d$　　2．$a+b>c+d$　　3．$a+b=c+d$　　4．$a+b=c-d$

(ウ) 表のように，試験管A～Eにそれぞれうすい塩酸とうすい水酸化ナトリウム水溶液を入れた。さらに，BTB溶液を2滴ずつ加えてよく混ぜ，水溶液の色を記録した。このときの試験管A～Eの水溶液に関する記述として最も適するものを次のページの1～6の中から一つ選び，その番号を答えなさい。

試験管	A	B	C	D	E
うすい塩酸の体積〔cm^3〕	3.0	3.0	3.0	3.0	3.0
うすい水酸化ナトリウム水溶液の体積〔cm^3〕	1.0	2.0	3.0	4.0	5.0
水溶液の色	黄色	黄色	緑色	青色	青色

1．試験管A～Eの水溶液中の水素イオンの数は，ほぼ同じである。
2．試験管Aの水溶液中の水素イオンの数と塩化物イオンの数は，ほぼ同じである。
3．試験管Bの水溶液中では，中和は起こらなかった。
4．試験管Cの水溶液中の水酸化物イオンの数は，ナトリウムイオンの数より多い。
5．試験管Dの水溶液中の水素イオンの数は，ナトリウムイオンの数より多い。
6．試験管Eの水溶液中の塩化物イオンの数は，ナトリウムイオンの数より少ない。

問3　次の各問いに答えなさい。

(ア) 次の□は，顕微鏡を操作する手順について示したものである。文中の（X），（Y），（Z）にあてはまるものの組み合わせとして最も適するものをあとの1～4の中から一つ選び，その番号を答えなさい。

手順①	対物レンズを最も（　X　）のものにし，接眼レンズをのぞきながら反射鏡を調節して，視野が最も明るくなるようにする。
手順②	プレパラートをステージにのせ，対物レンズを横から見ながら調節ねじを回して，対物レンズとプレパラートをできるだけ（　Y　）。
手順③	接眼レンズをのぞきながら調節ねじを回し，対物レンズとプレパラートを（　Z　），ピントを合わせる。

1．X－低倍率　　Y－遠ざける　　Z－近づけて
2．X－低倍率　　Y－近づける　　Z－遠ざけて
3．X－高倍率　　Y－近づける　　Z－遠ざけて
4．X－高倍率　　Y－遠ざける　　Z－近づけて

(イ) 右の図は，ある生態系において，生産者である植物，その植物を食べる草食動物と，その草食動物を食べる肉食動物の数量の関係を模式的に表したものである。図のつり合いのとれた状態から肉食動物の数量が減ったとき，その後，もとのつり合いのとれた状態に戻るまでにどのような変化が起こると考えられるか。次の□中のa～dの変化が起こる順番として最も適するものをあとの1～4の中から一つ選び，その番号を答えなさい。

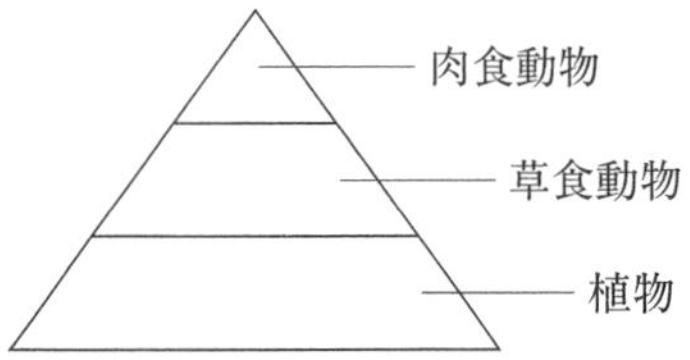

a：草食動物が増える。
b：植物が減るとともに，肉食動物が増える。
c：肉食動物が減るとともに，植物が増える。
d：草食動物が減る。

1．d→b→a→c　　2．a→c→d→b　　3．a→b→d→c　　4．d→c→a→b

(ウ) 次の□は，Kさんが学校周辺で観察した植物である。そのからだのつくりに着目し，なかま分けをしたときの記述として最も適するものをあとの1～4の中から一つ選び，その番号を答えなさい。

ユリ　イヌワラビ　ゼニゴケ　タンポポ　サクラ

1．イヌワラビとゼニゴケは，根の違いだけではなかま分けができないが，維管束の違いに着目すればなかま分けができる。
2．ユリとタンポポは，根の違いだけではなかま分けができないが，葉脈の違いに着目すればなかま分けができる。
3．ユリとサクラは，根の違いだけではなかま分けができないが，子葉の違いに着目すればなかま分けができる。
4．タンポポとサクラは，根の違いだけではなかま分けができないが，花弁の違いに着目すればなかま分けができる。

問４　次の各問いに答えなさい。

(ア)　図のA，Bはマグマのねばりけが異なる火山の断面の模式図である。図のA，Bのような火山の説明として最も適するものをあとの１～４の中から一つ選び，その番号を答えなさい。

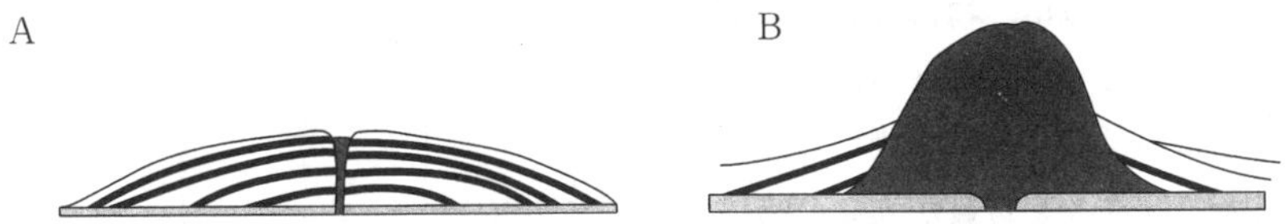

1．Aのような火山はマグマのねばりけが強く，火山灰は比較的黒っぽいものが多い。
2．Aのような火山はマグマのねばりけが弱く，比較的穏やかな噴火が多い。
3．Bのような火山はマグマのねばりけが強く，火山灰は比較的黒っぽいものが多い。
4．Bのような火山はマグマのねばりけが弱く，比較的穏やかな噴火が多い。

(イ)　右の図のように，仕切り板で水そうを２つに分け，右側の空気のみを保冷剤で冷やし，空気の動きがわかるように線香の煙で満たした。その後，静かに仕切り板を外したときに水そう内で起こる現象として最も適するものを次の１～４の中から一つ選び，その番号を答えなさい。

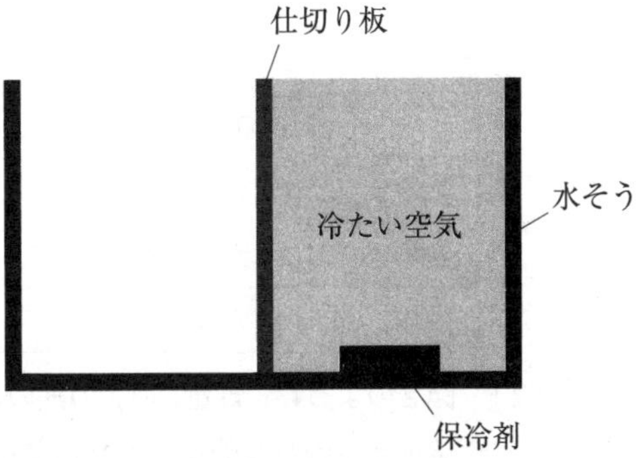

1．右側の冷たい空気が，左側の空気の下にもぐりこむ。
2．左側の空気が，右側の冷たい空気の下にもぐりこむ。
3．右側の冷たい空気と左側の空気は混ざらず，そのままの状態が続く。
4．右側の冷たい空気と左側の空気が一瞬で混ざり，全体が均一な状態になる。

(ウ)　次のページの図は，ある地点Xで観測された地震波の記録である。地点Xと震源との距離として最も適するものを次のページの１～６の中から一つ選び，その番号を答えなさい。ただし，P波の速さは6.0km／s，S波の速さは4.0km／sとする。

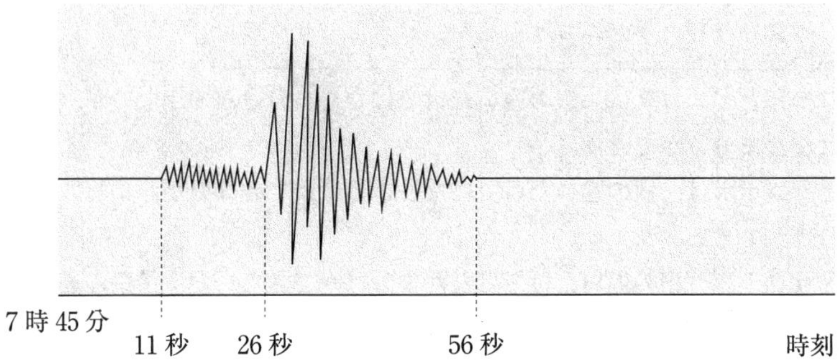

1．30km　2．60km　3．90km　4．120km　5．150km　6．180km

問5　Kさんは，物体にはたらく浮力について調べるために，次のような実験を行った。これらの実験とその結果について，あとの各問いに答えなさい。ただし，質量100gの物体にはたらく重力は1.0Nとする。また，糸の質量と体積は考えないものとする。

〔実験1〕　**図1**のように，物体Xをばねばかりにつるし，a～dの位置におけるばねばかりの値を測定した。また，物体Xを材質が異なる物体Y，物体Zにかえて同様の操作を行った。**表**は，これらの結果をまとめたものである。

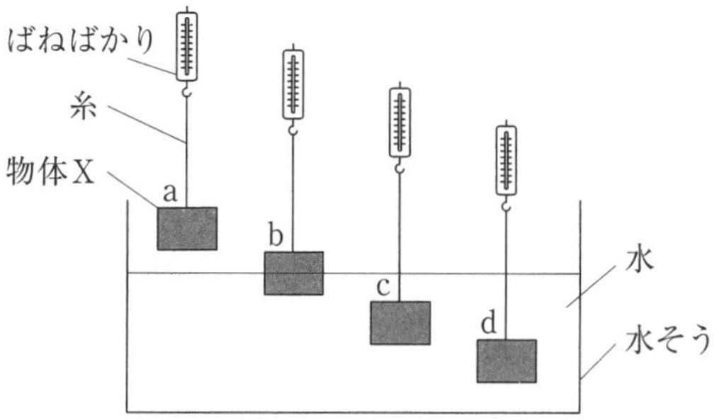

図1

表

物体の位置	a	b	c	d
物体Xのばねばかりの値〔N〕	0.50	0.40	0.30	0.30
物体Yのばねばかりの値〔N〕	0.40	0.30	0.20	0.20
物体Zのばねばかりの値〔N〕	0.50	0.45	0.40	0.40

〔実験2〕　**図2**のように，質量150gの鉄のおもりと質量150gの鉄で作った船を用意し，これらを水そうの水に静かに入れたところ，**図3**のようになった。

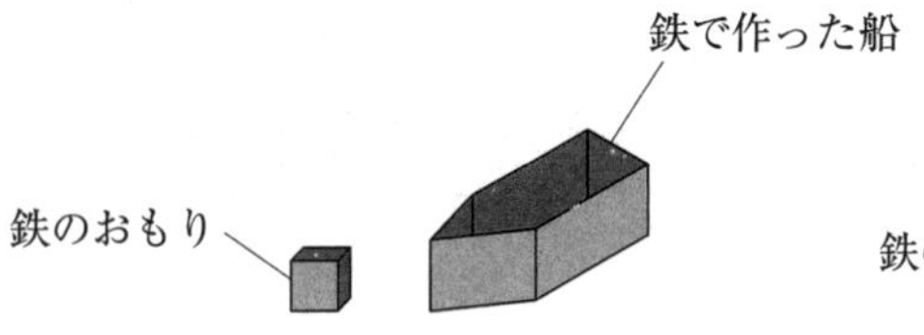

図2

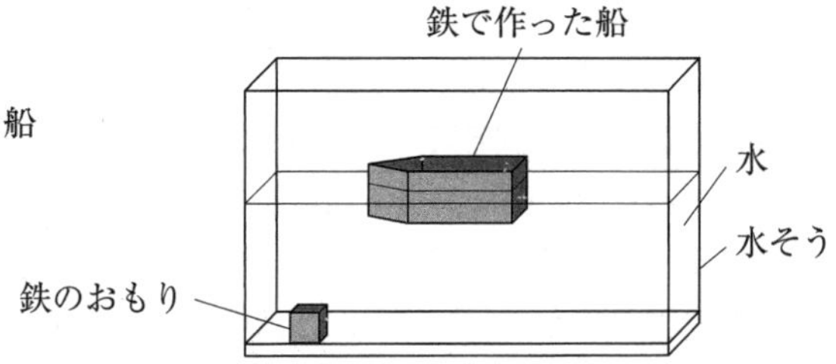

図3

(ア)　**図1**のｄの位置のように物体が水中に沈んでいるとき，物体にはたらく水圧の様子として最も適するものを次の１～６の中から一つ選び，その番号を答えなさい。ただし，矢印の長さは，水圧の大きさを表している。

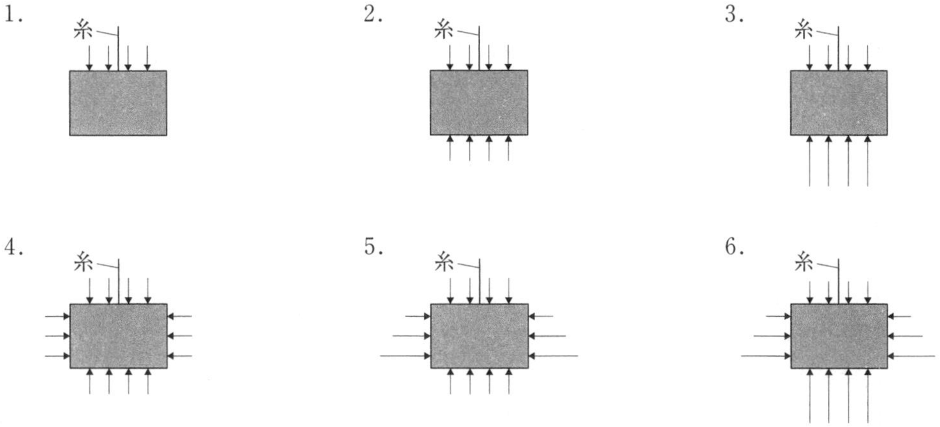

(イ)　**図1**のｄの位置における物体Xにはたらく浮力の大きさは何Nか。最も適するものを次の１～５の中から一つ選び，その番号を答えなさい。

1．0N　　2．0.10N　　3．0.15N　　4．0.20N　　5．0.30N

(ウ)　物体X～Zについて述べたものとして最も適するものを次の１～５の中から一つ選び，その番号を答えなさい。

1．物体Xと物体Yの密度は等しい。
2．物体Xと物体Zの密度は等しい。
3．物体X～Zの中では，物体Xの密度が最も大きい。
4．物体X～Zの中では，物体Yの密度が最も大きい。
5．物体X～Zの中では，物体Zの密度が最も大きい。

(エ)　次の□は，Kさんが〔実験1〕，〔実験2〕についてまとめたものである。文中の（あ）に適する内容を，**船**と**浮力**という二つの語を用いて**20字以内**で書きなさい。また，（い）に最も適するものをあとの１～４の中から一つ選び，その**番号を書きなさい**。

> 〔実験1〕の結果から，物体の水中に沈んでいる部分の体積が大きいほど，物体にはたらく浮力が大きくなることがわかる。このことから，〔実験2〕では，鉄で作った船を静かに水そうの水に入れていくと，船にはたらく浮力は増加していき，（　あ　）ところで船は水に浮き，静止したと考えられる。
> 　このとき，この船にはたらいている浮力は（　い　）となる。

1．0N　　2．0.5N　　3．1.0N　　4．1.5N

問6　Kさんは，鉄と硫黄の反応について調べるために，鉄粉と硫黄の質量の組み合わせを変えて，次のページのような実験を行った。次のページの**図1**は用いた装置と加熱の様子を，次のページの**図2**の点ａ～ｅは鉄粉と硫黄の質量の組み合わせを示している。これらの実験とその結果について，あとの各問いに答えなさい。ただし，鉄粉と硫黄の混合物を加熱したときは，硫化鉄ができる反応だけが起こるものとする。

〔実験１〕　次の①～⑤の順に操作を行った。

① **図２**の点ａが示す質量の鉄粉と硫黄を乳ばちに取り，よく混ぜ合わせた。

② 乳ばちから①の混合物を4.0ｇ取り出して試験管Ａに入れ，加熱した。

③ 加熱した混合物の色が赤く変わりはじめたところで加熱をやめ，変化の様子を観察した。

④ 反応が終わり，試験管Ａの温度が下がったところで試験管Ａに磁石を近づけ，磁石に引きつけられる物質があるかを観察した。

⑤ 試験管Ａの中身を少量取り出し，５％の塩酸と反応させ，発生した気体のにおいを調べた。

〔実験２〕　鉄粉と硫黄を**図２**の点ｂ～ｅが示す質量の組み合わせにかえ，〔実験１〕と同様の操作を行った。このとき，点ｂの質量の組み合わせには試験管Ｂを用い，同様に，点ｃには試験管Ｃを，点ｄには試験管Ｄを，点ｅには試験管Ｅを用いた。

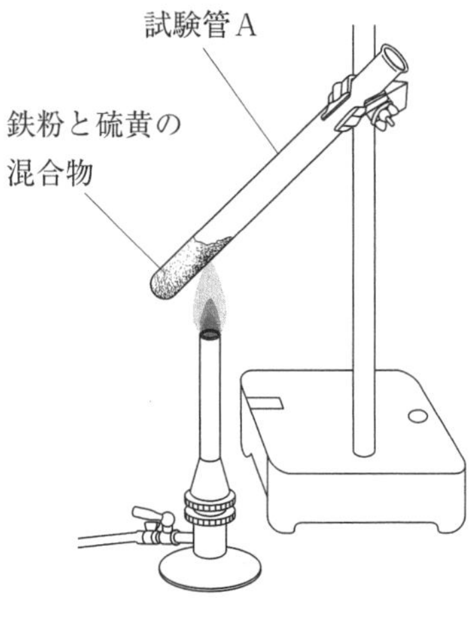

図１

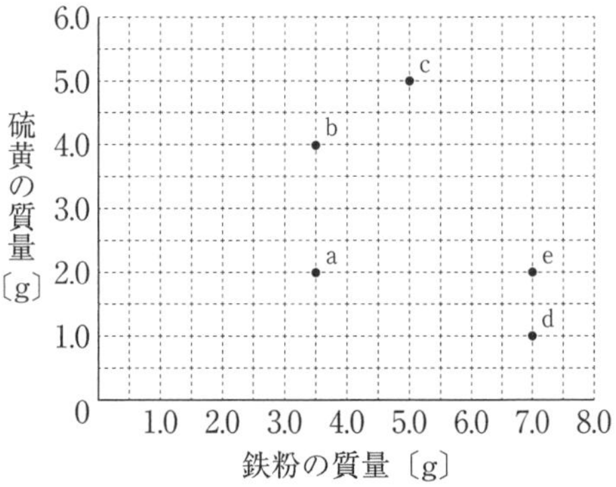

図２

(ア) 〔実験１〕の②で乳ばちに残った混合物を別の試験管に入れ，５％の塩酸を加えたところ気体が発生した。この気体に空気中で火をつけると音を立てて燃えた。このことからわかることとして最も適するものを次の１～４の中から一つ選び，その番号を答えなさい。

１．硫黄が塩酸と反応して水素が発生した。
２．鉄粉が塩酸と反応して水素が発生した。
３．鉄粉が塩酸と反応して硫化水素が発生した。
４．硫化鉄が塩酸と反応して硫化水素が発生した。

(イ) 〔実験１〕の④で，磁石に引きつけられる物質はなかった。このとき，⑤で発生した気体の性質として最も適するものを次の１～４の中から一つ選び，その番号を答えなさい。

１．卵の腐ったような特有のにおいがあり，有毒である。
２．においがなく，空気中で火をつけると音を立てて燃える。
３．においがなく，ものを燃やすはたらきがある。
４．黄緑色で刺激臭があり，漂白作用がある。

(ウ) 鉄の原子を●，硫黄の原子を○としたとき，鉄と硫黄から硫化鉄ができる反応を表したモデルとして最も適するものを次の１～４の中から一つ選び，その番号を答えなさい。

1．●● ＋ ○ → ●○●　　2．● ＋ ○○ → ○●○
3．● ＋ ○ → ●○　　4．● ＋ ○ → ◐ ◐

(エ) 次の□は，〔実験１〕と〔実験２〕に関する先生とＫさんの会話である。文中の（Ｘ）に適する値を書きなさい。また，（Ｙ）に最も適するものをあとの１～６の中から一つ選び，その番号を書きなさい。

> 先　生「〔実験１〕の試験管Ａでは鉄粉がすべて反応したと考えられます。実は，3.5ｇの鉄粉をすべて反応させるのに必要な硫黄の質量は2.0ｇであることがわかっています。では，7.0ｇの鉄粉をすべて反応させるには何ｇの硫黄が必要だと考えられますか。」
> Ｋさん「（　Ｘ　）ｇの硫黄が必要だと考えられます。」
> 先　生「鉄粉7.0ｇ，硫黄（　Ｘ　）ｇのときの点を**図２**にかき入れ，この点と点ａを通る直線を引くと，この直線は原点を通ることがわかりますね。この直線から〔実験２〕の試験管Ｂ～Ｅのうち，反応後に鉄粉が残るものと硫黄が残るものを予想できますね。」
> Ｋさん「たしかに〔実験２〕の④では，試験管（　Ｙ　）で磁石に引きつけられる物質がありました。」

１．Ｂ，Ｄ　　２．Ｃ，Ｅ　　３．Ｄ，Ｅ
４．Ｂ，Ｃ，Ｄ　　５．Ｂ，Ｃ，Ｅ　　６．Ｃ，Ｄ，Ｅ

問７　Ｋさんは，だ液のはたらきを調べるために，次のような実験を行った。これらの実験とその結果について，あとの各問いに答えなさい。ただし，実験で用いるだ液は，すべて同じ条件でうすめたものとする。

〔実験１〕　試験管Ａにデンプン溶液10 cm^3 とだ液１ cm^3 を入れ，図のように40℃の湯で10分間温めた。10分後，ヨウ素液とベネジクト液を用いて試験管Ａの溶液の色の変化をそれぞれ確認した。

〔実験２〕「だ液がデンプンを糖に変化させている」ことを確認するために試験管Ｂを用意し，試験管Ａとは入れるものをかえて〔実験１〕と同様の操作を行った。

(ア) (i)だ液に含まれるデンプンを分解する消化酵素の名称，(ii)デンプンが分解されてできる栄養分が吸収される器官として最も適するものをそれぞれの選択肢の中から一つずつ選び，その番号を答えなさい。

(i)の選択肢　１．アミラーゼ　２．ペプシン　３．トリプシン　４．リパーゼ
(ii)の選択肢　１．口　２．胃　３．小腸　４．大腸

(イ) 次のページの表は，〔実験１〕，〔実験２〕の結果をまとめたものである。試験管Ｂについて，表の□にどのような記録が入ると「だ液がデンプンを糖に変化させている」ことを確かめることができるか。最も適するものを次のページの１～４の中から一つ選び，その番号を答えなさい。

	試験管A	試験管B
試験管に入れたもの	デンプン溶液 10 cm^3 だ液 1 cm^3	
ヨウ素液の変化	変化なし	
ベネジクト液の変化	赤かっ色	

1.	2.	3.	4.
デンプン溶液 10 cm^3	デンプン溶液 10 cm^3	デンプン溶液 10 cm^3 水 1 cm^3	デンプン溶液 10 cm^3 水 1 cm^3
変化なし	青紫色	変化なし	青紫色
変化なし	赤かっ色	変化なし	変化なし

(ウ)　次の［　］は，〔実験1〕で疑問をもったKさんが〔課題〕を設定し，〔実験3〕を行ったときの記録である。〔考察〕の下線部の結論を導く根拠となる［X］の記述として最も適するものをあとの1～4の中から一つ選び，その番号を答えなさい。

〔課題〕

　だ液が試験管の中のデンプンをすべて分解するのに必要な時間を調べる。

〔実験3〕

　デンプン溶液10 cm^3 とだ液1 cm^3 を入れた試験管を7本用意し，40℃の湯が入ったビーカーで温めた。温め始めてから2分ごとにビーカーから試験管を1本ずつ取り出し，ヨウ素液を用いて色の変化を確認した。

〔結果〕

試験管を温めた時間〔分〕	2	4	6	8	10	12	14
ヨウ素液の変化	○	○	○	−	−	−	−

○：青紫色　−：変化なし

〔考察〕

　試験管を温め始めてから［X］ので，試験管の中にあるデンプンがだ液によってすべて分解されるためには，6分間より長い時間が必要であるということが確認できた。

1．8分後にデンプンの分解が始まった
2．6分間でデンプンがすべて分解された
3．2分後よりも6分後の方が青紫色は濃くなっている
4．6分までは青紫色になっているが，8分からは変化していない

(エ)　Kさんは，〔実験3〕の〔結果〕から「だ液の量を1 cm^3 から2 cm^3 に増やすと，どのような結果になるか」という疑問をもった。次の［　］は，その疑問から，Kさんが立てた仮説である。Kさんが立てた仮説①～③について，〔実験3〕と同様の方法でだ液の量を変えることにより検

証できる仮説はどれか。最も適するものをあとの１～６の中から一つ選び，その番号を答えなさい。

〔仮説〕
仮説①：だ液の量を２倍にすると，デンプンが分解されてできる糖の量は２倍になる。
仮説②：だ液の量を２倍にすると，ヨウ素液を加えたときの色の変化が見られなくなるまでの時間は短くなる。
仮説③：だ液の量の違いは，デンプンがすべて分解されるまでの時間に関係ない。

１．仮説①　　２．仮説②　　３．仮説③
４．仮説①と仮説②　　５．仮説②と仮説③　　６．仮説①と仮説③

問８　Ｋさんは，夏至の日に，日本国内のある都市の地点Ｘで太陽の動きの観察を行い，南中高度をはかった。これらの観察とその結果について，あとの各問いに答えなさい。ただし，夏至の日の太陽の南中高度は次の式で求められるものとする。

夏至の日の太陽の南中高度＝90°－（観察した地点の緯度－23.4°）

〔観察〕　**図１**のように９時から14時まで１時間おきに，透明半球の球面上に油性ペンで太陽の位置を記録した。さらに，その記録した点をなめらかな線で結び，厚紙と交わるまで延長した。また，この日の太陽の南中高度をはかったところ70.3°であった。

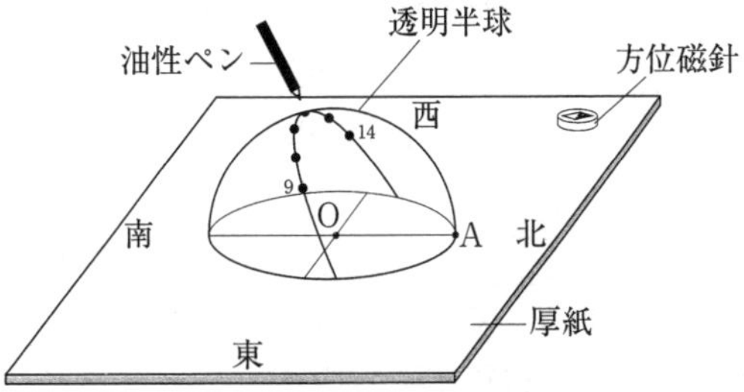

図１

(ア)　次の［　　］は，〔観察〕についてまとめたものである。（あ），（い），（う）にあてはまるものの組み合わせとして最も適するものをあとの１～４の中から一つ選び，その番号を答えなさい。

太陽の位置を透明半球の球面上に正しく記録するために，油性ペンの先の影が点（　あ　）にくるようにし，●印を記入した。●印の記録から，太陽は地球から見ると一定の速さで（　い　）の方向に動いていることがわかる。これは，地球が（　う　）の方向に自転しているためである。

１．あ－Ａ　　い－東から西　　う－西から東
２．あ－Ａ　　い－西から東　　う－東から西
３．あ－Ｏ　　い－東から西　　う－西から東
４．あ－Ｏ　　い－西から東　　う－東から西

(イ)　Ｋさんは，観察した日の地点Ｘにおける太陽の南中時刻と，地点Ｘと同じ緯度の地点Ｙにおける太陽の南中時刻を調べた。その結果，地点Ｘの南中時刻は，地点Ｙに比べて10分遅いことがわかった。この日の，地点Ｘと地点Ｙにおける日の出と日の入りについて説明したものとして，最も適するものを次のページの１～４の中から一つ選び，その番号を答えなさい。ただし，

観察した地点における地形の違い等は考えないものとする。

1．日の入りの時刻は，地点Ｙの方が地点Ｘより10分早い。
2．日の入りの時刻は，地点Ｙと地点Ｘのどちらも同じ時刻である。
3．日の出の時刻は，地点Ｙの方が地点Ｘより10分遅い。
4．日の出から日の入りまでの時間は，地点Ｙの方が地点Ｘより10分短い。

(ウ)〔観察〕ではかった太陽の南中高度から(i)Ｋさんが観察を行った地点Ｘの緯度を計算し，その値を書きなさい。また，(i)で求めた緯度の値から考えると，(ii)Ｋさんが観察を行った都市は**図２**のうちどこか。最も適するものをあとの１～５の中から一つ選び，その番号を書きなさい。

(i)　Ｋさんが観察を行った地点Ｘの緯度の値

(ii)　Ｋさんが観察を行った都市

1．札幌　　2．仙台
3．横浜　　4．鹿児島
5．那覇

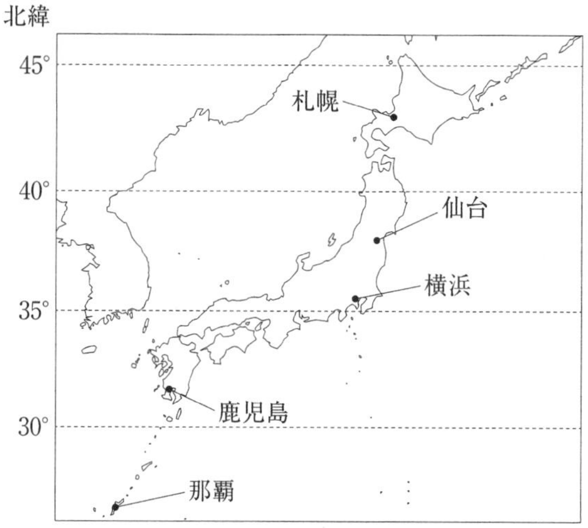

図２

(エ) 次の□は，地軸の傾きが現在の23.4°から変化した場合についてのＫさんとＬさんの会話である。文中の（ａ），（ｂ）に最も適するものをあとの１～３の中からそれぞれ一つずつ選び，その番号を答えなさい。

Ｋさん　「地球の地軸の傾きは，長い年月の間では変化することがあると聞きました。」
Ｌさん　「そうですね。もし地軸の傾きが26.0°に変化した場合，地点Ｘでの夏至と冬至の日の太陽の南中高度の値の差は，現在と比べてどのようになると考えられますか。」
Ｋさん　「夏至と冬至の日の太陽の南中高度の値の差は，現在と比べて（　ａ　）と考えられます。」
Ｌさん　「では，同様に地軸の傾きが26.0°に変化した場合，地点Ｘでの春分と秋分の日の太陽の南中高度の値の差は，現在と比べてどのようになるでしょうか。」
Ｋさん　「春分と秋分の日の太陽の南中高度の値の差は，現在と比べて（　ｂ　）と考えられます。」
Ｌさん　「そうですね。これらのことから，地軸の傾きと太陽の南中高度との関係がわかりますね。」

1．小さくなる　　2．大きくなる　　3．変わらない

＜社会＞

時間　50分　　満点　100点

問１　次の**資料**は，探検家マゼランが率いた遠征隊の乗組員が記録したものの一部である。また，**略地図Ⅰ～Ⅳ**は，現在の世界の様々な地域を表しており，それぞれ緯線は赤道から20度ごと，経線は本初子午線から20度ごとに引いたものである。これらの**資料**及び**略地図Ⅰ～Ⅳ**について，あとの各問いに答えなさい。

資料

> 九月六日土曜日，われわれは*サンルカルの港へ入っていった。このサンルカルの港を出てから今日まで，われわれは約八万一千キロを航行し，地球を東から西へ一周したのである。
> ＊サンルカル：スペインの港町

（『マゼラン最初の世界一周航海』長南　実　訳）

略地図Ⅰ

略地図Ⅱ

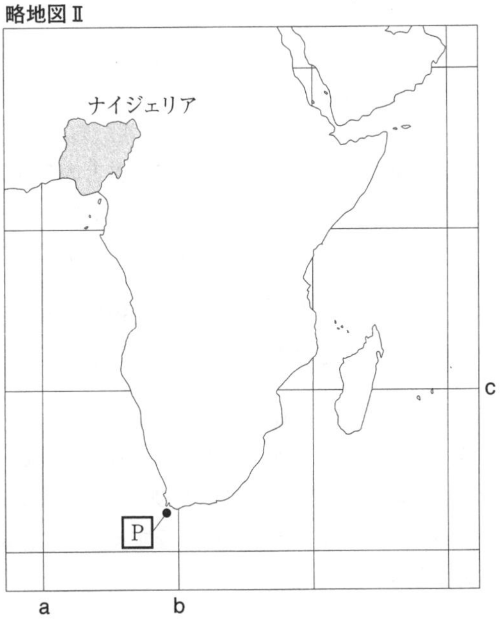

略地図Ⅲ

略地図Ⅳ

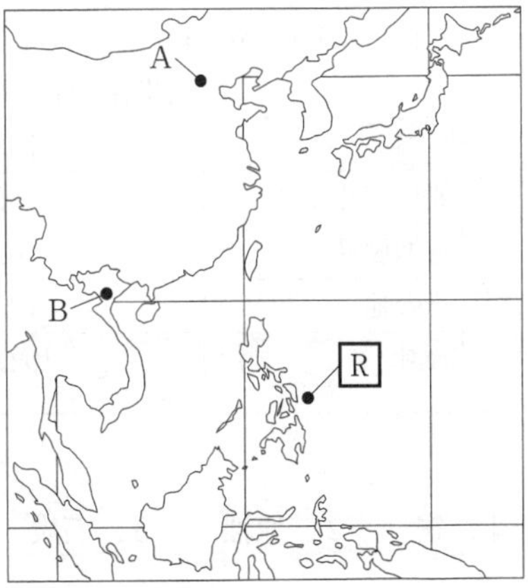

(ア) **資料**中の――線について，あとの各問いに答えなさい。

(i) **略地図Ⅱ**，**Ⅲ**，**Ⅳ**にある[P]，[Q]，[R]は，この遠征隊が，**略地図Ⅰ**にあるスペインを出発してから地球を西へ向かって一周する航海で通過した場所を示している。[P]，[Q]，[R]を通過した順に並べたものとして最も適するものを，次の１～６の中から一つ選び，その番号を答えなさい。

１．[P]→[Q]→[R]　　２．[P]→[R]→[Q]　　３．[Q]→[P]→[R]

４．[Q]→[R]→[P]　　５．[R]→[P]→[Q]　　６．[R]→[Q]→[P]

(ii) この遠征隊の航海について説明した，次の□中の[あ]，[い]にあてはまるものの組み合わせとして最も適するものを，あとの１～４の中から一つ選び，その番号を答えなさい。

> 遠征隊の航海が終わりに近づいた頃，彼らは自分たちの記録による日付と立ち寄った上陸地の日付が１日ずれていることに気がついた。現在は，ほぼ[あ]の経線に沿って設けられている日付変更線を東から西へ越える場合には，日付を１日[い]必要がある。

１．あ：90度　い：進める　　２．あ：90度　い：遅らせる

３．あ：180度　い：進める　　４．あ：180度　い：遅らせる

(イ) **略地図Ⅱ**及び**略地図Ⅲ**について，あとの各問いに答えなさい。

(i) 次の□中の[う]，[え]にあてはまるものの組み合わせとして最も適するものを，あとの１～４の中から一つ選び，その番号を答えなさい。

> **略地図Ⅱ**の[う]で示した線は，本初子午線を表している。また，**略地図Ⅱ**の**c**で示した線と**略地図Ⅲ**の[え]で示した線の緯度は同じである。

１．う：**a**　え：**d**　　２．う：**a**　え：**e**

３．う：**b**　え：**d**　　４．う：**b**　え：**e**

(ii) 次の**表**は，ナイジェリア及びベネズエラの輸出品目をまとめたものである。**表**中の[お]にあてはまる品目として最も適するものを，あとの１～４の中から一つ選び，その番号を答えなさい。

表

ナイジェリア（2014年）

	輸出額（百万ドル）
[お]	75,033
液化天然ガス	8,751
石油製品	6,257
その他	12,837
合計	102,878

ベネズエラ（2013年）

	輸出額（百万ドル）
[お]	74,851
石油製品	11,020
有機化合物	657
その他	1,433
合計	87,961

（『世界国勢図会　2017/18年版』をもとに作成）

１．銅　　２．原油　　３．石炭　　４．鉄鉱石

(ウ)　**略地図Ⅲ**にあるブエノスアイレスは，東京と同じく温暖湿潤気候である。**グラフⅠ**のうち，ブエノスアイレスの月ごとの平均気温と降水量を表したものと，この国の**農業の様子**を説明したものの組み合わせとして最も適するものを，あとの1～8の中から一つ選び，その番号を答えなさい。

グラフⅠ

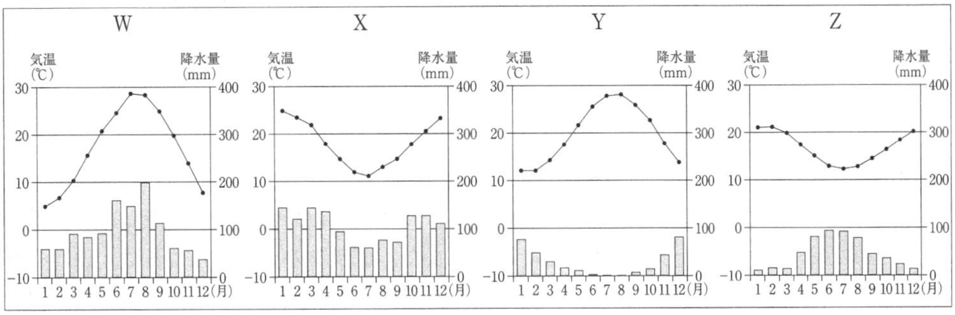

（『理科年表　平成28年』をもとに作成）

農業の様子

①　パンパと呼ばれる平原地帯では，牧畜や小麦栽培を中心とした農業が発達している。
②　コーヒーや天然ゴムが大規模に栽培されているプランテーションが発達している。

1．Wと①　2．Wと②　3．Xと①　4．Xと②
5．Yと①　6．Yと②　7．Zと①　8．Zと②

(エ)　次の**グラフⅡ**は，**略地図Ⅳ**にあるA及びBで示した地点を首都とする国に，それぞれ進出している日系企業の拠点数の推移についてまとめたものである。これについて説明した，あとの［　　］中の［か］，［き］にあてはまるものの組み合わせとして最も適するものを，1～8の中から一つ選び，その番号を答えなさい。

グラフⅡ

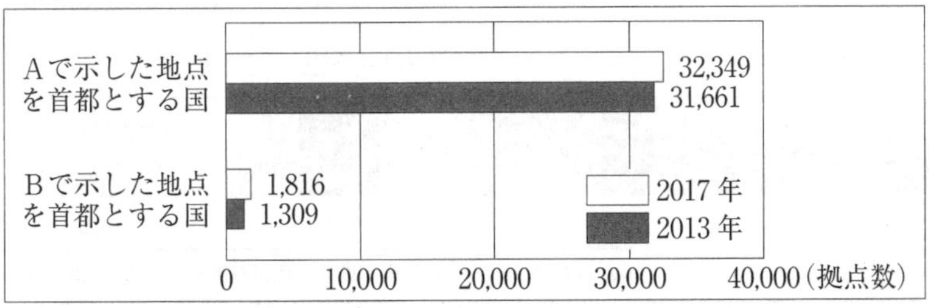

（外務省『海外在留邦人数調査統計』をもとに作成）

A及びBで示した地点を首都とする国について，2013年の日系企業の拠点数に対する，2013年から2017年にかけて増加した日系企業の拠点数の**割合**を比較すると，両者のうち，［か］で示した地点を首都とする［き］の方が大きい。

1．か：A　き：韓国　2．か：A　き：ベトナム
3．か：A　き：中国　4．か：A　き：タイ
5．か：B　き：韓国　6．か：B　き：ベトナム
7．か：B　き：中国　8．か：B　き：タイ

問２　Ｋさんは，夏休みを利用して福岡県について調べ，**メモ**を作成した。これについて，あとの各問いに答えなさい。

メモ

明治時代に官営の製鉄所が建設されてから，この地域は，九州北部で産出される石炭を背景に，①日本の工業を支えてきました。その一方で，工場から排出される有害物質により大気は汚染され，水質の悪化も進みました。その後，環境問題に対する関心が高まり，現在では公害の防止技術が実用化されています。また，全国でも有数の規模の②太陽光発電施設が多く設置されています。

(ア)　――線①に関して，次の**表**は，福岡県の工業における製造品の出荷額を表したもので，すべての工業を三つの類型に分類して示している。また，**グラフ**のうち，ＡとＢは，世界の石炭の産出量に対する主な産出国の割合，または日本の石炭の輸入額に対する主な輸入先の割合のいずれかを表している。これらについて説明した，あとの［　］中の［あ］，［い］にあてはまるものの組み合わせとして最も適するものを，1～4の中から一つ選び，その番号を答えなさい。

表　（億円）

	1970年	2010年
鉄や石油など産業の基礎素材を製造するもの	11,300	28,300
自動車やテレビなどの加工製品を製造するもの	2,700	34,300
衣食住に関連する製品等を製造するもの	4,600	19,400

（福岡県ウェブサイト掲載資料をもとに作成）

グラフ

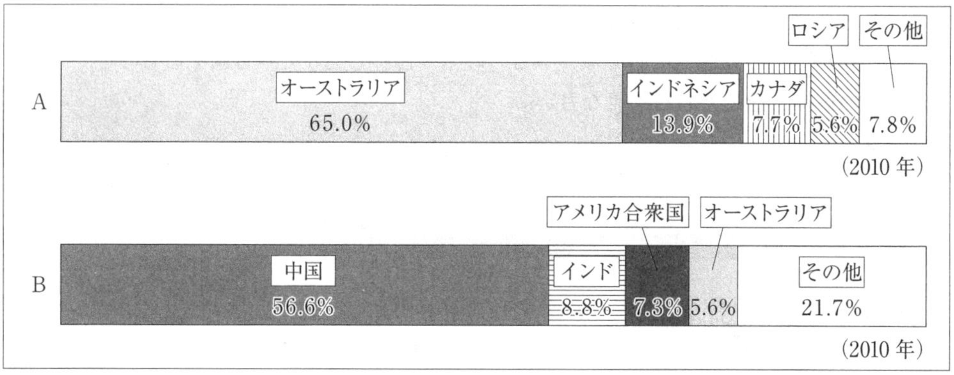

（『数字でみる　日本の100年　改訂第6版』などをもとに作成）

表からは，2010年は，1970年に比べて出荷額の合計に対する鉄や石油など産業の基礎素材を製造するものの割合が［　あ　］したことがわかる。また，現在の日本は石炭の多くを輸入に頼っており，**グラフ**からは，輸入の50%以上を［　い　］に依存していることがわかる。

1．あ：増加　　い：オーストラリア　　　2．あ：増加　　い：中国
3．あ：減少　　い：オーストラリア　　　4．あ：減少　　い：中国

(イ)　――線②に関して，太陽光と同じく再生可能エネルギーといわれるものとして最も適するものを，次の1～4の中から一つ選び，その番号を答えなさい。

1．石油　　2．地熱　　3．天然ガス　　4．石炭

(ウ)　Kさんは，福岡県の太宰府《だざいふ》市について調べたことを発表するために，一辺の長さが8㎝の正方形の**地形図Ⅰ**，**地形図Ⅰ**上の P で示した地点で撮影した**写真**，**地形図Ⅰ**で表された範囲を含む**地形図Ⅱ**を用意した。これらに関して，あとの各問いに答えなさい。

（※地形図は，編集上の都合により80％に縮小してあります。）

地形図Ⅰ

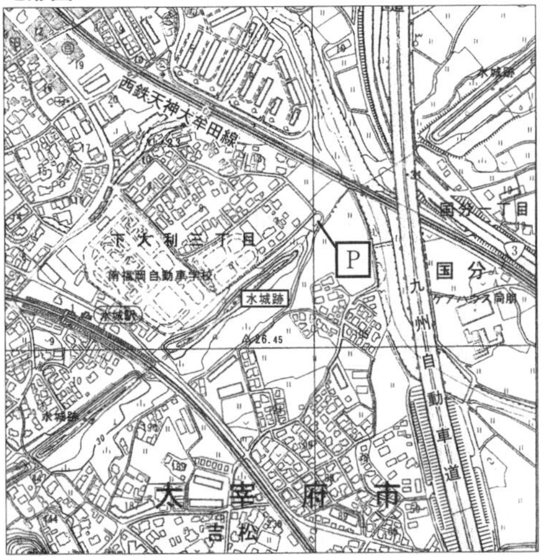

（「1万分の1の地形図　国土地理院作成（2002年発行）」一部改変）

写真

地形図Ⅱ

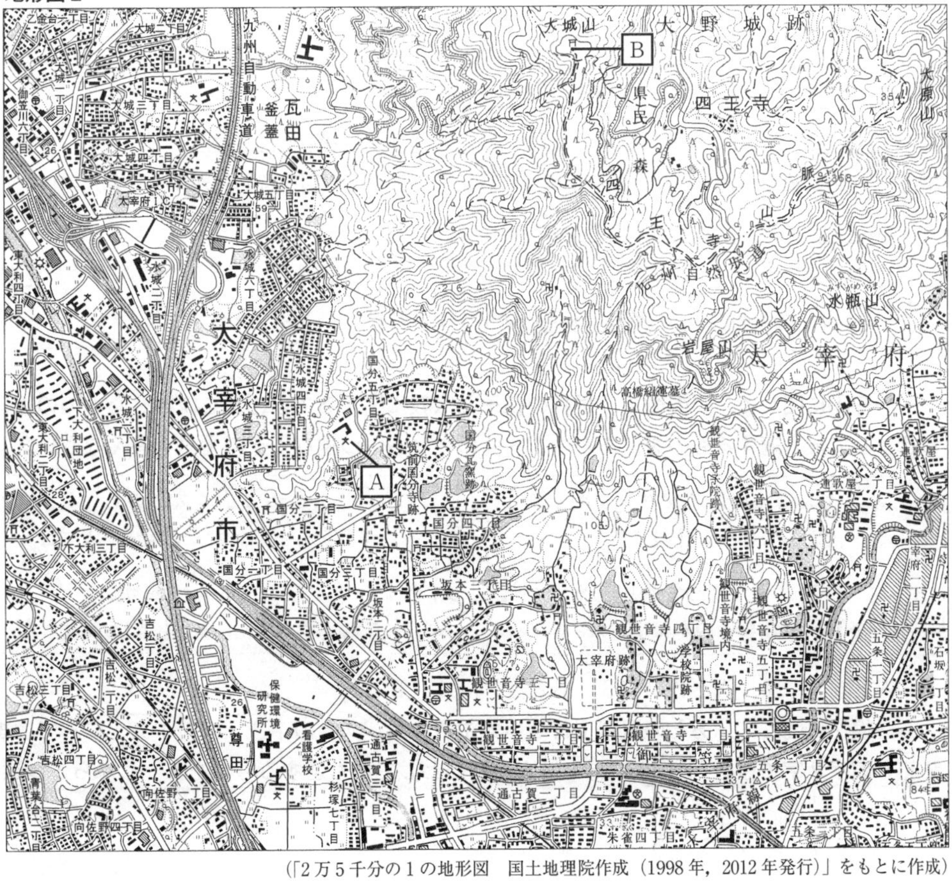

（「2万5千分の1の地形図　国土地理院作成（1998年，2012年発行）」をもとに作成）

(i) 次の　　　中の う にあてはまるものとして最も適するものを，あとの１～４の中から一つ選び，その番号を答えなさい。

地形図Ⅰ及び写真の水城《みずき》跡は，外敵の侵入を防ぐため，土を盛ってつくられた土塁の遺跡で，片側には水が満たされた堀（濠《ほり》）が設けられていた。大宰府《だざいふ》を防衛するため， う の軍勢の襲来に備えて設けられたものである。

１．百済《ペクチェ》《くだら》や高句麗《コグリョ》《こうくり》　２．唐や新羅《シルラ》《しらぎ》　３．元や高麗《コリョ》《こうらい》　４．明《みん》や朝鮮

(ii) **地形図Ⅱ**のⒶで示した地点にある学校から見たときの，**地形図Ⅰ**のⓅで示した地点の方位として最も適するものを，次の１～４の中から一つ選び，その番号を答えなさい。

１．南東　２．北東　３．北西　４．南西

(iii) **地形図Ⅱ**上に，**地形図Ⅰ**で表された範囲を示したとき，この範囲を示す正方形の一辺の長さとして最も適するものを，次の１～４の中から一つ選び，その番号を答えなさい。

１．2.6㎝　２．3.2㎝　３．10.2㎝　４．20㎝

(iv) **地形図Ⅱ**のⒷで示した地点の標高として最も適するものを，次の１～４の中から一つ選び，その番号を答えなさい。

１．236m　２．368m　３．410m　４．610m

問３　Ｋさんは，交通や交易に関するできごとの中からいくつかを選び，おきた順に並べた**表**を作成した。これについて，あとの各問いに答えなさい。

表

交通や交易に関するできごと	
①奴《な》国の王が，中国の皇帝に使節を派遣し，金印を授けられた。	
日本に②律令《りつりょう》制が導入され，道路整備が進むとともに③平城京の建設が始まった。	
④後醍醐《ごだいご》天皇の冥福を祈るため，寺院を造営する費用を得ようと中国に貿易船が派遣された。	
⑤足利義満《あしかがよしみつ》により，勘合貿易が開始された。	↑
	Ｘ
織田信長《おだのぶなが》により，関所の廃止，⑥楽市・楽座の命令が出された。	↓

(ア) ――線①に関して，この頃の，**世界の様子**と宗教に関する**できごと**を説明したものの組み合わせとして最も適するものを，あとの１～４の中から一つ選び，その番号を答えなさい。

世界の様子	
	Ａ：インダス川流域にインダス文明が誕生し，計画的な都市が建設された。
	Ｂ：ローマによって初めて地中海地域が統一され，大きな帝国が築かれた。

できごと	
	ａ：パレスチナにイエスがあらわれ，ユダヤ教をもとに新たな教えを説いた。
	ｂ：ムハンマド(マホメット)がアラビア半島でイスラーム(イスラム教)を創始した。

１．Ａとａ　２．Ａとｂ　３．Ｂとａ　４．Ｂとｂ

(イ) ――線②に関して，あとの**資料Ⅰ**について説明した，あとの　　　中の あ にあてはまる語句を**漢字２字**で書き， い にあてはまるものとして最も適するものをＡ～Ｃから一つ選び，

その記号を書きなさい。

資料Ⅰ

> 今より以後，任《まま》に私財となして，三世一身を論ずること無く，みな悉《ことごと》に永年取ることなかれ。

> 律令には，班田収授の法により６歳以上の男女に［あ］田とよばれる農地を支給することが定められているが，次第に農地が不足したため，朝廷は，**資料Ⅰ**の［い］という内容の法令を出して開墾を勧めた。

A．新たに開墾した土地について，三世代あるいは本人一代の間の私有を認める。

B．新たに開墾した土地について，私有することを永久に認める。

C．新たに開墾した土地について，その田地から税を徴収することを永久に禁止する。

(ウ)　――線③に関して，このとき以降のできごとを説明した次の１～５について，古いものから順に並べたときに**４番目**にあたるものの番号を答えなさい。

１．ローマ教皇は，日本のキリシタン大名が派遣した４人の少年を歓迎した。

２．ヨーロッパでは，日本で生まれた錦絵が紹介されて多くの画家が影響を受けた。

３．イタリアの商人マルコ＝ポーロは，長旅の後，元の皇帝であるフビライに仕えた。

４．日本では，国際色豊かな工芸品などが納められた正倉院が建設された。

５．ポルトガルのバスコ＝ダ＝ガマがインドに到達して，アジアへの航路が開かれた。

(エ)　――線④に関して，次の**資料Ⅱ**は，京都にある後醍醐天皇の住まいの近くに立てられたと伝わる札に書かれた内容の一部である。これについて説明したものとして最も適するものを，あとの１～４の中から一つ選び，その番号を答えなさい。

資料Ⅱ

> このごろ都にはやるもの　夜討ち　強盗　*謀綸旨《にせりんじ》　*召人《めしうど》　早馬　虚騒動
>
> ＊謀綸旨：偽りの天皇の命令　　＊召人：囚人

１．上皇（院）から出された命令が新たな権威をもつようになり，天皇が出した命令の多くが権威を失っている状況を示している。

２．天皇を中心とした政治が始まったが，新しい仕組みに不満をもつものも多くおり，偽りの命令が出回り混乱している状況を示している。

３．南と北に分かれた朝廷が，相手の命令は偽りであり，自分たちこそ正統であると主張して，互いに対立している状況を示している。

４．幕府を倒すことについての天皇の命令が出されたため，幕府は政権を朝廷に返上するとともに，各地に早馬を走らせて事態の収拾に努めている状況を示している。

(オ)　――線⑤に関して，日本からの輸出品と日本への輸入品の組み合わせとして最も適するものを，次の１～４の中から一つ選び，その番号を答えなさい。

１．輸出品：生糸　　輸入品：銅銭

２．輸出品：生糸　　輸入品：硫黄や刀剣

３．輸出品：銅　　輸入品：銅銭

４．輸出品：銅　　輸入品：硫黄や刀剣

(カ) ——線⑥に関して，次の**資料Ⅲ**は，**表中**[X]の期間に，幕府の将軍の命令を伝えたものの一部である。また，**資料Ⅳ**は，織田信長が発した楽市・楽座令の一部である。信長が楽市・楽座令を発した目的について説明した，あとの[　]中の[う]にあてはまる語句を，**資料Ⅲ**中の——線から読み取れる商人の特権の内容がわかるように**6字以内**で書き，[え]にあてはまるものとして最も適するものをAまたはBから選び，その記号を書きなさい。

資料Ⅲ

> 石清水八幡宮《いわしみずはちまんぐう》に従属する油座の商人たちに対しては，税が免除される。また，散在する土民たちが勝手に油の原料となる荏胡麻《えごま》を売買しているので今後は，彼らの油器を破壊せよ。

（『離宮八幡宮文書』）

資料Ⅳ

> 一　安土《あづち》の城下は楽市とするので，座の規制や雑税などは，すべて免除する。
> 一　領国内で徳政令が実施されたとしても，この町では免除する。

（『近江《おうみ》八幡市共有文書』）

> **資料Ⅲ**の命令などにより，座の商人たちは，有力者の保護下で商売をすることができた。しかし，**資料Ⅳ**にあるように，信長は，座の商人たちが製造や販売を[う]を否定し，[え]などの命令を出すことで，各地から人を集め，座の影響力を排除して城下町の商業を繁栄させることなどを目指した。

A．徳政令が実施されたとしても，この町では借金を帳消しにすることはない
B．徳政令が実施されたとしても，この町では借金はすべて帳消しとなる

問4　Kさんは，アジアに影響を与えたできごとの中からいくつかを選び，**カードⅠ～Ⅲ**を作成した。これらについて，あとの各問いに答えなさい。

カードⅠ

> 19世紀半ばには，欧米諸国がアジアに進出し，①アヘン戦争や②インドで大反乱がおきた。

カードⅡ

> 19世紀末～20世紀前半には，③日清《にっしん》戦争，日露戦争及び④第一次世界大戦がおきた。

カードⅢ

> 20世紀後半には，⑤国際連合は，各地の紛争を解決することで地域の安定を目指した。

(ア) ——線①に関して説明した，次の[　]中の[あ]，[い]にあてはまるものの組み合わせとして最も適するものを，あとの1～4の中から一つ選び，その番号を答えなさい。

> この戦争で，[あ]がイギリスに敗れたことを知った江戸幕府は，今後，外国船が日本の港に入ってきた場合，[い]立ち去らせる対策をたてた。

1．あ：明《みん》　い：砲撃をしかけることで　　2．あ：明　い：水や燃料を提供して
3．あ：清《しん》　い：砲撃をしかけることで　　4．あ：清　い：水や燃料を提供して

(イ) ——線②に関して，次のページの**グラフ**は，ある商品について，AまたはBのいずれか一方

で，この商品がアジアから西の方向へ向かった輸出額の推移を表し，もう一方で，この商品がイギリスから東の方向へ向かった輸出額の推移を表している。これについて説明した，あとの［　］中の［う］，［え］にあてはまるものの組み合わせとして最も適するものを，1～4の中から一つ選び，その番号を答えなさい。

グラフ

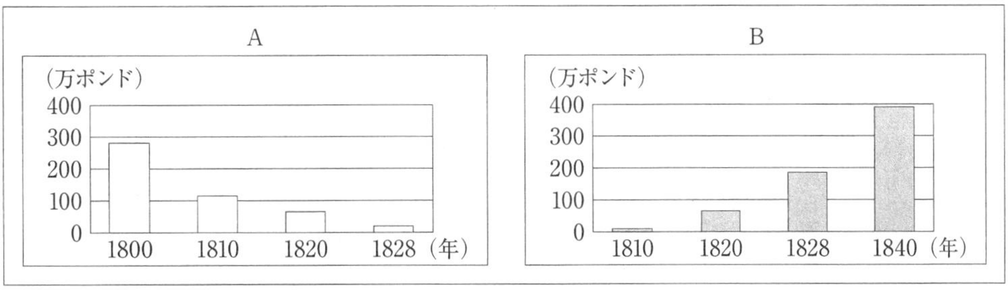

（松井 透『世界市場の形成』をもとに作成）

> **グラフ**からは，［う］へ向かった［え］の輸出額が次第に減少していることがわかる。この間，インドでは手工業に携わる多くの職人が職を失うとともに，イギリスに対する不満が高まっていった。

1．う：イギリスから東の方向　　え：綿花
2．う：イギリスから東の方向　　え：綿織物
3．う：アジアから西の方向　　え：綿花
4．う：アジアから西の方向　　え：綿織物

(ウ)　――線③に関して，次の［　］中のa～cについて古いものから順に並べたものを，あとの1～6の中から一つ選び，その番号を答えなさい。

> a．ロシアはフランスやドイツとともに，日本の遼東《リャオトン》《りょうとう》半島の領有に反対し，清への返還を勧告した。
> b．朝鮮半島において，東学を信仰する農民たちを中心とする勢力が反乱をおこした。
> c．日本は，ロシアとの交渉の結果，満州に建設されていた鉄道の利権などを得た。

1．a→b→c　　2．a→c→b　　3．b→a→c
4．b→c→a　　5．c→a→b　　6．c→b→a

(エ)　――線④に関して，次の**資料Ⅰ**は，日本の参戦を決定した内閣の外務大臣の発言である。また，**資料Ⅱ**は，この戦争が終結した年以降に掲載された新聞記事の一部である。資料中の［お］～［き］にあてはまるものの組み合わせとして最も適するものを，あとの1～8の中から一つ選び，その番号を答えなさい。　　（**資料Ⅰ**，**資料Ⅱ**は次のページにあります。）

1．お：米国　　か：独逸《ドイツ》　　き：ワシントン
2．お：米国　　か：独逸　　き：パリ
3．お：米国　　か：露西亜《ロシア》　　き：ワシントン
4．お：米国　　か：露西亜　　き：パリ
5．お：英国　　か：独逸　　き：ワシントン

6．お：英国　か：独逸　き：パリ
7．お：英国　か：露西亜　き：ワシントン
8．お：英国　か：露西亜　き：パリ

資料Ⅰ

一つは、[お]からの依頼に基づく同盟のよしみと、一つは、この機会に[か]の根拠地を東洋から一掃して日本の地位を高める利益から参戦を断行するのが良策と信ずる。

（『加藤高明《かとうたかあき》（全二巻）下巻』加藤高明伯伝編纂《さん》委員会編）

資料Ⅱ

[き]会議
協約案の内容
太平洋の領域保全と
将来における戦争防止
第一　太平洋諸領域の領土保全を確定し締約国は他の締約国の領土保全を侵撃せぬこと。
・・・
第四　本協定批准と共に[お]との同盟は廃棄すること。

（東京毎日新聞）

(オ)　——線⑤に関して，あとの各問いに答えなさい。

(i)　国際連合の発足以降のできごとについて説明した，次の[　]中の[く]にあてはまる首相の**名字のみ**を**漢字**で書き，[け]にあてはまるものとして最も適するものを，あとのA～Dから一つ選び，その記号を書きなさい。

日本は，[く]内閣のときに，サンフランシスコ平和条約を結び，独立を回復することになった。また，これと同時期に[け]ことになった。

A．極東国際軍事裁判が東京で開始される　　B．アメリカ軍が引き続き日本に駐留する
C．国際連合への日本の加盟が認められる　　D．沖縄がアメリカから日本に返還される

(ii)　国際連合の発足以降のできごとを説明したものとして最も適するものを，次の1～4の中から一つ選び，その番号を答えなさい。

1．北京《ペキン》郊外における軍事衝突をきっかけに，日中戦争が始まった。
2．大陸における日本の行動が承認されず，日本は国際連盟を脱退した。
3．ソ連との協力関係を強化しようと考えた日本は，日ソ中立条約を結んだ。
4．北朝鮮が武力による統一を目指して韓国に侵攻し，朝鮮戦争が始まった。

問5　次の**メモ**は，Kさんが，次回の生徒会の会議で話す内容をまとめたものである。これについて，あとの各問いに答えなさい。

メモ

前回の会議では，休み時間に体育館を使用するルールについて議論しましたが，全員が納得できるものを作成することはできませんでした。①憲法に，国民の②権利とともに教育，勤労，③納税の義務についての規定がそれぞれあるように，ルールを作成するには，権利と

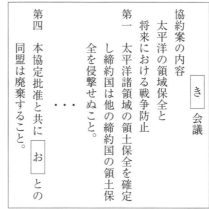

義務について明確にすることが必要です。私たちも④合意を目指して力を合わせなければいけないと思います。

(ア) ——線①に関して，日本の憲法について正しく説明したものの組み合わせとして最も適するものを，あとの1～6の中から一つ選び，その番号を答えなさい。

a．日本国憲法では，国会が国権の最高機関に位置づけられ，内閣は国会の信任に基づいて成立し，国会に責任を負う議院内閣制が採用されている。

b．大日本帝国憲法は，伊藤博文らが作成した案をもとに，貴族院や衆議院からなる帝国議会で審議されたのち，制定された。

c．日本国憲法では，社会権の一つとして「健康で文化的な最低限度の生活を営む権利」である生存権が保障されている。

d．大日本帝国憲法では，天皇について「日本国の象徴であり日本国民統合の象徴」であることが述べられている。

1．aとb　　2．aとc　　3．aとd　　4．bとc　　5．bとd　　6．cとd

(イ) ——線②に関して，あとの各問いに答えなさい。

(i) 「新しい人権」について説明した，次の［　］中の［あ］，［い］にあてはまるものの組み合わせとして最も適するものを，あとの1～4の中から一つ選び，その番号を答えなさい。

> 日本国憲法に直接の記載はないが，環境権などの「新しい人権」が主張されている。1999年には，「新しい人権」の一つとされる［あ］を保障するため，［い］に対して情報の開示を請求することを認める情報公開法が制定された。

1．あ：知る権利　　い：行政機関の長　　　2．あ：知る権利　　い：企業の代表

3．あ：請求権　　い：行政機関の長　　　4．あ：請求権　　い：企業の代表

(ii) 人権の保障について説明した，次の［　］中の［う］，［え］にあてはまるものの組み合わせとして最も適するものを，あとの1～4の中から一つ選び，その番号を答えなさい。

> 警察は，原則として，［う］が出す令状がなければ逮捕をすることはできない。被疑者は，取り調べられた結果に基づいて起訴されるか，あるいは不起訴となる。なお，［え］で構成された検察審査会は，不起訴となったことが妥当かを審査する。

1．う：裁判官　　え：国民から選ばれたもの

2．う：裁判官　　え：国会で指名されたもの

3．う：検察官　　え：国民から選ばれたもの

4．う：検察官　　え：国会で指名されたもの

(ウ) ——線③に関して，あとの各問いに答えなさい。

(i) 人びとが負担する税金をもとにした，財政の役割について説明したものとして**誤っているもの**を，次の1～4の中から一つ選び，その番号を答えなさい。

1．防潮堤の建設などの公共工事をすすめて，将来の災害に備える。

2．所得税の減税を実施して，家計や企業の消費や投資を活発にさせる。

3．社会保障の仕組みを通じて，収入の少ない人や病気の人を支える。

4．国債の売買を通じて，市中に流通する通貨の量を調節する。

(ii) 次の**グラフⅠ**は，歳入に占める**租税収入**と**公債金収入**の割合の推移を，また，**グラフⅡ**は，歳出に占める**社会保障関係費**，**公共事業費**，**国債費**の割合の推移を，それぞれ1955年～2015年について表したものである。このうち，**公債金収入**と**国債費**を表す記号の組み合わせとして最も適するものを，あとの１～６の中から一つ選び，その番号を答えなさい。

グラフⅠ

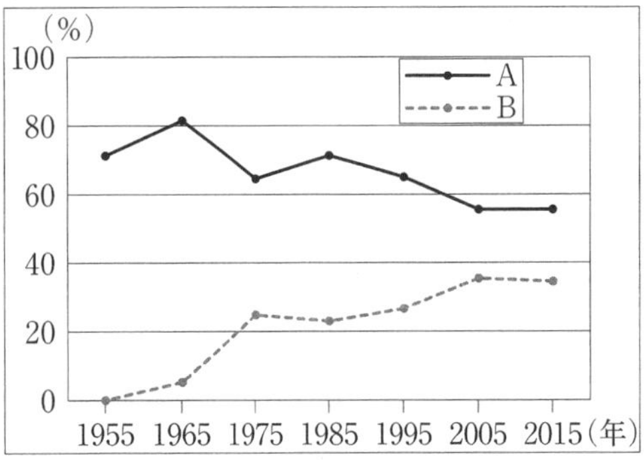

グラフⅡ

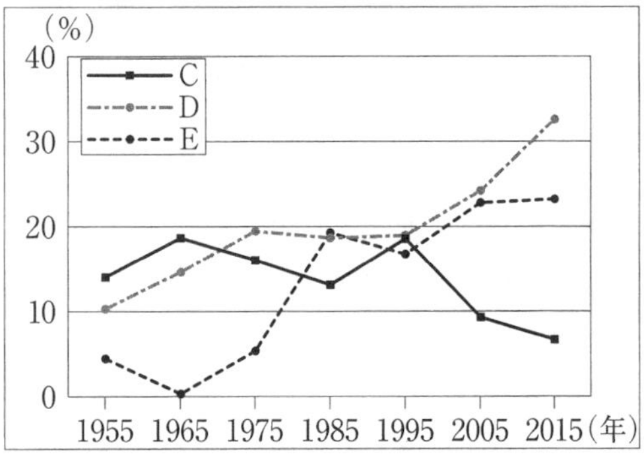

(財務省ウェブサイト掲載資料をもとに作成)

1．AとC　2．AとD　3．AとE　4．BとC　5．BとD　6．BとE

(エ) ——線④に関して，次の［　］中の［お］，［か］にあてはまるものの組み合わせとして最も適するものを，あとの１～４の中から一つ選び，その番号を答えなさい。

> 合意を形成する際には，効率と公正の視点が重要である。このうち，合意された結果が，無駄がなく最大の利益をもたらすものであることを大切にするのは［お］の視点である。
>
> また，合意を形成するために「多数決」を用いる場合がある。多数決には様々な方法があるが，一度の投票で，賛成の票を最も多く集めたものを全体の合意とする方法では，決まった結果に賛成の票を入れた人の数は，賛成の票を入れなかった人の数より［か］。投票の方法を事前に確認することが必要である。

1．お：効率　か：必ず多くなる　2．お：効率　か：多くなるとは限らない
3．お：公正　か：必ず多くなる　4．お：公正　か：多くなるとは限らない

問６　Kさんは，「国際社会が抱える課題」というテーマで発表を行うために，次の**メモ**を作成した。これについて，あとの各問いに答えなさい。

メモ

> 世界は今，いくつもの課題を抱えています。例えば，①貿易をめぐり国と国が対立することがあります。私たちは，②消費者である自分の立場だけでなく，生産者や他国の人びとなど，多様な視点から課題を考える必要があります。また，③地球温暖化が原因とされ，近年頻繁におこる異常気象も大きな課題です。どちらの課題も，国際社会の合意がないと解決には向かわないと思います。

(ア)　——線①に関して，あとの各問いに答えなさい。

(i)　アメリカ合衆国の通貨であるドルと，ＥＵの通貨であるユーロとの為替相場を表した次の**表**を見て，あとの［　　］中の［あ］～［う］にあてはまるものの組み合わせとして最も適するものを，1～8の中から一つ選び，その番号を答えなさい。

表

	2014年	2015年
為替相場の年平均	1ドル＝0.7537ユーロ	1ドル＝0.9017ユーロ

（『世界国勢図会　2017/18年版』をもとに作成）

2015年は，2014年に比べて［あ］に替える動きが強まり，ドルに対するユーロの価値が［い］なったことが読み取れる。この為替相場の動きは。ユーロを通貨としている国からアメリカ合衆国へ輸出をする企業にとって［う］である。

1．あ：ドルをユーロ　い：高く　う：有利
2．あ：ドルをユーロ　い：高く　う：不利
3．あ：ドルをユーロ　い：低く　う：有利
4．あ：ドルをユーロ　い：低く　う：不利
5．あ：ユーロをドル　い：高く　う：有利
6．あ：ユーロをドル　い：高く　う：不利
7．あ：ユーロをドル　い：低く　う：有利
8．あ：ユーロをドル　い：低く　う：不利

(ii)　次の**グラフ**は，2007年～2013年における日本の輸出額と輸入額の推移を表したものである。あとのａ～ｄのうち，この**グラフ**から読み取れるものの組み合わせとして最も適するものを，１～４の中から一つ選び，その番号を答えなさい。

グラフ

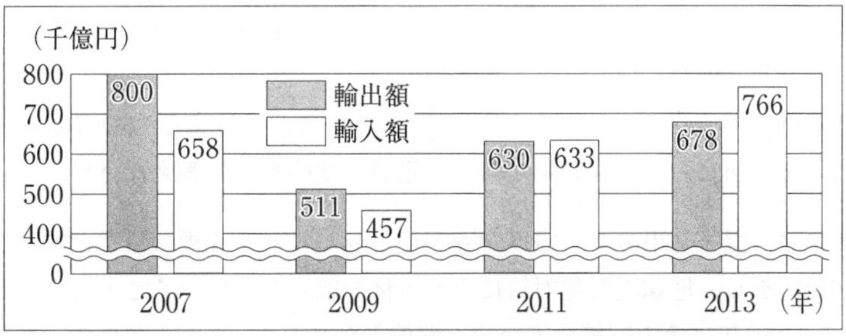

（財務省ウェブサイト掲載資料をもとに作成）

ａ．2009年は，2007年に比べて貿易黒字の額が小さくなっている。
ｂ．2009年は，2007年に比べて貿易赤字の額が小さくなっている。
ｃ．2013年は，2011年に比べて貿易黒字の額が大きくなっている。
ｄ．2013年は，2011年に比べて貿易赤字の額が大きくなっている。

１．ａとｃ　２．ａとｄ　３．ｂとｃ　４．ｂとｄ

(イ)　——線②に関して，次のページの**資料Ⅰ**，**資料Ⅱ**は，消費者向けに契約の注意点などを掲載したパンフレットの一部である。**資料Ⅰ**中の［え］にあてはまる語句を書き，**資料Ⅱ**中の［お］

にあてはまる語句として最も適するものを，あとのA～Cから一つ選び，その記号を書きなさい。

資料Ⅰ

① [え]・オフってなに？

消費者を守る特別な制度です。消費者が訪問販売などの取引で契約した場合に，一定期間であれば無条件で契約を解除できる制度です。

② 手続き方法

[え]・オフは，必ず書面で行いましょう。はがきでできます。右は通知はがきの記載例です。

通知書
次の契約を解除します。

契約年月日　平成〇〇年〇月〇日
商品名　〇〇〇〇〇
契約金額　〇〇〇〇〇〇〇円
販売会社　株式会社××××
□□営業所
担当者△△△△
支払った代金〇〇〇〇〇円を返金し，
商品を引き取って下さい。

平成〇〇年〇月〇日
〇〇県〇市〇町〇丁目〇番〇号
氏名　〇〇〇〇〇〇

（国民生活センターウェブサイト掲載資料をもとに作成）

資料Ⅱ

決済方法は大きく「前払い」，「即時払い」，「後払い」に分類できます。
「前払い」　…商品・サービスの提供を受ける前に支払いをする方法。
「即時払い」…商品・サービスの提供を受けると同時に支払いをする方法。
「後払い」　…商品・サービスの提供を受けた後に支払いをする方法。
このうち，[お]の代表であるクレジットカード決済では，インターネット上でカード情報を入力するため，情報漏えいのリスクがあります。

（消費者庁ウェブサイト掲載資料をもとに作成）

A．前払い　　B．即時払い　　C．後払い

(ウ) ――線③に関して，次の[　]中の[か]，[き]にあてはまるものの組み合わせとして最も適するものを，あとの1～4の中から一つ選び，その番号を答えなさい。

1992年には，温室効果ガスの濃度を安定化させることを究極の目標とする[か]に多くの国が調印をし，地球温暖化対策に世界全体で取り組んでいくことに合意した。[か]に基づき，1995年に第1回締約国会議が開催されてから，今年までに20回を超える締約国会議が開催されている。国際社会の合意形成がなければ，今後，地球をとりまく温室効果ガスの濃度はますます高まり，地球の温暖化による[き]や農作物への影響などが懸念《けねん》される。

1．か：京都議定書　　　き：紫外線の増大
2．か：京都議定書　　　き：海面の上昇
3．か：気候変動枠組条約　　き：紫外線の増大
4．か：気候変動枠組条約　　き：海面の上昇

クルの頭文字をとって「3R」と呼ぶそうです。本日の話し合いをきっかけに、3Rを意識して、限りある資源をもっと大切にしていきたいと思いました。

表

容器包装のリサイクル状況

ペットボトル	83.9%
プラスチック容器包装	46.6%
ガラスびん	71.0%
紙製容器包装	25.1%
飲料用紙容器	44.3%
段ボール	96.6%
スチール缶	93.9%
アルミ缶	92.4%

3R推進団体連絡会「容器包装3R推進のための自主行動計画2020フォローアップ報告(2016年度実績)」より作成。

(ア)　本文中の□に入れるものとして最も適するものを次の中から一つ選び、その番号を答えなさい。

1　一般廃棄物として収集されたごみの多くは焼却されており、焼却による「減量化」が一般廃棄物の半分近くを占めている

2　収集された一般廃棄物のうち、中間処理を経ない「収集後直接資源化」量は「中間処理後資源化」量の約二倍である

3　「埋立」量のほとんどは「中間処理残渣埋立」量が占めており、一般廃棄物収集後の「直接埋立」量の十倍以上である

4　地域団体による「集団回収」量と「収集後直接資源化」量とでは、「収集後直接資源化」量の方がわずかに少ない

(イ)　本文中の□に適する「Aさん」のことばを、次の①～④の条件を満たした一文で書きなさい。

①　書き出しの［リサイクル率を向上させるためには、］という語句に続けて書き、文末の［ことが重要だと考えられます。］という語句につながるように書くこと。

②　書き出しと文末の語句の間の文字数が**二十字以上三十字以内**となるように書くこと。

③　**表とグラフ**から読み取った具体的な内容に触れていること。

④　「分別」「資源」という二つの語句を、どちらもそのまま用いること。

Cさん　集団回収も合わせると、家庭のごみが一般廃棄物の七割を占めているのですね。また、一般廃棄物の収集量や処理量に注目すると、□ことがわかりますね。

Dさん　リサイクルの現状については、一般廃棄物の収集量のうち、二〇・三パーセントが最終的に「資源化」されているということですね。このリサイクル率は、環境省によると近年二〇パーセント台で推移しているそうです。

Aさん　では、少しでもリサイクル率を向上させるために私たちにできることは何でしょうか。

Cさん　**表**を見てください。平成九年四月から本格施行された「容器包装リサイクル法」によって、家庭から出るごみのうち、分別収集の対象となったもののリサイクル状況です。

Bさん　対象によって算出方法が異なるので単純に比較はできませんが、リサイクルされている割合《わりあい》の高いものと低いものがあるようですね。

Dさん　ということは、これらのうち割合の低いもののリサイクルを進めていけばよいのでしょうね。

Bさん　そうですね。ここで、**グラフ**も見てください。**グラフ**は燃やすごみの内容物を京都市が調査した結果です。「雑がみ」とは、ミックスペーパーとも呼ばれ、その多くは**表**にある「紙製容器包装」のことです。

Dさん　本来は分別するべきものまで、こうして燃やすごみとして捨てられているのですね。汚れた紙のようにリサイクルできないものはともかく、「混ぜればごみ、分ければ資源」ということばの通り、リサイクルできるものはリサイクルにまわすことが必要ですね。

グラフ

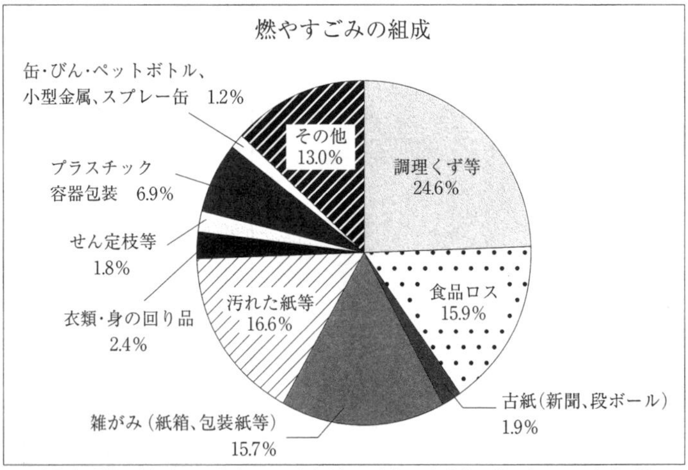

京都市「新・京都市ごみ半減プラン」(平成27年) より作成。燃やすごみの合計は約21万トン。

Aさん　これまでの話を総合すると、**表**と**グラフ**から読み取った内容から、リサイクル率を向上させるためには、□ことが重要だと考えられます。

Cさん　当たり前のことですが、そうしたことの積み重ねが重要なのですね。

Dさん　そうですね。また、リサイクルだけでなく、そもそもごみを出さないように無駄な消費を抑えるリデュースや、繰り返し使うリユースも重要です。これらリデュース、リユース、リサイい技術」の重要性が増していくことは間違いないので、個人の能力を高めることに専念することが大切である。

4　「あたらしい技術」によってもたらされる社会の変化を食い止めるためには、小さな変化も見逃さないよう、様々な脅威に目を光らせながら柔軟に対応することが大事である。

(ク)　本文について説明したものとして最も適するものを次の中から一つ選び、その番号を答えなさい。

1　AIの職場への導入が人間の働き方にどのような影響を及ぼすのか述べた上で、その働き方の変化が人間の能力を飛躍的に向上させていく可能性について、「人的資本」という観点から論じている。

2　科学技術が人間にとって便利な「道具」から、「主体と客体の関係」を転倒させてしまうほどの存在へと進化していくことへの期待感を、映画のキャッチコピーを引き合いにしながら論じている。

3　科学技術の進化によってもたらされる「あたらしい社会」の具体的な姿を、車の自動運転技術を例に説明し、希望や幸福に満ちた未来を実現するための生き方を模索していくべきだと論じている。

4　人間と一体化しつつある「あたらしい技術」によって社会がどう変わろうとしているのか説明した上で、個人の能力よりも周囲や社会などとのかかわり方に、もっと関心を向けるべきだと論じている。

問五　中学生のAさん、Bさん、Cさん、Dさんの四人のグループは、「総合的な学習の時間」にリサイクルの現状と課題について調べ、話し合いをしている。次の**図**、**表**、**グラフ**と文章は、そのときのものである。これらについてあとの問いに答えなさい。

Aさん　本日は、リサイクルの現状と課題について考えてみましょう。環境省によると、一般廃棄物の多くは中間処理によって大幅に減量化され、残りかすである残渣《ざんさ》は埋立《うめたて》によって処理されているそうです。それでは、リサイクルの現状はどうなっているのでしょうか。

Bさん　それを考えるために、**図**を見てみましょう。「集団回収」とは、自治体が実施している資源回収とは別に、町内会や学校PTAなどの地域団体が行っている自主的な資源の回収をいいます。また、「資源化」は、一般廃棄物から資源としてリサイクルされたものを示しています。

図

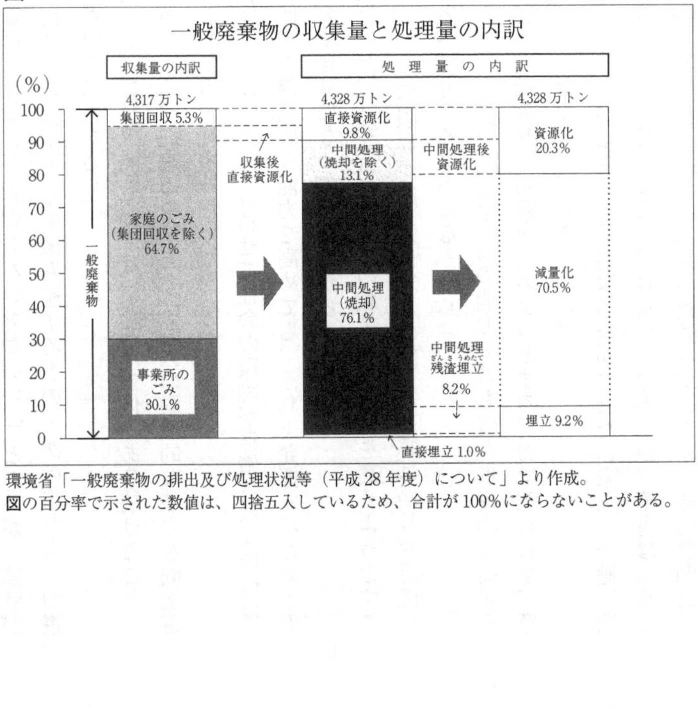

環境省「一般廃棄物の排出及び処理状況等（平成28年度）について」より作成。
図の百分率で示された数値は、四捨五入しているため、合計が100%にならないことがある。

1　運転という作業のみが自動化されているに過ぎないという考え方に対して、すべてが自動化されると人間の立場が主体から客体へと変化してしまうため、手放しで喜ぶことはできないと考えている。

2　現在の技術では不測の事態が起きた際には人間の判断に頼らざるを得ないという考え方に対して、今後はその判断の機会さえ奪いかねないため、人間の主体性を否定する危険な技術だと恐れている。

3　人間の指示がなくても目的地まで自動で移動する技術にはほど遠いという考え方に対して、現在の技術とはわずかな差であり、自動車が主体的に目的地を判断する時代は間近だと心待ちにしている。

4　「道具」を使用する主体の地位から人間を転落させるには至らないという考え方に対して、不測の事態に対応できるのは人間だけであり、主体と客体の転倒などあってはならないと警戒している。

(オ)　――**線4**「そうした枠組みそのものに根本的な変革を迫ることにもなりかねない。」とあるが、筆者がそのように述べる理由を説明した次の文中の［Ⅰ］・［Ⅱ］に入れる語句として最も適するものを、本文中の▼から▲までの中から、［Ⅰ］については**六字**で、［Ⅱ］については**五字**でそれぞれ抜き出し、そのまま書きなさい。

> 現代の社会は、人間の［Ⅰ］を前提につくられているため、「あたらしい技術」によって起きた事故に対する［Ⅱ］が特定できなくなるなど、社会のあらゆる場面で対応の困難な事態が生じるおそれがあるから。

(カ)　――**線5**「『それなら、なおさら「人的資本」としての自分の価値を高めなければ。』などと考えない方がいい。」とあるが、筆者がそのように述べる理由として最も適するものを次の中から一つ選び、その番号を答えなさい。

1　「あたらしい技術」のもとでは、人間が主体であり続けることは困難であるため、従来のやり方では個人の職業的な能力を向上させようとしても消耗するだけだから。

2　「あたらしい技術」に合わせて社会の環境が整備されなければ、いくら個人の職業的な能力を高めても、それを発揮するための場がないので無駄になってしまうから。

3　「あたらしい社会」では個人の職業的な価値を高めようとするとかえってその限界が露呈されるため、無力感ばかりが意識され、他者へ依存するようになるから。

4　「あたらしい社会」では人間の能力そのものが飛躍的に高まるため、個人の職業的な価値を高めようとする努力は報われず、意味を見いだせなくなってしまうから。

(キ)　――**線6**「私たちがとるべき態度は、定かではない未来の予測に過剰に反応して右往左往することではない」とあるが、筆者は「私たちがとるべき態度」についてどのように述べているか。その説明として最も適するものを次の中から一つ選び、その番号を答えなさい。

1　「あたらしい技術」によって社会がますます便利になっていくという現実を全面的に受け入れ、よりよい社会を目指して、一人ひとりが科学技術の発展に貢献する必要がある。

2　社会が変化することは確実だと認識した上で、「あたらしい技術」が社会へもたらす影響について知り、今後のよりよい社会のあり方について考えていくことが重要である。

3　これからの社会では、主体と客体の転倒をもたらす「あたらしか、そのビジョンを思い描くことこそが実践的な解につながっていくはずだ。
　そのためには、今「あたらしい技術」が社会をどう変えようとしているのかを知らなければならない。

（堀内《ほりうち》　進之介《しんのすけ》「人工知能時代を〈善く生きる〉技術」から。一部表記を改めたところがある。）

(注)　AI＝人工知能。
　クリエイティブ＝創造力に富んださま。
　テクノロジー＝科学技術。
　天空の城ラピュタ＝一九八六年公開のアニメーション映画。
　ビジョン＝見通し。展望。
　イレギュラー＝通常とは異なるさま。
　ロジック＝論理。
　マーケティング＝商品の販売を促進するための活動。
　齟齬＝食い違い。

(ア)　本文中の A ・ B に入れる語の組み合わせとして最も適するものを次の中から一つ選び、その番号を答えなさい。
1　A　おそらく　B　しかし
2　A　たしかに　B　たとえば
3　A　だが　B　つまり
4　A　もちろん　B　むしろ

(イ)　――線1「単純な事務作業などのルーティンワークはむしろ個人を守ってくれるものと言える。」とあるが、その理由として最も適するものを次の中から一つ選び、その番号を答えなさい。
1　ルーティンワークはAIの導入により精度が上がり、効率も向上するため、負担が軽くなるから。
2　ルーティンワークは仕事の範囲が明確なため、際限なく取り組む必要はなく、負担が軽いから。
3　ルーティンワークは責任がある仕事のため、やりがいが感じられ、個人の価値が高められるから。
4　ルーティンワークは同じ作業を繰り返すため、自然と技術が高まり、個人の価値も向上するから。

(ウ)　――線2「『あたらしい技術』は私たちが使う『道具』というより、今やその中にどっぷりと浸かる『第二の自然』だ。」とあるが、その説明として最も適するものを次の中から一つ選び、その番号を答えなさい。
1　「あたらしい技術」は自然に取って代わろうとしており、自然を改変する「道具」というより、人間が生きていくためになくてはならないものとして存在しているということ。
2　「あたらしい技術」は使い方次第では人間を不幸にするおそれがあり、人間の生活を豊かにするための「道具」というより、危害を加えかねない存在となっているということ。
3　「あたらしい技術」は人間が意志を持って使用する「道具」というより、使用しているという実感がなくなるほど当たり前のものとして、身近に存在しているということ。
4　「あたらしい技術」は人間にとって便利な「道具」というより、人間を「道具」のように扱い、知らず知らずのうちに人間を支配するような存在となっているということ。

(エ)　――線3「現在の自動運転技術のことを『物足りない』と言う人もいる。」とあるが、そのことについて筆者はどう述べているか。その説明として最も適するものを次の中から一つ選び、その番号を答えなさい。

現在の自動運転が「本当の」自動運転になるのは、技術的なことだけで言えば、ほんのワンステップである。「何もしないで、車が勝手に目的地に連れて行ってくれるなんて、すごく便利じゃないか。」と思うだろうか。

だが、人間が起点という意味での主体でなくなるということは、単に「便利になった」というだけでは終わらない。この問題は、思想的レベルというより、もっと身近で具体的なところに及んでくる。近代以降の社会の枠組みは、まさに、人間は主体的な意志を持つ存在であるという前提を基につくられてきた。「あたらしい技術」がもたらす主体と客体の転倒は、4そうした枠組みそのものに根本的な変革を迫ることにもなりかねない。

たとえば、犯罪者に刑罰を与えることを正当化する(注)ロジックのひとつに、応報説と呼ばれるものがある。応報とは「因果応報」の応報だが、要するに、個々人には自由意志があるということを前提に、犯罪行為をしないという選択もできたはずなのに犯罪行為をしてしまったというのは、その人がそういう意志を持ったからであり、だから責任の所在はその人にある、という論理だ。▲

では、「自動」運転で事故が起こった場合、責任は誰が負うことになるのだろうか。今までであれば、事故の責任をとって処罰されるのは車を運転していた人間、というのが社会のルールだった。なぜなら、主体である運転者には、事故を起こさない選択ができたにもかかわらず、事故を起こしてしまったからである。しかし、本当の「自動」運転の主体は、もはや車に乗っている人間ではないので、現在の法律では対応できないということになってしまう。

私たちの主体的な意志を前提としない技術が世の中を覆っていったとき、こうした問題は法律にとどまらず、(注)マーケティングから政治の分野に至るまで、社会のあらゆるところで(注)齟齬《そご》や混乱を生じさせていくだろう。どんなに「便利になる」と言われても、私たちが「あたらしい技術」に不安を抱くのは、それによって、これまでの社会の枠組みや人間という存在そのものが大きく揺らぐことを、どこかで感じているからかもしれない。

「あたらしい技術」によって、今までにない社会が到来すること自体は明らかであり、私たちは、その入口《いりぐち》に立っているのだと言える。もはやこれまでの価値観ではやっていけないし、先の見えない時代を生き抜くための対応策が求められている。しかし、5「それなら、なおさら『人的資本』としての自分の価値を高めなければ。」などと考えない方がいい。個人の能力を高める意義を否定はしないが、「あたらしい技術」がもたらす「あたらしい社会」においては、どんなに一所懸命に自らの「人的資本」の価値を高めようとしても、疲弊するばかりということになるだろう。そんなふうに自分のことにだけ関心を向けるのではなく、むしろ自分たちを取り巻く身近な人々やそこに生きる社会との、あるいは物理的な環境や技術との関係をどのように築いていくかに、もっと目を向けることが必要なのだ。

その時、ことさらに「あたらしい技術」の脅威に警鐘を鳴らすだけでは、「何だか怖い」という不安を掻《か》き立てるだけに終わってしまうし、かといって「あたらしい技術」がバラ色の未来をもたらすという楽観論も、技術が悪用される可能性をあまりにも軽視しているという点で、どこか胡散臭《うさんくさ》い。

確かなことは、6私たちがとるべき態度は、定かではない未来の予測に過剰に反応して右往左往することではない、ということである。どんなに「変わって欲しくない」と願っても、これからの社会は変化せざるを得ないだろう。だとしたら、どのように変わって欲しいの徳」が災いして、戦が起こるという「陽報」を招いてしまった。

問三　※問題に使用された作品の著作権者が二次使用の許可を出していないため、問題を掲載しておりません。

問四　次の文章を読んで、あとの問いに答えなさい。

近年、機械でもできる単純作業は（注）ＡＩに任せ、人間は（注）クリエイティブな仕事に集中すればいい、という観点で職場へのＡＩ導入が語られている。しかし、アメリカの社会学者リチャード・セネットが『それでも新資本主義についていくか』で論じるように、1単純な事務作業などのルーティンワークはむしろ個人を守ってくれるものと言える。「クリエイティブな仕事」と言うと聞こえはいいが、実際のところ、クリエイティブな作業には、どこまでやってもゴールに到達することはないというハードさがつきまとう。ルーティンワークに携わる方が明らかに負担は軽いし、誰もが「芸術家」として生きる厳しさに耐えられるわけでもない。

それでも、もしかしたら「あたらしい技術」の進化によって、たとえば人間の能力そのものが飛躍的に高められ、皆が「人的資本」としての自らの価値を向上させて活躍できる時代が到来するかもしれない。［　A　］、今の技術のあり方を見る限り、「あたらしい技術」を使いこなし、自分が「主人公」となって活躍しているという感覚は、単なる錯覚ということになりそうだ。このまま「あたらしい技術」が進化していくならば、「主人公」は人間ではなく（注）テクノロジーの側となるだろう。やがて私たちは「機械がまだ機械のたのしさを持っていた時代　科学が必ずしも人を不幸にすることは決まってないころ　そこはまだ世界の主人公は人間だった」という『（注）天空の城ラピュタ』のキャッチコピーそのままの世界を目の当《ま》たりにするかもしれない。

「あたらしい技術」は、既に、私たちと融合を始めている。スマホでもネットでも、2「あたらしい技術」は私たちが使う「道具」というより、今やその中にどっぷりと浸《つ》かる「第二の自然」だ。道具であれば、使うか否《いな》かを決める主体は私たちだが、そうした旧来の（注）ビジョンでは、既に「ここにあるもの」として、私たちと一体化しつつある「あたらしい技術」に対応できない。むしろ、道具だと思っていた「技術」が主体で、私たちが客体になるのが、「あたらしい技術」なのだ。

▼車の自動運転を例に、この主体と客体の関係を考えてみよう。

ＡＩ研究者の中には、3現在の自動運転技術のことを「物足りない」と言う人もいる。その理由は、今、自動運転と呼ばれているものが本当の「自動」ではないからだ。自動になったのは運転という作業に限定され、どこに行くかという目的地は運転する人間が入力しないといけない。つまり、今の自動運転はいまだ「道具」であり、運転する人間が主体となって、自動運転という便利な道具を使っていると言える。

「本当の」自動運転であれば、車に乗り込んだだけで、車は目的地に向かって走り出す。車に乗った者の行動履歴やカレンダー機能等のデータがすべてＡＩによって解析されているので、いちいち入力しなくても、「今日は○月○日○曜日の○時だから、この人の行先《ゆきさき》は△△だ。」ということを、車がちゃんと把握しているわけだ。車に乗った者が自分でアクションを起こさなければならないのは、何か（注）イレギュラーな予定が入ったときだけであり、「いつもの目的地に向かおうとしているな。変更を指示してやらなくちゃ。」といった具合に修正してやればよい。こうした「本当の」自動運転においては、アクションを起こす主体は自動車であり、人間はただリアクションするだけの客体になる。［　B　］、主体と客体の関係が転倒するのだ。

番号を答えなさい。

1 有毒な蛇にかまれてしまったので、明日まで生きることはできないと恐怖を感じているから。

2 天の神とされている蛇を殺してしまったので、不吉なことが起きると不安を感じているから。

3 見たものは死ぬと言われている蛇を見てしまい、自分は今日中に死ぬと恐怖を感じているから。

4 不吉な蛇と遭遇してしまい、自分や母に災いが訪れるのではないかと不安を感じているから。

(イ) ――線2「憂ふることなかれ」とあるが、それを説明したものとして最も適するものを次の中から一つ選び、その番号を答えなさい。

1 「叔敖」が日ごろから命あるものを大切にしていることは、天が知らなくとも「母」は知っているので、自分のあやまちを気に病む必要はないということ。

2 天は地上の出来事をよく知っており、人は日ごろの行いによって相応に報われるものだから、「叔敖」は自分の身を心配しなくてもよいということ。

3 「叔敖」は蛇を殺してしまったことを気にかけているが、誠意をもって蛇を埋葬したことを天は見てくれているので、悲しむ必要はないということ。

4 蛇を埋めてしまったことに不安を感じているようだが、日ごろからよい行いをしている「叔敖」を蛇も許してくれるから、こわがらなくてよいということ。

(ウ) ――線3「そのことばをよく信じけり。」とあるが、それを説明したものとして最も適するものを次の中から一つ選び、その番号を答えなさい。

1 「叔敖」は蛇に立ち向かうほど勇敢な行動をとれる人物であるから、何か災いが起きても自分たちを助けてくれるだろうと、「民」が信用しているということ。

2 「叔敖」は人々の命を守るためには手段を選ばないような人物であるから、戦が起きても自分たちを見捨てるわけがないと、「民」が信用しているということ。

3 「叔敖」は自分の命よりも蛇の命を優先するような人物であるから、自分たちを正しい道へと導いてくれるに違いないと、「民」が信じているということ。

4 「叔敖」は人々に災いが及ぶことのないよう気づかえる人物であるから、自分たちをだますような行いはするはずがないと、「民」が信じているということ。

(エ) 本文の内容と一致するものを次の中から一つ選び、その番号を答えなさい。

1 「叔敖」が他人を思いやり蛇を地に埋めたことで信望が集まったように、「穆公」には「盗人」を許し命を助けた「陰徳」によって、晋との戦でその「盗人」が活躍するという「陽報」があった。

2 「叔敖」が「母」のために蛇を殺したことで人々から非難されたように、「穆公」も「盗人」の罪を不問にした「陰徳」により、晋との戦でその「盗人」に苦しめられるという「陽報」を受けた。

3 「母」の予言どおり「叔敖」は日ごろの行いが認められて令尹となったが、「穆公」にも「盗人」に駿馬を与えた「陰徳」が原因で、その駿馬が晋との戦に勝利をもたらすという「陽報」が訪れた。

4 「母」の言ったとおり「叔敷」は命が助かっただけでなく令尹になることもできたが、「穆公」は「盗人」の罪を不問にした「陰の向日葵の印象を鮮明に浮き上がらせながら海の姿も意識されるように表現している。

3　一面に広がる向日葵畑の圧倒的な存在感に、まるでこちらへ迫ってくるような錯覚に陥って海にいることさえ忘れてしまったという感動を描いている。

4　太陽に向かい咲き誇っていた向日葵の花が蕊だけを残して枯れ果てたことで、向日葵畑の背後にある海の存在感すら消えうせたことを示している。

問二　次の文章を読んで、あとの問いに答えなさい。

昔、(注)孫叔敖《そんしゅくがう》といふ人、幼少のときに、外へ出《い》でて遊びければ、両頭の蛇とて、二つ頭のある蛇を見たり。

日本にいふ(注)日ばかりのたぐひなるべし。そのときに、その子の母が、「なんぢはいかなる子細ありてか、1かくものを食はずして泣くぞ。」と問ひけるほどに、叔敖答へて曰《い》はく、「今日われ両頭の(注)くちなはを見ければ、明日まで命を延ぶべからず。」と言ひけるを、母もとより世に優れたる人なれば、外《ほか》のことを聞き入れずして、「まづその蛇はいづちにかある(どこにいるのか)。」と問ふ。叔敖が曰はく、「両頭のくちなはを見るものは必ず死すと、日ごろより聞き及びしゆゑに、他人のまたこれを見んことを恐れて、地に埋《うづ》みける。」と言ふ。母、このことばを聞きて曰はく、「2憂ふることなかれ、なんぢは死ぬまひぞや(あなたは死ぬことはないでしょう)。そのゆゑは、人として陰徳あれば陽報あり、天は高けれども、低《ひき》き地のことをよく聞けり、徳は(注)不祥に勝ち、(注)仁は(注)百禍《はくくは》を除く、といふことあれば、なんぢは死せぬのみならず、あまさへ楚国《そこく》におこらん(そればかりか楚の国で出世するだろう)。」と言ふ。成人して後に、はたして(注)令尹《れいゐん》といふ官人になれり。その国の民が、叔敖は蛇をさへ埋むほどの人なれば、偽りあるべからずとて、3そのことばをよく信じけり。

また、(注)秦《しん》の穆公《ぼくこう》、(注)駿馬《しゅんば》を失はれしとき、五人の盗人、この馬を殺して食らふ。穆公、五人を殺さずして、くすり酒をたまふ(お与えになった)。その後(注)晋《しん》と秦と戦あり。かの五人、命を惜しまず働く。穆公の曰はく、「陰徳陽報を得《う》とは、これこのいはれなり。」と。

（「実語教童子教諺解《じつごきょうどうしきょうげんかい》」から。）

(注)　孫叔敖＝中国春秋《しゅんじゅう》時代（紀元前八～前五世紀）の人物。
日ばかり＝蛇の一種。有毒とみなされていた。
くちなは＝蛇。　不祥＝災い。
仁＝思いやりの心。　百禍＝多くの災い。
令尹＝君主の政務を補佐する官位。
秦の穆公＝中国春秋時代の国である秦の君主。
駿馬＝足の速い、優れた馬。
晋＝中国春秋時代の国名。

(ア)　――線1「かくものを食はずして泣くぞ。」とあるが、「叔敖」が泣いている理由として最も適するものを次の中から一つ選び、その

＜国語＞

時間 五〇分 満点 一〇〇点

【注意】 解答用紙にマス目（例：□）がある場合は、句読点などもそれぞれ一字と数え、必ず一マスに一字ずつ書きなさい。
なお、行の最後のマス目には、文字と句読点などを一緒に置かず、句読点などは次の行の最初のマス目に書き入れなさい。

問一 次の問いに答えなさい。

(ア) 次の1～4の各文中の――線をつけた漢字の読み方を、ひらがなを使って現代仮名遣いで書きなさい。

1 職場の人と親睦を深める。 2 緩衝地帯を通過する。

3 美術館に彫塑を搬入する。 4 新事業への進出を企てる。

(イ) 次のa～dの各文中の――線をつけたカタカナを漢字に表したとき、その漢字と同じ漢字を含むものを、あとの1～4の中から一つずつ選び、その番号を答えなさい。

a 地域のシンコウに努める。

1 コウキの目にさらされる。
2 古代国家のコウボウを描く。
3 キョコウの中の真実を見つけ出す。
4 キュウコウした土地を活用する。

b ボクソウを刈る。

1 演説のソウコウを用意する。
2 カイソウごとに空調を管理する。
3 バンソウに合わせて歌う。
4 厳しい生存キョウソウを勝ち抜く。

c チョウジリを合わせる。

1 新しいチョウシャが完成した。
2 改善のチョウコウが見られる。
3 チョウボの管理を行う。
4 イチョウの調子を整える薬を飲む。

d 玉ねぎを細かくキザむ。

1 キソクを守ることは大切だ。
2 コクフンを加工して菓子をつくる。
3 失敗を重ねてしまいタンソクする。
4 ソッコク判断を下す。

(ウ) 次の**例文**中の――線をつけた「で」と同じ意味で用いられている「で」を含む文を、あとの1～4の中から一つ選び、その番号を答えなさい。

例文 本を読んで感想を書く。

1 上着を脱いで手に持つ。 2 あまりに立派で驚いた。

3 自転車で坂道をくだる。 4 五分で外出の準備をする。

(エ) 次の俳句を説明したものとして最も適するものを、あとの1～4の中から一つ選び、その番号を答えなさい。

向日葵《ひまは(ワ)り》の蕊《しべ》を見るとき海消えし 芝《しば》 不器男《ふきお》

1 花の中心にある蕊へと視点を焦点化していくことで、光り輝く大海原のような向日葵畑から輝きが失われてしまった悲しみを感覚的に表している。

2 近景へと焦点を合わせていく映像的手法を用いることで、眼前

2019年度

解　答　と　解　説

《2019年度の配点は解答用紙集に掲載してあります。》

※新傾向の出題が見られた問題には，解説の大問および小問の冒頭に☆印を記してあります。(数学，社会には該当する問題が見られませんでした。)

<数学解答>

問1　(ア)　1　(イ)　2　(ウ)　3　(エ)　2　(オ)　4

問2　(ア)　1　(イ)　2　(ウ)　1　(エ)　4　(オ)　3　(カ)　3

問3　(ア)　$\angle BDC=66°$　(イ)　S：T＝6：11　(ウ)　(i)　$\frac{x-5}{5}=\frac{x+8}{6}$　(ii)　70

問4　(ア)　5　(イ)　(i)　2　(ii)　4　(ウ)　$\frac{33}{14}$

問5　(ア)　2　(イ)　$\frac{11}{36}$

問6　(ア)　5　(イ)　4　(ウ)　$2\sqrt{10}$cm

問7　(ア)　(i)　3　(ii)　1　(イ)　AB//CP　(ウ)　$\frac{13\sqrt{3}}{3}$cm

<数学解説>

問1　(数・式の計算，平方根，式の展開)

(ア)　$(-7)+(-13)=-(7+13)=-20$

(イ)　$-\frac{3}{5}+\frac{3}{7}=-\frac{21}{35}+\frac{15}{35}=-\frac{6}{35}$

(ウ)　$32ab^2\div(-4b)=-\frac{32ab^2}{4b}=-8ab$

(エ)　$\sqrt{63}+\frac{42}{\sqrt{7}}=\sqrt{3^2\times7}+\frac{42\times\sqrt{7}}{\sqrt{7}\times\sqrt{7}}=3\sqrt{7}+\frac{42\sqrt{7}}{7}=3\sqrt{7}+6\sqrt{7}=9\sqrt{7}$

(オ)　$(x+4)^2-(x-5)(x-4)=x^2+8x+16-(x^2-9x+20)=x^2+8x+16-x^2+9x-20=17x-4$

問2　(因数分解，二次方程式，関数$y=ax^2$の変域，不等式，平方根の大小，推測)

(ア)　$x-4=A$とおくと，$(x-4)^2+8(x-4)-33=A^2+8A-33=(A+11)(A-3)$　Aをもとに戻して，$\{(x-4)+11\}\{(x-4)-3\}=(x+7)(x-7)$

(イ)　解の公式より，$x=\frac{-(-8)\pm\sqrt{(-8)^2-4\times3\times2}}{2\times3}=\frac{8\pm\sqrt{40}}{6}=\frac{8\pm2\sqrt{10}}{6}=\frac{4\pm\sqrt{10}}{3}$

(ウ)　$x=0$のとき最大となり，最大値$y=0$，$x=-3$のとき最小となり，最小値$y=-\frac{2}{3}\times(-3)^2=-6$　よって，yの変域は$-6\leqq y\leqq0$だから，$a=-6$，$b=0$

(エ)　代金の合計は$(2a+b)$円より，支払った代金の合計は，$\left(1-\frac{3}{10}\right)\times(2a+b)=\frac{7}{10}(2a+b)$円。これが5000円より少ないということなので，不等号<を用いて，$\frac{7}{10}(2a+b)<5000$と表される。

(オ)　$5\sqrt{3}=\sqrt{5^2\times3}=\sqrt{75}$，$8=\sqrt{8^2}=\sqrt{64}$より，$\sqrt{64}<\sqrt{75}<\sqrt{79}$　よって，$8<5\sqrt{3}<\sqrt{79}$

(カ)　不良品の個数をおよそx個とする。母集団において，(不良品の個数)：(製品の個数)＝x：30000　標本において，(不良品の個数)：(製品の個数)＝6：500　**母集団と標本の数量の割合は等しい**と考え，x：30000＝6：500　$500x=30000\times6$　$x=360$　よって，不良品の個数は，およそ360個。

問3 (円の性質と角度，面積の比，一次方程式の応用)

(ア)　△OBCはOB＝OCの二等辺三角形だから，$\angle BOC=180^\circ-46^\circ\times2=88^\circ$　$\overset{\frown}{BC}$に対する**円周角と中心角の関係**により，$\angle BAC=\frac{1}{2}\angle BOC=\frac{1}{2}\times88^\circ=44^\circ$　△ABCはAB＝ACの二等辺三角形だから，$\angle ABC=(180^\circ-44^\circ)\div2=68^\circ$　よって，$\angle ABD=68^\circ-46^\circ=22^\circ$　△ABDで，**内角と外角の関係**から，$\angle BDC=22^\circ+44^\circ=66^\circ$

(イ)　△ABFで，点D，Eはそれぞれ辺AB，AFの中点だから，**中点連結定理**により，DE//BF，DE：BF＝1：2＝2：4…(i)　△CEDで，点Fは辺CEの中点であり，HF//DEより，CH：HD＝CF：FE＝1：1　HF：DE＝1：2…(ii)　(i)，(ii)より，HF：DE：BF＝1：2：4なので，DE：BH＝2：3　また，DE//BFなので，**三角形と線分の比の定理**により，BG：GE＝BH：DE＝3：2　点Eと点Hを結ぶ。△BDHと△BEHは底辺BHが共通で，DE//BFより，高さが等しいから，△BDH＝△BEH　よって，△BDG＝△EHG＝S　$\triangle EFH=\frac{1}{3}\triangle BEH=\frac{1}{3}\times\frac{2+3}{2}\triangle EHG=\frac{5}{6}S$　したがって，T＝△EHG＋△EFH$=S+\frac{5}{6}S=\frac{11}{6}S$より，S：T＝6：11

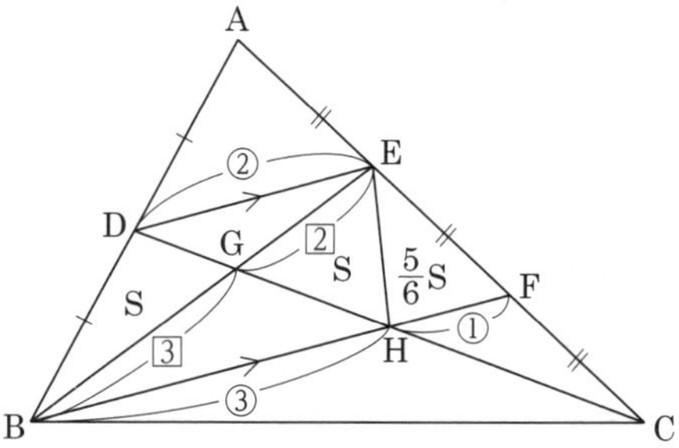

(ウ)　子どもの人数をxを用いて表す。1人5個ずつ分けると5個余るから，$\frac{x-5}{5}$人。1人6個ずつ分けると8個足りないから，$\frac{x+8}{6}$人。よって，子どもの人数について方程式を立てると，$\frac{x-5}{5}=\frac{x+8}{6}$…(i)　(i)の両辺に30をかけて，$6(x-5)=5(x+8)$　$6x-30=5x+40$　$x=70$　これは問題に適している。よって，みかんの個数は，70個。

問4 (図形と関数・グラフ，比例定数，直線の式，面積)

(ア)　点Cは曲線③上の点で，その座標は$(-3,\ -2)$だから，$y=ax^2$に$x=-3$，$y=-2$を代入して，$-2=a\times(-3)^2$　$9a=-2$　$a=-\frac{2}{9}$

(イ)　点Aのy座標は，$y=-x$に$x=-3$を代入して，$y=-(-3)=3$　よって，$A(-3,\ 3)$　2点A，Bはy軸について対称だから，$B(3,\ 3)$　AD：DC＝2：1より，$AD=\frac{2}{3}AC=\frac{2}{3}\times\{3-(-2)\}=\frac{10}{3}$なので，点Dの$y$座標は，$3-\frac{10}{3}=-\frac{1}{3}$　よって，$D\left(-3,\ -\frac{1}{3}\right)$　直線DBの式は，傾きが，$\left\{3-\left(-\frac{1}{3}\right)\right\}\div\{3-(-3)\}=\frac{5}{9}$なので，$y=\frac{5}{9}x+b$とおいて，$(3,\ 3)$を代入すると，$3=\frac{5}{9}\times3+b$　$b=\frac{4}{3}$　よって，直線DBの式は$y=\frac{5}{9}x+\frac{4}{3}$だから，$E\left(0,\ \frac{4}{3}\right)$　$AD=EF=\frac{10}{3}$より，$F\left(0,\ \frac{14}{3}\right)$　したがって，直線BFの式は，傾きが，$\left(3-\frac{14}{3}\right)\div(3-0)=-\frac{5}{9}$で，切片が$\frac{14}{3}$だから，$y=-\frac{5}{9}x+\frac{14}{3}$　以上より，$m=-\frac{5}{9}$，$n=\frac{14}{3}$

(ウ)　$AB=3-(-3)=6$より，$\triangle ADB=\frac{1}{2}\times\frac{10}{3}\times6=10$，$\triangle ABF=\frac{1}{2}\times6\times\left(\frac{14}{3}-3\right)=\frac{1}{2}\times6\times\frac{5}{3}=5$　よって，(四角形ADBF)＝△ADB＋△ABF＝10＋5＝15　y軸の負の部分に(四角形ADBF)＝△HBDとなる点$H(0,\ t)$をとると，$\triangle HBD=\triangle HBE+\triangle HDE=\frac{1}{2}\times\left(\frac{4}{3}-t\right)\times3+\frac{1}{2}\times\left(\frac{4}{3}-t\right)\times3=\frac{1}{2}\times\left(\frac{4}{3}-t\right)\times6=4-3t$　$4-3t=15$より，$-3t=11$　$t=-\frac{11}{3}$　よって，$H\left(0,\ -\frac{11}{3}\right)$　点Hを通り直線DBに平行な直線と直線①との交点をGとすればよい。点Hを通り直線DBに平行な直

線の式は，傾きが$\frac{5}{9}$で，切片が$-\frac{11}{3}$だから，$y=\frac{5}{9}x-\frac{11}{3}$…(i)　直線①の式は$y=-x$…(ii)　(i)，(ii)を連立方程式として解くと，$-x=\frac{5}{9}x-\frac{11}{3}$　$-9x=5x-33$　$-14x=-33$　$x=\frac{33}{14}$　したがって，点Gのx座標は，$\frac{33}{14}$

問5 （確率）

（ア）　2つのさいころの目の出方の総数は，6×6＝36(通り)　そのうち，$\boxed{5}$のカードだけ残るのは，$\boxed{1}$，$\boxed{2}$，$\boxed{3}$，$\boxed{4}$のカードが取り除かれる場合である。$n=1+2+3+4=10$となるのは，$a\leqq b$で，$a+b=10$のときだから，$(a,\ b)=(4,\ 6)$，$(5,\ 5)$の2通り。よって，確率は，$\frac{2}{36}=\frac{1}{18}$

（イ）　残ったカードの中で最小の数が3となるのは，少なくとも$\boxed{1}$，$\boxed{2}$のカードが取り除かれる場合である。(i)　$\boxed{1}$，$\boxed{2}$のカードが取り除かれる場合　$n=1+2=3$より，$(a,\ b)=(1,\ 2)$，$(4,\ 1)$，$(5,\ 2)$，$(6,\ 3)$の4通り。　(ii)　$\boxed{1}$，$\boxed{2}$，$\boxed{4}$のカードが取り除かれる場合　$n=1+2+4=7$より，$(a,\ b)=(1,\ 6)$，$(2,\ 5)$，$(3,\ 4)$の3通り。　(iii)　$\boxed{1}$，$\boxed{2}$，$\boxed{5}$のカードが取り除かれる場合　$n=1+2+5=8$より，$(a,\ b)=(2,\ 6)$，$(3,\ 5)$，$(4,\ 4)$の3通り。　(iv)　$\boxed{1}$，$\boxed{2}$，$\boxed{4}$，$\boxed{5}$のカードが取り除かれる場合　$n=1+2+4+5=12$より，$(a,\ b)=(6,\ 6)$の1通り。よって，全部で，$4+3+3+1=11$(通り)あるから，確率は，$\frac{11}{36}$

問6 （三角柱，表面積，三角形の断面積，表面上の最短距離）

（ア）　△ABCで，**三平方の定理**により，$AC^2=AB^2+BC^2=3^2+4^2=25$　$AC>0$より，$AC=5$(cm)　底面積は，$\frac{1}{2}\times3\times4=6(cm^2)$　側面積は，$(3+4+5)\times2=24(cm^2)$　よって，表面積は，$6\times2+24=36(cm^2)$

（イ）　△ABDで，**三平方の定理**により，$BD^2=AB^2+AD^2=3^2+2^2=13$　$BD>0$より，$BD=\sqrt{13}$(cm)　△DEGで，**三平方の定理**により，$DG^2=DE^2+EG^2=3^2+2^2=13$　$DG>0$より，$DG=\sqrt{13}$(cm)　△EBGで，**三平方の定理**により，$BG^2=BE^2+EG^2=2^2+2^2=8$　$BG>0$より，$BG=2\sqrt{2}$(cm)　よって，△DBGは，$DB=DG=\sqrt{13}$cmの二等辺三角形である。辺BGの中点をHとすると，DH⊥BGなので，△DBHで，**三平方の定理**により，$DH^2=BD^2-BH^2=(\sqrt{13})^2-(\sqrt{2})^2=11$　$DH>0$より，$DH=\sqrt{11}$(cm)　よって，△DBGの面積は，$\triangle DBG=\frac{1}{2}\times2\sqrt{2}\times\sqrt{11}=\sqrt{22}(cm^2)$

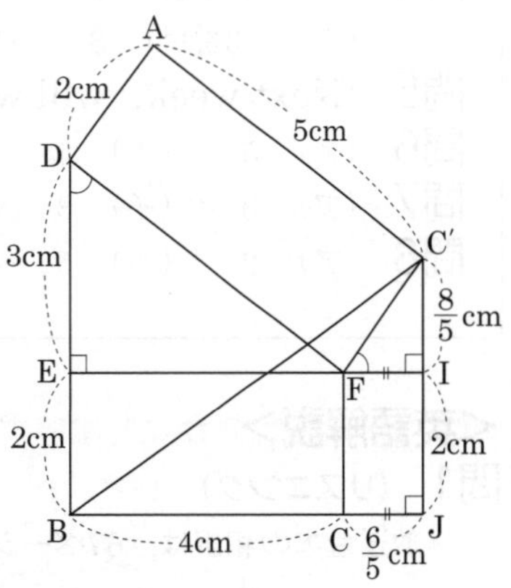

（ウ）　展開図を考えると，求める線の長さは線分BC′の長さに等しい。点C′から直線BCに垂線C′Jをひき，線分C′Jと直線EFとの交点をIとする。△DEFと△FIC′において，∠DEF＝∠FIC′＝90°…(i)　△DEFで，∠FDE＝180°－(90°＋∠EFD)＝90°－∠EFD…(ii)　線分EIで，∠C′FI＝180°－(90°＋∠EFD)＝90°－∠EFD…(iii)　(ii)，(iii)より，∠FDE＝∠C′FI…(iv)　(i)，(iv)より，2組の角がそれぞれ等しいから，△DEF∽△FIC′　よって，DE：FI＝DF：FC′　3：FI＝5：2　5FI＝6　$FI=\frac{6}{5}$(cm)　EF：IC′＝DF：FC′　4：IC′＝5：2　5IC′＝8　$IC'=\frac{8}{5}$(cm)　よって，$BJ=4+\frac{6}{5}=\frac{26}{5}$(cm)，$C'J=2+\frac{8}{5}=\frac{18}{5}$(cm)　△BJC′で，**三平方の定理**により，$BC'^2=BJ^2+C'J^2=\left(\frac{26}{5}\right)^2+\left(\frac{18}{5}\right)^2=\frac{1000}{25}=40$　$BC'>0$より，$BC'=2\sqrt{10}$(cm)

問7　(相似の証明，二等辺三角形になる条件，線分の長さ)

(ア)　(i)　$\overset{\frown}{BC}$に対する円周角は等しいから，∠BAC＝∠BPC　(ii)　対頂角は等しいから，∠AQB＝∠PQC

(イ)　△ABQと△PCQは相似だから，△ABQが二等辺三角形であれば，△PCQも二等辺三角形である。△ABQが二等辺三角形となるのは，(a)　AB＝AQ　(b)　AB＝BQ　(c)　AQ＝BQの場合がある。このうち，条件をABを用いて表せるのは(a)，(c)　(c)は，二等辺三角形の底角は等しいから，∠QAB＝∠QBA　また，∠QAB＝∠QPC　よって，∠QBA＝∠QPCより，錯角が等しいから，AB//CPがいえる。

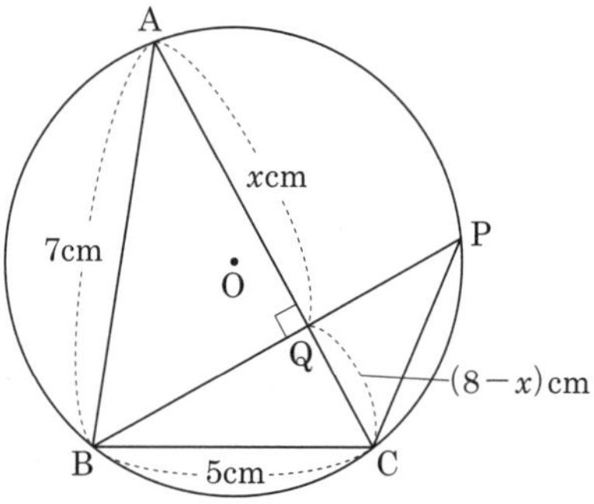

(ウ)　線分AQの長さを$x$cmとすると，線分CQの長さは$(8-x)$cmと表せる。△ABQで，**三平方の定理**により，$BQ^2=AB^2-AQ^2=7^2-x^2=49-x^2$…(あ)　△CBQで，**三平方の定理**により，$BQ^2=BC^2-CQ^2=5^2-(8-x)^2=25-(64-16x+x^2)=-39+16x-x^2$…(い)　(あ)，(い)より，$49-x^2=-39+16x-x^2$　$-16x=-88$　$x=\frac{11}{2}$　$x=\frac{11}{2}$を(あ)に代入して，$BQ^2=49-\left(\frac{11}{2}\right)^2=\frac{75}{4}$　$BQ>0$より，$BQ=\frac{5\sqrt{3}}{2}$(cm)　(ア)より，△ABQ∽△PCQだから，AQ：PQ＝BQ：CQ　$\frac{11}{2}:PQ=\frac{5\sqrt{3}}{2}:\left(8-\frac{11}{2}\right)$　$\frac{5\sqrt{3}}{2}PQ=\frac{11}{2}\times\frac{5}{2}$　$PQ=\frac{11}{2\sqrt{3}}=\frac{11\times\sqrt{3}}{2\sqrt{3}\times\sqrt{3}}=\frac{11\sqrt{3}}{6}$(cm)　したがって，線分BPの長さは，$BP=BQ+PQ=\frac{5\sqrt{3}}{2}+\frac{11\sqrt{3}}{6}=\frac{13\sqrt{3}}{3}$(cm)

＜英語解答＞

問1　(ア)　No.1　1　No.2　4　No.3　2　(イ)　No.1　4　No.2　3
　　(ウ)　No.1　3　No.2　weather

問2　(ア)　born　(イ)　example　(ウ)　continue

問3　(ア)　1　(イ)　2　(ウ)　1　(エ)　4

問4　(ア)　(3番目)　6　(5番目)　5　(イ)　(3番目)　6　(5番目)　1
　　(ウ)　(3番目)　3　(5番目)　4　(エ)　(3番目)　1　(5番目)　2

問5　(Next week,) will we be able to see them?

問6　(ア)　5　(イ)　4　(ウ)　6

問7　(ア)　3　(イ)　3

問8　(ア)　2　(イ)　5　(ウ)　4

＜英語解説＞

☆問1　(リスニング)

放送台本の和訳は，67ページに掲載。

☆問2　(語句の問題：連語，動詞)

(全訳)

シ ョ ウ ヘ イ：君は中国語を上手に話せるそうだね。中国に住んでいたの？
ボブ　　　：うん，ぼくは中国で生まれたんだ。そして10歳までそこに住んでいたよ。
シ ョ ウ ヘ イ：中国での生活についてどんなことを覚えている？
ボブ　　　：友だちといろんなことを楽しんだよ。例えば，サッカーや野球，ゲームをしたよ。とても楽しかった。
シ ョ ウ ヘ イ：仲の良い友達がたくさんいたということだね。
ボブ　　　：そのとおり。ぼくたちは今でも，お互いに中国語でメールを送ることを続けているんだ。
シ ョ ウ ヘ イ：へえ，君たちはずっと仲良しなんだね。すごいね！

日本語訳はないので，**話の流れを押さえて**ふさわしい単語を書く必要がある。

(ア)　全訳参照。連語< be born in~ >「～で生まれる」。
(イ)　全訳参照。連語<for example>「たとえば」。
(ウ)　全訳参照。<continue to＋動詞の原形…>「…することを続ける」

問3 (語句補充・選択問題：be動詞，比較，不規則動詞の過去形，前置詞)

(ア)「昨日買った鳥の1羽が今，歌っています」 One of the birds I bought yesterdayのまとまりが文の主語。<one of ＋複数名詞>「～の1つ」という意味で単数形。また，文末にはnowがあり，時制は現在形とわかる。したがって，be動詞isを選ぶ。あとに続くI bought yesterdayの部分が，直前の先行詞であるone of the birdsを修飾しており，主語が単数か複数かが見えにくくなった問題。昨年も同種の問題が出題された。

(イ)「その猫が母親と同じくらい大きくなったのはいつですか」 空欄直前asがヒント。**同等比較の<as … as ～>「～と同じくらい…」**。昨年は，asを「～として」という意味の前置詞で出題された。なお，比較の問題は昨年も出題された。

(ウ)「タクヤは10歳だったとき，有名なサッカー選手によって書かれた本を読みました」 英文前半にWhen Takuya was ten years old,とあり，時制が**過去形の英文**であるとわかるので，過去形read。readsにしてしまうと現在形となり，前半部分の文の時制と一致しない。

(エ)「2月の有名な祭りの間，その都市はたくさんの人々によって訪問されます」 期間を表すときに用いる前置詞，**during「(特定の出来事)の間じゅう，…の間に」**を選ぶ。betweenは二者間の「間」なので誤り。また，空所の後ろは主語＋動詞のまとまり，あるいはto＋動詞の原形が続いてはいないので，whenやwhichは誤りとなる。

☆問4 (語句の並べ換え問題：疑問詞what＋名詞，不定詞，前置詞，分詞の形容詞的用法)

(ア) (Sayaka,) what food do you like (the best?)「サヤカ，あなたはどんな食べ物が一番好きですか」 <what＋名詞…>「どんな(名詞)…」。後ろには，普通の疑問文の語順が続く形。

(イ) (My sister) looked happy to see the (animals there.)「私の姉[妹]はそこで動物たちを見てうれしそうでした」 **<look＋happy(形容詞)>「うれしそうに見える」。<happy＋to動詞の原形…>「…してうれしい」不定詞の副詞的用法**。動物園に行った時に見た**特定の'animals'**なので，<the animals>「(動物園にいる)その動物たち」とする。

(ウ) (I've wanted) to have a watch like (this.)「私はこのような腕時計をずっと持ちたいと思っていました」 <want＋to動詞の原形…>「…したい」。**<like this>「このような」**。<something like this>「このようなもの」という語順も作れるが，語数の関係で，<a watch

like this>「このような腕時計」という表現とすることになる。

(エ)　(Do you know the) name of the tall girl (singing under the tree?)「木の下で歌っているあの背の高い女の子を，あなたは知っていますか」 この質問に対する応答が，Her name is Maiko.「彼女の名前はマイコです」とあるので，名前を知りたいのだと判断できる。<the name of A>「Aの名前」。‘A’ の部分は<the tall girl>「その背の高い少女」。**<singing under the tree>の部分が，直前の名詞girlを修飾している。**現在分詞の形容詞的用法。

☆問5 (条件英作文：助動詞の未来表現)

(全訳)

A：アキはカナ公園の花々を楽しんでいた。彼女は，友だちのルーシーにそれらを見てほしかった。ルーシーは来週，オーストラリアから来る予定だった。

B：アキはガイドに言った，「この花々について質問があります。友だちと再びここに来たいと思っています。来週，私たちはそれらを見ることができるでしょうか？」

C：彼は答えた，「はい，あなたたちは見ることができるでしょう。それらは来週まできれいでしょう」。　アキは言った，「その時にここに来ます。ありがとうございます」

全訳参照。**空所の前後の文脈**を正確にとらえよう。Cの絵でガイドの男性が，“Yes, you will.” と返答している部分が記述する際の**最大のヒント**。上記の全訳も参考に，以下の**3つのポイント**を意識しよう。　①　ガイドの返答，“Yes, you will.”に対応させた，**will…?で始まる疑問文**にする。(Next week,で始まる文なので，willは小文字で始める)。　②　提示されている<条件>を落とさずに，質問文を考える。**1つ目の指定語**：‘able’→<be able to＋動詞の原形…>「…することができる」という連語。**2つ目の指定語**：‘see’ →<be able to see>「見ることができる」。**3つ目の指定語**：‘we’ →質問文の主語にする。(この主語we「わたしたちは」が，空所の後のガイドの応答，‘Yes, you will.’「はい，あなたたちはできるでしょう」に対応して，自然なつながりとなることを確認)。　③　空所の前でアキが，“I have a question about these flowers.” と言っていることを踏まえる。→ “these flowers”が，“see”の目的語(何を見るのかその対象を示す語)となる。these flowersの代名詞であるthem「それらを」を，seeの後に置く。(themではなく，these flowersをそのまま使っても通じる) 。A～Cのひとつづきの絵に関して：B とCの絵にある吹き出し部分は，これからのことを指すと判断し，表現する際は未来表現を使うと判断する。

問6 (読解問題・スピーチ：文の並べ換え，文の挿入，内容真偽)

(全訳)　みなさん，こんにちは。私はサチといいます。この夏，私は高校生議会に参加しました。市が毎年開いているイベントです。昨年も参加しました。毎年，市の各高校から約30人の生徒が3日間のこのイベントに参加します。今年は3つのグループを作り，各グループは私たちの市をよりよくする方法について話し合いました。私は農業グループに入りました。今日はそのイベントについて話したいと思います。

初日に，私たちのグループは市のある農場経営者を訪問しました。私たちはその農場経営者が農作業をするのを手伝い，彼と話しました。彼が育てた野菜を食べる機会がありました。それらは本当に新鮮でおいしかったです。おいしい食べ物を作るために彼は一生懸命働いています。そして彼は，私たちの市のもっと多くの人が地元産の食べ物を食べることを願っています。

その農場経営者と話した後，地元産の食べ物の生産と消費について関心を持ちました。つまり，私たちの市で育てられたり，作られたりする食べ物を，買って食べるという意味です。地元産の食べ物の生産と消費については多くの良い点があります。農作物の直売所で食べ物を買うとき，だれがそれを作ったのかが分かります。もし農場経営者たちと話す機会があるなら，どのように育てたかや，どのように料理すればいいかを学べます。それは私たちが口に入れるその食べ物が安全だと感じる助けとなります。私たちの食べ物がどこから来て，農場経営者がどのように育てたかについて私は知りたいと今思っています。毎日食べる食べ物について私たちはもっと関心を持つべきです。

その農場経営者はまた，食べ物の移動距離についても話してくれました。(①　C.もし私たちが食べる食べ物が他の国から来るとしたら，それは長距離を移動することになります。)　これは大量のエネルギーを使ってしまい，地球にやさしくありません。この絵を見てください。この絵は，大豆が移動する2つの異なる距離を示しています。この絵では，アメリカ合衆国と私たちの市にある豆腐工場の間の距離が19,968キロメートルあり，これは245.9キログラムの二酸化炭素を産出します。私たちの市の農場と豆腐工場の間の距離は3.4キロメートルで，0.6キログラムの二酸化炭素を産出します。4．私は，私たちの市の大豆から作られた地元産の食べ物を食べるべきだと思います。そうすれば地球に対してもっとやさしくなれます。なぜなら私たちの市の農場からの移動のほうがアメリカ合衆国からの移動よりも二酸化炭素の産出はより少なくなるからです。(②　A.みなさんは，地元の食べ物を選ぶことは地球にやさしいことだと思いますか？)　私はそう思います。地元産の食べ物を食べるとき，食べ物が育てられた場所と，食べ物が食べられる場所の距離がより短くなります。私たちの未来のために，私はより少ない二酸化炭素を産出する食べ物を食べたいと思います。

次に，グラフを見てください。このグラフは日本の食料自給率に関するものです。このグラフが示すように，1960年には日本の食料自給率はおよそ80パーセントでした。2015年には，およそ40パーセントでした。残りは他の国から来るのです！　日本の食料自給率は低下しています。私たちが地元産の食べ物に関心を持ってもっとたくさん食べるなら，日本の食料自給率は上昇するかもしれません。

2日目に，私たちのグループは地元産の食べ物の生産と消費について話し合いました。私たちの市に住んでいる人々がもっと地元産の食べ物を食べてほしいと私たちは思っています。私たちの地元産の食べ物のために何ができるでしょうか？　(③　B.私たちは市民の皆さんに地元産の食べ物についてもっと知ってほしいと思っています。)　それで，私たちはいくつかのイベントを設けるのは良いことだと思っています。私たちにはいくつかのアイデアがあります。市に住んでいる人が市の農場経営者を訪問し，彼らとともに働き，そして地元産の食べ物を食べるのです。また，私たちはフードフェスティバルも開いて，新鮮な地元の食べ物を販売する予定です。インターネットを使って，地元産の食べ物の生産と消費に関する利点を人々に伝えるつもりです。

最終日には，市議会に行って私たちのアイデアをそこで共有しました。市長さんは私たちのアイデアに賛成しました。彼は言いました，「私は君たちのアイデアがとても気に入りました。それらを使ってみたいと思いますよ。来年も市議会に来てください。」　私たちはそれを聞いてうれしかったです。私は来年もこのイベントに参加して，私たちの市をよりよくするためにできることをもっとしたいと思います。ご清聴ありがとうございました。

(ア)　上記全訳参照。空所①の直後の文の主語 'This'「これは」という**指示語をヒントとし**，自然な流れの選択肢を選ぶ。空所②の直後の文，I think so.「私はそう思う」とは何かを考えよう。空所③の直前の文にある質問に対する答えとなる選択肢を考える。

(イ)　空所直後の文にある，That is better for the earth because …の 'That'「それは」

は前に出てきた話題を指す。

(ウ) a. 今年，サチは高校生議会に初めて参加した。(×) b. 初日の農場での経験を通して，サチは地元産の食べ物の生産と消費について関心を持つようになった。(○) 第3段落1文目参照。 c. 1995年に，日本は約40パーセントの食料を外国から受け取った。(×) d. 将来のために，長い距離を移動する食料を人々は食べるべきだとサチは考えている。(×) e. 2日目，サチのグループは自分たちの市の地元産の食べ物について話し合い，何をすべきか考えた。(○) 第6段落全体をまとめた内容として正しい。 f. 市長は，農業グループのアイデアを理解するためにインターネットを使うつもりである。(×)

問7 (読解問題：英問英答，絵・図・表・グラフなどを用いた問題)

(ア) (全訳) アカリは高校生で，16歳である。今，彼女は母親と話している。アカリはピアノレッスンを受けたいと思っている。

アカリ：お母さん，駅でこの案内をもらったんだけど，この中の一つのピアノレッスンを受けたいな。

母親　：あら，いいじゃない。どのくらいの間隔で行きたいの？

アカリ：毎週木曜にレッスンを受けたい。

母親　：何時がいいの？

アカリ：放課後，4時30分から5時までがいいな。

母親　：いいわよ。ピアノを弾くなんてとても楽しいでしょうね！

アカリ：ありがとう，お母さん。

母親　：いつから始めたいの？

アカリ：来月，5月から。

質問 「アカリは5月にいくら支払いますか？」

上記の会話内容と，案内(Leaflet)を照合する。「16歳」，「毎週木曜日」，「30分のレッスン」，という条件の月謝は，案内から，10,000円であるとわかる。案内下部には，「最初の月謝の50パーセントだけを支払います」と，「最初の月，音楽の本に3,000円支払う必要があります」と2つの注意書きがある。アカリにとって，5月が最初の支払い月なので，これらの注意書きが当てはまる。5,000円＋3,000円＝8,000円となる。

(イ) (全訳) *マリとユミはカモメスタジアムでのコンサートに行くつもりである。そこはカモメ駅の近くにある。彼女たちは電車で行く予定だ。5つのルートがある。彼女たちはキタ駅から乗るつもりだ。*

マリ：カモメ駅からキタ駅まで行く5つのルートをインターネットで見つけたよ。どのルートにしようか？

ユミ：Aルートはどう？

マリ：うーん，約1時間かかるし，3回乗り換えないといけないね。

ユミ：もし乗り換えを間違えたら，もっと時間がかかるわね。

マリ：そのとおりね。じゃあ，別のルートにしようよ。電車を乗り換えるのに一番簡単なのはどのルートかな？

ユミ：このルートだと思う。1回しか乗り換える必要がないけど，800円くらいかかるね。

マリ：そうか，じゃあそのほかの3つのルートを見てみようよ。2回乗り換える必要があるね。あなたはこれらの乗り換え駅に行ったことある？ 私はサクラ駅に1回だけ行ったことがあるわ。

ユミ：私はカワ駅に行ったことがある。よくそこで電車を乗り換えるよ。
マリ：それは良かったわ。このルートにしようよ。600円以上はかからないし，あなたが電車の乗り換え方を知っているからね。
ユミ：OK。
質問　「どのルートを彼女たちは取るつもりですか？」
　マリの最終発言を参照。ユミの最後から2番目の発言から，ユミがカワ駅での乗り換え方を知っていることがわかり，マリは，カワ駅乗り換えで，600円以上の費用はかからないルートを提案している。

問8　(会話文読解問題：文の挿入，絵・図・表などを用いた問題，内容真偽)

(全訳)　*3人の生徒，ナオト，ケイコ，そしてマリはカモメ高校の生徒である。彼らは放課後教室で話している。そのとき，オーストラリアから来ている彼らの英語の先生，ブラウン先生が教室に入ってきて彼らと話す。*

ブラウン先生：やあ，みんな。何をしているの？
ナオト　　　：防災についての宿題をしているんです。
ブラウン先生：そう，もう少し教えて。
ケイコ　　　：防災訓練についてちょうど話していたんです。
ブラウン先生：先週末，私は近所の中学校で行われた防災訓練に参加したんだ。近所の人と学校へと歩き，災害に備えて準備する方法をが学べたよ。
ケイコ　　　：たくさんの市で，学校の近くに住んでいる人々のために学校でこうした種類のイベントが行われていますね。私も昨年参加しました。
ナオト　　　：本当に？　防災訓練について聞いたことはあるけど，ぼくは参加したことはないな。
ケイコ　　　：防災セットを作ったのよ。その中に薬や水，食料そしてラジオを入れたわ。
ブラウン先生：洪水や地震が起きてから，救援物資はすぐには送られてこないかもしれないね。2，3日のあいだ援助なしで生活できるように防災セットは持っておくべきだね。緊急事態でラジオは役に立つよ。テレビを見ることができず，インターネットが使えない時に，ラジオが市の情報を教えてくれるね。
マリ　　　　：私は先月，カモメ市防災訓練に参加しました。洪水や地震などの危険な状況を生き残る方法を教えてもらいました。毎年，家族で参加しています。
ブラウン先生：すばらしい！　君はそこで大切なことも学ぶよね？
マリ　　　　：はい。今年は，そのイベントで防災地図を作りました。
ケイコ　　　：私は昨年，別のイベントでもそれを作りました。
ナオト　　　：防災地図って何？
ケイコ　　　：災害時に危険な場所や大切な場所を示す地図よ。私たちが共に危険な状況を生き残ることができるよう，その地図には重要な情報が入っているので，<u>2. 近所で生活する人とそれ(地図)を共有すべきだ</u>，と私は思うな。
ナオト　　　：マリとケイコ，その作り方を教えてくれる？
マリ　　　　：もちろん。私たちは学校周辺の地図が必要だよね。
ケイコ　　　：コンピューター室に行って，インターネットから地図を手に入れようよ。
　彼らはコンピューター室で地図を手に入れる。マリとケイコは防災地図の作り方をナオトに教える。

ナオト　　：ほら，ぼくの家はここだよ。学校から歩いて10分かかるよ。で，最初に何をすればいい？

マリ　　　：学校の周辺にある危険箇所を見つけなければいけないわ。何があるかわかる？

ナオト　　：そうだな，スズメ川が学校の近くを流れているね。大雨のとき，川沿いを歩くのは危険だね。

ケイコ　　：この橋を見て。洪水や強い地震の時に壊れるかもしれないわ。

ブラウン先生：そのとおりだね。そうすると，この道は使えないね。

ケイコ　　：カエデ通りに沿って，たくさんの建物があるけど，とても古いのもあるわ。それらも，強い地震のときに壊れるかもね。

マリ　　　：ナオト，これらの危険箇所に黒のシールを貼ってみて。

ナオト　　：分かった。

マリ　　　：次に，病院のような重要な場所や，公園のような安全な場所に白のシールを貼ろう。

ナオト　　：サクラ通りに病院があって，ぼくの家の近くにツバメ公園があるよ。

ケイコ　　：ツバメ公園は大きな公園だから，緊急事態のときに大勢の人がそこにとどまることができるね。

ナオト　　：そこは避難場所だから，緊急事態のときに家族が集合する場所にしてもいいね。ぼくの家からほんの数分しかかからない場所にあるし。

マリ　　　：それはいい考えね。その公園にはまた，給水所もあるわね。地下に貯水槽があるから，緊急時にそこで水が手に入るわ。そのことをおぼえておいて，その公園に白のシールを貼っておくといいわね。

ケイコ　　：あっ，公園の前にお店があるわ。役に立つはずだよね。

ナオト　　：OK。そこに白のシールを貼ろう。

マリ　　　：最後に，危険な状況にあるときに，学校からどの道をとるのがベストなのかを選んでみて。

ケイコ　　：ナオト，学校にいるときに地震が起きたら，あなたはどの道を使う？　ベストな道を見つけて，私たちに教えてくれる？　このペンを使えるわ。

ナオト　　：そうだな，公園に行くのにこの道を使うだろうな。自分の家族とはそこで会えるよ。

ブラウン先生：そのとおりだよ。ナオト，君は(イ)<u>この地図</u>を今晩，君の家族に見せるといいよ。危険な状況で何をすべきかに関して，家族で話し合うことはとても大切だ。

ナオト　　：分かりました。今晩そのことを話します。

ケイコ　　：学校の周りにはほかにも危険な場所があると思うな。一緒に学校の周りを歩いて，それを見つけるのはどう？

ナオト　　：それはいい考えだね！　そうすればもっといい地図が作れるよ。

マリ　　　：困難な状況にあるとき，お互いに助け合わないとね。私たち学生が，市に住んでいる人たちのために何かができると思うわ。

ブラウン先生：そうだね。カモメ市の避難訓練のようなイベントでレッスンを受けるときに，我々はお互いに助け合う方法を考えてみることができるようになるね。そうすることは我々の地域社会を，さらに強いものにするはずだ。緊急事態に必要なことについて考え，家族や友だちそして近所の人たちと防災について話し合うことを，私は君たちにしてほしいと思う。君たちのアイデアを共有してね。

マリ　　　：次回のカモメ市の避難訓練に参加しましょう。

ナオト　　：必ず次回の訓練に参加します。今日はたくさんのことを学びました。

(ア)　上記全訳参照。<share~with人>「(人)と～を共有する／分かち合う」 選択肢2. の文中の代名詞itは，直前の文のa mapを指す。空所の後にも同じ，a mapを指す代名詞itがあり，防災地図に関して述べた部分。**代名詞がある場合，それが何を指すのかをしっかりと確認**しよう。

(イ)　地図上の4か所の**黒いシールの根拠**：ナオトの6番目の発言(←Suzume River沿いの道)。ケイコの7，8番目の発言，マリの5番目の発言(←bridge，Kaede Street沿いのいくつかの古い建物。地図上では，その通り沿い両側に黒いシール)。地図上の3か所の**白いシールの根拠**：ナオトの8番目の発言(←Sakura Street沿いの病院，Tsubame Park)。ケイコの10番目の発言(←公園前の店)。**移動ルートの矢印の根拠**：ナオトの11番目の発言参照(←「公園」へ行く1番ベストなルートに関する発言)。

(ウ)　a. ケイコと真理はカモメ市の防災訓練に一緒に参加し，災害に備えて準備するためのレッスンを受けた。(×)　b. ブラウン先生は，救援物資は2，3日到着しないかもしれないと言う。また先生は人々が重要な場所がどこにあるかを知るために防災地図を作らなければいけないとも言う。(×)　c. ケイコは彼女の市のイベントで防災セットを作った。そして彼女は，ナオトとマリが助けがなくても生きるためにそれを作ってほしいと思っている。(×)　d. ナオトは彼の学校から公園へ行くベストな道を学んだ。だから，彼はそれを家族に見せて緊急事態で何をすべきかを話すつもりだ。(○)　ナオトの11，12番目の発言を参照。　e. ケイコ，ナオト，そしてマリは自分たちの学校周辺を歩いた後，危険な場所をすべて見つけた。(×)　f. 他の人のことを考え，お互いに助け合うことが，自分たちの地域社会をさらに強固にするとブラウン先生は考えている。(○)　ブラウン先生の最後の発言を参照。直前のマリの発言に同意もしている。**各選択肢の文は長いので，前半と後半に分けて正誤の判断をしよう。**前半，あるいは後半だけが正しい選択肢のものが多いので要注意。

2019年度英語　リスニングテスト

〔放送台本〕

これから，問1のリスニングテストの放送を始めます。問題は(ア)・(イ)・(ウ)の三つに大きく分かれています。放送を聞きながらメモをとってもかまいません。

それでは，問題(ア)に入ります。問題(ア)は，No.1～No.3まであります。MaryとKenjiが話をしています。まずMaryが話し，次にKenjiが話し，その後も交互に話します。対話の最後でKenjiが話す言葉のかわりに(チャイムの音)というチャイムが鳴ります。そのチャイムのところに入るKenjiの言葉として最も適するものを，問題(ア)の指示にしたがって答えなさい。まず，問題(ア)の指示を読みなさい。それでは，始めます。対話は2回ずつ放送します。

No.1　[Mary:]　Kenji, have you finished the math homework? It is too difficult for me.
　　　[Kenji:]　I did it for two hours last night, but I couldn't finish it.
　　　[Mary:]　Well, how about asking Mr. Tanaka about the homework today?
　　　[Kenji:]　(チャイム)

No. 2　[Mary:]　Kenji, I hear your brother is in the U.S. now.

[Kenji:] Yes, he started studying in the United States last week.
[Mary:] Really? I hope he will have a wonderful experience. What is he studying?
[Kenji:] (チャイム)

No. 3 [Mary:] Kenji, the school festival is in November. I think it will be fun.
[Kenji:] Yes. Next week our class will talk about the school festival. Do you have any ideas?
[Mary:] I want to cook and sell food. What did you do last year?
[Kenji:] (チャイム)

〔英文の訳〕

No. 1 メアリー：ケンジ，数学の宿題はもう終わった？ 私には難しすぎるわ。
ケンジ ：昨日の夜に2時間やったけど，終わらせることができなかったよ。
メアリー：じゃあ，今日この宿題について田中先生に尋ねてみるのはどうかな？
ケンジ ：1 そうしよう。お昼の時間に先生のところに行ってみよう。

No. 2 メアリー：ケンジ，あなたのお兄さんは今，アメリカにいるそうね。
ケンジ ：うん，彼は先週からアメリカでの勉強をスタートしたんだ。
メアリー：本当？ お兄さんが素晴らしい経験ができることを願っているわ。彼は何を勉強しているの？
ケンジ ：4 彼は映画を作ることに興味があって，映画の作り方を学んでいるんだ。

No. 3 メアリー：ケンジ，文化祭が11月にあるわ。楽しいだろうね。
ケンジ ：そうだね。来週，クラスで文化祭について話す予定だよ。君には何かいいアイデアがある？
メアリー：料理を作ってそれを売りたいな。去年は何をしたの？
ケンジ ：2 大勢の人の前でポピュラーソングを歌ったよ。

〔放送台本〕

次に，問題(イ)に入ります。問題(イ)は，No.1とNo.2があります。それぞれ同じ高校に通うFrankとMikiの対話を放送します。対話の内容を聞いて，問題冊子に印刷されているそれぞれの質問の答えとして最も適するものを，問題(イ)の指示にしたがって答えなさい。まず，問題(イ)の指示を読みなさい。それでは，始めます。対話は2回ずつ放送します。

No. 1 [Frank:] Miki, what did you do last weekend?
[Miki:] Well, I went to the science museum with my brother, Taro.
[Frank:] That's nice! How old is your brother?
[Miki:] He is twelve years old. This spring he will be a junior high school student and he wants to join the science club at school.
[Frank:] That's wonderful! What is he interested in?
[Miki:] He often watches the stars at home. He would like to know more about them.

No. 2 [Frank:] Did you watch the soccer game on TV last night, Miki? It was so exciting!
[Miki:] No, I didn't. Last night I went to bed early because I had to

come to school to practice basketball early this morning.

[Frank:] Why did you practice before class? Will you have a game?

[Miki:] Yes. We have an important tournament this weekend. Our team is not strong, so we have to practice hard every morning and after school every day.

[Frank:] I see. I hope that your team will win the tournament. Good luck, Miki.

[Miki:] Thank you, Frank.

〔英文の訳〕

No. 1 フランク：ミキ，先週末は何をしたの？

ミキ　　：えーと，弟のタロウと科学博物館に行ったわ。

フランク：それはよかったね。君の弟は何歳？

ミキ　　：12歳よ。この春に中学生になるんだけど，中学では科学部に入りたがっているの。

フランク：それはすばらしい。彼は何に関心があるの？

ミキ　　：家では，よく星を見ているわ。星のことをもっと知りたいと思っているわ。

質問：ミキの弟のタロウについて正しいのはどれですか？

答え：4　中学生になったら，タロウは科学部に入部したいと思っている。

No. 2 フランク：ミキ，昨日の晩にサッカーの試合をテレビで見た？ とてもわくわくしたよね！

ミキ　　：私は見なかったわ。昨日の夜は早く寝たの。今朝早くにバスケットボールの練習のために学校に来なければいけなかったから。

フランク：授業の前になんで練習したの？ 試合があるの？

ミキ　　：そうよ。今週末に大事なトーナメントがあるのよ。私たちのチームは強くないから，朝と放課後の毎日，練習しなければいけないわ。

フランク：なるほど。そのトーナメントに勝てるといいね。頑張って，ミキ。

ミキ　　：ありがとう，フランク。

質問：ミキについて何と言えますか？

答え：3　ミキはテレビでサッカーの試合を見ないで，早く寝た。

〔放送台本〕

最後に，問題(ウ)に入ります。問題(ウ)では，かもめ高校の新入生に行ったアンケートの結果について生徒会長が行うあいさつを放送します。放送を聞き，問題(ウ)の指示にしたがって答えなさい。このあと，20秒後に放送が始まりますので，それまで問題(ウ)の指示を読みなさい。それでは，始めます。英文は2回放送します。

Hello, everyone. Thank you for answering the question, “What school event do you want to enjoy the most?” I’m going to talk about the answers. 25 students chose the running event. It started 10 years ago and we run along the river. More students want to enjoy the music event. Each class plays music in front of all the students. We have to practice very hard for one month before the event. Also, 85 students want to enjoy the school trip. You’re going to go to Okinawa to enjoy the beautiful sea in October next year. 135 students want to have fun at the festivals. We have two festivals, the sports festival and the school festival. Which one is more popular? The sports festival is! 75 students chose this festival. We will have it next month on May 25. I hope it will be sunny. If it is rainy, we will have it the next week. Let's enjoy all these school events together!

〔英文の訳〕

こんにちは，みなさん。「学校のどの行事を一番楽しみたいですか」という質問に答えてくれてありがとうございました。その回答についてお話しします。25人の生徒がランニング大会を選びました。この行事は10年前に始まり，川沿いを走ります。ミュージックイベントを選んだ生徒はさらに多くいました。各クラスが全校生徒の前で音楽を演奏します。この行事の前の1か月間，とても一生懸命に練習します。また，85人の生徒は修学旅行を楽しみたいと思っています。みなさんは，来年10月にきれいな海を楽しみに沖縄へ行く予定です。135人の生徒はフェスティバルを楽しみたいと思っています。体育祭と文化祭という2つのフェスティバルがあります。どちらが人気でしょうか？　体育祭です！　75人がこのフェスティバル(体育祭)を選びました。来月の5月25日に予定されています。晴れることを願っています。もし雨天の場合は翌週に行う予定です。これらの学校行事すべてを一緒に楽しみましょう！

これで問1のリスニングテストの放送を終わります。

＜理科解答＞

問1　(ア)　2　(イ)　1　(ウ)　5

問2　(ア)　4　(イ)　3　(ウ)　6

問3　(ア)　2　(イ)　3　(ウ)　4

問4　(ア)　2　(イ)　1　(ウ)　6

問5　(ア)　6　(イ)　4　(ウ)　5　(エ)　あ　船にはたらく重力と浮力の2力がつり合ったところで船は水に浮き，静止したと考えられる。　い　4

問6　(ア)　2　(イ)　1　(ウ)　3　(エ)　X　4.0 g　Y　3

問7　(ア)　(i)　1　(ii)　3　(イ)　4　(ウ)　4　(エ)　5

問8　(ア)　3　(イ)　1　(ウ)　(i)　43.1°　(ii)　1　(エ)　a　2　b　3

＜理科解説＞

問1　(小問集合－エネルギーとその変換：LED電球，光と音：光の屈折，電流：電流・電圧と抵抗)

(ア)　白熱電球とLED電球はともに，電気エネルギーを光エネルギーに変換するが，LED電球は白熱電球に比べ放出する熱エネルギーが小さい。

☆　(イ)　カードから出た光が，半円形レンズと空気の境界の面で屈折して目に入る。光が半円形レンズから空気へ進むときは，屈折角は入射角より大きくなる。**像は屈折した光が目に入る光の経路を逆に延長した位置に見える。**よって，[ト]というカードの左右同じ向きの像が，[ト]という実際のカードの右側に見える。

(ウ)　電池の電圧をVとし，抵抗器の抵抗をRとする。左の抵抗器の並列回路の全体の抵抗をR_Tとすると，$\frac{1}{R_T}=\frac{1}{R}+\frac{1}{R}=\frac{2}{R}$であるから$R_T=\frac{R}{2}$である。電池は直列であるから，全体の電圧は2Vである。よって，Aの部分の電流$=\frac{2V}{\frac{R}{2}}=\frac{4V}{R}$である。右の抵抗器の直列回路の全体の抵抗は2Rである。電池は並列であるから，全体の電圧は各電圧に等しく1Vである。よって，Bの部分の電流$=\frac{1V}{2R}=\frac{V}{2R}$である。よって，Aの部分の電流の大きさは，Bの部分の電流の大きさの8倍である。

問2　(小問集合－身のまわりの物質とその性質：ガスバーナーの操作，化学変化と物質の質量，酸・アルカリとイオン，中和と塩，気体の発生とその性質)

(ア)　調節ねじXは空気調節ねじで，調節ねじYはガス調節ねじである。ガスの量を変えずに空気の量を増加させるには，調節ねじYをおさえて，調節ねじXだけをBの方向に回して空気の量が増加するようにする。

(イ)　うすい塩酸に亜鉛を入れると，$Zn+2HCl \rightarrow ZnCl_2+H_2$，の化学変化がおこり，気体の水素がビーカーから空気中へと出ていく。よって，質量保存の法則により，亜鉛を入れる前のビーカー全体の質量aと加えた亜鉛の質量bの和は，反応が終わった後のビーカー全体の質量cと発生した気体の質量dに等しい。

☆ (ウ)　うすい塩酸にうすい水酸化ナトリウム水溶液を加えたときの化学変化を化学式とイオン式を用いて表すと，$(H^++Cl^-)+(Na^++OH^-) \rightarrow H_2O+Na^++Cl^-$，である。加える量に関係なく酸とアルカリが化学変化すると，$H^++OH^- \rightarrow H_2O$，の中和反応がおき，中和後イオンの数は減少する。試験管CではBTB液が緑色で中性になっているので，用いたうすい塩酸とうすい水酸化ナトリウム水溶液は同じ量を加えたときに水素イオンと水酸化物イオンの全てが中和反応を起こして水になり，中性になる。また，上記化学反応式の右辺のように，酸とアルカリが中和すると塩もできるが，食塩の場合はイオンのままなので，$Na^+:Cl^-=1:1$，である。試験管Aの場合をモデルで表すと，$\{(H^++Cl^-)+(H^++Cl^-)+(H^++Cl^-)\}+(Na^++OH^-) \rightarrow H_2O+2H^++Na^++3Cl^-$，となり，水素イオンの数＜塩化物イオンの数，である。試験管Dの場合は，アルカリ性になっているので，塩酸が電離して生じた水素イオンは全て中和し，0個である。試験管Eの場合をモデルで表すと，$\{(H^++Cl^-)+(H^++Cl^-)+(H^++Cl^-)\}+\{(Na^++OH^-)+(Na^++OH^-)+(Na^++OH^-)+(Na^++OH^-)+(Na^++OH^-)\} \rightarrow 3H_2O+2OH^-+5Na^++3Cl^-$，となり，塩化物イオンの数＜ナトリウムイオンの数，である。よって，6. の試験管Eの考察が正しい。

問3　(小問集合－生物と細胞：顕微鏡操作，自然界のつり合い，植物の特徴と分類)

(ア)　顕微鏡操作では，手順①対物レンズを最も低倍率のものにし，接眼レンズをのぞきながら反射鏡を調節して，視野が最も明るくなるようにする。手順②プレパラートをステージにのせ，対物レンズを横から見ながら調節ねじを回して，対物レンズとプレパラートをできるだけ近づける。手順③接眼レンズをのぞきながら調節ねじを回し，対物レンズとプレパラートを遠ざけながら，ピントを合わせる。

(イ)　肉食動物が減ると，草食動物が増える。それによって，植物が減るとともに，肉食動物が増える。肉食動物が増えると，草食動物が減る。その結果，肉食動物が減るとともに，植物が増え，生態系の数量的な関係は図のようなピラミッドの形にもどる。食物連鎖の中で，そのつり合いは一定に保たれている。

☆ (ウ)　タンポポとサクラはどちらも双子葉類なので，主根と側根があり，根の違いだけではなかま分けできないが，花弁を着目すると，**タンポポは，**たくさんの花が集まっていて一つの花のように見えるが，**一つ一つの花をよく見ると5枚の花弁がくっついている合弁花**であり,サクラは，離弁花である。イヌワラビには維管束があり，葉，茎，根の区別があるが，ゼニゴケには維管束がなく，葉，茎，根の区別がなく，仮根である。ユリはひげ根である。

問4　(小問集合－火山活動と火成岩，天気の変化：寒冷前線のモデル，地震と地球内部のはたらき)

(ア)　火山の形や噴火のようすはマグマの流れやすさ(ねばりけ)によって異なる。Aのように傾斜がゆるやかな火山は，マグマのねばりけが弱く，比較的穏やかな噴火が多く，溶岩の色は黒っぽい。伊豆大島火山はAである。Bのように盛り上がった形の火山は，マグマのねばりけが強く，爆発的な激しい噴火となることが多く，溶岩の色は白っぽい。雲仙普賢岳の平成新山はBである。

(イ)　静かに仕切り板を外すと，冷たい空気とあたたかい空気は，すぐには混じり合わずに境の面(気象では前線面)をつくり，**右側の保冷剤で冷えた空気は密度が大きいため，左側の空気の下にもぐりこむように進む。**

☆　(ウ)　震源から地点Xまでの距離を$x$kmとすると，P波が地点Xに達する時間は$\frac{x〔\mathrm{km}〕}{6.0〔\mathrm{km/s}〕}$であり，S波が地点Xに達する時間は$\frac{x〔\mathrm{km}〕}{4.0〔\mathrm{km/s}〕}$である。地点Xに，S波が到着した時間－P波が到着した時間＝初期微動継続時間，である。よって，$\frac{x〔\mathrm{km}〕}{4.0〔\mathrm{km/s}〕}-\frac{x〔\mathrm{km}〕}{6.0〔\mathrm{km/s}〕}=26〔秒〕-11〔秒〕=15〔秒〕$，であり，$x=180$，より，地点Xと震源との距離は180kmである。

問5　(力のつり合いと合成・分解：浮力・アルキメデスの原理，力のはたらき：重力・2力のつり合い，身のまわりの物質とその性質：密度)

☆　(ア)　物体Xにはたらく水圧は，深いほど大きいため，6. が正しい。

(イ)　dの位置における物体Xのばねばかりの値0.30〔N〕＝物体Xにはたらく重力0.50〔N〕－dの位置における物体Xにはたらく浮力x〔N〕，であるから，浮力x〔N〕＝0.50〔N〕－0.30〔N〕＝0.20〔N〕である。

(ウ)　上記(イ)のように求めると，物体Y，Zに，はたらく浮力は，それぞれ，0.20N，0.10Nである。**アルキメデスの原理より，浮力は水中にある部分の体積の水にはたらく重力に等しいから，**物体X，Y，Zの全体が水中にある場合，物体の体積は，それぞれ，20cm^3，20cm^3，10cm^{3}であることがわかる。よって，物体Xの密度$〔\mathrm{g/cm^3}〕=\frac{50〔\mathrm{g}〕}{20〔\mathrm{cm^3}〕}=2.5〔\mathrm{g/cm^3}〕$である。同様に，物体Y，Zの密度は，それぞれ，2g/cm^3，5g/cm^{3}である。

★　(エ)　アルキメデスの原理より，浮力は水中にある部分の体積の水にはたらく重力に等しいから，鉄で作った船を静かに水そうの中に入れていくと，船にはたらく浮力は増加していき，船にはたらく重力と浮力の2力がつり合ったところで船は水に浮く。このとき，船にはたらく浮力は，船にはたらく重力に等しいから1.5Nである。

問6　(化学変化：鉄と硫黄の化合実験・化学変化を原子と分子によりモデル化，化学変化と物質の質量：グラフ化，物質の成り立ち：原子・分子，気体の発生とその性質)

(ア)　②で乳ばちに残った混合物は鉄と硫黄である。5％の塩酸に反応したのは鉄で，発生した気体は水素である。

★　(イ)　〔実験1〕の④で磁石に引きつけられる物質がなかったことから，混合物に含まれていた鉄は，$Fe+S \rightarrow FeS$，の化学変化により，鉄のすべてが硫黄と化合し硫化鉄になったと考えられる。

よって，⑤の硫化鉄と5％の塩酸の反応により発生する気体は，硫化水素であり，卵の腐ったような特有のにおいがあり，有毒である。

（ウ）（イ）より，鉄の原子を●，硫黄の原子を○とすれば，鉄と硫黄から硫化鉄ができる反応を表したモデルは，●＋○→●○，である。

☆　（エ）7.0gの鉄粉をすべて反応させるのに必要な硫黄の質量をXgとすると，鉄の質量：硫黄の質量＝3.5g：2.0g＝7.0g：Xgにより，Xの値は4.0である。**鉄と硫黄は一定の比で化合する**ので，点a(3.5，2.0)と(7.0，4.0)を通り，原点を通る比例の直線が引ける。問題文中の**試験管(Y)には，磁石に引きつけられる物質，すなわち，硫黄と化合できなかった鉄があると考えられ，Yは原点を通る直線より下にある，質量の組み合わせ**が点dの試験管Dと，点eの試験管Eである。

問7　(動物の体のつくりとはたらき：だ液の消化実験・対照実験の設定・発展研究・仮説の設定)

（ア）(i)　デンプンは，だ液中のアミラーゼや，すい液中のアミラーゼ，さらに小腸の壁にある消化酵素などのはたらきで，最終的にブドウ糖に分解される。　(ii)　ブドウ糖は，小腸の壁にある柔毛から吸収される。

★　（イ）**「だ液がデンプンを糖に変化させている」ことを確かめるためには，試験管Bは試験管Aの対照実験となるように設定する。**そこで，試験管Bには，だ液を含む水と同量の，だ液をふくまない水を用いて，同じ条件で実験を行う必要がある。試験管Bは，40℃の湯に10分つけた後，ヨウ素液との反応が青紫色になること，ベネジクト液と反応しないことから，だ液が加わらないとデンプンは分解されないことがわかる。よって，4. である。

☆　（ウ）〔実験3〕は発展の自由研究である。6分までは，青紫色になっているので，ヨウ素に反応するデンプンが残っていた。8分からはヨウ素デンプン反応が起きないので，8分のときにはデンプンはすべて分解されていたと考えられる。よって，試験管の中にあるデンプンがだ液によってすべて分解されるためには，6分より長い時間(6分30秒かもしれないし，7分かもしれないし・・・)が必要であることが確認できる。

（エ）仮説②と仮説③は，〔実験3〕と同様の方法でだ液の量のみを変えることにより検証できるが，仮説①は，デンプン溶液の量を変えないと調べられないので，検証できない。

問8　(天体の動きと地球の自転・公転：太陽の日周経路の観察，地軸の傾きと太陽の南中高度)

★　（ア）油性ペンの先の影が透明半球の中心にある点Oにくるようにし，●を記入する。●印の記録から，太陽は地球から見ると一定の速さで東から西の方向に動いていることがわかる。これは，地球が西から東の方向に自転しているためである。

（イ）太陽は地球から見ると一定の速さで東から西の方向に動くため，地点Xの南中時刻が，地点Yに比べて10分遅い場合，Xの方がYより西にあるので，日の出と日の入りの時刻は，いずれも地点Xの方が，地点Yに比べて10分遅い。

（ウ）(i)　観察した地点Xの緯度をx°とすると、地点Xの夏至の日の太陽の南中高度＝70.3°＝90°－(x°－23.4°)であるから，x°＝90°＋23.4°－70.3°＝43.1°である。　(ii)　図2より，北緯43.1°の地点の都市は札幌である。

☆　（エ）春分や秋分の日の南中高度は，太陽は赤道に立つ人の天頂にあるので，「地点Xの南中高度＝90°－観察した地点Xの緯度」，である。また，夏至の日の太陽の南中高度は，**夏至の太陽の日周運動の道すじが，赤道よりも23.4°北へ寄っているので，そのぶんだけ高くなり，**「地点Xの夏至の日の太陽の南中高度＝春分・秋分の日の南中高度＋地軸の傾き23.4°」である。冬至の日の太陽の南中高度は，**冬至の太陽の日周運動の道すじが，赤道よりも23.4°南へ寄っているので，そ**

のぶんだけ低くなり，「地点Xの冬至の日の太陽の南中高度＝春分・秋分の日の南中高度－地軸の傾き23.4°」である。よって，地軸の傾きが26.0°に変化した場合は，夏至と冬至の日の太陽の南中高度の値の差は，現在と比べて大きくなる。また，春分と秋分の日の太陽の南中高度の値の差は，現在と比べて変わらない。

＜社会解答＞

問1 (ア) (i) 4 (ii) 3 (イ) (i) 1 (ii) 2 (ウ) 3 (エ) 6
問2 (ア) 3 (イ) 2 (ウ) (i) 2 (ii) 4 (iii) 2 (iv) 3
問3 (ア) 3 (イ) あ 口分(田) い B (ウ) 1 (エ) 2 (オ) 3
(カ) う 独占すること え A
問4 (ア) 4 (イ) 4 (ウ) 3 (エ) 5 (オ) (i) く 吉田(内閣) け B
(ii) 4
問5 (ア) 2 (イ) (i) 1 (ii) 1 (ウ) (i) 4 (ii) 6 (エ) 2
問6 (ア) (i) 7 (ii) 2 (イ) え クーリング(・オフ) お C (ウ) 4

＜社会解説＞

問1 (地理的分野－世界の地形・貿易・気候などに関する問題)

(ア) (i) スペインから西に向かって地球を一周するときに通過する海洋が，**大西洋→太平洋→インド洋の順**であることから判断すれば良い。 (ii) 180度経線に沿うように描かれている**日付変更線で日付が変わる**ことから，**東から西に越えるときは＋1日，西から東に越えるときには－1日**する必要がある。

(イ) (i) **本初子午線はイギリスのロンドン郊外にあった旧グリニッジ天文台を通過する**ことから，略地図Ⅱに描かれたアフリカ大陸の西側を通ることになる。略地図ⅡのCの北に描かれている緯線が赤道であり，略地図Ⅲでベネズエラの国名の両横に描かれている緯線が赤道であることから判断すれば良い。 (ii) ベネズエラは12位，ナイジェリアは13位の原油産出量がある国である。

(ウ) ブエノスアイレスは日本と同じ温暖湿潤気候に分類され，また南半球に位置するので日本とは季節の巡り方が逆になることから判断すれば良い。また，**プランテーションは熱帯・亜熱帯で行われる大規模農業**のことである。

(エ) Aは**中国の首都である北京**，Bは**ベトナムの首都であるハノイ**である。Aの拠点増加率は32349÷31661×100＝102.17…となり，102.2％，Bの拠点増加率は1816÷1309×100＝138.73…となることから，138.7％となることから判断すれば良い。

問2 (総合問題－福岡県を切り口にした問題)

(ア) 基礎素材を製造するものの割合を求めると，1970年は11300÷(11300＋2700＋4600)×100＝60.75…となり，60.8％，2010年は28300÷(28300＋34300＋19400)×100＝34.51…となり，34.5％となることから判断すれば良い。また，Aは日本の石炭輸入額に対する主な輸入先の割合，Bは世界の石炭産出量に対する主な国の割合である。

(イ) **石油・天然ガス・石炭は化石燃料**であることから判断すれば良い。

（ウ）(i) **水城は7世紀半ばに築かれた**ものであること，当時の中国の王朝は唐，**朝鮮半島は7世紀中ごろまでに新羅によって統一された**ことと併せて判断すれば良い。 (ii) 地形図Ⅱには方位記号が描かれていないので地図の上が北を示すことになる。また，地形図Ⅰでは P の横に下大利三丁目とあることと併せて考えれば良い。 (iii) 地形図Ⅰは縮尺10000分の1であることから，地図上の8cmの実際の気長さは8×10000＝80000mとなる。これを縮尺25000分の1の地図上に表すと，80000÷25000＝3.2(cm)となることが分かる。 (iv) 地形図Ⅱの北東，すなわち右上のある大原山のすぐ西側，すなわち左側に標高354m地点があることから，標高350mの等高線が確認できる。地形図Ⅱの**縮尺は25000分の1**であることから，**等高線は10mごと**に描かれていることが分かるので，B 地点までの等高線を数えれば良い。

問3 (歴史的分野－交通・交易に関する問題)

（ア） **奴国王が金印を授けられたのは西暦57年**のことである。Aは紀元前2600年から紀元前1800年に栄えた文明であり，bはムハンマドが啓示を受けたのは610年頃であることから，いずれも時期が異なることになる。

（イ） **収穫の3％の稲を納める税である租のために支給された田**である。律令の規定では，**男子に2段支給され，女子は3分の1を減ずる**とされている。また，資料Ⅰは，「永年取ることなかれ」とあり，743年に出された墾田永年私財法であることが分かることから判断すれば良い。

（ウ） 1は1582年に日本を出発し1590年に帰国した天正の遣欧使節団である。2の影響は，ヨーロッパで日本の文化が流行した19世紀のことである。3は13世紀半ばから14世紀初めにかけての人物である。4は8世紀に建てられた，聖武天皇の遺品を納める倉である。5は15世紀半ばから16世紀初めにかけての人物である。したがって，4→3→5→1→2となることから判断すれば良い。

（エ） 資料Ⅱが，**後醍醐天皇が行った建武の新政を批判する二条河原の落書**であることから判断すれば良い。

（オ） **海賊である倭寇と区別するために合札として勘合を用いた中国の明との貿易**では，銅銭である永楽通宝を大量に輸入し，鉱物原料である銅・硫黄などを多く輸出していた。

（カ） う　資料Ⅲから，土民の商売を禁止し商人にだけ特権を認めていたことが読み取れることから，「独占」に注目してまとめれば良い。　え　資料Ⅳの二つ目の項目に，徳政令が出されてもこの町では免除するとあることから判断すれば良い。

問4 (歴史的分野－アジアに関する問題)

（ア） あ　アヘン戦争は，イギリスと清が戦った戦争である。　い　1842年に出された天保の薪水給与令の内容である。

（イ） インドで手工業に携わる職人が職を失う一方でイギリスに対する不満が高まるとあることと，時期が19世紀半ばとあることから，**18世紀後半にイギリスで起こった産業革命**が関係していることが読み取れる。したがって，(え)には工業製品が入ることが分かる。さらに，工業製品の輸出額が減少していることから，(う)にはアジアから西，つまりヨーロッパへの輸出が減少していることが分かるはずである。

（ウ） aは**1895年の三国干渉**，bは**1894年の甲午農民戦争**，cは**1905年のポーツマス条約**のことである。したがって，b→a→cとなることが分かる。

（エ） お　第一次世界大戦で日本は，日英同盟を根拠にして連合国側で参戦していることから判断すれば良い。　か　第一次世界大戦における敵国がドイツであったことから判断すれば良い。
き　1921年にから1922年にかけて開かれたワシントン会議において日英同盟が破棄されたこと

から判断すれば良い。

（オ）（i）く　1951年にサンフランシスコ条約が締結された時の首相は吉田茂である。　け　同時に締結された条約が日米安全保障条約であることから判断すれば良い。（ii）国際連合発足が1945年10月であることから判断すれば良い。1は1937年，2は1933年，3は1941年，4は1950年のことである。

問5　(公民的分野－憲法・国民の権利などに関する問題)

（ア）大日本帝国憲法は1889年に発布され，第1回帝国議会は1890年に開かれたことから，bは誤りである。大日本帝国憲法では，天皇は主権者とされていることから，dは誤りである。

（イ）（i）あ　情報公開法とあることから判断すれば良い。請求権は裁判を受ける権利などとして日本国憲法に定められているものである。　い　情報公開法の対象は国の行政機関が保有する資料であることから判断すれば良い。（ii）う　日本国憲法第33条の規定である。　え　無作為によって選ばれた11名の日本国民によって構成される機関である。

（ウ）（i）通貨量の調整は日本銀行の業務であることから，4は誤りである。（ii）公債金収入は，特に1970年代の2度の石油危機以降に大きく増加したことから判断すれば良い。したがって，Aは租税収入である。国債費は公債金の返済の費用であることから判断すれば良い。したがって，Cは公共事業費，Dは社会保障関係費である。

（エ）お　無駄がないと書かれている点に注目すれば良い。　か　賛成票が最多得票であっても，過半数に届いていなければ，賛成していない票の方が賛成票を上回ることが起きることに注目すれば良い。

問6　(総合問題－国際社会に関する問題)

（ア）（i）あ　表を見ると，1ドルに交換するために必要なユーロは，2015年の方が2014年より多くなっていることが分かる。これは，ユーロをドルに交換する動きが強まったことの表れである。　い　したがって，ユーロのドルに対する価値は低下したことになる。　う　自国通貨がドルに対して安くなることは，アメリカでの販売価格が下がることになるので，輸出にプラスの効果があることから判断すれば良い。（ii）2009年は貿易黒字であることから，bは誤りである。また，2013年は貿易赤字であることから，cは誤りである。

（イ）え　一定期間であれば無条件で契約を解除できるとあることから判断すれば良い。　お　クレジットとは信用貸しのことであり，現金の支払いは後払いである。

（ウ）か　京都議定書は1997年に締結されたものである。　き　紫外線の増大はオゾン層の破壊によって引き起こされるものである。

＜国語解答＞

問一　（ア）1　しんぼく　2　かんしょう　3　ちょうそ　4　くわだ(てる)
（イ）a　2　b　1　c　3　d　4　（ウ）1　（エ）2

問二　（ア）3　（イ）2　（ウ）4　（エ）1

問三　（ア）1　（イ）4　（ウ）3　（エ）2　（オ）3　（カ）4

問四　（ア）3　（イ）2　（ウ）3　（エ）1　（オ）Ⅰ　主体的な意志
Ⅱ　責任の所在　（カ）1　（キ）2　（ク）4

問五　(ア)　4　(イ)　(例)　(リサイクル率を向上させるためには,)紙製容器包装やプラスチック容器包装を分別して資源にする(ことが重要だと考えられます。)

＜国語解説＞

問一　(知識・俳句－漢字の読み書き，品詞・用法，内容吟味)

(ア)　1　「**親睦**」は仲良くなること。　2　「**緩衝**」は対立する二つのものの間にあって衝突や不和を和らげるという意味である。　3　「**彫塑**」は彫像(＝木・石・金属などに彫った像)と塑像(＝粘土・石膏などで作った像)。　4　「**企てる**」は計画するという意味。「企画」(きかく)という語も合わせて覚えよう。

(イ)　各文のカタカナを漢字で書くと次のようになる。

a　**振興**　1　好奇　2　**興亡**　3　虚構　4　休耕　b　**牧草**　1　**草稿**　2　階層　3　伴奏　4　競争　c　**帳尻**　1　庁舎　2　兆候　3　**帳簿**　4　胃腸　d　**刻む**　1　規則　2　穀粉　3　嘆息　4　**即刻**

(ウ)　「読んで」は**接続助詞**の「**て**」が，直前の動詞「読む」の連用形「読み」が音便化したために**濁音化**したもの。　1　「脱いで」は直前の動詞「脱ぐ」の連用形「脱ぎ」が音便化したために濁音化したものなので，これを選ぶ。　2　「立派で」は**形容動詞**の活用語尾，　3　「自転車で」と　4　「五分で」は**格助詞**である。

(エ)　作者は,「向日葵の」で**花**を示し，次いで「蕊を見るとき」で**花の中心**をクローズアップする。そして「海」が消えたと言うことで，背後に広がる**海**を意識させつつ向日葵の存在感を印象づけるのである。作者の視点の変化を説明した2が正解となる。「海」は「向日葵畑」の比喩ではなく，「悲しみ」も読み取れないので1は不適切。この句では1本の向日葵に注目しており，3の「一面の向日葵畑」は俳句に描かれた情景と合わない。4の「向日葵の花」が「枯れ果てた」ということはこの句からは読み取れない。

問二　(古文－情景・心情，内容吟味)

〈口語訳〉　昔，孫叔敖という人が，幼い頃，外に出て遊んでいると，両頭の蛇といって，二つ頭のある蛇を見た。日本でいう「日ばかり」(という毒蛇)の類であろう。そのときに，その子(＝叔敖)の母が,「あなたはどういう事情があって，このように物を食べないで泣くのか。」と聞いたところ，叔敖が答えて言うことには，「今日私は両頭の蛇を見たので，明日まで生きられないだろう。」と言ったのを，母はもともと非常に優れた人であったので，他のことを聞こうとしないで，「そもそもその蛇はどこにいるのか。」と尋ねる。叔敖が言うことには，「両頭の蛇を見る者は必ず死ぬと，日頃から聞いて知っていたので，他の人がまたこれ(＝両頭の蛇)を見るかもしれないと心配して，土の中に埋めた。」と言う。母が，この言葉を聞いて言うことには，「心配することはない。あなたは死ぬことはないでしょう。その理由は，人として他人に知られない良い行いをすれば明らかな報いがある，天は高いけれども低い地のことをよく知っている，徳は災いに勝ち思いやりの心は多くの災いを除く，ということがあるので，あなたは死なないだけでなく，そればかりか楚の国で出世するだろう。」と言う。(叔敖は)成人した後に，(母の)予想通り令尹という(位の高い)官僚になった。その国の民が，「叔敖は(他の人のために)蛇をさえ埋めるほどの人だから，嘘をつくわけがない。」と言って，その言葉をよく信じた。

また，秦の穆公が優れた馬を盗まれたとき，5人の盗人はこの馬を殺して食べた。穆公は，5人を殺さずに薬酒をお与えになった。その後，秦と晋に戦争があった。例の5人は命を惜しまず働いた。穆公が言うことには，「隠れた良い行いをすれば明らかな報いが得られるというのは，まさにこのことである。」と。

（ア）　叔敖は「**両頭の蛇を見ければ**，明日まで命を延ぶべからず。」と言っている。日ごろから「両頭のくちなはを見るものは必ず死す」と聞いていたので，両頭の蛇を**見た**ことによって「明日まで生きられない」，つまり「今日中に死んでしまう」と思ったのである。このことを説明した3が正解。1は「蛇にかまれてしまった」，2は「蛇を殺してしまった」ということを原因としているので誤り。4は「母」に言及しているが，叔敖は母の心配はしていないので不適切である。

（イ）　母は叔敖が死なない理由を「**陰徳**あれば**陽報**あり，**天**は高けれども，低き地のことをよく聞けり。」と説明しているが，これと合致するのは2の「**天**は地上の出来事をよく知っており，人は日ごろの**行い**によって**相応に報われる**」である。1の「『叔敖』が日ごろから命あるものを大切にしている」「天が知らなくても『母』は知っている」は本文にない内容。3は「蛇を殺してしまったことを気にかけている」が誤り。また，叔敖が蛇を土に埋めたのは「埋葬」のためではない。4は「蛇も許してくれる」が本文と無関係。

（ウ）　叔敖が蛇を埋めたのは，**他の人に災いが及ばないようにするため**である。人々は，そのことを知って，叔敖ならば自分たちをだまして窮地に追いこむようなことをするはずがないと信頼することができたのである。正解は4。1は「勇敢」が，食べ物ものどを通らず泣いていた叔敖の様子と合わない。2は叔敖に対する信用を「戦」に限定している点がおかしい。3は「自分の命よりも蛇の命を優先する」が誤り。叔敖は，他の人のために蛇を殺して埋めている。

（エ）　本文の二つのエピソードはいずれも**「陰徳」によって「陽報」を得た**という話である。1は叔敖と穆公の「陰徳」と「陽報」を正しく説明しているので，これが正解。2は叔敖が「母」のために蛇を殺したという点が誤りであり，「陽報」についての説明もおかしい。3は「駿馬」が盗人たちに食べられてしまっているので誤り。4は「『陰徳』が災いして，戦が起こるという『陽報』を招く」という説明が矛盾している。「陰徳」は災いするものではなく，戦が起こることは「陽報」とは言えない。

問三　（小説－情景・心情，内容吟味，その他）

（ア）「重吉」が自分自身について考えたことは，――線1の直前に「自分は，あの頃の**夢の中**で生きているのだろうか」と書いてある。現実にパリにいることが実感できないのである。また，フィンセントについては，後の部分に「『**いちばん描きたいもの**』を描き上げたとき，そのときこそ，画家としての彼の夢がかなったといえるのだろうか」とある。このことをふまえた1が正解である。ここでは重吉自身の「ほんとうの夢」については考えていないので，2は不適切。3は「日本にもアルルにも行くことがかなわず」が誤り。フィンセントはアルルに行っている。4の「故郷がいちばん」は，本文に書かれていない内容である。

（イ）「薄暮のような」という表現から，明るく幸福な気持ちを表す「微笑」ではないことが読み取れる。忠正は，慣れない異国に住む**苦しみ**や外国人に馬鹿にされた**くやしさ**などのやり場のない気持ちを抱えて何度もセーヌ川のほとりを歩いた。あらすじからわかるように，この時も同業者に見下されてセーヌ川に来たのである。この「微笑」には苦い思いを抱きながらもパリで画商として生きていこうと決意した忠正の**覚悟**が表れている。したがって，正解は4。1の「遠い記憶」，2の「もうパリで悩むことはないだろう」，3の「自信」は不適切である。また，1の忠正が「パリを離れる」は本文に根拠がない。

（ウ）　――線3の前後の「黙って聞いていたが，**突然**，告げた」「すぐには答えようとしなかったが，やがて**打ち明けた**」に対応するのは3「**不意に打ち明けるように**読む」である。フィンセントは，セーヌを描くことを警官に禁止され,「セーヌに，パリに拒絶された」と感じて「打ちのめされた」ことがあった。その弟にも話せなかった出来事を話した相手が忠正だったのである。1は「怒り」「強い調子」がフィンセントの「打ちのめされた」気持ちに合わない。2のような他の画家との比較は本文に書かれていない。フィンセントは遠い異国から来て苦労した忠正ならば自分の気持ちを理解してくれるのではないかと思って気持ちを打ち明けたと考えられるので，「皮肉をこめて」とする4は誤りである。

(エ)　忠正はフィンセントに本心を打ち明けられ，その傷ついた心に**自分が西洋人に馬鹿にされたときの気持ちを重ね**，舟のように「**たゆたえども，決して沈まずに**」逆境をやり過ごし，絵を描き続けてほしいと励ましている。「たゆたう」は揺れ動くという意味なので，正解は2である。1は「パリに残っていてほしい」が不適切。忠正はフィンセントがアルルに行くことを止めていない。3は「嵐の中を勇敢に突き進む『舟』」が誤り。忠正が示したのは，揺れても沈まない舟である。4は「自分はくじけてしまった」が誤り。忠正は傷つきながらもくじけてはいない。

(オ)　重吉は，**忠正**や**フィンセント**が夢をかなえようとして来たパリで抱いた思いを聞かされ，目の前のセーヌ川にそういった**様々な思い**が流れているように感じて「涙がこぼれてしまいそう」になっている。正解は3。1は重吉自身がパリで「くやしい思いをした」ことの根拠が本文にないので不適切。重吉は忠正の話を聞いて衝撃を受けたが，2の「嫌気」や4の「失望」を感じている様子はない。

(カ)　舞台はセーヌ川である。重吉は，最初の部分ではまだ**自分がパリにいるという実感がなかった**が，忠正の話を聞いて忠正やフィンセントの様々な思いを理解し，それがすべてセーヌ川を流れていると感じるようになった。それは，重吉自身が苦悩をセーヌ川に捨てながらパリで生きていくこと，つまり**現実のパリで生きていくという覚悟を決める**ことでもあった。正解は4である。1は,「懸命に話す」という表現が本文と合わず,「ふたりの新しい船出」とする根拠が不十分。2は重吉が「失望していく」とする点が不適切。隅田川とセーヌ川を重ね合わせたのは重吉であり忠正ではないので，3は誤りである。

問四　(論説文－内容吟味，文脈把握，接続語の問題)

(ア)　A　前の「皆が活躍できる時代が到来するかもしれない」という内容から予想されることと反対の「自分が活躍しているという感覚は錯覚ということになりそうだ」という内容が後に続くので，「**だが**」が入る。　B　空欄の後の「主体と客体の関係が転倒するのだ」は前の内容を要約したものなので，「**つまり**」が入る。したがって，正解は3となる。

(イ)　クリエイティブな作業が「どこまでやってもゴールに到達することはない」のに対して，ルーティンワークは**ある程度やればゴールに到達できる**。また，ルーティンワークはクリエイティブな作業に比べて「明らかに**負担が軽い**」とある。この内容をふまえた2が正解である。ここで比較しているのは「クリエイティブな作業」と「ルーティンワーク」であり，AI導入前と導入後のルーティンワークの違いではないので，1は不適切。3の「責任がある仕事」や4の「個人の価値も向上する」は，ルーティンワークではなくクリエイティブな作業に対応する説明なので，誤りである。

(ウ)「あたらしい技術」について，本文には「既に，私たちと融合を始めている」「**既に,『ここにあるもの**』として，私たちと一体化しつつある」と書かれている。これと合致するのは「当たり前のものとして，身近に存在している」と説明する3である。1の「自然に取って代わろうとして」は本文にない内容。2の「危害を加えかねない存在」は後半の「自動」運転に関して書かれていることであり，4は「主体と客体の転倒」の説明になっておいるが，傍線部の説明になっていない。

（エ）　筆者は現在の自動運転が不完全であることを認めた上で，「あたらしい技術」によって「**主体と客体の転倒**」が起こることに「**不安**」があるとする。「本当の」自動運転は運転という技術が自動化されるだけでなく，人間の主体的な意志がなくても運転が行われるため，事故が起きたときに誰の責任かわからなくなってしまう。このことを説明しているのは1である。現在の技術では人間が目的地を入力する必要があり，「不測の事態」が起きたとき以外にも人間の判断が必要になるので，2は誤り。3は「心待ちにしている」が本文の「不安を抱く」と矛盾する。4は「主体と客体の転倒などあってはならないと警戒している」が不適切。筆者は「主体と客体の転倒」を予測し，受け入れた上で対応策をとるべきだと述べている。

（オ）　Ⅰ　——線4直前の「近代以降の社会の枠組みは，まさに，人間は**主体的な意志**を持つ存在であるという前提を基につくられてきた」から抜き出す。　Ⅱ　筆者は，「あたらしい技術」である「自動」運転で事故が起こった場合について，「責任は誰が負うことになるのだろうか」と疑問を投げかけている。誰が責任を負うことになるのかわからないということである。▲直前の文から「**責任の所在**」を抜き出す。

（カ）　——線5の次の文に「どんなに一所懸命に自らの『人的資本』の価値を高めようとしても，**疲弊する**ばかりということになるだろう」とある。「**消耗する**だけ」と説明する1が正解となる。2の「発揮するための場がない」，3の「他者へ依存するようになる」，4の「人間の能力そのものが飛躍的に高まる」は，いずれも本文にない内容である。

（キ）　筆者は，最後の段落で「これからの**社会**は**変化**せざるを得ない」とした上で「どのように変わって欲しいのか，その**ビジョン**を思い描くことこそが実践的な解につながっていくはずだ」と述べている。これと同じことを説明している2を選択する。1の「一人ひとりが科学技術の発展に貢献する必要」は本文にない内容。3の「個人の能力を高めることに専念する」は，筆者が述べていることと逆である。4は「社会の変化を食い止める」という目的が本文と合わない。

（ク）　筆者は，**人間と一体化**しつつある「**あたらしい技術**」によって「**主体と客体の転倒**」が起こることを予測し，個人の能力を高めるよりも**今後の社会のあり方**を考えるべきだと主張しているので，4の説明が適している。1の「人間の能力を飛躍的に向上させていく可能性」については「考えないほうがいい」と述べる。2は「期待感」が不適切。筆者は，主体と客体の転倒がもたらすのは悪い面にも注目する。3は「希望や幸福に満ちた未来を実現する」が言い過ぎ。筆者が求めているのは理想ではなく，「どのように変わって欲しいのか」という実践的な解である。

☆問五　（話し合い－脱文・脱語補充，その他）

（ア）　図をもとに簡単な計算をすると，「集団回収」が5.3％，「直接資源化」が9.8％であることから，「収集後直接資源化」は4.5％であることがわかる。したがって，**「収集後直接資源化」量が「集団回収」量よりわずかに少ない**と説明する4が正解。焼却による「減量化」は76.1％なので，「半分近く」と説明する1は誤り。「中間処理後資源化」は10.5％で「収集後直接資源化」の2倍以上なので，2は誤り。「中間処理残滓埋立」は「直接埋立」の約8培なので4は誤りである。

（イ）　Aさんのことばは，BさんとDさんの「リサイクルされている割合の高いものと低いものがある」「**割合の低いもののリサイクル**を進めていけばよい」「混ぜればごみ，**分ければ資源**」という発言をふまえたものである。グラフと表から，リサイクルされている割合が低いのは飲料用紙容器を含む**紙製容器包装**と**プラスチック容器包装**であることがわかるので，この二つを**分別**して**資源**にするという内容を20～30字でまとめる。後の語句につなげるので，文末に句点はつけない。書いたら必ず読み返して，誤字・脱字や表現の不自然なところは改めること。

解答用紙集

○月×日 △曜日　天気（合格日和）

◆ご利用のみなさまへ

＊解答用紙の公表を行っていない学校につきましては、弊社の責任において、解答用紙を制作いたしました。

＊編集上の理由により一部縮小掲載した解答用紙がございます。

＊編集上の理由により一部実物と異なる形式の解答用紙がございます。

人間の最も偉大な力とは、その一番の弱点を克服したところから生まれてくるものである。 ――カール・ヒルティ――

東京学参株式会社

※ 125％に拡大していただくと，解答欄は実物大になります。

Ⅲ　数　学　解答用紙　（令和６年度）

氏 名	

受	検	番	号			
⓪	⓪	⓪		⓪	⓪	⓪
①	①	①	①	①	①	①
②	②	②	②	②	②	②
③	③	③		③	③	③
④	④	④		④	④	④
⑤	⑤	⑤		⑤	⑤	⑤
⑥	⑥	⑥		⑥	⑥	⑥
⑦	⑦	⑦		⑦	⑦	⑦
⑧	⑧	⑧		⑧	⑧	⑧
⑨	⑨	⑨		⑨	⑨	⑨

注意事項

1　ＨＢまたはＢの鉛筆（シャープペンシルも可）を使用して，◯ の中を塗りつぶすこと。
2　答えを直すときは，きれいに消して，消しくずを残さないこと。
3　解答用紙を汚したり，折り曲げたりしないこと。

良い例	悪い例		
⬬	線	小さい	はみ出し
	丸囲み	レ点	うすい

問１

(ア)	① ② ③ ④
(イ)	① ② ③ ④
(ウ)	① ② ③ ④
(エ)	① ② ③ ④
(オ)	① ② ③ ④

各３点

問２

(ア)	① ② ③ ④
(イ)	① ② ③ ④
(ウ)	① ② ③ ④
(エ)	① ② ③ ④
(オ)	① ② ③ ④
(カ)	① ② ③ ④

各４点

問３

(ア)	(i)	(a)	① ② ③ ④
		(b)	① ② ③ ④
	(ii) あい	あ	⓪ ① ② ③ ④ ⑤ ⑥ ⑦ ⑧ ⑨
		い	⓪ ① ② ③ ④ ⑤ ⑥ ⑦ ⑧ ⑨
(イ)	(i)		① ② ③ ④ ⑤ ⑥
	(ii)		① ② ③ ④ ⑤ ⑥
(ウ)	う√え	う	⓪ ① ② ③ ④ ⑤ ⑥ ⑦ ⑧ ⑨
		え	⓪ ① ② ③ ④ ⑤ ⑥ ⑦ ⑧ ⑨
(エ)			① ② ③ ④ ⑤ ⑥ ⑦ ⑧

(ア)(i)(a)(b)は各２点，(ii)は５点，(イ)(i)(ii)は各３点，(ウ)は６点，(エ)は５点

問４

(ア)		① ② ③ ④ ⑤ ⑥
(イ)	(i)	① ② ③ ④ ⑤ ⑥
	(ii)	① ② ③ ④ ⑤ ⑥
(ウ) おか/き	お	⓪ ① ② ③ ④ ⑤ ⑥ ⑦ ⑧ ⑨
	か	⓪ ① ② ③ ④ ⑤ ⑥ ⑦ ⑧ ⑨
	き	⓪ ① ② ③ ④ ⑤ ⑥ ⑦ ⑧ ⑨

(ア)は４点，(イ)は両方できて５点，(ウ)は６点

問５

(ア) く/けこ	く	⓪ ① ② ③ ④ ⑤ ⑥ ⑦ ⑧ ⑨
	け	⓪ ① ② ③ ④ ⑤ ⑥ ⑦ ⑧ ⑨
	こ	⓪ ① ② ③ ④ ⑤ ⑥ ⑦ ⑧ ⑨
(イ) さ/しす	さ	⓪ ① ② ③ ④ ⑤ ⑥ ⑦ ⑧ ⑨
	し	⓪ ① ② ③ ④ ⑤ ⑥ ⑦ ⑧ ⑨
	す	⓪ ① ② ③ ④ ⑤ ⑥ ⑦ ⑧ ⑨

(ア)(イ)は各５点

問６

(ア)		① ② ③ ④ ⑤ ⑥
(イ) せ√そた/ち	せ	⓪ ① ② ③ ④ ⑤ ⑥ ⑦ ⑧ ⑨
	そ	⓪ ① ② ③ ④ ⑤ ⑥ ⑦ ⑧ ⑨
	た	⓪ ① ② ③ ④ ⑤ ⑥ ⑦ ⑧ ⑨
	ち	⓪ ① ② ③ ④ ⑤ ⑥ ⑦ ⑧ ⑨

(ア)は４点，(イ)は６点

※ 123％に拡大していただくと，解答欄は実物大になります。

Ⅰ　外国語（英語）　解答用紙　（令和６年度）

氏名	

受検番号						
⓪	⓪	⓪		⓪	⓪	⓪
①	①	①	①	①	①	①
②	②	②	②	②	②	②
③	③	③		③	③	③
④	④	④		④	④	④
⑤	⑤	⑤		⑤	⑤	⑤
⑥	⑥	⑥		⑥	⑥	⑥
⑦	⑦	⑦		⑦	⑦	⑦
⑧	⑧	⑧		⑧	⑧	⑧
⑨	⑨	⑨		⑨	⑨	⑨

注意事項

1　ＨＢまたはＢの鉛筆（シャープペンシルも可）を使用して，◯の中を塗りつぶすこと。

2　答えを直すときは，きれいに消して，消しくずを残さないこと。

3　数字や文字などを記述して解答する場合は，解答欄からはみ出さないように，はっきり書き入れること。

4　解答用紙を汚したり，折り曲げたりしないこと。

良い例	悪い例
●	線　小さい　はみ出し　丸囲み　レ点　うすい

問1

(ア)	No. 1	① ② ③ ④
	No. 2	① ② ③ ④
	No. 3	① ② ③ ④
(イ)	No. 1	① ② ③ ④
	No. 2	① ② ③ ④
(ウ)	No. 1	① ② ③ ④ ⑤ ⑥
	No. 2	① ② ③ ④

各３点

問2

(ア)	① ② ③ ④
(イ)	① ② ③ ④
(ウ)	① ② ③ ④

各２点

問3

(ア)	① ② ③ ④
(イ)	① ② ③ ④
(ウ)	① ② ③ ④
(エ)	① ② ③ ④

各３点

問4

(ア)	3番目	① ② ③ ④ ⑤ ⑥
	5番目	① ② ③ ④ ⑤ ⑥
(イ)	3番目	① ② ③ ④ ⑤ ⑥
	5番目	① ② ③ ④ ⑤ ⑥
(ウ)	3番目	① ② ③ ④ ⑤ ⑥
	5番目	① ② ③ ④ ⑤ ⑥
(エ)	3番目	① ② ③ ④ ⑤ ⑥
	5番目	① ② ③ ④ ⑤ ⑥

各４点　両方できて正解

問5

＊解答欄は裏面にあります。

５点

問6

(ア)	① ② ③ ④
(イ)	① ② ③ ④ ⑤ ⑥
(ウ)	① ② ③ ④ ⑤ ⑥ ⑦ ⑧

各５点

問7

(ア)	① ② ③ ④ ⑤
(イ)	① ② ③ ④ ⑤

各５点

問8

(ア)	① ② ③ ④ ⑤ ⑥ ⑦ ⑧ ⑨
(イ)	① ② ③ ④
(ウ)	① ② ③ ④ ⑤ ⑥ ⑦ ⑧

各５点

氏 名	

受検番号							

問5

a wheelchair basketball game ?

※123％に拡大していただくと，解答欄は実物大になります。

Ⅳ　理　科　解答用紙　(令和６年度)

氏名	

受検番号						
⓪	⓪	⓪		⓪	⓪	⓪
①	①	①	①	①	①	①
②	②	②	②	②	②	②
③	③	③		③	③	③
④	④	④		④	④	④
⑤	⑤	⑤		⑤	⑤	⑤
⑥	⑥	⑥		⑥	⑥	⑥
⑦	⑦	⑦		⑦	⑦	⑦
⑧	⑧	⑧		⑧	⑧	⑧
⑨	⑨	⑨		⑨	⑨	⑨

注意事項

1　ＨＢまたはＢの鉛筆(シャープペンシルも可)を使用して，◯の中を塗りつぶすこと。

2　答えを直すときは，きれいに消して，消しくずを残さないこと。

3　解答用紙を汚したり，折り曲げたりしないこと。

良い例	悪い例		
●	線	小さい	はみ出し
	丸囲み	レ点	うすい

問１

(ア)		①　②　③　④
(イ)		①　②　③　④　⑤　⑥　⑦　⑧
(ウ)	(ⅰ)	①　②　③
	(ⅱ)	①　②　③　④

(ウ)(ⅰ)は１点，(ウ)(ⅱ)は２点，他は各３点

問２

(ア)		①　②　③　④
(イ)		①　②　③　④
(ウ)	(ⅰ)	①　②
	(ⅱ)	①　②　③　④

(ウ)(ⅰ)は１点，(ウ)(ⅱ)は２点，他は各３点

問３

(ア)	①　②　③　④
(イ)	①　②　③　④　⑤　⑥　⑦　⑧
(ウ)	①　②　③　④

各３点

問４

(ア)		①　②　③　④
(イ)		①　②　③　④　⑤　⑥
(ウ)	X	①　②　③　④
	Y	①　②　③　④

(ウ)Xは１点，(ウ)Yは２点，他は各３点

問５

(ア)	①　②　③　④
(イ)	①　②　③　④　⑤　⑥
(ウ)	①　②　③　④
(エ)	①　②　③　④

各４点

問６

(ア)		①　②　③　④
(イ)		①　②　③　④　⑤　⑥
(ウ)		①　②　③　④
(エ)	あ	①　②　③　④
	い	①　②　③　④
	う	①　②　③　④　⑤

(ア)，(イ)は各３点，(ウ)は４点，(エ)は各２点

問７

(ア)		①　②　③　④
(イ)		①　②　③　④
(ウ)		①　②　③　④
(エ)	あ	①　②　③　④
	い	①　②　③　④

(エ)は各２点，他は各４点

問８

(ア)	①　②　③　④
(イ)	①　②　③　④　⑤　⑥
(ウ)	①　②　③　④　⑤　⑥
(エ)	①　②　③　④

各４点

※ 123％に拡大していただくと，解答欄は実物大になります。

V　社　会　解答用紙（令和６年度）

氏 名	

受検番号						
⓪	⓪	⓪		⓪	⓪	⓪
①	①	①	①	①	①	①
②	②	②	②	②	②	②
③	③	③		③	③	③
④	④	④		④	④	④
⑤	⑤	⑤		⑤	⑤	⑤
⑥	⑥	⑥		⑥	⑥	⑥
⑦	⑦	⑦		⑦	⑦	⑦
⑧	⑧	⑧		⑧	⑧	⑧
⑨	⑨	⑨		⑨	⑨	⑨

注意事項

1　ＨＢまたはＢの鉛筆(シャープペンシルも可)を使用して，◯の中を塗りつぶすこと。
2　答えを直すときは，きれいに消して，消しくずを残さないこと。
3　解答用紙を汚したり，折り曲げたりしないこと。

良い例	悪い例
●	線　小さい　はみ出し　丸囲み　レ点　うすい

問１

(ア)	① ② ③ ④ ⑤ ⑥ ⑦ ⑧
(イ)	① ② ③ ④ ⑤ ⑥ ⑦ ⑧
(ウ)	① ② ③ ④
(エ)	① ② ③ ④
(オ)	① ② ③ ④ ⑤ ⑥

各３点

問２

(ア)	① ② ③ ④ ⑤ ⑥
(イ)	① ② ③ ④
(ウ)	① ② ③ ④
(エ)	① ② ③ ④
(オ)	① ② ③ ④

(イ)は２点，他は各３点

問３

(ア)	① ② ③ ④
(イ)	① ② ③ ④
(ウ)	① ② ③ ④ ⑤ ⑥
(エ)	① ② ③ ④ ⑤ ⑥
(オ)	① ② ③ ④ ⑤ ⑥

(ア)は２点，他は各３点

問４

(ア)	① ② ③ ④
(イ)	① ② ③ ④ ⑤ ⑥ ⑦ ⑧
(ウ)	① ② ③ ④
(エ)	① ② ③ ④ ⑤ ⑥ ⑦ ⑧ ⑨
(オ)	① ② ③ ④ ⑤ ⑥

(ア)は２点，(エ)は４点，他は各３点

問５

(ア)	① ② ③ ④
(イ)	① ② ③ ④ ⑤ ⑥
(ウ)	① ② ③ ④ ⑤ ⑥ ⑦ ⑧
(エ)	① ② ③ ④
(オ)	① ② ③ ④

各３点

問６

(ア)	① ② ③ ④
(イ)	① ② ③ ④
(ウ)	① ② ③ ④ ⑤ ⑥ ⑦ ⑧
(エ)	① ② ③ ④
(オ)	① ② ③ ④

(イ)は２点，他は各３点

問７

(ア)	① ② ③ ④
(イ)	① ② ③ ④ ⑤ ⑥
(ウ)	① ② ③ ④
(エ)	① ② ③ ④ ⑤ ⑥ ⑦ ⑧

(ウ)は２点，(エ)は５点，他は各３点

神奈川県公立高校

2024年度

※122%に拡大していただくと，解答欄は実物大になります。

Ⅱ 国語 解答用紙 （令和六年度）

氏名	

受検番号						
⓪	⓪	⓪		⓪	⓪	⓪
①	①	①	①	①	①	①
②	②	②	②	②	②	②
③	③	③		③	③	③
④	④	④		④	④	④
⑤	⑤	⑤		⑤	⑤	⑤
⑥	⑥	⑥		⑥	⑥	⑥
⑦	⑦	⑦		⑦	⑦	⑦
⑧	⑧	⑧		⑧	⑧	⑧
⑨	⑨	⑨		⑨	⑨	⑨

受検番号は左から書くこと。

注意事項

1 ＨＢまたはＢの鉛筆(シャープペンシルも可)を使用して，◯の中を塗りつぶすこと。
2 答えを直すときは，きれいに消して，消しくずを残さないこと。
3 文字や数字などを記述して解答する場合は，解答欄からはみ出さないように，はっきり書き入れること。
4 解答用紙を汚したり，折り曲げたりしないこと。

良い例	悪い例
●	線　小さい　はみ出し　丸囲み　レ点　うすい

問一

(ア)	a	①	②	③	④
	b	①	②	③	④
	c	①	②	③	④
	d	①	②	③	④
(イ)	a	①	②	③	④
	b	①	②	③	④
	c	①	②	③	④
	d	①	②	③	④
(ウ)		①	②	③	④

(ウ)は四点、他は各二点

問二

(ア)	①	②	③	④
(イ)	①	②	③	④
(ウ)	①	②	③	④
(エ)	①	②	③	④
(オ)	①	②	③	④
(カ)	①	②	③	④

各四点

問三

(ア)	①	②	③	④
(イ)	①	②	③	④
(ウ)	①	②	③	④
(エ)	①	②	③	④
(オ)	①	②	③	④
(カ)	①	②	③	④
(キ)	①	②	③	④
(ク)	①	②	③	④
(ケ)	①	②	③	④

(ア)(イ)(ウ)各二点、他は各四点

問四

(ア)	①	②	③	④
(イ)	①	②	③	④
(ウ)	①	②	③	④
(エ)	①	②	③	④

各四点

問五

(ア)	①	②	③	④
(イ)	＊解答欄は裏面にあります。			

(ア)は四点、(イ)は六点

氏名

受検番号

問五

(イ)

AIなどの情報技術を、

ように使うことを心がけるべきだ。

※ 125%に拡大していただくと，解答欄は実物大になります。

Ⅲ　数　学　解答用紙 （令和５年度）

氏名	

受検番号						
⓪	⓪	⓪		⓪	⓪	⓪
①	①	①	①	①	①	①
②	②	②	②	②	②	②
③	③	③		③	③	③
④	④	④		④	④	④
⑤	⑤	⑤		⑤	⑤	⑤
⑥	⑥	⑥		⑥	⑥	⑥
⑦	⑦	⑦		⑦	⑦	⑦
⑧	⑧	⑧		⑧	⑧	⑧
⑨	⑨	⑨		⑨	⑨	⑨

注意事項

1　ＨＢまたはＢの鉛筆(シャープペンシルも可)を使用して，◯の中を塗りつぶすこと。
2　答えを直すときは，きれいに消して，消しくずを残さないこと。
3　解答用紙を汚したり，折り曲げたりしないこと。

良い例	悪い例
●	線　小さい　はみ出し　丸囲み　レ点　うすい

問1

(ア)	① ② ③ ④
(イ)	① ② ③ ④
(ウ)	① ② ③ ④
(エ)	① ② ③ ④
(オ)	① ② ③ ④

各３点

問2

(ア)	① ② ③ ④
(イ)	① ② ③ ④
(ウ)	① ② ③ ④
(エ)	① ② ③ ④
(オ)	① ② ③ ④

各４点

問3

(ア)	(i)	(a)	① ② ③ ④
		(b)	① ② ③ ④
		(c)	① ② ③ ④
	(ii) あい	あ	⓪ ① ② ③ ④ ⑤ ⑥ ⑦ ⑧ ⑨
		い	⓪ ① ② ③ ④ ⑤ ⑥ ⑦ ⑧ ⑨
(イ)	(i)		① ② ③ ④
	(ii)		① ② ③ ④ ⑤ ⑥
(ウ)			① ② ③ ④ ⑤ ⑥
(エ) う：え		う	⓪ ① ② ③ ④ ⑤ ⑥ ⑦ ⑧ ⑨
		え	⓪ ① ② ③ ④ ⑤ ⑥ ⑦ ⑧ ⑨

(ア)(i)(a)(b)は両方できて３点，(c)は２点，(ii)は４点，
(イ)(i)は２点，(ii)は３点，(ウ)は５点，(エ)は６点

問4

(ア)		① ② ③ ④ ⑤ ⑥
(イ)	(i)	① ② ③ ④ ⑤ ⑥
	(ii)	① ② ③ ④ ⑤ ⑥
(ウ) $\frac{おか}{きく}$	お	⓪ ① ② ③ ④ ⑤ ⑥ ⑦ ⑧ ⑨
	か	⓪ ① ② ③ ④ ⑤ ⑥ ⑦ ⑧ ⑨
	き	⓪ ① ② ③ ④ ⑤ ⑥ ⑦ ⑧ ⑨
	く	⓪ ① ② ③ ④ ⑤ ⑥ ⑦ ⑧ ⑨

(ア)は４点，(イ)は両方できて５点，(ウ)は６点

問5

(ア) $\frac{け}{こさ}$	け	⓪ ① ② ③ ④ ⑤ ⑥ ⑦ ⑧ ⑨
	こ	⓪ ① ② ③ ④ ⑤ ⑥ ⑦ ⑧ ⑨
	さ	⓪ ① ② ③ ④ ⑤ ⑥ ⑦ ⑧ ⑨
(イ) $\frac{し}{す}$	し	⓪ ① ② ③ ④ ⑤ ⑥ ⑦ ⑧ ⑨
	す	⓪ ① ② ③ ④ ⑤ ⑥ ⑦ ⑧ ⑨

(ア)(イ)は各５点

問6

(ア)		① ② ③ ④ ⑤ ⑥
(イ)		① ② ③ ④ ⑤ ⑥
(ウ) せ$\sqrt{そ}$	せ	⓪ ① ② ③ ④ ⑤ ⑥ ⑦ ⑧ ⑨
	そ	⓪ ① ② ③ ④ ⑤ ⑥ ⑦ ⑧ ⑨

(ア)は４点，(イ)は５点，(ウ)は６点

※ 123％に拡大していただくと，解答欄は実物大になります。

I　外国語（英語）　解答用紙（令和５年度）

氏 名	

受 検 番 号						
⓪	⓪	⓪		⓪	⓪	⓪
①	①	①	①	①	①	①
②	②	②	②	②	②	②
③	③	③		③	③	③
④	④	④		④	④	④
⑤	⑤	⑤		⑤	⑤	⑤
⑥	⑥	⑥		⑥	⑥	⑥
⑦	⑦	⑦		⑦	⑦	⑦
⑧	⑧	⑧		⑧	⑧	⑧
⑨	⑨	⑨		⑨	⑨	⑨

注意事項

1　ＨＢまたはＢの鉛筆（シャープペンシルも可）を使用して，◯ の中を塗りつぶすこと。

2　答えを直すときは，きれいに消して，消しくずを残さないこと。

3　数字や文字などを記述して解答する場合は，解答欄からはみ出さないように，はっきり書き入れること。

4　解答用紙を汚したり，折り曲げたりしないこと。

良い例	悪い例
●	⦸ 線　⊙ 小さい　はみ出し ◯ 丸囲み　レ点　うすい

問1

(ア)	No. 1	①　②　③　④
	No. 2	①　②　③　④
	No. 3	①　②　③　④
(イ)	No. 1	①　②　③　④
	No. 2	①　②　③　④
(ウ)	No. 1	①　②　③　④　⑤　⑥　⑦　⑧　⑨
	No. 2	①　②　③　④

各３点

問2

(ア)	①　②　③　④
(イ)	①　②　③　④
(ウ)	①　②　③　④

各２点

問3

(ア)	①　②　③　④
(イ)	①　②　③　④
(ウ)	①　②　③　④
(エ)	①　②　③　④

各３点

問4

(ア)	３番目	①　②　③　④　⑤　⑥
	５番目	①　②　③　④　⑤　⑥
(イ)	３番目	①　②　③　④　⑤　⑥
	５番目	①　②　③　④　⑤　⑥
(ウ)	３番目	①　②　③　④　⑤　⑥
	５番目	①　②　③　④　⑤　⑥
(エ)	３番目	①　②　③　④　⑤　⑥
	５番目	①　②　③　④　⑤　⑥

各４点　両方できて正解

問5

＊解答欄は裏面にあります。

５点

問6

(ア)	①　②　③　④
(イ)	①　②　③　④　⑤　⑥
(ウ)	①　②　③　④　⑤　⑥　⑦　⑧

各５点

問7

(ア)	①　②　③　④　⑤
(イ)	①　②　③　④　⑤

各５点

問8

(ア)	①　②　③　④　⑤　⑥　⑦　⑧　⑨
(イ)	①　②　③　④
(ウ)	①　②　③　④　⑤　⑥　⑦　⑧

各５点

氏 名	

受検番号			

問5

the park ?

※ 123％に拡大していただくと，解答欄は実物大になります。

Ⅳ　理　科　解答用紙 （令和５年度）

氏名	

受検番号						
⓪	⓪	⓪		⓪	⓪	⓪
①	①	①	①	①	①	①
②	②	②	②	②	②	②
③	③	③		③	③	③
④	④	④		④	④	④
⑤	⑤	⑤		⑤	⑤	⑤
⑥	⑥	⑥		⑥	⑥	⑥
⑦	⑦	⑦		⑦	⑦	⑦
⑧	⑧	⑧		⑧	⑧	⑧
⑨	⑨	⑨		⑨	⑨	⑨

注意事項

1　ＨＢまたはＢの鉛筆(シャープペンシルも可)を使用して，◯の中を塗りつぶすこと。

2　答えを直すときは，きれいに消して，消しくずを残さないこと。

3　解答用紙を汚したり，折り曲げたりしないこと。

良い例	悪い例		
●	線	小さい	はみ出し
	丸囲み	レ点	うすい

問１

(ア)	①②③④
(イ)	①②③④
(ウ)	①②③④⑤⑥

各３点

問２

(ア)	①②③④⑤⑥
(イ)	①②③④⑤⑥
(ウ)	①②③④

各３点

問３

(ア)	①②③④
(イ)	①②③④⑤⑥⑦⑧⑨
(ウ)	①②③④⑤⑥⑦⑧

各３点

問４

(ア)		①②③④⑤⑥⑦⑧⑨
(イ)		①②③④
(ウ)	(ⅰ)	①②③④⑤⑥
	(ⅱ)	①②③④⑤⑥

(ウ)は両方できて３点，他は各３点

問５

(ア)	①②③④
(イ)	①②③④
(ウ)	①②③④
(エ)	①②③④

各４点

問６

(ア)	(ⅰ)	①②③④
	(ⅱ)	①②③④
(イ)		①②③④⑤
(ウ)	(ⅰ)	①②
	(ⅱ)	①②③
(エ)		①②③④⑤⑥

(ア)，(ウ)は両方できて４点，他は各４点

問７

(ア)			①②③④
(イ)			①②③④⑤⑥
(ウ)	(ⅰ)	あ	①②③④
		い	①②③④
	(ⅱ)		①②③④⑤⑥

(ウ)(ⅰ)は両方できて４点，他は各４点

問８

(ア)	①②③④
(イ)	①②③④⑤⑥⑦⑧
(ウ)	①②③④
(エ)	①②③④⑤⑥

各４点

※ 123％に拡大していただくと，解答欄は実物大になります。

Ⅴ　社　会　解答用紙 （令和５年度）

氏名	

受検番号						
⓪	⓪	⓪		⓪	⓪	⓪
①	①	①	①	①	①	①
②	②	②	②	②	②	②
③	③	③		③	③	③
④	④	④		④	④	④
⑤	⑤	⑤		⑤	⑤	⑤
⑥	⑥	⑥		⑥	⑥	⑥
⑦	⑦	⑦		⑦	⑦	⑦
⑧	⑧	⑧		⑧	⑧	⑧
⑨	⑨	⑨		⑨	⑨	⑨

注意事項

1　HBまたはBの鉛筆(シャープペンシルも可)を使用して，〇の中を塗りつぶすこと。
2　答えを直すときは，きれいに消して，消しくずを残さないこと。
3　解答用紙を汚したり，折り曲げたりしないこと。

良い例	悪い例
●	線　小さい　はみ出し　丸囲み　レ点　うすい

問1

(ア)	① ② ③ ④ ⑤ ⑥
(イ)	① ② ③ ④ ⑤ ⑥ ⑦ ⑧
(ウ)	① ② ③ ④ ⑤ ⑥
(エ)	① ② ③ ④
(オ)	① ② ③ ④

(ウ)は２点，(オ)は４点，他は各３点

問2

(ア)	① ② ③ ④
(イ)	① ② ③ ④
(ウ)	① ② ③ ④
(エ)	① ② ③ ④

(ア)，(イ)は各３点，他は各４点

問3

(ア)	① ② ③ ④ ⑤ ⑥ ⑦ ⑧
(イ)	① ② ③ ④
(ウ)	① ② ③ ④ ⑤ ⑥
(エ)	① ② ③ ④
(オ)	① ② ③ ④ ⑤ ⑥ ⑦ ⑧

各３点

問4

(ア)	① ② ③ ④
(イ)	① ② ③ ④ ⑤ ⑥
(ウ)	① ② ③ ④
(エ)	① ② ③ ④
(オ)	① ② ③ ④

各３点

問5

(ア)	① ② ③ ④
(イ)	① ② ③ ④
(ウ)	① ② ③ ④
(エ)	① ② ③ ④ ⑤ ⑥ ⑦ ⑧
(オ)	① ② ③ ④ ⑤ ⑥ ⑦ ⑧

(ア)は２点，他は各３点

問6

(ア)	① ② ③ ④ ⑤ ⑥
(イ)	① ② ③ ④
(ウ)	① ② ③ ④
(エ)	① ② ③ ④ ⑤ ⑥ ⑦ ⑧
(オ)	① ② ③ ④ ⑤ ⑥

各３点

問7

(ア)	① ② ③ ④ ⑤ ⑥ ⑦ ⑧
(イ)	① ② ③ ④
(ウ)	① ② ③ ④
(エ)	① ② ③ ④ ⑤ ⑥

(ア)は２点，(エ)は４点，他は各３点

神奈川県公立高校

2023年度

※122%に拡大していただくと，解答欄は実物大になります。

Ⅱ 国語 解答用紙（令和五年度）

氏名	

受検番号						
⓪①②③④⑤⑥⑦⑧⑨	⓪①②③④⑤⑥⑦⑧⑨	⓪①②③④⑤⑥⑦⑧⑨	①②	⓪①②③④⑤⑥⑦⑧⑨	⓪①②③④⑤⑥⑦⑧⑨	⓪①②③④⑤⑥⑦⑧⑨

受検番号は左から書くこと。

注意事項

1 ＨＢまたはＢの鉛筆(シャープペンシルも可)を使用して，◯の中を塗りつぶすこと。

2 答えを直すときは，きれいに消して，消しくずを残さないこと。

3 数字や文字などを記述して解答する場合は，解答欄からはみ出さないように，はっきり書き入れること。

4 解答用紙を汚したり，折り曲げたりしないこと。

良い例	悪い例
●	線　小さい　はみ出し　丸囲み　レ点　うすい

問一

(ア)	a	① ② ③ ④
	b	① ② ③ ④
	c	① ② ③ ④
	d	① ② ③ ④
(イ)	a	① ② ③ ④
	b	① ② ③ ④
	c	① ② ③ ④
	d	① ② ③ ④
(ウ)		① ② ③ ④

(ウ)は四点、他は各二点

問二

(ア)	① ② ③ ④
(イ)	① ② ③ ④
(ウ)	① ② ③ ④
(エ)	① ② ③ ④
(オ)	① ② ③ ④
(カ)	① ② ③ ④

各四点

問三

(ア)	① ② ③ ④
(イ)	① ② ③ ④
(ウ)	① ② ③ ④
(エ)	① ② ③ ④
(オ)	① ② ③ ④
(カ)	① ② ③ ④
(キ)	① ② ③ ④
(ク)	① ② ③ ④
(ケ)	① ② ③ ④

(ア)(イ)(ウ)各二点、他は各四点

問四

(ア)	① ② ③ ④
(イ)	① ② ③ ④
(ウ)	① ② ③ ④
(エ)	① ② ③ ④

各四点

問五

(ア)	① ② ③ ④
(イ)	＊解答欄は裏面にあります。

(ア)は四点、(イ)は六点

氏名

受検番号

問五

(イ)

日本における人間と自然の共生という視点で考えると、

ことが必要です。

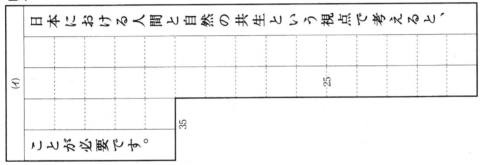

※ 125％に拡大していただくと，解答欄は実物大になります。

Ⅲ　数　学　解答用紙（令和４年度）

氏名	

受検番号						
⓪	⓪	⓪		⓪	⓪	⓪
①	①	①	①	①	①	①
②	②	②	②	②	②	②
③	③	③		③	③	③
④	④	④		④	④	④
⑤	⑤	⑤		⑤	⑤	⑤
⑥	⑥	⑥		⑥	⑥	⑥
⑦	⑦	⑦		⑦	⑦	⑦
⑧	⑧	⑧		⑧	⑧	⑧
⑨	⑨	⑨		⑨	⑨	⑨

注意事項

1　ＨＢまたはＢの鉛筆（シャープペンシルも可）を使用して，◯の中を塗りつぶすこと。
2　答えを直すときは，きれいに消して，消しくずを残さないこと。
3　解答用紙を汚したり，折り曲げたりしないこと。

良い例	悪い例		
●	線	小さい	はみ出し
	丸囲み	レ点	うすい

問１

(ア)	①　②　③　④
(イ)	①　②　③　④
(ウ)	①　②　③　④
(エ)	①　②　③　④
(オ)	①　②　③　④

各３点

問２

(ア)	①　②　③　④
(イ)	①　②　③　④
(ウ)	①　②　③　④
(エ)	①　②　③　④
(オ)	①　②　③　④

各４点

問３

(ア)	(i)	(a)	①　②　③　④
		(b)	①　②　③　④
		(c)	①　②　③　④
	(ii)		①　②　③　④
(イ)	(i)		①　②　③　④　⑤　⑥
	(ii)		①　②　③　④　⑤　⑥
(ウ) あい		あ	⓪　①　②　③　④　⑤　⑥　⑦　⑧　⑨
		い	⓪　①　②　③　④　⑤　⑥　⑦　⑧　⑨
(エ) うえ／おか		う	⓪　①　②　③　④　⑤　⑥　⑦　⑧　⑨
		え	⓪　①　②　③　④　⑤　⑥　⑦　⑧　⑨
		お	⓪　①　②　③　④　⑤　⑥　⑦　⑧　⑨
		か	⓪　①　②　③　④　⑤　⑥　⑦　⑧　⑨

(ア)(i)(a)は２点，(b)(c)は両方できて３点，(ii)は４点，
(イ)は両方できて５点，(ウ)は５点，(エ)は６点

問４

(ア)		①　②　③　④　⑤　⑥
(イ)	(i)	①　②　③　④　⑤　⑥
	(ii)	①　②　③　④　⑤　⑥
(ウ) き：くけ	き	⓪　①　②　③　④　⑤　⑥　⑦　⑧　⑨
	く	⓪　①　②　③　④　⑤　⑥　⑦　⑧　⑨
	け	⓪　①　②　③　④　⑤　⑥　⑦　⑧　⑨

(ア)は４点，(イ)は両方できて５点，(ウ)は６点

問５

(ア) こ／さ	こ	⓪　①　②　③　④　⑤　⑥　⑦　⑧　⑨
	さ	⓪　①　②　③　④　⑤　⑥　⑦　⑧　⑨
(イ) し／すせ	し	⓪　①　②　③　④　⑤　⑥　⑦　⑧　⑨
	す	⓪　①　②　③　④　⑤　⑥　⑦　⑧　⑨
	せ	⓪　①　②　③　④　⑤　⑥　⑦　⑧　⑨

(ア)(イ)は各５点

問６

(ア)		①　②　③　④　⑤　⑥
(イ)		①　②　③　④　⑤　⑥
(ウ) √そた	そ	⓪　①　②　③　④　⑤　⑥　⑦　⑧　⑨
	た	⓪　①　②　③　④　⑤　⑥　⑦　⑧　⑨

(ア)は４点，(イ)は５点，(ウ)は６点

※ 123％に拡大していただくと，解答欄は実物大になります。

I　外国語（英語）　解答用紙　（令和４年度）

氏 名	

受検番号						
⓪	⓪	⓪		⓪	⓪	⓪
①	①	①	①	①	①	①
②	②	②	②	②	②	②
③	③	③		③	③	③
④	④	④		④	④	④
⑤	⑤	⑤		⑤	⑤	⑤
⑥	⑥	⑥		⑥	⑥	⑥
⑦	⑦	⑦		⑦	⑦	⑦
⑧	⑧	⑧		⑧	⑧	⑧
⑨	⑨	⑨		⑨	⑨	⑨

注意事項

1　ＨＢまたはＢの鉛筆（シャープペンシルも可）を使用して，◯の中を塗りつぶすこと。

2　答えを直すときは，きれいに消して，消しくずを残さないこと。

3　数字や文字などを記述して解答する場合は，解答欄からはみ出さないように，はっきり書き入れること。

4　解答用紙を汚したり，折り曲げたりしないこと。

良い例	悪い例		
●	線	小さい	はみ出し
	丸囲み	レ点	うすい

問１

(ア)	No. 1	① ② ③ ④
	No. 2	① ② ③ ④
	No. 3	① ② ③ ④
(イ)	No. 1	① ② ③ ④
	No. 2	① ② ③ ④
(ウ)	No. 1	① ② ③ ④ ⑤ ⑥
	No. 2	① ② ③

各３点

問２

(ア)	① ② ③ ④
(イ)	① ② ③ ④
(ウ)	① ② ③ ④

各２点

問３

(ア)	① ② ③ ④
(イ)	① ② ③ ④
(ウ)	① ② ③ ④
(エ)	① ② ③ ④

各３点

問４

(ア)	3番目	① ② ③ ④ ⑤ ⑥
	5番目	① ② ③ ④ ⑤ ⑥
(イ)	3番目	① ② ③ ④ ⑤ ⑥
	5番目	① ② ③ ④ ⑤ ⑥
(ウ)	3番目	① ② ③ ④ ⑤ ⑥
	5番目	① ② ③ ④ ⑤ ⑥
(エ)	3番目	① ② ③ ④ ⑤ ⑥
	5番目	① ② ③ ④ ⑤ ⑥

各４点　両方できて正解

問５

＊解答欄は裏面にあります。

５点

問６

(ア)	① ② ③ ④ ⑤ ⑥
(イ)	① ② ③ ④
(ウ)	① ② ③ ④ ⑤ ⑥ ⑦ ⑧

各５点

問７

(ア)	① ② ③ ④ ⑤
(イ)	① ② ③ ④ ⑤

各５点

問８

(ア)	① ② ③ ④ ⑤ ⑥
(イ)	① ② ③ ④
(ウ)	① ② ③ ④ ⑤ ⑥ ⑦ ⑧

各５点

氏 名	

受検番号						

問5

get there when you used the train and the bus ?

※ 123%に拡大していただくと，解答欄は実物大になります。

Ⅳ　理　科　解答用紙　（令和４年度）

氏名	

受検番号						
⓪	⓪	⓪		⓪	⓪	⓪
①	①	①	①	①	①	①
②	②	②	②	②	②	②
③	③	③		③	③	③
④	④	④		④	④	④
⑤	⑤	⑤		⑤	⑤	⑤
⑥	⑥	⑥		⑥	⑥	⑥
⑦	⑦	⑦		⑦	⑦	⑦
⑧	⑧	⑧		⑧	⑧	⑧
⑨	⑨	⑨		⑨	⑨	⑨

注意事項

1　ＨＢまたはＢの鉛筆（シャープペンシルも可）を使用して，◯の中を塗りつぶすこと。
2　答えを直すときは，きれいに消して，消しくずを残さないこと。
3　解答用紙を汚したり，折り曲げたりしないこと。

良い例	悪い例
●	線　小さい　はみ出し　丸囲み　レ点　うすい

問1

(ア)	① ② ③ ④ ⑤ ⑥
(イ)	① ② ③ ④
(ウ)	① ② ③ ④ ⑤ ⑥

各３点

問2

(ア)	① ② ③ ④
(イ)	① ② ③ ④ ⑤ ⑥
(ウ)	① ② ③ ④

各３点

問3

(ア)	① ② ③ ④ ⑤ ⑥
(イ)	① ② ③ ④ ⑤ ⑥
(ウ)	① ② ③ ④

各３点

問4

(ア)	① ② ③ ④
(イ)	① ② ③ ④
(ウ)	① ② ③ ④

各３点

問5

(ア)		① ② ③ ④
(イ)		① ② ③ ④ ⑤ ⑥
(ウ)		① ② ③ ④
(エ)	(i)	① ② ③ ④
	(ii)	① ② ③ ④

(エ)は両方できて４点，他は各４点

問6

(ア)		① ② ③ ④
(イ)		① ② ③ ④
(ウ)		① ② ③ ④
(エ)	あ	① ②
	い	① ② ③

(エ)は両方できて４点，他は各４点

問7

(ア)	① ② ③ ④ ⑤ ⑥
(イ)	① ② ③ ④
(ウ)	① ② ③ ④ ⑤
(エ)	① ② ③ ④

各４点

問8

(ア)		① ② ③ ④
(イ)	(i)	① ② ③ ④
	(ii)	① ② ③
(ウ)		① ② ③ ④
(エ)	X	① ② ③ ④ ⑤ ⑥
	Y	① ② ③ ④ ⑤ ⑥ ⑦ ⑧

(イ)，(エ)は両方できて４点，他は各４点

※ 123％に拡大していただくと，解答欄は実物大になります。

V　社　会　解答用紙　（令和４年度）

氏名	

受検番号						
⓪	⓪	⓪		⓪	⓪	⓪
①	①	①	①	①	①	①
②	②	②	②	②	②	②
③	③	③		③	③	③
④	④	④		④	④	④
⑤	⑤	⑤		⑤	⑤	⑤
⑥	⑥	⑥		⑥	⑥	⑥
⑦	⑦	⑦		⑦	⑦	⑦
⑧	⑧	⑧		⑧	⑧	⑧
⑨	⑨	⑨		⑨	⑨	⑨

注意事項

1　ＨＢまたはＢの鉛筆(シャープペンシルも可)を使用して，◯の中を塗りつぶすこと。
2　答えを直すときは，きれいに消して，消しくずを残さないこと。
3　解答用紙を汚したり，折り曲げたりしないこと。

良い例	悪い例		
	線	小さい	はみ出し
	丸囲み	レ点	うすい

問1

(ア)	① ② ③ ④ ⑤ ⑥ ⑦ ⑧
(イ)	① ② ③ ④
(ウ)	① ② ③ ④
(エ)	① ② ③ ④
(オ)	① ② ③ ④

各３点

問2

(ア)	① ② ③ ④ ⑤ ⑥
(イ)	① ② ③ ④
(ウ)	① ② ③ ④
(エ)	① ② ③ ④

(ア)，(エ)は各３点，他は各４点

問3

(ア)	① ② ③ ④
(イ)	① ② ③ ④ ⑤ ⑥
(ウ)	① ② ③ ④
(エ)	① ② ③ ④
(オ)	① ② ③ ④ ⑤ ⑥

(ア)は２点，他は各３点

問4

(ア)	① ② ③ ④ ⑤ ⑥
(イ)	① ② ③ ④ ⑤ ⑥
(ウ)	① ② ③ ④ ⑤ ⑥
(エ)	① ② ③ ④
(オ)	① ② ③ ④

(ア)は２点，(エ)は４点，他は各３点

問5

(ア)	① ② ③ ④ ⑤ ⑥ ⑦ ⑧
(イ)	① ② ③ ④
(ウ)	① ② ③ ④
(エ)	① ② ③ ④ ⑤ ⑥ ⑦ ⑧
(オ)	① ② ③ ④ ⑤ ⑥ ⑦ ⑧

(オ)は４点，他は各３点

問6

(ア)	① ② ③ ④
(イ)	① ② ③ ④ ⑤ ⑥ ⑦ ⑧
(ウ)	① ② ③ ④
(エ)	① ② ③ ④

(エ)は４点，他は各３点

問7

(ア)	① ② ③ ④
(イ)	① ② ③ ④
(ウ)	① ② ③ ④ ⑤ ⑥
(エ)	① ② ③ ④

(ウ)は５点，(エ)は２点，他は各３点

※１２２％に拡大していただくと，解答欄は実物大になります。

Ⅱ　国　語　解答用紙（令和四年度）

氏名	

受検番号

⓪	⓪	⓪		⓪	⓪	⓪
①	①	①	①	①	①	①
②	②	②	②	②	②	②
③	③	③		③	③	③
④	④	④		④	④	④
⑤	⑤	⑤		⑤	⑤	⑤
⑥	⑥	⑥		⑥	⑥	⑥
⑦	⑦	⑦		⑦	⑦	⑦
⑧	⑧	⑧		⑧	⑧	⑧
⑨	⑨	⑨		⑨	⑨	⑨

受検番号は左から書くこと。

注意事項

1　ＨＢまたはＢの鉛筆（シャープペンシルも可）を使用して，◯の中を塗りつぶすこと。
2　答えを直すときは，きれいに消して，消しくずを残さないこと。
3　数字や文字などを記述して解答する場合は，解答欄からはみ出さないように，はっきり書き入れること。
4　解答用紙を汚したり，折り曲げたりしないこと。

良い例	悪い例		
●	線	小さい	はみ出し
	丸囲み	レ点	うすい

問一

(ア)	a	①	②	③	④
	b	①	②	③	④
	c	①	②	③	④
	d	①	②	③	④
(イ)	a	①	②	③	④
	b	①	②	③	④
	c	①	②	③	④
	d	①	②	③	④
(ウ)		①	②	③	④

(ウ)は四点，他は各二点

問二

(ア)	①	②	③	④
(イ)	①	②	③	④
(ウ)	①	②	③	④
(エ)	①	②	③	④
(オ)	①	②	③	④
(カ)	①	②	③	④

各四点

問三

(ア)	①	②	③	④
(イ)	①	②	③	④
(ウ)	①	②	③	④
(エ)	①	②	③	④
(オ)	①	②	③	④
(カ)	①	②	③	④
(キ)	①	②	③	④
(ク)	①	②	③	④
(ケ)	①	②	③	④

(ア)(イ)(ウ)各二点，他は各四点

問四

(ア)	①	②	③	④
(イ)	①	②	③	④
(ウ)	①	②	③	④
(エ)	①	②	③	④

各四点

問五

(ア)	①	②	③	④
(イ)	＊解答欄は裏面にあります。			

(ア)は四点，(イ)は六点

氏名

受検番号

問五

(イ)

消費者には

ことが求められていると言えます。

※122％に拡大していただくと，解答欄は実物大になります。

Ⅲ　数　学　解答用紙　（令和３年度）

氏名	

注意事項

1　ＨＢまたはＢの鉛筆（シャープペンシルも可）を使用して，◯の中を塗りつぶすこと。

2　答えを直すときは，きれいに消して，消しくずを残さないこと。

3　数字や文字などを記述して解答する場合は，解答欄からはみ出さないように，はっきり書き入れること。

4　解答用紙を汚したり，折り曲げたりしないこと。

良い例	悪い例
●	線　小さい　はみ出し　丸囲み　レ点　うすい

受検番号						
⓪	⓪	⓪		⓪	⓪	⓪
①	①	①	①	①	①	①
②	②	②	②	②	②	②
③	③	③		③	③	③
④	④	④		④	④	④
⑤	⑤	⑤		⑤	⑤	⑤
⑥	⑥	⑥		⑥	⑥	⑥
⑦	⑦	⑦		⑦	⑦	⑦
⑧	⑧	⑧		⑧	⑧	⑧
⑨	⑨	⑨		⑨	⑨	⑨

問1		
	(ア)	①　②　③　④
	(イ)	①　②　③　④
	(ウ)	①　②　③　④
	(エ)	①　②　③　④
	(オ)	①　②　③　④

各３点

問2		
	(ア)	①　②　③　④
	(イ)	①　②　③　④
	(ウ)	①　②　③　④
	(エ)	①　②　③　④
	(オ)	①　②　③　④
	(カ)	①　②　③　④

各４点

問3				
	(ア)	(i)	(a)	①　②　③　④
			(b)	①　②　③　④
			(c)	①　②　③　④
		(ii)		＊解答欄は裏面にあります。
	(イ)			①　②　③　④　⑤　⑥
	(ウ)	(i)		＊解答欄は裏面にあります。
		(ii)		①　②　③　④
	(エ)	(i)		＊解答欄は裏面にあります。
		(ii)		＊解答欄は裏面にあります。
		(iii)		＊解答欄は裏面にあります。

(ア)(i)(a)(b)は両方できて２点，(c)は２点，(ii)は４点，
(イ)は５点，(ウ)(i)は３点，(ii)は２点，(エ)は５点

問4			
	(ア)		①　②　③　④　⑤　⑥
	(イ)	(i)	①　②　③　④　⑤　⑥
		(ii)	①　②　③　④　⑤　⑥
	(ウ)		＊解答欄は裏面にあります。

(ア)は４点，(イ)は両方できて５点，(ウ)は５点

問5		
	(ア)	①　②　③　④　⑤　⑥
	(イ)	＊解答欄は裏面にあります。

各５点

問6		
	(ア)	①　②　③　④　⑤　⑥
	(イ)	①　②　③　④　⑤　⑥
	(ウ)	＊解答欄は裏面にあります。

(ア)は４点，他は各５点

氏 名	

受検番号		

問3 (ア)(ii)	cm

問3 (ウ)(i)	$a =$

問3 (エ)	(i)		(ii)		(iii)	

問4 (ウ)	F（　　　，　　　）

問5 (イ)	

問6 (ウ)	cm

※ 119％に拡大していただくと，解答欄は実物大になります。

Ⅰ　外国語（英語）　解答用紙　（令和３年度）

氏名	

受検番号						
⓪	⓪	⓪		⓪	⓪	⓪
①	①	①	①	①	①	①
②	②	②	②	②	②	②
③	③	③		③	③	③
④	④	④		④	④	④
⑤	⑤	⑤		⑤	⑤	⑤
⑥	⑥	⑥		⑥	⑥	⑥
⑦	⑦	⑦		⑦	⑦	⑦
⑧	⑧	⑧		⑧	⑧	⑧
⑨	⑨	⑨		⑨	⑨	⑨

注意事項

1　ＨＢまたはＢの鉛筆（シャープペンシルも可）を使用して，◯の中を塗りつぶすこと。
2　答えを直すときは，きれいに消して，消しくずを残さないこと。
3　数字や文字などを記述して解答する場合は，解答欄からはみ出さないように，はっきり書き入れること。
4　解答用紙を汚したり，折り曲げたりしないこと。

良い例	悪い例		
●	線	小さい	はみ出し
	丸囲み	レ点	うすい

問1			
問1	(ア)	No.1	① ② ③ ④
		No.2	① ② ③ ④
		No.3	① ② ③ ④
	(イ)	No.1	① ② ③ ④
		No.2	① ② ③ ④
	(ウ)	No.1	① ② ③ ④ ⑤ ⑥
		No.2	＊解答欄は裏面にあります。

各３点

問2		
問2	(ア)	＊解答欄は裏面にあります。
	(イ)	＊解答欄は裏面にあります。
	(ウ)	＊解答欄は裏面にあります。

各２点

問3		
問3	(ア)	① ② ③ ④
	(イ)	① ② ③ ④
	(ウ)	① ② ③ ④
	(エ)	① ② ③ ④

各３点

問4			
問4	(ア)	3番目	① ② ③ ④ ⑤ ⑥
		5番目	① ② ③ ④ ⑤ ⑥
	(イ)	3番目	① ② ③ ④ ⑤ ⑥
		5番目	① ② ③ ④ ⑤ ⑥
	(ウ)	3番目	① ② ③ ④ ⑤ ⑥
		5番目	① ② ③ ④ ⑤ ⑥
	(エ)	3番目	① ② ③ ④ ⑤ ⑥
		5番目	① ② ③ ④ ⑤ ⑥

各４点　両方できて正解

問5	
問5	＊解答欄は裏面にあります。

５点

問6		
問6	(ア)	① ② ③ ④ ⑤ ⑥
	(イ)	① ② ③ ④
	(ウ)	① ② ③ ④ ⑤ ⑥ ⑦ ⑧

各５点

問7		
問7	(ア)	① ② ③ ④ ⑤
	(イ)	① ② ③ ④ ⑤

各５点

問8		
問8	(ア)	① ② ③ ④ ⑤ ⑥
	(イ)	① ② ③ ④
	(ウ)	① ② ③ ④ ⑤ ⑥ ⑦ ⑧

各５点

氏名	

受検番号			

問1 (ウ)	No.2	

問2 (ア)	

問2 (イ)	

問2 (ウ)	

問5	with their families at home on weekends ?

※ 119％に拡大していただくと，解答欄は実物大になります。

Ⅳ　理　科　解答用紙（令和３年度）

氏名	

注意事項

1　ＨＢまたはＢの鉛筆（シャープペンシルも可）を使用して，◯の中を塗りつぶすこと。

2　答えを直すときは，きれいに消して，消しくずを残さないこと。

3　数字や文字などを記述して解答する場合は，解答欄からはみ出さないように，はっきり書き入れること。

4　解答用紙を汚したり，折り曲げたりしないこと。

良い例	悪い例		
●	線	小さい	はみ出し
	丸囲み	レ点	うすい

受検番号						
0	0	0		0	0	0
1	1	1	1	1	1	1
2	2	2	2	2	2	2
3	3	3		3	3	3
4	4	4		4	4	4
5	5	5		5	5	5
6	6	6		6	6	6
7	7	7		7	7	7
8	8	8		8	8	8
9	9	9		9	9	9

問1		
	(ア)	① ② ③ ④
	(イ)	① ② ③ ④ ⑤ ⑥
	(ウ)	① ② ③ ④

各３点

問2		
	(ア)	① ② ③ ④ ⑤ ⑥
	(イ)	① ② ③ ④ ⑤
	(ウ)	① ② ③ ④

各３点

問3		
	(ア)	① ② ③ ④ ⑤ ⑥
	(イ)	① ② ③ ④
	(ウ)	① ② ③ ④

各３点

問4		
	(ア)	① ② ③ ④
	(イ)	① ② ③ ④
	(ウ)	① ② ③ ④

各３点

問5			
	(ア)		① ② ③ ④
	(イ)	X	＊解答欄は裏面にあります。
		Y	＊解答欄は裏面にあります。
	(ウ)		① ② ③ ④
	(エ)	あ	＊解答欄は裏面にあります。
		い	＊解答欄は裏面にあります。

(イ)，(エ)はそれぞれ両方できて４点，他は各４点

問6			
	(ア)		① ② ③ ④ ⑤ ⑥
	(イ)		① ② ③ ④
	(ウ)	i	① ② ③
		(ii)	① ② ③
	(エ)	あ	① ② ③ ④ ⑤
		い	① ② ③

(ウ)，(エ)はそれぞれ両方できて４点，他は各４点

問7			
	(ア)		① ② ③ ④ ⑤ ⑥
	(イ)		① ② ③ ④
	(ウ)		① ② ③ ④
	(エ)	i	① ②
		(ii)	① ② ③ ④

(エ)は両方できて４点，他は各４点

問8		
	(ア)	① ② ③ ④
	(イ)	① ② ③ ④ ⑤ ⑥
	(ウ)	① ② ③ ④ ⑤ ⑥
	(エ)	① ② ③ ④ ⑤

各４点

※ 151%に拡大していただくと，解答欄は実物大になります。

氏名	

受検番号							

問5 (イ)	X	cm/s	Y	

問5 (エ)	あ		い	からです。 12

※ 119％に拡大していただくと，解答欄は実物大になります。

V　社　会　解答用紙（令和３年度）

氏名	

受検番号						
⓪	⓪	⓪		⓪	⓪	⓪
①	①	①	①	①	①	①
②	②	②	②	②	②	②
③	③	③		③	③	③
④	④	④		④	④	④
⑤	⑤	⑤		⑤	⑤	⑤
⑥	⑥	⑥		⑥	⑥	⑥
⑦	⑦	⑦		⑦	⑦	⑦
⑧	⑧	⑧		⑧	⑧	⑧
⑨	⑨	⑨		⑨	⑨	⑨

注意事項

1　ＨＢまたはＢの鉛筆（シャープペンシルも可）を使用して，◯の中を塗りつぶすこと。
2　答えを直すときは，きれいに消して，消しくずを残さないこと。
3　数字や文字などを記述して解答する場合は，解答欄からはみ出さないように，はっきり書き入れること。
4　解答用紙を汚したり，折り曲げたりしないこと。

良い例	悪い例
●	線　小さい　はみ出し 丸囲み　レ点　うすい

問1		
	(ア)	①　②　③　④
	(イ)	①　②　③　④
	(ウ)	①　②　③　④
	(エ)	＊解答欄は裏面にあります。
	(オ)	①　②　③　④

各３点

問2		
	(ア)	①　②　③　④
	(イ)	①　②　③　④
	(ウ)	＊解答欄は裏面にあります。
	(エ)	①　②　③　④
	(オ)	①　②　③　④

各３点

問3		
	(ア)	①　②　③　④
	(イ)	①　②　③　④
	(ウ)	①　②　③　④
	(エ)	①　②　③　④　⑤　⑥
	(オ)	①　②　③　④

各３点

問4			
	(ア)		①　②　③　④
	(イ)		①　②　③　④
	(ウ)		①　②　③　④
	(エ)	i	＊解答欄は裏面にあります。
		(ii)	①　②　③　④

(ア)は２点，他は各３点

問5		
	(ア)	＊解答欄は裏面にあります。
	(イ)	＊解答欄は裏面にあります。
	(ウ)	①　②　③　④
	(エ)	①　②　③　④

(イ)は両方できて３点，他は各３点

問6			
	(ア)		①　②　③　④
	(イ)	i	①　②　③　④
		(ii)	①　②　③　④
	(ウ)		①　②　③　④
	(エ)		①　②　③　④

各３点

問7		
	(ア)	①　②　③　④
	(イ)	①　②　③　④
	(ウ)	①　②　③　④
	(エ)	＊解答欄は裏面にあります。

(ア)，(ウ)は各３点，(イ)は２点，(エ)は６点

氏名	

受検番号	

問1 (エ)	

問2 (ウ)	

問4 (エ)(i)	

問5 (ア)	

問5 (イ)	い		う	

問7 (エ)	(i)	6　10	(ii)	

神奈川県公立高校 ２０２１年度
※１２０％に拡大していただくと，解答欄は実物大になります。

Ⅱ 国語 解答用紙（令和 年度）

氏名	

受検番号						
⓪①②③④⑤⑥⑦⑧⑨	⓪①②③④⑤⑥⑦⑧⑨	⓪①②③④⑤⑥⑦⑧⑨	①②	⓪①②③④⑤⑥⑦⑧⑨	⓪①②③④⑤⑥⑦⑧⑨	⓪①②③④⑤⑥⑦⑧⑨

受検番号は左から書くこと。

注意事項

1 ＨＢまたはＢの鉛筆(シャープペンシルも可)を使用して，◯の中を塗りつぶすこと。
2 答えを直すときは，きれいに消して，消しくずを残さないこと。
3 数字や文字などを記述して解答する場合は，解答欄からはみ出さないように，はっきり書き入れること。
4 解答用紙を汚したり，折り曲げたりしないこと。

良い例	悪い例
●	線　小さい　はみ出し　丸囲み　レ点　うすい

問一

(ア)	1	＊解答欄は裏面にあります。
	2	＊解答欄は裏面にあります。
	3	＊解答欄は裏面にあります。
	4	＊解答欄は裏面にあります。
(イ)	a	① ② ③ ④
	b	① ② ③ ④
	c	① ② ③ ④
	d	① ② ③ ④
(ウ)		① ② ③ ④
(エ)		① ② ③ ④

各一点

問二

(ア)	① ② ③ ④
(イ)	① ② ③ ④
(ウ)	① ② ③ ④
(エ)	① ② ③ ④

各四点

問三

(ア)	① ② ③ ④
(イ)	① ② ③ ④
(ウ)	① ② ③ ④
(エ)	① ② ③ ④
(オ)	① ② ③ ④
(カ)	① ② ③ ④

各四点

問四

(ア)	① ② ③ ④
(イ)	① ② ③ ④
(ウ)	① ② ③ ④
(エ)	① ② ③ ④
(オ)	＊解答欄は裏面にあります。
(カ)	① ② ③ ④
(キ)	① ② ③ ④
(ク)	① ② ③ ④

(ア)は一点、(オ)は両方できて四点、他は各四点

問五

(ア)	① ② ③ ④
(イ)	＊解答欄は裏面にあります。

(ア)は四点、(イ)は六点

氏名

問一

(ア)

1

2

3

4 （げる）

問四

(オ)

Ⅰ

Ⅱ

問五

(イ)

モーダルシフトを進めていくと、

という効果があると考えられます。

受検番号

※この解答用紙は 125％に拡大していただきますと，実物大になります。

Ⅲ　数　学　解答用紙（令和２年度）

氏 名	

受	検	番	号			
⓪	⓪	⓪		⓪	⓪	⓪
①	①	①	①	①	①	①
②	②	②	②	②	②	②
③	③	③		③	③	③
④	④	④		④	④	④
⑤	⑤	⑤		⑤	⑤	⑤
⑥	⑥	⑥		⑥	⑥	⑥
⑦	⑦	⑦		⑦	⑦	⑦
⑧	⑧	⑧		⑧	⑧	⑧
⑨	⑨	⑨		⑨	⑨	⑨

注意事項

1　ＨＢまたはＢの鉛筆(シャープペンシルも可)を使用して，◯の中を塗りつぶすこと。

2　答えを直すときは，きれいに消して，消しくずを残さないこと。

3　数字や文字などを記述して解答する場合は，解答欄からはみ出さないように，はっきり書き入れること。

4　解答用紙を汚したり，折り曲げたりしないこと。

良い例	悪い例		
●	線	小さい	はみ出し
	丸囲み	レ点	うすい

問１	(ア)	① ② ③ ④
	(イ)	① ② ③ ④
	(ウ)	① ② ③ ④
	(エ)	① ② ③ ④
	(オ)	① ② ③ ④

各３点

問２	(ア)	① ② ③ ④
	(イ)	① ② ③ ④
	(ウ)	① ② ③ ④
	(エ)	① ② ③ ④
	(オ)	① ② ③ ④
	(カ)	① ② ③ ④

各４点

問３	(ア)	(ⅰ)	(a)	① ② ③ ④
			(b)	① ② ③ ④
		(ⅱ)		＊解答欄は裏面にあります。
	(イ)	(ⅰ)		① ② ③ ④ ⑤ ⑥
		(ⅱ)		① ② ③ ④ ⑤ ⑥
	(ウ)			＊解答欄は裏面にあります。
	(エ)	(ⅰ)		＊解答欄は裏面にあります。
		(ⅱ)		＊解答欄は裏面にあります。

(ア)(ⅰ)(a)(b)は各２点，(ⅱ)は３点，(イ)(ⅰ)(ⅱ)は各３点，(ウ)は５点，(エ)は５点

問４	(ア)		① ② ③ ④ ⑤ ⑥
	(イ)	(ⅰ)	① ② ③ ④ ⑤ ⑥
		(ⅱ)	① ② ③ ④ ⑤ ⑥
	(ウ)		＊解答欄は裏面にあります。

(ア)は４点，(イ)は両方できて５点，(ウ)は５点

問５	(ア)	① ② ③ ④ ⑤ ⑥
	(イ)	＊解答欄は裏面にあります。

各５点

問６	(ア)	① ② ③ ④ ⑤ ⑥
	(イ)	① ② ③ ④ ⑤ ⑥
	(ウ)	＊解答欄は裏面にあります。

(ア)は４点，他は各５点

氏名	

受検番号							

問3 (ア)(ii)	点　　と点

問3 (ウ)	cm²

問3 (エ)	(i)		(ii)	

問4 (ウ)	S : T = :

問5 (イ)	

問6 (ウ)	cm

※この解答用紙は125%に拡大していただきますと，実物大になります。

Ⅰ　外国語(英語)　解答用紙　(令和２年度)

氏名	

受検番号						
⓪	⓪	⓪		⓪	⓪	⓪
①	①	①	①	①	①	①
②	②	②	②	②	②	②
③	③	③		③	③	③
④	④	④		④	④	④
⑤	⑤	⑤		⑤	⑤	⑤
⑥	⑥	⑥		⑥	⑥	⑥
⑦	⑦	⑦		⑦	⑦	⑦
⑧	⑧	⑧		⑧	⑧	⑧
⑨	⑨	⑨		⑨	⑨	⑨

注意事項

1　ＨＢまたはＢの鉛筆(シャープペンシルも可)を使用して，◯ の中を塗りつぶすこと。

2　答えを直すときは，きれいに消して，消しくずを残さないこと。

3　数字や文字などを記述して解答する場合は，解答欄からはみ出さないように，はっきり書き入れること。

4　解答用紙を汚したり，折り曲げたりしないこと。

良い例	悪い例
⬬	線　小さい　はみ出し 丸囲み　レ点　うすい

問1			
問1	(ア)	No. 1	① ② ③ ④
		No. 2	① ② ③ ④
		No. 3	① ② ③ ④
	(イ)	No. 1	① ② ③ ④
		No. 2	① ② ③ ④
	(ウ)	No. 1	① ② ③ ④ ⑤ ⑥
		No. 2	＊解答欄は裏面にあります。

各３点

問2		
問2	(ア)	＊解答欄は裏面にあります。
	(イ)	＊解答欄は裏面にあります。
	(ウ)	＊解答欄は裏面にあります。

各２点

問3		
問3	(ア)	① ② ③ ④
	(イ)	① ② ③ ④
	(ウ)	① ② ③ ④
	(エ)	① ② ③ ④

各３点

問4			
問4	(ア)	3番目	① ② ③ ④ ⑤ ⑥
		5番目	① ② ③ ④ ⑤ ⑥
	(イ)	3番目	① ② ③ ④ ⑤ ⑥
		5番目	① ② ③ ④ ⑤ ⑥
	(ウ)	3番目	① ② ③ ④ ⑤ ⑥
		5番目	① ② ③ ④ ⑤ ⑥
	(エ)	3番目	① ② ③ ④ ⑤ ⑥
		5番目	① ② ③ ④ ⑤ ⑥

各４点　両方できて正解

問5	
問5	＊解答欄は裏面にあります。

５点

問6		
問6	(ア)	① ② ③ ④ ⑤ ⑥
	(イ)	① ② ③ ④
	(ウ)	① ② ③ ④ ⑤ ⑥ ⑦ ⑧

各５点

問7		
問7	(ア)	① ② ③ ④ ⑤
	(イ)	① ② ③ ④ ⑤

各５点

問8		
問8	(ア)	① ② ③ ④
	(イ)	① ② ③ ④
	(ウ)	① ② ③ ④ ⑤ ⑥ ⑦ ⑧

各５点

氏名	

受検番号							

問1(ウ)	No.2	

問2(ア)	

問2(イ)	

問2(ウ)	

問5	when you want to relax ?

※この解答用紙は125％に拡大していただきますと，実物大になります。

Ⅳ　理　科　解答用紙（令和2年度）

氏名	

受検番号						
⓪	⓪	⓪		⓪	⓪	⓪
①	①	①	①	①	①	①
②	②	②	②	②	②	②
③	③	③		③	③	③
④	④	④		④	④	④
⑤	⑤	⑤		⑤	⑤	⑤
⑥	⑥	⑥		⑥	⑥	⑥
⑦	⑦	⑦		⑦	⑦	⑦
⑧	⑧	⑧		⑧	⑧	⑧
⑨	⑨	⑨		⑨	⑨	⑨

注意事項

1　ＨＢまたはＢの鉛筆(シャープペンシルも可)を使用して，◯の中を塗りつぶすこと。

2　答えを直すときは，きれいに消して，消しくずを残さないこと。

3　数字や文字などを記述して解答する場合は，解答欄からはみ出さないように，はっきり書き入れること。

4　解答用紙を汚したり，折り曲げたりしないこと。

良い例	悪い例
●	線　小さい　はみ出し 丸囲み　レ点　うすい

問1		
(ア)		①②③④
(イ)		①②③④
(ウ)		①②③④⑤⑥

各3点

問2		
(ア)		①②③④⑤⑥
(イ)		①②③④⑤⑥
(ウ)		①②③④

各3点

問3		
(ア)		①②③④
(イ)		①②③④⑤
(ウ)		①②③④

各3点

問4		
(ア)		①②③④
(イ)		①②③④⑤⑥
(ウ)	(i)	①②③④⑤
	(ii)	①②③

(ア)，(イ)は各3点，(ウ)は両方できて3点

問5		
(ア)		①②③④⑤⑥
(イ)	(i)	①②③④
	(ii)	①②③④
(ウ)		①②③④⑤⑥
(エ)	X	①②③
	Y	①②③

(ア)，(ウ)は各4点，(イ)，(エ)は両方できて4点

問6		
(ア)	(i)	①②③④
	(ii)	①②③④
(イ)		＊解答欄は裏面にあります。
(ウ)	X	＊解答欄は裏面にあります。
(エ)		①②③④⑤⑥

(イ)，(ウ)，(エ)は各4点，(ア)は両方できて4点

問7		
(ア)		①②③④⑤⑥
(イ)	X	①②③
	Y	①②③
(ウ)		①②③④
(エ)		①②③④

(ア)，(ウ)，(エ)は各4点，(イ)は両方できて4点

問8		
(ア)		①②③④⑤⑥⑦⑧
(イ)	(i)	①②③④
	(ii)	①②③④
(ウ)		＊解答欄は裏面にあります。
(エ)	X	①②③④
	Y	①②③④⑤

(ア)，(ウ)は各4点，(イ)，(エ)は両方できて4点

氏名	

受検番号							

問6 (イ)	cm³	

問6 (ウ)	X	［　　　　　］10	ため

問8 (ウ)	時

※この解答用紙は125%に拡大していただきますと，実物大になります。

V　社　会　解答用紙　(令和2年度)

氏名	

受検番号						
⓪	⓪	⓪		⓪	⓪	⓪
①	①	①	①	①	①	①
②	②	②	②	②	②	②
③	③	③		③	③	③
④	④	④		④	④	④
⑤	⑤	⑤		⑤	⑤	⑤
⑥	⑥	⑥		⑥	⑥	⑥
⑦	⑦	⑦		⑦	⑦	⑦
⑧	⑧	⑧		⑧	⑧	⑧
⑨	⑨	⑨		⑨	⑨	⑨

注意事項

1　HBまたはBの鉛筆(シャープペンシルも可)を使用して，◯の中を塗りつぶすこと。
2　答えを直すときは，きれいに消して，消しくずを残さないこと。
3　数字や文字などを記述して解答する場合は，解答欄からはみ出さないように，はっきり書き入れること。
4　解答用紙を汚したり，折り曲げたりしないこと。

良い例	悪い例
●	線　小さい　はみ出し　丸囲み　レ点　うすい

問1		
	(ア)	① ② ③ ④ ⑤ ⑥
	(イ)	① ② ③ ④ ⑤ ⑥ ⑦ ⑧
	(ウ)	① ② ③ ④

(ア)は3点，(イ)は5点，(ウ)は4点

問2		
	(ア)	＊解答欄は裏面にあります。
	(イ)	① ② ③ ④ ⑤ ⑥ ⑦ ⑧
	(ウ)	① ② ③ ④
	(エ)	① ② ③ ④

(ア)は2点，他は各4点

問3		
	(ア)	＊解答欄は裏面にあります。
	(イ)	① ② ③ ④ ⑤ ⑥
	(ウ)	① ② ③ ④
	(エ)	① ② ③ ④ ⑤ ⑥
	(オ)	① ② ③ ④

各3点

問4			
	(ア)		① ② ③ ④
	(イ)		① ② ③ ④
	(ウ)		① ② ③ ④ ⑤ ⑥
	(エ)	(i)	① ② ③ ④
		(ii)	① ② ③ ④

(ウ)は2点，他は各3点

問5		
	(ア)	① ② ③ ④
	(イ)	① ② ③ ④
	(ウ)	① ② ③ ④
	(エ)	＊解答欄は裏面にあります。
	(オ)	① ② ③ ④

(ア)，(イ)は各2点，(ウ)は4点，(エ)は両方できて3点，(オ)は3点

問6			
	(ア)		① ② ③ ④
	(イ)		① ② ③ ④
	(ウ)	(i)	＊解答欄は裏面にあります。
		(ii)	① ② ③ ④
		(iii)	① ② ③ ④

(ア)，(ウ)(ii)は各2点，(イ)は3点，(ウ)(i)は両方できて3点，(ウ)(iii)は4点

問7			
	(ア)		① ② ③ ④ ⑤ ⑥
	(イ)		① ② ③ ④
	(ウ)		① ② ③ ④
	(エ)	(i)	＊解答欄は裏面にあります。
		(ii)	＊解答欄は裏面にあります。

(ア)，(ウ)は各4点，(イ)は3点，(エ)は6点

氏名	

受検番号							

問2 (ア)	

問3 (ア)	年から　年まで

問5 (エ)	あ		い	

問6 (ウ)(i)	あ		い	

問7 (エ)	(i)	4　8	(ii)	

神奈川県公立高校　２０２０年度

※この解答用紙は１２５％に拡大していただきますと、実物大になります。

Ⅱ　国　語　解答用紙（令和二年度）

氏名	

受検番号						
⓪	⓪	⓪		⓪	⓪	⓪
①	①	①	①	①	①	①
②	②	②	②	②	②	②
③	③	③		③	③	③
④	④	④		④	④	④
⑤	⑤	⑤		⑤	⑤	⑤
⑥	⑥	⑥		⑥	⑥	⑥
⑦	⑦	⑦		⑦	⑦	⑦
⑧	⑧	⑧		⑧	⑧	⑧
⑨	⑨	⑨		⑨	⑨	⑨

受検番号は左から書くこと。

注意事項

1　ＨＢまたはＢの鉛筆（シャープペンシルも可）を使用して，○の中を塗りつぶすこと。
2　答えを直すときは，きれいに消して，消しくずを残さないこと。
3　数字や文字などを記述して解答する場合は，解答欄からはみ出さないように，はっきり書き入れること。
4　解答用紙を汚したり，折り曲げたりしないこと。

良い例	悪い例
●	線　小さい　はみ出し　丸囲み　レ点　うすい

問一		
(ア)	1	＊解答欄は裏面にあります。
(ア)	2	＊解答欄は裏面にあります。
(ア)	3	＊解答欄は裏面にあります。
(ア)	4	＊解答欄は裏面にあります。
(イ)	a	①　②　③　④
(イ)	b	①　②　③　④
(イ)	c	①　②　③　④
(イ)	d	①　②　③　④
(ウ)		①　②　③　④
(エ)		①　②　③　④

各二点

問二	
(ア)	①　②　③　④
(イ)	①　②　③　④
(ウ)	①　②　③　④
(エ)	①　②　③　④

各四点

問三	
(ア)	①　②　③　④
(イ)	①　②　③　④
(ウ)	①　②　③　④
(エ)	①　②　③　④
(オ)	①　②　③　④
(カ)	①　②　③　④

各四点

問四	
(ア)	①　②　③　④
(イ)	①　②　③　④
(ウ)	①　②　③　④
(エ)	①　②　③　④
(オ)	＊解答欄は裏面にあります。
(カ)	①　②　③　④
(キ)	①　②　③　④
(ク)	①　②　③　④

(ア)は二点、(オ)は両方できて四点、他は各四点

問五	
(ア)	①　②　③　④
(イ)	＊解答欄は裏面にあります。

(ア)は四点、(イ)は六点

神奈川県公立高校　２０２０年度

氏名

受検番号

問一

(ア)

1

2

3

4 (び)

問四

(オ)

Ⅰ

Ⅱ

問五

(イ)

家庭用水の使用量が減った主な理由は、

からだと考えられます。

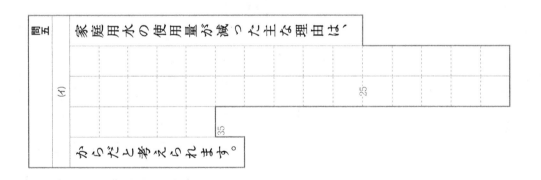

※この解答用紙は125%に拡大していただきますと，実物大になります。

Ⅲ　数　学　解答用紙　（平成31年度）

氏名	

受検番号						
⓪	⓪	⓪		⓪	⓪	⓪
①	①	①	①	①	①	①
②	②	②	②	②	②	②
③	③	③		③	③	③
④	④	④		④	④	④
⑤	⑤	⑤		⑤	⑤	⑤
⑥	⑥	⑥		⑥	⑥	⑥
⑦	⑦	⑦		⑦	⑦	⑦
⑧	⑧	⑧		⑧	⑧	⑧
⑨	⑨	⑨		⑨	⑨	⑨

注意事項

1　ＨＢまたはＢの鉛筆（シャープペンシルも可）を使用して，◯ の中を塗りつぶすこと。
2　答えを直すときは，きれいに消して，消しくずを残さないこと。
3　数字や文字などを記述して解答する場合は，解答欄からはみ出さないように，はっきり書き入れること。
4　解答用紙を汚したり，折り曲げたりしないこと。

良い例	悪い例		
⬬	線	小さい	はみ出し
	丸囲み	レ点	うすい

問1		
	(ア)	① ② ③ ④
	(イ)	① ② ③ ④
	(ウ)	① ② ③ ④
	(エ)	① ② ③ ④
	(オ)	① ② ③ ④

各3点

問2		
	(ア)	① ② ③ ④
	(イ)	① ② ③ ④
	(ウ)	① ② ③ ④
	(エ)	① ② ③ ④
	(オ)	① ② ③ ④
	(カ)	① ② ③ ④

(ア)，(イ)は各3点，他は各4点

問3			
	(ア)		＊解答欄は裏面にあります。
	(イ)		＊解答欄は裏面にあります。
	(ウ)	(i)	＊解答欄は裏面にあります。
		(ii)	＊解答欄は裏面にあります。

(ア)は4点，(イ)，(ウ)は各5点

問4			
	(ア)		① ② ③ ④ ⑤ ⑥
	(イ)	(i)	① ② ③ ④ ⑤ ⑥
		(ii)	① ② ③ ④ ⑤ ⑥
	(ウ)		＊解答欄は裏面にあります。

(ア)は4点，(イ)は両方できて5点，(ウ)は5点

問5		
	(ア)	① ② ③ ④ ⑤ ⑥
	(イ)	＊解答欄は裏面にあります。

各5点

問6		
	(ア)	① ② ③ ④ ⑤ ⑥
	(イ)	① ② ③ ④ ⑤ ⑥
	(ウ)	＊解答欄は裏面にあります。

(ア)は4点，他は各5点

問7			
	(ア)	(i)	① ② ③ ④ ⑤ ⑥
		(ii)	① ② ③ ④ ⑤ ⑥
	(イ)		＊解答欄は裏面にあります。
	(ウ)		＊解答欄は裏面にあります。

(ア)は両方できて2点，(イ)は4点，(ウ)は5点

氏名			受検番号	

問3 (ア)	∠BDC ＝ □°
問3 (イ)	S ： T ＝ ：
問3 (ウ)	(i) (ii)
問4 (ウ)	
問5 (イ)	
問6 (ウ)	cm
問7 (イ)	
問7 (ウ)	cm

※この解答用紙は125%に拡大していただきますと，実物大になります。

I　外国語(英語)　解答用紙　(平成31年度)

氏名	

受検番号

⓪	⓪	⓪		⓪	⓪	⓪
①	①	①	①	①	①	①
②	②	②	②	②	②	②
③	③	③		③	③	③
④	④	④		④	④	④
⑤	⑤	⑤		⑤	⑤	⑤
⑥	⑥	⑥		⑥	⑥	⑥
⑦	⑦	⑦		⑦	⑦	⑦
⑧	⑧	⑧		⑧	⑧	⑧
⑨	⑨	⑨		⑨	⑨	⑨

注意事項

1　HBまたはBの鉛筆(シャープペンシルも可)を使用して，◯の中を塗りつぶすこと。
2　答えを直すときは，きれいに消して，消しくずを残さないこと。
3　数字や文字などを記述して解答する場合は，解答欄からはみ出さないように，はっきり書き入れること。
4　解答用紙を汚したり，折り曲げたりしないこと。

良い例	悪い例
●	⊘ 線　⊙ 小さい　はみ出し　◯ 丸囲み　レ点　うすい

問1			
	(ア)	No.1	① ② ③ ④
		No.2	① ② ③ ④
		No.3	① ② ③ ④
	(イ)	No.1	① ② ③ ④
		No.2	① ② ③ ④
	(ウ)	No.1	① ② ③ ④ ⑤ ⑥
		No.2	＊解答欄は裏面にあります。

各3点

問2		
	(ア)	＊解答欄は裏面にあります。
	(イ)	＊解答欄は裏面にあります。
	(ウ)	＊解答欄は裏面にあります。

各2点

問3		
	(ア)	① ② ③ ④
	(イ)	① ② ③ ④
	(ウ)	① ② ③ ④
	(エ)	① ② ③ ④

各3点

問4			
	(ア)	3番目	① ② ③ ④ ⑤ ⑥
		5番目	① ② ③ ④ ⑤ ⑥
	(イ)	3番目	① ② ③ ④ ⑤ ⑥
		5番目	① ② ③ ④ ⑤ ⑥
	(ウ)	3番目	① ② ③ ④ ⑤ ⑥
		5番目	① ② ③ ④ ⑤ ⑥
	(エ)	3番目	① ② ③ ④ ⑤ ⑥
		5番目	① ② ③ ④ ⑤ ⑥

各4点　両方できて正解

問5	＊解答欄は裏面にあります。

5点

問6		
	(ア)	① ② ③ ④ ⑤ ⑥
	(イ)	① ② ③ ④
	(ウ)	① ② ③ ④ ⑤ ⑥ ⑦ ⑧

各5点

問7		
	(ア)	① ② ③ ④ ⑤
	(イ)	① ② ③ ④ ⑤

各5点

問8		
	(ア)	① ② ③ ④
	(イ)	① ② ③ ④ ⑤ ⑥
	(ウ)	① ② ③ ④ ⑤ ⑥ ⑦ ⑧

各5点

氏名	

受検番号							

問1(ウ)	No.2	

問2(ア)	

問2(イ)	

問2(ウ)	

問5	Next week,

※この解答用紙は 125％に拡大していただきますと，実物大になります。

Ⅳ　理　科　解答用紙　（平成 31 年度）

氏名	

受検番号						
⓪	⓪	⓪		⓪	⓪	⓪
①	①	①	①	①	①	①
②	②	②	②	②	②	②
③	③	③		③	③	③
④	④	④		④	④	④
⑤	⑤	⑤		⑤	⑤	⑤
⑥	⑥	⑥		⑥	⑥	⑥
⑦	⑦	⑦		⑦	⑦	⑦
⑧	⑧	⑧		⑧	⑧	⑧
⑨	⑨	⑨		⑨	⑨	⑨

注意事項

1　ＨＢまたはＢの鉛筆（シャープペンシルも可）を使用して，◯の中を塗りつぶすこと。

2　答えを直すときは，きれいに消して，消しくずを残さないこと。

3　数字や文字などを記述して解答する場合は，解答欄からはみ出さないように，はっきり書き入れること。

4　解答用紙を汚したり，折り曲げたりしないこと。

良い例	悪い例		
⬬	線	小さい	はみ出し
	丸囲み	レ点	うすい

問1		
	(ア)	① ② ③ ④
	(イ)	① ② ③ ④
	(ウ)	① ② ③ ④ ⑤ ⑥

各 3 点

問2		
	(ア)	① ② ③ ④
	(イ)	① ② ③ ④
	(ウ)	① ② ③ ④ ⑤ ⑥

各 3 点

問3		
	(ア)	① ② ③ ④
	(イ)	① ② ③ ④
	(ウ)	① ② ③ ④

各 3 点

問4		
	(ア)	① ② ③ ④
	(イ)	① ② ③ ④
	(ウ)	① ② ③ ④ ⑤ ⑥

各 3 点

問5			
	(ア)		① ② ③ ④ ⑤ ⑥
	(イ)		① ② ③ ④ ⑤
	(ウ)		① ② ③ ④ ⑤
	(エ)	あ	＊解答欄は裏面にあります。
		い	＊解答欄は裏面にあります。

(ア)，(イ)，(ウ)は各 4 点，(エ)は両方できて 4 点

問6			
	(ア)		① ② ③ ④
	(イ)		① ② ③ ④
	(ウ)		① ② ③ ④
	(エ)	X	＊解答欄は裏面にあります。
		Y	＊解答欄は裏面にあります。

(ア)，(イ)，(ウ)は各 4 点，(エ)は両方できて 4 点

問7			
	(ア)	(i)	① ② ③ ④
		(ii)	① ② ③ ④
	(イ)		① ② ③ ④
	(ウ)		① ② ③ ④
	(エ)		① ② ③ ④ ⑤ ⑥

(イ)，(ウ)，(エ)は各 4 点，(ア)は両方できて 4 点

問8			
	(ア)		① ② ③ ④
	(イ)		① ② ③ ④
	(ウ)	(i)	＊解答欄は裏面にあります。
		(ii)	＊解答欄は裏面にあります。
	(エ)	a	① ② ③
		b	① ② ③

(ア)，(イ)は各 4 点，(ウ)，(エ)は両方できて 4 点

氏名	

受検番号	

問5 (エ)	あ	20 ところで船は水に浮き，静止したと考えられる。	い	

問6 (エ)	X	g	Y	

問8 (ウ)	(i)	°	(ii)	

※この解答用紙は 125％に拡大していただきますと，実物大になります。

Ⅴ　社　会　解答用紙　（平成 31 年度）

氏 名	

受検番号						
⓪	⓪	⓪		⓪	⓪	⓪
①	①	①	①	①	①	①
②	②	②	②	②	②	②
③	③	③		③	③	③
④	④	④		④	④	④
⑤	⑤	⑤		⑤	⑤	⑤
⑥	⑥	⑥		⑥	⑥	⑥
⑦	⑦	⑦		⑦	⑦	⑦
⑧	⑧	⑧		⑧	⑧	⑧
⑨	⑨	⑨		⑨	⑨	⑨

注意事項

1　ＨＢまたはＢの鉛筆（シャープペンシルも可）を使用して，◯ の中を塗りつぶすこと。

2　答えを直すときは，きれいに消して，消しくずを残さないこと。

3　数字や文字などを記述して解答する場合は，解答欄からはみ出さないように，はっきり書き入れること。

4　解答用紙を汚したり，折り曲げたりしないこと。

良い例	悪い例		
●	線	小さい	はみ出し
	丸囲み	レ点	うすい

問1			
	(ア)	(i)	① ② ③ ④ ⑤ ⑥
		(ii)	① ② ③ ④
	(イ)	(i)	① ② ③ ④
		(ii)	① ② ③ ④
	(ウ)		① ② ③ ④ ⑤ ⑥ ⑦ ⑧
	(エ)		① ② ③ ④ ⑤ ⑥ ⑦ ⑧

各 3 点

問2			
	(ア)		① ② ③ ④
	(イ)		① ② ③ ④
	(ウ)	(i)	① ② ③ ④
		(ii)	① ② ③ ④
		(iii)	① ② ③ ④
		(iv)	① ② ③ ④

(ウ)の(iv)は 2 点，他は各 3 点

問3		
	(ア)	① ② ③ ④
	(イ)	＊解答欄は裏面にあります。
	(ウ)	① ② ③ ④ ⑤
	(エ)	① ② ③ ④
	(オ)	① ② ③ ④
	(カ)	＊解答欄は裏面にあります。

(カ)は 6 点，(イ)は両方できて 3 点，(ウ)は 3 点，他は各 2 点

問4			
	(ア)		① ② ③ ④
	(イ)		① ② ③ ④
	(ウ)		① ② ③ ④ ⑤ ⑥
	(エ)		① ② ③ ④ ⑤ ⑥ ⑦ ⑧
	(オ)	(i)	＊解答欄は裏面にあります。
		(ii)	① ② ③ ④

(オ)の(i)は両方できて 3 点，(オ)の(ii)は 2 点，他は各 3 点

問5			
	(ア)		① ② ③ ④ ⑤ ⑥
	(イ)	(i)	① ② ③ ④
		(ii)	① ② ③ ④
	(ウ)	(i)	① ② ③ ④
		(ii)	① ② ③ ④ ⑤ ⑥
	(エ)		① ② ③ ④

各 3 点

問6			
	(ア)	(i)	① ② ③ ④ ⑤ ⑥ ⑦ ⑧
		(ii)	① ② ③ ④
	(イ)		＊解答欄は裏面にあります。
	(ウ)		① ② ③ ④

(イ)は両方できて 3 点，他は各 3 点

氏名	

受検番号							

問3 (イ)	あ	田	い	

問3 (カ)	う		え	

問4 (オ)(ⅰ)	く	内閣 ※名字のみ書くこと	け	

問6 (イ)	え	・オフ	お	

神奈川県公立高校　２０１９年度

※この解答用紙は１２５％に拡大していただきますと、実物大になります。

Ⅱ　国　語　解答用紙　（平成三十一年度）

氏名	

受検番号						
⓪	⓪	⓪		⓪	⓪	⓪
①	①	①	①	①	①	①
②	②	②	②	②	②	②
③	③	③		③	③	③
④	④	④		④	④	④
⑤	⑤	⑤		⑤	⑤	⑤
⑥	⑥	⑥		⑥	⑥	⑥
⑦	⑦	⑦		⑦	⑦	⑦
⑧	⑧	⑧		⑧	⑧	⑧
⑨	⑨	⑨		⑨	⑨	⑨

受検番号は左から書くこと。

注意事項

1　ＨＢまたはＢの鉛筆（シャープペンシルも可）を使用して，〇の中を塗りつぶすこと。
2　答えを直すときは，きれいに消して，消しくずを残さないこと。
3　数字や文字などを記述して解答する場合は，解答欄からはみ出さないように，はっきり書き入れること。
4　解答用紙を汚したり，折り曲げたりしないこと。

良い例	悪い例		
●	線	小さい	はみ出し
	丸囲み	レ点	うすい

問一			
(ア)	1	＊解答欄は裏面にあります。
	2	＊解答欄は裏面にあります。
	3	＊解答欄は裏面にあります。
	4	＊解答欄は裏面にあります。
(イ)	a	①　②　③　④
	b	①　②　③　④
	c	①　②　③　④
	d	①　②　③　④
(ウ)		①　②　③　④
(エ)		①　②　③　④

各二点

問二	
(ア)	①　②　③　④
(イ)	①　②　③　④
(ウ)	①　②　③　④
(エ)	①　②　③　④

各四点

問三	
(ア)	①　②　③　④
(イ)	①　②　③　④
(ウ)	①　②　③　④
(エ)	①　②　③　④
(オ)	①　②　③　④
(カ)	①　②　③　④

各四点

問四	
(ア)	①　②　③　④
(イ)	①　②　③　④
(ウ)	①　②　③　④
(エ)	①　②　③　④
(オ)	＊解答欄は裏面にあります。
(カ)	①　②　③　④
(キ)	①　②　③　④
(ク)	①　②　③　④

(ア)は二点、(オ)は両方できて四点、他は各四点

問五	
(ア)	①　②　③　④
(イ)	＊解答欄は裏面にあります。

(ア)は四点、(イ)は六点

神奈川県公立高校　２０１９年度

氏名

受検番号

問一
(ア)
1
2
3
4 （てる）

問四
(オ)
Ⅰ
Ⅱ

問五
(イ)
リサイクル率を向上させるためには、
20
30
ことが重要だと考えられます。

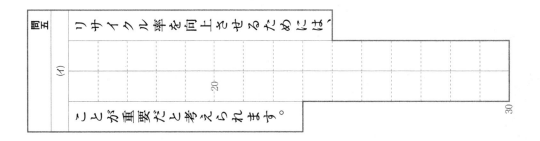

MEMO

大切なことはメモしておこうネ！

MEMO

大切なことはメモしておこうネ！

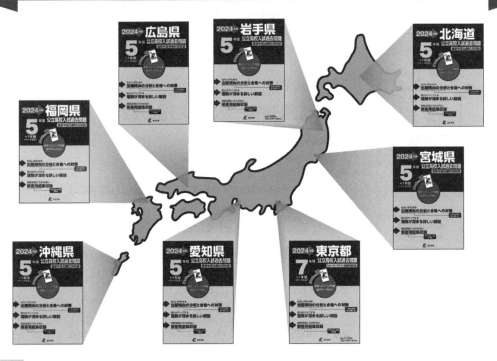

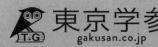

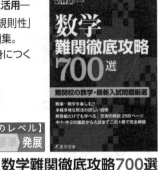

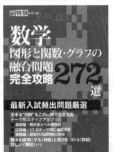

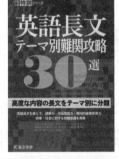

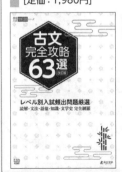

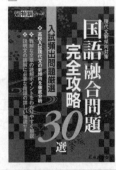

〈ダウンロードコンテンツについて〉

本問題集のダウンロードコンテンツ、弊社ホームページで配信しております。現在ご利用いただけるのは「2025年度受験用」に対応したもので、**2025年3月末日**までダウンロード可能です。弊社ホームページにアクセスの上、ご利用ください。
※配信期間が終了いたしますと、ご利用いただけませんのでご了承ください。

神奈川県公立高校　2025年度

ISBN978-4-8141-3264-5

[発行所] 東京学参株式会社
〒153-0043　東京都目黒区東山2-6-4

書籍の内容についてのお問い合わせは右のQRコードから ⇒

※書籍の内容についてのお電話でのお問い合わせ、本書の内容を超えたご質問には対応できませんのでご了承ください。

2024年5月13日　初版